史蒂夫·乔布斯传

[美]沃尔特·艾萨克森 著　赵灿 译

STEVE JOBS
WALTER
ISAACSON

典藏版

中信出版集团 | 北京

图书在版编目（CIP）数据

史蒂夫·乔布斯传：典藏版/（美）沃尔特·艾萨克森著；赵灿译. -- 3 版. -- 北京：中信出版社，2023.4（2025.6重印）
书名原文：STEVE JOBS
ISBN 978-7-5217-5223-6

Ⅰ.①史… Ⅱ.①沃… ②赵… Ⅲ.①乔布斯 (Jobs, Steve Paul 1955-2011) —传记 Ⅳ.① K837.125.38

中国国家版本馆 CIP 数据核字 (2023) 第 033266 号

STEVE JOBS by Walter Isaacson
Copyright © 2011 by Walter Isaacson
Simplified Chinese translation rights © 2023 by CITIC Press Corporation
ALL RIGHTS RESERVED
本书仅限中国大陆地区发行销售

史蒂夫·乔布斯传（典藏版）
著者：　　［美］沃尔特·艾萨克森
译者：　　赵灿
出版发行：中信出版集团股份有限公司
　　　　　（北京市朝阳区东三环北路 27 号嘉铭中心　邮编　100020）
承印者：　北京通州皇家印刷厂

开本：787mm×1092mm 1/16　　插图：8
印张：35.75　　　　　　　　　字数：530 千字
版次：2023 年 4 月第 3 版　　　印次：2025 年 6 月第12次印刷
京权图字：01-2011-6192　　　　书号：ISBN 978-7-5217-5223-6
定价：89.00 元

版权所有·侵权必究
如有印刷、装订问题，本公司负责调换。
服务热线：400-600-8099
投稿邮箱：author@citicpub.com

只有疯狂到认为自己可以改变世界的人,才能真正改变世界。
——苹果1997年广告"非同凡想"

赞　誉

一本必读之书。
——《纽约时报》，节日礼品指南

人生精彩绝伦，故事酣畅淋漓。
——《华尔街日报》

让人爱不释卷。
——《纽约客》

这本传记文风坦率简洁、行云流水、客观理性……人物刻画血肉丰满、活灵活现……《史蒂夫·乔布斯传》不仅是一本扣人心弦的优秀作品，也是一本能满足人们当下的迫切需求的佳作。
——《时代周刊》

这本书对乔布斯先生的成就进行了百科全书般的呈现，其激情和兴奋之情跃然纸上。
——珍妮特·马斯林，《纽约时报》

如果你还没有读过沃尔特·艾萨克森的畅销书《史蒂夫·乔布斯传》,请务必阅读。这是一本精妙绝伦的人物传记,也是一本激人奋进的商业佳作。

——史蒂夫·福布斯,《福布斯》

艾萨克森的作品,既能书写个人梦想,又能记录时代变迁,他是我们最优秀、最重要的传记作家之一。而《史蒂夫·乔布斯传》代表了艾萨克森的最高水平。

——《外交》

这本书应该成为未来 MBA 的必读书目。

——《时代周刊》

艾萨克森刻画了一个才华横溢、敏捷善变、性格复杂的天才形象……细致入微,精准全面,入木三分。这本传记跟乔布斯本人一样伟大。

——《娱乐周刊》

在这一代人成长的世界里,电脑是标准配置,智能手机就像人的第五肢。人们会在网上听音乐,而不是去 CD 商店买唱片。对于这代人来说,《史蒂夫·乔布斯传》就是一本必读的历史书……一些章节描绘了乔布斯私密的一面,他既闪耀着光芒,又曾经犯错、时而疯狂,给读者留下了深刻隽永的印象。整本书也不乏幽默……对我们这一代的伟大思想家进行了全面生动的刻画。

——美联社

艾萨克森写的这部传记可以从几个方面来阅读。第一,这本书讲述了计算机时代最激动人心的一段历史,计算机先是真正为个人所用,后来又成为时尚配件。第二,这也是一本教科书,既介绍了苹果公司的兴衰起伏,也描绘了造成众叛亲离、事业被毁的残酷冲突。第三,这本书还是电子产品爱好者的梦想之作,真实呈现了 Mac、iPod、iPhone 和 iPad(苹果公司产品)的诞生始末。第四,也是最重要的一点,艾萨克森刻画了一个性格复杂、独一无二的人物形象——乔布斯有时魅力十足、光芒四射,有时冷酷无情、一意孤行,让人又爱又恨，而正是这种双重性格推动实现了我们这个时代最伟大的技术创新。

——《华盛顿邮报》

这本书传神地描绘了一个有血有肉的乔布斯，这不仅是他的个人传记，也是一部数字技术史。书中人物形象之所以生动饱满，是因为艾萨克森遵循了经典的奇幻作品结构：英雄人物目标崇高，踏上追寻圣杯之旅，他虽有缺陷，但终成王者，最后巨星陨落，与世长辞。

——《书目杂志》

这本书深刻细致，客观公正，是对大型企业和流行文化感兴趣的人的必读书……令人称道的是，艾萨克森通过引人入胜的叙述呈现了乔布斯的过人天资，由此引发的热议将经久不衰。

——《基督科学箴言报》

沃尔特·艾萨克森的《史蒂夫·乔布斯传》令人耳目一新……内容翔实，文笔动人，讲述了计算机行业等领域重塑者一生的故事。

——CNET.com

《史蒂夫·乔布斯传》印证了艾萨克森高超的传记写作技巧，读者看到的乔布斯不是一个传奇，而是一个真实的人……如果想了解科技领域在短短 35 年内发生了什么天翻地覆的变化，就一定要读这本书。

——TUAW.com

沃尔特·艾萨克森用近乎白描的手法描写了一位尽人皆知的杰出人物的坚定之旅。乔布斯精彩的人生故事近乎神话，而艾萨克森对此进行了精准捕捉……全书节奏明快，细节丰富……艾萨克森极富洞察力和独创性。

——Cultof Mac.com

艾萨克森的传记不负众望，向读者展示了促成乔布斯成为伟大人物背后鲜为人知的跌宕人生。

——ShelfAwareness.com

一部严谨公正的编年史。

——《纽约书评》

艾萨克森的书中充满了令人惊叹的瞬间。

——《卫报》

如果你有兴趣了解数字时代的历史和数字文化的出现,艾萨克森的这本书是必读之作。

——Technorati.com

乔布斯的一生动荡复杂,不时陷入矛盾冲突,读者可从这本令人爱不释手的书中一探究竟。

——《旧金山纪事报》

这是一本引人入胜的书,既讲述了信息时代生活的转变,也讲述了主人翁超自然的天赋和驱动力。

——《每日电讯报》

人物表

- **阿尔·奥尔康（Al Alcorn）：**
  雅达利公司总工程师，街机电子游戏《乓》（Pong）的设计者，乔布斯年轻时的老板。
- **吉尔·阿梅里奥（Gil Amelio）：**
  1996 年成为苹果首席执行官，任职期间收购 NeXT，让乔布斯重回苹果。
- **比尔·阿特金森（Bill Atkinson）：**
  苹果早期员工，为 Macintosh（即 Mac）开发图形界面。
- **克里斯安·布伦南（Chrisann Brennan）：**
  乔布斯在霍姆斯特德中学的女朋友，乔布斯的女儿丽萨（Lisa）的母亲。
- **丽萨·布伦南–乔布斯（Lisa Brennan-Jobs）：**
  乔布斯和克里斯安·布伦南之女，出生于 1978 年，作家，居于纽约。
- **诺兰·布什内尔（Nolan Bushnell）：**
  雅达利公司创始人，乔布斯的创业偶像。
- **比尔·坎贝尔（Bill Campbell）：**
  乔布斯在苹果第一次任职期间的市场营销主管；1997 年乔布斯回归后，成为苹果董事会成员和乔布斯的亲信。
- **埃德温·卡特穆尔（Edwin Catmull）：**
  皮克斯联合创始人，后成为迪士尼高管。
- **乙川弘文（Kobun Chino）：**
  加利福尼亚州曹洞宗禅师，乔布斯的灵魂导师。

- **李·克劳（Lee Clow）：**

  广告鬼才，制作了苹果的广告"1984"，与乔布斯合作长达30年。

- **黛比·科尔曼（Deborah "Debi" Coleman）：**

  早期Mac团队经理，后来接管苹果制造部门。

- **蒂姆·库克：**

  个性沉稳冷静，1998年被乔布斯聘用为首席运营官，2011年8月接替乔布斯成为苹果的首席执行官。

- **埃迪·库伊（Eddy Cue）：**

  苹果互联网服务负责人，是乔布斯与内容供应商洽谈时的得力助手。

- **安迪·坎宁安（Andrea "Andy" Cunningham）：**

  里吉斯·麦肯纳公司的公关人员，在早期Mac年代负责苹果的公关事务。

- **迈克尔·艾斯纳（Michael Eisner）：**

  迪士尼首席执行官，性格强硬，达成与皮克斯的交易，后与乔布斯爆发冲突。

- **拉里·埃里森（Larry Ellison）：**

  甲骨文首席执行官，乔布斯的密友。

- **托尼·法德尔（Tony Fadell）：**

  朋克工程师，2001年加入苹果开发iPod。

- **斯科特·福斯托（Scott Forstall）：**

  苹果移动设备软件负责人。

- **罗伯特·弗里德兰（Robert Friedland）：**

  里德学院学生，拥有一家苹果农场公社，寻求精神启蒙，对乔布斯影响很大；后来经营了一家矿产公司。

- **让－路易·加西（Jean-Louis Gassée）：**

  苹果法国分公司经理，1985年乔布斯被驱逐出苹果后，他接管了Mac部门。

- **比尔·盖茨：**

  另一位出生于1955年的电脑奇才。

- **安迪·赫兹菲尔德（Andy Hertzfeld）：**

  软件工程师，为人友善，爱开玩笑，早期在Mac团队跟乔布斯一起打拼。

- **乔安娜·霍夫曼（Joanna Hoffman）：**

  早期Mac团队成员，敢于对抗乔布斯。

- **伊丽莎白·霍姆斯（Elizabeth Holmes）：**

  丹尼尔·科特基就读里德学院时期的女朋友，苹果创业初期员工。

- **罗德·霍尔特（Rod Holt）：**

  烟不离手的马克思主义者，1976年被乔布斯聘用为Apple II（第二代苹果电脑）的电子工程师。

- **罗伯特·艾格（Robert Iger）：**

  2005年接替艾斯纳成为迪士尼首席执行官。

- **乔纳森·艾夫（Jonathan "Jony" Ive）：**

  苹果首席设计师，乔布斯的合作伙伴和至交。

- **阿卜杜法塔赫·约翰·钱德里（Abdulfattah "John" Jandali）：**

  出生于叙利亚，威斯康星大学硕士，乔布斯和莫娜·辛普森的生父；后来在雷诺市附近的布姆顿赌场担任餐饮经理。

- **克拉拉·哈戈皮安·乔布斯（Clara Hagopian Jobs）：**

  父母为亚美尼亚移民，1946年与保罗·乔布斯结婚，1955年领养刚出生不久的史蒂夫·乔布斯。

- **艾琳·乔布斯（Erin Jobs）：**

  史蒂夫·乔布斯和劳伦娜·鲍威尔的次女。

- **伊芙·乔布斯（Eve Jobs）：**

  乔布斯和劳伦娜最小的孩子。

- **帕蒂·乔布斯（Patty Jobs）：**

  保罗和克拉拉·乔布斯在领养史蒂夫·乔布斯两年后领养的女儿。

- **保罗·莱因霍尔德·乔布斯（Paul Reinhold Jobs）：**

  出生于威斯康星州，曾为海岸警卫队队员，跟妻子克拉拉于1955年领养了史蒂夫·乔布斯。

- **里德·乔布斯（Reed Jobs）：**

  史蒂夫·乔布斯和劳伦娜·鲍威尔的长子。

- **罗恩·约翰逊（Ron Johnson）：**

  2000年被乔布斯招致麾下，负责苹果零售店的运营。

- **杰弗瑞·卡森伯格（Jeffrey Katzenberg）：**

  迪士尼电影部门负责人，跟艾斯纳闹翻，于1994年辞职。梦工厂联合创始人。

- 艾伦·凯（Alan Kay）：

  设想了早期个人计算机的先驱人物，充满创意，个性有趣，协助安排乔布斯参观施乐的帕洛阿尔托研究中心，协助乔布斯收购皮克斯。

- 丹尼尔·科特基（Daniel Kottke）：

  乔布斯在里德学院的至交，两个人曾相伴踏上印度朝圣之旅，苹果初创时期员工。

- 约翰·拉塞特（John Lasseter）：

  皮克斯联合创始人，创意主力。

- 丹·列文（Dan'L Lewin）：

  跟随乔布斯，相继在苹果和NeXT担任市场营销高管。

- 迈克·马库拉（Mike Markkula）：

  苹果的首位大股东和董事长，对乔布斯而言是父亲般的人物。

- 里吉斯·麦肯纳（Regis McKenna）：

  公关奇才，从乔布斯创业之初就一直提供指导意见，乔布斯自始至终对他信任有加。

- 迈克·默里（Mike Murray）：

  Mac电脑早期市场营销总监。

- 保罗·欧德宁（Paul Otellini）：

  英特尔首席执行官，协助Mac改用英特尔芯片，但是没拿到iPhone项目。

- 劳伦娜·鲍威尔（Laurene Powell）：

  头脑聪明，亲切随和，毕业于宾夕法尼亚大学，曾在高盛工作，后来进入斯坦福商学院，1991年与史蒂夫·乔布斯结婚。

- 乔治·莱利（George Riley）：

  出生于田纳西州孟菲斯市，乔布斯的朋友兼律师。

- 阿瑟·洛克（Arthur Rock）：

  科技投资界传奇，早期苹果董事会成员，被乔布斯视为父亲般的人物。

- 乔纳森·鲁宾斯坦（Jonathan "Ruby" Rubinstein）：

  乔布斯在NeXT的工作伙伴，1997年成为苹果首席硬件工程师，大家常叫他鲁比。

- 迈克·斯科特（Mike Scott）：

  1977年被马库拉聘为苹果总裁，工作职责是管束乔布斯。

- 约翰·斯卡利（John Sculley）：

  百事前总裁，1983年被乔布斯聘请担任苹果首席执行官，最后与乔布斯决裂，于1985年把乔布斯赶出苹果。

- **乔安妮·希贝尔·钱德里·辛普森（Joanne Schieble Jandali Simpson）：**

  出生于威斯康星州，史蒂夫·乔布斯的生母，把乔布斯送养，后来生了女儿莫娜·辛普森，将她抚养成人。

- **莫娜·辛普森（Mona Simpson）：**

  乔布斯的亲妹妹，1986 年两人相认后，手足之情日益加深。她的几部小说均以家人为原型，例如写母亲乔安妮的《四海为家》(Anywhere but Here)，刻画乔布斯和丽萨父女关系的《凡夫俗子》(A Regular Guy)，还有描述父亲阿卜杜法塔赫·钱德里的《消失的父亲》(The Lost Father)。

- **阿尔维·雷·史密斯（Alvy Ray Smith）：**

  皮克斯联合创始人，后与乔布斯发生矛盾。

- **伯勒尔·史密斯（Burrell Smith）：**

  Mac 团队创始成员，天资聪颖，20 世纪 90 年代患上精神分裂症，饱受折磨。

- **阿维·泰瓦尼安（Avadis "Avie" Tevanian）：**

  在 NeXT 跟乔布斯和鲁比共事，1997 年成为苹果首席软件工程师。

- **詹姆斯·文森特（James Vincent）：**

  热爱音乐的英国人，苹果广告代理公司合伙人中较为年轻的一位，与李·克劳和邓肯·米尔纳（Duncan Milner）共事。

- **罗恩·韦恩（Ron Wayne）：**

  在雅达利与乔布斯相识，在乔布斯和沃兹尼亚克创立苹果之初，成为首个合伙人，后来不明智地放弃了苹果的股权。

- **史蒂芬·沃兹尼亚克（Stephen Wozniak）：**

  霍姆斯特德中学的小名人，电子极客，设计的电路板极为出色。乔布斯对他设计的电路板进行包装和营销，二人共同创立了苹果。

- **德尔·约克姆（Del Yocam）：**

  苹果早期员工，Apple II 团队总经理，后来担任苹果首席运营官。

目　录

前　言　　　V

第一章　　童年：我命由人不由己　　001
第二章　　奇特的一对：两个史蒂夫　　020
第三章　　出离：激发热情，内向探索　　030
第四章　　雅达利与印度：禅宗与游戏设计艺术　　041
第五章　　Apple I：开机，启动，接入　　053
第六章　　Apple II：新时代的曙光　　067
第七章　　被遗弃者：克里斯安和丽萨　　080
第八章　　施乐和丽萨：图形用户界面　　086
第九章　　上市：名利双收　　096
第十章　　Mac 诞生：你说你想要一场革命　　102
第十一章　现实扭曲力场：我的规则我做主　　110
第十二章　设计：大道至简　　118
第十三章　打造 Mac：过程即是奖励　　128
第十四章　斯卡利上场：百事挑战　　140
第十五章　Mac 发布：在宇宙中留下印记　　150
第十六章　盖茨与乔布斯：双星交会　　161
第十七章　伊卡洛斯：凡升起的　　169
第十八章　NeXT：解缚的普罗米修斯　　198

第十九章	皮克斯：当科技碰上艺术	222
第二十章	凡夫俗子：相爱简单相处难	233
第二十一章	成家立室：共叙天伦	249
第二十二章	玩具总动员：巴斯和胡迪救场	264
第二十三章	卷土重来：猛兽的时代已然来临	273
第二十四章	东山再起：输家翻盘是早晚的事	284
第二十五章	非同凡想：iCEO 乔布斯	305
第二十六章	设计理念：乔布斯和艾夫的工作室	317
第二十七章	iMac："你好（又见面了）"	325
第二十八章	首席执行官：多年之后，疯狂依旧	334
第二十九章	苹果零售店：天才吧和锡耶纳砂岩	343
第三十章	数字生活中枢：从 iTunes 到 iPod	352
第三十一章	iTunes 商店：我是花衣魔笛手	367
第三十二章	音乐人：生命乐章	383
第三十三章	皮克斯的朋友：当然也有敌人	398
第三十四章	21 世纪的 Mac：苹果脱颖而出	415
第三十五章	第一回合：勿忘人终有一死	423
第三十六章	iPhone：三位一体的革命性产品	435
第三十七章	第二回合：癌症复发	445
第三十八章	iPad：后 PC 时代	458

第三十九章　**新的战斗：旧恨新仇**　477

第四十章　**飞向宇宙：云端，飞船，浩瀚无垠**　490

第四十一章　**第三回合：暮色下的搏击**　502

第四十二章　**遗泽：无比辉煌的创新天堂**　521

后　记　531

新版后记　537

致　谢　543

参考书目　545

前　言

本书是如何诞生的

2004年初夏，我接到史蒂夫·乔布斯打来的电话。我们已经认识很多年，整体而言，他对我还算友好，有时会显得格外熟络，特别是当他即将推出新产品、希望能登上《时代周刊》封面或参加CNN（美国有线电视新闻网）节目的时候——我曾在这两家机构供职。后来我离开了这两个地方，他就很少联系我了。电话里，我说自己刚加入了阿斯彭研究所，邀请他担任我们科罗拉多州夏季训练营的演讲嘉宾。乔布斯说他很乐意去，但不想上台演讲，只想跟我散散步、聊聊天。

当时，我还不了解他的习惯——如果有重要的事情要谈，他喜欢一边散步一边交流。所以，这次通话让我觉得有点儿奇怪。后来才知道，原来他是想让我给他写传记。此时，我刚刚出版了本杰明·富兰克林的传记，正着手写一本阿尔伯特·爱因斯坦的传记。得知他的这个想法时，我最初的本能反应是：难不成他把自己当作那些伟大人物的"继任者"，觉得下一个自然该轮到自己了？当然，我的这个想法也半是玩笑半是认真。那时，他的职业生涯几经起伏，尚未尘埃落定，将来还有更多未知，所以我没有立刻答应他。我说，现在时机还不成熟，再等个一二十年吧，等你退休的时候再说。

我跟乔布斯早在1984年就相识了。当时他来曼哈顿与《时代周刊》

的编辑们共进午餐，极力夸赞他们新推出的 Mac 电脑（Macintosh，简称 Mac）。即使在那时，乔布斯的脾气也不太好，他曾经因为一名《时代周刊》记者的报道暴露了他太多不欲人知的往事而对该记者大加指责。但在跟他本人交流后，我发现自己和多年来的许多人一样，被他迷人的魅力深深吸引。自那以后，我们就一直保持联系，在他被赶出苹果公司后也没中断。每当他有新产品要推出时，比如 NeXT 电脑或皮克斯电影，他就会开始对我施展他的个人魅力。他会带我去曼哈顿下城的寿司店用餐，滔滔不绝地说新产品是他的巅峰之作，等等。我很喜欢这个家伙。

乔布斯重新执掌苹果公司后，我们让他登上了《时代周刊》的封面。我们当时在做 20 世纪最有影响力人物系列专题，不久后，他开始给专题出谋划策。当时苹果在进行"非同凡想"（Think Different）的广告宣传，他们在广告中选取了一些历史人物的标志性照片，其中有几位也在我们的考虑之列。乔布斯觉得评估个人历史影响力的工作非常有趣。在我婉拒了为他写传记的提议后，他还是会时不时地跟我联系。有一次，我给他写邮件询问苹果公司标识的由来。我说，我女儿告诉我，苹果的标识是在向计算机科学之父艾伦·图灵（Alan Turing）致敬。这个英国人破解了战争时期德国的密码系统，最后却食用浸入氰化物的苹果自杀了，所以苹果公司的标识是咬了一口的苹果，是不是这样？乔布斯回复说，他也希望自己当初想到了这一点，可惜不是。

从这封邮件开始，我和乔布斯又有多次邮件往来，讨论苹果的早期历史，我也在收集相关资料——说不定将来我会决定为乔布斯写传记呢。后来，我那本《爱因斯坦传》出版后，乔布斯来到了举办于帕洛阿尔托的新书推介会。他私下对我说，请我再考虑考虑为他写传记的事，因为他应该是个不错的题材。

我不理解他为何如此执着。大家都知道他极其注重保护个人隐私，而且我觉得他应该没有读过我写的书。为此，我还是没有答应他，我说再等等。然而到了 2009 年，他的妻子劳伦娜·鲍威尔开门见山地跟我说："如果你还想给史蒂夫写传记，最好现在就开始。"他当时刚刚开始第二次病休。我向劳伦娜坦言，乔布斯第一次提出请我写传记的时候，我还不知道他已身患癌症。劳伦娜说，外界几乎没有人知道。原来他是在接受癌症手术之前给我打的那次奇怪的电话。劳伦娜又解释说,乔布斯现在对自己的病情依然保密。

于是我决定为乔布斯写传记,但没想到的是他欣然应允不干涉我的写作,甚至表示不需要在出版前先读一遍。"这是你的书,我不会提前看的。"但那年秋天晚些时候,乔布斯似乎对于配合我写书有些顾忌,而我并不知道他那时正遭受癌症并发症的侵袭。他也不再回我的电话,于是此写作项目暂时被搁置了。

没想到的是,在2009年新年前夜的傍晚,乔布斯突然打电话给我。他在帕洛阿尔托的家里,只有作家妹妹莫娜·辛普森陪着。妻子劳伦娜和三个孩子去滑雪了,他身体不好,未能同行。他回想起过往的种种,我们聊了一个多小时。他先是想到自己12岁那年想做一个计频器,就从电话簿里查到了惠普创始人比尔·休利特(Bill Hewlett)的电话,直接打过去要零件。他又说,重返苹果的这12年,是他创造新产品最具成效的一段时间。但他还有更重要的目标,就是效仿休利特和他的朋友戴维·帕卡德(David Packard),建立一家充满革命性创造力的公司,使其比惠普更经久不衰,基业长青。

他说:"我小时候一直觉得自己是个偏文艺的人,但也喜欢电子的东西。后来,我读到宝丽来创始人埃德温·兰德(Edwin Land)的一段话。他说,能站在人文与科技的交会处,取两者之长的人,才是社会的中流砥柱。他是我的偶像,我当时就立志要成为这样的人。"他这些话似乎在暗示我,传记可以此为主题(事实证明,这个主题颇为贴切)。的确,我之前为富兰克林和爱因斯坦写传记,这两个人的个性都很鲜明,为人桀骜不驯,做事坚韧不拔,既熟悉人文学科,又通晓科技领域,因此迸发出异于常人的创造力,这正是他们最吸引我的地方。我相信这种创造力是在21世纪打造创新型经济体的关键。

我问乔布斯为什么想让我给他写传记,他说:"我觉得你很擅长让人开口说话。"这个答案有些出乎我的意料,但也符合实际。要完成这本书,我得去采访很多人,其中有些被他炒了鱿鱼,有些遭他羞辱,有些被他抛弃,还有人对他怀着满腔怒火,我担心采访这些人会让他觉得不舒服。果不其然,当我的采访对象说过的一些刺耳的话传到了他的耳朵里时,他表现得烦躁不安。但几个月后，他开始鼓励大家跟我交流，甚至包括他的宿敌和前女友们。他对采访内容也不加限制。"我有过不光彩的事，比如我23岁的时候让女友怀孕，我处理得一团糟，但我没有什么不可告人的秘密。"他对我的写作内容不加任何限制，甚至没有要求出版前先读一遍。对于这本书的创作，他唯一参与的环节就是选封面。他对出版商先前设计的封面极为不满，要求参与设计一版新的封面。这不禁让我哑然失笑，当然我也乐意他参加，于是我欣然同意了他的要求。

在写作期间，我和乔布斯深谈过40多次。有时，他会在帕洛阿尔托住所的客厅里接受我的正式采访，有时我们会一起散步，边走边谈，有时是边开车边聊，有时是打电话聊。两年里，我们经常见面，关系越来越亲密，他也变得无话不谈。在苹果的老同事都说他拥有"现实扭曲力场"（reality distortion field），我的确会不时感受到这种磁场的威力。有时候这种扭曲属于无意中的记忆错误，人人都难以避免；有时则是他对现实的认知就是如此，他也把这种认知传递给了我。为了查证对错，挖掘细节，我采访了100多人，包括他的朋友、亲戚、对手、敌人、同事。

他的妻子劳伦娜也不设限、不操控，没有要求在出版前阅读文稿。事实上，她热切鼓励我真实记录关于乔布斯的一切，好的坏的，不加掩饰。劳伦娜极为聪明，又脚踏实地，她一开始就告诉我："他有一些很不堪的人生经历和性格弱点，这是事实，没必要粉饰。他很会讲故事，但他本人也是一个精彩的故事，我希望你把这个故事真实地呈现给读者。"

这一使命是否达成，留给读者评判。我相信在这部戏中的有些角色会发现他们对某些剧情的记忆跟书中的记载相比会有所不同，也会有人觉得我陷入了乔布斯的扭曲力场。我曾为亨利·基辛格作传（此经历也给写这本书打下了很好的基础）。在写那本书的时候我就发现，由于人们对主人翁的爱憎过于强烈，"罗生门效应"非常明显，所以我想，乔布斯的这本传记也不会是例外。为此，在写作过程中，我尽自己所能在相互矛盾的陈述中取得平衡，也清楚列出了所有信息的来源。

这是一本企业家的传记。他的一生如过山车般大起大落。他炽热刚烈，专注执着，创意无限。他凭借对完美孜孜不倦的狂热追求和具有排山倒海之势的强大内驱力推动了六大产业的变革，包括个人电脑、动画电影、音乐、手机、平板电脑、数字出版。也许还可以再加上第七大产业——零售商店。他虽然没有彻底改变这一产业，但的确为其未来发展开拓了想象空间。此外，他为数字内容开辟了新市场，让数字内容能以应用程序为载体，而不用再像以前一样只能依靠网站。一路走来，他不仅打造了变革性的产品，也通过自己的二度努力创立了一家屹立不倒的公司。这个公司传承了他的基因，会集了一批极具想象力的设计师和敢为天下先的工程师，可以把他的心中愿景变成现实，发扬光大。2011年8月，就在他即将卸任苹果首席执行官之际，这家他在父母车库里创办的企业已经成为全球最具价值的公司。

我希望这不仅是一本关于乔布斯的书，也是一本关于创新的书。在当下这个时代，美国正竭力保持本国创新优势，全球其他国家也在努力打造创新型数字时代经济，而乔布斯就是创造、想象力和持续创新的终极标志性人物。他深知，要在21世纪创造价值，最好的办法就是把创造力与科技结合，于是他创立了一家公司，让天马行空的想象力和鬼斧神工的科技相得益彰。他和苹果的同事对"不同凡想"身体力行：他们不是根据焦点小组的意见改良产品，而是设计生产全新的产品和服务，以此激发和引领消费者的新需求。

他并不是一个模范老板或成功典范，经过精心包装，供世人模仿。他有时被心中的恶魔驱使，让身边的人怒火冲天、锐挫望绝。但他的个性和激情与产品是密不可分的，就像苹果的硬件和软件一样，构成了不可分割的整体。他的人生故事提供了种种关于创新、品格、领导力和价值观的经验教训，既能给人以启迪，又可以警示来者。

莎士比亚的《亨利五世》讲的是王子成长记。哈尔王子原本幼稚而任性，长大后，他热情又敏感，有时冷酷无情，有时多愁善感，善于鼓舞人心，虽有凡人之缺陷，但终成一国之君。在开场白中，致辞者高呼："啊！光芒万丈的缪斯女神呀，你登上了无比辉煌的幻想天堂！"对于史蒂夫·乔布斯来说，他璀璨夺目的幻想天堂之旅始于两对父母，始于谷地成长史——彼时，这个谷地刚刚学会点硅成金。

1956年，孩童时期的乔布斯和父亲保罗

1972年，霍姆斯特德中学年刊中的乔布斯

乔布斯家位于洛斯阿尔托斯的房子，苹果公司就是在这边的车库里诞生的

在鲍姆家的后院，他们拿出当年搞恶作剧用的床单，上面写着"SWAB JOB"

第一章　童年

我命由人不由己

领养

二战结束后，保罗·莱因霍尔德·乔布斯从美国海岸警卫队退伍。他们搭乘的军舰在旧金山的港口退役，队伍解散之际，保罗跟战友打赌，说两周之内就能找到一个女人跟他结婚。保罗是引擎机械师，肌肉紧实，文身个性，身高六英尺①，有几分影星詹姆斯·迪恩的神韵。之后没过几天，他遇到了克拉拉·哈戈皮安——一个来自亚美尼亚移民家庭的甜美风趣的女孩儿。她跟保罗交往并不是因为他长得帅，而是因为他跟朋友们有辆车——她当晚本来要跟一群没车的人出去玩儿。10天后，即1946年3月的某天，保罗与克拉拉订婚，保罗打赌赢了。事实证明，这段婚姻幸福美满，二人相爱相守40余年，直到最后被死神拆散。

保罗在威斯康星州日耳曼敦的一家奶牛场长大。父亲是个酒鬼，有时还会打人，而保罗虽然外表粗犷，性格却温和沉稳。高中辍学后，保罗在美国中西部靠机械师的手艺打零工。虽然不会游泳，他还是在19岁那年加入了海岸警卫队。他在美国海军"梅格斯将军号"运兵船上服役，二战期

---

① 1英尺约为0.3米。——编者注

间的主要任务是为巴顿将军把军队运送至意大利。保罗是船上的机械师和锅炉工，工作能力出色，获得过不少肯定和奖励，但却因为偶尔惹点儿麻烦，一直没有晋升至海军一等兵。

克拉拉出生在新泽西州。为了逃离土耳其的控制，她的父母从亚美尼亚移民到美国，在新泽西州落脚。在她小时候，他们全家搬到了旧金山教会区。她有个极少向外人提及的秘密：在遇到保罗之前，她结过一次婚，但丈夫丧命战场。所以初次跟保罗约会时，她已经准备好迎接新生活了。

战乱时代的生活飘摇动荡。战争结束后，保罗和克拉拉只想找个地方组建家庭，平静安稳地过日子。刚结婚的时候，两个人没什么钱，所以他们回到威斯康星州，在保罗的父母家住了几年。后来，他们搬到印第安纳州，保罗找了个工作，在万国收割机公司（International Harvester）做机械师。他喜欢研究二手车，闲暇时间会买来旧车，修修补补之后转卖赚钱。后来，他干脆辞去在万国收割机公司的工作，专门做二手车买卖。

克拉拉仍对旧金山念念不忘。1952年，她说服保罗，两个人搬回了旧金山，在日落区买下了一套公寓。公寓就在金门公园的南边，正对着太平洋。保罗在一家金融公司担任回收专员——如果车主不能按时还贷，他就把车锁撬开，对车辆进行"回收"。他也会买下一些回收车辆，修理之后卖掉。就这样，二人的收入还算可观，过得安逸舒适。

唯一美中不足的是他们没有孩子。他们想要孩子，但克拉拉之前有过一次宫外孕，受精卵的着床部位不是子宫而是输卵管。手术后，克拉拉失去了生育能力。到1955年，也就是结婚9年后，两人决定领养一个孩子。

和保罗·乔布斯一样，乔安妮·希贝尔也来自威斯康星州。她在乡村长大，父母是德国移民。她的父亲阿瑟·希贝尔（Arthur Schieble）从德国来到美国格林湾的郊区，跟妻子合办养貂场，也做房地产和照相凸版印刷等生意，干得有声有色。阿瑟是位严父，尤其关注女儿的交友问题。乔安妮的初恋是个艺术家，而且不是天主教徒，因此他们的交往遭到父亲的坚决反对。那是在威斯康星大学读研期间，乔安妮爱上了一位来自叙利亚的穆斯林助教，名叫阿卜杜法塔赫·约翰·钱德里。父亲自然大发雷霆，威胁要跟她断绝父女关系。

阿卜杜法塔赫出身于叙利亚名门望族，其父母有 9 个孩子，他是最小的一个。他的父亲拥有多家炼油厂，也做其他生意，在大马士革和霍姆斯拥有大量财产，甚至一度控制了当地的小麦价格。钱德里后来说，他的母亲是一位"传统的穆斯林女性"，是"保守顺从的家庭主妇"。跟希贝尔家一样，钱德里家也非常重视教育，虽然阿卜杜法塔赫是穆斯林，但他在耶稣会寄宿学校读过书。他在贝鲁特美国大学取得学士学位，之后进入威斯康星大学攻读政治学博士学位。

1954 年夏，乔安妮和阿卜杜法塔赫一起去了叙利亚。两个人在霍姆斯住了两个月，乔安妮跟男友的家人学会了做叙利亚菜。回到威斯康星后，乔安妮发现自己怀孕了。他们当年都是 23 岁，但决定先不结婚。乔安妮的父亲当时已是气息奄奄，将不久于人世。她的父亲威胁说，如果她跟阿卜杜法塔赫结婚，他就跟她断绝父女关系。希贝尔一家生活在一个很小的天主教社区，所以堕胎也并非易事。1955 年初，乔安妮来到旧金山，那里有位好心的医生为未婚妈妈提供庇护。医生会帮助她们接生，然后秘密安排收养事宜。

乔安妮决定把孩子送给他人抚养，但有个条件：领养人必须大学毕业。所以医生为她安排了一位律师和他的妻子。1955 年 2 月 24 日，乔安妮生下了一个男孩儿，但这对律师夫妻想要一个女儿，就退出了领养程序。这样一来，这个男孩儿没有成为律师的儿子，而是被保罗这样一个高中退学、热爱机械的人领养了，保罗的妻子克拉拉是一名纯洁沉稳的记账员。保罗和克拉拉夫妻给孩子取名为史蒂文·保罗·乔布斯（Steven Paul Jobs）。

在得知领养自己孩子的夫妻连高中都没毕业后，乔安妮拒绝在领养文件上签字。尽管孩子已经被乔布斯夫妇带回家中照顾了，但乔安妮依然拒绝签字，双方就这样僵持了几个星期。最后，乔安妮妥协了，前提是乔布斯夫妇必须在保证书上签字，承诺开设一个专门的银行账户，为孩子储蓄大学教育基金。

乔安妮之所以迟迟不愿意在领养文件上签字，还有一个原因。她的父亲已时日不多，她想等父亲辞世后就跟阿卜杜法塔赫结婚。她后来告诉家人，她当时还抱着一线希望，想等结婚后把宝宝要回来。想到这件事，她经常会泪流满面。

阿瑟·希贝尔于 1955 年 8 月离世，当时领养手续已经办完。那年圣诞节刚过，乔安妮和阿卜杜法塔赫就在格林湾的圣菲利普使徒天主教堂举行了婚礼。第二年，阿卜杜法塔赫取得国际政治学博士学位。他们后来又生了一个女儿，取名莫娜。乔安妮和阿卜杜法塔赫于 1962 年离婚。离婚后的乔安妮游走四方，过着梦幻般的生活。女儿长大后成为知名小说家——大名鼎鼎的莫娜·辛普森，她的小说《四海为家》就是以母亲为原型创作的。因为当时史蒂夫［Steve，史蒂文（Steven）的昵称］的领养手续已经办理完成，所以兄妹二人直到 20 年后才得以相认。

史蒂夫·乔布斯很小就知道自己是被领养的。他回忆说："关于领养这件事，父母对我很坦诚。"他清楚地记得自己六七岁的时候曾坐在自家门前的草坪上跟对面邻居家的小女孩儿说自己是被领养的。那女孩儿问："领养的意思是不是说你真正的爸爸妈妈不要你了？""我当时有一种五雷轰顶的感觉，"乔布斯说，"我记得自己哭着跑进了家门。我的父母严肃认真地注视着我的眼睛，一字一顿慢慢地说道：'不是这样的，你要知道，你是我们专门挑选的孩子。'他们两个人都把这句话重复了好几遍。"

"遭人遗弃""专门挑选""与众不同"——这几个概念成为乔布斯身份的一部分，也影响了他的自我认知。他最亲密的朋友认为，由于一出生就被遗弃，乔布斯的内心多少有一些伤疤。他多年的同事德尔·约克姆说："无论做什么，乔布斯都希望完全掌控局面，这跟他的性格有直接关系。他把产品看作自我的延伸。就是因为他一出生就被遗弃，所以他想控制外部环境。"格雷格·卡尔霍恩（Greg Calhoun）大学毕业后就跟乔布斯成为挚友，他看到遗弃对乔布斯产生了另一种影响："史蒂夫跟我聊过很多，他觉得被遗弃给自己带来了很大的痛苦。他因此变得独立。因为史蒂夫出生和成长于两个不同的世界，所以他一直都很特立独行、我行我素。"

后来，长到跟亲生父亲抛弃他时一样大的时候，乔布斯也成了一个孩子的父亲，他也抛弃了这个孩子（但他最终还是承担起了做父亲的责任）。孩子的母亲克里斯安·布伦南说，因为乔布斯曾经是弃婴，所以他的内心"狼藉一片"，有时候的行为十分极端，"被遗弃者终将遗弃他人"。乔布斯和克里斯安的共同好友屈指可数，而 20 世纪 80 年代早期与乔布斯一起在苹果公司共事的安迪·赫兹菲尔德就是其中一个。他说："史蒂夫最大的问题是他有时无法控制自己，会本能地显得残酷无情，给别人造成深深的伤害。问题的根源就是他一出生就被抛弃了。'被抛弃'这一主题贯穿史蒂夫的一生，这才是真正的根本性问题。"

乔布斯本人对此却不以为然。"有人说，我因为被亲生父母抛弃了，所以才拼命工作，想出人头地，让他们后悔，这样的说法是无稽之谈。"他坚称，"知道自己被领养也许让我更独立了吧，但是我从来没觉得自己是没人要的孩子，我一直觉得自己很特别。我的父母让我觉得自己是独一无二的。"如果有人说保罗和克拉拉只是乔布斯的"养父母"，或言语之中暗示他们并非他的"亲生"父母，乔布斯会大为恼火，"他们1000%是我的父母"。相反，在提到自己的亲生父母时，乔布斯则会简单粗暴地说："他们只是提供了精子和卵子而已。这么说并不过分，事实就是如此，我的生父跟精子银行的捐精者并没什么两样。"

硅谷

从很多方面来看，保罗和克拉拉·乔布斯为儿子创造的童年是20世纪50年代后期的典型模式。乔布斯两岁那年，他们又领养了一个女儿，取名帕蒂。三年后，保罗担任回收专员的金融公司——CIT（美国银行控股公司）把他调回了帕洛阿尔托的办事处，但当地房价太高了，于是他们全家搬到了位于南郊山景城的一个住宅区，那里的生活成本相对较低。

保罗·乔布斯希望把自己对机械和汽车的热爱传承给儿子。他把车库的工作桌划出一块区域，对儿子说："史蒂夫，从现在开始，这里就是你专属的工作台。"乔布斯还记得他小时候特别佩服父亲对工艺的执着和专注。"我以前觉得父亲的设计感很好，因为他什么都会做。如果我们需要一个橱柜，他就会自己动手做一个。他给院子搭栅栏的时候，还会给我一把锤子，让我跟他一起干活儿。"

50年过去了，当年的栅栏依然包围着山景城房子的后院和侧院。乔布斯带我去看时，他轻轻摩挲着栅栏的木板，回想起当年父亲说过虽然橱柜和栅栏的背面没人能看到，工艺也得讲究，不能草草了事。这一课已经深深植入乔布斯的心中。"父亲做事追求尽善尽美。即使是别人看不到的地方，他也精益求精。"

保罗继续靠出售翻新二手车赚钱。他在车库墙上贴满了自己喜欢的汽车图片。他会给儿子指出车型设计的细节，带领儿子欣赏车的线条、通风口、铬合金、座椅装饰等设计之美。每天下班后，保罗就换上工作服，一头扎进车库，史蒂夫常常跟在他后面。保罗日后回忆说："我本想让他学点儿机械技能，可是他不想把手弄脏。对机械方面的东西，他一点儿兴趣也没有。"

乔布斯自己也承认："我对修车没什么兴趣，只是特别想跟爸爸待在一起。"随着年龄的增加，乔布斯对被收养这件事的意识越来越强烈，但他对保罗的爱和依赖仍日益加深。8岁左右的时候，乔布斯有一天发现一张父亲在海岸警卫队服役时的照片。"他在轮机舱里，没穿上衣，看起来就像詹姆斯·迪恩。我不禁发出惊叹，哇，原来我的父母也曾经年轻，爸爸以前好帅啊。"

保罗带儿子认识了汽车，而因为汽车，史蒂夫第一次接触到了电子设备。"我父亲对电子设备了解不深，但汽车里有不少电子零件，他也会修理。他会给我讲解电子设备的基本原理，我觉得这特别有意思。"更有意思的是去废品堆里找零部件。"爸爸每个周末都带我去废品站。我们会四处寻找能用的发电机、化油器什么的。"乔布斯还记得父亲在收银台讨价还价的过程。"他很擅长讲价，因为他比卖家更清楚零件的价格。"保罗以此来兑现收养乔布斯时"储蓄教育基金"的承诺。"父亲会花50美元买下一辆福特猎鹰或其他破车，花几周时间修理好，然后卖250美元，也不报税，我上大学的钱就是这么来的。"

乔布斯夫妇和邻居的房子是模仿房地产开发商约瑟夫·埃奇勒（Joseph Eichler）设计的房屋建造的。1950—1974年，埃奇勒的公司在加利福尼亚州（加州）各个地区修建了超过1.1万套房屋。建筑大师弗兰克·劳埃德·赖特（Frank Lloyd Wright）主张设计风格简约的现代住宅，供"普通美国人"居住。受其启发，埃奇勒建造了造价较低的房屋，特点是墙面为落地玻璃，房间布局呈开放式，梁柱构造不加遮盖，地面就是混凝土板，门是滑动的玻璃门。有一次我们在这附近散步，乔布斯说："埃奇勒很了不起。

他建造的房子简约利落,价格不高,也很耐用。他们让低收入人群也能享受纯粹的设计、简约的风格。有些细节虽小,却非常用心,比如在地板下面安装了电暖气。我们小时候会坐在暖烘烘的地毯上,非常舒服。"

乔布斯说,因为欣赏埃奇勒建造的房屋,自己也燃起一股热情,想要为一般大众打造设计精良的产品。他一边细数埃奇勒纯粹优雅的风格,一边说道:"把出色的设计、便捷的功能和亲民的价格融为一体,我喜欢这种感觉。这是苹果创立的初衷,也是第一台 Mac 的设计目标,后来 iPod 的诞生亦是如此。"

乔布斯家对面住的是一个房地产经纪人,生意做得风生水起。乔布斯回忆道:"他并不是特别聪明,但好像赚了不少钱。我父亲想,'那我也能干这一行'。我记得父亲很勤奋,下了不少功夫,去上夜校,最后通过了执照考试,进入了房地产经纪行业。但紧接着,房地产市场崩盘了。"结果,乔布斯一家陷入了经济困境,当时乔布斯在上小学。他的母亲在科学仪器制造商瓦里安联合公司(Varian Associates)找到了一份记账员的工作,他们还申请了二次抵押贷款。乔布斯四年级的时候,有一天老师问他:"关于宇宙,你有什么不明白的吗?"他回答道:"我不明白为什么我爸爸突然变成穷光蛋了。"虽然经济拮据,但乔布斯依然以父亲为傲,因为父亲从来不会为了销售业绩而低声下气、花言巧语。"想要卖出去房子,就必须拍客户的马屁,我父亲不是那种人,也不屑于这么做。我很佩服他这一点。"保罗后来回归了机械师的老本行。

保罗性情平静温和,乔布斯很欣赏这一点,自己却没有效仿。而且,保罗遇事很坚定,不轻易动摇。乔布斯举了一个例子:

我家附近住了一个西屋电气的工程师,行事风格属于"垮掉的一代"[1]。他还没结婚,他的女朋友有时会帮忙照看我。因为我的父母都得上班,所以我放学会直接到他那里,待几个小时再回家。有几次,他喝多了,打了自己的女朋友。有一天晚上,他女朋友跑来我家,吓得要命,那个工程师也醉醺醺地跟了过来。我爸爸把他拦下了,说:"她是在我家,但你不能进

---

[1] 垮掉的一代,二战后风行于美国的文学流派,该流派的作家都是性格豪放、落拓不羁的男女青年,代表作家有杰克·凯鲁亚克、艾伦·金斯堡。——编者注

去。"爸爸就挡在门口,寸步不让。我们都以为20世纪50年代的生活很美好,但有很多人像这个工程师一样,过得一团糟。

整个美国有成千上万个类似的社区,林荫夹道,树影婆娑,一座座独栋房屋大同小异。而乔布斯成长的地区之所以特别,是因为在这里一无所能的人往往也能成为工程师。"我们搬过来的时候,这里到处是杏树园和李树园。"乔布斯回忆道,"因为军工投资,当时的经济刚刚开始蓬勃发展。"乔布斯对当地的发展史耳濡目染,希望自己也能大有作为。宝丽来的埃德温·兰德后来告诉乔布斯,他曾经接到艾森豪威尔的要求,协助制造U-2侦察机上的照相机,分析苏联的威胁到底有多大。相机拍摄的影像胶卷装在塑料圆盒里,被送至位于森尼韦尔的美国国家航空航天局艾姆斯研究中心。乔布斯家就住在研究中心附近,"我第一次见到计算机终端,就是我爸爸带我去艾姆斯中心那次,我彻底爱上了计算机"。

20世纪50年代,承接国防项目的军工企业在附近迅速崛起。1956年,洛克希德公司导弹与空间业务部门成立。这一业务部门紧邻艾姆斯研究中心,主要生产潜射弹道导弹。四年后,乔布斯一家搬到这里,当时洛克希德业务部门的员工总量已经高达两万名。西屋电气公司就在几百米之外,主要制造导弹系统所需的真空管和变压器。乔布斯回忆道:"处于科技前沿的军工企业都在这里,到处弥漫着神秘感和高科技氛围,住在附近感觉特别刺激。"

国防工业方兴未艾,科技推动经济高速增长的起源还要追溯到1938年。那一年,正享受宴尔之乐的戴维·帕卡德和妻子搬到了帕洛阿尔托的一栋房子里。不久,帕卡德的朋友比尔·休利特也在房子旁边的小屋安顿下来。这栋房子附带了一个车库(在这个地区,车库既具有实用价值,也具有标志性意义),两个人在车库里钻研摸索,制造了第一件产品——音频振荡器。这就是惠普公司的起源。到20世纪50年代,惠普已经成为一家技术设备制造商,其业务发展一飞冲天、日新月异。

车库创业终嫌小,幸运的是,附近还有一个地方为创业者提供了更大的场所。斯坦福大学工程学院院长弗雷德里克·特曼(Frederick Terman)在大学用地上建设了一个占地700英亩①的工业园区,供私营企业租用,目标

---

① 1英亩约为4 046.86平方米。——编者注

是把学生的创意商业化。这一创举把当地变成了科技革命的摇篮。工业园区的首家租户是瓦里安联合公司——克拉拉·乔布斯供职的公司。乔布斯评价称:"特曼的创意很了不起,对硅谷科技产业的发展起到了至关重要的推动作用。"乔布斯10岁的时候,惠普已经拥有9 000名员工,是每一个追求财务稳定的工程师都梦寐以求的蓝筹公司①。

毋庸置疑,推动当地经济增长的最重要的科技当属半导体。新泽西的贝尔实验室发明了晶体管,其中一个发明人是威廉·肖克利(William Shockley)。肖克利搬到了山景城,于1956年创办公司,以硅为原料制造晶体管(当时普遍使用的晶体管制造材料为锗,造价较高)。但后来肖克利变得性格乖张,放弃了硅晶体管项目,于是公司的8名工程师离职创业,成立仙童半导体公司,其中最有名的两位工程师是罗伯特·诺伊斯(Robert Noyce)和戈登·摩尔(Gordon Moore)。在鼎盛时期,仙童半导体公司员工人数高达1.2万。但在1968年,公司爆发权力斗争,变得四分五裂。诺伊斯未能获得首席执行官一职,黯然离场。他带走了戈登·摩尔,创办了集成电路公司(Integrated Electronics Corporation),以英文首字母给公司取了一个响亮的名字,叫英特尔(Intel)。英特尔的第三名员工是安迪·格鲁夫。在格鲁夫的推动下,英特尔的业务重点从内存芯片变为微处理器,发展突飞猛进。在短短几年内,这个地区就出现了50多家半导体制造商。

半导体产业呈指数级增长,摩尔研究发现了其中的规律,这就是后来赫赫有名的"摩尔定律"。1965年,摩尔在绘制集成电路数据图时发现每个芯片所能容纳的晶体管数目大约每两年就会翻一番,性能也会提升一倍,而且这一趋势有望持续下去。摩尔定律在1971年再次得到证实。这一年,英特尔成功地把一个完整的中央处理器蚀刻在一个芯片上,推出Intel 4004微处理器。摩尔定律至今仍普遍适用。因为它能够对性能和价格进行可靠预测,包括史蒂夫·乔布斯和比尔·盖茨在内的两代年轻企业家可以对其尖端产品做出成本预测。

芯片产业给这个地区带来了新名字。唐·霍夫勒(Don Hoefler)是《电

---

① 蓝筹(blue-chip),即蓝色筹码。在西方赌场中,有三种颜色的筹码,其中蓝色筹码最为值钱。蓝筹公司是指虽不具备较高成长潜力,但基本面向好,具有较大安全边际的公司。——编者注

子新闻》周刊的专栏作家，从1971年1月起，他开始撰写题为"美国硅谷"的系列文章，"硅谷"自此成为高科技产业云集的圣克拉拉谷（Santa Clara Valley）的别称。圣克拉拉谷绵延40英里[①]，北起南旧金山市，纵贯帕洛阿尔托，南至圣何塞。硅谷的商业主干道是国王大道（El Camino Real）。这条大道曾经连接加州的21所教会，现在连接的则是大企业和初创公司，车辆川流不息，一派繁荣。硅谷每年获得的风险投资占全美风投资金总量的1/3。乔布斯说："我在这里长大，深受硅谷发展史的鼓舞和启发，也想成为其中的一员。"

像大多数孩子一样，乔布斯也被身边大人的热情感染。他回忆说："别人的爸爸大都在研究太阳能光伏、电池和雷达这种很高级的东西，我小时候看到都会觉得敬畏又好奇，经常问这问那。"对乔布斯最重要的邻居当属拉里·兰格（Larry Lange），两家之间隔了7户人家。乔布斯回忆道："在我心中，惠普工程师就应该是他那个样子。他是一个无线电业余爱好者、铁杆电子迷，经常带东西给我玩儿。"我跟乔布斯边走边聊，来到了以前兰格住的房子。乔布斯指着车道说："他拿了碳粒式麦克风、电池和扬声器，组装好了放在这个车道上，接着让我对着碳粒式麦克风说话，然后我的声音就被扬声器放大了。"乔布斯记得父亲说过，麦克风一定要用电子扩音器。"于是我跑回家，告诉爸爸他错了。"

"你说的不对，肯定要扩音器。"父亲肯定地说。史蒂夫坚持说不用，父亲说他疯了。"没有扩音器，麦克风就不能用了，这里面是有科学依据的。"

"我一直说不对不对，并且让他自己去看看。后来他真的跟我一起到邻居家看了看。他说：'还真是，我话说得太武断，下结论太快了。'"

乔布斯对这件事记得一清二楚，因为这是他第一次意识到父亲并不是无所不知。后来，他又发现原来自己比父母更聪明，这让他感到手足无措。他以前觉得父亲能力强、悟性高，一直很崇拜他。"他不是个文化人，但我一直觉得他非常聪明。他不怎么读书，但动手能力很强，凡是跟机械有关的东西，就没有他搞不明白的。"但从碳粒式麦克风这件事开始，乔布斯逐

---

① 1英里约为1.6千米。——编者注

渐意识到自己其实比父母聪明，反应更快。这让他的内心产生了一丝不安，甚至恼怒。"那一刻很重要，一直压在我心头，我不知道怎么排解。当我意识到我比父母更聪明之后，这种想法让我感到非常羞愧。我永远忘不掉那个瞬间。"乔布斯后来告诉朋友，发现自己比父母聪明，再加上他被领养的事实，让他与父母产生了疏离感，他感觉自己与父母，以及整个世界都产生了隔膜。

没过多久，他又意识到其实父母知道他更聪明。保罗和克拉拉·乔布斯对儿子充满了爱，他们愿意改变自己的生活，来适应儿子的聪明——还有任性。他们会不遗余力地迁就他。史蒂夫很快也发现了这一点。"他们两个都很理解我，他们感觉到我跟别人不一样，因此感觉责任重大。他们会想办法让我接触新事物，送我去更好的学校。他们会尽力满足我的需求。"

所以在乔布斯的成长过程中，他一方面觉得自己曾遭遗弃，另一方面觉得自己与众不同。在他看来，"感觉自己很特别"对自己个性的形成更为重要。

学校

上小学之前，母亲教会了乔布斯阅读，但等到乔布斯进入小学后，这反而造成了一些问题。"刚上小学的一两年，我觉得挺没意思的，就惹了很多麻烦。"乔布斯天生抗拒权威，父母的教育方式让他更加特立独行。上学之后，这一点很快就表现出来。"我在学校遇到的权威人士跟我之前遇到的不一样，让我很不喜欢。这种权威差点儿扼杀了我的好奇心，几乎把我毁了。"

乔布斯在蒙塔洛马小学就读。蒙塔洛马小学校舍低矮，建于20世纪50年代，距离他家只有四个街区。因为无聊，乔布斯整天捣蛋。"我的好朋友叫里克·费伦蒂诺（Rick Ferrentino），我们会惹上各种各样的麻烦，"他回忆说，"我们会自己制作小海报，宣布某一天是'宠物进校园日'，结果大家把家里的宠物都带来了，狗追猫叫，鸡飞狗跳，老师们都疯了。"还有一次，他们想办法要到了同学的自行车锁密码。"我们把所有的车锁都调换了，放学之后谁都走不了，直到快半夜了，他们才把所有的锁归回原位。"三年级的时候，乔布斯的恶作剧变得有点儿危险了。"瑟曼太太是我们的老师，有一次我们在她椅子下面放了一个炮，把她吓了一大跳。"

不出所料，三年级还没读完，乔布斯已经被请回家两三次了。不过那时他的父亲已经意识到他是个特别的孩子。他平静但坚定地跟学校沟通，希望学校也能给乔布斯以特殊的待遇。乔布斯还记得父亲当时是这样对老师说的："搞恶作剧并不是史蒂夫的错，如果你们教的东西提不起他的兴趣，那是你们的错。"父母从来不会因为乔布斯在学校里犯错对他正颜厉色。"我爷爷是个酒鬼，会用皮带打我爸，但我一个巴掌都没挨过。"他又补充说，父母都"知道责任在学校，因为老师只是逼我死记硬背，并没有激发我的学习兴趣"。小学时期的乔布斯已经展现出性格的两面性，他有时敏感易怒，有时又对身边的一切人和事漠不关心，这种矛盾贯穿了他的一生。

要升四年级的时候，学校决定把他和费伦蒂诺分到不同的班级。高年级的老师是伊莫金·希尔（Imogene Hill），她精力充沛，大家都叫她"泰迪"（Teddy）。乔布斯说："她是我人生的贵人。"希尔先是观察了乔布斯几周，她意识到，要搞定这个孩子，最好的办法就是"利诱"。"有一天放学，她给我拿了一本数学题册，让我带回家做。我当时觉得她脑子有病。结果她又拿出一根超级大的棒棒糖，在我看来，它就像地球那么大，说如果我能全部做对，她就把棒棒糖给我，还会给我 5 块钱。我两天就做完交给她了。"几个月后，乔布斯已经不需要物质奖励了。"我发自内心地想学习，想让她高兴。"

因为乔布斯表现良好，希尔又送给他一个科学玩具套装，可以自己打磨镜头，制作相机。"在所有教过我的老师中，我从她身上学到的东西最多。如果没遇到她，我肯定会进监狱。"这件事再次强化了乔布斯的自我认知，让他更加觉得自己与众不同。"在我们班里，她只关心我一个人的表现。她觉得我将来大有可为。"

希尔不仅了解到乔布斯智力超群，还知道他是谈判高手。多年以后，她很喜欢展示当年全班在"夏威夷日"的大合影。那天，乔布斯来上学的时候并没有按要求穿上夏威夷衬衫，但等到拍照的时候，他就在第一排中间，还穿着花衬衫——他硬是说服另外一个同学把身上的夏威夷衬衫脱给了他。

四年级快结束的时候，希尔给乔布斯做了测试。"我的得分相当于高中二年级的水平。"他回忆说。现在不仅乔布斯自己和父母知道他智力超群，连学校也知道了。学校破例让他连跳两级，直升七年级，让他挑战自我，激发兴趣。但他的父母考虑再三，决定让他只跳一级。

即便如此，这种改变还是给他带来了痛苦。乔布斯本身就不善社交，跟比自己大一岁的孩子一个年级，他更加形单影只。更糟糕的是，六年级在另一个校区，也就是克里滕登中学（Crittenden Middle）。虽然这个校区距离小学只有 8 个街区，但却像是另一个世界，因为周围有很多少数族裔帮派。硅谷记者迈克尔·马龙（Michael S. Malone）曾经这样写道："打架斗殴是家常便饭，卫生间里也总会发生敲诈勒索的情况。学生频繁携带刀具进出校园，以此展示自己的男子气概。"乔布斯入学的时候，刚刚有一群学生因为轮奸罪入狱；邻校的校车也被砸得面目全非，而这只是因为这个学校在摔跤比赛中战胜了克里滕登中学。

乔布斯在学校里经常被霸凌。七年级上到一半时，他终于忍无可忍，给父母下了最后通牒。"我坚决要求转学。"他回忆说。转学需要一大笔钱，而他们家并不富裕。当时父母赚的钱勉强够维持生活，但事已至此，他们也只能满足他的要求。"他们本来不同意，但我说要是非让我回克里滕登中学，我就不上学了。他们只好研究了一下哪里的学校最好，勉强凑出 2.1 万美元，在环境更好的街区买了一栋房子。"

他们往南搬了 3 英里，搬到了位于洛斯阿尔托斯（Los Altos）的一个住宅区。这里原本是一片杏树园，后来改建成一排排外观一致的住宅。新家位于克莱斯特路 2066 号（2066 Crist Drive），是一个平房，有三间卧室，房子旁边是车库，正对马路，装了一扇卷帘门。这个车库可谓意义重大：保罗·乔布斯可以在里面修理汽车，他儿子可以在里面玩电子设备。另一个重大意义就是房子的位置：这所房子恰好位于库比蒂诺-森尼韦尔（Cupertino-Sunnyvale）学区的边界线上，这个学区的安全性和教学质量在硅谷是数一数二的。"我刚搬过来的时候，这些地方还都是杏树，"我们路过乔布斯以前住的房子，他指给我看，"那个房子的主人教我怎么种有机果蔬，以及怎么堆肥。他种的所有东西都完美无瑕，是当时的我吃过最好吃的东西。从那时起，我开始喜欢上有机水果和蔬菜。"

乔布斯的父母信奉基督教，但并不十分狂热。尽管如此，他们还是想让宗教成为儿子成长教育的一部分。所以，每逢星期日，他们都会带着乔布斯去路德教堂，直到乔布斯13岁那年。1968年7月的《生活》杂志上刊登了两个长期挨饿的非洲比亚法拉儿童的照片，形销骨立，震撼人心。乔布斯把杂志带到主日学校，质问教会的牧师："如果我要举起一根手指，是不是我还没举起来，上帝就已经知道我想举哪一根了？"

牧师回答说："没错，上帝无所不知。"

于是乔布斯拿出那期《生活》杂志，指着封面问道："那上帝知道这回事吗？他知道这些小孩儿会饿死吗？""史蒂夫，我知道你不明白，但是，是的，上帝知道这一切。"

乔布斯当场宣布，他再也不要敬拜这样的神，以后也没有去过教堂。但他后来潜心学习过佛教禅宗的教义，也尝试身体力行了几年。多年后，回顾自己灵修的感受，他得出这样的结论：宗教要强调灵修体验，而不是对教条照单全收，这样才能更接近真理。乔布斯告诉我："基督教太过强调虔诚的信仰，而没有号召教徒效仿耶稣的生活方式或像耶稣那样观察世界，这是导致基督教失去号召力的原因。在我看来，不同的宗教就是一扇扇门，门虽有异，最后却是通往同一个房子。我有时感觉房子是真实存在的，有时又感觉它是人想象出来的。这就是灵性的神秘之处。"

当时，保罗·乔布斯在光谱物理公司（Spectra-Physics）上班。光谱物理公司位于圣克拉拉附近，专门生产电子设备和医疗产品的激光器件。保罗是机械师，负责为工程师们设计的产品制作样机。做样机必须确保完美无缺，乔布斯对此叹为观止。"激光需要精确校准，航空工程或医疗设备使用的复杂激光器件更是精密，不能有丝毫误差。工程师会跟我爸爸说：'我想要个这样的东西，需要用同一块金属板制作，这样各部分的膨胀系数才一样。'爸爸就会想办法将其做出来。"大多数样机都要从零件开始做，所以保罗要制造各种各样的工具和模具。他的儿子虽然对此赞叹不已，却极少去机械车间。"要是当时他教会我怎么使用铣床和车床，我应该会觉得挺有意思的。可惜我没去过那里，因为我更喜欢电子的东西。"

有一年夏天，保罗带着史蒂夫回到威斯康星州，在家里的奶牛场小住。史蒂夫觉得乡村生活索然无味，但却深深记住了一个景象——小牛犊出生的过程。刚出生的小牛看起来弱不禁风，但没过几分钟，竟然可以挣扎着站起来开始自己走路了。史蒂夫十分惊奇，他回忆说："这不是小牛后天学习的技能，而是与生俱来的本领，人类婴儿就做不到。虽然大家都觉得没什么，但我觉得这特别了不起。"他用硬件和软件进行类比："小牛的身体部件和大脑部件就好像经过了特别的设计，可以在出生的瞬间就协同工作，并不需要后天的学习。"

九年级的时候，乔布斯去了霍姆斯特德中学。这个高中校园很大，校舍是几栋两层砖砌小楼，外墙刷成了粉色，共有 2 000 名学生。"学校的设计师是个著名的监狱建筑师，"乔布斯回忆说，"所以学校的建筑看起来坚不可摧。"高中阶段，乔布斯爱上了步行，每天会自己走 15 个街区去上学。

他没什么同龄的朋友，但结识了几个高年级学生，这几个人沉迷于 20 世纪 60 年代后期的反主流文化浪潮。极客的世界和嬉皮士的世界开始出现重叠。"我的朋友们都特别聪明。我对数学、科学和电子学感兴趣。他们也一样，但他们还喜欢迷幻药和反主流文化。"

在这一时期，乔布斯的恶作剧一般都会用到电子设备。他有一次在家里安装了几个扬声器。由于扬声器也可以当麦克风使用，他就在自己的衣柜里打造了一个控制室，监听家里其他房间的动静。一天晚上，他正戴着耳机偷听父母卧室的声音，被父亲逮了个正着。父亲大发雷霆，让他赶紧把装置拆掉。他晚上经常去拉里·兰格家玩儿，兰格就是他搬家前的工程师邻居。后来，兰格把之前让乔布斯大呼惊奇的碳粒式麦克风送给了他。他还教乔布斯使用希斯工具盒（Heathkits）。这个工具盒当时广受欢迎，用户可以运用其中的元件自己动手组装无线电设备或其他电子设备。乔布斯回忆说："希斯工具盒里有电路板，有用颜色编码的零件，还有工作原理讲解手册。拿在手里，你会觉得自己可以制造任何东西，了解任何东西的原理。自己动手组装几个无线电设备后，如果再看到产品目录里的电视机，就算没做过，你也觉得自己可以做出来。我很幸运，因为我的爸爸和希斯工具盒都让我觉得自己什么都能做出来。"

兰格还带着乔布斯加入了惠普探索者俱乐部。俱乐部会员是大约 15 个学生，每星期二在公司餐厅举行活动。"每次俱乐部组织活动，都会请来实验室的工程师跟我们分享自己手上的研究项目，"乔布斯回忆说，"我爸爸会开车送我过去。我感觉就像到了天堂。惠普是发光二极管（LED）的行业先锋，所以我们会讨论二极管的应用问题。"因为父亲在激光公司工作，乔布斯对激光尤其关注。有一天活动结束后，他拦下了一名惠普的激光工程师，让他带着自己参观了他们的全息摄影实验室。然而，让乔布斯印象最深刻的还是惠普正在研发的小型计算机。"我在惠普第一次见到了台式机，叫作9100A，其实就是个高级计算器，但它的确是第一台货真价实的台式机。机器很大，可能有40磅[①]重，但在我看来，它神奇无比。我爱上了它。"

探索者俱乐部鼓励小会员自己做项目。乔布斯决定做个计频器，用来测量电子信号中每秒的脉冲数量。制作计频器需要一些惠普制造的零件，于是乔布斯拿起电话，打给了惠普的首席执行官。"当时所有的电话号码都是登记在册的，所以我在电话簿上找到了帕洛阿尔托的比尔·休利特，给他家打了电话。他接了电话，跟我聊了20分钟。他不仅给了我所需的零件，还让我去惠普制造计频器的工厂上班。"于是，在霍姆斯特德中学第一年的暑假，乔布斯去了惠普的工厂打工。"我爸爸每天早上开车送我去上班，晚上再开车接我回家。"

乔布斯在流水线上干活儿，用他的话说就是"安装螺母和螺栓"。大家都知道这个毛小子爱出风头，是直接给首席执行官打了电话，靠耍嘴皮子进来的，因此有些流水线工友对他很有意见。"我还记得我当时跟一个主管说'我太喜欢这个装置了，喜欢得不得了'，然后问他最喜欢什么，结果他说他最喜欢鬼混。"相比之下，乔布斯觉得跟楼上的工程师打交道更容易一些。"工厂每天上午10点都会给他们提供甜甜圈和咖啡，我会上楼跟他们待一会儿。"

乔布斯喜欢工作。他还干过送报纸的活儿。每逢雨天，父亲就会开车带着他送报纸。高中第二年，乔布斯利用周末和暑假时间在哈尔泰克（Haltek）做仓库管理员。哈尔泰克是一家巨大的电子器材商店，就像他父亲会去废品站淘汽车零件一样，这个商店也是"拾荒者"的天堂。商店占了一整个街区，各类电子器材琳琅满目，新的、旧的、回收的、多余的，

[①] 1磅约为0.45千克。——编者注

应有尽有，塞满了货架。不同的零件混杂在一起，被扔在箱子里，就连外面的院子里也有成堆的零件。"在仓库后面靠近海湾的地方，有一块栅栏围起来的地方，里面放着北极星潜艇的内部元件，都是从潜艇上扒下来当作废品卖掉的。"他回忆说，"那里有各种各样军绿色或灰色的操纵装置和按钮，有琥珀色或红色的开关和灯泡罩。还有那种很大的老式手柄式开关，摆弄的时候感觉特别爽，就好像拨一下就能把芝加哥炸为平地似的。"

商店前面的木制柜台上堆着厚厚的活页夹目录，已经被翻得破破烂烂，买开关、电阻、电容的顾客趴在柜台上讨价还价，有时连最新的存储芯片也要讲价。乔布斯的父亲以前买汽车配件的时候也是这样，每次讲价都能成功，因为他比店员更清楚配件的价格。乔布斯有样学样。因为他喜欢谈判，也喜欢赚钱，由此很快积累了电子零件的相关知识。他会去阿何塞旧货交易市场及其他的电子产品跳蚤市场淘货，以低价买下二手电路板，再把电路板上值钱的芯片或元件拆下来，卖给哈尔泰克商店的经理。

15岁那年，在父亲的帮助下，乔布斯拥有了自己人生的第一辆车。这是一辆双色纳什大都会轿车，父亲给车配了一台英国MG公司生产的发动机。乔布斯不喜欢这辆车，但他不想让父亲知道，因为他不想错失让自己拥有一辆汽车的机会。"现在回想起来，纳什大都会是挺酷的，但我当时真是觉得它土到家了。不过它好歹是辆车，有车开就已经很不错了。"乔布斯会打各种各样的零工，不到一年就攒够了钱，可以换一辆红色菲亚特850轿跑车，配上阿巴斯发动机。"车是我爸爸帮我买的，他还帮我检查了车况，赚钱和攒钱来买东西让我特别有满足感，我感到特别兴奋。"

买车的这一年夏天，在乔布斯即将进入高中第三年的学习时，他开始抽大麻。"那年夏天，我第一次抽大麻，感觉浑身瘫软。我当时15岁，后来就经常抽了。"他的父亲有一次在他的菲亚特车上发现了一些大麻，问他："这是什么？"乔布斯淡定地回答："是大麻。"在乔布斯的一生中，父亲对他大发雷霆的次数屈指可数，这就是其中一次。"我跟父亲真正吵架只有这一次。"他说。但父亲再一次屈从于他的意志。"他让我保证以后再也不抽大麻了，但我不能保证。"其实，到了高中第四年，乔布斯不仅抽大麻，还使用迷幻药，甚至尝试进行睡眠剥夺，想看看这能对头脑产生什么致幻效果。"我开始更多地抽大麻，偶尔也会用迷幻药，一般会去户外，有时在车里。"

高中最后两年,乔布斯的心智发展也突飞猛进。一方面,他像极客一样沉浸在电子产品的世界;另一方面,他也热爱文学和创作。"我开始大量听音乐,读的书也不只是科技类了,我读了莎士比亚、柏拉图的作品,很喜欢《李尔王》。"他最喜欢的文学作品还有《白鲸》和迪伦·托马斯(Dylan Thomas)的诗。在文学史上,李尔王和亚哈船长以任性执着著称,我问他为什么他跟这两个人物有共鸣,但他对我的类比没反应,我也没有再追问。"高四的大学英语预修课特别好。英语老师长得很像海明威。他会带我们去约塞米蒂国家公园踏雪健走。"

乔布斯学的一门课程后来成了硅谷传说的一部分,这门课就是约翰·麦科勒姆(John McCollum)教授的电子学。麦科勒姆以前是位海军飞行员,颇具表演天赋,会用小把戏激发学生的兴趣,比如让特斯拉线圈产生电火花。他在自己的小储藏室塞满了四处淘来的晶体管和其他元件,还会把钥匙给自己喜欢的学生,让他们进去玩儿。

麦科勒姆的教室位于学校边上一座厂房模样的建筑中,紧挨着停车场。"就是这间教室,"乔布斯从窗口向里张望,"旁边这间就是原来的汽车修理课教室。"两个课堂相邻,也说明了从乔布斯父亲这代人到乔布斯这代人的兴趣已经发生了转变。"麦科勒姆先生认为电子学已经取代了汽车修理,成为新的热门科目。"

麦科勒姆的课堂纪律严格,类似军事化管理,他认为学生需要尊重权威。但乔布斯却恰好相反,他毫不掩饰自己对权威的厌恶。他做事专注认真,不太参加集体活动,有时非常叛逆,让人难以捉摸。麦科勒姆后来说:"他经常一个人在教室角落干自己的事,不想跟我和其他同学打交道。"麦科勒姆从来没有放心地给过乔布斯储藏室的钥匙。有一次,乔布斯需要的一个零件在市面上找不到,于是他给底特律的制造商伯勒斯公司(Burroughs)打了一个对方付费的电话,说自己正在设计一个新产品,想用这个零件测试一下。几天后,乔布斯收到了伯勒斯公司空运寄出的包裹。麦科勒姆问他是如何拿到零件的,乔布斯就说自己打了对方付费的电话,编了个故事,语气很是骄傲,还带有一丝挑衅。"我气坏了,"麦科勒姆说,"我不希望自己的学生做这样的事。"乔布斯则说:"我又没钱打电话,他们钱多得很。"

麦科勒姆的课程是三年的,但乔布斯只上了一年。有一次项目作业,乔布斯制造了一台带有光感器的装置,遇光后电路就会开启——这个装置并无技术含量,任何一个上过科学课的高中学生都能做到。相比之下,乔布斯对激光的兴趣就浓厚得多,这应该是受了父亲的影响。他和几个朋友在立体声系统的扬声器上安装了反射镜,反射激光光线,在各种派对上大搞灯光秀。

第二章　奇特的一对

两个史蒂夫

沃兹

1976年，乔布斯和沃兹尼亚克在车库里

在麦科勒姆的班级上课的时候，乔布斯跟霍姆斯特德中学的一个毕业生成为好友。这个人叫史蒂芬·沃兹尼亚克，是麦科勒姆最得意的门生，也因为电子设备玩得出神入化而成为校园传奇人物。沃兹尼亚克比乔布斯大了将近5岁，他的弟弟曾经跟乔布斯在同一个游泳队。

沃兹尼亚克对电子学的研究要比乔布斯深入得多，但无论是情感生活还是社交能力，他都还像一个高中的书呆子。

跟乔布斯一样，沃兹尼亚克也从自己的父亲身上学到了很多东西，但两个人学的内容不一样。保罗·乔布斯是高中辍学的，以买卖二手车为职业，知道如何以合适的价格买来配件，组装之后卖个好价钱。而沃兹尼亚克的父亲弗朗西斯·沃兹尼亚克（Francis Wozniak），也就是大家口中的杰里（Jerry），毕业于加州理工学院工程系，在校期间成绩优异，曾担任校橄榄球队的四分卫，后来成为洛克希德公司的火箭科学家，崇尚工程学，对商业、市场或销售之流嗤之以鼻。"我记得他告诉我，工程师是世界上最重要的人，工程学可以让社会提升到全新的水平。"史蒂夫[①]·沃兹尼亚克后来回忆说。

史蒂夫·沃兹尼亚克还依稀记得小时候的一个周末跟父亲去他工作的地方，看到好多电子元件，"爸爸还把元件都摆在桌子上让我玩儿"。他还记得父亲尝试让示波器上的波形显示为一条水平直线——直线表明其设计的电路可以正常工作。沃兹看得目不转睛。"虽然我不知道爸爸在做什么，但我能感觉到他的工作非常重要，而且他做得非常好。"沃兹小时候就对家里随处可见的电阻和晶体管充满好奇，向父亲问个不停。他的父亲会拿出一块黑板，以图画的形式向他讲解其中的原理。"他会从原子和电子讲起，解释电阻的形成。因为我才上小学二年级，所以他在给我讲解时没列方程，而是让我想象原子和电子是如何运动的。"

沃兹个性纯真，不善社交。他的父亲曾教育他"永远不要撒谎"，这个原则也成为他品格中根深蒂固的一部分。"我爸爸笃信做人要磊落坦荡。这是他教我的最重要的事情。所以，直到现在，我都没有撒过谎。"（搞恶作剧不算。）除此之外，父亲还给沃兹灌输了对野心家的极端厌恶。在这一点上，沃兹与乔布斯存在天壤之别。2010年，两人相识整整40年，在一场苹果的产品发布会上，沃兹回想了二人之间的差异："爸爸告诉我做人要讲究中庸之道，我从未想过要像史蒂夫那样站在世界之巅。父亲是个工程师，我的理想也是成为工程师。我生性腼腆，不可能成为像史蒂夫那样的商业领袖。"

到了四年级，用沃兹尼亚克自己的话说，他已经成为一名"电子小能手"。比起与女生对视，他觉得盯着晶体管更自在。他长得矮矮胖胖，因为大部分时间都埋头研究电路板，所以有点儿驼背。在乔布斯想知道父亲解释不清楚的碳粒式麦克风的作用原理的年纪，沃兹尼亚克就已经可以用晶

[①] 史蒂夫（Steve）是史蒂芬（Stephen）的昵称。——译者注

体管组装对讲系统了。这个系统包含扩音器、继电器、灯和蜂鸣器,可以把6户邻居的儿童房连接起来。而在乔布斯还在玩希斯工具盒的时候,沃兹尼亚克已经在用哈里克拉夫特公司(Hallicrafters)最先进的无线电设备组装发射器和接收器了。

沃兹花了大量的时间在家阅读父亲的电子学期刊,对功能强大的埃尼阿克(ENIAC)等新型计算机的故事尤其痴迷。沃兹毫不费力就掌握了布尔代数,因此他惊奇地发现,计算机对他来说根本不难,反而是太简单了。八年级的时候,他参加了一项由空军在当地举办的竞赛,尽管参赛选手中有上至十二年级的学生,但他一举获得了最高奖项。他的参赛作品是一台计算机,他在其中的10块电路板上安装了100只晶体管、200只二极管和200只电阻。

升入高年级后,沃兹的同龄人开始跟女生约会,参加各种派对。这时的沃兹更加形单影只,因为他觉得约会和派对太复杂了,不像设计电路那么简单。"我以前的朋友还是挺多的,我们会一起骑自行车什么的,但突然就没人跟我玩儿了。"他回忆说,"好像在很长一段时间里,连一个跟我说话的人都没有。"为了排遣内心的苦闷,沃兹搞起了幼稚的恶作剧。十二年级时,他组装了一个电子节拍器。电子节拍器是在音乐课上用于打拍子的工具,会发出"嘀嗒嘀嗒"的声音。他灵感乍现,觉得这嘀嗒声与炸弹定时器的声音非常相似。于是他找来一些大号电池,用胶带粘在一起,将其与节拍器一起放到了学校储物柜里。他还对节拍器稍加改装——储物柜一打开,"嘀嗒"声就会加速。当天晚些时候,沃兹被叫到校长办公室。他本以为自己又拿到了学校数学比赛的最高奖项,结果却遭到了警察劈头盖脸的质问。原来,有人发现"炸弹"以后,把校长叫到现场,校长牢牢抱起"炸弹",勇敢地跑到了足球场上,把"导火索"拽了下来。听了校长的这番经历,沃兹忍不住哈哈大笑。最后,他被送到了青少年拘留中心关了一夜。在拘留中心,沃兹也没闲着,他教会了别人怎样把吊扇的电线接到铁窗上,这样谁碰到窗户,就会被电击一下。这也成了他毕生难忘的经历。

在沃兹看来,被电到就像是获得荣誉勋章。他很为自己硬件工程师的身份感到骄傲,觉得时不时触电稀松平常。他还发明过一个轮盘赌游戏:四个人把拇指放在槽里,当小球落下,就会有一个人被电击。沃兹说:"搞硬件的会玩儿这个游戏，但搞软件的玩儿不了，他们胆子太小。"

高中最后一年，沃兹在喜万年公司（Sylvania）做兼职，人生中第一次接触到了计算机。他从书上自学了计算机编程语言FORTRAN，从数字设备公司（Digital Equipment）PDP-8计算机的系统使用手册开始读起，读完了市面上大多数计算机的使用手册。之后，他又研究了各种最新微芯片的规格，尝试用这些新元件重新设计计算机。他给自己设定了挑战目标：要用最少的元件复制现有的计算机系统。他每天晚上都在努力改进前一天晚上的作品。到高中快毕业的时候，沃兹俨然已经成了计算机大师。"我设计的计算机元件数量是市面上计算机的一半，只不过我的设计还停留在图纸上。"他从来没跟朋友提起过这些。毕竟，17岁的孩子大都志不在此，都在忙着玩儿其他的。

高中毕业那年感恩节的周末，沃兹去科罗拉多大学参观。当时学校放假了，但他找到一个工程系的学生，让他带着自己参观了实验室。后来，他便恳求父亲送自己去科罗拉多大学读书。但去州外读大学的学费很高，超出了他们家的承受能力。最后，沃兹和父亲达成协议：沃兹可以去科罗拉多大学读一年，但第二年要转学到家附近的德安扎学院。1969年秋，沃兹进入科罗拉多大学就读。他把大量时间用于搞恶作剧（例如打印大量传单，上面写着"他妈的尼克松"），几门课没有通过考试，被留校察看。除此以外，他还编写了一个会一直计算斐波那契数列的程序，大量占用了学校计算机的运行时间，学校威胁他要自行承担费用。所以他乐得遵守与父母的约定，转学到了德安扎学院。

在德安扎学院度过了惬意的一年后，沃兹尼亚克决定休学去赚点儿钱。他在一家为加州机动车辆管理局制造计算机的公司打工。一个同事主动表示可以把多余的芯片送给沃兹，这样沃兹就可以把一直停留在图纸上的计算机设计变成现实了。沃兹喜出望外，他决定尽量减少芯片的使用量，一方面是为了挑战自己，另一方面是不想过分利用同事的好意。

沃兹的大部分的计算机组装工作都是在其朋友家的车库里完成的。这位朋友叫比尔·费尔南德斯（Bill Fernandez），当时还在霍姆斯特德中学读书，两家人住得很近。为了补充体力，沃兹和费尔南德斯喝了很多克雷格蒙特牌奶油苏打水。他们会骑自行车去森尼韦尔的西夫韦超市把瓶子退掉，拿回押金，再买更多的苏打水喝。沃兹尼亚克回忆说："所以我们就把我设计的计算机叫作'奶油苏打计算机'。"他们的计算机本质上就是个可以做乘法的计算器，通过一组开关输入数字，再用小灯构成的二进制代码显示结果。

计算机组装完成后，费尔南德斯说要给沃兹尼亚克介绍个霍姆斯特德中学的校友认识。"他的名字叫史蒂夫，跟你一样喜欢搞恶作剧，也跟你一样喜欢组装电子产品。"32年前，休利特走进帕卡德的车库，两人联合创立了惠普，而两个史蒂夫的车库碰面，在硅谷发展史上可能有同样重要的历史意义。沃兹尼亚克回忆说："我和史蒂夫在比尔家门前的人行道上坐了很久很久，一直在聊天，聊我们之前做了什么事，搞了什么恶作剧，设计了什么电子装备。我们俩的共同点太多了。我一般很难向别人解释清楚自己在设计什么，但是史蒂夫一听就懂。我特别喜欢他。他瘦巴巴的，但是精力很旺盛。"乔布斯也对沃兹印象深刻。"沃兹是我遇到的第一个比我还懂电子的人。"乔布斯曾如是说。其实乔布斯这样说还是略微高估了自己的专业水平。"我对他一见如故。我比实际年龄要成熟，他又比实际年龄小，所以我们就像同龄人一样。沃兹非常聪明，但他待人接物的水平跟我这个年龄的人差不多。"

除了计算机，二人对音乐也有着同样的热情。乔布斯回忆说："那时是音乐的黄金时代，仿佛贝多芬和莫扎特还在人间。人们回顾那个时代的时候，真的会这么想。我跟沃兹都沦陷在音乐里。"尤为值得一提的是，沃兹让乔布斯也迷恋上了鲍勃·迪伦的光辉。乔布斯说："我们一直关注着圣克鲁兹的一个家伙，因为他时常会发布迪伦的动态简讯，还收集迪伦的各种磁带。迪伦的每场音乐会都有录音，但他团队的人不是很谨慎，所以很快到处都是他的音乐磁带，盗版磁带也随处可见。"

很快，乔布斯和沃兹尼亚克就开始一起打听哪里可以买到鲍勃·迪伦的磁带。沃兹尼亚克说："我们为了搜寻盗版磁带，走遍了圣何塞和伯克利地区。我们还买了迪伦的歌词小册子，半夜也不睡觉，一起解读歌词的深意。迪伦的歌词触动了我们心中的创造性思维。"乔布斯补充说："我有超过100个小时的磁带，包括迪伦1965年和1966年的每一场巡回演出。"迪伦也是在这两年的演唱会上尝试了电子乐。乔布斯和沃兹都买了高端的TEAC牌双卷盘录音机。沃兹尼亚克说:"我会把录音机调成低速挡,把好几场演唱会录到一盘磁带上。"乔布斯的痴迷程度与他的不相上下:"我没用扬声器,而是买了一副超棒的耳机。我经常躺在床上,一听就是几个小时。"

乔布斯在霍姆斯特德中学成立了一个俱乐部,俱乐部的主题是声光表演,但有时也搞恶作剧(他们有一次把金色的马桶座粘在了花盆上)。这个俱乐部名为"雄鹿薯条俱乐部"(Buck Fry Club),是用的校长姓名的谐音。在高中三年级结束的时候,乔布斯想给毕业的四年级学生举行一个"欢送仪式",虽然沃兹尼亚克和朋友艾伦·鲍姆(Allen Baum)已经毕业了,他俩还是参与了乔布斯的恶作剧。40年后,乔布斯重返校园,在当年搞恶作剧的地方停了下来,指给我看道:"看见那个阳台了吗?我们的恶搞标语就挂在那儿。经此一役,我和沃兹尼亚克的友情就正式确立了。"鲍姆用学校标志性的绿色和白色颜料扎染了一条大号床单,在上面画了一个巨大的比中指的手。他的妈妈是个犹太人,善良热心,帮着他们一起画,还告诉他们怎么处理色彩渐变和阴影部分,让画看起来更逼真。"我知道这是干什么用的。"她偷笑着说。他们设计了一套绳索和滑轮装置,等到毕业班学生从阳台下面经过时,就启动开关,让这幅画从天而降,在众人面前展示。他们还在画布上留下"SWAB JOB"的署名——沃兹尼亚克和鲍姆名字的首字母加上乔布斯的姓的一部分。这场恶作剧在学校被传为奇事——乔布斯也再次受到停学处分。

在另一场恶作剧中,沃兹尼亚克制造了一台便携式电子信号发射器,可以干扰电视信号。如果一群人在房间里看电视(比如在宿舍),他就会走进去偷偷按下按钮,开启静电干扰,让电视画面一片模糊。如果有人站起来拍拍电视机,沃兹就松开按钮,让画面恢复清晰。看电视的人毫不知情,一直起身调整,沃兹愈发得寸进尺——他会一直干扰电视信号,直到有人去调整电视的天线。到最后,要一群人扶着天线,同时得单脚着地,或者把手放在电视机上面,信号才能正常。多年以后,在一场主题演讲上,乔布斯准备的视频播放不出来了。他索性把演讲稿放到一边,讲起了当年这场好玩儿的恶作剧。"沃兹把发射器放到口袋里,我们一起走进别人的宿舍。大家都在看《星际迷航》,沃兹便开始干扰信号,这时就会有人站起来去修电视。他刚抬脚,沃兹就会让电视恢复正常,那人刚坐下,沃兹又会开始捣乱。不出五分钟，那个家伙就会变成这个样子。"台上的乔布斯一边说，一边把身体扭成了麻花样儿，在场观众哄堂大笑。

蓝盒子

1971年9月，沃兹尼亚克和乔布斯找到了把恶作剧与电子技术相结合的终极方式，也正是这场冒险，促成了日后苹果公司的创立。一个星期日下午，沃兹尼亚克在家收拾东西，准备第二天开车前往加州大学伯克利分校（这是他就读的第三所大学）。他的妈妈在厨房的桌子上留了一本《时尚先生》杂志，沃兹在翻看时无意中读到里面一篇名为"小蓝盒子的秘密"的文章，作者是罗恩·罗森鲍姆（Ron Rosenbaum）。文中介绍了黑客和电话飞客如何通过模拟AT&T（美国电话电报公司）网络上接通线路的特定音频免费拨打长途电话。"我刚读了一半，就迫不及待地给我最好的朋友史蒂夫·乔布斯打电话。这篇文章很长，我选了重要的部分读给他听。"沃兹尼亚克回忆说。能跟沃兹一样为类似的事雀跃不已的人屈指可数，他知道刚上高中四年级的乔布斯就是其中之一。

这篇文章的主角是黑客约翰·德雷珀（John Draper），江湖人称"嘎吱船长"[①]。这是因为德雷珀发现这款早餐麦片附赠的玩具哨子和电话网络呼叫路由开关的声音频率一样，都是2 600赫兹。这种声音可以骗过系统打通长途电话，而不会产生额外的电话费。这篇文章提到，在其中一期的《贝尔系统技术期刊》上还刊载有其他可以控制路由的声音信息。AT&T立刻要求各地图书馆下架了这期期刊。

这个星期日下午，乔布斯一接到沃兹的电话就意识到他们必须马上把那本技术期刊搞到手。乔布斯回忆说："几分钟后，沃兹开车来接我，我们赶到斯坦福大学直线加速器中心的图书馆，想看看能不能找到那本期刊。"图书馆星期日闭馆，但他们知道有个门不怎么锁，就从那门里溜了进去。"我记得我们在书架上一顿猛翻，最后是沃兹找到了那本记录了所有频率的期刊。我当时开心到想骂人。我们翻开期刊，里面果真什么都有。我们俩

[①] 嘎吱船长，即Captain Crunch，原是一种麦片的名字。——编者注

一直不停地说：'哇，是真的！天哪，这是真的！'音调、频率，所有的信息都列得清清楚楚。"

当天晚上，沃兹尼亚克赶在森尼韦尔电子商店关门之前在店里采购了模拟音频发生器所需要的零件。乔布斯在惠普探索者俱乐部做过一个计频器，他们就用这个计频器来调校所需要的音调。加上一台拨号盘，他们就可以复刻文章中提到的声音，并用磁带录下来了。到了午夜，两个人已经准备好对设备进行测试了。可惜他们使用的振荡器不够稳定，无法准确复刻能够骗过电话公司的声音。沃兹尼亚克说："我们用史蒂夫的计频器发现振荡器不稳定，但就是修不好。而我第二天一早就得去伯克利。所以我们决定等我到了伯克利就做一个数字版的蓝盒子。"

从来没人做过数字版的蓝盒子，但这个挑战对沃兹来说再适合不过了。他从电器连锁店无线小屋（Radio Shack）买了二极管和晶体管，还找了个音准很好的音乐系舍友帮忙，终于在感恩节之前做好了蓝盒子。沃兹说："这是我最引以为豪的电路设计，我现在都觉得它很不可思议。"

一天晚上，沃兹尼亚克从伯克利开车前往乔布斯家，要试试自己做的蓝盒子。他们试着打电话给沃兹尼亚克在洛杉矶的叔叔，但把电话号码拨错了——不过这无所谓，因为电话被接通了，证明这套设备成功了。沃兹尼亚克大喊："喂！我们在免费打电话！免费打电话！"电话那头的人一头雾水，有些恼怒。乔布斯插话说："我们从加州打来的！这通电话来自加州！是用蓝盒子打的！"那个人更困惑了，因为他就在加州。

最开始，他们只是用蓝盒子搞恶作剧闹着玩儿。最大胆的一次恶作剧是沃兹尼亚克假装成亨利·基辛格打电话给梵蒂冈，要求跟教皇通话。"我们正在莫斯科参加首脑会议，希望可以跟教皇通话。"沃兹模仿着基辛格的语调说。接电话的人表示现在是当地时间早上五点半，教皇还在睡觉。后来沃兹又打过去，这次接电话的是一个主教，应该是给教皇做翻译的。不过教皇到最后也没有亲自接电话。"他们意识到沃兹不是亨利·基辛格，"乔布斯回忆说，"当时我们是在一个公用电话亭里打的电话。"

至此，沃兹尼亚克和乔布斯到达了一个重要的里程碑，这个里程碑也确立了他们今后的合作模式：乔布斯认为制作蓝盒子不该只是他们的业余爱好，他们可以把蓝盒子作为产品推向市场。乔布斯说："在沃兹的蓝盒子的基础上，我又找来了外壳、电源、键盘等配件，然后确定了产品的价格。"这也预示了他日后在创立苹果公司时扮演的角色。最终的成品大约有两副扑克牌那么大，所有的元件耗资40美元左右，乔布斯决定以150美元的价格出售。

步"嘎吱船长"等电话飞客的后尘，沃兹尼亚克和乔布斯也给自己起了别名。沃兹尼亚克叫"伯克利蓝"（Berkeley Blue），乔布斯叫"大个子托巴克"（Oaf Tobark）。他们把设备拿到大学宿舍，接到电话和扬声器上进行演示。他们会当着潜在买家的面打电话到伦敦的丽兹酒店，或者拨打澳大利亚的"打电话听笑话"服务电话。"我们做了差不多100个蓝盒子，几乎销售一空。"乔布斯回忆说。

又好玩儿又赚钱的美好生活终止于森尼韦尔的一家比萨店。当时，乔布斯和沃兹尼亚克正要带着刚做完的蓝盒子开车去伯克利。乔布斯着急用钱，于是迫不及待地向旁边一桌人推销起了蓝盒子。那几个人很感兴趣。为了演示蓝盒子的使用方法，乔布斯走到电话亭，往芝加哥打了一个电话。那几个人说得去车里取钱。乔布斯回忆说："我和沃兹就跟着他们往车那边走，我手里还拿着蓝盒子。有个家伙钻进车里，手伸到座位底下，结果掏出了一把枪。"这是乔布斯第一次离枪这么近，他吓得魂飞魄散。"他用枪指着我的肚子说'把东西拿来吧，兄弟'。我的大脑开始飞速转动。车门还开着，我想是不是可以猛地关上车门，夹住他的腿，趁机逃跑，但这样一来，他很可能会开枪。所以我就小心翼翼地把蓝盒子慢慢递给了他。"他们打劫的方式不太寻常。抢走蓝盒子的那个人给乔布斯留了一个电话号码，说如果蓝盒子能用，他会想办法付钱。后来乔布斯给他打了电话，那个人说自己搞不清楚怎么使用蓝盒子，能说会道的乔布斯又说服他在一个公共场合与他和沃兹尼亚克见面。但最终，他俩还是决定不要再冒险跟这个有枪的人打交道了——虽然他们有一线希望可以拿回150美元。

这种合作伙伴关系为今后的冒险升级铺平了道路。"没有蓝盒子，就没有苹果。"乔布斯后来回忆道，"这一点我百分之百确定。通过这次经历，我和沃兹学会了如何合作，我们也更有信心了，相信自己可以解决技术问题，也可以真正地把设计投入生产。"他们发明了一种带有小电路板的设备，这种设备可以控制价值数十亿美元的基础设施。"这件事带给我们的信心是无法估量的。"沃兹也得出了同样的结论,"卖蓝盒子也许不是一个好主意,但我们已经知道,我的工程技术加上他的远见,二人联手或许能够成就一番事业。"蓝盒子冒险行动为即将诞生的合作伙伴关系建立了模板。沃兹尼亚克是一个温文尔雅的天才,他发明的东西无懈可击,但他很乐意将自己的成果与他人分享,而乔布斯则会想办法让沃兹的发明变得简单好用,并在精心包装之后将其推向市场,赚取利润。

第三章　出离

激发热情，内向探索

克里斯安·布伦南

　　1972年春，乔布斯即将从霍姆斯特德中学毕业，他开始和一个叫克里斯安·布伦南的女孩儿约会。那女孩儿和他差不多大，但还在读高中三年级。她有一头浅棕色头发，一双明绿的眼睛，颧骨很高，散发着一种非常迷人的柔弱感。此时其父母婚姻的破裂让她感到十分痛苦，因而变得很脆弱。乔布斯回忆说："我们一起制作了一部动画片，之后就开始约会，她成了我的第一个真正的女朋友。"克里斯安后来说："史蒂夫有点儿疯狂，这是他吸引我的原因。"

　　乔布斯的疯狂并不是行为失控，他只是主动培养了一些极端习惯。他那时已经开始进行与自己终身为伴的强迫性饮食实验，只吃水果和蔬菜，所以他身体精瘦，像只惠比特犬。他学会了在说话时眼睛一眨不眨地盯着对方，与人交流的时候喜欢长时间保持沉默，再突然以极快的语速说上一通。他既热情又淡漠，既炽烈又冷峻，长发及肩，胡须凌乱，有几分疯癫的萨满巫师的神韵。他有时魅力四射，有时怪诞不经。克里斯安回忆说："他经常慢吞吞地走来走去，看上去有点儿疯疯，又时常焦虑不安，好像被一大片黑暗包裹住了。"

乔布斯那时已经开始服用迷幻药。有一次，在森尼韦尔郊外的麦田里，他让克里斯安也一起体验一把。他回忆说："那种感觉特别棒。那段时间，我听了很多巴赫的音乐，就在一瞬间，我感觉麦田里响起了巴赫的曲子。那是我人生最美妙的体验。巴赫的音乐穿越时空在麦田里飘荡，我觉得自己就像是这首交响曲的指挥。"

1972年夏，乔布斯高中毕业，他和克里斯安搬进了洛斯阿尔托斯附近山上的一个小木屋。有一天他对父母宣布："我要跟克里斯安搬到一个小木屋里住。"父亲怒不可遏："不行，你不许去，除非我死了。"父子俩刚刚因为大麻的事情争吵过，但乔布斯对此不加理会，依然我行我素。他只说了声再见，就摔门而去。

那年夏天，克里斯安花了大量时间画画。她很有绘画的天赋。她给乔布斯画了一幅小丑的画，乔布斯一直挂在墙上。乔布斯平时会写诗、弹吉他，有时对她冷酷粗鲁，有时又散发迷人的魅力，把自己的意志施加于她。克里斯安回忆说："他既开明又残酷，这种性格组合真的很奇怪。"

夏天过去了一半，有一天乔布斯的红色菲亚特突然起火，致使他差点儿丧命。当时他正和高中同学蒂姆·布朗（Tim Brown）在圣克鲁斯山脉天际线大道上驾车飞驰。布朗回头看到引擎冒烟起火，淡定地对乔布斯说："靠边停车，你的车着火了。"于是乔布斯把车停到了路边。尽管父子间有过争执，乔布斯的父亲还是开车来到山里，把这台菲亚特拖回了家。

乔布斯想买辆新车。为了赚钱，他让沃兹尼亚克开车送自己到迪安萨学院，去看看招聘公告板上有什么工作。他们发现圣何塞的西门购物中心正在招募大学生扮成人偶，逗小朋友开心。为了每小时三美元的报酬，乔布斯、沃兹尼亚克、克里斯安三个人穿上厚厚的全套服装，扮演起了梦游仙境的爱丽丝、疯帽子和白兔先生。沃兹尼亚克热心友好，又很天真，他觉得这个工作很有趣："我对他们说：'我想扮人偶，我的机会到了，因为我很喜欢小朋友。'我感觉史蒂夫看不上这份工作，但我觉得这是有趣的冒险。"乔布斯确实觉得很痛苦："天又热，服装又重，没一会儿我就感觉想抓几个小孩儿暴打一顿。"——"耐心"从来都不是他的强项。

里德学院

17 年前，乔布斯的父母在收养他的时候曾签字保证，一定会供他上大学。因此，他们努力工作，省吃俭用，尽心尽力地为乔布斯的大学教育存钱。等到乔布斯高中毕业时，这笔专门的存款虽然不多，但也够用了。然而乔布斯愈发任性，让父母非常为难。起初，他想的是要么干脆不读大学了。"如果没有上大学，我可能会去纽约。"他边说边陷入沉思——如果没上大学，他的世界（也许是我们每个人的世界）会有怎样的不同？而当父母坚持要他上大学时，他采取了消极的姿态进行抵抗。州立大学的学费相对较低（比如沃兹当时就读的伯克利），但乔布斯并未将其考虑在内。斯坦福大学就在家门口，还可能提供奖学金，但他也不想去："那些去读斯坦福的人已经知道自己想做什么了。他们没什么品位。我想去更有艺术性的学校，学更有意思的东西。"

乔布斯执意只申请里德学院。里德学院位于俄勒冈州波特兰市，是一所私立文理学院，高昂的学费在美国也数一数二。一天，乔布斯正在伯克利找沃兹玩儿，父亲打来电话说里德学院的录取通知书到了。他想劝乔布斯不要去，母亲的态度也是一样。他们说学费太高了，他们负担不起。但乔布斯给他们下了最后通牒：如果不去里德学院，他就哪儿也不去。父母只能一如既往地再次做出妥协。

里德学院的在校生只有 1 000 人，是霍姆斯特德中学的一半。这所学校以自由精神和嬉皮士生活方式著称，但学术标准严格，核心课程要求很高。5 年前，发起精神发现联盟（LSD）大学巡回演讲的迷幻启蒙运动领袖蒂莫西·利里（Timothy Leary）就曾经来到里德学院。利里在学生餐厅盘腿而坐，向听众振臂高呼："就像过去的每一种伟大宗教一样，我们都在寻找内在的神性……这些古老的目标用现在的俚语来说就是'激发热情，内向探索，脱离体制'（turn on, tune in, drop out）。"里德学院有许多学生把这三条告诫奉为金科玉律，以致学校在 20 世纪 70 年代的辍学率超过三分之一。

1972 年秋，乔布斯到里德学院报到，父母开车送他来到波特兰，但他的叛逆之心又一时兴起——他不让父母和他一起进校园，甚至对父母连一声"再见"和"谢谢"都没说。回忆起当时的情景，乔布斯一反常态，显

得懊悔不已:

> 我这辈子做了几件不光彩的事,这件事尤其让我羞愧难当。我当时没在意他们的感受,伤害了他们的感情。我不该这样。为了供我在那里读书,他们费劲心力,但我就是不想让他们出现在我身边。我不想让任何人知道我有父母。我希望自己就像一个搭乘火车四处流浪的孤儿,不知是从哪儿冒出来的,没有根,没有亲人,没有背景。

1972 年底,美国大学校园的生活方式发生了翻天覆地的变化。当时,美国逐渐退出越南战争,征兵规模也在缩小。校园里的政治激进主义风气逐渐消退,许多宿舍夜谈的主题不再是战争,而是对自我实现之路的热爱和追求。乔布斯发现自己深受各种灵性和开悟类书籍影响。对他影响最大的一本书是《活在当下》(*Be Here Now*),这本书介绍了冥想和迷幻药的奇妙之处,作者是拉姆·达斯,原名理查德·阿尔珀特(Richard Alpert)。乔布斯说:"这本书内容深刻,意义深远,让我和很多朋友脱胎换骨。"

乔布斯当时最好的朋友是丹尼尔·科特基。他也是大一新生,留着稀疏的胡子,跟乔布斯是入学一周以后认识的,两个人都喜欢佛教禅宗、鲍勃·迪伦和迷幻药。科特基来自纽约的富人区,头脑聪明,但为人低调,举止如嬉皮士般天真随性,加上对佛教具有浓厚的兴趣,整个人显得更加随和可亲。因为致力于精神追求,所以他并不看重物质财富,但对乔布斯的录音机却另眼相看。科特基回忆说:"史蒂夫有一台 TEAC 牌双卷盘录音机,还有好多迪伦的盗版磁带。他看上去特别酷,又科技感十足。"

科特基的女朋友叫伊丽莎白·霍姆斯。乔布斯第一次见到霍姆斯时就得罪了她,因为他追着霍姆斯问给她多少钱,她才会同意跟别的男人上床,这让她非常尴尬。但霍姆斯没有记仇,后来乔布斯经常跟他们两个人一起玩儿。他们会搭便车去海边,讨论生命的意义(这是宿舍聊天的经典话题),去当地的哈瑞·奎师那神庙参加爱之祭典,到禅宗中心吃免费的素食。"这些经历非常有意思。"科特基说,"而且其中包含哲学探索,我们对待禅宗的态度是非常严肃认真的。"

乔布斯开始与科特基分享其他书,包括铃木俊隆(Shunryu Suzuki)的《禅者的初心》(*Zen Mind, Beginner's Mind*)、帕拉宏撒·尤迦南达(Paramahansa Yogananda)的《一个瑜伽行者的自传》(*Autobiography of a Yogi*)、邱

阳创巴（Chögyam Trungpa）的《突破修道上的唯物》（*Cutting Through Spiritual Materialism*）等。霍姆斯的房间上方有个小小的阁楼。他们把这里当作禅堂，在里面放了印度棉毯和坐禅垫，准备了蜡烛和熏香，还在墙上挂了几幅印度神像画。乔布斯说："天花板上有一个通往阁楼的通道，里面空间很大，我们有时会在那里服用迷幻药，但主要还是进行冥想。"

乔布斯热衷于钻研东方精神，尤其是佛教禅宗。他的探索并不是一时兴起，也不是年轻人的浅尝辄止，他以自己特有的热忱和专注拥抱佛学，而禅宗精神也深深植根于他的个性之中。科特基说："禅宗对乔布斯影响极深，他非常投入，这种投入体现在他鲜明的极简主义美学思想中，也体现在他专注执着的性格中。"佛教强调直觉，这一点对乔布斯影响也很大。乔布斯后来说："我开始意识到，与抽象思维和逻辑分析相比，对直觉的理解和意识更为重要。"然而，由于天生就有一股义无反顾的劲头，乔布斯很难达到内心的平静。他虽有禅性，但并没有因此获得镇定的头脑、平和的内心，也没有建立起和谐融洽的人际关系。

他和科特基喜欢玩19世纪的德国军棋，这种军棋的玩法类似国际象棋。下棋时，棋手双方背靠背坐着，他们都有自己的棋盘和棋子，但看不到对手的棋子。裁判会告知他们走的每一步棋是否犯规，而棋手则需要自己想办法判断对手的棋子分布情况。霍姆斯经常给他们俩当裁判，她回忆说："最疯狂的棋局是有一次外面下着暴雨，他们坐在火炉边，两个人都服用了迷幻药，走棋速度飞快，我差点儿跟不上他们的节奏。"

乔布斯读大一的时候，还有一本书对他造成了深刻影响，即弗朗西斯·摩尔·拉佩（Frances Moore Lappé）的《一座小行星的新饮食方式》（*Diet for a Small Planet*），这本书颂扬了素食主义对个人和整个地球的好处。"那时我就发誓以后再也不吃肉了。"乔布斯回忆说。但这本书也强化了他接受极端饮食的倾向。他会催吐、禁食，或者连续几周只吃一两种食物，比如胡萝卜或苹果。

大一这一年，乔布斯和科特基成了名副其实的素食主义者。"史蒂夫比我还极端，"科特基说，"他只吃罗马牌麦片。"他们会一起去农民合作社采购，乔布斯会买上一盒可以吃一周的麦片和一些其他的健康食品。"他会买枣、杏仁和许多胡萝卜，他还买了一台冠军牌榨汁机，我们会一起榨胡萝卜汁，做胡萝卜沙拉。有人说史蒂夫因为吃了太多胡萝卜，皮肤都变成了橙色，这个说法确实有点儿事实依据。"朋友们都记得，乔布斯的皮肤有时候看上去是橘黄色的，宛若夕阳。

在读完阿诺德·埃勒特（Arnold Ehret）写的《非黏液饮食治疗学》（Mucusless Diet Healing System）之后，乔布斯的饮食习惯变得更加偏执。阿诺德·埃勒特是20世纪初的一位德国营养学狂热分子。他认为饮食中只能包含水果和不含淀粉的蔬菜，因为这类食物可以防止身体形成有害的黏液，而其他食物都对身体不利。他还主张定期长时间绝食，对身体进行清理。这就意味着连罗马牌麦片也不能吃了，而且要放弃面包、谷物和牛奶。乔布斯也开始向朋友们发出警告，说他们吃的贝果会导致身体产生有害黏液。他说："我对饮食一向偏执，所以就全盘接受了这样的饮食主张。"有一段时间，他跟科特基整整一周只吃苹果。而他的禁食行为也不断变本加厉，最开始是两天不吃东西，后来延长到一周，甚至更久，最后大量饮水，吃绿叶蔬菜，逐渐恢复正常饮食。"这样一周之后会感觉棒极了，身体不用消化食物，整个人会变得精力充沛。我的状态特别好，我感觉自己随时都可以步行到旧金山。"

那个时代的校园亚文化是寻求开悟，其标志性特征就是素食主义与佛教禅宗、冥想与灵性、迷幻药与摇滚乐。乔布斯以一种几近狂热的方式，一头扎进形形色色、五花八门的探索。除此之外，他的灵魂深处还时常有电子极客的暗流涌动。虽然他在里德学院没有放纵自己对电子产品的追求，但谁也未能预料，有朝一日，对电子的爱好可以与他身上的其他特质完美地融合在一起。

罗伯特·弗里德兰

一次，因为着急用钱，乔布斯决定把自己的IBM（国际商业机器公司）电动打字机卖掉。有个学生说想买它，乔布斯就去宿舍找他，不料那人正跟女朋友云雨。乔布斯正转身要走，那人请他坐下等一会儿，说等他们完事了再说。那个人就是罗伯特·弗里德兰，这就是二人的初识过程。乔布斯后来回忆说："我当时觉得太离谱了。"在乔布斯的一生中，能以个人魅力迷住他的人寥寥无几,弗里德兰就是其中之一。弗里德兰很有领袖气质,成了乔布斯模仿的对象。有几年,乔布斯甚至将他视为精神导师。但后来,他觉得弗里德兰不过是个高明的骗子。

弗里德兰比乔布斯大四岁,但还在读本科。他的父亲是奥斯威辛集中营的幸存者,后来在芝加哥成为一名成功的建筑师。弗里德兰本来在缅因州的鲍登学院读书,但在大二那年因为持有价值12.5万美元的2.4万片迷幻药而被捕。当地报纸捕捉到了他被警方带走时的样子——一头齐肩金色卷发,还在冲着摄影师微笑。他被判在弗吉尼亚州的一所联邦监狱服刑两年,1972年假释出狱。那年秋天,他来到里德学院读书,一入学就开始竞选学生会主席,号称要洗刷"司法不公"强加给自己的罪名。他最终成功当选。

弗里德兰听过《活在当下》作者拉姆·达斯在波士顿的演讲。跟乔布斯和科特基一样,弗里德兰也被对东方精神的探索深深吸引。1973年夏,他去印度拜访了拉姆·达斯的印度教上师尼姆·卡洛里·巴巴(Neem Karoli Baba)。卡洛里·巴巴是著名的印度教精神导师,追随者众多,被尊称为"马哈拉吉"(Maharaj-ji)。那年秋天,弗里德兰从印度归来,走到哪儿都身着飘逸的印度长袍,脚踏凉鞋,还让别人称呼自己的法号。弗里德兰在校外租房,住在一个车库顶上的房间,乔布斯经常在下午去找他。弗里德兰坚信开悟的状态是真实存在的,而且是可以做到的,他的坚定不移迷住了乔布斯。"他让我达到了更高层次的开悟。"乔布斯说。

弗里德兰也觉得乔布斯独具一格。"他总是光着脚到处走,"他后来告诉记者,"让我印象最深刻的就是他的专注和热忱,无论他对什么感兴趣,他通常都会走向疯狂的极端地步。"乔布斯学会了用凝视和沉默控制他人,他不断练习,技巧日臻成熟。"他有个手腕,就是在问问题的时候死死盯着对方的眼睛,这样一来,对方也要看着他的眼睛回答完问题之后才能把目光移开。"

在科特基看来,乔布斯的一些性格特质是从弗里德兰身上汲取的(其中几个特质也贯穿了他的职业生涯)。"现实扭曲力场就是弗里德兰教给史蒂夫的。弗里德兰这个人极富魅力,有点儿像个骗子。他可以借由强大的意志力扭曲环境,让形势适应自己的需求。他反复无常,又师心自用,有点儿独断专行。这让史蒂夫很是佩服，所以跟弗里德兰相处一段时间后，乔布斯也变成了这个样子。"

乔布斯还从弗里德兰身上学会了如何成为众人关注的焦点。科特基回忆说："罗伯特性格外向，很有魅力，精通推销术。我第一次见到史蒂夫时，他还挺害羞的，不爱出风头，很注重隐私。罗伯特向他传授了很多推销技巧，教会了他如何展现自我，如何掌控局面。"弗里德兰气场强大。"他一走进一个房间，大家就会立刻注意到他。史蒂夫刚来里德学院的时候完全相反。他在跟罗伯特相处了一段时间之后耳濡目染，个性发生了改变。"

星期天晚上，乔布斯和弗里德兰通常会去波特兰西边的哈瑞·奎师那神庙，科特基和霍姆斯一般也会同去。他们在那里纵情地高歌狂舞。"我们都会进入狂喜的状态，"霍姆斯回忆说，"罗伯特会失去理智，疯狂跳舞。史蒂夫则比较克制，似乎不好意思释放自己。"跳完舞之后，他们会去领食物，在纸盘子里盛满各种各样的素食。

弗里德兰有个叔叔叫马塞尔·穆勒（Marcel Müller），瑞士人，是个性情古怪的百万富翁。他在波特兰西南40英里处有一片220英亩的苹果农场，交由弗里德兰打理。弗里德兰开始接触东方精神之后，就把这个果园改成了一个公社，取名"大同农场"（All One Farm）。乔布斯经常和科特基、霍姆斯等一众志同道合的精神启蒙追寻者在这里度过周末。农场有一个主屋、一个大谷仓和一个花园小屋。科特基和霍姆斯会在花园小屋里过夜。乔布斯承担了修剪格拉文施泰因苹果树的任务。"史蒂夫负责管理苹果园，"弗里德兰说，"我们做的是有机苹果酒生意。史蒂夫的工作就是带领一群怪人修剪果树，把果园打扫干净。"

哈瑞·奎师那神庙的僧侣和门徒也会来农场为他们准备素席，空气中弥漫着莳萝、香菜和姜黄的香味。霍姆斯说："史蒂夫到的时候总是饿得不行，他每次都会先大吃一顿，然后再去催吐。有好几年，我都以为他有暴食症。我们费了很大心力准备素席，可是他吃下去之后又全都吐了出来，看了让人很沮丧。"

弗里德兰的行事风格像个邪教领袖，乔布斯逐渐觉得难以接受。科特基说："也许他在自己身上看到了太多罗伯特的影子。"公社的初衷是打造一个摆脱物质主义的避难所，但弗里德兰却把这里当作企业来经营。他要求自己的信徒砍柴、卖柴、造苹果榨汁机和柴火炉子，做各种可以赚钱的事情，却不付给他们报酬。一天晚上，乔布斯睡在厨房的桌子下面时看到不断有人在夜里进进出出，从冰箱里偷拿别人的食物。他不喜欢公社经济这套东西。"这里的一切开始变得非常物质主义，大家都在他的农场拼命干活儿，自己却一无所获，于是大家一个接一个地离开了。我也受够了。"

多年后，弗里德兰成了一位亿万富翁，曾在加拿大、新加坡、蒙古国等地担任铜矿和金矿开采公司高管。我有次在纽约与他相约小酌。当晚，我给乔布斯发了邮件，提到跟弗里德兰一起喝酒的事。不到一个小时，乔布斯就从加州打来了电话，警告我不要听信弗里德兰的话。他告诉我，之前弗里德兰曾因矿井破坏了环境而身陷麻烦，当时他试图联系乔布斯，想让他帮忙找找比尔·克林顿，但乔布斯没有理会他。"罗伯特总是把自己包装成一个精神至上的人，但他玩得过火了，从一个有魅力的人变成了一个骗子。在我年轻时遇到的一个追求精神世界的人后来却变成了一个实实在在的淘金客，这种感觉非常怪异。"

退学

乔布斯很快就厌倦了大学生活。他喜欢在里德学院待着，只是不喜欢上必修课。虽然学校的氛围很嬉皮，但课程要求非常严格。这一点让乔布斯颇感意外。沃兹尼亚克来学校找乔布斯时，乔布斯冲他挥着课程表，抱怨道："他们说我必须上这些课。"沃兹回答说："对啊，上大学不就是这样的吗？"乔布斯拒绝去上指定课程，而是去上自己感兴趣的课，比如舞蹈课——在舞蹈课上，他既可以享受创作的乐趣，又有机会认识女生。乔布斯的怪诞让沃兹尼亚克感叹不已："我永远不可能不去上必修课，这就是我们俩的性格差别。"

乔布斯后来说，父母努力攒钱供他读书，而他感觉在大学里接受的教育并不值这多钱，这让他很有负罪感。功成名就后的乔布斯曾在斯坦福大学的毕业典礼上发表一场著名的演讲。在演讲中，乔布斯回忆说："我的父母都是工薪阶层，他们动用毕生积蓄供我上大学。我花光了父母的钱，却不知道自己的人生目标是什么，也不知道大学如何能够帮我找到答案，所以我决定退学,相信车到山前必有路。"

乔布斯并不是真的想从里德学院退学,只是不想继续花钱读不感兴趣的课程。而校方也相当大度,包容了他的要求。当时的教导主任杰克·达德曼(Jack Dudman)说:"他的求知欲很强,这一点非常吸引力。他拒绝不假思索地接受真理,对任何事情都想亲自检验。"即使乔布斯已经停交了学费,达德曼还是允许他继续旁听课程,并让他住在朋友的宿舍里。

"从退学的那一刻起,我就不必再去上我不感兴趣的必修课了,而可以去上那些看上去很有意思的课。"其中就包括一门美术字课。乔布斯在校园里看到很多排版精美的海报后,对这门课产生了兴趣。"我在这门课中学到了什么是衬线字体,什么是无衬线字体,以及如何在不同的字母组合中改变空格的长度,也知道了好看的排版为什么好看。美术字课中的美学、历史感和精妙的艺术感是科学无法捕捉的,我觉得非常迷人。"

这次选课再次验证乔布斯总是有意识地把自己置于艺术和科技的交会点。在他的所有产品中,科技总是与精妙的设计、优雅的外观、人文的关怀,甚至浪漫的元素相结合。乔布斯是推动友好图形用户界面的先锋。在这方面,那门美术字课程具有标志性意义。"如果我在大学里没有上过这门课,Mac 里就不会有那么丰富的字体,也不会有安排合理、令人赏心悦目的字间距了。因为 Windows 系统只是照抄了 Mac 的,所以很可能其他的个人电脑也都不会有这么好看的字体了。"

退学后,乔布斯成为里德学院的边缘人物,过着波希米亚式放浪不羁的生活。他大部分时间都光脚走路,只有下雪的时候才穿上凉鞋。那段时间,伊丽莎白·霍姆斯会给他做饭,尽量照顾他极端的饮食结构。他经常捡些汽水瓶,去换点儿退瓶费,每到星期日就去哈瑞·奎师那神庙吃一顿免费的晚餐。他住在一间月租 20 美元的车库公寓里,里面没有暖气,在室内也要穿着羽绒服。需要钱的时候,他就在心理学系的实验室打工,维护用于动物行为实验的电子设备。克里斯安·布伦南偶尔会过来看他。他们的关系时好时坏,但此时,乔布斯的心思不在于此,大多数时候,他还是会把主要精力用于关注灵魂,追求个人开悟。

乔布斯后来回忆说:"我长大成人的那段时间非常神奇。提升我们意识的有禅宗,还有迷幻药。"多年后,他仍然坚称迷幻药让自己更加开悟。

"服用迷幻药是一个很深刻的体验，在我人生中具有十分重大的意义。迷幻药会让你知道硬币还有另一面，药劲儿过去之后，你不会记得那一面是什么，但你知道另一面的确存在。迷幻药让我更加明确了人生要务——创造出伟大的东西，而不是赚钱。我的目标就是创造出可以载入史册的东西，在人类思想的长河里留下自己的印记。"

第四章 雅达利与印度

禅宗与游戏设计艺术

雅达利

1974年2月，在里德学院晃荡了18个月之后，乔布斯决定搬回父母家。他回到洛斯阿尔托斯，准备找份工作。找工作并不难——在20世纪70年代的高峰时期，《圣荷西水星报》（*San Jose Mercury*）分类广告的科技类招聘广告长达60页。其中一则广告吸引了乔布斯的注意，广告语是"玩得开心赚得多"。那一天，乔布斯走进了电子游戏制造商雅达利公司的大厅。他不修边幅，发型凌乱，衣着邋遢，让人事主管颇为吃惊。乔布斯表示，如果他们不给他一份工作，他是不会离开的。

雅达利的创始人是一位身材魁梧的企业家，名叫诺兰·布什内尔。布什内尔充满魅力，富有远见，还颇具表现力——从这些方面看，他可以成为乔布斯的另一个榜样。成名之后，布什内尔开过一阵劳斯莱斯，偶尔在按摩浴缸里召开员工会议，大家一边开会一边吸食大麻。跟弗里德兰一样，布什内尔也懂得如何以个人魅力蛊惑人心，用自己的人格力量哄骗恐吓他人，扭曲现实。乔布斯后来也学会了这种做法。布什内尔的首席工程师是阿尔·奥尔康。此人身材健壮，性情乐观，为人老成持重，做事脚踏实地，在公司里扮演"定海神针"的成年人角色：他一方面要努力帮布什内尔把公司的愿景变为现实，另一方面要在布什内尔兴奋过头的时候对其加以规劝。公司当时开发的热门电子游戏名为《乓》，由两名玩家用屏幕上两条可移动的线作为球拍，一起打光点乒乓球。（如果你不到30岁，你可以去问问你父母这个游戏是什么样子的。）

乔布斯脚踏凉鞋来雅达利大厅求职时，有人把当时的情景报告给了奥尔康。后来奥尔康回忆道："有人跟我说：'大厅里来了个嬉皮士小子，说不给他工作他就不走，我们是叫警察，还是让他进来？'我说那就把他带进来吧！"

就这样，乔布斯跻身雅达利公司50名元老级员工之列。他的工作是技术员，时薪5美元。"现在回想起来，录取一个里德学院的辍学生是有点儿奇怪，"奥尔康回忆道，"但我觉得他是个可塑之才。他非常聪明，很有热情，真心热爱科技产品。"奥尔康派乔布斯跟工程师唐·朗（Don Lang）一起工作。唐·朗是个正经严肃的人，他第二天就跟奥尔康抱怨："这家伙是个嬉皮士，身上臭气熏天。你为什么要把他交给我？他根本不可理喻。"乔布斯坚信以水果为主的全素饮食不仅能防止黏液的产生，还能预防体臭，即使不常用除臭剂、不怎么洗澡也没事。如此看来，这个理论并不完全成立。

唐·朗和其他同事都想让乔布斯离开公司，但布什内尔想了一个办法。"乔布斯的体味和行为在我看来都不是问题。他是有点儿麻烦，但我还挺喜欢他的，所以我让他上夜班，这样他就能在公司继续待下去了。"等唐·朗和其他人下班之后，乔布斯就会来上班，他整夜的大部分时间都在工作。虽然离群索居，但乔布斯仍然以鲁莽无礼著称。偶尔有跟别人交流的机会，他也常常会称对方是"蠢货"。回顾过去，乔布斯依然坚持自己的判断。他说："我之所以能够脱颖而出，就一个原因——其他人太烂了。"

尽管乔布斯傲慢自大（或许正因为如此），他却获得了雅达利老板的青睐。布什内尔回忆说："他比跟我共事的其他人更富哲学气质。我们会讨论和对比自由意志与决定论。我倾向于认为事情大都是命中注定的，我们每个人都有自己先天的'程序'。如果信息足够完备，就可以预测一个人的行为和未来。而史蒂夫的看法正好相反。"这种看法也确实符合他"意志的力量可以扭曲现实"的信念。

乔布斯通过推动芯片升级帮助改进了一些游戏。布什内尔做什么都喜欢按照自己的规则来，这让乔布斯颇受启发，也有样学样。此外，他对雅达利游戏的简约性有一种出于本能的喜爱。雅达利所有的游戏都不提供使用手册，力求简单到磕了药的大一新生都会玩儿。雅达利开发的《星际迷航》游戏只有两点使用说明："1. 插入硬币。2. 避开克林贡人。"

并不是所有同事都对乔布斯避而远之。罗恩·韦恩就跟乔布斯成了朋友。韦恩是雅达利公司的一名绘图员，开过一家生产老虎机的公司，但这次创业以失败告终。乔布斯听说之后，开始对自己开公司这件事魂牵梦绕。他说："罗恩很了不起，还自己开过公司。我从来没有见过像他这样的人。"乔布斯向韦恩提议两个人联手做生意：他可以借来 5 万美元，他们两个可以一起设计、销售老虎机。然而经历过商场失意的韦恩对此断然拒绝。韦恩回忆说："我告诉他做生意是损失 5 万美元最快的方法，但我很佩服他，因为他有强烈的创业动力。"

一个周末，乔布斯到韦恩的公寓玩儿。跟往常一样，两个人开始讨论一些哲学问题。韦恩说他有事要告诉乔布斯。乔布斯回答道："我知道你想说什么。我觉得你喜欢男人。"韦恩说没错。乔布斯回忆说："这是我第一次接触到同性恋者。韦恩帮助我树立了对同性恋人群的正确看法。"乔布斯问他："那你看到美女是什么感觉？"韦恩回答说："就好像看到了一匹骏马。你会欣赏马的美，但不会想跟马睡觉，只是在欣赏美本身。"韦恩说他之所以告诉乔布斯自己是同性恋者，是因为他相信乔布斯的人品。"在雅达利没有人知道我是同性恋者。在我的一生中，知道这件事的人也寥寥无几，但我当时就是觉得应该告诉他，我相信他可以理解我，而且这件事对我们之间的关系不会有任何影响。"

印度

乔布斯渴望在 1974 年初赚到一笔钱的一个原因是罗伯特·弗里德兰在前一年的夏天去了印度，他催促乔布斯也去印度追求自己的精神之旅。弗里德兰在印度时曾跟尼姆·卡洛里·巴巴（"马哈拉吉"）学习，尼姆正是 20 世纪 60 年代嬉皮士运动的精神导师。乔布斯觉得自己也应该去一趟印度，他还想叫上丹尼尔·科特基一起去。乔布斯的印度之旅不仅仅是为了冒险。他回忆道："对我来说，这是一次严肃认真的探索。我对开悟很感兴趣，希望能想明白自己是谁，以及自己在世界上的位置。"科特基补充说，乔布斯踏上探索之旅的部分原因是他不知道自己的亲生父母是谁。"他心里有个洞，他在千方百计地填补这个洞。"

乔布斯告诉雅达利的同事们他要辞职，去印度寻找精神导师，性格爽朗的奥尔康被逗乐了。他说："乔布斯走进办公室，盯着我说：'我要去寻找我的精神导师了。'我说：'真的吗？太棒了，别忘了给我写信！'他说希望我能帮忙出点儿钱，我说：'做梦！'"奥尔康想出了一个办法。雅达利公司正在制造一批配件，配件会先发往慕尼黑，在当地组装完毕后，由都灵的批发商分销。这之中有一个问题：游戏都是按照美国每秒 60 帧的帧频设计的，但欧洲的帧频是每秒 50 帧，所以会出现让人头疼的干扰问题。于是，奥尔康与乔布斯研究出一个解决方案，提供经费让乔布斯前往欧洲解决这个问题。"从欧洲去往印度肯定更便宜。"奥尔康说。乔布斯表示同意。于是，奥尔康派他上路，并叮嘱他："代我向你的精神导师问好。"

乔布斯在慕尼黑待了几天，成功解决了干扰问题。但仅仅是这短短的几天，他就也让西装笔挺的德国经理困扰不已。他们向奥尔康抱怨说，这个人穿得像个流浪汉，身上有股异味，而且举止粗鲁。"我问：'他把问题解决了没有？'他们说解决了。我说：'好吧，再有问题就直接给我打电话。像他这样的人，我这里多得是！'他们说：'不必了，下次我们自己处理就行了。'"而乔布斯也很不高兴，因为德国人一直让他吃肉和土豆。他在电话中对奥尔康也是一通抱怨："德语里甚至连'素食者'这个词都没有。"（其实有。）

乔布斯的下一站是去都灵找经销商。这次他的心情舒畅了许多，因为当地的意大利面很好吃，经销商也更为热情友善。他回忆说："我在都灵的几周过得很开心，那是一个充满活力的工业城市。经销商每晚都会带我到一家餐厅吃饭，这家餐厅只有 8 张桌子，没有菜单。你只要告诉店员自己想吃什么，他们就会给你做出来。其中一张桌子是为菲亚特的董事长准备的。这家餐厅非常棒。"接着，乔布斯又从都灵去了瑞士的卢加诺，在弗里德兰的叔叔家里待了几天，然后坐飞机去了印度。

到达新德里后,乔布斯一下飞机就感到滚滚热浪从地面升腾而起,尽管当时才4月。他来到别人推荐的一家旅馆,但已经客满,所以在出租车司机的强力推荐下乔布斯去了另外一家旅馆。"这个司机肯定拿了提成,因为他带我去的地方非常脏乱。"乔布斯问老板他们的水是不是过滤水,老板说是,乔布斯便信以为真。"我很快就得了痢疾。我病了,病得很重,高烧不退。也就一周的时间,我的体重就从72公斤掉到了54公斤。"

等到身体已经恢复得差不多,可以四处走动的时候,乔布斯决定离开新德里。于是,他动身前往印度北部的赫尔德瓦尔。这个城市靠近恒河的源头,正在举行一个名为"大壶节"的节日庆典,1 000万余人涌进了这座常住人口不到十万的小镇。"到处都是教徒,帐篷里住着这个导师、那个导师。还有人骑着大象,怪相丛生,无奇不有。我在那里待了几天,但觉得此地也不宜久留。"

他先乘坐火车,后换乘汽车,来到了喜马拉雅山脉的山麓,找到奈尼塔尔附近的一个村庄。这个村庄就是尼姆·卡洛里·巴巴的住地(或者说故居所在地)。乔布斯到达村庄的时候,这位精神导师已经不在人世,至少其灵魂已经离开了原来的肉身。乔布斯在村庄里租了一间房,就睡在一张床垫上。房东一家给他提供了素食,好帮助他恢复健康。"一个在这里住过的旅客留下了一本英文的《一个瑜伽行者的自传》。因为没什么事做,我把这本书读了好几遍,还经常在各个村子之间来回穿梭,痢疾也慢慢好了。"在此地静修的人群当中,乔布斯结识了一位叫拉里·布里连特(Larry Brilliant)的流行病学家。他致力于根除天花,后来主管谷歌的慈善部门和斯科尔基金会。他和乔布斯也成为终身好友。

一次,乔布斯听说有一位年轻的印度教圣人在组织信徒聚会,地点在一个富商在喜马拉雅山脚下盖的庄园里。"在这里可以接触到灵修者和他的信徒,还能饱餐一顿,实在是个不错的机会。还没进入庄园我就闻到了食物的香味,我都饿得不行了。"乔布斯正忙着大快朵颐,这个比他大不了几岁的圣人就把他从人堆里揪了出来,开始指着他狂笑。乔布斯回忆说:"他跑过来抓住我,嘴里发出'嘟嘟'的声音,说'你就像个小宝宝',但我不喜欢以这样的方式被关注。"他拉起乔布斯的手,穿过虔诚的信徒,把他带了出去。他们爬上山,走到一口井和池塘的旁边。"我们坐下来之后,他拿出了一把剃须刀。我怕他是个疯子，心里还有些忐忑。结果他又拿出了一块香皂——当时我的头发很长——他用香皂在我的头发上打泡沫，然后把我的头发全剃了。他告诉我，这么做是为了拯救我，让我变得健康。"

丹尼尔·科特基在初夏抵达印度，乔布斯回到新德里跟他碰头。他们大部分时间会坐着公共汽车漫无目的地闲逛。这个时候，乔布斯已放弃寻找一位能够传授智慧的大师了，他想通过苦行经历、克制物欲和因陋就简来寻求开悟。但他依然无法获得内心的平静。科特基记得他曾和一个印度女人在村庄集市上大吵了一架，乔布斯坚称那个女人往卖给他们的牛奶里掺了水。

乔布斯有时也很大方。他们两个人到达马纳里镇的时候，科特基的睡袋被偷了，里面还装着他的旅行支票。"史蒂夫承担了我的饭钱，还给我买了回新德里的汽车票。"科特基回忆说。乔布斯还把自己剩下的100美元给了科特基，帮助他渡过难关。

乔布斯在印度待了7个月，其间只跟父母联系过几次。只有路过新德里时，他才会去当地的美国运通公司办事处给父母寄一封信。所以，当乔布斯突然从奥克兰机场打来电话，让他们二人过去接他的时候，他们颇为吃惊，立即从洛斯阿尔托斯开车前往。"我剃了光头，穿着印度棉质长袍，皮肤被太阳晒成了巧克力般的深棕红色。我坐在那里，父母从我面前经过五六次都没认出我来。最后，妈妈走上前来问我：'是史蒂夫吗？'我说：'嗨！'"

乔布斯随父母回到家，继续自我寻求之旅。在这个过程中，乔布斯尝试了很多种通往开悟的道路。他每天早上和晚上会练习冥想，学习禅宗，其他时间则去斯坦福大学旁听物理或工程课程。

探寻

乔布斯对东方精神、印度教和佛教禅宗的兴趣，以及他对开悟的追求，不仅仅是一个19岁青年的一时兴起。终其一生，乔布斯都在遵守东方宗教的许多基本戒律，比如强调体验"般若"，也就是通过集中精神，直观地体验智慧和认知性理解。多年后，坐在帕洛阿尔托家中的花园里，乔布斯回忆起这趟印度之行对自己的深远影响：

我回到美国后感受到的文化冲击比去印度时要大得多。生活在印度乡村的人们并不像我们这样运用头脑和知识，他们会运用直觉。印度人的直觉比世界上其他地方的人要发达得多。在我看来，直觉是一种非常强大的力量，比头脑和知识更强大。这种认知对我的作品产生了巨大的影响。

西方的理性思维并不是人类与生俱来的特征，而是后天习得的，是西方文明的伟大成就。印度乡村的人们从来没学过如何理性思考。他们学到的是另外的东西，这些东西在某些方面与理性思维具有同等重要的价值，但在其他方面则不然。这就是直觉和经验智慧的力量。

我在印度农村生活了7个月，重返美国后，我不仅看到了西方世界理性思考的一面，也看到了西方世界的疯狂。如果能静下心来观察，你会发现自己是如此躁动不安。如果努力想让头脑平静下来，你只会适得其反。但随着时间的推移，头脑会自己平静下来。这时，你就有空间听到更细微的声音——这是你的直觉在生根发芽、开花结果，这时，你对世界的认知会更加清晰，你更加能够活在当下。你的头脑会放慢节奏，每个瞬间都可以无限延伸。你会看到很多此前看不到的东西。这是一门学问，需要潜心钻研才能做好。

从那时起，禅宗就对我的生活产生了深刻的影响。我一度考虑去日本的永平寺出家修行，但我的灵修导师劝我留在这里。他说，我想去那里找的一切东西，这里都有。他说得对。我明白了一句禅语的真谛：若是求师心诚，愿意不远万里去寻找他，那么他终会出现在你的身边。

果不其然，乔布斯真的就在自己家附近找到了一位导师，他就是《禅者的初心》一书的作者铃木俊隆。他创办了旧金山禅宗中心，每星期三都会来洛斯阿尔托斯，给一小群信徒授课，跟他们一起冥想。过了一段时间，他让助手乙川弘文在洛斯阿尔托斯开设了全天候的禅宗中心。乔布斯成为铃木俊隆的忠实信徒，跟他分分合合的女朋友克里斯安·布伦南、丹尼尔·科特基和女友伊丽莎白·霍姆斯也都追随这位大师。乔布斯也开始独自去位于卡梅尔附近的塔萨加拉禅修中心参加静修，这是乙川弘文的另一处授课地点。

科特基觉得乙川弘文很有意思。他回忆说："他英语很不好，经常使用一些富有诗意、意味深长的短句，听起来就像在吟诵俳句。我们坐定听讲，但有一半时间都不知道他在说什么。听他讲经布道，我觉得就是在玩儿，所以我很放松。"霍姆斯则更加投入，她说："我们经常去参加乙川弘文禅师的冥想。我们坐在蒲团上，他坐在讲台上。我们学会了如何屏蔽干扰，这种体验特别神奇。在一个雨夜，我们跟着禅师冥想时，他教给我们如何利用周围的声音重新把注意力集中在冥想上。"

而乔布斯则极为投入。科特基说："他变得非常严肃，认为自己很神圣，妄自尊大，简直让人受不了。"乔布斯几乎每天都去找乙川禅师，每隔几个月就与其一起闭关静修。"后来，我尽可能多地跟他待在一起，"乔布斯回忆说，"他的妻子是斯坦福大学的护士，他们有两个孩子。因为她上夜班，所以我就晚上到禅师家里找他。她半夜下班回家后就会把我赶走。"乔布斯有时候会跟乙川禅师讨论自己是不是应该出家修行，但乙川禅师不建议他出家，他认为乔布斯可以一边工作，一边修行，两者并不矛盾。师徒二人情谊深远，17年后，乙川弘文主持了乔布斯的婚礼。

乔布斯不懈追求对自我的理解和认知，几乎成了一种强迫症。他尝试过原始尖叫疗法。这种疗法是当时洛杉矶的心理治疗师阿瑟·贾诺夫（Arthur Janov）研发推广的。原始尖叫疗法以弗洛伊德的理论为基础，认为心理问题是因为压抑了童年时期的痛苦而造成的。贾诺夫认为解决问题的方法是重新经历一次生命最初的痛苦，只是在这次体验的过程中，要把痛苦的感受充分表达出来（有时是通过尖叫来宣泄）。对乔布斯来说，原始尖叫疗法运用到了直觉感受和情绪反应，而不仅仅是理性分析，所以似乎比谈话疗法更可取。他说："采取这种疗法不需要进行思考，直接行动就可以了：闭上双眼，屏住呼吸，深入情绪，等一切平复之后，你会对自己有更加深刻的认知。"

贾诺夫的一众信徒在尤金市的一家老旅馆里经营着一个名为"俄勒冈情感中心"的机构，而这家旅馆的管理者正是乔布斯在里德学院的精神导师罗伯特·弗里德兰。弗里德兰的大同农场就在附近。1974年末，乔布斯花了1 000美元在那里报名参加了为期12周的治疗项目。科特基回忆说："史蒂夫和我都追求个人成长，所以我也想跟他一起去，但我没那么多钱。"

乔布斯曾向亲密的朋友吐露心声说，自己一出生就被送养，从不知道亲生父母是谁，这种身世给他造成了痛苦，所以他才想追寻自我。弗里德兰后来说:"史蒂夫无比渴望了解自己的亲生父母,因为这可以帮他更好地了解自己。"乔布斯从保罗和克拉拉·乔布斯那里得知他的亲生父母都是一所大学的研究生,他的生父可能是叙利亚人。他甚至想过雇一个私家侦探,调查亲生父母的下落,但是他决定暂时不这么做。他说:"我不想伤害我的父母。"他指的是养父母保罗和克拉拉。

伊丽莎白·霍姆斯说:"被领养这件事让他一直耿耿于怀,但他觉得自己需要从情感上接受这一现实。"乔布斯也曾对她坦白:"这件事一直困扰着我,我需要集中精力解决掉这个问题。"在这件事上,乔布斯对格雷格·卡尔霍恩吐露过更多心声。卡尔霍恩回忆说:"关于被收养这件事,他做了很多深刻的自我剖析,也跟我谈了很多。他尝试原始尖叫疗法和非黏液饮食都是为了进行自我净化,希望借此消解对身世的沮丧和无力感。他告诉我,他对被抛弃这件事感到深深的愤怒。"

约翰·列侬在 1970 年也接受了同样的原始尖叫疗法。那年 12 月,他和塑胶小野乐队(Plastic Ono Band)发布了歌曲《母亲》,剖析了列侬内心最深处的感受。列侬在歌词中透露了自己的身世:他从小被父亲抛弃,到了青少年时期,母亲又因车祸身亡。副歌部分有一段让人难以忘怀的吟唱,歌词是"妈妈不要走,爸爸快回家"。乔布斯经常听这首歌。

乔布斯后来说,贾诺夫的方法其实没什么效果。"他的方法现成又老套,后来我发现这个方法太过简单,显然不能让我对问题有什么深刻的理解。"但霍姆斯认为原始尖叫疗法让乔布斯更自信了:"参加治疗后,他身上出现了一些变化。他本身性格粗暴,但有段时间变得很平静。他更加自信了,自卑感也相应减弱。"

乔布斯认为他可以把这种自信的感觉传递给别人,驱使他们完成自认为不可能完成的事情。霍姆斯跟科特基分手后,加入了旧金山的一个邪教组织,该组织要求她跟过去所有的朋友断绝往来,但乔布斯对这一禁令置若罔闻。一天,他开着自己的福特牧场主皮卡车来到邪教所在地,叫霍姆斯一起去弗里德兰的苹果农场。乔布斯甚至非要霍姆斯也开一段路——而她根本不会开手动挡的车。霍姆斯回忆说:"他一开到宽阔的大路上,就让我换到驾驶座上。他调整挡位,直到我把车的时速提到了将近 90 千米。然后,他放上迪伦那盘《路上的血迹》(*Blood on the Tracks*)磁带,就枕着我的腿呼呼睡去。他的态度是，他无所不能，所以你也会无所不能。他把性命交给了我，逼我做到了我以为自己不可能做到的事情。"

这就是乔布斯日后广为人知的"现实扭曲力场"，这个力场的一个积极作用就是可以提升他人的信心。霍姆斯说："如果你相信他，你就真的能做到。如果他认定了一件事应该发生，他就会让这件事发生。"

打砖块游戏

1975年初的一天，阿尔·奥尔康正坐在雅达利公司的办公室里，罗恩·韦恩推门而入，大喊："嘿！史蒂夫回来了！"

"天哪，那快让他进来吧。"奥尔康回答。

乔布斯拖着一双赤脚、身着一袭藏红色长袍走了进来。他把手中的《活在当下》递给奥尔康，执意要他也读一读这本书。"我还能回来工作吗？"乔布斯问。

奥尔康回忆道："他看起来像个哈瑞·奎师那神庙的僧人，但看到他回来，我还是特别开心。所以我说：'当然可以！'"

为了公司同事之间关系的和谐，乔布斯主要还是上晚班。当时沃兹尼亚克在惠普工作，就住在附近的一处公寓，他经常吃过晚饭就过来找乔布斯玩电子游戏。他在森尼韦尔的一家保龄球馆打《乓》打到上瘾，后来干脆自己开发了一个版本，在家里接上电视就能玩儿。

当时行业普遍认为球拍类电子游戏已经过时，但诺兰·布什内尔并不认同这一点。1975年夏末的一天，他决定开发一款单机版《乓》，玩家的对面不是对手，而是一面墙。乒乓球每次击中墙面，墙上的砖就会少一块。他把乔布斯叫进办公室，在小黑板上画出草图，让他去做设计。布什内尔告诉乔布斯，如果他能把游戏使用的芯片控制在50个以内，那么每少用一个芯片，他就能拿到一笔额外的奖金。布什内尔知道乔布斯并不擅长电子工程设计，但他猜想乔布斯会去找沃兹尼亚克帮忙。他的如意算盘打得很精到。布什内尔回忆说："我觉得这是'一石二鸟'的交易，沃兹在工程设计方面很厉害。"

乔布斯果真去请求沃兹尼亚克帮忙，说赚到的钱可以平分，沃兹尼亚克特别高兴。他回忆说:"能够亲手设计一款大家会喜欢玩的游戏,对我来说是一次千载难逢的机会。"乔布斯告诉他,游戏必须在4天内完成,而且使用的芯片越少越好。但乔布斯并没有告诉沃兹尼亚克,其实这个期限是他自己定的,因为他急着赶去大同农场帮忙收苹果。他也没有告诉沃兹减少芯片使用数量会有额外的奖金。

沃兹回忆说:"要设计这样一款游戏,大多数工程师得花几个月。所以,刚开始我觉得我肯定完成不了,但史蒂夫让我相信自己一定可以做到。"于是,沃兹连续四个晚上不眠不休,最终按时完成了设计。那几天,白天在惠普上班的时候,沃兹就在纸上画设计草图,下班后匆忙吃顿快餐,就直接去雅达利,整夜投入设计工作。沃兹尼亚克做设计的时候,乔布斯就坐在他左边的凳子上,用电线将芯片连接到电路板上。沃兹尼亚克说:"史蒂夫捣弄电路板的时候,我就玩我最爱的赛车游戏《极速赛道10》。"

他们以惊人的速度在4天内完成了任务,而且沃兹尼亚克只用了45个芯片。后来对此事的描述有多个版本,但据大多数人回忆,乔布斯把基本设计费的一半分给了沃兹尼亚克,却独吞了布什内尔为节省5个芯片支付的奖金。沃兹尼亚克直到10年以后才知道乔布斯当时还拿到了奖金[《咔嚓》(Zap)一书介绍了雅达利公司的发展史,其中提到了这段往事,有人把这本书拿给沃兹看了)]。沃兹尼亚克后来说:"我认为史蒂夫那时候需要用钱,只是他没有跟我说实话。"而现在再说起来,沃兹会沉默许久,承认这件事让他很痛心。"我真希望他当时能跟我说实话。他要是告诉我他需要钱,他应该知道我会直接把钱给他。他是我的朋友。朋友之间互相帮助是天经地义的事。"对沃兹尼亚克来说,这显示了两个人性格上的根本差异。他说:"对我来说,做人的道德标准一直非常重要,我到现在都想不通,为什么他明明拿到了奖金,却没有告诉我。但是你也知道,人和人是不一样的。"

当乔布斯知道这件事被报道了之后,他打电话给沃兹尼亚克对此予以否认。沃兹尼亚克回忆说:"他告诉我,他不记得自己做过这件事,如果他做过,他应该会记得,所以他可能没做过。"而当我当面询问乔布斯的时候,他一反常态地沉默了,态度也模棱两可。"我不知道为什么会有这种传言,我把我拿到的全部报酬分给了沃兹一半。我对他一如既往,没有变过。沃兹从 1978 年起就不工作了。1978 年以后，他一点儿工作都没做过，但他拿到的苹果股份和我的一模一样。"乔布斯说。

有没有可能是大家记错了？或许乔布斯并没有少给沃兹钱？沃兹告诉我："有可能是我记错了吧，可能是我搞混了。"但他停顿了一会儿，又改口说："不对，我记得一个细节，有一张 350 美元的支票。"他跟诺兰·布什内尔和阿尔·奥尔康都确认过。布什内尔说："我后来跟沃兹提过奖金这事儿，他很难过。我说，对，少用的每一个芯片都有奖金，他听了连连摇头咂舌。"

沃兹后来的态度非常坚决：不管真相是什么，都不要再提了。他说，乔布斯是个复杂的人，他身上的一些特质能确保他获得成功，而操控他人只是这些特质的阴暗面而已。沃兹永远不会这么做，但是他也说，自己也永远创建不了苹果公司。我追问的时候，他说："还是算了吧。我不想拿这样的事去评判史蒂夫。"

在雅达利的工作经历塑造了乔布斯对商业和设计的态度。他很欣赏雅达利公司游戏的用户友好性（"插入硬币；避开克林贡人"）。罗恩·韦恩说："这种简洁性影响了乔布斯，让他在设计产品的时候注重聚焦。"乔布斯还吸收了布什内尔那种"逆我者亡"的管理态度。奥尔康说："诺兰不允许别人对他说不，而初入职场的乔布斯也先入为主，非常认可这种强势，觉得要干成大事，就要有这种气势。诺兰不像乔布斯，他不会对人恶语相向，但两个人有着同样的强硬姿态。尽管我不太适应这样的风格，但它确实总能办成事情。从这个方面看，诺兰堪称乔布斯的导师。"

布什内尔对此表示同意："企业家身上都有一种难以言传的特质，我在史蒂夫身上就看到了这种特质。他不仅对工程技术感兴趣，也喜欢研究商业层面的东西。我曾教他：如果你表现得好像有能力做到，你就真的能够成功。我告诉他：'假装一切尽在掌握之中，人们就会觉得你真的可以掌控一切。'"

第五章　Apple I

开机，启动，接入

爱的恩典机器

20 世纪 60 年代末的旧金山和圣克拉拉谷，各色文化潮流风起云涌，交汇碰撞。军工企业的发展壮大开启了科技革命，革命浪潮迅速席卷了电子公司、微芯片制造商、视频游戏设计公司和计算机公司。黑客亚文化群体蓬勃发展，计算机迷、电话飞客、赛博朋克、计算机爱好者和一般极客云集于此，还有主张打破惠普模式的工程师和他们无所适从的子女。一些准学术团体开始研究迷幻药的效果，其中的试验者包括道格·恩格尔巴特（Doug Engelbart）和

1976 年，丹尼尔·科特基和乔布斯在大西洋城电脑节上展示 Apple I

著名作家肯·凯西（Ken Kesey）。恩格尔巴特来自帕洛阿尔托研究中心，后来参与开发了鼠标和图形用户界面。凯西经常邀请乐队举办声光迷幻派对，这支乐队就是后来的感恩至死乐队（Grateful Dead）。湾区"垮掉的一代"

发起了嬉皮士运动，伯克利的言论自由运动催生了富有反叛精神的政治活跃分子。除此之外，禅宗和印度教、冥想和瑜伽、原始尖叫疗法和感觉剥夺、伊莎兰按摩法和电休克疗法等五花八门的自我实现运动风靡一时，众人争相追寻开悟之道。

嬉皮士理念与计算机力量相互交织，开悟之道和科技发展彼此融合，这种交融在乔布斯身上得到了体现。他每天早上进行冥想，白天去斯坦福大学旁听物理课，晚上到雅达利上班，同时梦想着创建自己的事业。回想彼时彼地，乔布斯说："纷乱之中酝酿着伟大，最好的音乐在这里诞生——像感恩至死乐队、杰斐逊飞机乐队（Jefferson Airplane）、琼·贝兹（Joan Baez）、詹尼斯·乔普林（Janis Joplin）等。集成电路也在不断发展，《全球概览》（Whole Earth Catalog）等杂志问世了。"

技术专家和嬉皮士起初的相处并不融洽。许多反主流文化人士对计算机忧心忡忡，将其视作五角大楼和统治集团的奥威尔式专制的工具。历史学家刘易斯·芒福德（Lewis Mumford）就曾在《机器神话》一书中警告说，计算机正在吞噬我们的自由，破坏"提升人生品质的价值取向"。当时穿孔卡片上的一条警告语"请勿折叠、卷曲或磨损"，也成为左派反战人士的讽刺用语。

到20世纪70年代初期，形势则悄然发生了改变。研究反主流文化与计算机产业融合的约翰·马科夫（John Markoff）出版《睡鼠说》一书，书中写道："人们曾将计算机视为官僚统治的工具，对其嗤之以鼻。但现在计算机摇身一变，成为大众进行自我表达和自由解放的符号。"理查德·布劳提根（Richard Brautigan）在1967年创作了诗歌《由爱的恩典机器照管一切》，对上述思潮进行了诗意的描绘。蒂莫西·利里宣称个人计算机已成为新型迷幻药，又在几年后把自己那句著名的口号改为"打开，启动，接入"（"Turn on, boot up, jack in"），进一步印证了计算机和迷幻药的相互融合。音乐家波诺（Bono）和乔布斯逐渐成为朋友，他们两个人经常讨论为什么反而是沉溺于摇滚乐和毒品的湾区反主流文化分子帮助开创了个人计算机产业。波诺说："21世纪的开创者是像史蒂夫这种来自西海岸的嬉皮士，他们吸着大麻、穿着凉鞋，从另一个角度看世界。东海岸、英国、德国和日本的等级制度充满限制，无法激发标新立异的思考方式。20世纪60年代孕育了无政府主义心态，为设想前所未有的未来提供了理想土壤。"

有一个人推动了反主流文化人群与黑客的联合，这个人就是斯图尔特·布兰德（Stewart Brand）。布兰德爱开玩笑，颇有远见，数十年间不断制造快乐、激发灵感。他也参与了20世纪60年代早期在帕洛阿尔托进行的迷幻药研究，和肯·凯西同为试验者。两人后来联手创立了迷幻旅行狂欢节，而这一狂欢节也出现在汤姆·沃尔夫（Tom Wolfe）的小说《电子酷爱酸性测试》（*The Electric Kool-Aid Acid Test*）的开头中。布兰德还和道格·恩格尔巴特共同开创了利用声光演示高新科技的方法，将其命名为"演示之母"。布兰德后来说："我们这一代人大多蔑视计算机，认为计算机是集权控制的化身，但也有一小部分人——后来被称作'黑客'的人——选择接纳计算机，将其变为解放的工具。这才是真正通往未来的康庄大道。"

布兰德曾把一辆卡车改装成"全球卡车商店"。最初，布兰德只是开着卡车到处出售各种实用的工具和学习材料。1968年，他想要扩大影响力，于是创办了《全球概览》杂志。创刊号的封面就是那张著名的从太空拍摄的地球照片，副标题是"获取工具之道"。杂志的核心理念是"科技可以成为我们的朋友"。布兰德在创刊号的第一页上写道："内在力量和个人权力蓬勃发展，每个人都可以进行自我教育，寻求灵感，塑造环境，与任何感兴趣的人分享自己的探索经历。《全球概览》的宗旨就是发掘并推广自我发展的工具。"接着，他引用了巴克敏斯特·富勒（Buckminster Fuller）的一首诗，开头是："我从可靠的工具和机械中看到了上帝。"

乔布斯成为《全球概览》的忠实读者。他尤其喜欢1971年的停刊号。停刊那年，乔布斯还在上高中，后来读大学、加入大同农场，他一直把这期杂志带在身边。乔布斯回忆道："停刊号的封底上是一幅清晨乡间小路的照片，就是那种喜欢冒险的人在路边搭便车时会看到的景象。照片上面印了一行字：'求知若饥，虚心若愚。'"《全球概览》推崇文化融合，而布兰德认为乔布斯就是文化融合最纯粹的化身："史蒂夫就站在反主流文化与科技的交会点，他看到了工具为人所用的本质。"

布兰德出版杂志得到了波托拉协会（Portola Institute）的协助。波托拉协会是致力于计算机教育新兴领域的基金会，还协助成立了人民计算机公司（People's Computer Company）。人民计算机公司虽然名为"公司"，实际上是一个提供最新计算机新闻的组织，其口号是"为人民提供计算机力量"。公司偶尔会在星期三晚上举行聚餐，戈登·弗伦奇（Gordon French）和弗雷德·摩尔（Fred Moore）是聚餐的常客。这两个人决定创立一个更加正规的俱乐部，分享有关个人电子产品的最新消息。

1975 年 1 月出刊的《大众电子》（*Popular Electronics*）杂志封面上刊登了第一台个人计算机——牛郎星（Altair），这让他们两个人备受鼓舞。牛郎星本身没什么特别之处，只不过是在电路板上焊接了一堆总价 495 美元的元器件，能执行的任务也屈指可数，但对于计算机爱好者和黑客来说，牛郎星预示着一个新纪元的到来。读了这期杂志后，比尔·盖茨和保罗·艾伦就着手为牛郎星开发了一版 BASIC 程序（BASIC 是一种简单易用的编程语言）。乔布斯和沃兹尼亚克也关注了牛郎星。在新成立的计算机俱乐部举办的第一次活动上，当弗伦奇和摩尔展示公司刚收到的牛郎星时，这台计算机立刻成为众人瞩目的焦点。

家酿计算机俱乐部

新成立的俱乐部名为家酿计算机俱乐部（Homebrew Computer Club）。一如《全球概览》杂志，俱乐部也推崇反主流文化和科技的交融碰撞。家酿计算机俱乐部之于个人计算机时代，有如土耳其人头咖啡厅（Turk's Head coffeehouse）之于约翰逊博士（Dr. Samuel Johnson）时代，是思想的交流传播之地。俱乐部的首次活动于 1975 年 3 月 5 日举行。在活动举办前，摩尔在弗伦奇位于门洛帕克的车库里制作了活动传单，传单上写道："你的计算机是自己组装的吗？你的终端机、电视机、打字机也是自己组装的吗？若是如此，欢迎来参加本俱乐部的活动，与志同道合的朋友共话组装之趣。"

艾伦·鲍姆在惠普的公告板上看到了这张传单，就给沃兹尼亚克打电话，叫他一起去参加。"那是我一生中最重要的夜晚之一。"沃兹尼亚克回忆说。活动的举办地点在弗伦奇的车库。车库的大门敞开着，来参加活动的有差不多 30 人，他们轮流介绍了自己的兴趣爱好。沃兹尼亚克后来坦白说自己当时极为紧张。据摩尔的会议记录，沃兹尼亚克说自己喜欢"电子游戏、酒店付费电影、科学计算器设计和电视机终端设计"。活动上展示了新上市的牛郎星，但沃兹尼亚克觉得更重要的是一张微处理器的规格表。

微处理器就是一个包含整个中央处理单元的芯片。他在心里琢磨着微处理器这个东西，突然灵感乍现。他当时正在设计一个带有键盘和显示器的终端机，这套设备可以连接到远处的一台小型计算机上。而有了微处理器，他就可以把小型计算机的部分功能转移到终端机上，把终端机变成一台独立的小型台式机。这样一来，就可以把键盘、显示屏和计算机整合起来，制造出一套个人电脑——事实证明，这个想法成功预测了未来的个人电脑形态。沃兹尼亚克说："关于个人电脑的想法突然就出现在我的脑海中。那天晚上，我就开始在纸上设计草图，后来的 Apple I（第一代苹果电脑）就是这么来的。"

沃兹尼亚克本来计划使用与牛郎星相同的微处理器，也就是英特尔 8080。但一个微处理器的价格"几乎比我每月的房租还要高"，所以他开始四处寻找替代品。他发现摩托罗拉 6800 更便宜，一个在惠普的朋友能以 40 美元的单价买到它。他后来又找到摩思科技公司（MOS Technologies）制造的一款芯片，性能与前者相当，而售价只要 20 美元。使用便宜的元器件能让他组装的机器价格更加亲民，但也带来了一个长期代价：英特尔的芯片最终成为行业标准，而苹果电脑与之并不兼容，这一问题困扰了苹果公司多年。

每天从惠普下班后，沃兹尼亚克会先回家用微波炉热一份冷冻快餐，吃完后再回公司，熬夜设计自己的电脑。他把元器件摆在工位上，在主板上确定各个元器件的位置后进行焊接。然后他开始编写程序，用代码控制微处理器在屏幕上显示图像。因为他没钱租计算机时段，所以只能手写代码。几个月后，万事俱备，沃兹尼亚克开始进行测试。"我在键盘上敲了几下，然后就被震惊了！这些字母出现在了显示屏上。"这是个人计算机发展的里程碑事件，时间是 1975 年 6 月 29 日，星期日。沃兹尼亚克说："在键盘上敲击按键，字母就能立刻显示在电脑屏幕上，这在历史上还是首次。"

这台机器让乔布斯叹为观止，他连珠炮似的向沃兹尼亚克发问：这台电脑能联网吗？有没有可能添加一个磁盘来存储资料？他也开始帮沃兹找元器件。动态随机存取存储器（DRAM 芯片）尤其重要。乔布斯打了几个电话，就免费从英特尔搞到了一些元器件。沃兹尼亚克说："史蒂夫就是这样的人，他懂得如何跟销售代表交涉。换了我肯定不行，我太腼腆了。"

乔布斯开始跟沃兹尼亚克一起参加家酿计算机俱乐部的活动，他会带着显示器帮忙安装电脑。俱乐部的活动已经吸引了 100 多个计算机爱好者，地点也从车库搬到了斯坦福线性加速器中心的礼堂。俱乐部的主持人是李·费尔森斯坦（Lee Felsenstein），他手拿激光笔，主持风格自由轻松。费尔森斯坦也是计算机世界与反主流文化融合的代表人物。他从工程学院辍学，曾参与言论自由运动，也是一名反战活动分子。他曾为地下报纸《伯克利芒刺报》（*Berkeley Barb*）撰稿，后来又搞起老本行，成为一名计算机工程师。

在活动现场，害羞的沃兹一般都不怎么上台说话，但等到活动结束后，大家会把他的机器团团围住，这时他就会骄傲地展示自己的最新进展。摩尔打造的俱乐部精神是互相交换、无偿分享，不以商业盈利为目的。沃兹说："俱乐部的主题就是助人为乐。"这也符合黑客群体信奉的原则：信息应该是免费的，权威是不可信赖的。沃兹尼亚克说："我之所以设计 Apple I，就是因为我想将它免费分享给别人用。"

比尔·盖茨并不赞同这一理念。盖茨在和保罗·艾伦合作开发出牛郎星电脑的 BASIC 程序后，发现俱乐部的成员制作了程序副本，互相分享，而且没有向他支付任何费用。震惊之余，他给俱乐部写了一封信，在信中大声疾呼："大多数计算机爱好者一定清楚地知道，你们当中大多数人使用的软件都是偷来的。这公平吗……如此一来，谁还会呕心沥血地开发软件？这么专业的东西被人盗用，自己却一无所获，谁能受得了……如果有人愿意付费，我将不胜感激。"这封信后来广为人知。

史蒂夫·乔布斯也持有类似观点，他不希望沃兹尼亚克将自己的发明创造免费送人，无论是蓝盒子，还是计算机。所以他劝沃兹以后不要再免费提供自己的设计原理图。乔布斯说，大多数人都没有时间自己动手组装，"我们为什么不把电路板做好，然后卖给他们呢？"这就是两人合作关系的一个真实写照。沃兹尼亚克说："每当我做出很棒的设计，史蒂夫都会想办法为我们赚钱。"沃兹尼亚克承认他自己肯定想不到还能这样做。"我从来没想过要卖电脑，是史蒂夫说：'我们展示一下，卖几台试试。'"

乔布斯制订了计划。他准备找一个雅达利的同事，花钱请他绘制电路板的设计图，然后找厂商生产50个左右。生产的成本约为1 000美元，设计费另算。每块电路板的售价可以定在40美元，这样利润就在700美元左右。沃兹尼亚克对于能否将电路板全部售出表示怀疑。他说："我觉得我们肯定不能收回成本。"他的房东已经看他不痛快了——他的支票被银行拒付，现在房东要求他每个月的房租要用现金支付。

　　乔布斯知道如何说服沃兹尼亚克。他没有说"我们肯定能发财"之类的话，而是说这会是一次有趣的冒险。"就算赔了钱，我们还会有一家公司，这可是我们这辈子第一次拥有一家公司。"乔布斯开着自己的大众露营车，对坐在车里的沃兹尼亚克如是劝说。沃兹尼亚克立刻就心动了——开公司可比赚钱有意思多了。他说："一想到我们两个要一起创业了，我就觉得很激动、很期待。我当时想，我一定要加入。我怎么可能拒绝呢？"

　　为了筹集所需资金，沃兹尼亚克卖掉了自己的惠普65计算器，他要价500美元，但买家最后只给了一半的钱，而乔布斯则以1 500美元的价格卖掉了自己的大众汽车。但买车的人两周后来找乔布斯，说发动机坏了，乔布斯最后同意承担一半的维修费。虽然出现了这些小挫折，但他们现在已经筹措到1 300美元的运营资金，外加一个产品设计方案和商业计划。他们即将创立属于自己的电脑公司。

苹果诞生

　　既已决定创业，就要给公司取个名字。乔布斯此时又去了大同农场帮忙修剪格拉文施泰因苹果树，沃兹尼亚克去机场接他回来。在回洛斯阿尔托斯的路上，两人讨论了公司名称的各种选择。他们考虑了一些典型的科技词语，比如"矩阵"，也尝试了自创新词，比如Executek[①]，还想到一些直白无趣的名字，比如"个人电脑公司"。因为乔布斯想在第二天就提交注册文件，所以他们需要尽快决定。最后，乔布斯提议叫"苹果电脑"（Apple Computer）。他解释说："那段时间我的主要食物就是水果，我又刚从苹果

---

① 即"执行"与"科技"两个词的结合。——译者注

农场回来。'苹果电脑'这个名字听上去很有趣,也有活力,不会让人望而生畏。'苹果'削弱了'电脑'的凌厉感,增加了亲和力。另外,电话簿是按首字母排序的,所以苹果(Apple)电脑会排在雅达利(Atari)前面。"他跟沃兹尼亚克说,如果他们第二天下午还没想到更好的名字,就用"苹果电脑"。公司的名字就此敲定。

"苹果"——这是一个聪明的选择,这个词给人以友好、简约之感,作为电脑公司的名字,既让人感觉有点儿出其不意,又充满亲和力。"苹果电脑"略显反主流,飘溢着回归自然、返璞归真的气息,而且美国味儿十足。"苹果"和"电脑"两个词结合在一起,剑走偏锋,意趣盎然。迈克·马库拉不久之后成为这家新公司的首任董事长,他这样评价道:"这个名字不太符合常规,所以才会吸引眼球,让人不由自主琢磨再三:苹果和电脑,两样东西没什么联系啊!所以这个名字帮助我们提高了品牌知名度。"

沃兹尼亚克还没有准备好全职加入苹果。他在内心深处还是一个惠普人,对惠普很有认同感,所以还想继续保住在惠普的全职工作。乔布斯意识到自己得找个盟友,一来可以说服沃兹尼亚克,二来如果两个人意见出现分歧,这个人可以起到调停的作用。所以他请来了朋友罗恩·韦恩,就是那个曾经开过老虎机公司,后来在雅达利当工程师的中年男人。

韦恩知道,让沃兹尼亚克离开惠普有点儿难度,现阶段也没必要这么做。现在的关键问题在于说服沃兹,让他同意把电脑设计的所有权归苹果。韦恩说:"沃兹研发的电路对他来说就像自己的孩子,他希望在其他设备中也能使用这些电路,或者让惠普使用。我和乔布斯知道这些电路将是苹果的核心。我们三个人在我的公寓讨论了两个小时,最终,我说服沃兹接受了这个建议。"韦恩的说辞是,一个伟大的工程师只有与出色的营销人员合作,才可能在计算机发展史上留名,而要达成合作,沃兹尼亚克就要让自己的设计专属于合伙公司。乔布斯觉得韦恩口才了得,他心怀感激,主动把新公司10%的股份送给韦恩。这样一来,如果乔布斯和沃兹尼亚克在某个问题上出现分歧,他可以成为最终做决策的关键人物。

韦恩说:"他们两个人的性格有天壤之别,结合在一起却构成了一支强大的联盟。"乔布斯有时如魔鬼附身,而沃兹却天真无邪,仿佛始终有天使萦绕身边。为了实现目标,乔布斯会发挥虚张声势的本领,甚至会不时地操纵他人。他有时魅力四射，蛊惑人心，有时又冷酷无情，野蛮粗暴。相比之下，沃兹尼亚克生性腼腆，不善社交，给人一种纯真可爱的感觉。乔布斯说："沃兹在某些方面非常聪明，可是像他这样的大师虽然精通自己的专业，但与陌生人打交道时却无所适从。我们两个优势互补，天生一对。"乔布斯非常佩服沃兹尼亚克在电子工程方面的才华，觉得他如变魔法般神奇，而沃兹尼亚克也觉得乔布斯的商业能力令人钦佩，两个人互相仰慕的情感也有助于团队合作。沃兹尼亚克回忆说："我从来就不喜欢跟人打交道，也不想冒犯别人，但史蒂夫就能给自己不认识的人打电话，让他们按照他的意志行事。他如果觉得谁不够聪明，态度就会特别粗暴，但是他从来不会粗鲁地对待我。即使后来我对一些问题的回答无法让他满意，他也没对我发过脾气。"

虽然沃兹尼亚克已经同意把最新电脑设计的所有权给予苹果，但他还是觉得应该先把设计拿给惠普公司看，因为自己毕竟在惠普上班。"我觉得我有责任把自己在职期间的设计告知惠普。这样才是正确的做法，才符合道德标准。"因此，1976年春，沃兹尼亚克向惠普管理层展示了自己的设计。参会的公司高管对沃兹的设计赞赏有加，但也面露难色，最终表示惠普无法开发这个产品。沃兹的这个设计至少在现阶段看来面向的是计算机爱好者这个群体，所以并不适合惠普的高端目标市场。沃兹尼亚克说："这个结果让我很失望，但也算了却了我的一桩心事，我终于可以没有任何心理负担地加入苹果了。"

1976年4月1日，乔布斯和沃兹尼亚克一同来到韦恩位于山景城的公寓起草合作协议。韦恩表示自己有一些"法律文书写作"经验，所以就自己草拟了这份长达三页的文件。他果真很懂法律用语，不同段落的开头颇为花哨："兹鉴于……特此注意……考虑到各方利益分配……"虽然文风华而不实，但协议还是写清楚了股权和利润分配比例——乔布斯、沃兹尼亚克和韦恩三人分别占有45%、45%和10%。协议还规定，所有超过100美元的支出都需要经过至少两位合伙人的同意。各方责任也非常明确："沃兹尼亚克将承担电子工程的一般和主要责任；乔布斯将承担电子工程和市场营销的一般责任；韦恩将承担机械工程和文书相关的主要责任。"最后，三人分别签署了文件，乔布斯用小写字母签名，沃兹尼亚克小心翼翼地用手写花体签名，韦恩的签名则歪歪扭扭，难以辨认。

韦恩很快就临阵退缩了。签署协议后，乔布斯就开始计划扩大借款规模，增加投资，这不禁让韦恩想到了自己创业失败的经历，他不想重蹈覆辙。乔布斯和沃兹尼亚克没什么个人资产，但是韦恩的床垫底下却藏了不少金币（因为他担心某天出现全球金融大崩盘）。苹果是一个简单的合伙企业，而不是法人实体，所以合伙人个人要对债务负责，韦恩担心万一将来公司赔了钱，自己还要被债权人追究责任。因此，短短11天后，他就带着一份"退出声明"和修改后的合伙协议来到了克拉拉县的办公室。新协议开头写道："经协议各方重新评估，韦恩将不再以合伙人身份参与公司运营。"协议中提到，因为韦恩在公司持股10%，他拿到了800美元，不久之后，公司又向他支付了1 500美元。

如果他继续持有苹果公司10%的股份，到2013年，这些股份的价值将接近400亿美元。而现实情况却是，他独自一人居住在内华达州帕朗市的一座小房子里，靠社会保险金度日，有时玩玩老虎机。他后来声称自己并不后悔。"我当时为自己做了最佳选择。他们两个人做事风风火火，我知道自己承受能力有限，经不起折腾和大风大浪。"

随着乔布斯和沃兹尼亚克签约，苹果公司正式成立。没过多久，两人在家酿计算机俱乐部的一次活动上共同登台展示产品。沃兹尼亚克举起一块他们最新生产的电路板，介绍了微处理器、8KB内存，还有他写的BASIC语言程序。他还强调："最重要的是这个产品包含一个键盘，敲击键盘就可以手动输入信号，不必再依靠笨重含混、嵌着一堆灯泡和开关的面板。"接下来，轮到乔布斯登场了。他指出，与牛郎星不同，苹果的这款产品已经内置所有核心组件。然后他向听众提出问题：人们愿意为这样一台神奇的机器支付多少钱呢？他想通过这种方式让大家看到苹果惊人的价值。乔布斯也将这种推介手法贯穿于苹果公司之后数十年的产品营销中。

然而，大多数听众对此并无多大兴致，因为苹果的产品用的微处理器是个便宜货，而不是英特尔8080。有一个重要的听众却没有随众人散去，而是留下来了解了更多信息。他的名字叫保罗·特雷尔（Paul Terrell）。1975年，他在门洛帕克的国王大道上开了一家字节电脑商店（Byte Shop）。一年后，他已经拥有三家门店，还计划把连锁店开到全国。乔布斯非常兴奋，私下又给特雷尔展示了一次。他说："看看这个，你肯定会喜欢的。"特雷尔觉得产品不错，就把自己的名片给了乔布斯和沃兹，说："保持联系。"

第二天，乔布斯光着脚走进了字节电脑商店，对特雷尔说："我来保持联系了。"他巧舌如簧，成功达成一笔交易。特雷尔同意订购 50 台电脑，但有一个条件：他想要的不仅仅是价值 50 美元的印刷电路板，因为这样的话，顾客还要另外购买芯片自行组装。这也许能吸引一些水平高超的电脑爱好者，但大多数客户是不会自己组装的。所以他希望拿到完全组装好的电路板，并愿意为每台设备支付 500 美元，货到付款，现金结算。

乔布斯立即给还在惠普上班的沃兹打了电话，问他："你现在是坐着吗？"沃兹说没有。但乔布斯还是直接把好消息和盘托出。沃兹尼亚克回忆说："我被震惊了，彻底震惊了。那一刻让我终生难忘。"

为了完成订单，乔布斯和沃兹需要购买价值 1.5 万美元的元器件。曾在霍姆斯特德中学跟他们一起搞恶作剧的艾伦·鲍姆和他的父亲同意借给他们 5 000 美元。乔布斯又尝试从洛斯阿尔托斯的一家银行贷款，但银行经理只是打量了他一眼，就不出意料地拒绝了他。乔布斯又去了哈尔泰克电子器材商店，告诉老板可以用元器件换苹果的股份，但老板觉得他们不过是"两个邋里邋遢的毛小子"，也断然拒绝。雅达利公司的奥尔康说可以卖给他们芯片，但需要预付现金。最后，乔布斯说服克拉默电子公司（Cramer Electronics）的经理亲自打电话给保罗·特雷尔，以确认他真的在苹果公司下了这笔价值 2.5 万美元的订单。特雷尔当时正在开会，突然听到广播寻人，说他有一个紧急电话（乔布斯一直打个不停）。克拉默电子公司的经理在电话里询问特雷尔说有两个衣冠不整的小子来到他店里，说有字节电脑商店的订单，这事儿是真的吗？待特雷尔确认后，这位经理才同意让乔布斯先把元器件拿走，30 天以后付钱。

车库工厂

为了生产出 50 个 Apple I 主板，乔布斯将他位于洛斯阿尔托斯的房子改头换面，变成了组装车间。他们必须在 30 天内把组装完成的主板交付给字节电脑商店,以拿到货款去支付元器件的费用。乔布斯和沃兹找来了所有能帮忙的人:丹尼尔·科特基和他的前女友伊丽莎白·霍姆斯(她已经脱离了邪教组织),还有乔布斯有孕在身的妹妹帕蒂。帕蒂结婚以后空出的卧室、厨房的桌子,还有家里的车库,都变成了他们的工作区。霍姆斯上过珠宝课,所以由她负责焊接芯片。霍姆斯回忆说:"大部分芯片都焊得不错,但有几个被我滴上了助焊剂。"对此,乔布斯大为光火,口出怨言:"我们可没有多余的芯片。"事实也的确如此。于是他把霍姆斯调去了厨房,坐在餐桌旁负责记账和文书工作,换由他焊接芯片。他们每做完一块电路板,就交给沃兹尼亚克。沃兹尼亚克说:"我会把组装好的电路板连接到电视屏幕和键盘上进行测试,看其能否正常工作。如果没问题,就放进包装盒里,如果有问题,我就要想办法确定是哪个管脚没有插好。"

保罗·乔布斯也暂停了修理旧车的副业,把整个车库让给了苹果团队。保罗在车库里放了一张长长的旧工作台,在刚弄好的石膏板墙上挂了一张电脑示意图,又安装了几排抽屉,贴上标签,用来盛放元器件。他还用几盏加热灯组装了一个高温箱,测试电脑主板在高温下连夜运转的状态。每当有人忍不住发脾气(有乔布斯在,发脾气是家常便饭),保罗就会平静地问:"怎么了?火烧屁股了?"保罗偶尔也会把那台电视机借回去看一场球赛。休息的时候,乔布斯和科特基经常在外面的草坪上弹吉他。

家里的房间几乎堆满了元器件,到处都是客人,克拉拉·乔布斯对此并不介意,让她感到沮丧的是儿子的饮食习惯越来越怪。霍姆斯回忆说:"史蒂夫的饮食强迫症花样很多,克拉拉听到之后就会翻白眼。她只是想让儿子吃得健康一点儿,但史蒂夫却总是发表一些奇奇怪怪的言论,比如'我是果食主义者,我只吃处女在月光下采摘的树叶'。"

沃兹尼亚克检验完12个组装好的电路板,确认合格后,乔布斯就开车把产品送到了字节电脑商店。特雷尔看到产品大吃一惊——他本来以为最终的产品会更像成品,而乔布斯拿来的电路板没有电源,没有机箱,没有显示器,也没有键盘。但是乔布斯死死盯着特雷尔,要求他必须遵守约定。特雷尔只好同意收货付款。

30天以后,苹果已经几近盈利。乔布斯回忆说:"因为我的采购价格很划算,所以组装电路板的成本比预想的要低,我们卖给字节电脑商店那50

块主板拿回来的钱足够支付100块主板的材料费。"他们把剩下的50块主板卖给了朋友和家酿计算机俱乐部的伙伴,真正实现了盈利。

伊丽莎白·霍姆斯正式成为兼职记账员,时薪为4美元。她每周从旧金山开车过来一次,研究如何把乔布斯的支票簿记入公司账簿。为了让苹果看起来像一个正规公司,乔布斯租用了电话应答服务,所有的电话留言都会被转到他母亲那里。罗恩·韦恩给公司设计了一个商标,他用维多利亚时代插图小说的华丽线描风格画了一幅牛顿坐在树下的图像,边框上还引用了诗人华兹华斯的一句诗:"一个永远在奇妙的思想海洋中独自航行的灵魂。"这个格言略显奇怪,比起苹果电脑的风格,更符合韦恩对自我形象的认知。也许华兹华斯描述法国大革命初期参与革命的人的心境的那首诗更加贴切:"能活在那样的黎明已是至福,若加上年轻,简直就是天堂!"沃兹尼亚克后来兴高采烈地说:"我觉得我们正在参加一场史无前例的大革命。我很高兴能成为其中一员。"

沃兹已经开始思考下一代电脑的设计了,所以他们给现在的模型取名为Apple I。乔布斯和沃兹开着车在国王大道上来来回回,希望能找到可以出售电脑的电子产品商店。他们卖了50台电脑给字节电脑商店,卖了剩下50台给身边好友,然后又组装了100台,想卖给零售店。不出意料,两个人的理念再次发生冲突:沃兹尼亚克设想的售价只是略高于成本价,但乔布斯想大赚一笔。最后沃兹还是听了乔布斯的。乔布斯最终将零售价定为666.66美元,这比给特雷尔和其他商店的批发价500美元高出33%,是成本价的三倍左右。沃兹尼亚克说:"我一直都很喜欢重复的数字,我的'打电话听笑话'服务号码是255-6666。"他们两个都不知道,在《圣经·启示录》中,666代表了"野兽的数量",那一年的热门电影是《凶兆》,里面的666是恶魔的数字,所以他们很快就遭到投诉。(2010年,佳士得以21.3万美元的价格成功拍卖了一台1976年的Apple I。)

1976年7月号的《界面》(*Interface*)杂志刊登了对这款新机器的首篇专题报道。这是一本面向计算机爱好者的杂志,现在已经停刊。当时乔布斯和朋友们还只是在他家弄了个手工作坊,但杂志已经把乔布斯称作"市场总监"和"雅达利的前私人顾问"了。这让苹果听起来像一家货真价实的公司。文章中这样写道:"史蒂夫与许多电脑俱乐部保持沟通,时刻把握着这个年轻行业的脉搏。"文章还引用了乔布斯的话:"如果我们能读懂他们的需求、感受和动机,我们就能做出恰当的回应,提供他们所需、所想的产品和服务。"

那个时候,除了牛郎星计算机,其他的竞争产品也相继出现,其中最著名的是英特尔的 IMSAI8080 和处理器科技公司(Processor Technology Corporation)的 SOL-20。SOL-20 是家酿计算机俱乐部的李·费尔森斯坦和戈登·弗伦奇设计的。1976 年的劳工节周末,首届"年度个人电脑节"在新泽西州大西洋城的一家破旧的酒店里举行,酒店就坐落在一条腐烂的木板路上。乔布斯和沃兹尼亚克搭乘环球航空公司的航班先飞往费城。他们把 Apple I 放在一个雪茄箱子里,把沃兹正在开发的第二代电脑原型机放在另一个雪茄箱子里。费尔森斯坦就坐在他们后面一排。他看了看 Apple I,表示这台电脑"毫不起眼"。沃兹尼亚克听着后排的评论,感到特别气馁。他回忆说:"我们听到他们用很高深的商业术语聊天,说的都是我们没听过的缩略词。"

到了大西洋城,沃兹尼亚克大部分时间都待在酒店房间调整新一代原型机。在展厅现场,沃兹非常腼腆,不敢站到苹果的展台后面(主办方把苹果公司的展台安排在了展厅后侧)。当时就读于哥伦比亚大学的丹尼尔·科特基从曼哈顿乘火车赶来。他负责照看展台,而乔布斯就在展厅里四处走动,观摩竞品。一圈看下来,他觉得别人的产品并不惊艳,于是放下心来——沃兹尼亚克就是最好的电子工程师,Apple I(当然还有第二代产品)在性能方面独占鳌头。不过,SOL-20 的外观更好,有一个造型优美的金属外壳,还有键盘、电源和电缆,看起来像成年人生产的机器。相比之下,Apple I 就像其创作者一样邋里邋遢,毫无吸引力。

第六章　Apple II

新时代的曙光

集成产品

乔布斯在个人电脑节的展厅里四处考察一番后,觉得字节电脑商店老板保罗·特雷尔说得没错:个人电脑应该成套进行出售。他当机立断,下一代苹果电脑要有美观的外壳和一个内置键盘,还要实现从电源到软件的端到端集成。他回忆说:"我的愿景是打造全球首款完美整合所有部件的电脑,我们的目标消费群体不再是少数可以自行组装电脑、知道如何购买变压器和键盘的计算机爱好者。从数量上看,希望电脑拿到手就能用的一般用户比计算机爱好者要多上 1 000 倍。"

1976 年那个劳工节的周末,沃兹尼亚克在酒店房间里调整新一代电脑的原型机,也就是未来的 Apple II。乔布斯对 Apple II 寄予厚望,希望这款电脑能把公司带入一个全新的阶段。他们只把原型机拿出去过一次。一天深夜,他们找了个会议室,想用会议室里的彩色投影电视机进行测试。沃兹尼亚克有一个奇特的想法,就是可以让电脑芯片处理色彩,他想看看这个方法能否适用于投影电视(用投影仪在类似电影屏幕上显示图像的电视机)。沃兹尼亚克说:"我觉得投影仪的色彩电路系统应该跟电脑不一样,我的色彩显示方法在电视上应该不兼容。于是我抱着试一试的心态把 Apple

II 跟投影仪连接起来,结果运行得顺畅完美、天衣无缝。"他在键盘上一番敲击后,会议室另一头的投影屏幕上出现了彩色的线条和螺旋图案。唯一看到首台 Apple II 的外人是视讯光束电视放映机公司(VideoBeam)的销售经理吉姆·泰勒(Jim Taylor)。他说自己已经看过市面上的所有电脑,他想买的只有这一台。

生产成套的 Apple II 需要大量资金,所以他们考虑把苹果的股权出售给一家规模更大的公司。乔布斯找到阿尔·奥尔康,希望他给自己一个机会向雅达利高层做演示。奥尔康为乔布斯约到了跟雅达利总裁乔·基南(Joe Keenan)的会面,不过基南比奥尔康和布什内尔保守得多。奥尔康回忆说:"乔布斯进来做演示,但乔完全受不了他。他对史蒂夫的卫生习惯极为不满。"乔布斯不但没有穿鞋,还一度把脚翘在桌子上。基南冲他大吼:"我们不会买这个破玩意儿的,把你的臭脚从桌子上拿下来!"奥尔康说自己当时心里想的是:"好吧,没戏了。"

9 月,康懋达电脑公司(Commodore Computer)的查克·佩德尔(Chuck Peddle)来到乔布斯家里看他演示电脑模型。沃兹尼亚克回忆说:"我们把史蒂夫家的车库门打开,阳光满地。查克穿着一身西装,戴着牛仔帽走了进来。"佩德尔非常喜欢 Apple II,便安排他们在几周后给公司高层做一次演示,地点就在康懋达的总部。乔布斯到场后对对方说:"贵公司可能会愿意出资几十万元收购苹果。"沃兹尼亚克被这个"荒唐"的提议惊得目瞪口呆,但是乔布斯却继续推销,毫不动摇。几天后,康懋达的高层打来电话,说他们觉得自行开发电脑的成本更低。乔布斯并没有因此感到气恼和惋惜,因为他调查过这家公司,认为管理层"品格低劣",根本不值得合作。沃兹尼亚克对融资失败也不以为意,但 9 个月后,康懋达推出了名为"康懋达 PET"的电脑,这让热爱电子工程的沃兹尼亚克感觉受到了冒犯和伤害。"他们这么快赶出了一个如此粗制滥造的产品,让我感觉特别恶心。他们本来可以拥有苹果的。"

康懋达的融资尝试让乔布斯和沃兹尼亚克之间的潜在冲突浮出水面:两个人对苹果的贡献真的一样大吗?他们应该如何分配利益?沃兹的父亲杰里·沃兹尼亚克崇尚工程师的价值,认为工程师的贡献要超过企业家和营销人员。因此他觉得苹果的大部分钱应该给他儿子。一次,杰里当面告诉来到家里的乔布斯："你一分钱都不该拿，你什么都没做。"这番话把乔布斯给说哭了，但乔布斯哭也并不是什么稀奇事儿。他一向不擅长控制自己的情绪，以前是，现在是，将来也是。乔布斯告诉沃兹尼亚克，他愿意退出合伙企业："如果我们不能平分，公司可以全部归你。"但沃兹尼亚克对这段合作关系的认识比父亲更清醒——要不是乔布斯，他可能还在家酿计算机俱乐部的会议上免费分享自己设计的电路板原理图，是乔布斯把他的天才设计做成了一门初见起色的生意——就像之前出售蓝盒子那样。他认为两人应该继续保持合作关系。

这是一个明智的决定。要想让 Apple II 大获全胜，仅靠沃兹尼亚克惊世骇俗的电路设计是远远不够的。电路板必须经过包装和集成，才能成为一个完美的消费产品，而这些正是需要乔布斯大展身手的环节。

乔布斯首先请之前退出的合伙人罗恩·韦恩来设计外壳。韦恩说："我觉得他们应该没钱，所以我设计的外壳不需要任何特殊设备，普通的金属车间就可以将其生产出来。"这款外壳由树脂玻璃制成，以金属条固定，还有一个拉盖，拉下来就可以盖住键盘。

乔布斯不喜欢这款外壳。他理想中的设计应该简约而优雅，让苹果电脑独具一格，因为其他电脑的外壳都是笨重的灰色金属。一天，乔布斯在梅西百货家用电器区闲逛时看到了美膳雅公司（Cuisinart）的食品加工机，不禁眼前一亮，于是决定用轻型模压塑料制造一款光滑的电脑外壳。在家酿计算机俱乐部的一次会议上，他出价 1 500 美元聘请了当地顾问杰里·马诺克（Jerry Manock）来做外壳设计。马诺克打量了一下乔布斯，表示要先付钱后设计。乔布斯不同意，但马诺克最终还是接受了这份工作。他用几周时间设计出一个泡沫塑料的电脑外壳，简约整洁，散发着友好的气息。乔布斯见之兴奋不已。

接下来就是电源的问题。沃兹尼亚克这样的数字极客对电源这种不起眼的配件毫不在乎，但乔布斯认为电源也是电脑的核心组件。具体而言，乔布斯希望电脑的供电可以避免使用风扇（这也是他整个职业生涯都在坚持的原则）。因为他觉得电脑里的风扇会破坏禅境，让人分心。于是乔布斯去雅达利公司找阿尔·奥尔康商量。奥尔康精通老式的电子工程。乔布斯回忆说："阿尔介绍我认识了罗德·霍尔特。他超级聪明，烟不离手，信奉马克思主义,离过好几次婚,万事精通。"像马诺克和其他第一次见到乔布斯的人一样,霍尔特看了乔布斯一眼,心中打了一个大大的问号,表示"我的设计费用很高"。乔布斯觉得这个人值得出高价,便说成本不是问题。霍尔特说:"他连哄带骗地让我开始工作。"霍尔特后来加入了苹果,成为全职员工。

霍尔特没有使用传统的线性电源,而是做了一款类似示波器电源的设计。这种电源每秒钟的开关切换次数不是 60 次,而是数千次。这样一来,电源的电能储存时间大大减少,释放的热量也随之减少。乔布斯后来说:"那个开关电源就像 Apple II 电脑上的逻辑电路板一样,都是革命性的产品。罗德并没有因此得到太多的赞誉,但他值得在科技史上留名。现在的每一台电脑都使用开关电源,这都是剽窃了罗德的设计。"沃兹尼亚克纵有百般才华,也搞不出这样的设计。沃兹说:"我对开关电源只是一知半解。"

乔布斯的父亲曾经告诉他,追求完美意味着对工艺尽心尽力、精益求精,即使在别人看不见的地方也毫不懈怠。乔布斯用这个理念指导了 Apple II 内部电路板的布局。他因为线路不够直而否决了最初的一版设计。

追求完美的激情让乔布斯的天性得以释放,他控制狂的本能也变本加厉。大多数黑客和计算机爱好者都喜欢自己改装电脑,定制各种零配件安装到电脑里。但乔布斯觉得这一做法有损于端到端的无缝用户体验。他坚持只留 2 个插槽,一个给打印机,一个给调制解调器。而骨子里是个黑客的沃兹尼亚克并不同意这点,他希望在 Apple II 上留出 8 个插槽,这样用户就可以按照自己的需求接入各种小型电路板和外接设备。沃兹尼亚克回忆说:"我一般情况下都很好说话,但这次我告诉他:'如果那是你想要的电脑,你就自己去买一台吧。'我知道像我这样的用户最终都会想给电脑添加点儿东西。"这次争执以沃兹尼亚克的胜利告终,但他能感觉到自己的权力日渐式微,"我当时还能跟史蒂夫抗衡,后来就没有这个地位了"。

迈克·马库拉

所有的研发都需要经费。乔布斯说:"生产塑料外壳的成本约为 10 万美元,实现量产需要差不多 20 万美元。"他又去找诺兰·布什内尔,这次是以苹果的少数股权作为交换,希望得到投资。布什内尔说:"他说如果我能投 5 万美元,他愿意给我 1/3 的股权。聪明反被聪明误,我拒绝了。往事虽然不堪回首,有时会觉得欲哭无泪,但也是很值得回味的。"

布什内尔建议乔布斯去找唐·瓦伦丁(Don Valentine)试试。瓦伦丁是个直言不讳的人,曾在美国国家半导体公司(NS)任营销经理,后来创办了风险投资界的先驱公司红杉资本。瓦伦丁身穿蓝色西装和系扣衬衫,打着斜条纹领带,开着一辆奔驰来到了乔布斯家的车库。他对乔布斯的第一印象是此人衣冠不整,身上还有股怪味儿。"乔布斯那时候的追求是成为反主流文化的化身,他留着小胡子,身材消瘦,看上去就像胡志明。"瓦伦丁回忆说。

然而,瓦伦丁之所以成为硅谷的顶尖投资者,是因为他并不以貌取人。乔布斯的外形固然让人满腹狐疑,但更让瓦伦丁担心的是乔布斯对市场营销一窍不通,似乎满足于挨家挨户进行推销的模式。瓦伦丁告诉他:"要想拿到我的投资,你得找个合伙人。这个人要懂得市场营销和分销网络,还要会写商业计划书。"在年长的人向他提供建议的时候,乔布斯的态度往往呈两极分化——要么勃然色变,要么欣然接受。这次,他接受了瓦伦丁的建议,回答说:"给我三个推荐人选吧。"于是瓦伦丁推荐了三个人,乔布斯分别与他们见了面,并跟其中一人一见如故、相谈甚欢。这个人叫迈克·马库拉,是苹果未来 20 年发展的关键人物。

马库拉当时只有 33 岁,但已经开始享受退休生活。他曾先后在仙童半导体公司和英特尔工作。这些公司上市之后,他因持有股票期权而成为百万富翁。他个性谨慎,精明强干,高中时期练过体操,到现在的一举一动也敏捷准确。他非常擅长制定定价策略,打造分销网络,他在市场营销和金融领域也颇有研究。他虽然个性略显保守,但享受财富的时候却毫不含糊。赚到钱之后,他在塔霍湖建了一栋房子,后来又在伍德赛德的山上建了一座豪宅。第一次来乔布斯家的车库跟乔布斯见面时,他没有像瓦伦丁那样开深色奔驰,而是开了一辆金光闪闪的科尔维特敞篷跑车。马库拉回忆说:"我走到车库的时候,沃兹就坐在工作台旁边,他立刻开始向我展示 Apple II。他和史蒂夫都该理发了,但更吸引我的是工作台上的新电脑。头发随时都能剪,这么棒的产品可不是天天都能见到的。"

乔布斯一见到马库拉就心生好感。"他个子不高，当年在英特尔争取市场营销的最高职位时受挫。我觉得基于这个原因，他很想证明自己。"乔布斯对他的第一印象是光明磊落，正直公正。"看得出来，即使他有机会算计你，他也不会这么做。他的道德感很强。"沃兹尼亚克也觉得马库拉非常不错："我觉得他是全世界最和善的人，更棒的是，他真的很喜欢我们的产品！"

马库拉建议乔布斯跟他一起写商业计划书。马库拉说："如果写得好，我个人也会投资，如果写得不好，这几周就当免费给你干活儿了。"于是乔布斯晚上会去马库拉家里，他们一起调整预测目标，共商创业大计，直到深夜。乔布斯回忆说："我们做了很多假设，比如多少个家庭会买个人电脑，有时候会聊到凌晨四点。"最后的商业计划书大部分是马库拉写的。"史蒂夫总说'下次我把这部分写好带来'，但他一般都会拖延，所以我干脆自己写了。"

在商业计划书中，马库拉提出了宏大的设想，他的目标群体不仅仅是电脑爱好者。沃兹尼亚克回忆说："他想让电脑走近普通人，进入普通家庭，让他们可以记录自己最喜欢的菜谱或家庭账单。"马库拉提出大胆预测："我们将在两年内成为一家《财富》杂志世界500强公司。电脑行业方兴未艾，这样的机会十年一遇。"虽然后来苹果花了7年才跻身《财富》杂志世界500强公司，但马库拉预测的趋势是准确无误的。

马库拉提出成为合伙人，持有公司股权的1/3，作为回报，他会为公司提供高达25万美元的信用额度。苹果将注册成为有限责任公司，他、乔布斯和沃兹尼亚克三人各持26%的股份，剩下的股份留作吸引未来投资者之用。他们三个在马库拉家游泳池边的小屋会面，签署了协议。乔布斯回忆说："我当时想，迈克可能再也见不到这25万美元了，他愿意承担这样的风险，我觉得很有魄力。"

公司发展到这个阶段，是时候说服沃兹尼亚克全职加入了。沃兹问："为什么我不能把创业当作兼职，同时留着惠普这个'铁饭碗'呢？"马库拉说这样行不通，他给了沃兹几天时间考虑。沃兹尼亚克回忆说："一想到自己开公司，我心里就非常没底，因为我得向别人发号施令，控制他们。我早就下定决心，不要成为一个掌权者。"所以他来到马库拉的池畔小屋，表示自己是不会离开惠普的。

马库拉耸耸肩,接受了他的决定,但乔布斯却万分沮丧。为了达成目的,他使出浑身解数:他对沃兹尼亚克连哄带骗;他搬来救兵,请朋友帮忙当说客;他痛哭流涕,大喊大叫,暴跳如雷。乔布斯甚至跑到沃兹尼亚克父母家里,泪流满面地向杰里求助。时至今日,沃兹尼亚克的父亲已经意识到好好投资 Apple II 是大有钱赚的,于是他加入了乔布斯的阵营。"我在公司和家里都会不断地接到电话,爸爸、妈妈、哥哥,还有好多朋友都给我打电话,说我的决定是错误的。"但这些都是徒劳无益的。最后,高中时代雄鹿薯条俱乐部的好友艾伦·鲍姆打来了电话:"你真的应该放手一搏。"鲍姆说,如果沃兹全职加入苹果,他不一定非做管理不可,他可以继续当工程师。沃兹尼亚克后来说:"他一语中的。我就是希望可以安心待在公司的最底层,老老实实做个工程师。"他给乔布斯打电话,说做好了全职加入苹果的准备。

1977 年 1 月 3 日,苹果电脑公司正式成立,新公司买断了乔布斯和沃兹尼亚克 9 个月前成立的合伙企业。苹果电脑公司的成立在业界几乎没有掀起任何波澜。当月,家酿计算机俱乐部开展了一个会员调查,结果显示,181 名会员拥有个人电脑,其中只有 6 个人用的是苹果电脑,但乔布斯坚信 Apple II 会改变这一局面。

对乔布斯来说,马库拉是父亲一般的人物。跟乔布斯的养父一样,他纵容乔布斯的我行我素,但跟乔布斯的生父一样,他最终也把乔布斯抛弃了。风险投资家阿瑟·洛克说:"马库拉和乔布斯的关系就像亲生父子一样。"马库拉开始把市场营销和销售的知识倾囊相授给乔布斯。乔布斯回忆说:"迈克真的对我关爱有加。我们两个人的价值观很一致。他强调创业的目标一定不能是赚钱,而应该是创造出你相信有价值的产品和服务,打造一个基业稳固、长盛不衰的公司。"

马库拉在一页纸上写下了一篇名为《苹果营销哲学》的文章,强调了营销的三个要点。第一点是"共鸣",就是要设身处地为用户着想。"我们会比其他任何企业都更加充分地了解用户需求。"第二点是"专注","为了出色完成既定目标,我们必须心无旁骛,放弃所有无关紧要的心思和追求。"第三点同样重要,叫作"灌输",其中心思想是人们对一个公司或产品的印象基于其对外传递的信号。他写道:"消费者的确会以貌取物。即使我们拥有最好的产品、最佳的品质和最强大的软件,但是如果产品的呈现方式粗糙敷衍,人们就会认为我们的产品和服务也是草草了事;如果我们以一种充满创意、专业认真的态度进行呈现,消费者就会被我们传递和灌输的积极信息浸染渗透,我们的形象就会在他们的意识当中确立起来。"

在乔布斯未来的职业生涯中,他会比其他任何一位商业领袖都更了解用户的需求和欲望,他会心无旁骛地研发几个核心产品,精心设计营销策略、品牌形象乃至包装,有时甚至达到吹毛求疵的境地。他说:"当消费者打开 iPhone 或 iPad 的包装盒时,我们希望当时的触觉体验会给他们对产品的感知定下基调。这是迈克教给我的。"

里吉斯·麦肯纳

打造完美用户体验的第一步就是聘请硅谷首屈一指的公关人才里吉斯·麦肯纳为苹果做广告策划。麦肯纳来自匹兹堡的一个工人家庭,兄弟姐妹众多。他骨子里如钢铁般坚韧,为人处世散发着独特的魅力。他于麦肯纳大学辍学,曾在仙童半导体公司和美国国家半导体公司工作,后来走上创业之路,成立了公关广告公司。他有两大特长,一个是特别擅长拓展记者人脉,为自己的客户争取独家采访的机会;另一个是他的广告策划和宣传方案令人过目不忘,可以成功打造产品(如微晶片)和品牌的知名度。他的一个代表作就是英特尔杂志广告系列,没有像一般广告一样使用乏味的业绩表,而是利用色彩斑斓的赛车和筹码来彰显产品性能。这些广告让乔布斯眼前一亮。他打电话给英特尔问广告是谁做出来的,对方回答是"里吉斯·麦肯纳"。乔布斯回忆说:"我问麦肯纳是什么,他们说这是个人名。"于是乔布斯打电话到麦肯纳的公司,但麦肯纳不接电话,结果乔布斯的电话被转接到客户经理弗兰克·伯奇(Frank Burge)那里,伯奇试图劝阻他,但乔布斯锲而不舍,几乎每天都打来电话。

面对乔布斯的"穷追猛打",伯奇终于屈服,同意开车到乔布斯家的车库看看。他还记得自己当时的第一印象:"我的天哪,这个家伙真是人不人鬼不鬼,我可不想跟这个小丑浪费时间,但也不能对他太过粗鲁无礼。"在跟蓬头垢面的乔布斯交流之后，有两件事给伯奇留下了深刻印象："第一，这个年轻人超级聪明。第二，他滔滔不绝，我一句都听不懂。"

于是，乔布斯和沃兹尼亚克获邀去见了里吉斯·麦肯纳本人（麦肯纳的名片别出心裁，上面写的就是"里吉斯·麦肯纳本人"）。在这次会面中，一贯羞涩的沃兹尼亚克成了大动肝火的那个人。沃兹尼亚克正在写一篇关于苹果的文章，麦肯纳只是大致浏览了一下，就表示内容过于专业，需要修改得生动一些。沃兹尼亚克厉声说："我不想让任何搞公关的人碰我的稿子。"麦肯纳闻之不悦，说那没什么好谈了，他们可以离开他的办公室了。麦肯纳回忆说："但分开后，史蒂夫立刻打电话给我，说希望能再跟我见面谈一谈。这次他没有带沃兹来，我们两个一拍即合，聊得很投机。"

麦肯纳安排团队为 Apple II 设计宣传册。他们做的第一件事就是换掉了罗恩·韦恩设计的商标。原来的商标是华丽的维多利亚版画格调，并不符合麦肯纳色彩绚丽、奔放活泼的广告风格。艺术指导罗布·雅诺夫（Rob Janoff）受命设计苹果的新商标。乔布斯的要求是"不要可爱的设计"。雅诺夫设计了一款简约的苹果图标，提供了两个版本，一个是完整的苹果，另一个是被咬了一口的苹果。第一个完整的苹果看上去太像樱桃了，所以乔布斯选了被咬了一口的图标。他还选了一个有 6 种颜色条纹的版本，在大地绿和天空蓝之间夹杂着另外 4 种绚丽的色彩，这样一来，印制成本将会大大增加。麦肯纳还在宣传册的上面印了一句格言，相传是达·芬奇的名言，后来这个理念也塑造了乔布斯的设计哲学："至繁归于至简"。

一鸣惊人

Apple II 确定在首届西海岸电脑展览会上推出。这次展览会由家酿计算机俱乐部的忠实拥趸吉姆·沃伦（Jim Warren）策划举办，时间是 1977 年 4 月，地点在旧金山。乔布斯拿到展览会的信息手册后，立刻给苹果订了一个展位。他想在展厅最靠前的位置为 Apple II 举行声势浩大的新品发布会，所以付了 5 000 美元的订金，这个数字让沃兹尼亚克震惊不已。沃兹尼亚克说："史蒂夫认为我们要举行隆重的发布仪式，我们要让全世界看到我们研发了一个伟大的机器，创建了一家伟大的公司。"

这是马库拉的营销理念的一次实际应用：通过给人们留下深刻的印象，将公司和产品的卓越品质"灌输"给他们，这是非常重要的一点，尤其是在发布新品的时候。这一理念也反映在乔布斯对苹果展示的精心布置上。其他参展公司用的是折叠桌和硬纸板做的海报，但苹果的展台铺着黑色天鹅绒布，还有一大块背光有机玻璃，上面是雅诺夫新设计的公司标识。他们展示了三台 Apple II——当时制作完成的只有这三台，但他们在展台后面堆了很多箱子，显得存货充足。

运到现场的电脑外壳有一些小瑕疵，乔布斯对此大为光火，让手下的几个员工赶紧打磨抛光。"灌输"的理念也成为乔布斯和沃兹尼亚克的穿衣指南。马库拉让他们在旧金山的一家裁缝铺做了三件套西装，两个人穿上都有点儿滑稽，好像青少年穿上了晚礼服。沃兹尼亚克说："马库拉说我们要衣着体面，他教了我们如何登台亮相，如何与人互动。"

这些努力都没有白费。Apple II 的乳白色外壳圆润光滑，看起来既坚固耐用，又亲切友好。相比之下，其他展台上金属外壳的机器和裸露的主板令人望而却步。苹果在展会上收到了 300 份订单，乔布斯还在这里结识了日本纺织品制造商水岛聪（Mizushima Satoshi），此人后来成为苹果在日本的首个经销商。

尽管身穿定制西服，耳旁还有马库拉的谆谆教诲，沃兹尼亚克依然难以抑制自己爱搞恶作剧的冲动。他设计展示了一个电脑程序，可以根据使用者的姓氏猜国籍，然后输出与他们种族相关的笑话。他还虚构了一款名为扎尔泰（Zaltair）的新电脑，设计分发产品手册，里面尽是各种各样夸张的广告词，比如"想象一辆有 5 个轮子的汽车"。连乔布斯都信以为真，他看到图表对比显示 Apple II 的性能超过了扎尔泰，还感到非常骄傲，8 年后，沃兹把产品手册装裱一新，送给乔布斯做生日礼物，直到这时，乔布斯才知道原来这只是沃兹搞的恶作剧。

迈克·斯科特

苹果现在是一家真正的公司了，有十来个员工，有信用额度，有来自客户和供应商的日常压力。公司甚至终于搬出了乔布斯家的车库，在库比蒂诺的史蒂文斯溪大道租了一间办公室，距离乔布斯和沃兹尼亚克就读的高中不到两千米。

乔布斯的职责与日俱增，但他并不能从容应对。他向来喜怒无常，脾气暴躁。雅达利可以安排他上夜班，但苹果不行。马库拉说："他越来越专横，批评的言辞也越来越尖锐。他会直接说'这个设计看着像一坨屎'。"乔布斯对沃兹尼亚克手下的年轻程序员兰迪·威金顿（Randy Wigginton）和克里斯·埃斯皮诺萨（Chris Espinosa）尤其粗暴。那时刚从高中毕业的威金顿说："史蒂夫会走进来，扫一眼我做的设计，然后说我做得跟屎一样，他根本不知道我做的是什么，也不知道我为什么这样做。"

乔布斯的个人卫生也是个问题。他依然坚信因为他吃素食，所以不需要使用体香剂，也不用经常洗澡，虽然各种证据都能证明并非如此。马库拉说："我们真的会把他揪到门外，告诉他洗个澡再过来。开会的时候，我们都得对着他的那双脏脚。"有时为了缓解压力，乔布斯会把脚泡在马桶里——身边的同事对这种解压方式不敢苟同。

不喜欢与人对抗的马库拉决定聘请迈克·斯科特担任公司总裁，加强对乔布斯的管束。马库拉和斯科特在1967年的同一天加入仙童半导体公司，两人的办公室相邻，生日也是同一天，每年都一起庆祝。1977年2月，斯科特32岁，在二人的生日午餐会上，马库拉邀请他担任苹果公司的新总裁。

从履历上看，斯科特是担任苹果公司总裁的完美人选。当时他负责管理美国国家半导体公司的一条生产线，深厚的工程学知识让他做起管理工作来得心应手。但他本人的确存在一些问题。斯科特体重超标，饱受痉挛和健康问题的折磨，神经高度紧张，在大厅走路的时候都会紧握拳头。他也很爱争辩。在跟乔布斯过招的时候，这一点有利有弊。

沃兹尼亚克很快就赞同了聘用斯科特。他跟马库拉一样讨厌处理乔布斯带来的冲突。不出意料，乔布斯的反应更为矛盾，他说："我当时只有22岁，我也知道自己没有准备好经营一家真正的公司，但苹果就是我的孩子，让我很难舍弃。"交出任何控制权都让乔布斯痛苦万分。他纠结了许久，跟沃兹吃午饭的时候也会和他长聊，有时是在沃兹最喜欢的大男孩汉堡店，有时在乔布斯最喜欢的美好地球餐厅。最终，乔布斯勉为其难地同意了。

大家管迈克·斯科特叫"斯科蒂"（Scotty），以便跟迈克·马库拉区别开来。他的主要职责就是管控乔布斯。乔布斯喜欢边散步边聊天，斯科蒂一般就在散步的过程中完成自己的使命。斯科特回忆说："我第一次跟他散步，是告诉他要勤洗澡。他说，作为交换，我也要读一下他那些果蔬饮食书，用这种方式减肥。"斯科特自始至终没有接受果蔬饮食，也没有减重多少，而乔布斯的卫生习惯也只是做了细微的调整。"史蒂夫坚持每周只洗一次澡，说只要他保持果蔬饮食习惯，这个频率就足够了。"

乔布斯的控制欲很强，蔑视权威，而斯科特加入苹果的使命就是管束乔布斯，两个人之间注定会出现矛盾，尤其是当乔布斯发现斯科特是少数几个不会屈服于他意志的人之一时。斯科特说："我跟史蒂夫之间的较量是看谁更固执，而这是我的强项。他需要经常被敲打，而他肯定不喜欢这样。"乔布斯后来说："最常被我大吼大叫的人就是斯科特。"

他们早期因为工牌编号问题起过冲突。斯科特把"1号"给了沃兹，"2号"给了乔布斯。乔布斯自然要求当"1号"员工。斯科特说："我不会给他的，因为这只会助长他的气焰。"乔布斯因此大发脾气，甚至气哭了。最后，乔布斯提出了一个解决方案——他可以要"0号"。斯科特就由着他了，但是在美国银行的工资系统中，乔布斯还是"2号"，因为银行要求员工的编号必须是正整数。

除了性格脾气上的冲突，两个人还有一个更根本的分歧。与乔布斯在餐厅偶遇后被聘用的杰伊·埃利奥特（Jay Elliot）指出，乔布斯有一个明显的特质："他对产品充满执念和热情，力求完美。"而迈克·斯科特从来不会让追求完美的热情凌驾于务实精神之上。这方面的例子不胜枚举。比如在设计 Apple II 外壳的时候，苹果聘请潘通公司（Pantone）给产品所用的塑料确定颜色，潘通公司的米色有 2 000 多种，"但没有一个可以满足史蒂夫的要求"，斯科特叹为观止，"他想再创造出一种颜色，所以我必须制止他"。调整外壳设计的时候，乔布斯花了好几天，苦苦思索边角的圆滑程度，斯科特说："我不在乎角有多圆，赶紧定下来就行。"还有就是工程师的工作台。斯科特想要标准的灰色，而乔布斯坚持要定制纯白色的工作台。种种矛盾难以调和，最终两个人来找马库拉，让他决定谁有最终的订单签署权。马库拉站在了斯科特这边。乔布斯还坚持苹果要给客户提供与众不同的服务，他想把 Apple II 的保修期定为一年。斯科特目瞪口呆，因为行业惯例是 90 天。有一次，两个人因为这件事争执不下，乔布斯又哭了。他们绕着停车场走了一圈又一圈，以此平复心情，最终，斯科特决定做出让步。

沃兹尼亚克也开始对乔布斯的工作风格口出怨言。"史蒂夫对人太苛刻了，我希望公司像个大家庭，大家都能愉快工作，共享劳动成果。"而乔布斯觉得沃兹尼亚克就是长不大。"沃兹非常孩子气。他写过一版很棒的 BASIC 程序，但之后就再也没有全力以赴编写过我们需要的浮点 BASIC，所以我们最后不得不跟微软做交易。他太不专注了。"

但在目前阶段，两人之间的性格冲突还在可控范围内，主要原因是公司的运营状况良好。在科技界颇具影响力的分析师本·罗森（Ben Rosen）对 Apple II 赞誉有加。一名独立开发者编写出首款供个人电脑使用的电子制表和个人财务程序 VisiCalc，而在一段时间内，这款程序只能在 Apple II 上运行，这为企业和家庭购买 Apple II 提供了充足的理由。公司开始吸引新的重磅投资者。马库拉派乔布斯去拜访风险投资界的先驱阿瑟·洛克，但洛克对乔布斯印象平平。洛克回忆道："他看起来好像刚从印度回来，身上那股味儿还没散去。"但是深入考察 Apple II 之后，洛克对苹果进行了投资，加入了公司董事会。

Apple II 在市场上连续销售了 16 年，在此期间，不同型号的 Apple II 的总销量接近 600 万台。Apple II 对个人电脑产业发展做出的贡献要超出其他任何一款电脑。沃兹尼亚克凭一己之力设计出令人惊叹的电路板和相关操作软件，其功勋足以彪炳史册。乔布斯对沃兹尼亚克的电路板进行整合，添加了电源、机箱等一系列配件，打造出一个完备好用的产品。他还以沃兹尼亚克发明的机器为核心，创建了一家公司。正如里吉斯·麦肯纳后来所说："沃兹设计了一台伟大的机器，但如果不是因为史蒂夫·乔布斯，这台机器现在可能还在电脑爱好者商店里。"尽管如此，大多数人还是认为 Apple II 是沃兹尼亚克的杰作。这也给了乔布斯更大的动力去实现下一个伟大的突破，打造出属于自己的产品。

第七章　被遗弃者

克里斯安和丽萨

高中毕业那年的夏天,乔布斯和克里斯安·布伦南同住在一个小木屋里。从此,克里斯安·布伦南就在乔布斯的生活中进进出出。1974年,乔布斯从印度回来之后,他们一起在罗伯特·弗里德兰的农场度过了一段时光。克里斯安回忆说:"史蒂夫邀请我到农场去,我们那时年轻、自由、无忧无虑,那里似乎有一种能量注入我的心中。"

搬回洛斯阿尔托斯后,两人的关系逐渐疏远,大部分时间只是普通朋友。乔布斯住在父母家,在雅达利公司工作;克里斯安自己住一个小公寓,大量时间都待在乙川弘文的禅宗中心。1975年初,她开始跟两个人共同的朋友格雷格·卡尔霍恩交往。伊丽莎白·霍姆斯回忆说:"她跟格雷格在一起了,但有时候也会回到史蒂夫身边。我们当时基本上都是这样,交往对象会换来换去。"克里斯安说她确实跟史蒂夫和格雷格都交往过,但从来没有脚踏两只船。

跟乔布斯、弗里德兰、科特基和霍姆斯一样,卡尔霍恩也在里德学院就读,并且他也深深地沉迷于东方的精神世界。卡尔霍恩中途退学,后来到了弗里德兰的农场。他把一个宽约2.5米、长约6米的鸡舍放置在煤渣砖上,在里面搭了一个小床,把鸡舍改造成一个小房子,住了进去。1975年春，克里斯安搬进农场与他同住，第二年，他们决定去印度开启自己的朝圣之旅。乔布斯建议卡尔霍恩不要带着克里斯安，说她会妨碍他的精神探索，但二人最终还是一同前往。克里斯安说："史蒂夫的印度之旅深深触动了我，我也想亲自体验一番。"

他们的印度之旅非常深入，从1976年3月开始，持续了将近一年时间。两个人一度把钱花光了，于是卡尔霍恩搭便车去了伊朗，在德黑兰教英语，克里斯安则留在了印度。卡尔霍恩的教学工作结束后，他们选择在两地中间的阿富汗会合。当时的中东还是一片和平景象。

过了一段时间，他们两个之间出现摩擦，各自从印度返回美国。1977年夏，克里斯安搬回洛斯阿尔托斯，在乙川弘文的禅宗中心的一个小木屋里住了一阵子。此时，乔布斯已经搬出父母家，跟丹尼尔·科特基在库比蒂诺市郊租了一套月租600美元的低矮平房。他们把房子命名为"郊区农场"，在那里过着自由奔放的嬉皮士生活。乔布斯回忆说："房子有四间卧室，我们有时会把其中一间租给各种各样奇怪的人，有次还住进来一个脱衣舞娘。"科特基不太明白为什么乔布斯明明不缺钱却不自己买套房子。他推测说："我觉得他就是想有个室友。"

虽然克里斯安与乔布斯分分合合，但她很快也搬了进来。她回忆说："史蒂夫和我想住在一起，但我们彼此心存嫌隙，因为两个人之间确实存在一些无法解决的问题。"房子有两间大卧室和两间小卧室。不出所料，乔布斯霸占了其中最大的一间，克里斯安就住进了另外一间大卧室（其实两个人并没有真正同居）。科特基说："两间小卧室像婴儿房，空间太小了，我不想要，所以就搬到了客厅，睡在泡沫垫上。"他们把一个小卧室改成了冥想室，在里面堆满了苹果电脑包装箱里用的泡沫材料。科特基说："邻居家的小朋友经常跑过来玩儿，我们就把他们扔到泡沫塑料材料里，特别好玩儿。但后来有猫在泡沫塑料里撒尿，我们只好把它们都扔掉了。"

同在一个屋檐下，克里斯安和乔布斯难免又有了肌肤之亲。没过几个月，克里斯安就怀孕了。她说："在我怀孕之前，我和史蒂夫总是分分合合，已经有5年。我们不知道如何好好相处，也不知道怎样彻底分开。"1977年的感恩节，格雷格·卡尔霍恩从科罗拉多州搭便车来找他们，克里斯安把怀孕的事告诉他："史蒂夫又和我在一起了，我怀了他的孩子，但现在我们的关系又断断续续,我不知道该怎么办了。"

卡尔霍恩注意到,乔布斯完全一副事不关己的样子。他甚至还想说服卡尔霍恩留下来,去苹果工作。"史蒂夫根本没把克里斯安放在心上,没把她怀孕当回事儿。他上一刻还对你全情投入,下一刻就会对你视而不见。他的性格中有冷漠得吓人的一面。"卡尔霍恩说。

如果乔布斯不想为一件事分散注意力,他就会选择忽视它,就好像他可以用意志力让这件事消失一样。有时,他不仅扭曲别人的现实,甚至还能对自己扭曲现实。在对待克里斯安怀孕这件事上,他完全把自己置身事外。如果有人问他怎么回事,他会承认他的确跟克里斯安上过床,然后说不知道自己是不是孩子的父亲。"我不确定孩子是不是我的,因为我确定我不是唯一跟她上床的男人。"乔布斯后来告诉我。"她怀孕的时候,我们两个并不是男女朋友。她只是住进了我们的房子,她有自己的房间。"克里斯安毫不怀疑乔布斯就是孩子的父亲。她当时并没有跟格雷格或其他任何男人发生关系。

他是在自欺欺人吗?还是真的不知道自己是孩子的父亲?对此,科特基说:"我认为他是不想调动大脑思考这个问题,也不愿为此承担责任。"伊丽莎白·霍姆斯表示同意:"他思考了是否要承担为人父的责任,最后的决定是放弃。他对自己的人生另有打算。"

两个人从来没有讨论过是否结婚。"我知道她不是我理想的人生伴侣,我们在一起不会幸福,我们的婚姻也不会长久。"乔布斯后来说,"我完全赞成她去堕胎,但是她不知道该怎么办。她反复考虑之后,决定把孩子留下来。其实我也不确定这是不是她主动选择的,我觉得应该是时间替她做了决定。"克里斯安告诉我,把孩子生下来是她自己的选择:"他说他对堕胎没意见,但从来没有强烈要求过我。"有意思的是,鉴于自己的身世,乔布斯坚决反对一种做法,就是"他强烈反对我把孩子送给别人收养"。

具有讽刺意味的是,克里斯安怀孕的时候,乔布斯和克里斯安都是23岁,当年乔安妮·希贝尔怀上乔布斯的时候,她和乔布斯的生父阿卜杜法塔赫·钱德里也都是23岁。乔布斯尚未开始寻找自己的亲生父母,但养父母已经告诉他亲生父母的一些故事。乔布斯说:"我当时并不知道年龄上的巧合,所以年龄的事对我和克里斯安之间的讨论没有什么影响。"有说法称乔布斯步生父的后尘，有意在23岁的时候让女友怀孕，乔布斯否认了这个说法，但也的确承认其中的巧合颇为讽刺，让他沉吟良久。"当我发现他也是在23岁让乔安妮怀上我时，我大吃一惊，觉得太巧了。"

乔布斯和克里斯安的关系迅速恶化。"克里斯安会摆出一副受害者的姿态，指责我和史蒂夫联合起来欺负她。"科特基回忆说，"史蒂夫只是一笑置之，根本不把她当回事。"克里斯安自己后来也承认，她的情绪不是很稳定。有一次她气得乱扔盘子，"以此表达我们之间的关系是多么糟糕"。她说乔布斯一直在用自己的麻木不仁激怒她："他虽开悟了，但又十分残忍。"科特基夹在中间，左右为难。克里斯安说："丹尼尔没有冷酷无情的基因，所以他对史蒂夫的行为有点儿看不惯，他有时候会说'史蒂夫这样对你是不对的'，但有时候又会跟史蒂夫一起嘲笑我。"

罗伯特·弗里德兰和妻子向克里斯安伸出了援手。"他听说我怀孕了，就让我去他们的农场生孩子，"她回忆说，"于是我去了。"弗里德兰夫妇找到了俄勒冈州的助产士帮她接生。1978年5月17日，克里斯安生下一个女婴。三天后，乔布斯乘飞机去农场看望他们，一起给新生儿取名。公社的惯例是给孩子起一个带有东方精神的名字，但是史蒂夫和克里斯安坚持认为孩子在美国出生，就应该有一个美国名。最后，他们给孩子取名为丽萨·妮科尔·布伦南（Lisa Nicole Brennan）。直到9岁，她的名字里才有了"乔布斯"这个姓。接着，乔布斯就返回苹果工作了。克里斯安说："他不想跟我和孩子有任何瓜葛。"

克里斯安带着女儿丽萨搬到了门洛帕克，住在一户人家后面的一间破旧的小房子里。母女二人靠政府救济金生活，因为克里斯安觉得自己没有能力去打官司争取抚养费。最后，圣马特奥县起诉了乔布斯，要求他证明与丽萨没有父女关系，否则就要承担经济责任。起初，乔布斯决定把官司打到底。他的律师希望科特基做证说从没见过乔布斯和克里斯安上床，同时一边搜集证据，想要证明克里斯安曾与其他男人上床。克里斯安回忆说："有一次，我在电话里对史蒂夫大吼：'你知道这不是真的！'他逼我抱着小孩子上法庭，还想证明我是个人尽可夫的荡妇，证明任何人都可能是孩子的父亲。"

丽萨出生一年后，乔布斯同意接受亲子鉴定。克里斯安认为，他是出于法律上的考虑，被逼无奈才这样做的。不管是出于何种考虑，乔布斯知道苹果很快就会上市，他想要在上市前把问题解决掉。DNA（脱氧核糖核酸）测试在当时还是新鲜事物，乔布斯的测试在加州大学洛杉矶分校进行。他说："我读了一些关于 DNA 测试的报道，我很乐意通过测试来解决问题。"测试结果非常具有决定性。报告显示"亲子关系的可能性为 94.41%"。加州法院命令乔布斯开始每月支付 385 美元的抚养费，签署承认父女关系的协议，还要求他偿还县政府 5 856 美元的政府救济金。乔布斯获得了探视权，但他很长一段时间都没有行使这一权利。

事已至此，乔布斯还是会不时地扭曲他周围的现实。"他最终把这件事告知了董事会成员，"阿瑟·洛克回忆道，"但他坚持认为他很可能不是孩子的父亲。他沉浸在自己的妄想里。"乔布斯告诉《时代周刊》的记者迈克尔·莫里茨（Michael Moritz），通过数据分析就会发现"美国 28% 的男性都可能是这个孩子的父亲"。这个说法不仅错误，而且非常滑稽可笑。更糟糕的是，当克里斯安·布伦南后来听说他这番话之后，她误以为乔布斯故意夸张，说她可能跟美国 28% 的男人上过床。"他想把我描绘成一个荡妇或妓女，"她回忆说，"他在我身上打上妓女的标签，以此逃避责任。"

在乔布斯的一生中，他承认后悔的次数屈指可数，而多年以后，他表示对当时的行为懊悔不已：

如果能重来，我不会再这样做了。我当时还没有做好当父亲的准备，所以没有勇敢面对现实。当测试结果显示她是我的女儿时，我并没有表示怀疑。我同意支付抚养费，直到她 18 岁，我还给了克里斯安一些钱。我在帕洛阿尔托找到了一所房子，装修之后让她们母女免费住进去。克里斯安为丽萨找了很好的学校，学费也是我承担的。我努力做正确的事情，但如果可以重新来过，我会做得更好。

官司结束后，乔布斯沿着自己的生活轨道继续前行，他虽然没有一夜长大，但的确在某些方面成熟了不少。他戒掉了迷幻药，不再奉行严格的素食主义，减少了花在禅修上的时间。他开始去理发店做时髦的发型，也开始在旧金山高档服装店威尔克斯·巴什福德（Wilkes Bashford）购置西装和衬衫。他还跟里吉斯·麦肯纳手下的一名员工开始了一段正式的恋爱，女孩儿名叫巴巴拉·亚辛斯基（Barbara Jasinski），长得很漂亮，拥有波利尼西亚和波兰血统。

有一点毫无疑问，乔布斯骨子里依然带着孩子气的叛逆。他和亚辛斯基、科特基三人喜欢到斯坦福大学附近的 280 号州际公路边的费尔特湖里裸泳。乔布斯买了一辆 1966 年的宝马 R60/2 摩托车，车把上装饰着橙色的流苏。他有时仍旧非常令人讨厌。他瞧不起餐厅的女服务员，经常说她们上的菜是"垃圾"，让服务员端回厨房重做。在公司第一年的万圣节派对上，他穿着长袍，扮成耶稣基督，乔布斯自认为是带有讽刺意味的有趣行为，但招来诸多白眼。他刚刚开始学着如何过居家生活，但其间也表现出种种怪癖。他在洛思加图斯山区买下了一栋不错的房子，购置了马克思菲尔德·派黎思（Maxfield Parrish）的画作、博朗的咖啡机、亨克斯的刀具。乔布斯对家具无比挑剔，所以家里东西很少，没有床，没有椅子，也没有沙发。他的卧室里只有一张床垫，墙上挂着爱因斯坦和马哈拉杰的裱框相片，地上放着一台 Apple II。

第八章 施乐和丽萨

图形用户界面

新宝贝

Apple II 把苹果公司从乔布斯车库的狭小空间推向了新兴行业的顶端。Apple II 的销量从 1977 年的 2 500 台飙升至 1981 年的 21 万台。但乔布斯并没有因此志得意满。他明白，Apple II 不可能永远长盛不衰。此外，乔布斯也知道，从电源线到机箱，无论他对电脑的包装付出多少心血，Apple II 都会被视为沃兹尼亚克一个人的杰作。乔布斯需要属于自己的产品。更重要的是，用他自己的话说，他需要一个可以在宇宙中留下印记的产品。

起初，乔布斯对 Apple III（第三代苹果电脑）寄予厚望，希望它能担当起这个角色。这款电脑的内存更大，屏幕上可以显示 80 个字符（而不是 40 个），也能处理显示大写和小写字母。乔布斯偏执于自己对工业设计的狂热，对电脑外壳的尺寸和形状做了规定，不允许任何人修改，就算工程师委员会在电路板上添加了更多的组件，也不能调整外观。这样做的结果就是，由于连接不稳定，附加的小电路板经常出现故障。1980 年 5 月，Apple III 正式上市，但销量惨淡，基本是铩羽而归。参与研发的工程师兰迪·威金顿这样形容道："Apple III 像是集体狂欢时怀上的孩子，酒醒后大家都头痛欲裂，对这个野孩子，人人都避而远之，连连否认'不是我的'。"

这个时候，乔布斯已经主动与 Apple III 项目拉开距离、撇清关系，他绞尽脑汁寻找产品创意的灵感，想要生产出颠覆性产品。一开始，他考虑生产触摸屏电脑，但发现技术尚不成熟。在一次技术演示会上，他姗姗来迟，到了之后也如坐针毡。在工程师团队做演示报告的时候，他突然打断了他们，粗暴地说了一句"谢谢大家"。团队备感困惑，其中一个人问："你是想让我们离开吗？"乔布斯说"没错"，接着对自己的同事大发雷霆，说这种演示根本就是在浪费他的时间。

后来，乔布斯和苹果从惠普挖来两名工程师，要设计一款全新的电脑。乔布斯给这款电脑起的名字，即使是最老练的精神病医生听了也会瞠目结舌——"丽萨"。有些设计师的确会用自己女儿的名字给电脑命名，但丽萨是被乔布斯抛弃的女儿，他尚未完全承认自己是丽萨的父亲。里吉斯·麦肯纳公司负责丽萨项目公共关系的安迪·坎宁安说："他这么做也许是因为愧疚。我们不得不把'丽萨'反向设计为一个首字母缩略词，这样才能自圆其说，证明乔布斯用得不是女儿的名字。"倒推的结果就是"丽萨"代表"本地集成系统架构"（Lisa，local integrated systems architecture）。这个解释虽然毫无意义，但还是成了丽萨名称的官方说辞。而工程师团队则私底下会笑称"丽萨"为"丽萨：胡编乱造的愚蠢缩写"（Lisa: invented stupid acronym）。几年后，当我问起这个名字时，乔布斯直截了当地说："显然就是用的我女儿的名字。"

丽萨电脑的最终售价是 2 000 美元，由 Apple II 中使用的 8 位微处理器升级为 16 位微处理器。沃兹尼亚克仍然在 Apple II 项目上倾心研究、埋头苦干。而没有沃兹的神工鬼力，丽萨项目的工程师团队根本无法利用强大的微处理器执行激动人心的程序。丽萨电脑使用的还是传统的文本显示，毫无亮点，平庸至极，乔布斯开始逐渐失去信心和耐心。

有一个程序员给项目注入了些许活力。比尔·阿特金森是神经科学博士，也喜欢尝试各种迷幻药。面对苹果的工作邀约，他最开始是拒绝的，但苹果给他买了一张不可退款的机票，于是他决定用掉这张机票，看看乔布斯能不能说服自己。两人见面之后，乔布斯滔滔不绝地跟他谈了整整三个小时，结束的时候，乔布斯慷慨激昂地说："我们正在创造未来。你可以想象一下潮头逐浪的感觉，那是多么令人振奋，再想象一下在浪尾狗刨的情景，那是何等索然无味。快来加入我们吧,在宇宙中留下痕迹。"于是阿特金森加入了苹果。

阿特金森头发蓬乱,留着浓密的大胡子,但表情生动,跟沃兹一样擅长工程学,也跟乔布斯一样对卓越的产品充满激情。他的第一份工作就是开发询价拨号程序,这个程序可以自动打电话给道琼斯服务热线,获得投资组合的股票报价,随即自动挂断电话。"我必须抓紧时间开发出这个程序,因为 Apple II 已经在一个杂志广告上设计了类似程序的情景。在广告里,男主人在餐桌一旁看着苹果电脑的屏幕,上面显示的是股价图表,他的妻子满面笑容地看着他——而实际上苹果当时还没有这样的程序,所以我必须尽快将其编写出来。"接着,他为 Apple II 开发了一个高级语言帕斯卡(Pascal)。乔布斯一开始并不接受这个版本,他认为 BASIC 对 Apple II 来说够用了,但他还是告诉阿特金森:"既然你这么有热情,那我就给你 6 天时间来证明我是错的。"阿特金森果真做到了,从此以后他就赢得了乔布斯的尊重。

为了培育出替代主打产品 Apple II 的潜力军,到 1979 年秋,苹果已经在同时研发三种机型。前两种就是命途多舛的 Apple III 和开始让乔布斯感到失望的丽萨项目。第三种则是一个正在乔布斯关注范围以外悄然推进的小规模项目。项目的目标是研发一台低成本电脑,研发主力人员是杰夫·拉斯金(Jef Raskin)。拉斯金多才多艺,曾担任大学教授,还教过比尔·阿特金森。拉斯金想要研发一款造价不高、"面向大众的电脑"。这台电脑就像家用电器一样,是一台独立设备,包含电脑、键盘、显示器和软件,还会有图形界面。当时,在帕洛阿尔托有一个尖端的研究中心就是这些理念的先驱,拉斯金想安排苹果的同事前去参观。

施乐帕洛阿尔托研究中心

施乐公司的帕洛阿尔托研究中心(PARC)成立于 1970 年,致力于打造一个数字创意的摇篮。施乐公司的总部位于美国东北部的康涅狄格州,距离研究中心近 5 000 千米之遥。远离总部的好处在于不用承担商业压力,但不好的一面是公司高层并不了解和重视中心的研究成果。艾伦·凯是该研究中心里一位远见卓识的科学家,他有两条格言深得乔布斯的认同,一条是"预测未来的最佳方式就是创造未来",第二条是"重视软件的人应该自己制造硬件"。凯提出了被称为"笔记本电脑"(Dynabook)的小型个人电脑的概念,这款电脑使用起来非常简单,小朋友都可以操作。为了把概念变为产品,研究中心的工程师开始开发用户友好型界面,来取代电脑屏幕上那一堆令人望而生畏的命令行和 DOS 提示符。他们提出了一个类比,即把电脑屏幕想象成桌面,上面可以存放很多文件和文件夹,还可以通过移动鼠标来点击想要使用的文件夹。

图形用户界面(GUI)的想法之所以能变为现实,也是受益于研究中心创新提出的位元映射(bitmapping)的概念。在此之前,大多数电脑都是基于字符——用户在键盘上敲击一个字符,电脑就会在屏幕上生成这个字符,通常是在一个暗色背景下闪着绿色荧光。由于字母、数字和符号的数量是有限的,所以完成显示任务并不需要大量的电脑代码或处理能力。而在位元映射系统中,屏幕上的每个像素都由电脑内存中的位元控制。要在屏幕上显示内容(比如显示一个字母),电脑就必须向每个像素发出控制明暗的亮度指令;如果要在彩色屏幕上显示内容,则需要控制每个像素的颜色。这虽然会占用大量系统资源,需要很强的计算能力,但却可以在屏幕上展现出华丽的图形、字体和其他令人惊叹的效果。

围绕位元映射技术和图形用户界面,该研究中心制造了一台名为 Alto 的电脑原型机,并开发了面向对象编程(OOP)语言 Smalltalk。杰夫·拉斯金认为这些元素和特性就是电脑的未来。因此,他开始不断敦促乔布斯和其他苹果的同事去该研究中心考察学习。

但拉斯金是很难说服乔布斯的,因为在乔布斯看来,他是个无可救药的理论家。当然,用乔布斯的原话描述得更为准确:拉斯金就是个"一事无成的白痴"。乔布斯的世界向来非黑即白,每个人在他眼里要么是白痴,要么是天才。于是,拉斯金请来朋友阿特金森帮忙,因为阿特金森被乔布斯归为天才一类。拉斯金希望阿特金森能说服乔布斯,引起他对帕洛阿尔托研究中心成果的兴趣。但拉斯金有所不知,乔布斯当时正在进行一项更为复杂的交易。施乐的风险投资部门希望参与苹果在 1979 年夏天的第二轮融资。乔布斯提出条件:"我可以让你们给苹果投 100 万美元,前提是你们必须把帕洛阿尔托研究中心毫无保留地展示给我们。"施乐接受了条件，同意向苹果展示公司的新科技，同时，施乐得以以每股 10 美元的价格买入 10 万股苹果的股票。

一年后，苹果上市，施乐花 100 万美元买入的股票已经价值 1 760 万美元。施乐满载而归，但其实更大的获益者是苹果。1979 年 12 月，乔布斯和同事去考察帕洛阿尔托研究中心的技术，但乔布斯意识到这次考察并不充分。所以几天后，研究中心又为他安排了一次更为全面的展示。拉里·特斯勒（Larry Tesler）是施乐方面参与展示的科学家之一。能有机会对外介绍自己的前沿成果，特斯勒激动不已，因为公司总部的高层似乎从来不懂也不重视这些技术。而另一个展示人员阿黛尔·戈德堡（Adele Goldberg）则目瞪口呆，她不敢相信公司竟然愿意把皇冠上的宝石拱手让人。她回忆说："这一举动蠢不可及，简直是疯了。我拼尽全力，不让他们给乔布斯展示太多东西。"

在首次展示中，戈德堡阻截成功。团队在研究中心的大厅安装了一台施乐的 Alto 电脑，让乔布斯、拉斯金和丽萨团队负责人约翰·库奇（John Couch）一行人在大厅观看。戈德堡回忆说："这次的演示内容非常有限，只有几个应用程序，主要是一个文字处理程序。"乔布斯对这次参观考察并不满意，他打电话给施乐总部，要求观摩更多成果。

几天后，乔布斯受邀重返研究中心。这次他带来了更多的团队人员，不仅有比尔·阿特金森，还有布鲁斯·霍恩（Bruce Horn）。霍恩曾经在研究中心工作，后来跳槽去苹果做程序员。这两个人的考察目标非常明确。戈德堡说："我到了之后，发现公司一片喧闹，有人告诉我说乔布斯带着一群程序员过来了，他们都在会议室。"戈德堡手下的一名工程师不停展示文字处理程序，希望借此分散他们的注意力，但是乔布斯的耐心消磨殆尽，不停大喊："废话少说！"施乐团队私下碰头，决定增加一些展示内容，但要循序渐进。他们同意让特斯勒展示编程语言 Smalltalk，但只能演示"非机密"版本，因为这样"足以让（乔布斯）他们眼花缭乱，他们永远不会知道还有其他保密信息"，团队负责人告诉戈德堡。

但是他们的如意算盘打错了。阿特金森和其他人有备而来，他们已经研究了该中心发表的一些论文，所以知道演示并不全面。乔布斯打电话给施乐风险投资部门的负责人，狠狠抱怨了一通。公司总部立即从康涅狄格州打来电话，命令研究中心向乔布斯及其团队展示全部研究成果。戈德堡因此愤然离场。

最终，特斯勒展示了研究中心的核心成果，苹果团队惊叹不已。阿特金森盯着屏幕，仔细检查每个像素，他离屏幕如此之近，以至于特斯勒都能感觉到他的气息吹到了自己脖子上。乔布斯兴奋得欢呼雀跃、手舞足蹈。特斯勒回忆说："他不停地跳来跳去，我都不知道他有没有看清楚大部分演示，但他的确是看懂了，因为他一直在问问题。我每展示一步，他都会大声惊呼。"乔布斯不停地感叹，不敢相信施乐竟然没有将这项技术商业化。他惊呼："你们现在就坐在金矿上！我真不敢相信，施乐竟然没有好好利用这项技术。"

Smalltalk的演示部分展示了这一编程语言的三大特性。第一个是电脑之间的互联方式，第二是面向对象编程的运行模式。但乔布斯及其团队对这些特性兴趣索然，因为他们完全被第三个功能吸引了：使用位元映射屏幕，可以实现图形界面的展示。乔布斯回忆道："那一刻就好像我眼前的面纱被揭开了，我看到了电脑的未来。"

研究中心的演示会持续了两个多小时。结束后，乔布斯开车带着比尔·阿特金森返回位于库比蒂诺的苹果办公室。他的车在高速飞驰，大脑也在飞速运转，嘴里一直念念有词。"非它莫属了！"他大喊着，每个字都掷地有声。"我们必须这么做！"这就是他一直踏破铁鞋苦苦追寻的突破：打造一款属于大众的机器，让人人都能拥有外观悦目、造价亲民（就像埃奇勒建造的房屋一样）、使用方便（像时尚厨房用具一样）的电脑。

乔布斯问："实现这个目标需要多久？"

阿特金森回答："我不确定，可能要6个月。"事实证明，这个预测过于乐观。但这样的时间规划也激发了团队的斗志。

"伟大的艺术家窃取灵感"

苹果突袭施乐的帕洛阿尔托研究中心的这一事件有时被称为电脑产业史上最大的抢劫案之一。乔布斯偶尔会对这一说法表示赞同，但言语之中却裹挟着骄傲。他曾说："毕加索有句名言，叫'优秀的艺术家模仿创意，伟大的艺术家窃取灵感'。在窃取伟大灵感这方面，我们向来不知羞愧为何物。"

而另外一派则认为，与其说是苹果强取豪夺，不如说是施乐自食其果。乔布斯有时也赞同这个观点，他认为"施乐的管理层满脑子想的都是复印机，对电脑的巨大潜力却一无所知。施乐本来形势一片大好，却未能抓住先机，在电脑产业的巨大胜利中败北。施乐本可以坐拥整个产业"。

两种评价各有道理，而事情的真相其实没这么简单。T. S. 艾略特曾说，在概念和成品之间，隔着一道无形的墙。纵观创新的历史长河，创意只是等式的一部分。执行同样重要。

施乐的帕洛阿尔托研究中心的图形界面只是初具雏形，而乔布斯及其工程师团队极大地完善了这一创意，还进一步把创意应用于商业产品的研发，这一点是施乐可望而不可即的。以鼠标为例，施乐研发的鼠标有三个按键，结构复杂，移动起来不太平滑，单个造价就高达 300 美元。第二次参观完研究中心后没几天，乔布斯就去了当地的工业设计公司 IDEO，跟其中一位创始人迪安·霍维（Dean Hovey）沟通鼠标设计事宜。乔布斯要求鼠标只能有一个简单的按键，造价为 15 美元，"而且在塑料面板和我的牛仔裤上都能正常使用"。霍维接下了他的订单。

乔布斯团队不仅对细节进行了改进，而且推动了整体概念更上一层楼。帕洛阿尔托研究中心的鼠标无法在屏幕上拖动窗口，而苹果的工程师们设计了一个界面，使鼠标不仅可以拖动窗口和文件，甚至能把文件放进文件夹。在施乐原本的系统中，执行任何操作（比如调整窗口大小或更改定位文件的扩展名）都需要选择相应的命令符。而苹果改进后的系统支持用户对文件进行点击、操纵、拖拽、移动等操作，把"桌面"的概念变为虚拟现实。在乔布斯的日常鞭策下，苹果的工程师团队与设计师团队分工协作，共同改进了桌面概念。他们在桌面上添加了活泼的图标，在窗口上方设置了一个功能条，点击即可打开下拉菜单，还增加了双击鼠标打开文件和文件夹的功能。

事实上，施乐的高层也并没有忽视公司科学家在研究中心的研发成果，也曾经尝试对其进行商业化，但没有成功，这进而印证了优秀的执行力跟出色的创意一样重要。早在 1981 年，在苹果丽萨电脑和 Mac 出现之前，施乐就推出过一款名为"施乐星"（Xerox Star）的电脑，图形用户界面、鼠标、位元映射、窗口、桌面等各种特色功能一应俱全。但该电脑的运转速度缓慢（保存一个较大的文件可能需要几分钟），价格昂贵（零售店售价为 16 595 美元），主要针对网络化办公市场。施乐星最终以失败告终，只售出了 3 万台。

施乐星刚一上市，乔布斯就带领团队去施乐经销商那里进行考察。乔布斯认为这款电脑毫无价值，他告诉同事不要花钱去买。他回忆说："我们都松了一口气。我们知道施乐没做出来，而我们可以做出来，而且成本只是他们的一小部分。"几个星期后，乔布斯打电话给施乐星团队的硬件设计师鲍勃·贝尔维尔（Bob Belleville），说："你这辈子做的所有产品都是垃圾，所以为什么不来我这儿呢？"贝尔维尔同意了，一起跳槽的还有拉里·特斯勒。

在兴奋情绪的支配下，乔布斯开始插手丽萨项目的日常管理工作。该项目本来由惠普前工程师约翰·库奇负责，但乔布斯完全忽略了他的存在，直接与阿特金森和特斯勒沟通自己的想法，特别是电脑的图形界面设计。特斯勒说："他会随时打电话给我，有时是半夜 2 点，有时是早上 5 点。我个人很喜欢这样，但丽萨部门的老板们很不高兴。"公司告诫乔布斯不可以继续越级管理。他安分了一段时间，但很快又按捺不住。

丽萨团队中曾出现一次重大冲突。有一次，阿特金森想把电脑的屏幕背景由深色变为白色，以此做到"所见即所得"，也就是在屏幕上看到的是什么，打印出来就是什么样子。阿特金森和乔布斯都想实现这种效果，而"硬件设备工程师一片哀嚎"，阿特金森回忆说，"他们说如果要实现这样的效果，就必须使用一种磷化荧光粉层，这种材料不稳定，也更容易闪烁"。双方僵持不下，于是阿特金森找来了乔布斯，乔布斯自然站到了他这边。硬件设备工程师虽然怨声连连，但后来还是想办法实现了这个功能。"史蒂夫自己并不是一个工程师，但他非常擅长评估别人提供的答案。他能分辨出工程师是在自我防卫还是信心不足。"

阿特金森的一个重大贡献就是实现了屏幕上窗口的互相重叠，也就是"上面"的窗口可以叠放在"下面"的窗口之上（我们现在已经习以为常，并不觉得神奇）。阿特金森也实现了窗口移动功能，就像在桌子上移动文件一样。移动上面的文件时，下面的文件就会露出来或被挡住。当然，电脑屏幕上显示的画面层下面并没有其他像素层，所以上面的窗口并没有真正地遮挡住下面隐藏的窗口。为了实现窗口重叠的错觉，需要复杂的编码，其中就涉及"区域"（region）这一概念。阿特金森横下一条心，一定要实现这个效果，因为他记得在施乐的帕洛阿尔托研究中心看到过它。但事实上，研究中心的人员从来没有成功过，他们后来告诉阿特金森，看到他能将其设计出来，他们感到非常佩服。阿特金森说："我真是体验了一把无知的力量，因为我不知道这件事我做不到，所以我做到了。"阿特金森把全部心思都用在了工作上。一天早上，大脑恍惚的他开着自己的科尔维特跑车撞上了一辆停在路边的卡车，几近丧命。乔布斯立刻开车去医院看他。阿特金森恢复意识后，乔布斯对他说："我们太担心你了。"阿特金森忍着疼痛对乔布斯笑了笑，回答说："别担心，我还记得那些'区域'。"

乔布斯还执着地追求平滑的滚动效果。他认为，在滚动浏览一个文档的时候，文档内容不应该一行一行地移动，而是应该平滑地流动。阿特金森说："他坚定地要求界面上的所有元素都必须让用户感觉舒服。"目前的鼠标只能上下左右移动，他们还想要一款可以向任何方向轻松移动光标的鼠标。要实现这个效果，需要用滚球来代替之前的一对轮子。团队的一个工程师告诉阿特金森，这样的鼠标是不可能实现商业量产的。阿特金森吃晚饭的时候跟乔布斯抱怨了几句，第二天来到办公室，发现乔布斯已经把那位工程师开除了。而接替他的人见到阿特金森的第一句话就是："我能造出那种鼠标。"

阿特金森和乔布斯一度成为挚友，经常一起去美好地球餐厅吃晚饭。约翰·库奇及其丽萨团队里的其他专业工程师很像惠普的工程师，为人处世比较严谨传统，既讨厌乔布斯多管闲事，又因为他动辄骂人而怒气填胸。双方在产品愿景方面也存在冲突。乔布斯想开发出面向大众市场的丽萨电脑，使用简单，价格亲民。乔布斯回忆说："像我这样的人想要一部精简的电脑，而库奇这样从惠普来的人则希望进军企业市场，所以我们之间存在激烈的冲突。"

迈克·斯科特和迈克·马库拉都想改善苹果的管理秩序，两个人对乔布斯的破坏性行为也愈发担心。于是，在1980年9月，他们秘密策划了一次重组。库奇被一致推选为丽萨项目的经理。对于这个以其女儿名字命名的电脑项目，乔布斯失去了控制权。他还被剥夺了研发副总裁的职务，被任命为董事会非执行主席。也就是说，他依然可以在外代表苹果，但手中已无实权。乔布斯说："我沮丧万分，感觉被马库拉抛弃了。他和斯科蒂觉得我无法胜任丽萨项目的管理工作。这件事对我打击很大，让我苦思愤懑，久久难以释怀。"

第九章　上市

名利双收

期权纷争

1981年，乔布斯与沃兹尼亚克

1977年1月，迈克·马库拉加入乔布斯和沃兹尼亚克的团队，把两人刚刚起步的合伙公司变为苹果电脑公司，当时公司的估值是5 309美元。将近4年以后，他们决定适时上市。苹果的首次公开募股（IPO）成为自1956年福特汽车上市以来，超额认购倍数最高的IPO。到1980年12月底，苹果的市值达到17.9亿美元——没错，单位是"亿"。在这个过程中，苹果造就了300个百万富翁。

然而，丹尼尔·科特基却不在这些富豪之列。科特基曾经是乔布斯的挚友，两人一起读大学，一起去印度，一起待在大同农场，在克里斯安·布伦南怀孕风波期间，他们两个人还一起租房子，可谓灵魂伴侣。当苹果公司总部还设在乔布斯家车库的时候，科特基就加入了苹果，到苹果上市的时候，科特基还在苹果做小时工，级别不够拿到上市前的期权。科特基说："我对史蒂夫完全信任，我以为他会照顾我，就像我之前照顾他一样，所以我并没有催促和逼迫他。"苹果的官方解释是，科特基没有期权是因为他是按小时计费的技术人员，而不是领固定薪水的工程师——这是获得期权的最低门槛。然而，即便如此，科特基也有资格获得创始人股票。但是乔布斯决定不给他。苹果早期工程师安迪·赫兹菲尔德说："史蒂夫就是忠实的反义词，他站在忠实的对立面。他会背叛和抛弃自己亲近的人。"话虽如此，赫兹菲尔德依然跟乔布斯保持着朋友关系。

科特基决定在乔布斯办公室外面堵他，抓住机会向他抗议施压。但出人意料的是，每次见面，乔布斯都对他置之不理。科特基回忆说："最让我难过的是史蒂夫从来没有对我说过我没资格拿到股票。作为朋友，他有义务亲口告诉我。每次我问他股票的事情，他就说我得跟自己的经理沟通。"无奈之下，在苹果上市近6个月后，科特基鼓起勇气走进乔布斯的办公室，想要解决这个问题。但乔布斯对他冷若冰霜，这让他手足无措。科特基回忆说："我哽咽了，情不自禁地哭了起来，一句话都说不出来。我们的友谊已经荡然无存。太悲哀了。"

打造了苹果电源的工程师罗德·霍尔特拿到了大量期权。他想劝乔布斯改变心意。他对乔布斯说："我们得为你的好朋友丹尼尔做点儿什么。"他建议他们两个人分别给科特基一些期权。他说："你给多少，我就给多少。"乔布斯回答道："好啊，那我给他0股。"

毫不意外，沃兹尼亚克的态度与乔布斯的截然不同。在苹果上市前，他决定以极低的价格将自己的2 000份期权出售给40名中层员工。苹果上市后，从沃兹尼亚克手里买入期权的人都大赚了一笔，大多数人因此得以购置房产。沃兹尼亚克为自己和新婚妻子买了一套理想住宅，但是他妻子很快就和他离婚了，还拿走了房子。他后来甚至直接把股份送给一些他认为遭受了不公正待遇的员工，包括科特基、费尔南德斯、威金顿和埃斯皮诺萨。沃兹尼亚克本来就深得大家喜爱，他的慷慨之举更是让所有人对他心怀感恩。但的确也有很多人同意乔布斯的看法，觉得沃兹尼亚克"过于天真幼稚，像小孩子一样"。几个月后，公司的公告板上出现了一张联合慈善总会（United Way）的海报，画面上是一个穷困潦倒的人。有人在海报上涂鸦道："1990年的沃兹。"

乔布斯倒是一点儿也不天真。早在IPO之前，他就确认签署了跟克里斯安·布伦南的协议。

在苹果IPO的过程中，乔布斯作为代言人与媒体打交道，也帮忙选择了两家投资银行作为承销商，分别是老牌的华尔街投行摩根士丹利和位于旧金山的非传统精品投行Hambrecht & Quist。该精品投行的创始人比尔·汉布雷克特（Bill Hambrecht）回忆说："史蒂夫对摩根士丹利的人非常无礼，当时的摩根士丹利还是一家风格保守的传统投行。"明知苹果股票上市后肯定会暴涨，摩根士丹利仍然计划将发行价定在18美元。乔布斯向银行家发问："你们把发行价定在18美元，然后呢？难道你们不会给自己的优质客户推荐这只股票吗？如果是这样的话，你怎么能收我7%的佣金呢？"汉布雷克特意识到这个交易制度存在根本的不公平性，后来他提出可以在IPO前进行反向拍卖，以此确定股票价格。

苹果于1980年12月12日上午上市。股票最终的发行价定在22美元，第一天收盘时就涨到了29美元。乔布斯来到比尔的办公室，正好赶上观看开盘交易情况。在25岁这一年，他的身价已高达2.56亿美元。

老兄，你发财了

史蒂夫·乔布斯曾身无分文，后来成为亿万富翁。终其一生，无论有钱没钱，他对财富的态度都相当复杂，耐人寻味。他是一个反物质主义的嬉皮士，却在朋友要把自己的发明免费送人时，把这些发明变为获利工具。他是一个禅宗信徒，也曾到印度朝圣，最后却发现自己的人生使命是创业。然而不知何故，这些态度在他身上似乎和谐地交织在了一起，并不互相冲突。

他对一些物品拥有强烈的热爱，尤其是设计精巧、做工出色的物品，比如保时捷和奔驰汽车，亨克斯刀具，博朗电器，宝马摩托车，安塞尔·亚当斯（Ansel Adams）的摄影作品，贝森朵夫钢琴和B&O音响设备，等等。然而，无论多么有钱，他住的房子往往并不招摇，家具陈设非常简单，震颤派①教徒看到也会自惭形秽。他从来不带随从、助理，甚至没有保镖。他买了一辆好车，但并没有司机，都是自己开车。马库拉让乔布斯跟他一起买一架里尔喷气式飞机，被他拒绝（不过他最终还是要求苹果给他配置了一架湾流飞机）。就像他的父亲一样，他在与供应商讨价还价时表现得非常强硬，但他不会让对利润的渴求凌驾于创造伟大产品的激情之上。

在苹果公司上市30年后，他反思了当年一夜暴富的感受：

我从没有担心过钱的问题。我在一个中产阶级家庭长大，所以从不担心会忍饥挨饿。在雅达利工作后，我知道自己可以成为一个不错的工程师，足可以维持生活用度。读大学和在印度期间，我主动选择了清贫的生活，即使在工作之后，我的生活也相当简单。我本来是一个不太有钱的人，因为没钱，所以不用操心钱的事，这种状态很好。后来我变得非常富有，因为太有钱了，所以也不用担心钱的问题。

我注意到，苹果的一些员工在赚了大钱之后，就觉得生活品质必须有所提升。有些人买了劳斯莱斯，有些人买了豪宅，请来管家，还要找经理来管这些管家。他们的妻子纷纷整容，模样变得奇奇怪怪。这种人生太疯狂了，不是我想要的。我向自己保证：我绝对不会让金钱破坏我的人生。

乔布斯也并没有特别热衷于慈善事业。他设立过一个基金会，并聘请专人管理。但这人让乔布斯十分搓火，因为他张口闭口就是慈善事业的"大胆创新"、发挥捐赠的"杠杆效应"等。从那时起，乔布斯就很鄙视那些为善急欲人知的人，很反感推动慈善创新之类的想法。早些时候，他曾悄悄地寄出一张5 000美元的支票，资助拉里·布里连特成立塞瓦基金会（Seva Foundation），帮助贫困地区对抗疾病，他甚至同意加入其董事会。苹果上市后，布里连特立刻带着一些董事会成员，包括维维·格里维（Wavy Gravy）和杰里·加西亚（Jerry Garcia），来到苹果募集善款，但乔布斯并没有积极配合。后来，乔布斯捐了一台Apple II，还有一个石灰粉程序，说这

---

① 震颤派，基督教新教派别，主张禁欲独身，崇尚俭朴生活。——编者注

套设备可以帮助基金会在尼泊尔开展失明调查计划。

在他送给个人的礼物中，最大的一份是给父母的。他送了保罗和克拉拉·乔布斯价值75万美元的股票。他们卖掉一些股票，还清了洛斯阿尔托斯房屋的贷款，还为此举办了一个小小的庆祝派对。乔布斯前往参加。他说："这是他们有生以来第一次不用背负贷款。他们邀请了一些朋友，场面非常温馨。"即使有了钱，他们也并没有考虑换一套更好的房子。乔布斯说："他们对此不感兴趣。他们很满意当时的生活状态。"老两口唯一的奢侈就是每年乘坐公主号游轮度假。乔布斯说，穿越巴拿马运河的那条航线是"爸爸的最爱"，因为这会让他想起自己在海岸警卫队的时候，他们的船就是穿越巴拿马运河驶往旧金山退役的。

苹果大获成功，作为公司的代表人物，乔布斯也跟着名声大噪。1981年10月，《公司》杂志成为首家把乔布斯作为封面人物的杂志，标题为"这个人永远改变了商业世界"。封面上的乔布斯蓄着修剪整齐的胡子，长发造型一丝不苟，穿着蓝色牛仔裤、白色衬衫、缎面西装。他靠在一台Apple II上，直视镜头，眼神迷人（这眼神是从罗伯特·弗里德兰那里学来的）。杂志中写道："史蒂夫·乔布斯的言谈之中饱含惊人的热情，这个人看到了未来，也致力于把愿景变为现实。"

接下来就是《时代周刊》。1982年2月，《时代周刊》推出青年企业家专题报道。杂志封面是一幅乔布斯的画像，画像中的他依然以催眠般的眼神紧盯镜头。封面故事说，乔布斯"几乎一手创造了个人电脑产业"。由迈克尔·莫里茨撰写的人物简介中则写道："26岁的乔布斯领导着一家公司。6年前，这家公司还设立在乔布斯父母家的卧室和车库里，今年，这家公司的销售额预计高达6亿美元……作为一名高管，乔布斯有时会对下属苛刻严厉。他自己也承认：'我必须学会管控个人情绪。'"

乔布斯虽然名利双收，但他依然把自己看作一个反主流文化的孩子。在一次斯坦福大学的课堂演讲中，他脱掉在威尔克斯·巴什福德定制的上衣和鞋子，爬到桌子上盘腿而坐。学生们提出了诸如"苹果的股价什么时候会上涨"的问题，乔布斯的回答都是一笔带过。相反，他热情洋溢地聊了很多自己对未来产品的设想，比如有朝一日制造出一台像书那么小的电脑。就这样，学生问的商业问题越来越少，乔布斯反客为主，开始向这些衣着整洁的学生发问:"你们有多少人是处男处女?"学生发出不好意思的笑声。"你们中有多少人服用过迷幻药?"在一阵紧张的笑声中,有一两个人举了手。乔布斯后来对此颇有微词。在他看来,这一代的孩子比他们这代人更加物质,更加追求名利。他说:"我上学的时候,正好是20世纪60年代,实用主义的社会风气尚未盛行。现在的学生甚至不再从理想主义的角度思考问题,至少差得很远。"他说,他们那一代人就不一样。"20世纪60年代的理想主义之风仍然影响着我们。我认识的大多数跟我年龄相仿的人的心里都永远地打上了理想主义的烙印。"

第十章　Mac 诞生

你说你想要一场革命

杰夫·拉斯金的宝贝

1982年的乔布斯

　　杰夫·拉斯金这号人物可能会让史蒂夫·乔布斯着迷，也可能招他讨厌。事实证明，拉斯金的确让人欢喜让人忧。拉斯金富有哲思和哲人气质，有时幽默顽皮，有时沉闷呆板。他研究过电脑科学，教过音乐和视觉艺术，管理过室内歌剧公司，还组织过流动戏剧团。1967年，他从加州大学圣迭戈分校博士毕业，他在博士论文中提出的观点是电脑界面应该基于图形，而不是文本。毕业后，拉斯金成为高校老师。而对教学厌倦了之后，他租了一个热气球，飞到校长家上方，朝着地面大声宣布自己决定要辞职了。

　　拉斯金开设了一家小型咨询公司。1976年，乔布斯要做 Apple II 的产品手册时，给他打了电话。拉斯金去了乔布斯家的车库，看到了沃兹尼亚克在工作台前专心致志工作的情景。他被乔布斯说服，以50美元的价格编写了手册。拉斯金后来加入苹果，成为出版部经理。拉斯金有一个梦想，就是制造一款价格低廉的电脑，出售给普通大众。为了实现这个目标，1979年，他说服迈克·马库拉让他负责一个代号为"安妮"的小型开发项目。拉斯金认为以女性的名字给电脑命名属于性别歧视，于是把项目名称改为自己最喜欢的一种苹果麦金托什（McIntosh）。为了避免与音频设备制造商麦金托什实验室（McIntosh Laboratory）的名字冲突，他改变了单词的拼写方式，把McIntosh改为Macintosh，也就是后来的Mac。

根据拉斯金的设想，这款电脑的售价为1 000美元，操作简单，同时包含屏幕、键盘和计算机。为了降低成本，他建议使用5英寸[①]的小屏幕，微处理器则选择了非常便宜（且功率不足）的摩托罗拉6809。拉斯金自视为一个哲学家，他有一个名为"Mac之书"的笔记本，用于记录自己对这款电脑的设想。他的想法越来越多，笔记本也日渐增厚。他偶尔还会发表宣言。其中一个宣言名为《百万人使用的电脑》，宣言以一个美好的愿望为开头："如果想让个人电脑成为名副其实的个人用品，那么每个家庭都该拥有这样一台电脑。"

Mac项目在整个1979年以及1980年初都处于岌岌可危的状态，每隔几个月就面临被砍的风险，但拉斯金每次都能设法说服马库拉网开一面。项目研究小组只有4名工程师，研究中心位于苹果原来的办公场所，紧挨着美好地球餐厅，离公司的新主楼有几个街区。这个办公空间里到处都是玩具和由无线电控制的模型飞机（拉斯金非常喜欢模型飞机），宛若极客日托中心。上班的时候，团队成员偶尔会停下手中的项目，一块儿玩儿射击游戏。安迪·赫兹菲尔德回忆说："大家就地取材，用纸板做成路障包围自己的工作区，玩游戏的时候可以作为掩护，办公室看起来像个纸板迷宫。"

团队中的明星是年轻的工程师伯勒尔·史密斯。史密斯金发碧眼，长了一张娃娃脸，情绪容易激动。他自学成才，对沃兹尼亚克的代码工作非常崇拜，希望有朝一日也能像沃兹一样成就辉煌。史密斯的伯乐是阿特金森。当时史密斯还在苹果的服务部门工作。阿特金森跟他接触后，觉得他脑子转得很快，总能迅速找到解决问题的方法，于是就把他推荐给了拉斯

---

① 1英寸等于2.54厘米。——编者注

金。史密斯后来饱受精神分裂症之苦，但在20世纪80年代初，他还可以把自己的疯狂和激情转化为对电子工程学的热情，连续数天全身心投入工作，完成出色的电子工程设计。

乔布斯被拉斯金的愿景深深吸引，觉得他要打造的产品"极其伟大"，但他并不赞同拉斯金为了追求低成本而降低产品的性能和品质的做法。1979年秋，乔布斯告诉拉斯金不要关心成本，而要集中精力打造产品本身。乔布斯对他说："不要担心价格，你只需要把电脑的功能细化。"听闻此言，拉斯金给乔布斯写了一份具有反讽意味的备忘录，详细列举了理想中电脑的配置和功能：一个高分辨率的彩色显示器，一个无须色带、能以每秒1页的速度打印彩色图像的打印机，可以无限制地访问阿帕网（ARPAnet），具备语音识别和音乐合成功能，"甚至可以模拟卡鲁索与摩门教唱诗班的演唱，使用各种混音效果"。备忘录的结论是："以理想功能为研发起点纯属无稽之谈、本末倒置。我们必须首先设定价格目标，再细化电脑功能列表，并紧盯现有和新兴技术。"换句话来说，乔布斯认为，如果对自己的产品有足够的热情，就可以扭转现实、创造未来，而拉斯金对这一信念并不认同。

因为理念存在根本性差别，所以二人注定要发生冲突。特别是在1980年9月，乔布斯被逐出丽萨项目后，他开始四处搜寻项目，想创造属于自己的辉煌。他的目光不可避免地落在了Mac项目上。拉斯金宣布要打造一款面向大众、价格亲民的电脑，该电脑要有简单的图形界面和简洁的设计，这一宣言触动了乔布斯的灵魂。同样不可避免的是，一旦乔布斯把目光投向Mac项目，拉斯金的日子就到头了。Mac团队的成员乔安娜·霍夫曼回忆说："史蒂夫开始推动我们完成他的设想，而杰夫则一副郁郁寡欢的模样，最终结果很快一目了然。"

首个引发冲突的问题是对微处理器的选择。拉斯金对摩托罗拉6809微处理器情有独钟，虽然这款微处理器效率不足，但可以把Mac的价格维持在1 000美元以内，而乔布斯则决心打造一款无与伦比、功能强大的电脑，所以两个人发生了冲突。乔布斯开始推动Mac改用更强大的摩托罗拉68000，这也是丽萨电脑使用的微处理器。在1980年圣诞节前，他瞒着拉斯金向伯勒尔·史密斯提出一项具有挑战性的任务，要他使用摩托罗拉

68000 重新设计一款原型机。就像他的偶像沃兹尼亚克一样，史密斯夜以继日地投入工作。他连续三周不眠不休，在电路设计中运用了各种令人惊叹的技术，成功完成任务。就这样，乔布斯如愿让所有 Mac 都换上了摩托罗拉 68000 微处理器，而拉斯金不得不重新计算 Mac 的成本，他因此非常郁闷。

更大的冲突还在后面。拉斯金选定的微处理器的成本较低，无法实现团队在施乐的帕洛阿尔托研究中心看到的种种神奇功能，比如窗口、菜单、鼠标等。当初正是拉斯金说服大家去参观研究中心的，他个人很喜欢位元映射和窗口的创意，但对好看的图形和图标并无兴趣，更是非常反感用鼠标点击代替键盘输入的想法。他后来抱怨道："项目团队的一些人开始过分追求用鼠标完成一切操作。还有一个例子是图标的滥用。在所有人类语言中，图标都是让人无法理解的符号。人类发明出表音文字是有原因的。"

拉斯金曾经的学生比尔·阿特金森选择支持乔布斯。阿特金森和乔布斯都希望使用更强大的处理器，以实现炫酷的图形效果，支持鼠标的使用。阿特金森说："杰夫立场坚定、为人固执，史蒂夫必须把这个项目从他手中夺过来，这么做是对的。世界上因此多了一款更好的产品。"

拉斯金和乔布斯不仅在哲学理念的层面存在分歧，两个人的个性也是水火不相容。乔布斯对拉斯金不屑一顾，他说："杰夫真的很自命不凡。他对界面了解不多，所以我决定把他的几个精兵强将挖过来，比如阿特金森，加上一些我自己的人，接管整个项目，打造一个造价更低的丽萨电脑，而不是搞一堆垃圾。"而拉斯金曾说："乔布斯喜欢发号施令，喜欢别人对他绝对服从，不讲条件，不假思索。我觉得他这个人不值得信任，而且当别人发现他的不足时，他会恼羞成怒。他反感那些不把他视为神明的人。"

一些团队成员也觉得无法与乔布斯共事。1980 年 12 月，一位工程师在给拉斯金的备忘录中写道："乔布斯似乎带来了紧张情绪、政治斗争和激烈冲突。他非但没有使干扰得到缓解，反而成了干扰的来源。我很喜欢和他交谈，也很钦佩他深刻的思想、务实的观点和充沛的精力，只是我感觉他并没有为我提供我需要的那种彼此信任、相互支持和让人放松的工作环境。"

也有许多人意识到，乔布斯虽然脾气不好，但充满个人魅力，也很有团队影响力，可以带领大家"在宇宙中留下痕迹"。乔布斯告诉团队成员，拉斯金只是一个梦想家，而他是一个实干家，他会带领团队在一年内完成 Mac 的开发。很明显，在被丽萨团队驱逐后，他心中始终憋着一股劲儿，想伺机而动，竞争局面更是激发了他的斗志。现在，他的机会终于来了。于是，他拿 5 000 美元赌注与约翰·库奇公开打赌，说 Mac 会赶在丽萨之前出货。他对团队说："我们可以制造一台比丽萨更便宜、更好用的电脑，并在丽萨上市前率先推出。"

1981 年 2 月，公司原定有一场拉斯金主讲的自带午餐的研讨会。但乔布斯径自取消了这次会议，以此宣示对 Mac 团队的控制权。那天，收到取消通知的拉斯金碰巧路过会议室，发现有 100 个人在等着听他演讲——原来，乔布斯并没有通知其他人会议取消了。于是拉斯金走进会议室，发表了一番讲话。

这件事让拉斯金大动肝火，为此，他给迈克·斯科特写了一份言辞激烈的备忘录，题为《为史蒂夫·乔布斯工作和与他共事》，其中写道：

他是一个糟糕透顶的管理者……我一直很喜欢史蒂夫，但我发现，在他手下工作是一项不可能完成的任务。乔布斯经常错过预定的安排。这一点尽人皆知，几乎成了一个笑话。他做事思虑不周，判断力差。别人做出贡献时得不到应有的认可。别人向他汇报新想法时，他总会立刻攻击这个想法，说它毫无价值甚至愚蠢透顶，还说探究这个想法纯属浪费时间。这本身就是管理上的大忌，但更过分的是，如果某个创意很好，他很快就会拿着它到处宣讲，就好像这是他的原创一样。

这让迈克·斯科特再次陷入艰难处境：作为公司总裁，他不得不再一次去面对和管束那个脾气暴躁的联合创始人和大股东。那天下午，斯科特叫来了乔布斯和拉斯金，希望在马库拉面前彻底解决他们之间的问题。乔布斯哭了起来。他和拉斯金只在一件事上达成一致：两人都不能在对方手下工作。在丽萨项目中，斯科特站在了库奇一边，所以这次，他觉得最好让乔布斯胜出。毕竟，Mac 只是个小型开发项目，办公地点又远离公司主楼，乔布斯被项目牵扯精力后，就无暇再兴风作浪。于是，拉斯金被要求休假。乔布斯回忆说："他们只是想安抚我，给我点儿事情做。没关系，对我来说，就好像是重返了车库。我有了自己的草台班子，一切尽在掌控之中。"

拉斯金的下台似乎并不公平，但从结果看来，这对 Mac 而言是件好事。拉斯金最初设想的机器内存较小，处理器性能太差，使用磁带存储，没有鼠标，图形界面效果非常初级。他可能会把价格降到接近 1 000 美元，帮助苹果赢得市场份额。但他不可能完成乔布斯的创举，也就是创造和销售一款改变个人电脑产业的机器。事实上，拉斯金后来依然踏上了这条没有被选中的路。他加入佳能公司，打造出自己想要的机器。阿特金森说："也就是'佳能猫'（Canon Cat）。这个产品一败涂地，没有人想买。而当史蒂夫把 Mac 变成丽萨的简洁版时，他已经把 Mac 打造成一个计算平台，而不单单是一款消费电子设备。"①

德士古大厦

拉斯金离开了。没过几天，乔布斯出现在安迪·赫兹菲尔德的工位旁边。赫兹菲尔德跟伯勒尔·史密斯是好朋友，是 Apple II 团队的一名年轻工程师，有着与史密斯相似的可爱面孔和冒失作风。赫兹菲尔德回忆说，大多数同事都害怕乔布斯，"因为他会毫无由来地发脾气，还喜欢把自己最真实的看法不加掩饰地告诉别人，而他的看法往往没有那么正面"。但乔布斯却让赫兹菲尔德兴奋不已。乔布斯一进来就问："你有什么特长吗？我们 Mac 团队只要真正优秀的人，我不确定你够不够优秀。"赫兹菲尔德知道该如何回答。"我告诉他我有特长，我觉得自己非常优秀。"

乔布斯离开后，赫兹菲尔德继续手上的工作。那天下午晚些时候，他抬头瞧见乔布斯正从工位隔板上面盯着自己看。他说："我有个好消息告诉你，你现在是 Mac 项目的成员了。跟我来吧。"

赫兹菲尔德回答说，他还需要几天来完成手上的 Apple II 的工作。乔布斯问道："还有什么比参与 Mac 项目更重要？"赫兹菲尔德解释说，他需要完善 Apple II 的 DOS 程序，这样才能交接给别人。乔布斯回答说："纯属浪费时间！谁在乎 Apple II？Apple II 几年内就会完蛋。Mac 是苹果的

---

① 拉斯金于 2005 年死于胰腺癌，此前不久，乔布斯刚被诊断出患有胰腺癌。

未来，你现在就要开始 Mac 的工作！"乔布斯说完就伸手拔掉了赫兹菲尔德 Apple II 的电源线，他刚写了一半的代码顿时消失了。乔布斯说："跟我来，我带你去新工位。"乔布斯开着自己的银色奔驰，载着赫兹菲尔德和他的电脑，还有其他办公用品，来到 Mac 的办公室。乔布斯把赫兹菲尔德安排在伯勒尔·史密斯旁边的工位上，对他说："这是你的新办公室，欢迎加入 Mac 团队！"这张办公桌是拉斯金的。拉斯金走得匆匆忙忙，工位都没收拾干净，有些抽屉里还装着他的个人物品，包括飞机模型。

1981 年春，乔布斯为 Mac 团队招兵买马，而他对人才的考察标准就是是否对产品满怀热情。有时候，乔布斯会在会议室里放一台用布罩遮盖的 Mac 原型机，把应聘者带进来，然后充满仪式感地揭开布罩，观察对方的反应。安迪·坎宁安回忆说："如果应聘者眼前一亮，直奔电脑，拿起鼠标就开始点击试用，乔布斯就会面露微笑，当场聘用应聘者。他就是想看到他们惊喜万分的样子。"

布鲁斯·霍恩是施乐的帕洛阿尔托研究中心的一个程序员。他的几个朋友，像拉里·特斯勒，都已经决定加入 Mac 团队，于是霍恩也考虑跳槽。当时他手里还有一个更好的机会，有家公司想挖他过去，额外提供了 1.5 万美元的签约奖金。一个星期五晚上，乔布斯给霍恩打来电话："你明天一早必须到苹果来，我有很多东西要给你看。"霍恩一去就完全被乔布斯征服。"史蒂夫激情四射，他要打造一款令人拍案叫绝、可以改变世界的设备。他单靠人格魅力就让我改变了主意。"乔布斯向霍恩细致地演示了塑料外壳是如何铸造成型，又是怎样以完美的角度拼接在一起的，还展示了电路板的内部是多么工整漂亮。"他想让我看到，他对整个项目已成竹在胸，从头到尾都经过周全策划。我当时大为惊叹，因为这样的热情并不常见，于是我决定加入 Mac 项目。"

乔布斯甚至想让沃兹尼亚克重新入伙。乔布斯后来告诉我："沃兹后来做不出什么成绩了，这一点让我很不满，但我又想，这算什么，没有他的聪明才智，也就没有我的今天。"但乔布斯刚刚开始让沃兹尼亚克对 Mac 产生兴趣，沃兹就出了事故。他新买了一架单引擎比奇飞机，在圣克鲁兹附近尝试起飞时坠毁，差点儿丧命。勉强保住性命的沃兹丧失了部分记忆。乔布斯陪他在医院待了一段时间。当沃兹尼亚克康复后，他想暂时离开苹果。从伯克利辍学 10 年后，他决定重返校园，取得学位，于是以洛基·拉孔·克拉克（Rocky Raccoon Clark）的名字登记入学了。

为了给整个项目打下自己的烙印，乔布斯决定给项目更名。这个项目的代号不能再是拉斯金最喜欢的苹果了。在各种媒体访谈中，乔布斯一直把电脑称为"思想的自行车"。因为有能力创造自行车，人类的移动效率比兀鹰更高，同样，因为有能力制造电脑，人类的思考效率也会翻倍。所以有一天，乔布斯一纸令下，把项目名称从"Mac"改为"自行车"。更名的过程并不顺利。赫兹菲尔德说："我和伯勒尔都觉得这是我们听过的最愚蠢的一件事，我们拒绝使用这个新名字。"不到一个月，乔布斯就放弃了更名的想法。

到 1981 年初，Mac 团队已经发展到大约 20 人，乔布斯认为是时候扩大办公区了。于是团队搬到了距离苹果主办公楼三个街区的一栋两层小楼里，他们在二楼。这个小楼的外墙呈棕色，紧邻一个德士古加油站，因此被称为德士古大厦。为了使办公室更有活力，乔布斯告诉团队要配备一套立体声系统。赫兹菲尔德说："趁他还没有改变主意，我和伯勒尔赶紧跑出去买了一台银色磁带立体声音响。"

乔布斯很快就取得了全面的胜利。他先是赢得了与拉斯金之间的 Mac 团队管理权之争，几周后，又推动迈克·斯科特卸任苹果总裁。那时，斯科特变得愈加反复无常，时而恃势凌人，时而慈眉善目。他强制实施裁员，其冷血无情的程度异乎寻常，让团队员工颇感意外，他也因此失去了大部分人的支持。此外，他的健康也出现了问题，从眼部感染到嗜睡症，身体状况堪忧。斯科特在夏威夷度假期间，马库拉召集了高层管理人员，开会讨论是否应该替换掉斯科特。大多数高管，包括乔布斯和约翰·库奇，都表示同意。于是马库拉临时接任总裁职务，但他并没有什么主动作为，也基本不怎么管事。乔布斯发现，他现在已经没有任何外界束缚，可以完全按照自己的意志推动 Mac 团队的工作了。

第十一章　现实扭曲力场

我的规则我做主

安迪·赫兹菲尔德加入 Mac 团队的时候，软件设计师巴德·特里布尔（Bud Tribble）跟他简单介绍了项目的进展情况，说还有海量开发工作有待完成。乔布斯希望 Mac 能在 1982 年 1 月出货，而此时距离这个节点只剩下不到一年。赫兹菲尔德说："这个要求太疯狂，不可能完成。"特里布尔告

1984 年，Mac 创始团队：乔治·克罗、乔安娜·霍夫曼、伯勒尔·史密斯、安迪·赫兹菲尔德、比尔·阿特金森、杰里·马诺克（自左至右）

诉他，乔布斯是不会接受这种说法的。特里布尔解释道："用《星际迷航》中的一个词来形容这种情况再恰当不过——史蒂夫拥有现实扭曲力场。"赫兹菲尔德听得一头雾水，于是特里布尔进一步做出解释："史蒂夫在场的时候，现实是可塑的。他几乎可以说服任何人相信任何事。而他一旦离开，这种力场就会逐渐消失，他制定的那些时间表也会变得不切实际。"

特里布尔回忆说，他是从电视剧《星际迷航》"宇宙动物园"一集中学到的"现实扭曲力场"这一说法，"在这一集里，外星人仅凭借纯粹的精神力量，就创造出属于自己的新世界"。他用这个说法形容乔布斯，既是一种警示，也是对乔布斯的赞美："陷入史蒂夫的扭曲力场是很危险的，但也正因为有这个力场，史蒂夫才能真正地改变现实。"

起初，赫兹菲尔德认为特里布尔的说法有点儿言过其实，但在与乔布斯共事两周后，他也敏锐地观察到这种现象："乔布斯的现实扭曲力场构成非常复杂，融合了魅力超凡的言辞，不屈不挠的意志力量，还有为达成一己之目标而让任何现实屈从的强烈渴望。"

赫兹菲尔德发现，乔布斯的力场非常强大，每个人都会不可避免地被卷入其中："神奇的是，即使能清楚地觉察到是现实扭曲力场在起作用，我们还是会身不由己地受到影响。我们经常讨论有哪些方法可以屏蔽这种力场，但一段时间之后，我们大都放弃抵抗，选择接受，将其视为一种自然之力。"乔布斯曾一度下令把办公室冰箱里的苏打水都换成奥德瓦拉牌有机橙汁和胡萝卜汁。一个团队成员因此定制了一批T恤，正面写着"现实扭曲力场"，背面写着"它就在果汁里！"

对一些人来说，说乔布斯具有现实扭曲力场不过是对乔布斯"善于撒谎"的一种委婉说辞。但事实上，乔布斯的掩饰伪装术并不只是"撒谎"那么简单。他常常会不顾真实情况，一本正经地做出一些断言——不管是史实还是有人在某次会议上提出的创意——却从来不觉得自己在撒谎。他会任意扭曲现实，不仅会让别人相信他的判断，而他自己一样坚信不疑。比尔·阿特金森说："正是因为他能煞有其事地骗过自己，让自己对心中的愿景深信不疑，所以他才能使出浑身解数说服别人。"

当然，很多人都会扭曲现实。而乔布斯对现实的扭曲往往是一种为达成某个目的而使用的策略。沃兹尼亚克和乔布斯两个人性格迥异，一个抱诚守真，一个深谙谋略，乔布斯现实扭曲力场策略的效果常常让沃兹尼亚克惊讶不已："当他对未来的设想不合常理时，他就会扭曲现实。比如他告诉我，我只用几天时间就能设计出打砖块游戏。你知道这不可能是真的，但他却有办法使狂想变为现实。"

当 Mac 团队的成员陷入乔布斯的现实扭曲力场时，他们就像被催眠了一样。黛比·科尔曼说："他就像催眠大师，会用激光般的眼睛一眨不眨地盯着你。就算他给你端来一杯掺了毒药的紫色汽水，你还是会毫不犹豫地一饮而尽。"但跟沃兹尼亚克一样，科尔曼也认为现实扭曲力场可以带来力量：虽然 Mac 团队拥有的资源远远比不上施乐和 IBM 的，但乔布斯利用现实扭曲力场，激励团队不断超越，改变了电脑发展的历史进程。科尔曼说："这种扭曲是可以自我实现的。你之所以做到了不可能完成的事，是因为你并不知道这件事是不可能完成的。"

乔布斯致力于扭曲现实的根源在于，他认为现实中所有的规则都不适用于自己，所以他要打破规则。这与他的成长经历有关：在童年时代，他就经常可以让现实屈服于自己的意愿。叛逆和任性是他性格中根深蒂固的一部分。他觉得自己与众不同，是天选之人，也是开悟之人。赫兹菲尔德说："他认为有一些人是特殊的存在，像爱因斯坦、甘地和他在印度遇到的大师，其中也包括他自己。他曾经这么跟克里斯安说过。有一次他甚至向我暗示他已经开悟。他的论调很像尼采。"乔布斯从未研究过尼采的哲学，但他的理念和尼采提出的权力意志概念和"超人"（Überman）的特殊本性不谋而合。尼采在《查拉图斯特拉如是说》中写道："灵魂现在拥有了自己的意志，而那些曾经迷失于世界的人现在征服了世界。"如果现实不符合自己的意志，乔布斯就会忽略现实，比如他一度不承认丽萨是自己的亲生女儿；多年后，当他第一次被诊断出患有癌症时，他同样拒绝接受现实。即使在日常生活的一些小事中，他也会有叛逆表现，比如车上不挂车牌，还总把车停在残疾人停车位，等等。他就是这样肆意妄为，拒绝受制于周围的规则和现实。

乔布斯还有一个鲜明的特点，就是对任何人、任何事的观点都两极分化、非黑即白——一个人要么"聪明绝顶"，要么"蠢不可及"；他们的工作成果要么"登峰造极"，要么"糟糕透顶"。Mac 设计师比尔·阿特金森就

属于乔布斯欣赏的那类人。阿特金森对乔布斯的这种二分法是这样描述的:

  在史蒂夫手下工作是很不容易的,因为他把人分为两个极端,一边是神明,另一边是白痴。如果他觉得你是神,就会把你捧上宝座,你做什么都是对的,不可能会犯错。而我们这些被看作"神"的人则终日战战惶惶,因为我们知道自己只不过是凡人,编程时也会出错,所以很担心有朝一日会被赶下神坛。而那些被他视为"白痴"的人,其实也是非常优秀勤奋的工程师,但他们却感觉永远无法得到乔布斯的赏识,永远无法摆脱他口中"白痴"的身份。

  当然,这个分类并不是一成不变的,因为乔布斯经常出尔反尔、自相矛盾。特里布尔在向赫兹菲尔德介绍现实扭曲力场时,就特别警告过他,说乔布斯就像高压交流电。特里布尔解释说:"史蒂夫可能会说哪件事糟糕透顶或绝妙至极,但他一觉醒来之后未必还持同样的想法。当你向他提出新想法时,他往往会告诉你这个想法蠢不可及。但如果他发现这个想法实际上还不错,一周之后,他又会过来把这个想法讲给你听,就像是他自己刚想出来的一样。"

  乔布斯的立场闪展腾挪、变幻莫测,就算芭蕾舞大师迪亚吉列夫见到,也会被他大胆的"脚尖"旋转技巧搞得眼花缭乱。赫兹菲尔德说:"如果他的某个论据不能说服别人,他会巧妙而娴熟地抛出另一个论据。有时,他会突然把你的立场变成他的立场,让你猝不及防,同时坚决否定自己曾持有相反立场。"布鲁斯·霍恩是跟特斯勒一起被乔布斯从施乐的帕洛阿尔托研究中心挖到苹果的程序员,他就经历过好几次类似的事件:"有一次,我把自己的创意汇报给他,他说我异想天开。结果过了一周,他过来跟我说,'嘿,我有个好主意',而他说的就是我之前提到的创意!我立马说,'史蒂夫,这就是我一周前跟你说的想法啊',而他就说'是是是,好好好',然后继续讲下去。"

  乔布斯的大脑回路似乎缺失了零件,所以没有办法调控冲动想法的极端峰值。在音频领域,有个设备叫作"低通滤波器",低频信号能正常通过,而高频信号的振幅则会被降低,以此获得较为平滑的数据集。在与乔布斯共事的过程中,Mac团队也逐渐学会了运用低通滤波的方法,在接收到他不断变化的观点时,减弱高频信号,来获得更加平缓的均值,缓解紧张情绪。赫兹菲尔德说："史蒂夫态度极端，又变幻莫测，几个回合下来，我们都学会了过滤他的信号，不再对极端态度做出反应。"

乔布斯为什么会行为怪异、性情乖张呢？是因为他无法体会别人的情感吗？其实不然，甚至恰恰相反。他的情感非常敏锐，善于读心，能够洞察别人的心理优势和弱点。他知道对方最在意什么，会趁其不备突然挥舞情绪的大棒，精准出击。他本能地知道对方是在伪装，还是真的胸有成竹。因此，他成为操控情绪的大师，可以娴熟地对他人进行哄骗、安抚、说服、奉承和恐吓。乔安娜·霍夫曼说："他就是有这样的非凡能力，能准确抓住你的弱点，知道什么会让你感到渺小，什么会让你恐惧、畏缩。魅力超凡、擅长操纵别人的人通常都拥有这种能力。你知道他能把你击垮碾碎，因此气势上自然会弱他一筹，同时渴望得到他的肯定和认可，而达到这样的目的后，他就会提高你的地位，把你推上神坛，从精神上完全控制你。"

安·鲍尔斯（Ann Bowers）成为应对乔布斯的完美主义、任性肆意和暴躁脾气的专家。她曾担任英特尔的人力资源总监，后来与英特尔联合创始人鲍勃·诺伊斯（Bob Noyce）结婚，之后便辞去在英特尔的职务。她于1980年加入苹果公司，每当乔布斯大发脾气的时候，她都会扮演安抚人心的母亲角色。她会走到他的办公室，关上门后和风细雨地教育他。乔布斯会说："我知道了，我知道了。"而鲍尔斯则坚持说："那请你以后不要再这样做了。"鲍尔斯回忆说："我说完之后，他会好上一阵子，但过了差不多一个星期，我会再次接到投诉电话。"她意识到乔布斯很难控制自己。"他的期待值非常高，如果别人不能满足他的期待，他就无法忍受。他没有办法控制自己。我可以理解史蒂夫为什么会不高兴，因为他通常都是正确的那一方，但这样乱发脾气会对他人造成伤害和心理隔膜，甚至会让团队的人感到恐惧。他虽然有着清晰的自我认知，但不是每次都能够控制和纠正自己的行为。"

乔布斯后来成为鲍尔斯夫妇的密友，常常突然造访他们在洛思加图斯山丘的家。安·鲍尔斯每当听到远处摩托车的声音，就知道是乔布斯："史蒂夫又来我们家吃晚饭了。"有一段时间，她和鲍勃·诺伊斯仿佛成为乔布斯的代理家人。"他无比聪明，又无比缺爱。他需要成年人的关心和指导，身边需要类似父亲般的人物。鲍勃后来对他而言就像父亲一样，我的角色就像母亲一样。"

乔布斯的苛刻要求和出口伤人也有积极的一面。那些没有被压垮的人最终变得更加强大。出于恐惧和取悦乔布斯的渴望，他们会把工作做得更好。霍夫曼说："他的行为可能会在情感上让人难以招架，但如果能挺过来，其实可以激发自己的潜力。"当然，被攻击的人是可以绝地反击的，有时不仅可以守住自己的阵地，甚至还能逆势而上、茁壮成长。当然，"反击"这种方法并不适用于所有人——拉斯金尝试过反击，还一度获得成功，但最后还是被乔布斯摧毁。但如果你冷静自信，乔布斯判断出你是真的心中有数，他就会给予你尊重。多年来，乔布斯的个人生活和职业生涯的核心圈子里都是一些真正的强者，而不是马屁精。

Mac团队很了解这一点。从1981年开始，团队每年都会给乔布斯的最佳反抗者颁奖。乔布斯对这个半开玩笑半认真的奖项有所耳闻，但并不以为忤，反而欣然认可。第一年的获奖者是乔安娜·霍夫曼。她出身东欧难民家庭，脾气火暴，意志坚定。有一天，她发现乔布斯修正了她的营销预测结果，给出的数字完全不可能实现。她火冒三丈，怒气冲冲地向乔布斯的办公室走去，想要跟他好好理论一番："我一边爬楼梯，一边告诉他的助理，我要拿一把刀刺进他的胸膛。"法律顾问艾尔·艾森斯塔特（Al Eisenstat）赶忙跑出来要拦下她。"但是，史蒂夫在听我说完之后做出了让步。"

1982年，霍夫曼再度获奖。那年加入Mac团队的黛比·科尔曼后来回忆说："我记得自己当时很羡慕乔安娜，因为她可以勇敢地跟史蒂夫对峙，而我还没有勇气，结果我在1983年也获得了这个奖项。我认识到，必须坚守自己的信念，为自己据理力争，才能赢得史蒂夫的尊重。从那以后，他就开始提拔我。"她最终成为苹果制造部门的负责人。

一天，乔布斯闯进阿特金森手下的一名工程师的工作小隔间，像往常一样破口大骂："这种方法就是狗屎！"阿特金森回忆说："那位工程师回应说，'不是的，这实际上是最好的方法'，然后跟史蒂夫解释了他从工程学角度所做的权衡。"一番解释之后，乔布斯的气焰果真有所收敛。阿特金森教会团队成员要懂得听乔布斯的弦外之音。"我们学会了将乔布斯口中的'这就是狗屎'理解为'告诉我为什么这是最好的方法'。"但故事的结尾让阿特金森颇受启发——最后，被骂的这位工程师还真找到了一种更好的方式来执行受到乔布斯批评的功能。阿特金森说："他之所以能做得更好，是因为史蒂夫向他提出了挑战。这说明你可以反击他，但在反击的同时也应该倾听，因为史蒂夫往往是对的。"

乔布斯之所以吹毛求疵、易暴易怒，部分原因是他追求完美，对那些为了赶时间、卡预算而对产品的品质做出妥协的人毫无耐心。阿特金森说："他不会仔细地权衡得失，他只在意产品本身。在史蒂夫眼里，那些不愿意花费心力把产品做到完美无缺的人都是傻瓜。"例如，在1981年4月举办的西海岸电脑展览会上，亚当·奥斯本（Adam Osborne）发布了第一台真正意义上的便携式个人电脑。这台电脑称不上多厉害，屏幕只有12.7厘米，内存也不大，不过整体运行状况良好。奥斯本有个著名的理念："够用就好，再好就是浪费。"对乔布斯而言，这种做法属于道德缺失，令人发指，他因此嘲笑了奥斯本好几天。他在苹果的走廊里走来走去，不停揶揄道："这家伙真是脑子不清楚。他不是在创造艺术品，而是在制造垃圾。"

一天，乔布斯来到正在开发Mac操作系统的工程师拉里·凯尼恩（Larry Kenyon）的小隔间，抱怨说电脑的启动时间太长了。凯尼恩刚要开始解释，就被乔布斯打断了："如果减少10秒的启动时间可以挽救一个人的生命，你会去找到一种方法实现吗？"凯尼恩表示也许可以。乔布斯在一块白板上演示给他看：如果有500万人在使用Mac，每个人每天能节约10秒的启动时间，那么用户每年将节省3亿小时左右的时间，这相当于至少100个人的生命周期。阿特金森回忆说："这番话让拉里颇感震撼，他在几周后找到了方法，把启动时间减少了28秒。史蒂夫总有方法用大局观来激励员工。"

乔布斯对创造伟大的产品充满激情。在他的影响和带动下，整个Mac团队都开始追求打造完美的产品，而不仅仅是生产一种能赚钱的商品。赫兹菲尔德说："乔布斯自视为一名艺术家，他鼓励我们设计团队也把自己看作艺术家。我们的目标从来不是打败竞争对手，也不是赚大钱，而是倾尽所有成就伟大的产品，甚至到了百尺竿头，还要更进一步。"乔布斯曾经带领团队去旧金山参观蒂芙尼的玻璃制品展览，因为他相信他们可以以路易斯·蒂芙尼（Louis Tiffany）为榜样，认识到创造伟大的艺术品和批量生产是可以并行不悖的。巴德·特里布尔回忆道："我们对自己说，既然我们在生命中要进行创造，就不妨创造一些近乎完美的东西。"

那乔布斯有必要动辄大发雷霆、出言不逊吗？也许没必要，也没什么好处。他可以通过其他方式激励自己的团队。尽管最终的 Mac 是一款伟大的产品，但由于乔布斯的鲁莽干预，项目进度远远落后于计划，预算也严重超支。残酷伤害团队感情也有代价，大部分的团队成员都精力耗尽。沃兹尼亚克说："史蒂夫完全可以在不造成团队成员心理恐慌的情况下做出应有的贡献，我喜欢更有耐心的人，不喜欢有这么多矛盾冲突。我觉得好公司可以像和睦的家庭一样。如果以我的风格和方式管理 Mac 团队，最终可能会一团糟。但我认为，如果我跟史蒂夫的管理风格可以取长补短，结果会比只用史蒂夫的方式要好一点儿。"

乔布斯的风格虽然可能会让人垂头丧气，但从某种程度上讲，也能鼓舞士气。他向苹果员工注入了创造开创性产品的永恒激情，让他们有信念完成看似不可能完成的任务。他们的定制 T 恤上印着"每周工作 90 个小时，依然乐在其中！"因为害怕乔布斯，又强烈渴望被他刮目相看，团队成员全都拿出了超出预期的表现。乔布斯后来解释说："我从这么多年的经验中学到，当与真正优秀的人才共事时，不必娇惯他们。只要对他们寄予厚望，鞭策他们去成就伟大的事情，他们就能不负所望。最初的 Mac 团队告诉我，顶级人才喜欢跟顶级人才一起工作，如果你能够容忍平庸的作品，他们反而不喜欢。你可以去问任何一个 Mac 团队的成员，他们都会告诉你，这种痛苦磨砺是值得的。"

团队的大多数人也确实对此表示赞同。黛比·科尔曼回忆道："他经常在开会的时候大喊，'你这个浑蛋，你从来就没做对过任何事，'类似的事情好像每个小时就会发生一次。尽管如此，曾经能够跟他并肩作战，我觉得自己是世界上最幸运的人。"

第十二章　设计

大道至简

包豪斯式的美学标准

与大多数在埃奇勒设计的住宅里长大的孩子不同，乔布斯从小就清楚这些房屋的设计特点，知道房屋为什么舒适美观。他非常认同以简约而不简单的现代主义风格为大众提供产品这一理念，也喜欢听父亲描述各种车型复杂的设计细节。因此，在苹果创立之初，他就坚信出色的工业设计（比如简约的彩色商标、Apple II 的时尚外壳）能够让产品独树一帜，帮助公司脱颖而出。

苹果从乔布斯家的车库搬出后，第一个正式办公室选在跟索尼的销售办事处共用的一栋小楼里。索尼以匠心独运的风格和令人难忘的产品设计而闻名，所以乔布斯经常过去研究索尼的营销资料。当时在索尼工作的丹尼尔·列文后来回忆说："他整个人看上去邋里邋遢，经常走进来翻看我们的产品说明书，指出产品的设计特点，有时还会问能不能把产品手册带走。"1980 年，乔布斯聘请列文加入了苹果。

到 1981 年，乔布斯对索尼暗色调的工业化外观的喜爱之情逐渐减退。那年 6 月，他到阿斯彭参加了年度国际设计大会。大会以意大利风格为主题，参会的意大利名家有建筑设计师马里奥·贝里尼（Mario Bellini）、电影制片人贝纳尔多·贝托鲁奇（Bernardo Bertolucci）、汽车制造商塞尔吉奥·宾尼法利纳（Sergio Pininfarina），还有菲亚特汽车公司的女继承人、政治家苏珊娜·阿涅利（Susanna Agnelli）。乔布斯回忆说："那次会议让我获得了不可思议的灵感，我开始崇拜意大利设计师，就像电影《告别昨日》里的那个孩子膜拜意大利自行车赛选手一样。"

这次在阿斯彭的设计大会让乔布斯接触到了包豪斯艺术运动所崇尚的简洁实用的设计理念。这一理念深受艺术家赫伯特·拜尔（Herbert Bayer）的推崇，他设计的阿斯彭研究所，其中的建筑、宿舍、无衬线字体排版和家具，无不体现了包豪斯风格。拜尔跟自己在包豪斯学校的导师瓦尔特·格罗皮乌斯（Walter Gropius）和路德维希·密斯·凡·德·罗（Ludwig Mies van der Rohe）一样，认为纯艺术和应用工业设计之间应该没有区别。包豪斯学校倡导现代主义国际风格，传授的理念是设计应当简约，但同时具有表现力，通过使用简洁的线条和形式来凸显合理性和功能性。密斯和格罗皮乌斯所宣扬的准则就包括"上帝就在细节之中"和"少即是多"。这就像埃奇勒建造房屋一样，不仅能体现艺术家的感性思维，也可以进行批量生产。

1983年国际设计大会的主题为"颠覆过去，奔向未来"。乔布斯在大会上发表演讲，公开表达了他对包豪斯风格的赞赏。他预言索尼的设计风格将成为明日黄花，而包豪斯的简约风格将会引领新风尚。乔布斯说："目前工业设计的主流仍然是索尼的高科技外观，以金属灰为主色调，偶尔做成黑色，变换一下花样，这样的设计很容易实现，没什么出色和特别之处。"他提出了一种源于包豪斯风格的新方案，主张让设计更贴近产品功能和本性。"我们要做的就是不仅要生产高科技产品，而且要对产品进行简约的包装，让用户对产品的科技感一目了然。我们会选择纯白的漂亮包装盒，就像博朗电器的外包装一样。"

乔布斯反复强调，苹果的产品将以干净和简洁为特色。他表示："我们会把产品做得明快、纯净、简约，充分展现出高科技感，而不是像索尼那样，一味追求黑色、黑色、黑色的沉重工业外观。这就是我们的设计理念。我们追求极致简约，希望产品能跟现代艺术博物馆的展品相媲美。我们整个公司的运营方式、产品设计、广告营销等方方面面的理念都可以用一句话概括：追求极致的简约。"而这一让苹果奉行始终的设计理念在公司的首个宣传册上则被归结为："至繁归于至简。"

乔布斯认为，简约的设计是为产品服务的，目标是让产品更加好用。但在现实生活中，产品的简约性和易用性这两个目标往往难以兼顾。有时候，太过精巧简单的设计反而会给用户造成距离感，或者导致操作起来很不顺手。"我们设计的主要宗旨是让消费者本能地就知道如何操作。"乔布斯对台下的设计专家如是说。他以 Mac 的桌面概念为例，指出："在现实生活中，大家自然知道怎么使用桌面。当你走进一间办公室，会看到桌面上有文件，放在最上面的文件就是最重要的，同时你还可以整理文件，给工作的重要性排序。而我们之所以在电脑设计中运用'桌面'这一概念，是因为可以利用大家本就具备的这一生活经验。"

在乔布斯上台演讲的那个星期三下午，跟他同时发表演讲的还有 23 岁的设计师林璎（Maya Lin），只不过她演讲的会议室更小一些。1982 年 11 月，林璎设计的越南战争纪念碑在华盛顿特区落成开放，她也因此一夜成名。乔布斯和林璎建立了亲密的友谊，他邀请她访问苹果。林璎回忆说："在和史蒂夫一起工作了一周之后，我问他，'为什么电脑看起来像笨重的电视机？为什么它不能薄一点儿呢？为什么不做成平板电脑？'乔布斯说这正是他的目标，等到技术成熟，他就会马上开始。

乔布斯认为，当时在工业设计领域，并没有什么激动人心的创意和突破。他有一盏自己非常喜欢的台灯，出自德国工业设计大师理查德·萨帕（Richard Sapper）之手。他也很喜欢查尔斯·伊姆斯和瑞·伊姆斯（Charles and Ray Eames）夫妻设计的家具，还有迪特尔·拉姆斯（Dieter Rams）设计的博朗家电。但在工业设计领域，并没有出现类似雷蒙德·洛威（Raymond Loewy）和赫伯特·拜尔这样的大师来为整个行业的发展注入活力、带来创新。林璎说："工业设计领域真的没有多少进展，特别是在硅谷。史蒂夫非常渴望改变这一局面。他的设计品位时髦有型，但并不圆滑油腻，而且很有意趣。他信奉极简，这源自他对禅宗简约主义的热爱，但也极力避免因为产品过分简单而显得冰冷无趣——他的产品都趣味十足。他对设计充满激情，也极为认真，但同时保留着一种玩乐的心态。"

随着乔布斯设计鉴赏力的日益提升，他对日式风格也兴趣渐浓，开始跟三宅一生这样的日式风格设计大师成为朋友。他之前的禅修经历也对他的品位产生了很大影响："我自始至终都认为佛教，特别是日本的禅宗佛教，富有崇高的美学意境。我见过的最超凡脱俗的设计是京都周围的庭院。我被日本的文化产物深深打动，而日本文化直接受到了禅宗佛教的陶染。"

一如保时捷

杰夫·拉斯金设计的 Mac 的外形像个四四方方的手提箱，把键盘翻起来盖住屏幕就可以合上电脑。乔布斯接手项目后，决定放弃电脑的便携性，改而开发一台外观独特的小型台式机，放在桌面上也不会占据太多空间。他往办公桌上扔了一本电话簿，要求电脑所占的桌面空间不能比电话簿大。这个要求让工程师们目瞪口呆。设计团队的杰里·马诺克和大山特里（Terry Oyama）开始设计新的外形。他们把屏幕置于机箱上方，同时配备可拆卸的键盘。

1981 年 3 月的一天，安迪·赫兹菲尔德吃完晚饭回到办公室，发现乔布斯正站在一台 Mac 原型机旁边，跟创意服务总监詹姆斯·费里斯（James Ferris）进行激烈的讨论。乔布斯说："我们需要不会过时的经典外形，就像大众的甲壳虫汽车一样。"受父亲影响，乔布斯很懂得欣赏经典车型的外观。

费里斯则说："不，你说的不对，外观线条应该像法拉利那样性感迷人。"

乔布斯反驳道："你说的法拉利也不对，应该像保时捷！"乔布斯当时拥有一辆保时捷 928。一个周末，比尔·阿特金森来到公司，乔布斯便带他出去欣赏自己的爱车。他对阿特金森说："伟大的艺术作品会突破品位的边界，提升品位的高度，而不是盲从于当下的品位。"乔布斯也很喜欢奔驰的设计。一天，他在停车场散步时说："经过多年的发展，奔驰的设计线条变得更加柔和，但细节更加鲜明，我们的 Mac 也要如此。"

大山特里起草了初步的设计方案，请人制作了石膏模型。模型揭幕当天，Mac 团队在桌子前面围成一团，各抒己见。赫兹菲尔德表示模型"很可爱"，其他人似乎也都很满意。唯有乔布斯炮火全开，提了很多批评意见:"这个设计太方正了,应该增加一点儿曲线美。第一个倒角的半径要大一些,斜角的尺寸我也不喜欢。"——他最近熟练掌握了工业设计的专业术语,所谓的"倒角"和"斜角",指的是电脑相邻两个面之间的棱角或弧形边缘。但最后,乔布斯还是掷地有声地对模型表示了肯定:"不管怎么说,总算有了不错的开始。"

之后,几乎每个月,马诺克和大山特里都会根据乔布斯的批评意见拿出一款新的设计版本。他们会把最新的石膏模型和此前设计的所有版本摆成一排,然后颇具仪式感地揭开罩布。这样做是为了方便直接观察、对比和评价设计的演变,也为了防止乔布斯说他的修改意见和建议没被采纳。赫兹菲尔德说:"开发到第四版的时候,我都快看不出它跟第三版有什么区别了,但史蒂夫总会有新的批评意见,而且态度特别坚定,会说他非常喜欢或非常讨厌某个我几乎察觉不到的细节。"

一个周末,乔布斯又去帕洛阿尔托的梅西百货研究各种电器,特别是美膳雅的厨具。星期一,他兴冲冲地来到 Mac 办公室,让设计团队采购了一台美膳雅,又根据厨具的直线、曲线和斜角提出了一系列新的建议。

乔布斯坚持认为电脑必须看起来很友好,让人觉得容易亲近。在他的一再要求下,Mac 的外观设计越来越接近人脸。Mac 的屏幕下方有内置的磁盘驱动器,因此比大多数电脑更高、更窄,看起来好像人的脑袋。靠近底座处有一块凹陷,形似柔和的下巴。乔布斯还将屏幕顶部的塑料条变窄,这样看上去就不像尼安德特人的前额了。他觉得丽萨电脑就是因为像古人类,才不够美观。最终,这款 Mac 的外壳设计以史蒂夫·乔布斯、杰瑞·马诺克和大山特里三个人的名字申请了专利。大山特里回忆道:"虽然史蒂夫没有亲手绘制任何线条,但是他的创意和灵感造就了最终的设计,实话实说,我们并不知道'友好'的电脑是什么意思,直到史蒂夫解释之后,我们才恍然大悟。"

乔布斯不仅追求极致的外观,而且对屏幕显示内容极为用心。一天,比尔·阿特金森兴冲冲地来到德士古大厦。他刚刚设计完成一套精彩的算法,可以快速在屏幕上画出圆形和椭圆。通常情况下,在屏幕上画圆需要计算平方根,但摩托罗拉 68000 微处理器支持不了这个算法。于是阿特金森另辟蹊径,利用奇数序列相加可以得到一组完全平方数序列(例如,1+3=4,

1+3+5=9，以此类推）的规律，解决了算法问题。赫兹菲尔德回忆说，当时阿特金森连珠炮似的跟大家讲解和演示，每个人都大呼了不起，唯有乔布斯说："能画圆形和椭圆固然不错，但是能不能画出圆角的矩形来？"

阿特金森解释说，这几乎是不可能做到的："我觉得应该没有必要吧。我想让图形程序保持精简，只要能画出最基本的图像，满足真正存在的需求就可以了。"

乔布斯一跃而起，更加犀利地说道："圆角矩形随处可见！看看这个房间你就知道了！"他一一指出房间里存在的圆角矩形：白板、桌面等，接着说："外面还有更多圆角矩形，到处都是！"他拉着阿特金森出去转了一圈，把车窗、广告牌和路标指给他看。乔布斯说："我们才走了三个街区，就发现了17个例子。圆角矩形随处可见，最后阿特金森完全信服了。"

赫兹菲尔德回忆道："他最后指着'禁止停车'的指示牌说，这也是圆角矩形，我说，'好吧，你说的对，我认输，我承认圆角矩形也属于基本图形'。"第二天下午，比尔带着灿烂的笑容回到了德士古大厦——他的演示算法现在可以在屏幕上飞快地画出带有漂亮圆角的矩形。Mac和丽萨电脑，还有苹果后来几乎所有的电脑上的对话框和窗口，最终都被设计成了圆角。

在里德学院旁听美术字课的时候，乔布斯就对字体的观赏性表现出浓厚的兴趣。他学会了欣赏各种衬线字体和无衬线字体，观察不同的字距和行距带来的影响。乔布斯后来在谈到那些美术字课时说："在设计第一台Mac时，我回想起了那时学到的一切。"因为Mac采取了位元映射的显示方法，所以可以设计风格万变的字体，从优雅到古怪，然后在屏幕上一个像素一个像素地显示出来，十分赏心悦目。

赫兹菲尔德请来了高中同学苏珊·卡雷（Susan Kare）为他们设计字体。因为他们的高中位于费城郊区，所以他们选择用费城主干线通勤列车的沿途站点名称给字体命名：例如欧弗布鲁克、梅里昂、阿德莫尔、罗斯蒙特等。乔布斯觉得命名的过程很有意思。但有天傍晚，乔布斯来到他们的工位旁，琢磨了一会儿现有的字体名，抱怨道："这些都是名不见经传的小破地方，我们应该用世界级的城市给字体命名！"于是，字体名变成了芝加哥、纽约、日内瓦、伦敦、旧金山、多伦多、威尼斯等。

马库拉和其他很多人无法理解乔布斯对字体的痴迷。马库拉回忆说：

"他很懂字体，也一直坚持字体的设计要精益求精。但我一直说：'设计字体?！我们没有更重要的事情做了吗？'"事实上，Mac的各种字体加上激光打印和出色的图形处理能力，极大地推动了桌面出版行业的诞生，也成为苹果的盈利增长点。与此同时，不管是高中记者，还是在家园共育协会担任简报编辑的妈妈们，各种各样的普通人都通过Mac了解到字体和排版的多样性，这种乐趣再也不是印刷工人、资深编辑和其他专门跟油墨打交道的人的专属了。

苏珊·卡雷还开发了一些图标来强化图形界面的功能和特性，比如用于丢弃文件的垃圾桶。卡雷和乔布斯趣味相投，因为两个人都本能地喜欢简约风格，也都希望把Mac变得更加天马行空。卡雷说："史蒂夫一般会在每天工作完成后过来，看看有什么新想法、新设计。他一直很有品位，对视觉上的细节也有很好的洞察力。"有时候乔布斯会在星期日上午来公司，所以卡雷也会特意在同样的时间到公司加班。当然，她的创意有时候也会遭到乔布斯的否定。比如，卡雷设计了一张兔子效果图，代表的是加快鼠标点击速度，但遭到乔布斯的否决，因为他觉得毛茸茸的兔子看起来"太娘娘腔了"。

乔布斯对窗口和文档顶部的标题栏设计同样倾注了大量心血。他为了得到完美设计煞费苦心、绞尽脑汁，让阿特金森和卡雷一遍又一遍地调整方案。他不喜欢丽萨电脑上的标题栏，觉得它颜色太黑，看起来太过冷峻严肃。他希望Mac上的标题栏更加平滑、柔和、流畅，再增加些细条纹。阿特金森回忆说："我们前后提供了20种不同的标题栏设计，最后终于让他满意了。"卡雷和阿特金森一度抱怨乔布斯让他们花了太多时间对标题栏进行各种微调，因为他们还有更重要的事情要做。对此，乔布斯大发雷霆："你能想象每天面对这种标题栏的感觉吗？这不是一件小事，这是我们必须做好的事。"

克里斯·埃斯皮诺萨后来找到一个方法来满足乔布斯严苛的设计要求和近乎疯狂的控制欲。埃斯皮诺萨很崇拜沃兹尼亚克，早在苹果于车库创业的那些年，他就一直追随着自己的偶像。乔布斯对埃斯皮诺萨说："这辈子有无数次上学的机会，但能在Mac项目工作的机会只有一次。"于是埃斯皮诺萨从伯克利辍学，加入了Mac团队。有一次，他独立设计出一个电脑计算器程序。"当克里斯把这个程序展示给史蒂夫看的时候，我们都围在旁边，屏住呼吸，想看看史蒂夫会有什么反应。"赫兹菲尔德回忆说。

乔布斯说："怎么说呢，也算是开了个头吧，但总体而言还是很烂的，背景颜色太深，有些线条粗细不对，按钮太大。"面对乔布斯的批评，埃斯皮诺萨日复一日，不断改进，但每次改进都会招致新的批评意见。有一天，埃斯皮诺萨灵机一动，发明了一个"史蒂夫·乔布斯自定义计算器结构器"，这样乔布斯就可以随意调整线条的粗细、按钮的大小、阴影、背景和其他属性来设计计算器的外观，定制符合自己心意的计算器。一天下午，乔布斯又过来了，埃斯皮诺萨把这个程序展示给乔布斯用。乔布斯并没有一笑置之，而是立刻用了起来，依照自己的品位调整计算器外观。10分钟以后，他把计算器设计成了自己喜欢的样子。不出意料，他的设计成为Mac上最终使用的设计，未来15年也一直都是苹果电脑计算器的标准外观。

虽然乔布斯把主要的心思和精力都放在Mac上，但他也想为所有的苹果产品打造一套统一的设计语言。为此，他举办了一场比赛，想要选出一位世界级的设计师。这位设计师在苹果的地位将有如设计师迪特尔·拉姆斯之于博朗公司。这场比赛的代号是"白雪公主"，不是因为乔布斯喜欢白色，而是因为既定的7个产品开发项目是以7个小矮人的名字命名的。比赛的最终获奖者是德国设计师哈特穆特·埃斯林格（Hartmut Esslinger），他也是索尼特丽珑电视机的外观设计负责人。乔布斯亲自飞到德国西南部的黑森林地区与埃斯林格会面。他不仅被埃斯林格的设计热情感染，还对埃斯林格以160多千米的时速开着奔驰车狂飙的勇猛行径惊叹不已。

尽管埃斯林格是德国人，但他建议"苹果的DNA应该有一种出生于美国的基因"，外观风格是"立足加州，放眼全球"，并融合"好莱坞与音乐，一点儿叛逆精神和自然而然的性感魅力"。他的设计原则是"形式服从情感"，而非当时普遍流行的"形式服从功能"。他设计了40个产品模型来演示自己的理念。看过他的设计作品后，乔布斯惊呼："对，这就是我想要的！"埃斯林格提交的"白雪公主"外观设计立刻被用于Apple II的新机型Apple IIc，其特点是白色的外壳、细腻的圆弧，以及兼具通风和装饰功能的细长沟纹。乔布斯表示愿意跟埃斯林格签署合作协议，但前提是埃斯林格要搬到加州去。埃斯林格答应了，两人握手成交，用埃斯林格不怎么谦虚的话说就是:"那次握手开启了工业设计史上最具里程碑意义的合作。"埃斯林格创立的青蛙设计公司(frogdesign)[①]于1983年中在帕洛阿尔托开业,公司跟苹果签署了价值120万美元的年度设计合同。从那时起,苹果公司的每一款产品都骄傲地贴上了"加州设计"的标签。

乔布斯从他父亲身上学到了重要的一课:对工艺充满激情的标志就是,即使别人看不见的细节也要做得工整漂亮。有一个极端例子生动地体现了乔布斯的哲学理念。乔布斯会仔细查看 Mac 内部用来承载芯片和其他组件的印刷电路板。虽然用户永远看不见这块电路板,但是乔布斯依然从美观性的角度提出批评意见:"那个部分整体做得很漂亮,但这些存储芯片实在是太丑了,这些线靠得太近了。"

一个新入职的工程师不懂这有什么重要的,便打断了他,说道:"能正常运转不就行了,没有人会看到电路板的。"

乔布斯的反应一如既往:"我希望设计能尽可能完美,即使是装在盒子里,没人看到。就好比好的木匠不会用烂木头做橱柜的背板。"Mac 上市之后,有一次,乔布斯在接受采访时重申了父亲的教导:"如果你是木匠,现在要制作一个漂亮的抽屉柜。虽然柜子的背板对着墙壁,不会有人看到,但你也不会用胶合板做背板,因为你自己知道这块板就在那里,所以你会选择使用一块漂亮的木材。要想晚上睡得安稳,你就必须把美学和质量贯穿始终。"

乔布斯还从迈克·马库拉身上学到了包装和呈现的重要性。人们确实会"以貌取物"。所以乔布斯在设计 Mac 的包装盒时选择了全彩色,并不断地修改完善。与乔安娜·霍夫曼结婚的 Mac 团队成员阿兰·罗斯曼(Alain Rossmann)回忆说:"他让设计团队重做了 50 次。消费者打开包装盒之后,就会把盒子丢进垃圾桶,但他就是对包装盒的设计非常在意。"在罗斯曼看来,乔布斯的这种行为实属不懂权衡:当时,整个团队都在竭尽所能地节

---

① 2000 年,公司名称从 frogdesign 改为 frog design,办公地点也搬到了旧金山。埃斯林格选择原来的名字不仅是因为青蛙有蜕变的能力,而且是为了向自己的德国根基致敬(frog 是德意志联邦共和国的英文首字母缩写)。埃斯林格说:"小写字母代表了我们对包豪斯无等级设计语言理念的赞同,加强了公司的民主合作精神。"

省在存储芯片上的开支，而乔布斯却把大把的预算花在昂贵的包装上。但是在乔布斯看来，每个细节都是让 Mac 巧夺天工的关键。

当设计最终确定下来时，乔布斯召集 Mac 团队举行仪式。他说："真正的艺术家都会在他们的作品上签名。"他拿出一张草纸和一支马克笔，让每个人都签上自己的名字，这些签名将被镌刻在每一台 Mac 的机壳内。没有人会看到这些签名，但是团队成员知道自己的签名就在里面，如同他们知道自己把没有人看得到的电路板也设计得尽善尽美。乔布斯挨个儿叫了每个人的名字。伯勒尔·史密斯是第一个签名的人，乔布斯等到其他 45 个人都签完名之后，最后一个上前签名。他在纸的正中央找了一个位置，用小写字母签上了自己的名字，笔势遒劲生动。然后他用香槟向大家祝酒。阿特金森说："在这一刻，他让我们每个人都觉得，我们的作品就是一件艺术品。"

第十三章　打造 Mac

过程即是奖励

竞争

　　1981年8月，IBM推出个人电脑，乔布斯让团队采购了一台以拆开进行研究。大家一致认为该产品很烂。克里斯·埃斯皮诺萨说该电脑"拙劣蹩脚，毫无新意"，这个评价有一定的道理。IBM个人电脑用的是老式的命令提示模式，并不支持位元映射的图形界面。苹果不禁志得意满起来。其实，此时他们并不了解，各企业的技术经理更愿意从IBM这样的老牌公司采购电脑，而不是从一家以水果命名的公司购买电脑。在IBM个人电脑宣布上市的那一天，比尔·盖茨恰好在苹果总部开会，他说："苹果公司的人根本不以为意。他们直到一年以后才意识到当时发生了什么。"

　　无知者无畏，盲目自信的苹果在《华尔街日报》上刊登了一幅整版广告，标题是"热烈欢迎IBM加入战局"。这个广告巧妙地把即将到来的电脑大战定位成双雄争霸的局面，一方是老牌巨头IBM，另一方是朝气蓬勃、桀骜不羁的苹果，而其他与苹果一样出色的电脑公司（如康懋达公司、坦迪公司、奥斯本公司）则被视为无关紧要的小配角。

　　在整个职业生涯中，乔布斯都喜欢将自己定位成充满智慧的反叛者，敢于与邪恶帝国对抗，就像与黑暗势力作战的绝地武士或佛教武士。IBM

成为他的完美陪衬。他别出心裁地把即将到来的战斗定义为一场精神较量，而不仅仅是一场商业竞争。他在一次采访中说道："如果我们出于某种原因犯下大错，导致 IBM 获胜，我个人的感觉是未来将出现约 20 年的计算机黑暗时代。因为我几乎可以断定，一旦 IBM 控制了某个市场，他们就会停止创新。"即使在 30 年后回想起来，乔布斯仍把此次竞争视为一场"神圣的战役"："IBM 本质上就是表现最差时期的微软。他们不是创新之源，而是邪恶之根。IBM 跟 AT&T、微软或谷歌没什么区别。"

不幸的是，乔布斯竞争的矛头也指向了苹果自己的电脑丽萨。这种意识和行为部分源于乔布斯的心结——他曾被赶出丽萨团队，现在希望能扳回一城。他认为良性竞争也有助于鼓舞自己团队的士气。因此，他用 5 000 美元跟约翰·库奇打赌，Mac 会先于丽萨上市。但问题是这种竞争已经不是良性竞争了。乔布斯一再把自己的工程师描绘成才华横溢、年轻有为的酷小伙，讽刺丽萨项目的工程师都是惠普类型的老古董。

还有一个更根本的问题。杰夫·拉斯金原本计划制造一台低价、低性能的便携式电脑，但乔布斯接手项目之后推翻了他的设想，把 Mac 定位成了具有图形用户界面的台式机。这样一来，Mac 就成了缩小版的丽萨，很可能会削弱丽萨的市场竞争力。

管理丽萨应用软件的负责人拉里·特斯勒意识到，当前较为紧迫的一项工作就是协调丽萨和 Mac 的设计，让两款电脑可以共用多款软件。为了让两个团队能和谐相处，他把史密斯和赫兹菲尔德找来，为丽萨团队演示 Mac 原型机。25 名丽萨项目的工程师来到演示现场，认真观摩学习。演示进行到一半时，门突然打开了，负责丽萨大部分设计的里奇·佩奇（Rich Page）闯了进来。这位脾气火暴的工程师喊道："Mac 会毁了丽萨！Mac 会毁了苹果！"史密斯和赫兹菲尔德都没有做出回应，于是佩奇带着哭腔继续咆哮道："乔布斯想毁掉丽萨，因为我们不让他拥有控制权。没有人会买丽萨，因为他们知道 Mac 就要上市了！但你们根本就不在乎！"说完这些话，他摔门而去，但片刻之后又回来对着史密斯和赫兹菲尔德说："我知道这不是你们的错，史蒂夫·乔布斯才是问题所在。告诉史蒂夫，苹果马上就要毁在他手里了！"

乔布斯确实把 Mac 变成了丽萨的低价竞品，两款电脑的软件也不兼容。更有甚者，这两台机器都无法与 Apple II 兼容。由于苹果没有一个整体的负责人，所以乔布斯能肆无忌惮，为所欲为。

全流程控制

乔布斯不愿意让 Mac 与丽萨的架构兼容，不仅仅是出于竞争或报复的心理，其实还跟乔布斯天生的控制欲相关。乔布斯认为，要打造一台真正伟大的电脑，硬件和软件必须紧密相连、相互依存，变成不可分割的整体。如果电脑要兼容一些可以在其他电脑上运行的软件，必然要牺牲一定的功能。他认为最好的产品是"一体整合"型产品，产品设计是端到端的，软件和硬件完美匹配，相互融合。Mac 的操作系统只能在 Mac 上运行，而微软正在打造的操作系统却可以在不同公司的硬件上使用，两者存在本质差别。

科技网站 ZDNet 的编辑丹·法伯（Dan Farber）评论道："乔布斯是一个意志力坚定的艺术精英，他不希望不入流的程序员糟蹋自己的艺术作品。如果有人篡改他的作品，就好像街上随便什么人在毕加索的画上涂了几笔或者修改了鲍勃·迪伦的歌词一样。"后来，乔布斯软硬件一体化的产品理念成就了 iPhone、iPod 和 iPad，在市场上独树一帜。他的理念带来了无与伦比的伟大产品，但从市场份额的角度来看，这一理念并非最佳策略。《Mac 信徒》（*Cult of the Mac*）一书的作者利安德·卡尼（Leander Kahney）评论称："从最初的 Mac 到最新的 iPhone，乔布斯的系统一直都是封闭的，用户无法对其进行干预和修改。"

乔布斯渴望控制用户体验，这也是他当初跟沃兹尼亚克争论的关键所在。在研发 Apple II 的时候，沃兹尼亚克希望能提供更多插槽，这样用户可以在电脑主板上插入扩展卡，根据自己的需要增加新功能。在这一点上沃兹没有做出让步——Apple II 上有 8 个插槽。但 Mac 是乔布斯的电脑，不是沃兹尼亚克的，因此他严格控制了 Mac 上的插槽数量，用户甚至无法打开机箱触碰主板。电脑爱好者或黑客会觉得这种设计少了很多乐趣。但是对于乔布斯而言，Mac 是面向普通消费者的。他希望能够掌控用户体验。

1982 年被乔布斯聘为 Mac 市场策略师的贝瑞·卡什（Berry Cash）说："这反映了史蒂夫想控制一切的个性。他每次提到 Apple II 就会抱怨：'我们没有控制权。你看看用户对电脑做的那些疯狂的事儿。我绝对不会再犯类似的错误。'"乔布斯甚至要求设计一种特殊的密封方式，让机箱无法用普通的螺丝刀打开。他对卡什说："我们做设计的时候要确保除了苹果员工，任何人都不能打开机箱。"

乔布斯还决定取消 Mac 键盘上的光标方向键。取消之后，移动光标的唯一方法是使用鼠标。使用这样的设计，一些传统用户即使再不情愿，也要被迫适应鼠标指向和点击的操作方式。与其他产品开发者不同，乔布斯并不认为用户永远是对的；如果用户拒绝使用鼠标，那他们就是错的。

乔布斯认为，取消光标键还有一个好处，就是会迫使苹果公司以外的软件开发商们专门为 Mac 操作系统编写程序，而不是仅仅编写各种电脑都兼容的通用软件。如此一来，应用软件、操作系统和硬件设备之间可以进行紧密的垂直整合，这正是乔布斯想要的结果。

因为渴望端到端的控制，每当有人建议将 Mac 操作系统授权给其他办公设备制造商，让他们去仿造 Mac 时，乔布斯都非常反感。1982 年 5 月，充满活力的新任 Mac 市场营销总监迈克·默里在一份写给乔布斯的机密备忘录中提了一个授权计划。他写道："我们希望 Mac 的用户环境能够成为行业标准。当然，问题是现在人们必须购买 Mac 才能获得这种用户环境。如果一个标准无法与行业内的其他制造商共享，那么何以让其成为业界标准？"他的建议是将 Mac 操作系统授权给坦迪公司。默里认为，由于坦迪旗下的无线小屋电器连锁店服务的客户类型与苹果的不同，所以并不会严重影响苹果的销量。但乔布斯本能地反对这样的计划。他希望 Mac 始终是一个由他控制、符合他的标准的产品。但正如默里所担心的那样，这也意味着在一个到处都是 IBM 电脑复制品的世界里，Mac 想要守住行业标准的地位将会困难重重。

年度风云机器

1982 年岁末，乔布斯几乎确信自己会当选《时代周刊》的"年度风云人物"。一天，他带着《时代周刊》的旧金山分社社长迈克尔·莫里茨来到德士古大厦，鼓励同事们接受莫里茨的采访。但乔布斯最终并没有登上封面。《时代周刊》选择了"电脑"作为年终刊的主题，并将其誉为"年度风云机器"。

封面故事中包含了一篇乔布斯的人物特写。这篇特写以莫里茨的采访为基础，执笔人是此前大多进行摇滚乐报道的杂志编辑杰伊·考克斯（Jay Cocks）。文章写道："史蒂夫·乔布斯巧舌如簧，是一代营销高手。他对产品品质无条件的信仰让早期的基督教殉道者都自叹不如。他一脚踢开大门，让个人电脑登堂入室。对行业发展贡献最大者，非乔布斯莫属。"这篇人物特写内容丰富，辞藻华丽，但不乏尖酸苛刻之词，以至于莫里茨后来（也就是在他出版了一本关于苹果公司的书，并与唐·瓦伦丁共同创办了风险投资公司红杉资本之后）出面对此类内容进行澄清，抱怨称自己的报道被"纽约的一位编辑断章取义，借一些小道消息添油加醋，而此人的日常工作就是记述摇滚圈的不羁生活"。该篇文章引用了巴德·特里布尔对乔布斯"现实扭曲力场"的评价，还提到乔布斯"有时会在开会时突然哭起来"。文中最妙的引用来自杰夫·拉斯金，他说乔布斯"当法兰西国王也一定游刃有余"。

令乔布斯沮丧的是，该篇文章还公开报道了被他抛弃的亲生女儿丽萨·布伦南。乔布斯知道是科特基把丽萨的事情透露给了杂志，于是他在Mac办公室当着五六个同事的面对科特基大发雷霆。科特基回忆说："当《时代周刊》问我史蒂夫是否有一个叫丽萨的女儿时，我说'当然'。作为朋友，我不能帮他否认这件事。生了孩子又不承认自己是孩子的爸爸，这种做法太浑蛋了，我不会让朋友陷入这种不义之境。而他非常生气，觉得我伤害了他。他当着众人的面训斥我，说我背叛了他。"

但真正让乔布斯感到崩溃的，是他没能最终当选《时代周刊》"年度风云人物"，他后来告诉我：

一开始，《时代周刊》决定把我评为"年度风云人物"。我当时才27岁，所以的确很在意这样的荣誉，觉得这是件很风光的事情。他们派迈克·莫里茨过来采访。我们两个年纪相仿，而我已经功成名就，在言语之间我能够感觉到他很嫉妒我。他那篇文章写得非常糟糕，充满诽谤之词。所以纽约的编辑团队拿到这篇报道后认为我没有资格当选"年度风云人物"。这真的很伤人，但也是一个很好的教训。这个经历教会我永远不要把类似的媒体评选太当真，因为媒体圈本来就是个马戏团。他们当时把杂志快递给我，我还记得自己特别激动地打开包裹，满心期待看到自己的照片出现在封面上，结果封面上并不是我，而是一个人对着电脑的雕塑。我错愕不已。然后我又读了那篇人物特写，写得太骇人听闻了，我都难过得哭了。

事实上，说莫里茨是在嫉妒他或者在报道时故意有失公允，都是没什么根据的。虽然乔布斯以为自己早就被内定为"年度风云人物"，但事实并非如此。那一年，资深编辑（我当时是《时代周刊》的初级编辑）很早就确认了这期杂志将以电脑而非某个人为主题。他们提前几个月就委托著名雕塑家乔治·西格尔（George Segal）创作了一件艺术品作为折页封面图。《时代周刊》时任编辑瑞·卡夫（Ray Cave）说："我们从来没有考虑过选乔布斯为年度人物，也没有办法把电脑塑像变更成一个真人。所以，那是我们第一次决定选用一个无生命的物体。真的，我们从来没有想过那一年要让一个具体的人上封面。"

苹果在1983年1月推出了丽萨，比Mac整整提前了一年。乔布斯愿赌服输，给了库奇5000美元。虽然乔布斯不是丽萨团队的成员，但是作为苹果公司董事长，他还是前往纽约为丽萨做宣传。

乔布斯从自己的公共关系顾问里吉斯·麦肯纳那里学到，可以用一种颇具仪式感的方式为媒体提供限量的独家采访机会。他会对申请采访的媒体进行筛选，而通过筛选的记者可以依次进入他在卡莱尔酒店的套房，与他进行交谈。他会在桌子上摆放一台丽萨电脑，周围用切花点缀。根据公司的宣传计划，乔布斯的访谈主要是为了推销丽萨，不能提及Mac，因为媒体对Mac的猜测会影响丽萨的销售，但是乔布斯无法控制自己。在基于当日采访的大多数报道中，比如《时代周刊》《商业周刊》《华尔街日报》《财富》等杂志中的文章，都提到了Mac。《财富》报道说："今年晚些时候，苹果将推出一款低配低价版丽萨，名为Mac。乔布斯亲自带领了这个项目。"《商业周刊》援引乔布斯的话说："一旦Mac问世，这款电脑将成为世界上最不可思议的电脑。"乔布斯在采访中还透露，Mac和丽萨并不兼容——这就像在迎接丽萨问世的时刻送上了一枚死亡之吻。"

丽萨电脑的确慢慢地从市场上销声匿迹了。不到两年，这款电脑就停产了。乔布斯后来说："丽萨的售价太高了，所以我们努力把这款电脑卖给大企业，然而，我们的专长是服务于一般消费者。"但丽萨的挫败给乔布斯带来了契机：在丽萨上市几个月后，苹果就知道必须把希望寄托在 Mac 上。

我们当海盗吧！

Mac 团队日益壮大。1983 年年中，项目的办公地点从德士古大厦搬到了位于班德利大道 3 号的苹果总部大楼。大楼有一个现代化的中庭大厅，大厅里有布瑞尔·史密斯和安迪·赫兹菲尔德挑选的电子游戏，还有一个东芝 CD 音响，配有马田芦根扬声器和 100 张 CD 光盘。从大厅望过去，在鱼缸般的玻璃罩后面，就是 Mac 的软件团队，他们的厨房每天都塞满了奥德瓦拉果汁。随着时间的推移，中庭的玩具越来越多，最引人注目的是一架贝森朵夫钢琴和一辆宝马摩托车，乔布斯认为这些物品会激发员工对精美工艺品的欣赏和喜爱。

乔布斯严格控制招聘过程。他的目标是找到富有创意、聪明绝顶、略显叛逆的人才。软件团队会让应聘者玩史密斯最喜欢的电子游戏《守护者》，而乔布斯则会一如既往地不按套路出牌，时常丢出一些稀奇古怪的问题，考察候选人的临场反应能力。有一天，乔布斯、赫兹菲尔德和史密斯一起面试一位应聘软件经理职位的人。应聘者一走进房间，他们就看出这个人保守传统，无法胜任管理 Mac 怪才团队的工作。于是乔布斯开始毫不留情地戏弄他。他问道："你失去童贞的时候是几岁？"

应聘者一头雾水："你说什么？"

"你还是个处男吗？"乔布斯问道。应聘者局促不安地坐着，不知该如何回应。于是乔布斯换了一个话题："你服用过多少次迷幻药？"赫兹菲尔德回忆说："这个可怜的家伙被问得面红耳赤，所以我转移了话题，问了一个纯技术问题。"可就在应聘者回答的时候，乔布斯又开始模仿火鸡的叫声，"咯咯，咯咯，咯咯"地打断他。史密斯和赫兹菲尔德没忍住笑了出来。

"我想我不适合这份工作。"那位可怜的应聘者说着就起身离开了。

虽然乔布斯有诸多令人厌恶的行为,但他确实有能力向队伍注入团队精神。他常把人批评得体无完肤,然后再想办法激励其意志,让他们感到参与 Mac 项目是一项了不起的光荣使命。每隔半年,他就会带着大部分团队成员在公司附近的度假村举行一场为期两天的度假会议。

1982 年 9 月的度假会议在蒙特雷附近的帕加罗沙丘(Pajaro Dunes)举行。有大约 50 名 Mac 团队的成员围坐在壁炉前,乔布斯坐在他们对面的一张桌子上。他低声讲了一会儿之后,走到一个画架前,开始逐一列出自己的想法。

第一条是"永不妥协"。后来,乔布斯对妥协的禁令成了一把双刃剑。大多数技术团队都会有所取舍,而 Mac 团队不同。乔布斯和他的信徒们尽其所能,最终实现理想,把 Mac 打造成一件"伟大到疯狂"的产品,但出货时间却延迟了 16 个月,远远落后于计划。乔布斯在向团队告知了预定的完成日期之后又说:"延后总比生产劣质产品好。"换作一个愿意取舍和权衡的项目经理,可能会选择锁定一个截止日期,只要日期一到,就不允许再做出任何更改。乔布斯则不然,他在画架上写的另一句格言是:"只要没出货,什么都能改。"

乔布斯又在另外一张纸上写了一句颇具禅意的话:"过程即是奖励。"他后来告诉我,他最喜欢的就是这句。他反复强调,Mac 团队是一个身负崇高使命的特殊团队。终有一天,团队会回顾自己走过的路,对曾经的痛苦报之一笑,把开发 Mac 的过程视为人生中精彩的巅峰时光。

在演讲的最后,有人问乔布斯是否应该进行市场调研,研究消费者的需求。乔布斯回答说:"不用,因为他们并不知道自己想要什么。他们看到我们的产品,才会知道这就是自己想要的。你们想看个很酷的东西吗?"说着,他拿出了一个跟大开本笔记本差不多大小的设备,打开之后是一个可以放在膝上的电脑模型,上面是屏幕,下面是键盘,合起来就像笔记本一样轻薄。乔布斯说:"我的梦想就是在 20 世纪 80 年代中后期制造一款这样的产品。"是的,他们正在打造一家可以创造未来的公司。

在接下来的两天里,各团队负责人和颇具影响力的计算机行业分析师本·罗森都做了演讲,晚上大家一起举行泳池派对,饮酒跳舞,玩得不亦乐乎。在度假会议的最后,乔布斯站在众人面前发表了一段独白:"随着日子一天天逝去，50个人在这里所做的工作终将在宇宙中激起巨大的涟漪。我知道我可能有点儿难相处，但这的确是我这辈子做过的最有意义的事。"多年以后，当年在场的大多数人都可以笑着提起乔布斯"有点儿难相处"的种种经历，而且他们也都同意乔布斯所说的，创造那个巨大的涟漪是他们生命中最有意义的事情。

接下来的一次度假会议是在1983年1月底，也就是丽萨上市的那个月，活动基调发生了变化。4个月前，乔布斯才在活动挂图上写下"永不妥协"的字样。而这次的一则箴言变成了"完成作品，方为真正的艺术家"。大家的情绪因此变得焦躁不安，气氛很是紧张。先前丽萨发布会的宣传采访，丝毫没有安排阿特金森参与。于是在度假期间，他走进乔布斯的酒店房间，威胁说要辞职。乔布斯好言安抚，但阿特金森依然怒气冲天。最后，乔布斯也失去耐心，说："我现在没有时间处理这个问题，外面还有60个为Mac呕心沥血的人，他们在等着我开会。"接着他撇下阿特金森，去向信徒们发表讲话。

乔布斯发表了振奋人心的演讲，称他已经解决了与麦金托什音频实验室就"Mac"名称使用权的争端（但事实上，这个问题仍在谈判中，乔布斯只是故技重施，动用了自己的现实扭曲力场）。他拿出一瓶矿泉水，在舞台上象征性地为原型机洗礼。坐在台下的阿特金森听到大家响亮的欢呼声，叹了一口气，也加入其中。在随后的派对上，有人在游泳池里裸泳，有人在海滩上燃起篝火，震耳欲聋的音乐彻夜未停，以至于他们下榻的卡梅尔海滩酒店拒绝他们再次入住。

在这次度假会议上，乔布斯还有一句箴言："宁做海盗，不当海军。"他想给团队灌输一种反叛精神，让他们像霹雳游侠一样以自己的工作为荣，同时不惜窃取他人灵感。正如苏珊·卡雷所说："他的意思是让团队有一种造反的感觉，要行动迅速，达成目标。"几周后就是乔布斯的生日，为了给他庆生，团队在通往苹果总部的路上租了一块广告牌，上面写着："史蒂夫，28岁生日快乐。过程即是奖励。——海盗团贺。"

Mac团队的程序员史蒂夫·卡普斯（Steve Capps）认为，要宣扬反叛精神，就必须把海盗旗高高挂起。于是，他剪下一块黑布，让卡雷在上面画了一个骷髅头和十字骨。她还放上了一个苹果标识作为海盗的眼罩。一个星期日的深夜，卡普斯爬上了新建的班德利 3 号大楼屋顶，在建筑工人留下的脚手架上挂起了旗帜。海盗旗帜迎风飘扬了几周之后，被一个丽萨团队的成员在半夜偷走，还留下字条，向 Mac 团队索要赎金。在卡普斯的带领下，Mac 团队展开搜寻行动，从丽萨团队中负责看守旗帜的秘书手里夺回了旗帜。一些成熟稳重的董事会成员担心乔布斯的海盗精神玩得有点儿过火。公司董事阿瑟·洛克说："悬挂那面旗子真的很蠢。这等于在告诉公司的其他人，他们不是什么善类。"但乔布斯很欣赏这个创意，他也确保了在 Mac 项目完成之前，海盗旗帜一直在大楼顶上猎猎招展。他回忆说："我们都是叛逆之徒，我就是想要广而告之。"

Mac 团队的元老们知道，他们是可以反抗乔布斯的。只要他们对自己做的事情心中有数，就可以据理力争。乔布斯不但会容忍他们的反驳，甚至会报以欣赏。到 1983 年，最熟悉乔布斯"现实扭曲力场"的那些员工已经发现，在必要情况下，他们甚至可以悄然无视他的指令。如果最终事实证明他们是正确的，乔布斯会对他们的叛逆态度和不畏权威的勇气大加赞赏。毕竟，他自己就是这样一个人。

最好的一个例子是对 Mac 磁盘驱动器的选择。苹果的一个专门制造大容量存储设备的部门曾开发了一个磁盘驱动器系统，代号为"崔姬"（Twiggy），可以读写纤薄易损坏的 5.25 英寸软盘（年长的读者应该还能想起这种软盘的样子，也能想起那个叫崔姬的知名模特）。但到 1983 年春，在丽萨上市前夕，崔姬系统的种种问题逐渐暴露出来。好在丽萨电脑还有一个硬盘驱动器，所以问题并不致命。但这对 Mac 而言却是重大危机，因为 Mac 并没有硬盘驱动器。赫兹菲尔德说："Mac 团队开始惊慌失措。我们只有一个崔姬系统，万一出了问题，连备用的硬盘驱动器都没有。"

团队在 1983 年 1 月的度假会议上讨论了这个问题。黛比·科尔曼向乔布斯提供了崔姬的故障率数据。几天后，乔布斯开车前往位于圣何塞的苹果工厂考察崔姬的生产情况，结果发现故障率在 50% 以上。他暴跳如雷，满脸通红，扬言要解雇工厂的所有人。Mac 工程团队的负责人鲍勃·贝尔维尔小心翼翼地把乔布斯拉到停车场，两个人一边散步，一边讨论替代方案。

贝尔维尔已经花了一些时间研究索尼公司新开发的 3.5 英寸的磁盘驱

动器。这种磁盘采用塑料外壳，更加坚固，体积小巧，可以放进衬衫口袋。另一个选择是与一家较小型的日本供应商合作，使用他们生产的索尼同款3.5英寸磁盘驱动器。这家公司名叫阿尔卑斯电子公司（Alps Electronics Co.），一直是 Apple II 的磁盘驱动器供应商。阿尔卑斯电子公司已经从索尼获得技术许可。如果他们能及时完成自主研发，价格会比索尼便宜不少。

于是乔布斯带着贝尔维尔和苹果的老员工罗德·霍尔特（就是受乔布斯邀请，为 Apple II 设计第一个电源的人）飞往日本，寻求解决问题的办法。他们从东京乘坐子弹头列车前往阿尔卑斯电子公司的园区参观。但当时，该公司的工程师只做了粗糙的模型，连一个可运转的样机都没有。尽管如此，乔布斯还是觉得模型很好，但贝尔维尔却大为震惊，他觉得阿尔卑斯电子公司不可能在一年内制造出 Mac 需要的驱动器。

他们又继续考察了另外几家日本公司，而乔布斯待人接物都极为无礼。跟穿着深色西装的日本经理们会面时，他还是穿着牛仔裤和运动鞋。对方会照例毕恭毕敬地送给乔布斯小礼物，而他常常懒得带走，也从来不回赠礼物。每当工程师们列队欢迎，鞠躬问好，彬彬有礼地呈上产品时，乔布斯都难掩鄙夷之情。他不喜欢他们的产品，也讨厌日本人卑躬屈膝的谄媚模样。在一个厂家那里，乔布斯大声呵斥："你给我看这个干什么？这就是垃圾！谁都能造出比这个好的驱动器！"大部分厂商都被他的举止惊得目瞪口呆，不过也有一些人觉得他很好笑。他们对乔布斯令人厌恶的风格和粗鲁无礼的行为早有耳闻，如今一见，果然如此。

他们的最后一站是索尼。索尼的工厂位于东京一个冷冷清清的郊区。在乔布斯看来，工厂布局混乱，不够精致。加上很多工作还停留在手工阶段，导致他对这家工厂没有一丝好感。回到酒店后，贝尔维尔建议使用索尼的磁盘驱动器——毕竟已经开发测试完成，随时可以安装。乔布斯不同意，他决定跟阿尔卑斯电子公司合作生产驱动器，并命令贝尔维尔停止与索尼的一切合作。

经过一番深思熟虑，贝尔维尔决定对乔布斯的命令进行选择性忽视。他请索尼的一位高管做好供货准备。这样，一旦确定阿尔卑斯电子公司无法按时交付，苹果就可以立刻启动跟索尼的合作，由索尼为 Mac 提供磁盘驱动器。索尼派了驱动器的开发工程师小本秀俊（Hidetoshi Komoto）来加州做外援。小本秀俊毕业于普渡大学,幸运的是,他对执行这个秘密任务有着绝佳的幽默感。

乔布斯基本每天下午都会从自己的办公室来到 Mac 工程师团队的工作区转一圈。乔布斯一来,团队就会匆匆忙忙找地方让小本秀俊躲起来。有一天,乔布斯在库比蒂诺的报摊上碰到小本秀俊,想起他们在日本一起开过会,但也没有起疑心。最惊险的一次是有一天乔布斯突然来到 Mac 工作区。当时小本秀俊正在工位上埋头工作,一个 Mac 工程师猛地抓住他,指着清洁柜说:"快!躲进这个柜子里,拜托了!立刻!"小本秀俊一脸不解,但还是赶紧躲了起来。他在清洁柜里待了 5 分钟,等乔布斯走了才出来。Mac 工程师们纷纷向他致歉。他说:"没关系。但不得不说美国人做生意的方式真奇怪,太奇怪了。"

贝尔维尔的预测果然成真。1983 年 5 月,阿尔卑斯电子公司承认,他们至少还需要 18 个月才能生产出与索尼同款的驱动器。在帕加罗沙丘的一次度假会议上,马库拉对乔布斯步步紧逼,问他打算怎么解决这个问题。最后,贝尔维尔打断了马库拉,说他可能很快就可以拿到阿尔卑斯硬盘的替代品。乔布斯只是困惑了片刻,就明白了为什么他会在库比蒂诺遇到索尼的顶尖磁盘设计师。"你这个浑蛋!"乔布斯说。但这次他没有生气,反而笑逐颜开。赫兹菲尔德说:"史蒂夫收敛起了自己的骄傲,感谢团队成员没有盲目服从他的命令,而是选择了做正确的事情。"毕竟,换作乔布斯自己也会这么做。

第十四章　斯卡利上场

百事挑战

寤寐求之

迈克·马库拉根本不想当苹果的总裁。他喜欢设计自己的新房子，驾驶自己的私人飞机，手持股票期权，过高枕无忧、逍遥自在的生活；他并不喜欢在冲突中担任仲裁方，也懒得伺候那些自大的人。当初，他被迫解聘迈克·斯科特，不得不接下苹果总裁一职。但是他跟妻子承诺，总裁的职务

1984年，乔布斯与约翰·斯卡利

只是临时的。到 1982 年底，他已经任职近两年，妻子向他下了最后通牒：马上找到一个接班人。

乔布斯有些跃跃欲试，不过他也知道自己还没做好管理公司的准备。他虽然傲慢无礼，但有时也很有自知之明。马库拉也觉得乔布斯并不适合，马库拉告诉乔布斯，他还略欠磨炼，不够成熟，无法胜任苹果总裁一职。所以他们开始从公司外部寻找合适人选。

他们心目中的理想人选是唐·埃斯特利奇（Don Estridge）。埃斯特利奇一手打造了 IBM 的个人电脑部门，并推出了一款个人电脑。尽管乔布斯和他的团队对这款电脑不屑一顾，但其销量确实超过了苹果电脑。埃斯特利奇把个人电脑部门的办公地点设在了佛罗里达州的博卡拉顿，这样可以远离 IBM 位于纽约州阿蒙克市的总部，集中精力完成自己的设想。他跟乔布斯的共同点是都动力十足，善于激励团队。但与乔布斯不同的是，埃斯特利奇不会把别人的想法据为己有，反而乐于分享自己的创意，让团队成员感到其中也有自己的功劳。乔布斯飞到博卡拉顿跟埃斯特利奇沟通，提出 100 万美元年薪加 100 万美元签约金的条件，但遭到了埃斯特利奇的拒绝。埃斯特利奇这样的人不会跳槽到竞争对手公司，而且他也喜欢做正规军的一员，他愿意做海军，而不是海盗。他听说过乔布斯用"蓝盒子"占电话公司便宜的故事，对此很不以为然。当别人问起他在哪里工作的时候，他希望自己能够骄傲地说出"IBM"。

于是乔布斯和马库拉找到人脉资源丰富的企业猎头格里·罗齐（Gerry Roche），请他帮忙物色人选。他们决定不局限在技术高管上，而是找一个消费品营销专家。这个人既要懂广告推销，又要有在大型企业担任高管的经历和风范，可以跟华尔街的银行家们谈笑自若。罗齐把目光投向了当时最受关注的消费者市场营销大师约翰·斯卡利。斯卡利是百事公司旗下百事可乐部门的总裁，他发起的"百事挑战"系列活动在广告效应和品牌宣传方面都大获全胜。乔布斯对斯卡利有所耳闻。他之前在斯坦福商学院做讲座时，听到大家对不久前也来讲过课的斯卡利赞誉有加。于是乔布斯告诉罗齐，他很乐意与斯卡利见面。

斯卡利的背景与乔布斯的截然不同。他的母亲是出门会戴白手套的曼哈顿上东区贵妇，父亲是一名华尔街律师。斯卡利高中就读于贵族中学圣马可中学，毕业后在布朗大学获得学士学位，后在沃顿商学院获得硕士学位。他在百事公司负责营销和广告工作，因为富有创意，业绩突出，所以在公司步步高升，其本人对产品开发或信息技术并无太大兴趣。

1982年的圣诞节，斯卡利飞到洛杉矶，跟他与前妻生的两个十几岁的孩子一起过节。他带着他们来到一家电脑商店，看了一圈之后感慨科技产品的营销做得太落伍了。孩子们看到父亲对科技产品营销饶有兴趣的样子，便问他是怎么回事。斯卡利说因为他打算去库比蒂诺会见乔布斯。两个孩子听了大为惊喜——尽管他们从小的生活圈子里不乏各种电影明星，但对他们来说，乔布斯才是真正的名人。看到孩子们的反应，斯卡利决定更加认真地对待成为乔布斯的老板这件事。

斯卡利来到苹果总部参观，发现这里装修得简单朴素，整体氛围轻松休闲，非常出乎他的意料。他说："大多数员工的衣着比百事工厂的维修工人的还随意。"乔布斯与他共进午餐，安静地吃着沙拉。斯卡利说，大多数企业高管都觉得使用电脑特别麻烦，没有采购和学习的价值。听了这样的话，本来一言不发的乔布斯立刻进入传教士模式，说："我们希望改变人们使用电脑的方式。"

参观结束后，斯卡利乘飞机回家，在旅途中梳理了自己的一些想法。他分别概括了针对消费者和企业高管的电脑推销策略，形成一份长达8页的备忘录，其中部分文字内容有下划线，还穿插着一些图表和方框。虽然他的想法在某些方面并不成熟，但是可以明显看到，他的热情已经被点燃，想为电脑这种比苏打水更有趣的产品设计营销策略。他的建议中包括："布置具有<u>浪漫色彩</u>的店内营销物料，让消费者感到苹果可以<u>让他们的生活变得丰富多彩！</u>"他尚不愿意离开百事，但对乔布斯产生了很大的兴趣："这个年纪轻轻又急于求成的天才引起了我的好奇。我希望可以多了解他一点儿，这应该是一件非常有趣的事情。"

因此，斯卡利同意在乔布斯下次来纽约时再次跟他见面。1983年1月，乔布斯前往纽约，在卡莱尔酒店举行关于丽萨电脑的新闻发布会。在一整天的新闻采访结束后，一位意外之客走进套房。乔布斯松了松领带，向苹果的团队介绍说这位访客是百事可乐的总裁，日后有可能成为苹果的大企业客户。约翰·库奇向斯卡利展示了丽萨电脑，其间乔布斯不时插话，说这款电脑是"革命性的"产品,让人觉得"超乎想象"——用的都是自己最喜欢的形容词——并表示丽萨将彻底改变人类与电脑互动的方式。

接着,他们一同去四季餐厅用餐。这家餐厅金光闪耀,随处透着优雅和力量。乔布斯点了特别制作的素食,一边吃一边听斯卡利讲述百事成功的营销案例。斯卡利说,"百事世代"系列活动推销的不是一种产品,而是一种生活方式,一种乐观的前景。乔布斯表示强烈赞同:"我认为苹果也有机会创造一个苹果世代。"斯卡利继续说道,相比之下,"百事挑战"系列活动则侧重于产品,通过广告、事件和公共关系的融合攻势,营造市场热点。乔布斯表示,把新产品的发布打造成为全美关注的盛事,正是他和里吉斯·麦肯纳目前的期待和目标。

两个人用餐聊天结束时已接近午夜,斯卡利陪乔布斯走回卡莱尔酒店。在路上,乔布斯对他说:"这是我这辈子最激动的夜晚之一。我跟你聊得太痛快了,我都不知道该用什么语言形容。"那天晚上,斯卡利回到康涅狄格州格林尼治的家中,辗转难眠。与乔布斯打交道比与装瓶厂商谈判有趣多了。斯卡利后来说:"这番交流触动了我,唤起了我长期以来想成为思想建筑师的渴望。"第二天早上,罗齐给斯卡利打电话说:"我不知道你们昨天晚上做了什么,但是我得告诉你,史蒂夫·乔布斯简直欣喜若狂。"

乔布斯继续设法讨斯卡利的欢心,而斯卡利的态度是:虽然要挖我很难,但并非完全不可能。1983 年 2 月的一个星期六,乔布斯飞往美国东部,乘坐豪华轿车来到格林尼治,去斯卡利家登门造访。斯卡利新建的豪宅有大大的落地窗,乔布斯觉得风格太过浮夸,但他很喜欢那扇 300 磅重的定制橡木门,木门的悬挂和平衡独具匠心,用手指轻轻一碰就能推开。斯卡利回忆说:"史蒂夫对这扇门非常着迷,因为他和我一样,是个完美主义者。"就这样,斯卡利为乔布斯的个人魅力折服,开始幻想自己身上也有乔布斯的种种特质,而一段不健康的关系就此展开。

斯卡利平时都开凯迪拉克,但在了解乔布斯的品位之后,他借了妻子的奔驰 450SL 敞篷车,载着乔布斯去参观百事的总部。百事的总部占地 144 英亩,布局装修极尽奢华,跟苹果朴素的总部形成了鲜明对比。在乔布斯看来,百事和苹果总部风格的区别就是蓬勃的新兴数字经济和《财富》杂志世界 500 强企业之间区别的缩影。在百事总部园区内,草木修剪整齐,如茵似毯，雕塑公园陈列着罗丹、摩尔、考尔德和贾科梅蒂等大师的作品，高贵典雅。沿着中间一条蜿蜒的道路，就可以来到由美国著名建筑设计师爱德华·达雷尔·斯通（Edward Durell Stone）设计的用混凝土和玻璃建成的办公大楼。斯卡利的办公室空间开阔，地上铺着波斯地毯，有9扇窗户，一个小小的私人花园，一间隐蔽的书房，还有一间独立浴室。乔布斯发现百事的健身中心分为高管区和员工区，高管区还配有专用的按摩池，他说："这么区分太奇怪了。"斯卡利急忙表示同意："其实我也不赞同，我有时也会去员工区锻炼。"

两个人的下一次会面是几周之后在库比蒂诺。当时斯卡利去夏威夷参加百事装瓶商大会，在返程途中，他再次来到库比蒂诺。Mac的市场营销总监迈克·默里负责此次访问的准备工作，但他并不了解这次会面的真正意图。他在给Mac团队的一份备忘录中高兴地写道："百事可能会在未来几年内购买几千台Mac。在过去的一年里，斯卡利先生和乔布斯先生已经成为朋友。斯卡利先生是饮料巨头公司公认的顶尖营销高管之一。因此，我们要好好招待客人，让他在苹果玩儿得开心。"

乔布斯希望斯卡利也能拥有自己对Mac的那般热情。乔布斯说："这个产品对我来说意义非比寻常。我想让你成为苹果公司以外第一个看到它的人。"他充满仪式感地从一个包装袋中拿出Mac的原型机，向斯卡利演示了一番。斯卡利觉得乔布斯本人跟他研发的机器一样令人印象深刻。"他看起来更像一个表演者，而不是一个商人。他的一举一动都仿佛经过精心设计，好像排练过很多次，就是为了能在演出的那一刻俘获人心。"

为了让斯卡利开心，乔布斯让赫兹菲尔德和团队专门为他设计了屏幕演示内容。乔布斯告诉他们："他非常聪明，你没办法想象他有多聪明。"并解释说，斯卡利可能会为百事采购大批Mac。赫兹菲尔德回忆说："这个说法让我觉得有点儿可疑。"但他还是和苏珊·卡雷通力合作，专门设计了一个屏幕界面，上面显示的是百事的瓶瓶罐罐跟苹果的标识交错飞旋、翩翩起舞。在演示的时候，赫兹菲尔德兴奋得忍不住也跟着手舞足蹈，但斯卡利似乎不为所动。赫兹菲尔德回忆说："他问了几个问题，但看起来并不是真的对此感兴趣。"赫兹菲尔德自始至终都没有对斯卡利产生过好感。他后来说："这个人非常虚伪，从头到尾都在装模作样。他假装对技术很感兴趣,但实际上并不是。他是个搞营销的,这就是搞营销的人的本质——为了赚钱,装腔作势。"

1983 年 3 月,乔布斯再度来到纽约。事情已经到了紧要关头,乔布斯再次展开猛烈攻势,希望能正式与斯卡利确立"恋爱关系",把长时间的苦苦追求变成真正的"浪漫爱情"。二人一起在中央公园散步时,乔布斯对斯卡利表白道:"我觉得你就是那个对的人。我希望你能加入苹果,跟我一起工作。我可以从你身上学到很多东西。"乔布斯的驭人之术这些年日渐长进,他知道对于像斯卡利这样父亲般的人物,需要迎合他的自负,同时驱散他的不安全感。这个策略果真有效。斯卡利后来承认:"我被他征服了,史蒂夫是我见过的最聪明的人之一。我们两个一样,都对创意充满激情。"

斯卡利爱好艺术史,于是他带着乔布斯来到大都会博物馆参观,看看乔布斯是不是真的如自己所说,愿意向他学习。他回忆说:"我想看看在一个自己完全没有背景知识的领域,他对于别人的指点能否虚心接受。"两人漫步在希腊和罗马的文物之间,斯卡利向乔布斯详细讲解了公元前 6 世纪的古希腊雕塑和一个世纪后的伯里克利时代的雕塑之间的区别。乔布斯在大学时代并没有学过历史,所以听到这些历史片段如获至宝,像海绵一样吸收着新知识。斯卡利回忆说:"史蒂夫非常聪明,我觉得自己可以成为这个高徒的名师。"他再次被自负蒙蔽了双眼,误以为自己跟乔布斯有很多相同之处:"从他身上,我看到了年轻时候的自己,毫无耐心,倔强固执,孤傲自负,性情冲动。我的脑子里充满了新鲜的创意,常常无暇顾及其他。我同样无法容忍那些达不到我的要求的人。"

他们继续边走边聊。斯卡利透露说,他有时会利用假期,带上素描本去巴黎左岸画画,如果没有从商,他现在应该就是个艺术家了。听了这番话,乔布斯说,如果没有进入计算机行业,他应该会在巴黎写诗。两个人继续沿着百老汇大街走,来到第 49 街的殖民地音像店(Colony Records)。他们走进音像店,乔布斯向斯卡利展示了自己喜欢的音乐,包括鲍勃·迪伦、琼·贝兹、艾拉·费兹杰拉,还有温德姆·希尔唱片公司(Windham Hill)的爵士乐歌手的作品。然后他们一路走回位于中央公园西街和第 74 街交会处的圣雷莫公寓。乔布斯打算在那里买一套两层的顶楼公寓,于是两个人一起上了楼。

第十四章 斯卡利上场 百事挑战

他们站在顶楼外的露台上，恐高的斯卡利紧贴着墙壁。他们首先讨论了薪酬的问题。斯卡利说："我告诉他我需要100万美元的年薪，外加100万美元的签约金。"乔布斯说这个不难，"就算我自掏腰包都可以。这些问题都可以解决，因为你是我见过的最优秀的人，是担任苹果总裁的最佳人选，苹果值得拥有全球顶尖的人才"。乔布斯接着说，他从来没有对以前的老板产生过敬重之情，但他知道，斯卡利身上有太多值得他学习的东西，他一定会发自内心地敬重他。说这些话的时候，乔布斯眼睛一眨不眨地注视着斯卡利。

斯卡利最后还是有一丝犹豫，他委婉地建议，也许他们两个可以保持朋友关系，他可以在一旁给乔布斯提供建议，"无论你什么时候来纽约，我都乐意跟你见面交流"。斯卡利后来回忆了那个决定性的时刻："史蒂夫低下了头，盯着自己的脚看。他沉默良久，气氛变得沉重、不安。而后，他突然抛出一个问题：'你是愿意卖一辈子糖水，还是希望能有一个机会来改变世界？'在接下来的几天里，这个问题一直萦绕在我的心头，挥之不去。"

闻听此言，斯卡利感觉好像肚子挨了一记闷拳，一时间不知如何作答，只能保持沉默。他回忆说："史蒂夫有一种不可思议的能力，总是能得到他想要的东西。他很善于揣度他人的心思，拿捏别人，能清楚地知道怎么说才能击中对方的要害。4个月以来，我第一次意识到自己已经无法拒绝他。"冬季的太阳即将西沉，他们离开公寓大楼，走回中央公园对面的卡莱尔酒店。

蜜月期

斯卡利到加州就任时，正好赶上1983年5月在帕加罗沙丘举行的苹果管理层度假会议。虽然他把所有的深色西装都留在了格林尼治，只带了一套过来，但还是觉得有点儿难以适应苹果休闲随意的企业氛围。乔布斯在会议室前方的地板上盘腿而坐，打着赤脚，心不在焉地摆弄着脚趾。斯卡利设想的会议议程是讨论如何实现现有产品的差异化（Apple II、Apple III、丽萨、Mac），研究哪种组织形式更适合苹果——是围绕产品线、市场，还是围绕功能。但他想象的深入严谨的探讨并没有出现，相反，每个人都畅所欲言，想到哪儿说到哪儿，整个会场中自由和散漫共存，抱怨与争执齐飞。

乔布斯一度攻击丽萨团队研发的产品非常失败。有人反唇相讥说："说我们失败，你们的Mac还不是没有出货！为什么不等自己先生产出来点儿东西再来批评别人呢？"斯卡利惊呆了。在百事，没有人会这样反驳董事长。"但苹果不一样，每个人都开始对史蒂夫大加声讨。"这让他想起了他从一个苹果广告业务员那里听到的笑话："苹果和童子军有什么区别？童子军有大人管着。"

在大家争执不休时，突然发生了轻微地震，房间开始隆隆作响。有人大喊："快往沙滩跑！"于是大家夺门而出，朝着大海的方向跑去。这时又有人大喊，之前的地震引发过海啸，于是所有人又掉头往回跑。斯卡利后来写道："决策优柔寡断，意见自相矛盾，对自然灾害应对无措，这些都预示着未来会有更大的麻烦。"

一个星期六的早上，乔布斯邀请斯卡利和他的妻子丽兹来家里共进早餐。当时乔布斯和女友巴巴拉·亚辛斯基住在洛思加图斯一栋漂亮低调的都铎式住宅里。亚辛斯基非常聪明，个性矜持，面容姣好，在里吉斯·麦肯纳手下工作。丽兹自带平底锅，做了素食蛋卷（乔布斯的素食标准暂时有所放松）。乔布斯向他们道歉说："不好意思，我的家具不多，还没来得及好好挑选。"——这也是乔布斯由来已久的怪癖之一。他对工艺的要求极为严苛，又像斯巴达人一样崇尚精简，所以只有遇到真正喜爱的家具，才会采购回家。他的家里有一盏蒂芙尼台灯，一张古董餐桌，还有一台连接着索尼特丽珑电视的激光影碟机，但没有沙发，也没有椅子，只能坐在地板上的泡沫塑料垫子上。斯卡利听了微微一笑，觉得这样的场景似曾相识——在职业生涯早期，他也在"纽约的一个凌乱的公寓中过着疯狂的斯巴达式的生活"。他又一次误认为两人存在相似之处。

乔布斯向斯卡利吐露，他觉得自己会英年早逝，所以想尽快取得一些成就，这样才能在硅谷历史上留名。他们围坐在桌前吃早饭的时候，乔布斯对斯卡利说："我们在这个星球上的时间很短，机会不多，可能只能做好几件真正伟大的事。我们都不知道自己的生命还剩下多久，我也不知道，

第十四章 斯卡利上场 百事挑战

但我感觉，我必须趁年轻把这些事情完成。"

斯卡利刚加入苹果的几个月，乔布斯每天跟他交流多达几十次。斯卡利说："史蒂夫和我成了灵魂伴侣，几乎形影不离。我们聊天往往只要说半句话，甚至几个词，对方就能心领神会。"乔布斯会说很多好听的话，让斯卡利很是受用。他来找斯卡利解决问题的时候，总会说"你是唯一能理解的人"。他们会反复告诉对方"跟你一起共事非常开心"，表白次数之频繁达到令人担忧的地步。一有机会，斯卡利就会发掘自己与乔布斯的相似之处：

我们两个心有灵犀，所以不用等对方把话说完，就知道他想说什么。史蒂夫会因为脑子中突然闪过一个想法，而在深夜两点打电话给我，把我吵醒。"嗨！是我。"乔布斯总是这样跟电话这头睡眼惺忪的我打招呼。他不是故意要打扰我睡觉，而是完全没有意识到当时几点了。巧的是，我刚加入百事的时候也做过类似的事情。他经常在演讲的头一天晚上把演讲稿和幻灯片全部推翻，反复修改。我早年也这样做过，因为我想要把公开演讲变成重要的管理工具。作为一个年轻的高管，我总是急于把事情做好，而且经常觉得自己可以做得更好。史蒂夫也是如此。有时候，看着史蒂夫，我觉得就像在一部电影中看他在扮演我。我们之间的相似程度异乎寻常，正是这种默契推动我们的共生关系不断发展。

斯卡利的这种自我感知其实是一种自我欺骗，迟早会酿成灾祸。乔布斯很早就察觉到这一点。乔布斯回忆说："我们看待世界的方式不同，对人的看法不同，价值观也不同。他加入公司几个月后，我就开始意识到这一点。他学东西并不快，而他想提拔的人通常都是一些蠢货。"

然而，乔布斯知道，他可以通过不断强化斯卡利对两人高度相似的感知，加强对他的操纵。而他越是可以操纵斯卡利，就越是看不起他。Mac团队的乔安娜·霍夫曼和其他明眼人很快就意识到问题所在。他们知道两个人一定会闹翻，到时候只会天下大乱。霍夫曼说："史蒂夫让斯卡利觉得自己无与伦比，这是他未有过的一种感受。史蒂夫把很多斯卡利并不具备的特质加在了他身上，这让斯卡利沉浸在其中难以自拔。当人们发现斯卡利名不副实的时候，史蒂夫对现实的歪曲掀起了惊涛骇浪。"

同时，斯卡利这边的热情也开始冷却。现阶段的苹果存在运转失灵的问题，而斯卡利在管理过程中暴露出一个很大的弱点，就是渴望取悦他人，这是他跟乔布斯的不同之处。他非常礼貌，因此乔布斯对同事的粗鲁无礼难免让他反感。他回忆说："我们会在晚上 11 点去 Mac 大楼。工程师会把代码拿给史蒂夫看，而他有时甚至看都不看，直接说不行。我说：'你为什么否定别人的工作呢？'他就会说：'因为我知道他们可以做得更好。'"斯卡利尝试教导乔布斯如何做人，有一次他告诉乔布斯："你必须学会控制情绪。"乔布斯答应了，但是控制情绪并不是他的天性。

斯卡利慢慢觉得乔布斯之所以反复无常，性格乖张，根本原因在于他的心理构成，也许他有轻微的双相障碍。乔布斯的情绪波动很大，有时会欣喜若狂，有时却沮丧万分。他时常毫无征兆地就逮住别人臭骂一顿，而斯卡利不得不想办法安抚他。斯卡利说："20 分钟后，我又会接到电话要我过去，因为史蒂夫又开始发火了。"

两个人第一次产生实质性分歧是因为 Mac 的定价问题。按照最初的设想，Mac 的售价将定在 1 000 美元。但由于乔布斯不断调整设计，导致成本大幅增加，所以不得不将售价提高到 1 995 美元。然而，当乔布斯和斯卡利开始制订大型发布会和营销计划时，斯卡利认为他们需要将售价再提高 500 美元。对他来说，营销成本与其他生产成本一样，都需要计入价格。乔布斯愤然拒绝："这完全有悖于我们的初衷。我想让 Mac 成为一场革命，而不是成为榨取利润的工具。"斯卡利则说，这是一个简单的选择：要么定价 1 995 美元，要么定价 2 495 美元外加一场预算充足的大型发布会。但两者只能选其一。

乔布斯对赫兹菲尔德和其他工程师说："我要告诉大家一个坏消息，斯卡利坚持把 Mac 的售价提高到 2 495 美元，而不肯同意我们之前说的 1 995 美元。"果不其然，工程师们大为震惊。赫兹菲尔德指出，Mac 是为像他们自己这样的人设计的，定价过高将会"背叛"他们所代表的群体。于是，乔布斯向他们承诺："别担心，我不会让他得逞的！"但最终还是斯卡利占了上风。25 年后，乔布斯回忆起这个决定时，依然怒火难熄，表示"这是导致 Mac 销售放缓和微软得以主导市场的主要原因"。这件事让乔布斯感到他正在失去对自己的产品和公司的控制权，而这就像把猛虎逼入角落一样危险。

第十五章　Mac 发布

在宇宙中留下印记

完成作品，方为真正的艺术家

"1984" 广告

1983年10月，苹果在夏威夷举行销售会议，乔布斯邀请比尔·盖茨和两个软件领域的高管米切尔·卡普尔（Mitch Kapor）与弗雷德·吉本斯（Fred Gibbons）飞来夏威夷参会。会议高潮是根据电视节目《约会游戏》改编的短剧，乔布斯扮演司仪，三位选手分别就是盖茨、卡普尔和吉本斯。伴随着节目欢快的主题曲，三个人上台就座。外形好像高中生的盖茨说："到了1984年，预计微软将有一半的收入来自为 Mac 开发的软件。"现场750名苹果销售人员爆发出雷鸣般的掌声。乔布斯胡子刮得干干净净，显得精神抖擞，他笑容满面地问盖茨："你认为 Mac 的新操作系统会成为行业的新标准吗？"盖茨回答说："要打造新的标准，不能只是蜻蜓点水式地对现有标准略加改造，而是需要一场可以点燃想象力的彻底革新。而在我见过的所有机器中，只有 Mac 符合这一标准。"

虽然盖茨如此表态，但微软正逐渐从苹果的合作者变为竞争者。微软会继续为苹果开发应用软件（如 Microsoft Word），但为 IBM 个人电脑开发的操作系统在公司营收中的占比正在快速增长。此前一年，Apple IIs 的销量为 27.9 万台，IBM 个人电脑及兼容机的销量为 24 万台。但 1983 年的销售数据却已经呈现出巨大的差异：Apple IIs 的销量为 42 万台，而 IBM 个人电脑及兼容机的销量已经高达 130 万台。与此同时，Apple III 和丽萨已经基本无人问津。

就在苹果的销售团队抵达夏威夷之际，《商业周刊》的封面报道深刻剖析了个人电脑市场形势的巨变。报道标题为《个人电脑之战：赢家是……IBM》，其中详细介绍了 IBM 个人电脑的崛起历程，该报道称："电脑市场的主导权之争已经尘埃落定。IBM 发出闪电战般的攻势，短短两年时间就占领了超过 26% 的市场份额，预计到 1985 年，它将统领一半的全球市场。同时，IBM 兼容机也将占据 25% 的市场份额。"

这给即将在 1984 年 1 月上市的 Mac 带来了巨大的压力。苹果对这款电脑寄予厚望，志在利用它与 IBM 的竞争中挽回颓势，而此时距离 Mac 上市只剩 3 个月。在销售会议上，乔布斯决定将这场对决的重要性演绎到极致。他走上讲台，悉数了 IBM 自 1958 年以来的种种失误，然后忧心忡忡地说："IBM 现在的目标是接管整个个人电脑市场，蓝色巨人会主宰整个电脑产业吗？蓝色巨人会统治整个信息时代吗？乔治·奥威尔在《1984》中描述的世界会变成现实吗？"他话音刚落，一块屏幕就徐徐落下，播放了即将发布的 60 秒 Mac 电视宣传广告。几个月后，这个广告将成为广告史上的经典之作。而在此时此地，这则广告把苹果销售人员的颓废之情一扫而光，让队伍士气大振。一直以来，乔布斯都把自己视作与黑暗势力作对的反叛者，从中汲取无限能量。现在，他用同样的方法给团队注入了一剂强心针。

一切进展顺利，离 Mac 于 1 月 16 日（星期一）开始出货的时间点也越来越近了。要如期出货，赫兹菲尔德和其他工程师就必须如期完成 Mac 的代码编写工作。但就在距离出货还有一周时间的当口，苹果再次面临一个新的障碍：工程师团队表示无法在最后期限前写完代码。

乔布斯当时正在曼哈顿的君悦酒店忙着媒体预热会的准备工作。于是软件团队跟他安排了星期日上午的电话会议。软件经理用平静的语气向乔布斯解释了情况，赫兹菲尔德和其他人则在免提电话旁屏气凝神地听着。软件经理说，他们只要求延长两周的时间。Mac还是能够按时出货给经销商，只是公司可以先给经销商提供标有"演示版"字样的软件。新程序在月底完成之后，马上就可以进行替换。乔布斯听了之后沉默了片刻。他并没有发飙，而是用冷静镇定的口气夸赞整个团队非常了不起，事实上，正是因为他们都是杰出的人才，所以他相信他们可以按时完成工作。乔布斯突然加重语气斩钉截铁地说："我们绝对不会推迟！"身处班德利大楼的工程师们全都倒吸了一口凉气。"你们已经为软件奋斗了几个月，再多几周，也不会有本质性差别。不如一鼓作气完成它。一周之后，我会如期将程序与机器一起出货，你们所有人的名字都会出现在成员表上。"

史蒂夫·卡普斯说："好吧，我们只能拼了。"于是他们真的拼了。乔布斯的现实扭曲力场再一次推动团队完成了他们觉得不可能完成的事情。星期五，兰迪·威金顿带来了一大袋巧克力包裹的浓缩咖啡豆，准备好再熬最后三个通宵。星期一早上8:30，乔布斯来到公司，发现赫兹菲尔德四仰八叉地躺在沙发上，几近昏迷。软件还剩下最后一个小故障，他们聊了几分钟，乔布斯说这个不是问题。于是赫兹菲尔德拖着疲惫的身躯，开上自己蓝色的大众高尔夫（车牌是MACWIZ）回家睡觉。过了一会儿，苹果的弗里蒙特工厂开始生产机箱上印有彩色条纹标识的Mac。乔布斯曾说：完成作品，方为真正的艺术家。Mac团队做到了。

"1984"广告

早在1983年春，乔布斯就开始策划Mac的发布会。他希望Mac的广告就像产品本身一样，既具有革命性，又能让人叹为观止。他说："我希望推出一个能让观众驻足观看的广告，我想要的效果是石破天惊。"这项任务落在了Chiat/Day广告公司身上，这家公司此前收购了里吉斯·麦肯纳的广告业务，获得了苹果这个客户。公司派洛杉矶威尼斯海滩区办事处的创意总监李·克劳负责广告设计。克劳喜欢在海滩流连，他身材瘦高，胡须浓密，头发蓬乱。他脸上经常挂着憨憨的笑容，双眼闪亮，为人精明而有趣，看似散漫，其实非常专注。他与乔布斯一拍即合，日后建立起了长达 30 年的友情。

克劳和团队中的文案撰稿人史蒂夫·海登（Steve Hayden）与艺术总监布伦特·托马斯（Brent Thomas）计划借用乔治·奥威尔的小说《1984》作为产品发布的噱头："这就是为什么 1984 不会变成《1984》。"乔布斯很喜欢这个创意，请他们以此为基础制作 Mac 发布会的短片。于是，他们打造了一个 60 秒的广告脚本，其中的场景仿佛出自科幻电影。故事讲的是一个具有反叛精神的年轻女子逃脱了奥威尔式的思想警察的追捕，当"老大哥"为进行思想控制而演讲时，她投掷铁锤，砸向巨大的屏幕。

这个主题精准捕捉了个人电脑革命的时代精神。许多年轻人，特别是那些反主流文化的人，一开始把电脑看作奥威尔式的政府和巨头公司用来打压个性的工具。但到 20 世纪 70 年代末，他们发现，电脑也可能成为为个人赋能的工具。这则广告将 Mac 塑造成维护个人权力的战士，把苹果打造为一个充满反叛精神和英雄气概的时髦公司，唯有这家公司能阻止邪恶的大公司统治世界，不让他们对民众进行彻底的思想控制。

乔布斯对这个广告创意大加赞赏。事实上，这个广告理念让乔布斯产生了强烈的共鸣。他一向以反叛者自居，他组织起来的 Mac 团队的成员都具有黑客气质和海盗精神，很符合他的价值观。虽然他已经离开俄勒冈州的苹果农场公社，创办了苹果公司，但他仍然希望被视为反主流文化的一员，而不是大企业文化的代表人物。

然而在乔布斯的内心深处，他也清楚地意识到，他与黑客精神已经渐行渐远，甚至可以说，他已经背叛了这一精神。当年，沃兹尼亚克坚持遵循家酿计算机俱乐部的准则，要免费分享 Apple I 的电路设计方案，是乔布斯坚持要有偿使用它。虽然沃兹尼亚克不愿意，但乔布斯依然坚持把苹果变成了一家公司，也并没有把股票期权分给那些和他们一起在车库里创业的朋友。现在他即将推出 Mac，这台机器违反了黑客信条的诸多原则，例如售价偏高、不设插槽，这意味着电脑爱好者不能随意插入扩展卡，也不能在主板上添加自己喜欢的新功能。电脑的塑料外壳需要借助特殊工具才能打开。这是一个受到严密控制的封闭系统，更像是"老大哥"设计的东西，而不是出自黑客之手。

因此，乔布斯希望通过"1984"广告片提醒自己不忘初心，也在向全世界强化他理想中的自我形象。广告的女主角是一个勇于挑战现有体制的反叛者，她身着纯白色背心，上面印有 Mac 的图案。乔布斯聘请刚刚凭借电影《银翼杀手》而声名鹊起的导演雷德利·斯科特（Ridley Scott）担任该广告片的导演，借此把自己和苹果与时代的赛博朋克精神联系起来。这则广告塑造了鲜明的企业形象——苹果是离经叛道的黑客，他们的想法与众不同，乔布斯也能从中获得自我认同。

刚看到广告创意的时候，斯卡利对其持怀疑态度，但是乔布斯一再坚持他们需要能够传达革命精神的广告。仅是拍摄预算，乔布斯就拿到了前所未有的 75 万美元，并计划在超级碗比赛期间进行首播。影片由雷德利·斯科特在伦敦拍摄。他找来几十个货真价实的光头群众演员，坐在台下如痴如醉地聆听老大哥在屏幕上讲话。女主角的扮演者是一位铁饼运动员。斯科特打造了以金属灰为主色调的冷冰冰的工业环境，让观众联想到《银翼杀手》的反乌托邦式氛围。就在老大哥在屏幕上宣布"我们必胜"的那一刻，女主角把铁锤掷向屏幕，在一阵闪光和烟雾中，一切消失不见。

在 1983 年 10 月举行的夏威夷会议上，乔布斯已经提前向苹果的销售团队播放了这则广告，销售团队看完群情激昂。在 12 月的董事会会议上，乔布斯再次播放了广告。广告播放完毕后，会议室的灯光重新亮起，而所有人却陷入了久久的沉默。梅西百货公司加利福尼亚分公司的首席执行官菲利普·施莱恩（Philip Schlein）埋头趴在桌子上。迈克·马库拉凝视前方，一言不发，看上去像是受到了广告的强烈冲击。他首先开口打破了沉寂："有人想更换广告公司吗？"斯卡利回忆说："大多数董事会成员都认为这是他们看过的最糟糕的广告。"苹果当时已经买下了两个超级碗的广告时段，一个 60 秒，一个 30 秒。临阵退缩的斯卡利要求广告公司抓紧时间低价卖掉这两个时段。

乔布斯知道之后气得要命。一天晚上，过去两年一直在苹果进进出出的沃兹尼亚克来到 Mac 大楼闲逛。乔布斯一把抓住他，说："过来，给你看个东西。"他拿出一台录像机，开始播放"1984"广告片。沃兹回忆说："我感到极为震撼，这是我见过的最不同寻常的广告。"乔布斯说董事会已经决定不在超级碗期间播放它了。沃兹尼亚克问他这个时段的费用是多少。

乔布斯告诉他是 80 万美元。一贯善良而冲动的沃兹尼亚克立即说:"如果你愿意的话,我可以承担一半的费用。"

不过,最后沃兹尼亚克无须出这一半的广告费。因为广告公司虽然卖掉了 30 秒的广告时段,但是出于一种消极反抗的心理,并没有出售 60 秒的时段。李·克劳回忆说:"我们告诉苹果,那个 60 秒的广告时段卖不掉,但其实我们试都没试。"斯卡利不想跟董事会摊牌,也不想跟乔布斯发生冲突,于是让营销主管比尔·坎贝尔想办法。坎贝尔担任过橄榄球教练,他决定冒险一试,来一个长传。他告诉团队:"我认为应该用这 60 秒的广告时间放手一搏。"

第 18 届超级碗由洛杉矶突袭者队对阵华盛顿红皮队。第三节比赛开始后不久,场上占据优势的突袭者队率先完成达阵。但电视机里并没有像往常一样即时回放得分画面。此时,全美的电视机屏幕突然变黑,令人狐疑顿生。整整两秒钟之后,屏幕上出现了诡异的黑白色画面,一支行尸走肉般的队伍踏步向前,阴森森的音乐声随之响起。超过 9 600 万名观众同时收看了这个前所未见的广告片。广告片的最后,在光头队伍惊恐万分的目光中,屏幕上的老大哥消失不见,旁白以平静的语气说道:"1 月 24 日,苹果公司将推出 Mac 电脑。到时你将明白为什么 1984 不会变成《1984》。"

这条广告果然成为全美关注的焦点。当天晚上,美国三大电视网和 50 个地方电视台都对广告进行了报道,在优兔(YouTube)出现之前的时代,这种爆炸式的传播是前所未有的。后来《电视指南》(*TV Guide*)和《广告时代》(*Advertising Age*)把这支广告评选为有史以来最伟大的商业广告。

轰炸式宣传

假以时日,史蒂夫·乔布斯将成为新品发布的大师级人物。在 Mac 上市时,雷德利·斯科特石破天惊的广告只是宣传造势的环节之一。另一个秘诀是媒体报道。乔布斯找到了引爆媒体热点的方法,其威力强大无比,一旦点燃,便会像连锁反应一样,形成燎原之势。从 1984 年的 Mac 到 2010 年的 iPad,每当苹果有重磅产品推出,乔布斯都能故技重施,大获成功。他就像个魔术师,一再变出让人瞠目结舌的戏法。即使新闻记者看过十几次新品发布,也完全了解乔布斯的套路,但他的招数还是屡试不爽,而且让人百看不厌。乔布斯其中一些技巧是从里吉斯·麦肯纳那里学来的。麦肯纳非常擅长处理记者人脉关系,知道如何满足记者的自负心理。除此之外,乔布斯本能地就知道如何吊人胃口,懂得操纵记者互相竞争的本能,常通过提供独家访问权来换取媒体的重磅报道。

1983年12月,乔布斯带着安迪·赫兹菲尔德和布瑞尔·史密斯两位天才工程师到纽约拜访《新闻周刊》杂志社,希望杂志能刊发一篇名为《创造Mac的年轻人》的报道。相关负责人看完他们的Mac演示之后,带着他们上楼去见了凯瑟琳·格雷厄姆(Katharine Graham)。格雷厄姆是《新闻周刊》的发行人,是美国新闻界一代传奇女性,对任何新事物都有着孜孜以求的兴趣。会谈结束之后,《新闻周刊》派出一名科技专栏作家和一名摄影师,在帕洛阿尔托对赫兹菲尔德和史密斯进行跟踪采访和拍摄。最终,杂志刊登了4页特写报道,文笔流畅精炼,溢美之情尽显,所选配图让两个人看上去像新时代的小天使。文章引用了史密斯下一步的工作设想:"我想打造属于20世纪90年代的计算机,我希望明天就做出来。"文章还谈到了他们的老板乔布斯反复无常但又极具个人魅力的混合特质:"为了捍卫自己的观点,乔布斯有时会暴跳如雷,声嘶力竭,但他时常是有自己的道理的;有传言说,乔布斯曾经因为有员工坚持在电脑上保留光标键,就威胁要开除他们,因为他觉得这个功能已经过时。但当乔布斯心平气和的时候,他就是一个充满魅力的急性子,这样的个性组合很是神奇。他时而精明含蓄,时而'疯狂般伟大'(insanely great)——这是他在表达热爱时最喜欢用的一个词。"

负责撰写这篇报道的专栏作家是史蒂文·利维(Steven Levy)。他当时也在为《滚石》(Rolling Stone)杂志撰稿,准备在《滚石》上发表一篇对乔布斯的专访。乔布斯希望利维能说服杂志的发行人,让Mac团队登上《滚石》的封面。但在利维看来,"要詹恩·温纳(Jann Wenner)同意用一群电脑宅男取代歌星斯汀(Sting)做封面的概率几乎是零"。他说得没错。乔布斯约了利维一起吃比萨,打算借机展开攻势。乔布斯说,《滚石》杂志的处境"岌岌可危,杂志文章水准极低,迫切需要找到新的主题和新的受众。Mac也许能拯救这本杂志!"利维不吃这一套,说《滚石》现在好得很,又问乔布斯最近有没有读过该杂志。乔布斯说读了，有一篇关于MTV（音乐电视）的文章"写得跟垃圾一样"。利维说这篇文章正是自己写的。乔布斯并没有因此收回自己的评价，而是话锋一转，聊起了Mac，分享了自己的哲思。他说，我们总是受益于前人的进步，总能享用前人研发的成果，"而能通过伟大的发明，为人类的经验和知识库做出贡献，这是一种极其美妙、令人欣喜若狂的感觉"。

虽然Mac团队最终没能登上《滚石》的封面，但后来，乔布斯参与的每一次重大产品发布，无论是NeXT电脑、皮克斯电影，还是多年后他重回苹果的东山再起之作，都会登上《时代周刊》《新闻周刊》或《商业周刊》的封面。

1984年1月24日

跟队友一起完成Mac软件开发的那天早晨，安迪·赫兹菲尔德拖着精疲力竭的身体开车回到家，打算至少睡上一天。但他只睡了6个小时就醒了，下午便开车回到了办公室。他想看看是否一切顺利，结果大多数同事都和他一样回到了办公室。他们懒洋洋地躺在地板上，头昏脑涨却又莫名兴奋。这时候，乔布斯走了进来，说："嗨！都起来吧，工作还没完成呢，我们需要给发布会做一个演示程序！"乔布斯计划在一大群观众面前揭开Mac的神秘面纱，然后让电脑一边播放《烈火战车》(*Chariots of Fire*)鼓舞人心的主题曲，一边展示功能。他说："我们要在这个周末之前把程序做出来，以备排练。"大家听了纷纷发出哀嚎。赫兹菲尔德回忆说："但是当我们开始讨论方案的时候，一想到可以做出夺人耳目的东西，我们还是觉得很有意思。"

发布会定于1月24日举办，与苹果年度股东大会同期举行，地点在德安萨社区学院的弗林特礼堂。此时他们还剩下8天。为了把新品发布会打造成划时代的事件，乔布斯有三大法宝，除了电视广告和铺天盖地的媒体预热报道，第三个就是产品的正式发布会。他总能别出心裁地让现场热闹非凡，让气氛热烈无比，让苹果信徒兴奋异常，就连记者的情绪也都被带动起来。

赫兹菲尔德全力以赴,凭借非凡的执行力,花了两天就写出了一个音乐播放程序,让Mac能够播放《烈火战车》的主题曲。但是,乔布斯试听之后觉得效果不够理想,最后决定用唱片代替。不过,乔布斯又觉得如果可以借助语音生成器把文字转换为迷人的电子声音,让Mac开口说话,倒是个不错的主意:"我希望Mac成为第一台可以进行自我介绍的电脑!"

在发布会前一天晚上的排练中,诸事不顺。乔布斯不喜欢动画在Mac屏幕上滚动出现的方式,要求一改再改。他对舞台灯光也不满意。他指示着斯卡利不停地换座位,让他针对灯光的调适提出意见。斯卡利从来没有想过舞台灯光该怎么调,所以每次乔布斯问他的时候,他都支支吾吾,含糊其词,那感觉就好像近视患者在回答眼科医生使用哪种镜片看字母表看得更清晰一样。他们整整排练了5个小时,不断调整,直到深夜。斯卡利回忆说:"他把大家都逼疯了。舞台上的任何一个小故障都会让他大发雷霆,我觉得我们不可能在第二天中午的发布会之前调整好。"

最重要的是,演讲的事情也让乔布斯心烦意乱。斯卡利自认为文笔不错,所以给乔布斯的演讲稿提出了一些修改意见。乔布斯回忆说,他当时略有不爽,但是两个人的关系仍然处于乔布斯大肆奉承吹捧斯卡利,让斯卡利自我感觉良好的阶段。于是,他告诉斯卡利:"在我心目中,你就像沃兹和马库拉一样,是公司的创始人之一。他们创造了公司的过去,而你我正在开创苹果的未来。"斯卡利闻之大悦。

第二天早上,可容纳2 600人的礼堂里人头攒动,座无虚席。乔布斯身穿双排扣蓝色西装外套,里面套着一件笔挺的白衬衫,打了一条淡绿色领结。在后台等待活动开始时,乔布斯对斯卡利说:"这是我一生中最重要的时刻,我真的很紧张。你可能是唯一了解我对这场发布会感受的人。"斯卡利抓住他的手,握了一会儿,低声说:"加油!"

作为苹果公司的董事长,乔布斯首个登台,宣布股东大会正式开始。他的开场方式充满个人特色:"我想用鲍勃·迪伦20年前的一段歌词开启今天的大会。"他微微一笑,然后低头念起了《时代在变》("The Times They Are a-Changin")歌词的第二段。他的音调很高,语速很快,歌词共有10句,结尾的一句是"现在的失败者,终会成为赢家,因为时代在变"。这位身价亿万的董事长借由这首歌表达了他反主流文化的自我认同。他最喜欢来自迪伦于 1964 年万圣节在林肯中心的爱乐厅与琼·贝兹一起演出的现场音乐会的版本，他还有这场演唱会的盗版录音带。

接下来，斯卡利上台报告公司的营收情况，他的讲话冗长单调，观众开始变得焦躁不安。斯卡利讲到最后时，分享了一点儿个人感受："加入苹果公司 9 个月以来，对我来说最重要的事情就是有机会与史蒂夫·乔布斯成为好友。这番情谊对我来说意义重大。"

这时，灯光变暗。随着乔布斯再次登台，灯光再次亮起。他曾在夏威夷销售会议上喊出战斗口号，而这次演讲则更加富有戏剧性和感染力："那是 1958 年，IBM 本有机会收购一家发明了静电复制技术的新兴公司，它却错过了。两年后，便有了施乐公司。IBM 到现在还追悔莫及。"观众都大笑起来。赫兹菲尔德在夏威夷和其他地方都听过这个故事，但这次再度听到还是被乔布斯讲述时的激情震撼。乔布斯悉数了 IBM 的其他失误，然后加快了节奏，把焦点拉回到即将推出的产品：

现在是 1984 年。IBM 野心勃勃，想要掌控一切。苹果被视为与之抗衡的唯一希望。经销商们最初张开双臂欢迎 IBM，但现在他们害怕未来被 IBM 主导和控制。他们寄希望于苹果来确保一个自由的未来。妄想一家独大的 IBM 将枪口对准了其行业垄断的最后一个障碍——苹果。蓝色巨人会主宰整个电脑产业吗？蓝色巨人会统治整个信息时代吗？乔治·奥威尔描述的世界会变成现实吗？

乔布斯的演讲层层递进，台下的观众时而喃喃低语，时而会心微笑。而当他把现场气氛推向高潮时，观众报之以雷鸣般的掌声和欢呼声。现场观众还未来得及对最后一个问题做出回应，整个礼堂突然一片漆黑，屏幕上出现了"1984"广告。广告播放结束时，全场起立喝彩，欢声雷动。

颇具喜剧天赋的乔布斯走过黑暗的舞台，来到一个小桌子旁边，上面摆着一个布袋："现在，我想亲自向你们展示 Mac。"他从布袋中拿出电脑、键盘和鼠标，将其娴熟地组装在一起，然后从衬衫口袋里拿出一张新的 3.5 英寸磁盘。此时，《烈火战车》的主题曲响起。乔布斯屏住了呼吸，因为前一天晚上的演示并不顺利。但这一次，系统运行得完美无缺。屏幕上水平滚动出"MACINTOSH"（麦金塔）一词，下面随即缓缓出现手写体的"Insanely great"（疯狂般伟大）字样，看起来就像用手一笔一画写上去的。观众们都是第一次见到这么漂亮的图形显示界面,全场鸦雀无声,只听到有人倒吸了一口气。接着,屏幕上依次出现比尔·阿特金森的绘图程序QuickDraw、形形色色的字体、文件、图表、图画、象棋游戏、电子表格,还有一张史蒂夫·乔布斯的头像,旁边冒出的思维泡泡里是一台Mac。

屏幕演示结束后,乔布斯微微一笑,说要再给大家展示一个小东西:"关于Mac我们已经讨论了很多了,但是今天,有史以来第一次,我想请Mac开口,让它自己来说一说。"说完,他走到电脑前,点了一下鼠标,Mac随即发出了深沉亲切又有些颤抖的电子声音,成为史上第一个进行自我介绍的电脑:"大家好,我是Mac。能从那个袋子里出来,感觉太好了。"观众爆发出狂热的欢呼和尖叫。功能齐全的Mac面对这样的礼遇,似乎不知如何应对,它并没有停下来享受观众的热情,而是继续说道:"尽管我不习惯进行公开演讲,但我想与你们分享我第一次见到IBM大型机时的感想:永远不要相信一台你提不动的电脑。"观众席再次爆发出雷鸣般的欢呼声,几乎淹没了它最后的几句话:"显然,我是可以开口说话的,但现在,我想好好坐着聆听。下面,我要自豪地请出一位对我来说就像父亲一样的人——史蒂夫·乔布斯。"

瞬时间,礼堂里人声鼎沸,群情激昂,观众里有人又蹦又跳,疯狂地挥舞着拳头。乔布斯缓缓点头,抿着嘴开心地笑着,一会儿又低头哽咽起来。掌声和欢呼声持续了5分钟之久。

当天下午,Mac团队回到班德利3号的总部大楼。一辆卡车驶入停车场,乔布斯请团队到卡车旁边集合。卡车里是100台全新的Mac电脑,每台都有一个定制铭牌。赫兹菲尔德回忆道:"史蒂夫亲手为每个团队成员送上电脑,面带微笑与他们握手,而我们其他人则站在周围大声欢呼。"这次研发之旅历尽千辛万苦,许多人的自尊心被乔布斯粗暴无礼的管理风格挫伤。但换成是拉斯金、沃兹尼亚克、斯卡利或公司的其他任何人,都无法做出Mac。这款电脑也不可能诞生于焦点小组或者产品委员会。在乔布斯发布Mac的那天,《大众科学》杂志的记者问他都做了什么样的市场调查。乔布斯回答说:"亚历山大·格雷厄姆·贝尔在发明电话之前,做过市场调查吗?"

第十六章　盖茨与乔布斯

双星交会

Mac 合作伙伴

在天文学中，当两颗恒星的轨道因引力作用而相互交织时，就会出现双星系统。在人类历史上也出现过类似的现象，当同一领域出现两个巨星，无论他们是敌是友，两个人的关系都会定义这个时代，比如20世纪的物理学大师爱因斯坦和玻尔，美国建国双雄杰斐逊和汉密尔顿，等等。

1991年，乔布斯和盖茨

20世纪70年代末，人类步入个人电脑时代，在个人电脑发展的前30年里，决定了这个行业发展的双星系统中的两大巨星都是大学辍学生，这两个人都精力充沛，闯劲十足，也都出生于1955年。

他们就是比尔·盖茨和史蒂夫·乔布斯。尽管两个人都壮志凌云，希望推进技术和商业的融合发展，但他们的个性和背景却截然不同。盖茨的父亲是西雅图的著名律师，母亲是公益组织领导人，在多家知名企业的董事会任职。盖茨就读于当地最好的私立学校湖滨中学（Lakeside High）。他热衷于技术，但从来不是一个叛逆者，没当过嬉皮士，不追求灵性，也不认同反主流文化。盖茨没有用"蓝盒子"去占电话公司的便宜，而是为自己的学校编写排课程序——在这个程序的帮助下，他得以跟心仪的女孩儿一起上课。他还给当地交通部门的工程师写过一个车辆计数程序。盖茨进入哈佛大学，又决定辍学，不是为了追随印度上师寻求开悟，而是为了创办电脑软件公司。

盖茨擅长计算机编码，他注重实际，强调纪律，分析处理能力出色。相比之下，乔布斯相信直觉，个性浪漫，眼光精准独到，本能地知道如何让科技为人类所用，让设计巧妙有趣，让用户界面简洁友好。乔布斯有一种追求完美的热情，因此对工作的要求极为苛刻。他的管理方式主要依靠自身的超凡魅力和无限激情。而盖茨做事有条不紊，分秒必争。他会定期召开产品审查会，总能在会上准确切中问题核心。两个人都有不留情面的特质，但盖茨的无礼更多是对事不对人。这种态度源于他一针见血的洞察力，而不是因为他冷酷无情（在职业生涯早期，盖茨就像一个带有轻微孤独症的极客）。乔布斯则经常用咄咄逼人的眼神紧盯着别人的眼睛，让人不寒而栗，难以招架；盖茨有时不喜欢用眼神交流，但他本质上是个宽厚善良的人。

安迪·赫兹菲尔德说："他们两个都自认为比对方聪明。史蒂夫会觉得比尔比自己略逊一筹，特别是在品位和风格方面，而比尔会因史蒂夫不会编程而看不上他。"从两个人相识起，盖茨就觉得乔布斯是个神奇的人，甚至有点儿羡慕他对待他人时产生的感染力。但他也觉得乔布斯"性格极其古怪""存在奇怪的人格缺陷"。他很讨厌乔布斯的粗鲁无礼，也很反感他对人两极分化的态度，"要么说你是垃圾浑蛋，要么试图拉拢讨好你"。乔布斯则批评盖茨过于狭隘："如果他在年轻一点儿的时候服用过迷幻药，或者体验过禅修，他会变得更加开阔。"

乔布斯和盖茨的个性与性格上的差异使得他们走上了对立面，并引发了数字时代的根本分立。乔布斯是完美主义者，控制欲极强，具有永不妥协的艺术家气质。他和苹果团队精益求精，将硬件、软件和内容紧密地结合在一起，打造出浑然一体的艺术品。盖茨是精明强干、脚踏实地的商业和技术分析家,他很乐意把微软的操作系统和软件授权给各色各样的电脑制造商。

30年后,盖茨勉强承认乔布斯是一个可敬的对手,他说:"他真的不太懂技术,但他凭着惊人的直觉就知道该做什么。"但乔布斯并没有投桃报李,他从来没有真正赏识过盖茨。乔布斯说:"比尔非常没有想象力,从来没有发明过什么东西。所以我认为他现在做慈善比以前做技术更加得心应手。"这样说当然有失公允,但乔布斯继续说道:"他只会恬不知耻地剽窃别人的想法。"

在Mac刚刚开始研发的时候,乔布斯有次去盖茨在西雅图附近的办公室跟他见面。此前,微软已经为Apple II开发了一些应用程序,包括电子表格程序Multiplan,乔布斯希望说动盖茨和他的团队为即将推出的Mac开发更多软件。乔布斯坐在盖茨的会议室里,描绘了一个诱人的愿景:不久之后,他们会面向一般大众推出一款界面友好的电脑,届时,加州的自动化工厂将日夜不停地生产出数以百万计的电脑。他描述的是一种聚沙成塔式的情景:大量的加州硅谷零件汇集到工厂,变成大批Mac成品从车间鱼贯而出。因此微软团队把Mac项目的代号定为"沙子"(Sand),他们还逆向演绎了这个单词,称Sand是"史蒂夫的神奇新机器"(Steve's amazing new device)的首字母缩写。

微软的开山之作,就是为牛郎星电脑编写BASIC编程语言。沃兹尼亚克给Apple II编写的BASIC无法处理浮点数字。乔布斯虽然多次催促他完善,但一直劳而无功,所以乔布斯想请微软为Mac开发一套BASIC语言。此外,乔布斯希望微软可以为Mac编写应用软件,比如电子表格、图表和数据库程序。当时,乔布斯就像个国王,而盖茨还是个臣子:1982年,苹果的年销售额为10亿美元,而微软的销售额仅为3 200万美元。盖茨遂与苹果签约,同意为Mac开发一个名为Excel的全新图形版本的电子表格。一个名为Word的文字处理程序及一套BASIC语言。

盖茨经常去库比蒂诺看Mac团队演示Mac操作系统,他觉得它并不怎么样:"我记得我们第一次去的时候,史蒂夫向我们展示了一个应用程序,不过就是有个东西在屏幕上跳来跳去。他们当时就只有这么一个能运行的程序。"盖茨对乔布斯的态度也感到不满："史蒂夫想要拉拢我们，但他的方式很奇怪，说'我们并不是真的需要你们，我们正在做一件伟大的事情，但这件事情现在还处于保密状态'。他开启了典型的乔布斯式的营销模式，但又半推半拉，一边说不需要我们，一边又说可以考虑让我们参与。"

具有海盗精神的 Mac 团队成员也都很受不了盖茨。赫兹菲尔德回忆说："很明显，比尔·盖茨不擅长倾听，他无法忍受别人跟他讲解某个东西的运作方式，总是急不可耐地按照自己的理解去推测工作原理。"例如，Mac 的光标可以在屏幕上平滑移动，不会出现闪烁，盖茨看到之后就问："你们是用什么硬件实现了这样的光标效果？"实际上，赫兹菲尔德他们只用了软件就实现了这种功能，因而赫兹菲尔德非常自豪地解释说："我们没有使用任何特殊的硬件！"但盖茨坚持认为必须用专门的硬件才能实现这种效果。Mac 的工程师布鲁斯·霍恩后来说："遇到这种人，你还能说什么？我是看明白了，盖茨这种人是无法欣赏 Mac 的优雅之处的。"

两个团队虽然彼此心存戒备，但一想到微软要为 Mac 开发图形软件，双方将携手把个人电脑带入新纪元，两队人马又兴奋异常，还一起去高级餐厅吃饭庆祝。很快，微软就为这项任务专门组建了一支庞大的团队。盖茨说："我们投入 Mac 项目上的人比史蒂夫那边的还多。他们有十四五个人，我们大概有 20 人。我们真的是拼命在做这个项目。"虽然乔布斯认为盖茨的团队没什么品位，但他也认可微软程序员们坚持不懈的精神。乔布斯回忆说："他们刚开始做出来的应用程序非常没水平，但是他们锲而不舍，不断改进，确实越做越好。"乔布斯对微软最终完成的 Excel 喜爱有加，所以他与盖茨达成秘密交易：如果微软在两年内只为 Mac 开发 Excel，而不给 IBM 的个人电脑做 Excel 开发，乔布斯就会解散苹果自己的 Mac BASIC 开发团队，无限期地使用微软授权的 BASIC。盖茨非常明智地接受了这个交易。被解散的苹果团队对此愤恨难平，同时这也让微软在日后的谈判中有了更多的筹码。

在现阶段，盖茨和乔布斯的关系还算不错。那年夏天，他们一同前往威斯康星州日内瓦湖的花花公子俱乐部，参加行业分析师本·罗森举办的一个会议。当时还没有人知道苹果正在开发图形界面。盖茨回忆说："好像所有人都觉得 IBM 的个人电脑可以独霸天下。而史蒂夫和我却暗暗发笑，心想你们等着瞧吧。乔布斯其实透露了一点儿风声,但没有人留意。"盖茨也成了苹果度假会议的固定来宾:"每次度假会议我都会参加,我已经成为其团队的一分子。"

盖茨经常去库比蒂诺的苹果总部,而且乐在其中。他得以近距离地观察乔布斯在与员工互动时展现出的乖张偏执:"乔布斯就像《闪电侠》里的吹笛人。他一直鼓吹 Mac 将改变世界,为了实现这个理想,他让每个人都加班加点,超负荷工作,弄得气氛异常紧张,人际关系错综复杂。"有时候,乔布斯跟盖茨聊天,刚刚还情绪高涨,不一会儿就开始诉说自己内心的忧虑。盖茨说:"我们经常在星期五晚上一起吃饭。史蒂夫会大谈特谈,把一切说得顺风顺水。但到了第二天,他一定会变得情绪低落,惴惴不安,'该死,产品到底能不能卖出去啊。我的天,我得涨价才行。真不好意思把你也拖下水了,我的团队成员就是一群白痴'。"

在施乐之星电脑上市的时候,盖茨见识到了乔布斯的现实扭曲力场。一个星期五,苹果和微软团队一起吃晚饭,乔布斯问盖茨施乐之星卖了几台。盖茨说 600 台。第二天,当着盖茨和整个团队的面,乔布斯宣称施乐之星只卖出了 300 台,完全忘了盖茨刚刚说过是 600 台。盖茨回忆说:"所以他的整个团队都盯着我看,意思是'你要告诉他他在胡说八道吗?'我当然没有这么傻。"还有一次,乔布斯和他的团队拜访微软,双方一起在西雅图网球俱乐部吃晚餐。乔布斯开始侃侃而谈,说 Mac 机器本身和软件都极其容易上手,不需要给用户提供使用手册。盖茨说:"照他的说法,如果有人认为应该提供 Mac 应用程序手册,那他一定是个大傻瓜。我们当时想:'他说这话是认真的吗?微软团队已经在编写手册了,是不是最好不要告诉他这件事?'"

过了一段时间,双方的合作出现了一点儿小风波。按照最初的计划,微软的一些应用程序,如 Excel、Chart 和 File,会打上苹果的标识,跟 Mac 一起捆绑销售。盖茨说:"我们计划对每台电脑里装的每个软件收 10 美元。"但其他的软件开发商对这一安排非常不满。与此同时,微软的一些程序看起来也无法按时交付。因此,乔布斯以与微软协议中的某一个条款为由,决定不把微软的软件与 Mac 捆绑销售。如此一来,微软不得不直接面向消费者销售自己的软件。

盖茨没有太多异议，就接受了这个安排。用他自己的话说就是，他已经习惯了乔布斯"不负责任，反复无常"的做法，另外，他觉得解绑其实有利于微软。盖茨说："我们单独销售自己开发的软件能赚更多钱。从市场份额的角度来看，解绑的安排对微软反而更好。"后来，微软相继为多个平台开发软件，并且在开发 Word 软件时，把 IBM 个人电脑的版本置于比 Mac 版本更加优先的位置。最终，乔布斯退出捆绑交易的决定对苹果的伤害比对微软的伤害更大。

在微软发布 Mac 版本的 Excel 那天，乔布斯和盖茨一起在纽约绿苑酒廊餐厅参加媒体答谢晚宴。当记者问微软是否会为 IBM 的个人电脑也开发一款 Excel 时，盖茨没有透露他与乔布斯达成的协议，只是回答说，"将来"也许会。乔布斯接过话筒，开玩笑说："我确定，'将来'我们都会离开这个世界的。"

图形用户界面之争

当时，微软正在开发一种被称为 DOS 的操作系统，并授权给 IBM 电脑和兼容机使用。这个系统基于老式的命令行界面，会向用户显示诸如"C:\>"之类呆板的提示符。随着乔布斯及其团队与微软的合作日益密切，苹果愈发担心微软会复制 Mac 的图形用户界面。安迪·赫兹菲尔德留意到，微软的对接人详细询问了许多有关 Mac 操作系统的问题。他回忆说："我告诉史蒂夫，我怀疑微软要复制 Mac。"

他们的担心不无道理。盖茨认为，图形界面是未来的趋势，而微软和苹果一样，都有权利利用施乐的帕洛阿尔托研究中心的研发成果，开发自己的图形界面。盖茨后来坦然承认："我们说，'没错，我们相信图形界面就是未来。我们也看到了帕洛阿尔托研究中心的成果'。"

在双方最初的协议中，乔布斯说服盖茨同意，自 1983 年 1 月 Mac 出货起的一年以内，微软将不会为苹果以外的任何一家公司开发图形化软件。不幸的是，苹果公司当初没有预想到 Mac 的上市时间可能会推迟一年。1983 年 11 月，盖茨透露微软计划为 IBM 的个人电脑开发一个新的操作系统，这无疑是他们权利范围内的事。这个系统具有图形界面，集合了窗口、图标和利用鼠标进行导航点选的功能，名为 Windows 系统。盖茨在纽约赫尔姆斯利大饭店为 Windows 举办了一场乔布斯风格的盛大产品发布会。这也是截至当时微软历史上最大手笔的一次发布活动。

乔布斯的肺都要气炸了。他承认自己失算了，也知道自己对此无可奈何——微软与苹果公司达成的不为竞争对手开发图形软件的协议期限即将届满——但他仍然心有不甘，还是大发雷霆。他对麦克·博伊奇（Mike Boich）下令说："你马上把盖茨给我找过来。"当时，博伊奇是苹果负责与其他软件公司对接的联络人员。盖茨单枪匹马来到苹果，表示愿意跟乔布斯把事情说开。盖茨回忆说："他把我叫过来无非想要把我臭骂一顿。我前去库比蒂诺拜见他，就像奉旨朝拜一样。我告诉他，'我们正在做 Windows，我们把公司的前途命运都押在图形界面上了'。"

这次会面安排在了乔布斯的会议室。盖茨发现自己被 10 个苹果的员工团团围住，每个人都期待看到老板把他生吞活剥。乔布斯没有让手下失望，他吼道："你这个小偷、骗子！我如此信任你，你却从我这里偷东西！"赫兹菲尔德记得盖茨只是冷静地坐在那里，看着史蒂夫的眼睛，然后用他尖细的声音反驳说："史蒂夫，我觉得看待这件事情的角度不止一种。我认为这更像是我们都有一个叫施乐的有钱邻居，我闯进他家去偷电视机，却发现你捷足先登。"他的这番反驳后来被视为经典。

盖茨在苹果待了两天，在此期间，乔布斯的情绪大起大落，并使出浑身解数，试图改变盖茨的计划。这件事清楚地表明，苹果和微软的共生关系已经成为两只蝎子共舞，双方都在警惕地绕圈子，知道任何一方刺到对方，都会两败俱伤。在会议室大吵一架后，盖茨又在私下单独给乔布斯做了演示，介绍了 Windows 计划的内容。盖茨回忆说："史蒂夫哑口无言。他本来可以说这个计划侵犯了协议，但他没有，而是说'你做的东西就是一堆垃圾'。"这句话非常符合盖茨的心意，因为他正好可以借机浇灭乔布斯心中的怒火。"我说，'是的，虽然是垃圾，但也并非一无是处'。"听闻此言，乔布斯内心百味杂陈。盖茨说："在我们两个见面的过程中，史蒂夫表现得失态无状，粗鲁至极。中间还一度差点儿哭了出来，就像说'给我一次机会吧，让我把东西做完'。"而盖茨的反应则非常冷静："我擅长的就是在对方激动的时候保持淡定。"

第十六章　盖茨与乔布斯　双星交会

每当乔布斯要进行严肃深入的长谈时，他就会邀请对方跟自己一起散步，这次他也请盖茨一起出去走走。他们在库比蒂诺的街道上走了很久，走到迪安萨学院，又走了回来，在一家小餐馆停下来吃了点儿东西，然后继续走了一段。盖茨说："我们必须边走边说才能解决问题，但散步并不是我的管理技巧。这个时候，他终于吐口，极不情愿地说道：'好吧，好吧，但你们设计的界面不能跟我们的太像。'"

事实上，微软的Windows 1.0直到1985年秋天才出货。而且，即便研发时间如此之长，系统还是很粗糙，完全没有Mac界面的优雅，而且不同的窗口也只能平铺，并不能像比尔·阿特金森所设计的那样，窗口之间可以相互重叠。评论家们对这个系统冷嘲热讽，消费者也不买账。然而，微软的产品往往都是这样：虽然刚推出时乏善可陈，但在微软团队坚持不懈的完善和改进下，Windows越来越好，并最终成为主导市场的操作系统。

乔布斯一直咽不下这口气。将近30年后，他说起这件事来还是愤愤不平："他们狠狠地欺骗了我们。盖茨这个人毫无廉耻。"对于这一评价，盖茨回应说："如果他真的这么想，他就是又进入了自己的现实扭曲力场。"从法律层面来看，盖茨是没有过错的，后来的法院裁决也是如此。从实践层面来看，盖茨的理由也很充分。虽然苹果公司与施乐签署了协议，可以使用帕洛阿尔托研究中心的研究成果，但他们无法阻止和避免其他公司也开发类似的图形界面。苹果公司后来也发现，电脑界面设计的"外观和感觉"是很难受到法律保护的。

当然，乔布斯的沮丧之情也是可以理解的。苹果在创新和想象力方面一向更胜一筹，产品也更加优雅精巧。然而，微软尽管创造了一系列粗制滥造的产品，最终还是赢得了操作系统之战。这揭示了宇宙的运作方式中存在的一种美学缺陷——最好和最具创意的产品并不总是赢家。10年后，这一残酷的事实使乔布斯发出不平之鸣，他的评价虽显傲慢和夸张，但也不失真实："微软唯一的问题就是他们没有品位，一丁点儿品位都没有。我指的不是狭义上的没有品位，而是广义上的，因为他们没有原创的想法，所以他们的产品都没什么文化内涵。"

第十七章　伊卡洛斯[①]

凡升起的

春风得意

1984年1月，Mac上市。这让乔布斯的名人光环更加耀眼夺目，他在名流圈的地位也更上一层楼。他受邀去曼哈顿参加小野洋子为儿子肖恩·列侬举办的派对便是例证。当时，乔布斯给9岁的小肖恩带去了一台Mac，肖恩特别喜欢。艺术家安迪·沃霍尔和凯斯·哈林也在场。沃霍尔试用了Mac上的MacPaint软件，骄傲地喊道："我画了个圆圈！"两个艺术家为自己用电脑创造出来的东西感到兴奋不已，现代艺术发展之路险些因此误入歧途。沃霍尔坚持让乔布斯送一台电脑给滚石乐队主唱米克·贾格尔。当乔布斯带着电脑来到贾格尔的别墅时，贾格尔一脸茫然，并不知道乔布斯是何方神圣。后来乔布斯告诉他的团队："我觉得他当时吸毒了。不是吸毒了，就是脑子有病。"不过，贾格尔的女儿立刻爱上了这台电脑，并开始用MacPaint画画。于是，乔布斯就把电脑送给了她。

乔布斯后来买下了之前带斯卡利看过的曼哈顿中央公园西街圣雷莫公

[①] 伊卡洛斯（Icarus）：希腊神话人物，因飞得太高，双翼上的蜡遭太阳融化，跌落水中丧生。丹尼·米勒（Danny Miller）用伊卡洛斯悖论形容企业在经历了一段明显的成功后突然失败，而这种失败正是由导致其最初成功的因素造成的。——编者注

寓顶楼的复式住宅，并聘请贝聿铭公司的詹姆斯·弗里德（James Freed）对其进行了翻修，但是乔布斯一直没搬进去住（后来他以1500万美元的价格把公寓卖给了U2乐队主唱波诺）。他还在帕洛阿尔托山上的伍德赛德买了一栋西班牙殖民主义风格的庄园。这栋房子有14个卧室，是一个铜矿大亨建造的。乔布斯虽然搬了进去，但一直没能买到满意的家具，所以房子空空如也。

在苹果，乔布斯也是一副王者归来的架势。斯卡利不仅没有压制乔布斯，反而对乔布斯大权相授：丽萨和Mac部门合二为一，由乔布斯管理。乔布斯的威望如日中天，但他并没有因此变得成熟温和。丽萨和Mac团队合并时，乔布斯站在团队前面介绍合并方式，话语极其直接冷酷，让被刺痛的人难以忘怀。他说，合并后的所有高层职位都将由他的Mac团队的领导者来担任，而丽萨团队中1/4的员工将被解雇。他直勾勾地盯着丽萨团队的成员说："你们失败了。你们是一个B级团队。你们当中有太多人是B级或者C级选手，所以今天我们要把你们其中的一些人放走，让你们有机会去硅谷的其他兄弟机构那儿工作。"

在两个团队都工作过的比尔·阿特金森认为，乔布斯的做法不仅残酷无情，而且有失公允："这些人工作非常努力，都是出色的工程师。"但乔布斯觉得自己从Mac项目的管理中总结了一条重要的经验：如果想建立一个由A级选手组成的团队，就必须拥有铁石心肠。他回忆说："在团队发展壮大的过程中，难免会出现几个B级选手，而B级选手会吸引更多的B级选手，甚至还会带来C级选手。我在管理Mac团队的过程中学会的是，A级选手只喜欢跟A级选手共事，这就意味着你不能纵容B级选手的出现。"

在目前的阶段，乔布斯和斯卡利还可以自欺欺人，认为彼此之间的友谊坚不可摧。他们经常向对方深情表白，就像卡片上画的高中小情侣那样亲昵。1984年5月，斯卡利到任满一周年，乔布斯在库比蒂诺西南山区的黑羊餐厅为他设宴庆祝，这是一家十分优雅高级的餐厅。乔布斯召集了苹果公司的董事会、高层管理人员，甚至还有一些东海岸的投资者前往出席，让斯卡利喜出望外。斯卡利回忆说，在鸡尾酒会上，大家纷纷向他表示祝贺，"满面春风的史蒂夫站在后台，不时点头致意，脸上挂着柴郡猫般的微笑"。晚宴开始的时候,乔布斯首先发表了热情洋溢而又过甚其词的祝酒词:"对我来说,最高兴的两天是 Mac 出货那天和约翰·斯卡利同意加入苹果的那天。今年是我这辈子最棒的一年,因为我从约翰身上学到了太多东西。"然后他送给斯卡利一个大相框,上面是几张过去一年中斯卡利在苹果工作的照片。

斯卡利同样分享了过去一年与乔布斯携手奋斗的乐趣。他的结语让在座的每个人都觉得很难忘,只是大家记住这句话的原因各不相同。斯卡利最后说道:"苹果只有一个领导者,那就是史蒂夫和我。"他环顾四周,与乔布斯的目光相遇,看到他面露会心的微笑。斯卡利回忆说:"我们就好像在用眼神交流。"但他也注意到,阿瑟·洛克和其他一些人露出了困惑甚至怀疑的表情。他们很担心乔布斯已经完全操控了斯卡利。他们聘用斯卡利是为了让他管控乔布斯,但现在明眼人都看得出来,乔布斯才是那个掌握了控制权的人。洛克回忆说:"斯卡利太渴望得到史蒂夫的认可,因此对他言听计从。"

在斯卡利看来,让乔布斯高兴并听从他的专业意见是一个聪明的策略。但他没有意识到,乔布斯天生不喜欢跟别人共享控制权,服从从来不是他的天性。关于公司的运作方式,乔布斯发表意见的次数越来越多。例如,在1984年的商业策略会议上,他主张让公司的销售团队和营销团队通过竞标来获得向不同产品部门提供服务的权力(这意味着 Mac 项目可以决定不使用苹果公司的营销团队,而是自建一个团队)。没人赞同他的意见,但乔布斯不顾众人反对,一再坚持。斯卡利回忆说:"大家希望我能够控制局面,让他坐下并闭嘴,但我没有那样做。"会议结束时,他听到有人小声说:"斯卡利为什么不叫他闭嘴?"

乔布斯决定在弗里蒙特建造一座最先进的工厂来生产 Mac。此时,他的审美激情和控制天性变本加厉。他希望把厂房的机器全都涂上鲜艳的颜色,就像苹果公司的标识一样。但是他在选择油漆颜色的时候实在是花了太多时间,于是苹果制造总监马特·卡特(Matt Carter)决定只用常规的米色和灰色。乔布斯参观工厂时,又下令将机器重新刷成他想要的鲜艳的颜色。卡特表示反对,他说这些都是精密设备,重新喷漆可能会出问题。事实证明,卡特是对的。其中一台最昂贵的机器按照乔布斯的意见被涂成了鲜艳的蓝色，导致最后无法正常运转，大家把这台机器戏称为"史蒂夫的蠢作"。最后，卡特辞职了。他回忆说："跟乔布斯争论实在是太耗费精力了，而且通常争论只是为了一些毫无意义的事情，最后我受够了。"

乔布斯指派了黛比·科尔曼接替卡特担任制造总监。她原来是 Mac 的财务官，精力充沛，为人和善，获得过对抗乔布斯团队年度大奖。但她也知道如何适时地满足乔布斯的奇思妙想。苹果的艺术总监克莱门特·莫克（Clement Mok）告诉她，乔布斯希望把工厂的墙壁刷成纯白色。她反对说："工厂的墙面怎么能刷成纯白色呢，到处都是灰尘和脏东西，太容易弄脏了。"莫克回答说："对史蒂夫来说，再白都不过分。"科尔曼最后妥协了，按照乔布斯的意思把工厂的墙壁刷成了纯白色，机器则是鲜艳的蓝色、黄色和红色。用科尔曼的话说，整个工厂"看起来就像一个亚历山大·考尔德的艺术作品陈列柜"。

当被问及为什么对工厂的外观如此重视时，乔布斯回答说，这样做是为了保持追求完美的激情：

我经常戴上白手套去工厂做检查，结果发现到处都是灰尘，不管是机器上、架子顶上，还是地板上。然后我就要求黛比找人把灰尘清理干净。我告诉她，工厂的地板应该干净到食物掉到上面都可以直接捡起来吃。黛比听了这样的要求气得要命，她不明白为什么，但我当时也说不清楚。其实是因为我深受之前在日本所见所闻的影响。我非常尊重和崇拜日本企业的一点就是他们的团队合作精神和纪律意识，这也是我们的工厂所欠缺的。如果我们没有纪律来保证工厂一尘不染，那又怎么可能有纪律来确保所有机器都能正常运行？

一个星期日上午，乔布斯带着父亲去参观工厂。保罗·乔布斯一直对工匠精神推崇备至，对生产工艺精益求精，他所有的工具都要摆放得整整齐齐。现在，乔布斯可以自豪地向父亲证明自己也可以做到。科尔曼也跟着一起来参观了。她回忆说："史蒂夫神采飞扬，非常自豪地向父亲展示自己创建的工厂。"乔布斯详细介绍了工厂的运作方式，他的父亲一直啧啧赞叹，看得出他很欣赏这里的一切。"他父亲什么都想摸一摸，非常喜欢这里的清洁感和秩序感，觉得一切都很完美。史蒂夫就一直看着他的父亲。"

而当时为法国第一夫人的达妮埃尔·密特朗（Danielle Mitterrand）来访

时，气氛就没有这么温馨了。达妮埃尔·密特朗是法国前总统弗朗索瓦·密特朗的妻子，这位法国总统信奉社会主义，他的妻子也热爱古巴。在参观工厂的时候，乔布斯找来了阿兰·罗斯曼给自己当翻译，滔滔不绝地向密特朗夫人讲解工厂里先进的机器人和科技。而密特朗夫人则通过她的翻译问了乔布斯很多关于工作条件等方面的问题。在乔布斯介绍准时制生产计划的时候，密特朗夫人又问到了加班费的问题。乔布斯很是恼火，于是他解释说自动化有助于提高工作效率，降低劳动成本，虽然他知道这个回答不会让她满意。密特朗夫人接着问："工作强度大吗？工人们有多长的假期？"乔布斯气得难以自制，对她的翻译说："如果她对工人福利这么感兴趣，告诉她随时欢迎她来工厂上班。"翻译一下变得脸色惨白，什么都没说。这时，罗斯曼赶紧跳出来救场。他用法语说道："乔布斯先生想感谢您过来参观，感谢您对工厂的关心。"罗斯曼回忆说，乔布斯和密特朗夫人都不知道到底发生了什么，但那个翻译总算是松了一口气。

参观结束后，乔布斯开着奔驰车载着罗斯曼回库比蒂诺，在高速公路上飞驰。他对密特朗夫人的态度非常不满，跟罗斯曼抱怨了一路。他开得飞快，在时速刚超过160千米时被警察拦了下来，警察要给他开罚单。几分钟过去，警察还在写，乔布斯就按了一下喇叭。警察说："你想干吗？"乔布斯回答说："我在赶时间。"令人惊讶的是，这位警察并没有发火。他只是开好了罚单，并警告说，如果他再超过88千米的限速，就会被捕入狱。然而，警察一走，乔布斯重新上路之后又一脚油门加速到160千米。罗斯曼感慨道："他是真的觉得一般的规则对他并不适用。"

在Mac推出几个月后，罗斯曼的妻子乔安娜·霍夫曼陪同乔布斯去欧洲出差，也领教了他我行我素的作风。她回忆说："他非常令人讨厌，觉得自己可以为所欲为而不用承担责任。"在巴黎，她安排乔布斯参加一场与法国软件开发人员的正式晚宴，但乔布斯突然说他不想去了。于是，他扔下霍夫曼，把车门一关，说自己要去拜见海报艺术家福隆（Folon）。霍夫曼说："那些开发人员非常生气，拒绝跟我们握手。"

苹果的意大利分部的总经理来自传统行业，性格温和，身材圆润。而乔布斯到了意大利之后，第一眼就对他心生反感。乔布斯直截了当地告诉他，自己觉得他的团队和销售策略都平淡无奇。乔布斯冷冷地说："你不配销售 Mac。"这个经理虽然被训得很可怜，但与乔布斯后来在餐厅大发雷霆相比，这段训斥简直是小巫见大巫。这位意大利分部的总经理设宴招待乔布斯时，乔布斯要求吃纯素食，但是服务员却殷勤地上了一份酸奶油做的酱。乔布斯当场暴跳如雷，霍夫曼不得不低声威胁他说，如果他不立刻冷静下来，她就要把自己滚烫的咖啡倒在他的大腿上。

欧洲之行中最严重的分歧出现在销售预测方面。乔布斯运用他的现实扭曲力场，不断让销售团队提高销售预测的金额。他不停地威胁欧洲市场的经理团队，说如果他们不提高销售预期，他就不会给他们配货。但经理团队坚持实事求是，霍夫曼不得不在中间调停。霍夫曼回忆说："在这趟出差快结束的时候，我的整个身体都在不由自主地颤抖。"

在这次出差的过程中，乔布斯认识了苹果的法国分公司经理让-路易·加西。在整个行程中，加西是为数不多的几个成功与乔布斯对峙的人。加西后来说："他对于现实自有一套理解方式，对付他的唯一办法就是以牙还牙，要比他还凶。"当时乔布斯像往常一样威胁说，如果加西不提高销售预期，他就要减少给法国的配货，加西就发火了："我记得我抓住他的衣襟，让他住嘴，于是他让步了。我自己就曾是个易怒的人。我一度也是个混球，正在努力改进。所以我看到史蒂夫的时候，就知道他在犯浑。"

但加西也觉得乔布斯有一个特质确实非常了不起，那就是只要他愿意，他就能随时随地施展个人魅力。当时，法国总统弗朗索瓦·密特朗正在提倡全民信息化，科技领域的学术专家马文·明斯基（Marvin Minsky）、尼古拉斯·尼葛洛庞帝（Nicholas Negroponte）等人都已纷纷响应。乔布斯在法国期间，曾于布里斯托酒店在这些人面前发表演讲。他描绘了未来的法国，说如果给每个学校都配上电脑，那么整个国家将会取得长足进步。巴黎也激发了乔布斯的浪漫情怀。加西和尼葛洛庞帝都回忆说，这段时间，乔布斯也不时为伊消得人憔悴。

江河日下

Mac 刚问世的时候曾引发追捧，但热度过去之后，其销量在 1984 年下半年开始下滑。Mac 存在根本性问题——虽然看上去功能炫酷，令人眼花缭乱,但其实运行速度非常慢,性能不足。这个弱点是任何宣传造势都无法掩饰的。Mac 的亮点是用户界面明亮欢快,看上去像个阳光明媚的游戏室,而不是不停地闪烁着绿色字幕和呆板命令行的幽暗屏幕。然而,这个最大的亮点也是 Mac 最大的致命伤。在基于文本的显示器上,一个字符只需要不到一个字节的代码,而 Mac 需要一个像素一个像素地画出用户想要的优雅字母,其内存需求比文本显示要多出二三十倍。针对这一问题,丽萨电脑的解决方式是将内存扩展至 1 000K 以上,但 Mac 的内存只有 128K。

另一个问题是 Mac 没有内置的硬盘驱动器。乔安娜·霍夫曼曾坚持要给 Mac 配置这样一个存储设备,乔布斯则一再坚持 Mac 只需要安装一个软盘驱动器,他因此叫乔安娜"施乐偏执狂"。结果就是,用户如果想复制数据,就需要来回装卸软盘,最后还可能因此患上关节炎。此外,Mac 也没有风扇,因为乔布斯觉得风扇工作时会打破人们使用电脑时的平静状态。这再次体现了他武断顽固的特质。因为散热不好,Mac 的很多零部件出现了故障,被人戏称为"米色烤面包机"。这显然不利于提高 Mac 的人气。Mac 上市伊始,诱人的外观和疯狂造势带来了最初几个月的强劲销量,而当电脑的局限性日渐凸显时,销量就开始不断下滑。正如霍夫曼后来感叹的那样:"现实扭曲力场可能会在短期内奏效,但无法持久,幻想总会被现实击破。"

1984 年底,丽萨电脑几乎一台都卖不出去,而 Mac 的月销量也已不足一万台。无奈之下,乔布斯做了一个非常不符合他做事风格的糟糕决定:他给剩余库存的丽萨电脑安装上 Mac 的仿真程序,推出了名为"Mac XL"的新一代产品。由于丽萨已经停产,而且生产线也不会重启,乔布斯非常罕见地选择了生产自己都不看好的产品。霍夫曼说:"我很愤怒,因为 Mac XL 就是个赝品,只是为了把多余的丽萨卖出去。虽然 Mac XL 卖得很好,但我们不得不赶紧叫停了这个可怕的骗局。我也因此辞职。"

这股阴霾也反映在苹果于 1985 年 1 月推出的广告上。这则名为"旅鼠"(Lemmings)的广告的本意是引发共鸣,再次激起观众看完"1984"广告之后对 IBM 的厌恶情绪。但不幸的是,两个广告存在根本性差别。第一个广告是在英雄式的乐观气氛中结束的,第二个广告却弄巧成拙,适得其反。在李·克劳和杰伊·恰特(Jay Chiat)的故事脚本中,身穿深色西装、蒙着双眼的公司经理们正迈向悬崖，走向死亡。从一开始，这个创意就让乔布斯和斯卡利感到很不舒服。广告似乎无法传达出苹果光明和正面的形象，反而侮辱了每一个购买了IBM电脑的经理。

乔布斯和斯卡利要求广告公司再拿出几个创意，但是对方并不愿意，其中一个人说："你们去年还不想要'1984'的广告呢。"根据斯卡利的说法，当时李·克劳还补充说："我把我的个人名誉和全部身家都押在这个广告上。"当雷德利·斯科特的弟弟托尼完成拍摄后，广告的实际效果只能用糟糕透顶来形容。行尸走肉般的经理们唱着葬礼版的《白雪公主》插曲"嘿——嚯，嘿——嚯"向前行进，从悬崖跌落。整个广告片的制作效果阴森诡异，比脚本的压抑程度有过之而无不及。黛比·科尔曼看到这则广告时对乔布斯大喊："我不敢相信你会用这种方式来侮辱全美国的企业经理。"在营销会议上，科尔曼站起来强调自己有多讨厌这个广告："我真的把辞职信都放到他的桌子上了。我是用自己的Mac写的辞职信。我觉得这个广告是对企业管理者的侮辱。我们当时刚刚在桌面出版领域站稳脚跟，推出这样的广告是什么意思呢？"

虽然存在种种反对的声音，乔布斯和斯卡利最终还是屈服于广告机构的再三恳求，在超级碗期间播放了广告。乔布斯和斯卡利还一同去斯坦福体育场观看了比赛，同行的还有斯卡利的妻子利兹（她一直很讨厌乔布斯）和乔布斯的新女友蒂娜·莱德斯（Tina Redse）。这场比赛非常胶着，在第四节快结束的时候，大屏幕上播放了苹果的广告。现场球迷们都抬头看着广告，并没有什么反应。但是，全美范围的大部分反应都是负面的。一家市场研究公司的总裁告诉《财富》杂志："这个广告恰恰侮辱了苹果的目标客户。"苹果的营销经理事后建议在《华尔街日报》上买一个广告版面来道歉。但杰伊·恰特威胁说，如果苹果这样做，他的广告公司就会买下旁边的版面，为苹果的道歉广告致歉。

广告和苹果公司的总体情况都让乔布斯郁郁寡欢。同年1月，他前往纽约接受一对一的媒体采访，在这期间，他的挫败情绪表现得淋漓尽致。像以前一样，里吉斯·麦肯纳公司的安迪·坎宁安负责乔布斯在卡莱尔酒店的安排和后勤工作。乔布斯到达酒店之后，要求她把自己的套房全部重新布置一遍，尽管当时已经晚上10点，而第二天就要接受采访。他一再吹毛求疵：钢琴放的位置不对，草莓也不是自己想要的品种，不过，他最大的意见是房间里摆放的花。他想要海芋百合。坎宁安回忆说："我们因为花的事情大吵了一架。我知道什么是海芋百合，因为我的婚礼上用的就是这种花，但他非说另外一种才是海芋百合，还说我是'笨蛋'，因为我连真正的海芋百合是什么样都搞不清楚。"坎宁安只得出门去找花。好在这里是纽约，她找到了一家午夜还在营业的花店，买到了乔布斯想要的那种百合花。当他们把房间重新布置好之后，乔布斯又开始对坎宁安的衣着挑三拣四。他对她说："你穿的衣服真恶心。"坎宁安知道有时候他只是心里有气，迁怒于人，所以试图安抚他："我知道你很生气，我知道你的感受。"

乔布斯大吼："你根本就不知道我是什么感受，根本就不知道我有多难受！"

三十而立

对大多数人来说，30岁是一个里程碑。而对于曾经喊出"别相信30岁以上的人"口号的这代人，30岁更是人生的重要关卡。1985年2月，乔布斯在旧金山圣弗朗西斯酒店的宴会厅举办了一场盛大的千人派对来庆祝自己的30岁生日。这场生日派对虽然豪华正式，但也轻松有趣——很多人都是穿正装配网球鞋。乔布斯发出的派对邀请函上写道："印度有句古老的格言：'生命的前30年，人塑造习惯；生命的后30年，习惯塑造人。'欢迎来与我共同庆祝我的30岁生日。"

有一张桌子上坐的都是软件行业巨头，包括比尔·盖茨和米切尔·卡普尔。另一桌都是乔布斯的老友，伊丽莎白·霍姆斯也来了，陪她一同出席的是一位身穿燕尾服的女士。安迪·赫兹菲尔德和伯勒尔·史密斯分别租了套燕尾服，盛装赴宴，脚上穿的却是松软的网球鞋。旧金山交响乐团演奏了施特劳斯的圆舞曲，众人翩翩起舞，两人的网球鞋格外抢眼。

乔布斯本想邀请鲍勃·迪伦担任演出嘉宾，但遭到婉拒，于是他请来艾拉·费兹杰拉登台献唱。她除了演唱自己的经典曲目，还特意把《来自伊帕内玛的女孩儿》改编为《来自库比蒂诺的男孩儿》。她问观众有没有想听的歌，于是乔布斯点了几首。最后，她以一曲慢版的《生日快乐》结束了表演。

斯卡利上台，提议为"科技领域最具远见卓识的人"敬酒。随后，沃兹尼亚克也上台，向乔布斯献上一份装裱好的子虚乌有的扎尔泰电脑产品手册作为生日礼物。当年，两人带着 Apple II 参加 1977 年西海岸电脑展览会，沃兹尼亚克虚构了一款扎尔泰电脑，连乔布斯都被他制作的产品手册唬住了。风险投资家唐·瓦伦丁发表演讲，对过去 10 年的沧桑变化表示感慨。瓦伦丁说："史蒂夫年轻时看起来像胡志明，曾信誓旦旦地说永远不要相信 30 岁以上的人。谁能想到，今天，他为庆祝 30 岁生日举办了如此声势浩大的派对，连爵士天后艾拉·费兹杰拉都来了。"

给乔布斯这样求全责备的完美主义者挑选礼物并非易事，很多人都绞尽脑汁，为他挑选了特别的礼物。黛比·科尔曼费尽周折，找来了斯科特·菲茨杰拉德的小说《最后的大亨》的初版。但乔布斯把所有人的礼物都留在了酒店房间，一件也没有带走，这个行径虽然奇怪，但也确实符合他的个性。沃兹尼亚克和一些苹果公司的元老并不喜欢酒店提供的山羊奶酪和三文鱼慕斯，在聚会结束后又相约去了丹尼餐厅吃饭。

在乔布斯 30 岁生日的那个月，《花花公子》上发表了一篇深度长篇采访，执笔人是作家戴维·谢夫（David Sheff）。文中援引了乔布斯的话："在三四十岁仍然能产出伟大作品的艺术家少之又少。当然，有一些人天生就有强烈的好奇心，永远对生活充满敬畏，永远保持着赤子之心，但这样的人非常罕见。"他的语气中透露着一丝惆怅和对于创造未来的渴望。在这篇采访中，乔布斯讨论了很多话题，但最打动人心的还是乔布斯对变老和面对未来的反思：

一个人的想法会像构建脚手架一样在头脑中构建出模式。思维模式就是大脑中的化学反应蚀刻出来的。在大多数情况下，大脑会被现有模式禁锢，就好像唱片机的唱针永远摆脱不了唱片上的针槽。

我会跟苹果紧紧相连。我希望自己人生的轨迹能跟苹果的命运相互交织，就像编织一副挂毯那样交错勾连。我也许会有几年不在苹果，但我总会回来的……

如果你希望像艺术家一样，充满创造力地度过此生，就不能沉溺于过往，无论以前你是谁，你做过什么，你都必须欣然接受，淡然放手，然后毅然决然地轻装前行。

外界越是试图固化你的形象，你就越难继续保持艺术家的初心。这也是为什么很多时候，艺术家不得不说："再见了，我必须离开，我快被逼疯了，必须逃出现实的牢笼。"然后他们会挥手告别，找个地方藏行隐迹，闭关潜修。也许过一段时间，他们会重出江湖，但会跟以往有所不同。

说出这些话的乔布斯似乎有种预感，觉得自己的生活很快会出现巨变。也许他生命的一部分的确与苹果的发展相互交织，也许他是时候放弃以前的成就，摒弃过去的自我了，也许是时候说"再见，我必须离开"，然后过段时间带着不一样的思想重出江湖。

出埃及记

1984 年 Mac 问世后，安迪·赫兹菲尔德请了一个长假。他需要给自己充充电，调整一下状态，也希望暂时远离自己讨厌的上司鲍勃·贝尔维尔。有一天，他听说乔布斯给 Mac 团队的工程师发了奖金，最高达到 5 万美元。于是他也去向乔布斯要奖金。乔布斯说，贝尔维尔决定不给休假的人发奖金。但赫兹菲尔德后来听说做决定的人其实不是贝尔维尔，而是乔布斯。于是他去找乔布斯对质。乔布斯起初闪烁其词，后来又说："就算你说的是真的，又能怎么样呢？事情会有所改变吗？"赫兹菲尔德说，如果乔布斯扣下这笔奖金是为了确保他休假结束后可以重返岗位，那他就不回去上班了，因为这是原则性问题。乔布斯最后不得不做出让步，但赫兹菲尔德还是感觉很不是滋味。

休假即将结束的时候，赫兹菲尔德特意约乔布斯吃晚饭。他们从乔布斯的办公室步行了几个街区来到一家意大利餐厅。赫兹菲尔德告诉乔布斯："我是真的想回来，但是现在公司看起来一片混乱。"乔布斯隐隐有点儿恼火，显得心烦意乱。但赫兹菲尔德还是接着说了下去："软件团队士气全无，几个月都没做出什么像样的东西，伯勒尔也很灰心，他坚持不到年底，就会离开公司的。"

他说到这里，就被乔布斯打断了："你根本就不知道自己在说什么。Mac 团队好得很，现在也是我人生中最美好的时光。你根本就搞不清楚情况。"他灼人的目光一闪而过，竭力装出一副被赫兹菲尔德的批评逗乐的样子。

赫兹菲尔德垂头丧气地说："如果这是你真实的想法，我觉得我没有办法回来了。我想回归的 Mac 团队已经不复存在。"

乔布斯回答说："Mac 团队必须成长，你也一样。我希望你能回来，但是如果你不想回来，也随你。反正你也没有自己想象的那么重要。"

赫兹菲尔德于是没有再回苹果。

1985 年初，布瑞尔·史密斯也准备离开了。他一度担心乔布斯会极力挽留他，这样会让他非常为难。毕竟现实扭曲力场的威力太过强大，他可能无法抗拒。因此，史密斯找赫兹菲尔德商量怎么才能摆脱这一力场的影响。有一天，史密斯告诉赫兹菲尔德："有了！我想到了一个完美的离职方式，可以让现实扭曲力场失效。我可以走进史蒂夫的办公室，把裤子一脱，在他办公桌上小便，对这种事情他还能说什么呢，这个方法一定管用。"而 Mac 团队则打赌说，布瑞尔·史密斯就算再厉害，也没有胆量这么做。在乔布斯生日宴会的那几天，史密斯终于鼓足勇气去跟乔布斯摊牌。他按照约好的时间，走进乔布斯的办公室，却发现乔布斯满脸堆笑地看着他。乔布斯问："你要这么做吗？你真的要这样做吗？"原来，他听说了史密斯的计划。史密斯看了看乔布斯，说："我有必要这样做吗？如果非做不可，那我就做。"乔布斯也看了看史密斯，从乔布斯的眼神里，史密斯知道没必要了。因此他平心静气地提出了离职申请，跟乔布斯和平地分道扬镳。

史密斯离职后不久，Mac 团队另外一位出色的工程师布鲁斯·霍恩也决定离开。霍恩去跟乔布斯道别时，乔布斯告诉他："Mac 的一切问题都是你的错。"

霍恩回答说："事实上，史蒂夫，Mac 上很多亮点也都是我的错，我像个疯子一样争取，才保留了这些亮点。"

乔布斯承认说："你说得没错。要是你愿意留下来，我就给你 15 000 股股票。"霍恩拒绝了，这时乔布斯展示了自己有人情味儿的一面："好吧，那就给我一个拥抱吧。"于是他们拥抱了一下。

而那个月最大的新闻是苹果联合创始人史蒂夫·沃兹尼亚克的离开。沃兹尼亚克当时在 Apple II 部门担任中级工程师，作为公司的基柱和招牌人物，他一向谦恭低调，默默无闻，一直沉潜于公司的底层，尽可能地远离管理层和公司政治。他感觉乔布斯并不喜欢 Apple II，这种感觉当然并非没有根据。但 Apple II 仍是公司的摇钱树，在 1984 年圣诞节前后，公司销售额的 70% 都来自 Apple II。沃兹尼亚克后来说："Apple II 团队受到了公司其他部门的冷落。然而，Apple II 的销量一直都远超公司的其他产品，而且在未来几年内也是如此。"他甚至鼓起勇气做了一些完全不符合自己个性的事情——有一天他打电话给斯卡利，责备他对乔布斯和 Mac 部门给予了太多关注，却对 Apple II 不闻不问。

心灰意冷的沃兹尼亚克决定悄悄离开，另起炉灶。他发明了一部万能遥控装置，用户用一组简单的按钮就可以控制家里的电视、音响和其他电子设备，按钮的编程也十分快捷简单。他打算成立一家公司，专门生产这个遥控装置。他只是向 Apple II 部门的工程主管提交了离职申请，因为他觉得自己并没有那么重要，没必要越级汇报给乔布斯或马库拉。所以乔布斯还是在读《华尔街日报》的时候才得知此事。沃兹尼亚克真诚直率，所以在记者打电话向他确认消息的时候，他坦诚地回答说自己的确要离职了，因为他觉得苹果一直对 Apple II 部门的发展不够重视。他说："5 年来，苹果的发展已经彻底走偏了。"

《华尔街日报》的文章刊登不到两周后，沃兹尼亚克和乔布斯一同前往白宫，接受里根总统颁发的首枚美国国家技术奖章。里根总统引用了美国第 19 任总统拉瑟福德·海斯在第一次看到电话机时所说的话："这个发明非常不错，但是谁会想用这东西呢？"然后他调侃说："我当时就觉得他可能想错了。"因为沃兹尼亚克马上要离职，在这种尴尬的局面下，苹果并没有为奖章的事举办庆祝晚宴。于是，参加完颁奖典礼的乔布斯和沃兹尼亚克步行到一家三明治店吃饭。沃兹尼亚克回忆说，他们两个只是愉快地闲聊，对他们之间存在的分歧避而不谈。

沃兹尼亚克希望好聚好散，这是他的一贯风格。因此，他同意以两万美元的年薪继续担任苹果的兼职员工，也会继续代表公司参加活动和贸易展。他们本可以就这样体面地分手，但是乔布斯做不到。在他们一起访问华盛顿几周后的一个星期六，乔布斯去了哈特穆特·埃斯林格在帕洛阿尔托新设立的工作室（他已经把青蛙设计公司搬到了帕洛阿尔托，为苹果提供设计服务）。在工作室里，乔布斯恰好看到工作室给沃兹尼亚克的新遥控装置绘制的草图，顿时火冒三丈。苹果在与青蛙设计公司的合同中规定，苹果有权禁止青蛙设计公司为其他与计算机有关的项目提供设计。乔布斯以这一条款为理由提出抗议。他回忆说："我告诉他们，我们无法接受他们与沃兹合作。"

《华尔街日报》的记者听闻此事，随即联系沃兹尼亚克采访求证。沃兹尼亚克又一如既往地开诚布公。他说乔布斯是在惩罚他："史蒂夫·乔布斯对我怀恨在心，可能是因为我之前对苹果的评价。"乔布斯这一行为非常小心眼，但是其背后的部分原因是他知道，一个产品的外观和风格会带来品牌效应。如果沃兹尼亚克设计生产的设备使用的设计语言与苹果的相同，可能会被误认为是苹果的产品。这一点是其他人都没有意识到的。乔布斯对《华尔街日报》解释说，他是想确保沃兹尼亚克的遥控器不会在外观上让人误以为是苹果的产品："我这么做不是针对沃兹本人，我们只是不希望看到我们的设计语言被用在其他产品上。沃兹必须自己去找资源。他不能利用苹果的资源，我们不能为他搞特殊。"

乔布斯主动自掏腰包，支付了青蛙设计公司已经为沃兹完成的设计的费用，但即便如此，他强势霸道的作风依然出乎青蛙设计高管的意料。乔布斯要求他们交出为沃兹尼亚克绘制的图纸，或者就地销毁，但他们拒绝了。面对这种情况，乔布斯只能正式去函，申明苹果的合同权利。青蛙设计公司的设计总监赫伯特·普费弗（Herbert Pfeifer）不惜惹怒乔布斯，公开驳斥了乔布斯"与沃兹尼亚克的纠纷不属于个人恩怨"的说法。普费弗对《华尔街日报》说："这是一场权力之争。他们两个之间的确存在私人恩怨。"

赫兹菲尔德在听说乔布斯的所作所为后义愤填膺。他的住所离乔布斯家大约 12 个街区，乔布斯有时候会在散步途中顺便去他家找他聊天。赫兹菲尔德回忆说："沃兹尼亚克的事让我感到非常愤怒。史蒂夫再来我家的时候，我没让他进门。他也知道自己做得不对，但他一直在为自己辩解。也许在他脑海中的扭曲现实里，他确实能够证明自己是没错的。"而沃兹尼亚克即使再恼火，也像泰迪熊一样温和可亲。他又找了一家设计公司，甚至同意继续担任苹果公司的代言人。

摊牌，1985年春

1985年春，乔布斯和斯卡利正式决裂，其背后的原因有很多。一方面是商业上的分歧。比如，斯卡利希望Mac保持高价，以此实现利润最大化，但乔布斯希望Mac的价格更加实惠亲民。另一方面是难以名状的心理因素。两个人最初都疯狂地迷恋彼此，斯卡利苦苦求取乔布斯的赞许和肯定，而乔布斯也迫切渴望找到父亲般的人生导师。而当最初的热情冷却下来时，两个人的期待和情感就出现了落差。但追根究底，两个人之间的裂痕日益增长，主要原因有两个，双方各占一个。

对乔布斯来说，问题在于斯卡利自始至终都不懂产品。斯卡利无法理解苹果团队对产品细节的精益求精，也从来没有试图去理解。斯卡利反而认为，乔布斯不断对技术细节进行微调，极度关注设计点滴的做法就跟走火入魔一样，结果适得其反，严重影响了产品的研发进度。斯卡利此前的从业经验是饮料和零食的销售，这些产品的配方与他基本无关，他只关心产品能不能卖出去。他对产品没有与生俱来的热情，这一点在乔布斯看来，简直罪无可恕。乔布斯回忆说："我耐着性子跟他讲解电子工程的细节，而他对产品的诞生过程一无所知，过不了一会儿，我们两个人就会争论起来。但是我知道自己的想法是对的。产品就是一切。"乔布斯愈发觉得斯卡利没有什么头脑，而斯卡利又总是急切地寻求乔布斯的认同，还误以为两个人有很多相同之处，这让乔布斯更加鄙视他。

对斯卡利而言，乔布斯的根本问题在于，当他向人示好时，他必然是为了操控对方，除此之外，他一贯粗鲁无礼，自私自利。斯卡利心地善良，富有爱心，待人接物极其彬彬有礼，所以他对乔布斯莽撞蛮干的风格非常不齿，其鄙夷程度就好似乔布斯同样看不上他对产品细节毫无热情。有一次，他们与施乐公司的董事会副主席比尔·格拉文（Bill Glavin）会面，事前，斯卡利再三叮嘱乔布斯不要失礼，但双方刚一落座，乔布斯就开门见山地对格拉文说："你们根本就不知道自己在做什么。"双方最后不欢而散。乔布斯对斯卡利说："对不起，但我就是控制不住自己。"类似的例子不胜枚举。正如雅达利公司的阿尔·奥尔康后来所观察到的："斯卡利的价值观是希望大家一团和气，他很在意人际关系。但史蒂夫根本不在乎这些。史蒂夫极其看重产品，而斯卡利永远做不到。对于任何不是 A 级选手的人，史蒂夫都会出言不逊，这种风格也确保了苹果团队的成员都是精英中的精英。"

对于两人关系的动荡，董事会也愈发忧心。1985 年初，阿瑟·洛克和其他一些不满的董事对两人进行了严厉的训话。他们告诉斯卡利，他的职责是管理公司，他应该加强自己的权威，而不是急于要跟乔布斯称兄道弟。他们对乔布斯说，他的当务之急是扭转 Mac 部门的混乱局面，而不是对其他部门的工作指手画脚。被训斥之后，乔布斯回到自己的办公室，不停地在 Mac 电脑上输入："我绝不再批评公司的其他部门了，我绝不再批评公司的其他部门了……"

Mac 的销量每况愈下，不断令人失望。到 1985 年 3 月，其销量只有预期的 10%。乔布斯要么窝在办公室里生闷气，要么就在大厅里走来走去，对所有人横加指责，说问题是他们造成的。他的情绪波动愈发剧烈，对周围人的辱骂也变本加厉。中层管理团队开始联合起来反抗他。在一次行业会议上，苹果的市场营销总监迈克·默里要求跟斯卡利私下谈一谈。他们正要上楼去斯卡利的房间，正好被乔布斯看到了，乔布斯说他也要一起去，但被默里拒绝。默里告诉斯卡利，乔布斯搞得大家人仰马翻，不能再让他继续担任 Mac 部门的管理者。斯卡利回答说，他还不想跟乔布斯摊牌。默里后来直接给乔布斯发了一份备忘录，批评了他对待同事的方式，并谴责他"以践踏人格的形式进行管理"。

接下来的几周，事情似乎出现了转机。乔布斯被帕洛阿尔托附近一家名为伍德赛德设计公司开发的平板电脑技术吸引。这个公司的老板是史蒂夫·基钦（Steve Kitchen），一个脾气古怪的工程师。乔布斯同时还对另一家创业公司产生了兴趣，这个公司生产的触摸屏可以用手指控制，不再需要鼠标。这两项技术也许可以帮助乔布斯实现愿望，生产出像书一样轻薄方便的电脑。有一次，乔布斯正在跟基钦散步，在附近的门洛帕克发现了一栋建筑，觉得这里很适合用于建立研发基地，把自己的这些想法付诸实践。这个基地可以叫作苹果实验室（AppleLabs），由乔布斯负责管理，让他重享带领小团队研发伟大产品的喜悦感。

这件事让斯卡利兴奋不已。如此一来，他大部分的管理问题都可以迎刃而解,既能让乔布斯回归自己最擅长的领域,也能让他带着自己的破坏性影响远离总部。斯卡利很快就物色好了接替乔布斯担任Mac部门经理的接班人——苹果公司在法国的负责人让-路易·加西。乔布斯在法国出差期间,他负责接待过乔布斯。加西飞到库比蒂诺,说如果能保证他接管Mac部门,而不是在乔布斯手下工作,他就会接受这份工作。公司董事梅西百货的菲利普·施莱恩也来劝说乔布斯,说他更擅长的事情其实是带领一个充满激情的小团队开发新产品。

但乔布斯考虑再三,还是决定不去成立苹果实验室。他拒绝将控制权让给加西,而加西则明智地选择返回巴黎,因为加西感觉权力冲突一触即发,不可避免。在整个春季剩下的时间里,乔布斯一直举棋不定。有时候,他想继续保有自己企业管理者的地位,甚至还写了一份备忘录,敦促公司取消免费饮料的供应和头等舱出行,削减运营成本;有时候,他又觉得应该听人劝告,离开大本营,去成立新的苹果实验室,管理一个新的研发团队。

3月,默里又发出一份备忘录。他虽然在备忘录上标明"请勿传阅",但他自己却发给了多位同事。他在备忘录的开篇称:"我在苹果工作3年了,从来没经历过像过去90天那样的混乱、恐惧和管理失能。基层员工都觉得我们就像一艘无舵之船,在迷雾中随波漂流。"在乔布斯和斯卡利的权力之战中,默里的立场非常不坚定,他有时会跟乔布斯合谋要把斯卡利拉下马。但在这份备忘录中,他把责任推给了乔布斯:"也许是他造成了管理失能,也许他受到了管理失能的影响,无论如何,史蒂夫·乔布斯现在控制着几乎坚不可摧的权力基础。"

3月底,斯卡利终于鼓起勇气要求乔布斯放弃Mac部门的管理权。一天晚上,他带着人力资源经理杰伊·埃利奥特走到乔布斯的办公室,正式跟乔布斯对峙。斯卡利说:"没有人比我更欣赏你的聪明才智和远见卓识。"他以前也说过这样的奉承话,但这一次的奉承话后面明显地还跟着一个残酷的转折。斯卡利接着说:"但是,这样下去真的不行。"就这样,斯卡利一面恭维乔布斯,一面抛出更多"但是"。他接着说道:"我们之间建立了伟大的友谊,但是我对你管理Mac部门的能力失去了信心。"他还斥责乔布斯背地里说他坏话,私下叫他蠢货。

第十七章　伊卡洛斯　凡升起的

乔布斯看上去茫然失措，但他的第一反应也非常奇怪，他说斯卡利应该多帮助和指导他，"你得多花时间和我在一起"。接着他又开始反唇相讥，说斯卡利对电脑一无所知，把公司管理得乱七八糟，加入苹果以来，就一而再再而三地让自己失望。接着，乔布斯哭了起来。斯卡利就坐在旁边咬指甲。

过了一会儿，斯卡利说："我会跟董事会提出这个问题。我会建议让你从管理 Mac 部门的岗位上退下来。我就是来提前告诉你的。"他劝乔布斯不要再做困兽之斗，而是同意去开发新技术和新产品。

乔布斯从座位上跳了起来，怒气冲冲地瞪着斯卡利说："我不相信你会这么做。如果你这么做，公司就会毁在你手里。"

在接下来的几周里，乔布斯的行为变化无常。前一刻他还在说要去建立苹果实验室，下一刻他又开始四处笼络支持者，让大家一起把斯卡利赶走。他先是向斯卡利示好，然后又在他背后破口大骂。有时在同一个晚上，他的态度也会反反复复。一天晚上 9 点，他打电话给苹果公司的总法律顾问艾尔·艾森斯塔特，说他对斯卡利失去了信心，需要他帮助说服董事会解雇他；到了晚上 11 点，他又打电话给斯卡利说："你很了不起，我只想让你知道我很喜欢和你一起工作。"

在 4 月 11 日的董事会会议上，斯卡利正式提出，他想请乔布斯卸下 Mac 部门负责人的职务，转而专注于开发新产品。随后发言的是阿瑟·洛克，他是董事会成员中最顽固、最不受别人影响的人。他说，斯卡利和乔布斯都让他受够了：斯卡利在过去一年中都没有胆量掌握指挥权，而乔布斯的行为"就像个任性的小毛孩儿"。为了解决这次争端，董事会决定跟他们两个人分别进行私下谈话。

斯卡利首先离开了会议室，好让乔布斯先作陈词。乔布斯坚持认为斯卡利是问题所在，因为他对电脑一无所知。洛克听了这话，把乔布斯骂了一顿。他用低沉的嗓音说，乔布斯在这一年里的所作所为非常愚蠢，他没有权力继续管理一个部门。甚至连乔布斯最坚定的支持者菲尔·施莱恩也试图说服他体面地退居幕后，去替公司管理研究实验室。

然后轮到斯卡利与董事会单独会面。他给董事会下了最后通牒："你们可以选择支持我，我会负起责任好好管理公司。你们也可以什么都不做，那就请再去找个新的首席执行官吧。"他说，如果董事会授权给他，他不会贸然行事，而是会在接下来的几个月里，帮助乔布斯实现到新角色的平稳过渡。董事会所有成员一致支持斯卡利，授权他寻找合适的时机撤换乔布斯。乔布斯在会议室外等待时，已经清楚地知道自己要输了。他看到了老同事德尔·约克姆，跟他拥抱了一下。

董事会做出决定之后，斯卡利努力安抚乔布斯。乔布斯要求在接下来的几个月里慢慢进行过渡，斯卡利同意了。那天晚上，斯卡利的行政助理南妮特·巴克霍特（Nanette Buckhout）打电话给乔布斯，想看看他状态如何。乔布斯正呆若木鸡地坐在自己的办公室里。斯卡利已经下班，于是乔布斯来到巴克霍特的办公室跟她聊天。他对斯卡利的态度又开始疯狂摇摆，他说："约翰为什么要这样对我？他背叛了我。"然后他的想法又变了，说也许自己应该抽出一些时间来修复与斯卡利的关系。与"约翰的友谊对我来说比什么都重要，也许我现在应该做的事情是专注于维护我们的友谊。"

密谋政变

乔布斯向来不习惯别人对他说"不"，他不会轻易缴械投降。1985年5月初，他走进斯卡利的办公室，要求斯卡利给他更多时间，让他证明自己有能力管理Mac部门。他承诺，他将证明自己是一个合格的运营人员。斯卡利没有让步。接下来，乔布斯又转变策略，直截了当地要求斯卡利辞职。乔布斯告诉他："我觉得你已经乱了阵脚。第一年你做得很棒，一切都很顺利，但后来出了点儿事。"一向心平气和的斯卡利听了这话，不由得大动肝火，他反击说乔布斯迟迟无法开发出Mac软件，也设计不出新的模型，更没能获得客户的青睐。两个人的会面变成了一场争吵，双方纷纷指责对方做得更差，没有管理能力。很多同事透过斯卡利办公室的玻璃墙围观了他们的冲突。乔布斯离开后，斯卡利转过身，背对着玻璃墙，不由得流下了眼泪。

最严重的冲突在5月14日爆发。那是一个星期二，Mac团队要向斯卡利和苹果的高层做季度回顾报告。乔布斯仍然没有放弃对Mac的控制权。他带着团队来到董事会会议室，一脸不服气的神情。他和斯卡利首先就

Mac部门的宗旨发生了冲突。乔布斯说，该部门的宗旨是售出更多台Mac电脑，斯卡利则说该部门要为苹果的整体利益服务。苹果公司的常态是部门之间几乎没有合作。例如，Mac团队正在筹划开发新的磁盘驱动器，但这款驱动器又跟Apple II部门正在开发的磁盘驱动器不同。会议记录显示，两人的辩论持续了整整一个小时。

接下来，乔布斯介绍了其部门正在进行的项目：他们正在开发一款更强大的Mac来取代已停产的丽萨，而且他们还在开发一个名为FileServer的软件，让Mac用户可以在网络上共享文件。斯卡利在会议上才得知这些项目都将延期完成。他毫不留情地嘲讽默里销售业绩不佳，责怪贝尔维尔错过了工程的截止日期，最后又把矛头指向乔布斯，批评他整体管理不善。尽管如此，在会议结束时，乔布斯还是当着在场所有人的面，恳求斯卡利给他一次机会，让他证明自己可以管理一个部门。斯卡利拒绝了。

那天晚上，乔布斯带着Mac团队在伍德赛德的尼娜咖啡馆吃饭。因为斯卡利要求加西准备接管Mac部门，所以加西再次来到公司总部，乔布斯邀请他跟团队共进晚餐。贝尔维尔提议大家干杯，说道："来，敬我们自己，只有我们才真正理解史蒂夫·乔布斯眼中的世界。"所谓"史蒂夫眼中的世界"，是苹果公司的其他人用来贬损乔布斯的现实扭曲力场的话。晚饭结束后，大家四下散去，贝尔维尔与乔布斯坐在他的奔驰车里，敦促他组织一场与斯卡利的生死之战。

几个月前，苹果公司获得了向中国出口电脑的许可，乔布斯受邀在1985年美国阵亡将士纪念日的那个周末前往中国的人民大会堂签署协议。他告诉斯卡利之后，斯卡利决定自己去中国签约，乔布斯表示同意。这正好给乔布斯提供了难得的好机会。他决定趁斯卡利不在的时候发动政变。在阵亡将士纪念日之前一周的时间里，他找了不少人一起散步，跟他们分享了自己的计划。他告诉迈克·默里："约翰去中国以后，我要发动一场政变。"

关键七日

5月23日，星期四：在Mac部门的高层例会上，乔布斯向自己的核心圈子讲述了驱逐斯卡利的计划。他还向公司人力资源总监杰伊·埃利奥特透露了计划,而埃利奥特直言不讳地告诉他,他的计划不会成功。埃利奥特与一些董事会成员谈过话,敦促他们拥护乔布斯,但他发现大多数董事会成员都支持斯卡利,大多数高级主管也是如此。然而,乔布斯却一意孤行。他在停车场附近散步时碰到加西,也向他透露了自己的计划。他明知道加西是从巴黎过来接替他的职位的,却还是忍不住告诉了他。多年后,乔布斯自嘲说:"我错就错在把计划告诉了加西。"

当天晚上,苹果公司的总法律顾问艾尔·艾森斯塔特在家里搞了个小型的烧烤聚会,招待斯卡利夫妇和加西夫妇。加西跟艾森斯塔特讲了乔布斯的阴谋,艾森斯塔特听完,建议他也告知斯卡利。加西回忆说:"史蒂夫正在图谋造反,想发动政变,把约翰赶下台。我在艾森斯塔特家的书房里,用食指轻点约翰的胸骨,告诉他:'如果你明天出发去中国,回来之后公司可能就没有你的位置了。史蒂夫正在密谋除掉你。'"

5月24日,星期五:斯卡利取消了中国之行,决定在星期五上午的苹果主管会议上与乔布斯对质。乔布斯迟到了。每次开会,斯卡利都坐在桌子最前方,乔布斯一般坐在他旁边。但这次,乔布斯的位子被占了,所以他坐到了桌子的另一端。乔布斯穿了一套剪裁得体的西装,看起来精神抖擞。斯卡利则脸色苍白。他宣布取消今天的日程安排,专门解决一个所有人都在关心的问题。他看着乔布斯说:"我听说你想把我赶出公司。我想问问你,这是不是真的?"

这一问完全出乎乔布斯的意料,但他这个人向来直言不讳。他眯起眼睛,一眨不眨地盯着斯卡利,用缓慢的语调冷冰冰地说:"我觉得你待在这里对苹果没有好处。你是管理公司的错误人选,你确实应该离开公司。你自始至终都不懂经营。"他指责斯卡利对产品开发流程一无所知,然后加了一句相当自我的批评:"当初,我让你加入苹果,是为了帮助我成长,但是你没有做到。"

会议室里的其他人都一动不动地坐着。斯卡利终于没有控制住自己的情绪。他童年时期曾患口吃,后来好了,20多年没再犯过,但现在他被气得又结巴了起来:"我不信任你,我不会容忍缺乏信任的关系。"乔布斯

第十七章 伊卡洛斯 凡升起的

说他比斯卡利强,能把公司管理得更好。听了这话,斯卡利决定孤注一掷。他请在场的人投票表决,看看到底谁更擅长管理公司。25年以后,乔布斯依然无法释怀,他回忆说:"他这一招用得很聪明。当时开的是执行委员会会议,他说:'你们投票吧,是选我还是选史蒂夫?'而他已经做好所有的准备工作,只有傻瓜才会投票给我。"

突然之间,本来纹丝不动的与会人员都开始骚动起来。德尔·约克姆需要第一个发言。他说他很欣赏乔布斯,希望乔布斯能继续在公司的发展中扮演一定的角色。然后,他鼓起勇气,在乔布斯灼人的目光下说,他很"敬重"斯卡利,会支持斯卡利做公司的管理者。接着是艾森斯塔特。他看着乔布斯,说出了差不多的话:他很欣赏乔布斯,但他支持斯卡利。作为外部顾问列席高级员工会议的里吉斯·麦肯纳说得更直接。他看着乔布斯,说乔布斯还没有做好管理公司的准备,而且自己也曾告诉乔布斯这一点。其他人也支持斯卡利。对比尔·坎贝尔来说,这一抉择尤其艰难。他很喜欢乔布斯,不怎么喜欢斯卡利。他用略带颤抖的声音告诉乔布斯,他决定支持斯卡利。他还建议他们两个妥善地解决这个问题,在公司为乔布斯找到合适的职位。他告诉斯卡利:"你不能让史蒂夫离开公司。"

乔布斯看上去万念俱灰,他说:"我想我知道大家的立场了。"说完这句话,他就冲出了会议室。没有人追出去。

他回到自己的办公室,召集了在Mac部门长年追随他的成员,忍不住放声痛哭。他说自己没有别的选择了,只能离开苹果,说着就开始往门外走。黛比·科尔曼把他拦了下来,跟其他人一起劝他要冷静,不要贸然行事。他应该利用周末重新组织力量,也许还有办法不让公司分崩离析。

斯卡利虽然赢得了胜利,却一点儿也高兴不起来,他的内心已是千疮百孔。他就像一个受伤的战士,来到了公司顾问艾森斯塔特的办公室,请他开车带自己去兜兜风。他们坐上艾森斯塔特的保时捷后,斯卡利发自内心地感慨道:"我不知道自己还能不能坚持下去。"艾森斯塔特问他是什么意思,斯卡利回答说:"我还是辞职吧。"

艾森斯塔特表示反对:"不行。你如果辞职,苹果就完了。"

斯卡利说:"我还是辞职吧,我觉得我不适合管理苹果。"

艾森斯塔特回答说:"我觉得你这是在逃避,你必须站起来面对乔布斯。"然后他开车把斯卡利送回了家。

看到斯卡利大白天就回家了,他的妻子特别惊讶。他意志消沉地对她说:"我真没用。"他的妻子性格火暴,对乔布斯从来没什么好感,也始终不明白自己的丈夫中了什么邪,会对乔布斯如此迷恋。在了解事情的原委之后,她立刻跳上车,一路加速来到乔布斯的办公室。办公室的人告诉她乔布斯去美好地球餐厅了,于是她又开车赶到那里,正好在停车场遇见乔布斯跟 Mac 团队的忠臣们。于是她开门下车,径直走到乔布斯跟前。

她说:"史蒂夫,我能和你谈谈吗?"乔布斯惊呆了。她厉声说:"你知道能认识像约翰·斯卡利这样的好人,你有多么荣幸吗?"乔布斯的眼光四处躲闪。她说:"我和你说话的时候,你都不能看着我的眼睛吗?"于是乔布斯照做了,眼睛一眨不眨地盯着她看。她被看得浑身不舒服,说:"算了,别看我了。我看大多数人的眼睛时,总能看到他们的灵魂。而我看着你的眼睛时,我看到的是一个无底洞,一个空空的洞,一个死区。"她说完这些话,便转身离开了。

5月25日,星期六:迈克·默里驱车前往乔布斯在伍德赛德的家,想要劝劝他。他建议乔布斯同意带领团队去研发新品,创办苹果实验室项目,离开总部的是是非非。乔布斯似乎愿意考虑这样做,但他首先需要跟斯卡利和解。于是他拿起电话,向斯卡利抛出了橄榄枝,这让斯卡利非常惊讶。乔布斯问他第二天下午能不能与自己见个面,一起到斯坦福大学的山上走一走。在两个人还亲密无间的时候,他们经常一起去那里散步,也许旧地重游能帮助他们重归于好,把问题解决。

乔布斯并不知道斯卡利已经告诉艾森斯塔特他想辞职,但在那个时候,这已经不重要了。过了一个晚上,斯卡利改变了想法,决定留在苹果。虽然前一天两个人闹翻了,但斯卡利还是很渴望得到乔布斯的认可。于是他同意第二天下午见面。

乔布斯当天晚上还跟默里一起看了一部电影。如果他是真心打算第二天跟斯卡利和好,那他想看的那部影片并没有体现出这一点。他选择的电影是《巴顿将军》,这是一部关于永不投降的将军的史诗。但是他把录像带借给了父亲(他的父亲在参军期间曾为巴顿将军的部队运送士兵),于是他

第十七章 伊卡洛斯 凡升起的

跟默里两人开车到父母家里取。家里没人，他也没有钥匙，于是他们绕到房子后面，想看看有没有哪扇窗户或哪个门没有上锁，但也没有找到，最后只能作罢。录像店里也没有《巴顿将军》的带子，最后他们只能看了一部1983年的电影，是根据哈罗德·品特的剧本《背叛》改编的《危险女人心》。

5月26日，星期日：按照约定，乔布斯和斯卡利下午在斯坦福校园后面相见，两个人在连绵的山丘和马场中走了几个小时。乔布斯再次恳求在苹果为他保留一个运营职位。但这次，斯卡利立场非常坚定，一直说这样行不通。斯卡利鼓励他去成立自己的产品实验室，专注于开发新品，但乔布斯拒绝了，因为他不想成为一个有名无实的领袖。他甚至完全无视现实，建议斯卡利把整个公司的控制权拱手相让："要不你来做董事长，我来做总裁和首席执行官？"他说得极其认真，一点儿也不像在开玩笑。斯卡利感到非常不可思议。

斯卡利回答说："史蒂夫，你说这些没有任何意义。"于是，乔布斯又建议他们两个共同承担公司的管理职责，乔布斯负责产品，斯卡利负责营销和业务。但董事会不仅给了斯卡利很大的底气，还给他下了命令，要他管好乔布斯。于是斯卡利回答说："管理公司的只能是一个人。我得到了大家的支持，而你没有。"

在回家的路上，乔布斯开车顺道去了迈克·马库拉家。马库拉不在家，于是乔布斯就留言邀请他第二天晚上来自己家吃饭。他还邀请了Mac团队的核心支持者，希望他们能让马库拉看清站在斯卡利一边是多么愚蠢。

5月27日，星期一：这一天是美国阵亡将士纪念日，阳光明媚，天气和暖。乔布斯在Mac团队的忠实拥趸黛比·科尔曼、迈克·默里、苏珊·巴恩斯（Susan Barnes）和鲍勃·贝尔维尔比约定的晚餐时间提前一个小时来到乔布斯在伍德赛德的住处共谋大计。夕阳西下时，科尔曼坐在露台上告诉乔布斯，他应该接受斯卡利的提议，做产品设想师，创办苹果实验室。在乔布斯核心圈子的所有人中，科尔曼是最愿意面对现实的。在新的组织计划中，斯卡利让她主管生产部门，因为斯卡利知道她不仅忠于乔布斯本人,而且忠于苹果。其他一些人则比较强硬。他们想劝说马库拉支持制订新的重组计划,让乔布斯重掌公司大权。

马库拉到了之后,同意听取他们的意见,但有一个条件:乔布斯必须保持安静。他回忆说:"我是真心想听听 Mac 团队的想法,而不是想看乔布斯怂恿他们造反。"入夜后,天气转凉,他们去了室内。在乔布斯空荡荡的家里,大家围在壁炉旁坐下。马库拉不想听他们抱怨,而是让他们讨论具体的管理问题,比如是什么导致 FileServer 软件的生产问题?为什么 Mac 的分销系统没有及时回应需求的变化?大家说完后,马库拉直接表态说拒绝支持乔布斯,他回忆说:"我说我不会支持他的计划,这件事情就此画上句号,斯卡利就是苹果的老板。对此,他们非常生气,情绪激动,要继续联合反抗,但这么做根本于事无补。"

5月28日,星期二:斯卡利听马库拉说乔布斯在前一天晚上图谋把他赶下台,不禁怒火中烧。当天上午,斯卡利走进乔布斯的办公室。他说,他已经和董事会谈过,并且得到了董事会的支持,他希望乔布斯离开。然后他开车去了马库拉的家,向马库拉汇报了自己的重组计划。马库拉问了一些具体的问题,最后向斯卡利表示了祝福。斯卡利回到办公室后,给董事会的其他成员打电话确认他们是否还支持自己。他们的想法没有改变。

之后,斯卡利给乔布斯打了电话,确保他了解情况、正视现实。董事会已经正式批准了他的重组计划。重组将于本周开始,加西将接管乔布斯心爱的 Mac 部门及其他产品的控制权,乔布斯的权力完全被架空,不再管理任何部门。斯卡利并不想把关系彻底搞僵。他告诉乔布斯,乔布斯可以保留董事会主席的头衔继续待在苹果,可以做产品架构师,只是不再承担任何运营职责。到了这个时候,连建立苹果实验室这个选项都已经不在讨论范围内了。

这时,乔布斯终于明白大势已去。他意识到自己不可能再推翻这个结果,也没有办法再扭曲现实。他泪流满面,开始给比尔·坎贝尔、杰伊·艾略特、迈克·默里和其他人挨个儿打电话。乔布斯打电话的时候,默里的妻子乔伊斯正在打一通海外电话。接线员打断了她的通话,说有紧急情况。乔伊斯对接线员说:"最好是重要的事情,不然我会很生气。"她听到了乔布斯的声音：" 是很重要的事。" 于是她把丈夫叫来听电话，乔布斯在电话那头边哭边说：" 一切都结束了。" 然后就把电话挂了。

看到乔布斯如此失魂落魄，默里很是担心，怕他想不开，默里便回拨了过去，但没人接。于是他开车去往乔布斯在伍德赛德的家。到了之后，敲门也无人应答。他赶紧绕到房子后面，从外面的楼梯走了上去。他从卧室的窗户看到乔布斯就躺在一张床垫上，房间里空荡荡的。乔布斯开了门让他进来，两个人一直聊到天亮。

5月29日，星期三：乔布斯终于拿到了一盘《巴顿将军》的录像带。那天晚上，他看了这部电影，但在默里的劝阻下，乔布斯没有再次发起抗争。默里劝乔布斯星期五来公司参加斯卡利宣布重组计划的会议。至此，已经没有别的办法了，乔布斯只能放弃带兵叛变的念头，转而安心扮演一名好士兵。

像一块滚石

会议在总部的礼堂举行，乔布斯悄悄地溜到礼堂的后排，去听斯卡利向员工介绍公司的新组织架构。很多人偷偷瞥向乔布斯，但几乎没人跟他打招呼，更没有一个人表现出跟他很熟络的样子。乔布斯目不转睛地盯着斯卡利。斯卡利多年后还记得"史蒂夫蔑视的眼神"。斯卡利回忆说："他目光坚毅，好像一束X光穿透骨髓，直击你的软肋，仿佛要从精神上碾压你。" 站在舞台上的斯卡利假装没有看到乔布斯。有那么一瞬间，他回想起一年前他们到马萨诸塞州剑桥市的一次旅行，两个人当时还是好友，一同去拜访了乔布斯心目中的英雄埃德温·兰德。兰德一手创立了宝丽来公司，后来却被赶了出来。当时，乔布斯带着厌恶之情跟斯卡利说："他只不过是损失了几百万，他们就把他的公司抢走了。" 而现在，他自己又何尝不是从乔布斯的手里把他一手创立的公司抢走了呢。

斯卡利介绍了公司的组织架构图，其中加西将负责整合后的Mac和Apple II产品组。图表上有一个写着"董事长"的小方框，这个方框跟其他任何部门或人员都没有用线连接，包括斯卡利本人也无须向这位董事长做报告。斯卡利简短地提了一下董事长乔布斯将扮演"全球架构师"的角色，但没有指明乔布斯就在现场。会议厅里响起了稀稀拉拉的尴尬掌声。

在接下来的几天里，乔布斯都待在家里，足不出户。他拉上百叶窗，开着电话答录机，对所有人避而不见，只让女友蒂娜·雷德塞过来。他就坐在那里，连续几个小时播放鲍勃·迪伦的磁带，特别是《时代在变》这首歌。16 个月前，他在向苹果股东揭开 Mac 面纱的那天，他曾朗诵这首歌的第二段歌词，歌词的最后一句颇为励志："现在的失败者/终会成为赢家。"

星期日晚上，安迪·赫兹菲尔德和比尔·阿特金森带着一帮 Mac 团队的成员来到乔布斯家中，他们想要帮助乔布斯驱散内心的阴霾，重新振作起来。他们敲了好一会儿门乔布斯才来开门。进门后，乔布斯把他们带到了厨房旁边的一个为数不多的有些家具的房间。雷德塞帮他叫了素食外卖来招待大家。赫兹菲尔德问他："究竟发生了什么？真的像看起来这么糟糕吗？"

乔布斯面露苦涩："实际上更糟。比你想象的要糟糕得多。"他指责斯卡利背叛了自己，说苹果离了自己不行。他抱怨说，所谓的董事长只是个虚名。他的办公室也从班德利 3 号的苹果总部搬到了一个空荡荡的小楼。他给小楼起了个名字，叫"西伯利亚"。赫兹菲尔德转移了话题，聊起了以前的快乐时光，于是大家开始追忆过去。

那周早些时候，迪伦发行了新专辑《皇帝讽刺剧》(*Empire Burlesque*)。赫兹菲尔德带来了一张该专辑，用乔布斯家的高级音响播放了它。其中最出名的一首歌是《夜幕低垂》("When the Night Comes Falling From the Sky")。这首歌充满启示录意味，似乎很适合这个夜晚。但乔布斯并不喜欢它，说听起来像迪斯科舞曲。他还沮丧地说，从《路上的血迹》这张专辑开始，迪伦就一直在走下坡路。于是赫兹菲尔德把指针移到了专辑的最后一首歌《黑眼睛》("Dark Eyes")。这首歌没有电子配乐，由迪伦单独用吉他和口琴演奏，节奏缓慢，曲调悲怆。赫兹菲尔德本希望能够借这首歌让乔布斯想起他热爱的早期迪伦的作品。但乔布斯也不喜欢这首歌，并且没兴趣再听这张专辑里的其他歌了。

乔布斯的反应如此强烈也是可以理解的。对他来说，斯卡利曾经是父亲一般的存在，迈克·马库拉和阿瑟·洛克也都是。但在一周内，这三个人都抛弃了他。乔布斯的律师朋友乔治·莱利后来说："这引发了他深埋在心底的童年时被抛弃的感受。被抛弃是乔布斯人生认知的一部分，定义了他的自我。多年后，乔布斯回忆说："那时我就像被人揍了一拳，让我感觉喘不过气。"

失去阿瑟·洛克的支持让乔布斯尤为痛苦。乔布斯说："阿瑟以前就像我的父亲一样，一直很照顾我。"洛克曾教他了解歌剧，他和妻子托尼在旧金山与阿斯彭都招待过乔布斯。乔布斯回忆说："我记得有一次我开车到旧金山，驶入市区的时候，我对阿瑟说，'天哪，美国银行的大楼太丑了'。他说不是，其实这栋楼是最好的。然后他就告诉我它好在哪里。当然，他说得都对。"多年以后，在讲述这个故事的时候，乔布斯依然泪湿眼眶："他选择了斯卡利而不是我。这真的让我始料未及。我从没想过有一天他会抛弃我。"

更糟糕的是，他心爱的公司现在落入一个他认为是个蠢货的人手中。他说："董事会认为我没有能力经营一家公司也就算了，我尊重他们的决定。但是他们犯了一个错误。他们应该把如何处理我和如何处理斯卡利的决定分开。即使他们认为我还没有准备好管理苹果，也应该解雇斯卡利。"虽然他内心的阴霾逐渐散去，但他对斯卡利的愤怒有增无减，觉得斯卡利在背后捅了他一刀。

更糟糕的是，斯卡利告诉分析师，虽然乔布斯仍然是董事会主席，但是乔布斯跟公司的业绩已经没有关系，他说："从运营的角度来看，无论是今天还是将来，史蒂夫·乔布斯都不会发挥任何作用，我不知道乔布斯还能做什么。"他毫不留情的评论让在座的分析师颇为震惊，很多人都倒吸了一口凉气。

乔布斯觉得自己也许可以去欧洲散散心。所以，他在6月去了巴黎，在一场苹果公司的活动中致辞，还参加了美国副总统老布什的晚宴。然后他从法国直接去了意大利，跟女友在托斯卡纳的山间自驾游玩。他还买了一辆自行车，这样就可以自己骑车出去转转。到了佛罗伦萨，他沉浸在这个城市的建筑和建筑材料的纹理中，尤其令他难忘的是铺路石。这些石材来自菲伦佐拉城托斯卡镇附近的卡松采石场，呈现出沉静的蓝灰色。20年后，乔布斯下令，苹果主要零售店的地板都必须使用这种砂岩。

当时，Apple II 即将在苏联上市，因此乔布斯又前往莫斯科，在那里与艾尔·艾森斯塔特碰面。苹果公司需要美国政府批准的出口许可证，但审批出了点儿问题，于是他们一起去拜访了美国驻莫斯科大使馆的商务专员迈克·梅林（Mike Merin）。梅林警告他们，美国明令禁止与苏联分享技术。这让乔布斯很恼火。在巴黎贸易展上，副总统老布什还鼓励他把电脑带入苏联，"掀起自下而上的革命"。他们稍后去了一家烤串很有名的格鲁吉亚餐厅吃饭。此时，乔布斯依然怒气难消，他质问梅林："向苏联出口电脑显然有利于我们的利益，怎么能说违反了美国法律呢？如果苏联人能用上 Mac 电脑，他们就可以自己印刷所有的报纸了。"

乔布斯在莫斯科也展示出自己好斗的一面。他坚持要谈论在政治斗争中落败后被斯大林下令暗杀的革命家托洛茨基。负责监视乔布斯的克格勃特工不得不提醒他不要大谈特谈自己对托洛茨基的喜爱之情，这位特工说道："谈论托洛茨基对你没什么好处，我们的历史学家已经做了相关研究，我们不再承认他是伟人了。"但乔布斯把这话当作耳旁风。他们去莫斯科国立大学给计算机专业的学生做讲座，结果乔布斯一上来就大肆赞美托洛茨基。乔布斯对这个革命家有深深的认同感。

7月4日，乔布斯和艾森斯塔特参加了美国大使馆举办的国庆晚会。在写给大使阿瑟·哈特曼的感谢信中，艾森斯塔特提到乔布斯计划在未来一年更加积极地开展苹果在苏联的业务，"我们初步计划在9月返回莫斯科"。一时之间，斯卡利希望乔布斯成为公司"全球架构师"的愿望似乎可以实现了。但事实并非如此。一场巨变即将在9月拉开序幕。

第十七章　伊卡洛斯　凡升起的

第十八章　NeXT

解缚的普罗米修斯

海盗弃船

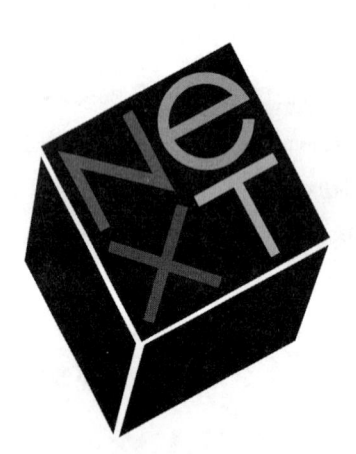

1985年8月,乔布斯结束欧洲之旅返回美国,思考着下一步的计划。他打电话给斯坦福大学的生物化学家保罗·伯格(Paul Berg),讨论了基因剪接和DNA重组方面的最新进展。伯格说,在生物实验室做实验难度很大,因为完成实验和验收结果的整个过程可能会花上几周时间。乔布斯问:"你们为什么不用电脑进行模拟实验呢?"伯格回答说,具有这种能力的电脑太贵了,大学实验室买不起。伯格回忆说:"史蒂夫突然变得很兴奋,觉得这是能让自己大展身手的一个机会,他脑子里有了开一家新公司的点子。他既年轻又富有,以后日子还长,他想找点儿事做。"

其实在此之前,乔布斯就经常跟学术界人士进行广泛交流,了解他们对电脑工作站的需求。他从1983年以来就一直对学术界使用的电脑很感兴趣。那年他去访问了布朗大学的计算机科学系,向系里人员展示了Mac。

但是他们告诉乔布斯，Mac 当前的运算能力还远远不能满足大学实验室的需求。学术研究人员梦想中的电脑工作站既要功能强大，又要满足个性化需求。在主管 Mac 部门期间，乔布斯推出了"Big Mac"（大麦金塔）项目，专门研发供研究人员使用的超级个人电脑。Big Mac 将使用 UNIX 操作系统，并搭配 Mac 简单友好的界面。但是，在乔布斯被赶出 Mac 部门后，他的继任者让-路易·加西叫停了这个项目。

项目被取消的时候，乔布斯接到了 Big Mac 芯片组设计负责人里奇·佩奇的电话。项目被砍让佩奇沮丧万分，于是他打电话向乔布斯诉苦。其实，最近有好多对苹果现状不满的员工在不断联系乔布斯，劝他抓紧时间成立一家新公司，拯救他们于水深火热之中。劳动节的周末，乔布斯与 Mac 软件原主管巴德·特里布尔进一步讨论了创办新公司的计划。乔布斯希望生产功能强大、能满足个性化需求的电脑工作站。他还邀请了另外两名一直想离职的 Mac 部门的工程师乔治·克罗（George Crow）和财务主管苏珊·巴恩斯。

此时，如果再有一位熟悉高等教育机构的营销高手，新公司创始团队的人才库就配备齐全了。最适合的人选显然是丹·列文，在苹果期间，他曾组织成立高校联盟，大批量向大学销售 Mac。列文脸庞英俊，宛若雕像，与超人克拉克·肯特有几分神似，又很有普林斯顿大学高才生的风范。他跟乔布斯有共同的情结：列文在普林斯顿大学就读期间，写过关于鲍勃·迪伦和领导魅力的论文，而关于这两个话题，乔布斯也颇知一二。

列文在高校采购领域的成绩，对 Mac 团队来说如天赐甘霖。但乔布斯离开后，比尔·坎贝尔重组营销部门，高校采购业务大幅缩减，列文因此非常受挫。在劳动节的那个周末，列文本来要给乔布斯打电话，结果乔布斯先打了过来。列文挂了电话就驱车来到乔布斯空荡荡的大宅，与他一边散步一边讨论创办新公司的可能性。他虽然兴奋不已，但还没想好是否要正式加入。他下周要跟比尔·坎贝尔前往奥斯汀，想等从那儿回来之后再做决定。出差回来后，他立马给出了自己的答复：入伙。这个答复恰逢其时，赶在了 9 月 13 日苹果董事会会议的前面。

虽然乔布斯名义上仍然是苹果的董事长，但自从实权旁落，他就再也没参加过公司的任何会议。在这次董事会会议之前，乔布斯打电话给斯卡利，说自己也要参会，并要求在议程的最后增加一个"董事长报告"的环节。他没说要报告什么内容，而斯卡利觉得他应该是要对公司最近的重组提出批评。但会议当天，轮到乔布斯发言的时候，他并没有提重组的事，反而是向董事会介绍了创办新公司的计划。他说："我最近进行了一些深刻的思考，现在是时候继续好好过我的人生了。显然，我必须找点儿事情做，毕竟我也30岁了。"然后，他拿出一些提前准备好的材料，介绍了自己准备为高等教育市场打造电脑的计划。他承诺，新公司不会与苹果形成竞争关系，而且他只会带走几个非核心人员。他提出要辞去苹果公司董事长的职务，但表示希望日后能有机会合作。他说，也许将来苹果可以购买其新产品的分销权，或者授权他的新产品使用 Mac 软件。

迈克·马库拉得知乔布斯可能会挖走苹果的员工，不禁大动肝火。他质问乔布斯："你凭什么带走苹果的人？"

而乔布斯对马库拉和董事会其他成员说："别动气，这些人的级别都很低。他们离职了，苹果也不会有什么损失，反正他们本来也打算走的。"

董事会最开始似乎很赞同乔布斯自立门户。经过一番私下讨论，董事们甚至还建议苹果注资换取新公司10%的股份，同时让乔布斯继续留在苹果董事会。

当天晚上，5个"反叛海盗"再次齐聚乔布斯家中同进晚餐，共商大计。乔布斯觉得可以接受苹果的投资，但其他人认为这样并不明智。他们一致认为最好的办法就是大家立刻集体辞职，不要拖泥带水，与苹果一刀两断。

于是，乔布斯正式起草了给斯卡利的告知函，在信函中写上了5位要离职的员工的姓名，签上了自己的小写名字。第二天一早，乔布斯开车来到苹果，在斯卡利参加7:30的管理层会议之前，把信交给了他。

斯卡利读了信之后说："史蒂夫，这些可不是低级别的职员。"

乔布斯回答说："反正这些人本来就打算辞职。他们今天早上9点之前就会递交辞职信。"

从乔布斯的角度来看，他并没有半句虚言。他要带走的5个人既不是部门经理，也不是斯卡利高层团队的成员。事实上，公司重组后，这几个人都感觉壮志难酬。但从斯卡利的角度来看，这些人都是重要的角色：佩奇是苹果院士（Apple Fellow），列文是苹果在高等教育市场的关键人物。

而且他们还都知道 Big Mac 的计划。虽然 Big Mac 的研发已经被搁置，但仍属于专有信息。不过斯卡利还是乐于见到乔布斯自行创业。他没有跟乔布斯就人员问题多费口舌，而是请他继续留在苹果董事会。乔布斯回复说会考虑一下。

7:30，斯卡利主持召开管理层会议。当他把离职人员名单告诉自己的左膀右臂后，全场一片哗然。大多数人认为乔布斯违背了自己的董事长职责，对公司背信弃义，其行为令人发指。据斯卡利回忆，坎贝尔当场大喊："我们应该曝光他的诈骗行为，让苹果的人别再把他当作救世主。"

虽然坎贝尔后来成为乔布斯忠诚的拥护者，在担任公司董事期间非常支持乔布斯的工作，但他承认，那天早上他的确非常生气。他回忆说："我太生气了，尤其是他还要把丹·列文挖走。丹打造了苹果与高校的关系。他一直念叨说跟史蒂夫一起工作有多难，可是却跟史蒂夫走了。"坎贝尔怒气冲冲地走出会议室，打电话到了列文家里。列文的妻子接了电话，说他在洗澡。坎贝尔说："我等着。"几分钟后，列文的妻子说他还在洗澡，坎贝尔又说："我接着等。"最后，列文终于过来接电话了。坎贝尔问他是不是真的要跟乔布斯走。列文说是的。于是坎贝尔一句话没说，直接把电话挂了。

看到高级员工义愤填膺的样子，斯卡利跟董事会成员也进行了交流。他们的反应也一样，觉得乔布斯之前承诺不带走重要员工属于混淆视听。最生气的还是阿瑟·洛克。在美国阵亡将士纪念日那天，他在乔布斯家吃饭，面对众人的游说，他站在了斯卡利这边。即使如此，他还是在努力修复自己与乔布斯之间父子般的私人关系。就在一周前，他还邀请乔布斯带着女友来旧金山玩儿，让他把女友介绍给自己和妻子认识。他们 4 个人在洛克位于太平洋高地（Pacific Heights）的房子里共进晚餐，气氛非常融洽。当时乔布斯完全没有提及自己正在筹建新公司的事。因此，当洛克从斯卡利那里得知这个消息的时候，洛克感觉自己遭到了背叛。洛克后来咬牙切齿地说："乔布斯跑来董事会会议对我们撒谎，说自己在考虑成立公司，但实际上新公司已经组建好了。他说会带走几个中层，结果带走的 5 个都是高级人才。"马库拉也觉得很受冒犯，但他表达得更为克制："乔布斯离开公司之前，就已经与几个高层管理人员串通好，让他们跟他一起走。事情

第十八章　NeXT　解缚的普罗米修斯　　　　　　　　　　　　　　201

不应该这么办。这样做太不厚道了。"

周末，董事会和高层职员成功说服斯卡利，让他认识到苹果必须向其联合创始人宣战。马库拉发表了一份正式声明，指控乔布斯的行为"直接违背了自己不会为其公司招募任何苹果关键员工的承诺"，并威胁称："我们正在评估将采取哪些应有的行动。"《华尔街日报》援引坎贝尔的话说，乔布斯的行为让他"瞠目结舌"。

乔布斯跟斯卡利沟通之后，觉得一切都可以顺利推进，所以并没有对外表态。但读了报纸之后，他觉得必须做出回应。他给几个关系不错的记者打了电话，邀请他们第二天到他家里，先向他们私下说明情况。然后，他打电话给安迪·坎宁安，请她帮忙（她曾在里吉斯·麦肯纳手下负责乔布斯的公关活动）。坎宁安回忆说："我去了他在伍德赛德的家，那里家具不多，空空荡荡。我到的时候看到他正跟5个同事在厨房里交头接耳，还有几个记者在外面的草坪上闲逛。"乔布斯告诉她，他要召开一个正式的新闻发布会，把事情说清楚，然后就开始列举自己想说的贬损之辞。坎宁安大为震惊，她告诉乔布斯："这么说对你自己影响不好。"最后乔布斯被说服了。他决定把辞职信的副本发给记者，在公开场合只发表一些不痛不痒的声明。

乔布斯本来想直接把辞职信寄给苹果，但苏珊·巴恩斯认为这样做显得过于傲慢。于是乔布斯开车把辞职信亲自送到马库拉的家里，结果发现苹果公司的总法律顾问艾森斯塔特也在场。双方聊了15分钟左右，气氛非常紧张。然后，一直等在外面的巴恩斯来到门口找乔布斯，赶紧把他拉走了，生怕他说出追悔莫及的话。乔布斯留下了辞职信。这封信是在 Mac 上写成的，并用新的 LaserWriter 激光打印机打了出来：

亲爱的迈克：

今早的报纸报道称，苹果公司正在考虑解除我的董事长职务。我不知道这些报道的消息来源，但此类说法不仅误导公众，对我来说也有失公允。

你应该记得，在上星期四的董事会会议上，我已经表明创办新公司的决定，并提出辞去董事长一职。

董事会拒绝接受我的辞职请求，并要求我将其推迟一周。董事会对拟议中的新公司予以鼓励，并表示苹果将对新公司进行投资。鉴于此，我同意推迟一周辞职。星期五，我把准备加入新公司的人员名单告知约翰·斯卡利，他明确表示苹果愿意就和新公司之间可能的合作领域进行讨论。

而随后，公司似乎对我和新公司采取了敌对的姿态。因此，我要求公司立即接受我的辞呈……

如你所知，公司近期的重组已让我无事可做，我甚至无法看到定期的管理报告。我才30岁，我希望在未来仍能做出贡献，有所成就。

我们曾并肩作战，共创辉煌，希望我们的离别也能友好体面。

史蒂夫·P. 乔布斯敬上
1985年9月17日

苹果总务部门的同事去乔布斯的办公室收拾个人物品时，发现地上扔着一个相框。里面是一张乔布斯和斯卡利热情交谈的照片，上面有7个月前的题词："谨以此纪念伟大的思想、伟大的经历和伟大的友谊！约翰。"相框的玻璃已经被摔得粉碎。乔布斯走的时候把相框扔到了办公室的另一头。从那天起，他再也没有和斯卡利说过一句话。

乔布斯辞职的消息公布以后，苹果的股价整整上涨了1美元，涨幅近7%。一家科技股快讯的编辑解释说："东海岸的股票持有者总是担心在加州管理公司的人不靠谱。现在沃兹尼亚克和乔布斯都走了，这些股东也松了一口气。"但是早在10年前指导过乔布斯的雅达利创始人诺兰·布什内尔却不这么看。他对《时代周刊》表示，苹果会无比怀念乔布斯的，乔布斯走了之后，"苹果的灵感将从哪里来？一个充满百事可乐风格的苹果还能激发消费者的浪漫联想吗？"

在经过几天的努力之后，双方仍未能达成一致，斯卡利和苹果的董事会决定以"违背受托义务"为由起诉乔布斯。诉讼当中清楚地列出了乔布斯被指控的罪状：

乔布斯在担任苹果公司董事长和苹果公司高管期间，对苹果公司负有信托义务，但他却假装忠诚于苹果公司的利益，采取了如下行动：

1. 暗中计划组建一家与苹果竞争的公司；

2. 暗中策划，使其竞争性公司不正当地利用苹果公司的计划来设计、开发和营销新一代产品……

3. 暗中挖走苹果公司的关键员工。

当时，乔布斯持有650万股苹果的股票，占公司股份的11%，市值超过1亿美元。在苹果发起诉讼后，他开始抛售股票，不到5个月就几乎卖光了，只留下1股，以保留参加苹果股东大会的资格。他愤愤不平，然后化怒火为激情，创办了一家与苹果竞争的公司（无论他如何解释，事实就是如此）。曾在乔布斯的新公司里短暂任职的乔安娜·霍夫曼说："他对苹果怀恨在心。苹果在教育市场表现强劲，而瞄准教育市场只是史蒂夫的报复行为。他这样做就是为了复仇。"

当然，乔布斯并不这么认为。他对《新闻周刊》说："我绝对没有心存怨恨。"他再次邀请关系不错的记者来到自己伍德赛德的家中，但这次没有了安迪·坎宁安在一旁规劝他要谨言慎行。对于他不正当地从苹果挖走5位同事的指控，乔布斯予以反驳。他告诉在空旷的客厅里转悠的几位记者："这几位同事都给我打了电话，他们本来就想要辞职。苹果很擅长埋没人才。"

他决定与《新闻周刊》合作出一篇封面报道，把自己对整个事件的理解公之于众。他在这次采访中真情流露，告诉该杂志："我最擅长做的是聚集一群有才华的人，和他们一起进行创造。"他说自己对苹果的感情永远无法割舍："我将永远记住苹果，就像任何男人都会记住自己的初恋一样。"但他也表示，如有必要，他也会跟苹果的管理层进行抗争："当有人在公共场合称你为小偷时，你必须做出回应。"在乔布斯看来，苹果威胁起诉的行为不仅过分，也十分悲哀，表明苹果已经失去自信和反叛精神，"很难想象一家市值20亿美元、拥有4 300名员工的公司，竟然会怕我们6个穿牛仔裤的人？"

为了反驳乔布斯的花言巧语，斯卡利给沃兹尼亚克打电话，请他站出来表态。在乔布斯公布辞职信的那周，沃兹尼亚克告诉《时代周刊》："史蒂夫有时候会傲慢不逊，暗箭伤人。"他透露，乔布斯也曾邀请自己加入他的新公司，想以这种狡猾的方式对苹果目前的管理层进行报复，但沃兹尼亚克不想卷入这样的政治游戏，所以没有回应乔布斯的电话。沃兹尼亚克在接受《旧金山纪事报》采访时提到，他生产遥控器的时候，乔布斯以与苹果产品成为竞品为由，禁止青蛙设计公司为他提供设计服务。沃兹尼亚克对记者说:"我期待看到他研发出伟大的产品,也祝他取得成功,但我无法相信他的人品。"

自立门户

阿瑟·洛克后来说:"史蒂夫一生中让他受益最大的经历就是被我们开除,就是我们让他滚蛋。"很多人都认同这一说法:正是经历过这样的考验,乔布斯才变得更有智慧、更加成熟。但事实并非如此简单。被苹果赶出后,自立门户的乔布斯可以尽情放纵自己所有的本能,好的坏的都不再受到约束。他终于能为所欲为。他研发出一系列巧夺天工的产品。可产品上市后,却迎来了五花八门的失败。这才是他真正的学习和成长的过程。在人生大戏里,让乔布斯为第三幕中的巨大成功做足准备的,不是第一幕中的惨遭罢黜,而是在第二幕中的华丽失败。

乔布斯放纵的第一个本能是对设计的热情。他给新公司起的名字直截了当:Next(下一个)。为了让公司更加与众不同,他决定设计一个世界级的标识。为此,他找来企业标识设计的殿堂级人物保罗·兰德(Paul Rand)。兰德出生于布鲁克林,当时已是71岁的高龄。《时尚先生》杂志、IBM、西屋电器、美国广播公司(ABC)、美国联合包裹运送服务公司(UPS)等一系列世界知名企业的标识皆出自这位平面设计师之手。兰德已经与IBM签订合同,所以设计公司主管说,如果兰德再为另一家电脑公司设计标识,显然会有利益冲突。于是乔布斯拿起电话打给IBM的首席执行官约翰·埃克斯(John Akers)。埃克斯当时在外地,但是乔布斯穷追不舍,最后联系到了IBM的副董事长保罗·里佐(Paul Rizzo)。被乔布斯缠了两天之后,里佐发现乔布斯不达目的决不罢休,于是便同意让兰德为Next公司设计标识。

兰德飞到帕洛阿尔托,一边跟乔布斯散步,一边听乔布斯讲述自己新公司的愿景。乔布斯想设计一个立方体形状的计算机。他喜欢立方体,觉得这个形状完美而又简约。于是,兰德决定就把标识设计成一个倾斜角度为28°的立方体。乔布斯想请兰德多设计几版方案做备选,被兰德一口回绝。兰德说自己从来不会给客户设计备选方案:"我负责解决你的问题,而你负责付钱给我。你可以使用我的设计，也可以不用，但我不会提供备选方案。而且不管你用不用我的设计，你都要付钱给我。"

乔布斯很欣赏这种思维模式，于是痛快下注——新公司将支付10万美元的天价，请兰德提供一版标识设计。乔布斯说："这种合作关系让我感觉神清气爽，他像艺术家一样纯粹，但在解决商业问题的时候，又很精明强干。他外表看似强硬，完全像个倔老头，但其实内心像泰迪熊一样柔软。"乔布斯对别人最高的赞誉之一，就是夸奖对方"像艺术家一样纯粹"。

兰德只花了两周就完成了设计。他再次飞往帕洛阿尔托，来到乔布斯在伍德赛德的家，把设计图稿交给乔布斯。他们先共进晚餐，之后，兰德把一个别致明快的小册子递给乔布斯，介绍了他的创意过程。兰德在小册子的最后一页正式展示了自己选择的标识。手册上是这样描述的："标识的设计、色彩安排和方向反映了有关'对比'的研究。标识略有倾斜，减少了正式感，增加了生动性，好像是随手盖了一个圣诞印章，显得随性友好，不装腔作势，但又带着一种橡皮图章的权威感。"Next这个单词被拆成了两行，填满了立方体的一面，其中只有字母e是小写，其他三个字母都是大写。兰德的小册子解释说，这样e会显得更为突出，可以代表"教育（education）、卓越（excellence）……$e=mc^2$。"

乔布斯的反应通常很难预测，他可能会说看到的东西是"一堆垃圾"，也可能会说它"精彩绝伦"，他的想法永远让人捉摸不透。面对兰德这样的传奇设计师，乔布斯的反应是盯着最后一页看了很久，又抬头看看兰德，然后拥抱了他。两个人只有一个小小的分歧：兰德为标识中的e选择了一种比较暗的黄色，而乔布斯希望将其改为更鲜艳、更传统的黄色。兰德用拳头猛地敲了一下桌面，说："我在这一行干了50年，我知道自己在做什么。"于是乔布斯乖乖妥协了。

公司不仅有了一个新的标识，还有了一个新名字，不再是Next，而是NeXT。一般人可能无法理解为什么要对一个标识如此郑重其事，更别说耗资10万美元买一个设计了。但对乔布斯来说，这意味着NeXT公司虽然一个产品都还没做出来，但已经具备世界一流的观感和身份。这就是马库拉教给他的一课：伟大的公司必须能够通过第一印象向用户灌输自己的价值观。

作为赠送的免费服务，兰德同意给乔布斯设计专属名片。兰德提出使用一种彩色字体做设计，这让乔布斯很满意，但他们对"史蒂夫·P.乔布斯"中P后面的点的位置有不同意见，两人激烈地争论了很久。兰德把点放在了P的右下角，就像铅字排版一样，而乔布斯想把该点稍微往左挪一些，放在P的右半圆下面，就像数字排版的字体。苏珊·卡雷回忆说："这是标准的小题大做。"在这次争论中，乔布斯获得了最后的胜利。

为了将NeXT标识转化成实际产品的外观，乔布斯需要找到一位可以信赖的工业设计师。他和几个潜在人选聊了聊，但结果并不满意，这些人都不像当时他从巴伐利亚给苹果找来的埃斯林格那样狂放不羁，才华横溢。哈特穆特·埃斯林格的青蛙设计公司已经在硅谷设立了办事处，在乔布斯的撮合下，该公司跟苹果签订了利润丰厚的合同。跟苹果合作的埃斯林格自然无法给NeXT做设计。乔布斯能成功说服IBM同意保罗·兰德为NeXT做设计，是一个小小的奇迹，因为乔布斯发挥了扭曲现实的功力。然而，要说服苹果同意埃斯林格为NeXT提供服务，会比登天还难。

但乔布斯不是个轻言放弃的人。1985年11月初，就在苹果对他提起诉讼的5个星期后，乔布斯写信给苹果的法律顾问艾森斯塔特，希望他撤诉，同时要求苹果允许青蛙设计公司给自己的新公司提供设计服务。乔布斯说："上周末我跟哈特穆特·埃斯林格谈过了，他建议由我告诉你为什么我希望他和青蛙设计公司为NeXT的新产品提供服务。"乔布斯的理由荒谬绝伦：因为自己不知道苹果在做什么，但是埃斯林格知道。"NeXT公司对苹果公司目前或未来的产品设计方向一无所知，我们可能合作的其他设计公司也是如此，所以有可能在无意中设计出与苹果产品的外观相似的产品。而最符合苹果和NeXT双方利益的做法就是依靠哈特穆特的专业精神，确保这种情况不会发生。"艾森斯塔特回忆说，乔布斯的强词夺理和厚颜无耻让他无言以对，于是他简短地回答道："你正在从事的一项商业活动涉嫌利用苹果的商业机密，我之前已经代表苹果公司表达了我的担忧，而你的来信完全没有减轻我的担忧。事实上，我的担忧有增无减。因为你声称'对苹果公司目前或未来的产品设计方向一无所知'，而这一说法并不符实。"就在一年前，乔布斯还逼迫青蛙设计公司停止为沃兹尼亚克的遥控装置提供设计，这更加让艾森斯塔特觉得乔布斯的请求匪夷所思。

乔布斯意识到，为了与埃斯林格合作（同时还有其他各种原因），必须先解决苹果提出的诉讼。幸运的是，斯卡利愿意和解。1986年1月，双方达成庭外和解协议，不涉及经济赔偿。苹果撤销诉讼，作为交换，NeXT公司同意接受若干限制：NeXT产品的定位是高端电脑工作站；产品将直接销售给高等院校；出货时间不得早于1987年3月。苹果公司还坚持要求NeXT电脑"不使用与Mac兼容的操作系统"，但后来的事实证明，相反的要求可能更符合苹果的利益。

与苹果和解后，乔布斯继续游说埃斯林格，最终成功说服这位设计师放宽与苹果的合同限制。于是，青蛙设计公司于1986年底开始与NeXT合作。跟保罗·兰德一样，埃斯林格坚持要有充分的自由，他说："有时你必须对史蒂夫挥舞大棒。"和兰德一样，埃斯林格也是一位艺术家，所以乔布斯愿意给予他常人无法享受的待遇，让他尽情发挥艺术创意。

乔布斯要求NeXT电脑必须是一个绝对完美的立方体，每条边都是1英尺长，每个角都是90度。他喜欢立方体。立方体既有一种庄重感，又有一点儿玩具的趣味。NeXT电脑体现了乔布斯的产品开发理念：设计追求比工程考量更为重要。原本可以轻松装进比萨盒的电路板必须经过重新配置和安装，才能卡到立方体结构里。

恰恰因为这个立方体太完美了，所以其生产难度极高。大多数在模具中铸造的零件的角都会略大于90度，这样更方便脱模（就像模具角度略大于90度时更容易取出蛋糕一样）。但是埃斯林格不允许存在拔模斜度，认为这会破坏立方体的纯粹性和完美性，而乔布斯对此表示完全同意。为此，他们耗资65万美元在芝加哥的一家专业机械厂专门定制了模具，单独生产机箱的每一个面。乔布斯对完美的追求到了无以复加的地步。有次，他发现模具的底板上有一条细纹，便飞到芝加哥，说服压铸厂商重做模具，生产出完美的底板——换了其他任何电脑制造商，都会觉得外观不完美是难以避免的事情。压铸厂商的一位工程师说："没有多少压铸厂商能想到一个大名人会因为这种事亲自飞过来。"乔布斯让那家公司购买了一台价值15万美元的打磨机，用于去除模具表面相接处的所有细纹，还坚持要求把镁质外壳做成亚光黑色——这样一来，细微的瑕疵更加一目了然。

乔布斯一直认为，产品中看不见的部分也应该像其外表一样精美，这是他父亲在修建篱笆时教他的。在 NeXT 公司毫无约束的乔布斯把这种精神发挥到了极致。他要求机器内部的螺丝也一定要有昂贵的金属镀层。就连只有维修人员才能看到的立方体外壳内部，他也坚持要求涂上黑色的亚光漆。

当时为《时尚先生》撰稿的乔·诺切拉（Joe Nocera）生动描述了乔布斯在 NeXT 管理层会议上强烈的情绪化表现：

说他坐着开完了管理层会议，是不太准确的，因为乔布斯参加任何活动的时候都不会正襟危坐；他主导全场的方式之一就是不停地活动，一会儿跪在椅子上，一会儿懒洋洋地靠在椅子上，一会儿又从椅子上跳起来，开始在身后的黑板上奋笔疾书。他的小动作非常多，他经常咬指甲，他总会认真地盯着正在发言的人，看得人心里发毛。他那双不知何故有点儿发黄的手总是在一刻不停地动来动去。

让诺切拉印象尤其深刻的，是乔布斯"几乎会故意表现得粗鲁无礼"。如果他认为对方说的话很蠢，那他一定会说出来，从不隐藏。其背后的原因不止"难以自制"这么简单。他好像在有意识地时刻准备着，甚至有一种变态的渴望，想要贬损和羞辱对方，借此显示自己更聪明。例如，当丹·列文拿出一份组织架构图时，乔布斯翻了个白眼，说："这些图表就是垃圾。"而且他也会像在苹果时一样，情绪大起大落，喜怒无常。比如，乔布斯有次对一个参会的财务人员大加赞赏，说他"这个工作完成得非常出色"，而就在前一天，乔布斯还说他"做的这笔交易就是垃圾"。

在 NeXT 公司的十大元老中，有一位是负责公司在帕洛阿尔托的首个总部室内设计的设计师。尽管乔布斯租下了一栋设计美观的新建筑，他还是将它全部拆除，重新装修。他用玻璃墙取代了水泥墙，用浅色硬木地板取代了地毯。1989 年，NeXT 公司搬到雷德伍德市一个空间更大的地方，这一过程又重复了一遍。虽然这也是一栋全新的建筑，但乔布斯坚持要拆除电梯，让入口大厅显得更大气。乔布斯委托贝聿铭设计了一个仿佛飘浮在空中的玻璃楼梯，安装在大堂中心，作为视觉焦点。承包商说这样的楼梯没办法建成，但乔布斯说可以——最后楼梯建成了。多年后，乔布斯下令在苹果零售店都装上这种楼梯，这成为苹果零售店的一大特色。

NeXT 电脑

在 NeXT 成立之初的几个月，乔布斯经常带着列文等人拜访各大高校，了解他们对电脑的需求。在哈佛大学，他们碰到了莲花软件的董事长米切尔·卡普尔，他们一同前往丰收餐厅共进晚餐。卡普尔拿起面包，在上面涂上一层厚厚的黄油。乔布斯问他："你知道什么叫血清胆固醇吗？"卡普尔回答说："我和你做个交易。你不要评论我的饮食习惯，我也不评论你的性格。"卡普尔说这句话，本来是在开玩笑，但也说明乔布斯说话的确经常不合时宜，正如卡普尔后来评论的那样："人际关系不是史蒂夫的强项。"后来，莲花公司还是同意为 NeXT 操作系统开发一个电子表格程序。

乔布斯希望把有用的内容与电脑捆绑在一起销售。于是，工程师迈克尔·霍利（Michael Hawley）开发了一部电子词典。有一天，霍利得知有个朋友在牛津大学出版社参与新版莎士比亚作品的排版工作。霍利觉得也许他可以拿到莎士比亚作品的计算机磁带，然后把它装到 NeXT 的内存里。霍利说："所以我打电话给史蒂夫，他说这个想法太棒了。于是我们一起飞去了牛津大学。"在 1986 年的一个美丽春日，双方在牛津郡中心宏伟的出版社大楼见了面。乔布斯提出了报价：为了获得牛津版莎士比亚作品集的版权，他愿意先付 2 000 美元，以后每售出一台电脑，再给出版社 74 美分的提成。乔布斯是这样游说出版社的："对你们来说，这完全是一笔意外之财，而且你们还会走在时代的前列，完成前所未有的事情。"双方原则上达成了一致，然后一同去附近一家小酒馆喝啤酒，玩撞柱游戏（19 世纪浪漫诗人拜伦勋爵经常光顾这里）。正式发布的 NeXT 电脑中除了电子词典和《莎士比亚全集》，还安装了一本同义词词典、一部《牛津引语词典》，开辟了"可搜索电子书"概念的先河。

乔布斯没有为 NeXT 选择现成的芯片，而是让工程师为其量身定制了芯片，在一个芯片上集成了各种功能。自主设计芯片本来就是很大的挑战，而乔布斯想要在功能上一改再改，使得设计几乎无法完成。开发工作进行一年以后，他们意识到，这样下去将严重推迟出货时间。

乔布斯还坚持建设具有未来主义风格的全自动工厂，就像当年的 Mac 工厂。可见，上次的经历并没有让他引以为戒。他不仅重蹈覆辙，而且有过之而无不及，如同强迫症般不断修改颜色方案，导致工厂机器和机器人的颜色涂了又涂，改了又改。跟 Mac 工厂一样，新工厂的墙壁像博物馆的墙壁一样白，还配备了跟公司总部一样的价值 2 万美元的黑色皮椅和定制玻璃楼梯。在乔布斯的一再坚持下，总长 50 多米的装配线上的机器被重新配置，这样电路板在制造过程中可以从右到左移动，让观景台上的客人观看产品制造过程时更加舒适。空的电路板从装配线的一端进入，20 分钟后，完整的电路板从另一端出来，整个过程完全无须人工操作。这个流程遵循了日本的"看板管理"（Kanban）原则，只有在后面的工序提出要求的时候，前面的工序才会提供必要数量的零部件。

乔布斯与员工的相处方式也没有改变。特里布尔回忆说："他的领导风格就是个人魅力加公开羞辱。事实证明，这种方式在大多数情况下是相当有效的。"但这一招也有失灵的时候。在加入 NeXT 的前 10 个月里，工程师戴维·鲍尔森（David Paulsen）每周工作时间高达 90 个小时，但是，"一个星期五下午，史蒂夫走进来告诉我们，他对我们的研发工作极其不满意"。于是鲍尔森便辞职了。《商业周刊》采访乔布斯时，问他为什么要对员工如此严苛，乔布斯回答说，这样可以让公司变得更好："我的责任之一就是成为品质的标尺。只是有些人无法适应追求卓越的环境。"但从另一个角度来看，乔布斯依然保有他的精神和魅力。他经常带着团队去考察旅行，安排合气道大师来指导大家，也常举办度假会议。其本人也依然散发着海盗的反叛精神。Chiat/Day 公司当年曾为苹果打造"1984"广告，还在报纸上刊登了"欢迎 IMB 加入战局"的标语。后来，在苹果解除了与 Chiat/Day 的合作关系之后，乔布斯在《华尔街日报》上刊登了整版广告，"对 Chiat/Day 表示真诚的祝贺……因为我可以向你保证：离开苹果公司，未来更加可期"。

NeXT 时代的乔布斯也带来了自己在苹果的绝招，就是他的现实扭曲力场。1985 年底，公司在圆石滩举行了首次度假工作会，乔布斯的现实扭曲力场开始展现。他宣布，第一台 NeXT 电脑将在 18 个月内，也就是 1987 年夏天之前出货。但在这个日期交货明显是不可能的。一位工程师建议他们现实一点儿，把出货日期改为 1988 年，但被乔布斯拒绝，乔布斯的理由是："如果我们推迟出货，世界也不会为我们停下脚步，技术窗口就会与我们擦肩而过，我们所做的一切工作将是徒劳。"

乔安娜·霍夫曼是 Mac 团队的老将，随乔布斯转战 NeXT 之后仍然像过去一样强悍。她对站在白板前的乔布斯说："扭曲现实可以起到激励作用，我觉得这一点很有价值。但是，如果因为不切实际地设定出货日期，影响了产品设计，我们才是陷入了真正的困境。"乔布斯并不同意："我认为我们必须设定界限。如果错过了这个窗口，那么我们的信誉也会开始受到影响。"很多人怀疑他之所以定下这个出货时间，是因为钱快烧光了。乔布斯承诺自己会拿出 700 万美元，但按照他们目前烧钱的速度，公司最多能再撑 18 个月。如果到时候还不能出货创造营收，他们就没钱了。

3 个月后，也就是 1986 年的春天，他们第二次来到圆石滩举行度假会议，乔布斯格言清单的第一条是"蜜月结束了"。到 1986 年 9 月在索诺玛举行的第三次度假会议时，乔布斯不再提出货时间表的事了，NeXT 似乎马上就要陷入弹尽粮绝的境地。

救星佩罗

1986 年底，乔布斯悄悄放出消息给风险投资公司，说出资 300 万美元，就可以拿到 10% 的 NeXT 股份。按照这个价格，整个公司的估值将达到 3 000 万美元，但这个数字是乔布斯凭空捏造的。到目前为止，公司投入不到 700 万美元，除了简约高级的标识和时髦现代的办公室，并没有什么拿得出手的东西。公司没有营收，没有产品，短期内也没什么希望。不出意料，风险资本家们都拒绝参与投资。

不过，有一个牛仔对 NeXT 心动了。罗斯·佩罗（Ross Perot）是个矮小精干的得克萨斯人，他一手创立了美国电子数据系统公司（EDS），之后以 24 亿美元的价格将该公司卖给了通用汽车公司。1986 年 11 月，佩罗无意中看到美国公共广播公司的纪录片《企业家》，其中有一段讲到了乔布斯和 NeXT，他立刻对乔布斯及其团队产生了认同感。他说："他们话没说完，我就能接下去。"这句话与斯卡利经常说的话惊人地相似。第二天，佩罗主动给乔布斯打电话，说："如果你需要投资就给我打电话。"

乔布斯确实急需投资，但是这次他很审慎，并没有表现出急不可耐的样子，而是等了一个星期才回电话。佩罗派了几个财务分析师去考察 NeXT，但乔布斯希望跟佩罗直接交流。佩罗后来说，他这辈子最大的遗憾就是没有买下微软，或成为微软的大股东。1979年，年轻的比尔·盖茨曾去达拉斯拜访他，可惜他错过了那次机会。佩罗给乔布斯打电话时，微软刚刚上市，市值高达10亿美元。佩罗错过了大赚一笔的机会，也错过了一次有趣的冒险。他不想重蹈覆辙，再次错失良机。

乔布斯向佩罗提出条件：他自己会再投入500万美元，而佩罗可以出资2 000万美元买下公司16%的股权。这个价格是他几个月前悄悄提供给风投公司的报价的三倍，把公司估值提高到了1.26亿美元左右。但钱并不是佩罗主要考虑的因素。在与乔布斯会面后，他宣布入股。他告诉乔布斯："我选赛马的骑师，骑师去选他看好的马。我把赌注押在你们身上了，剩下的你们自己看着办吧。"

佩罗不仅给公司带来了2 000万美元的救命钱，还给公司带来了另外一个同样宝贵的东西：为公司造势。佩罗精神饱满，妙语连珠，经常在媒体那里和活动上宣传NeXT有多厉害，提高了公司在业界的可信度。他对《纽约时报》说："从初创公司的角度看，这是我在计算机行业25年来见过风险最小的一家公司。我们给一些资深人士看了硬件，他们完全被征服了。史蒂夫和他的整个NeXT团队是我见过的最顽强的完美主义者。"

佩罗还游走于上流社会和商界人士之中，带着乔布斯进入了乔布斯平时接触不到的圈子。有一次，他带着乔布斯去旧金山，参加石油大亨之子戈登·格蒂（Gordon Getty）和妻子安·格蒂（Ann Getty）为西班牙国王胡安·卡洛斯一世举办的正式晚宴。西班牙国王问佩罗他应该认识哪些人，佩罗立即引荐了乔布斯。二人相谈甚欢，乔布斯兴致勃勃地向国王描述了计算机行业的下一波浪潮，用佩罗后来的话说就是，两个人进行了"激情四射的交流"。谈话结束时，国王写了一张纸条递给乔布斯。佩罗问："怎么回事？"乔布斯回答说："我刚卖给他一台电脑。"

类似的故事还有很多，都成为佩罗四处分享的乔布斯的传奇经历。在华盛顿的全国记者俱乐部演讲时，佩罗用得克萨斯人特有的夸大方式，讲述了乔布斯气势恢宏的奋斗人生：

从前有个年轻人，穷到没钱上大学，所以每天晚上就在自己家的车库里追求自己的爱好，研究电脑芯片。有一天，他的父亲走进车库对他说：

"史蒂夫，要是做不出能卖钱的东西，就去找份工作吧。"他的父亲就像诺曼·洛克威尔（Norman Rockwell）的漫画里走出来的人物。60天后，第一台苹果电脑诞生了，他的父亲还给电脑做了一个木箱。这个高中毕业生就此改变了世界。

在这段描述中，有一句话是真的，那就是保罗·乔布斯确实很像洛克威尔的漫画中的人。也许最后一句也是真的，乔布斯的确改变了世界。佩罗对此坚信不疑。佩罗也像斯卡利一样，在乔布斯身上看到了自己。佩罗告诉《华盛顿邮报》的记者戴维·雷姆尼克（David Remnick）："史蒂夫跟我特别像，我们一样古怪。我们是灵魂伴侣。"

盖茨和 NeXT

比尔·盖茨则不是乔布斯的灵魂伴侣。乔布斯曾说服盖茨为 Mac 开发软件应用程序，微软因此赚取了巨额利润。乔布斯的现实扭曲力场对盖茨是不起作用的。盖茨会定期到加州看 NeXT 的演示，但每次都觉得其产品平平无奇，因此他决定不为 NeXT 平台开发定制软件。他对《财富》杂志说："Mac 确实很独特，但我个人看不出史蒂夫的新电脑有什么独特之处。"

这两大电脑霸主相处不来的一个原因是两个人都高傲自大，不把对方放在眼里。1987年夏，盖茨第一次访问 NeXT 在帕洛阿尔托的总部，乔布斯故意让他在大厅里等了足足半个小时。盖茨透过玻璃墙看到乔布斯分明就在那里四处走动，无所事事地跟人闲聊。盖茨回忆说："我去 NeXT 总部时，喝的是最贵的奥德瓦拉牌胡萝卜汁。我从来没见过哪家科技公司把办公室装修得如此奢华。而史蒂夫却迟到了半小时。"盖茨说这话时自嘲地摇了摇头，嘴角带着一丝微笑。

据盖茨说，乔布斯的推销话术很简单："我们一起做了 Mac，最终的结果怎么样你很清楚，好处多多吧？现在我们要再次合作，结果同样会很棒。"

乔布斯经常口无遮拦，而盖茨这次对乔布斯也没有留情。盖茨说："这台机器就是垃圾，光驱的反应时间太长，机箱贵得要命。整个玩意儿可笑至极。"盖茨当下就断定，微软从其他项目中挪用资源为 NeXT 开发应用软件是没有意义的,而以后盖茨每次再来 NeXT 都是同样的态度。更糟糕的是,盖茨还多次在公开场合发表这样的言论,导致其他的软件开发商也对 NeXT 退避三舍。盖茨告诉《信息世界》(*Info World*) 杂志:"给 NeXT 开发软件?我在上面撒尿还差不多。"

有一次开会,乔布斯和盖茨碰巧在走廊遇见。乔布斯因为盖茨拒绝为 NeXT 开发软件而对他大加斥责。盖茨回答说:"等你有了市场,我就考虑给你做软件。"乔布斯暴跳如雷。施乐的帕洛阿尔托研究中心的工程师阿黛尔·戈德堡回忆说:"他俩当着所有人的面开始互相叫骂。"乔布斯坚称 NeXT 是计算机行业的下一个浪潮。而盖茨的反应也一如既往——当乔布斯越来越激动时,盖茨反而变得面无表情。最后,盖茨只是摇了摇头,便走开了。

两个人始终水火不容,只有极少数时候会勉强尊重对方。之所以如此,除了个人恩怨,主要是因为他们对电脑的哲学理念存在根本差异。乔布斯坚信,硬件和软件需要全面整合,成为无法分割的整体,因此他打造的机器跟其他机器都不兼容。而盖茨认为,不同的公司制造的机器应该可以相互兼容;他们的硬件都可以运行一个标准的操作系统(微软的 Windows),都可以使用相同的软件(如微软的 Word 和 Excel),这一理念也给他带来了丰厚的利润。盖茨对《华盛顿邮报》说:"史蒂夫的产品有一个有趣的特色,叫作不兼容。任何现成的软件都无法在上面运行。当然,这台电脑超级漂亮。如果让我设计一台不兼容的电脑,我未必有他设计得好。"

1989 年,在马萨诸塞州剑桥市的一个论坛上,乔布斯和盖茨先后登台演讲,畅谈了各自对行业未来的看法。乔布斯表示,计算机行业每隔几年就会出现一波新的浪潮,例如 Mac 用图形界面推出了一种革命性的新方法,现在 NeXT 强大的新机器把面向对象的编程方法与基于光盘的存储方式相结合,将再次推动革命浪潮。他说,所有大型的软件供应商都已经意识到他们必须赶上这波新的浪潮,"除了微软"。轮到盖茨登台演讲时,他重申了自己的信念,认为乔布斯对软件和硬件端到端的控制注定要失败,就像苹果在与微软 Windows 标准的竞争中失败一样。盖茨说:"硬件市场和软件市场是分开的。"在问答环节,有人说乔布斯的方法会带来伟大的设计,问盖茨对此怎么看。盖茨指了指还摆在台上的 NeXT 原型机,冷笑道:"如果你想要黑色的电脑,我可以给你拿桶黑漆。"

IBM

乔布斯想出了一个合纵连横的绝妙策略来对付盖茨,这个策略如果能成功,会永远改变计算机行业的力量平衡。乔布斯需要做两件有违本性的事情,一是将自己的软件授权给另一个硬件制造商,二是与 IBM 合作。乔布斯骨子里还是有一点儿务实主义的,所以他可以勉强为之。然而这毕竟不是他心甘情愿做的事,他也没有全身心地投入其中,所以这些合作最终都不过昙花一现。

1987 年 6 月,《华盛顿邮报》发行人凯瑟琳·格雷厄姆在华盛顿举办 70 岁生日聚会,群贤毕至,巨星云集,堪称盛事。出席聚会的宾客多达 600 人,连美国前总统罗纳德·里根也应邀参加。乔布斯从加州乘飞机前往,IBM 董事长约翰·埃克斯也从纽约赶去。这是乔布斯和埃克斯第一次见面。乔布斯趁机大讲微软的坏话,劝 IBM 放弃使用微软的 Windows 操作系统。乔布斯回忆说:"我忍不住告诉他,我认为 IBM 把整个软件战略都押在微软身上是一场豪赌,因为我觉得微软的软件根本不怎么样。"

令乔布斯高兴的是,埃克斯回应说:"那你愿意帮助我们吗?"几周后,乔布斯就带着软件工程师巴德·特里布尔出现在 IBM 位于纽约州阿蒙克市的总部。他们为 IBM 的工程师们演示了 NeXT,给他们留下了深刻印象。其中最重要的一环是面向对象的操作系统 NeXTSTEP 的演示。IBM 电脑工作站部门的总经理安德鲁·海勒(Andrew Heller)说:"NeXTSTEP 解决了很多可能导致软件开发过程延迟的琐碎的编程问题。"海勒觉得乔布斯太了不起了,于是给自己刚出生的儿子也取名为史蒂夫。

由于乔布斯对一些小细节非常挑剔,NeXT 和 IBM 的谈判持续到 1988 年还没能最终确认。开会的时候,乔布斯经常因为颜色或设计上的分歧而愤然离席,特里布尔或列文则需要跟上去安抚他。乔布斯似乎不知道 IBM 和微软哪个更让他感到害怕。同年 4 月,在佩罗出面调停之下,双方在佩罗的达拉斯总部达成了协议。IBM 将获得授权,使用当前版本的 NeXTSTEP 软件,而且如果经理们喜欢,一些 IBM 电脑工作站上也可以安装这套软件。IBM 给 NeXT 寄来了一份 125 页的合同。乔布斯连看都没看,就把合同扔到一边。他走出办公室,喃喃自语道:"他们真是一群白痴。"

他要求 IBM 重新起草一份简明扼要的合同，只要几页纸就好。不到一周，他就收到了新合同。

乔布斯希望这件事情能先瞒着盖茨，等到 10 月 NeXT 电脑隆重上市的时候，再让他知道，但 IBM 坚持要通知微软。得知消息之后，盖茨怒不可遏。盖茨知道，IBM 很可能会因此摆脱对微软操作系统的依赖。盖茨愤怒地对 IBM 的高管说："NeXTSTEP 系统可是与任何软件都不兼容的！"

一开始，乔布斯似乎真的已经让盖茨最可怕的噩梦变为现实。其他受制于微软操作系统的电脑制造商，特别是康柏和戴尔，也纷纷前来联系乔布斯，希望能生产 NeXT 兼容机，获得安装 NeXTSTEP 系统的授权。甚至还有人提出，如果 NeXT 能够完全退出硬件业务，他们会支付更多的费用来获得 NeXTSTEP 系统的授权。

面对这些违背他本性的要求，乔布斯一时难以承受。他先是回绝了生产 NeXT 兼容机的要求，后又开始对 IBM 态度冷漠。作为合作的另一方，IBM 的热情也渐渐熄灭。IBM 负责与 NeXT 洽谈合作的人离职后，乔布斯来到 IBM 总部和新任代表吉姆·卡纳维诺（Jim Cannavino）谈判。他们让所有人都离开会议室，两个人单独进行协商。乔布斯表示，如果想要继续合作，并向 IBM 授权更新版本的 NeXTSTEP，那么 IBM 必须支付更多费用。卡纳维诺没有做出任何承诺，后来，乔布斯再跟他联系的时候，他连电话也不回了。这笔交易就这样落空了。NeXT 公司虽然拿到了一点儿授权费，但却并没有找到机会改变世界。

1988 年 10 月，发布会

NeXT 电脑的发布会定于 1988 年 10 月 12 日在旧金山的交响乐厅举行。乔布斯把产品发布会变成大型演出的技艺已经炉火纯青，但在 NeXT 电脑的全球首次亮相中，他想进一步超越自我，一举消除所有质疑的声音。在发布会举办前的几周，乔布斯几乎每天都开车到旧金山，把自己关在苏珊·卡雷的维多利亚式房子里，对准备工作进行精雕细刻。卡雷是 NeXT 的图形设计师，曾为 Mac 设计了最初的字体和图标，这次她负责帮乔布斯准备发布会上用的幻灯片。乔布斯不仅对演讲稿字斟句酌，甚至对背景的绿色也是千挑万选。他在一次排练的时候得意地对在场的员工说："这个是我喜欢的绿色。"大家赶紧异口同声地表示："这绿色真不错，真不错。"

乔布斯没有放过任何一个微小的细节。他认真审阅了邀请人员名单，甚至还检查了午餐菜单（矿泉水、牛角包、奶油芝士、豆芽）。为了打造舞台的声光效果，他花了6万美元与一家影像艺术公司合作，还请了后现代主义戏剧制作人乔治·科茨（George Coates）策划发布仪式。不出所料，科茨和乔布斯决定采用极简而庄重的舞台布景。他们将舞台背景设置为黑色，桌子上铺着黑布，电脑上罩着黑纱，旁边是一个简约的花瓶，而揭开黑纱，就是完美的黑色正方体电脑。由于电脑的硬件和操作系统尚未开发完毕，有人建议乔布斯进行模拟演示。但他断然拒绝，决定在现场实时演示，尽管他知道这就像在没有安全网保护的情况下走钢丝一样风险巨大。

来到现场参加活动的有3 000多人。开场前两个小时，大家就已经在音乐厅外排队等候。他们没有失望，至少对发布会本身没有失望。乔布斯在舞台上进行了三个小时的演讲和展示，用《纽约时报》记者安德鲁·波拉克的话说就是，他再次证明了自己是"产品发布届的安德鲁·劳埃德·韦伯（Andrew Lloyd Webber），是一名舞台表演和特效方面的大师"。《芝加哥论坛报》的韦斯·史密斯（Wes Smith）称，这次发布会"之于产品演示，犹如第二次梵蒂冈大公会议之于教会聚会，极大地改变了电脑行业的格局"。

乔布斯的开场白一出，台下观众就开始欢呼雀跃。他说："回来的感觉真好。"乔布斯首先回顾了个人电脑架构的发展史，然后向现场观众保证，他们即将见证"十年内只出现一两次的事件……一个新架构即将推出，计算机领域将旧貌换新颜"。他说，他花了三年时间，走遍全美各大高校，终于打造出符合其需求的NeXT软件和硬件。"我们意识到，高等教育行业需要的是供个人使用的大型电脑主机。"

乔布斯展示了一贯的演讲风格，接二连三地抛出对产品的溢美之词。他说，这款产品"不可思议"，是"我们能想象的最好的东西"。他赞叹说，就连看不见的部件也一样精美。他用指尖托着一英尺见方的电路板（这个电路板会安装在NeXT电脑一立方英尺的机箱中）激情四射地说："我希望大家以后有机会能看看这块电路板。这是我这辈子见过的最漂亮的印刷电路板。"他展示了电脑播放演讲的功能，播放的内容是马丁·路德·金的

《我有一个梦想》和肯尼迪总统的就职演讲《不要问》。他还展示了可以发送带有音频附件的电子邮件的功能。他靠近电脑的麦克风录下了自己的声音："嗨，我是史蒂夫，我在一个颇具历史意义的日子里发送这条信息。"他请观众们给这条信息添加"一点儿掌声"，台下掌声四起。

对乔布斯来说，管理中至关重要的一环就是要时不时掷骰子，把公司的前途"押注"在一些新的想法或技术上。在 NeXT 的发布会上，他骄傲地分享了孤注一掷的例子：他们采用了高容量（但速度很慢）的光学读写磁盘，而未装软盘作为备份。他说："两年前我们做了一个决定，我们看到了一些新技术，决定用新公司赌一把。"后来的事实证明，这场赌博并不明智。

接着，他介绍了另外一个更具前瞻性的功能——电脑里牛津版的《莎士比亚全集》和其他大部头的电子书。他说："我们制作了第一批真正的电子书。自古腾堡以来，印刷书籍的技术水平就一直没有什么进展。这种情况今天被改写了。"

乔布斯也不时拿自己的缺点打趣。在演示电子书的时候，他就自嘲了一把。他说："有人常用'mercurial'这个词来形容我。"说到这里，他停顿了一下，台下的观众会心一笑，尤其是坐在前排的 NeXT 员工和乔布斯以前在 Mac 团队的手下。接着，乔布斯把这个单词输进了电脑的词典里，读出了第一个定义："属于水星的，与水星有关的，或来自水星的。"他向下滚动鼠标，说："我觉得第三个定义符合他们想表达的意思：'以不可预测的情绪变化为特征。'"观众又发出一阵笑声。"不过，如果我们往下翻词典，我们看到其反义词是'saturnine'，这个词是什么意思呢？很简单，只需要双击一下单词，就能立刻从词典里查到。找到了：'情绪冷淡而稳定；行动或变化缓慢；性格阴沉或暴躁。'"观众们哄堂大笑，乔布斯的脸上也浮现出一丝微笑，他总结说："好吧，我认为被形容为'mercurial'也没有那么糟糕。"掌声过后，他用《牛津引语词典》来影射自己的现实扭曲力场。他选用的引语来自刘易斯·卡罗尔的《爱丽丝镜中奇遇记》。爱丽丝感叹，无论她如何努力，她都无法相信不可能的事情，而白皇后反驳道："怎么会呢？有时候在早餐之前，我就已经相信多达 6 件不可能的事情了。"观众听懂了他的意思，爆发出阵阵笑声，前排的观众笑得尤其开心。

乔布斯妙语连珠，如同糖衣一般掩饰了电脑的不足，转移了大家对坏消息的关注。在宣布新机器的价格时,他使用了在产品发布会上惯用的伎俩,先是如数家珍地列举了电脑的功能,说这些功能"价值成千上万美元",来让大家猜想电脑可能会很贵,然后再宣布价格。这样,在对比之下,实际价格会显得没有那么高。乔布斯最终宣布:"我们将向高等教育用户收取6 500美元的单价。"台下响起了来自一些忠实拥趸的稀稀拉拉的掌声。这个价格让学术顾问小组的一些人相当震惊。有意向采购这款电脑的高校早就对乔布斯表明,他们希望价格控制在2 000到3 000美元,他们还以为乔布斯听进去了。不仅如此,如果要配置打印机,需要再花2 000美元,而如果嫌光学磁盘的速度太慢,还得再花上2 500美元购买外接硬盘。

除了价格,乔布斯还试图对另外一个令人失望的地方轻描淡写:"明年初,我们将推出0.9版本,供软件开发人员和敢于尝鲜的终端用户使用。"台下传来一些尴尬的笑声。乔布斯的意思是,1989年初,电脑及软件的1.0版本尚不能正式发布。事实上,他甚至没有设定一个确切的日期,只是暗示将在1989年第二季度的某个时候发布正式版本。早在1985年底NeXT的第一次度假会议时,乔安娜·霍夫曼就指出出货日期不切实际,当时乔布斯还信誓旦旦地承诺将在1987年初使产品出货。现在看来,电脑真正的出货时间将推迟两年多。

好在到了发布会末尾,整体氛围又欢快了起来,因为现场奏起了音乐。乔布斯请来了旧金山交响乐团的一位小提琴手,与台上的NeXT电脑一起演奏了巴赫的《A小调小提琴协奏曲》。演奏完毕,全场反响热烈,似乎已经把价格偏高和延迟发布的问题抛之脑后。发布会结束后,有记者问为什么这台机器的出货时间会这么晚,乔布斯回答说:"出货时间不算晚,它领先了时代5年。"

为了登上杂志封面,乔布斯像往常一样为选中的杂志提供了"独家"专访的机会。但在这次发布仪式中,乔布斯做得有点儿过火,给两家杂志提供了"独家"采访机会,所幸没造成什么实质性的严重后果。《商业周刊》的凯蒂·哈夫纳(Katie Hafner)希望在发布会前对乔布斯进行独家采访,乔布斯同意了,但乔布斯也与《新闻周刊》和《财富》达成了类似的交易。乔布斯没有想到,《财富》的顶级编辑之一苏珊·弗拉克(Susan Fraker)与《新闻周刊》的编辑梅纳德·帕克(Maynard Parker)是夫妻。

在《财富》的选题会上，编辑团队因为获得了专访乔布斯的机会而兴奋不已，但弗拉克说，她碰巧知道《新闻周刊》也获得了独家专访的机会，而且出刊时间会比《财富》早几天。最后，《财富》没有给乔布斯进行封面报道，所以那周乔布斯只上了《商业周刊》和《新闻周刊》的封面。《新闻周刊》使用了"芯片先生"的封面词，封面照片是乔布斯靠在一台漂亮的NeXT电脑上，宣称这台电脑是"多年来最令人兴奋的机器"。在《商业周刊》的封面照里，乔布斯身着深色西装，带着天使般的微笑，双手指尖轻轻压在一起，像个传教士或教授。但在文中，哈夫纳尖锐地批评了乔布斯对独家专访的操纵手法。她写道："NeXT公司精心安排了媒体对其员工和供应商的采访，对采访内容进行审查监控。这个策略自有效果，但也存在代价。这种操纵行为可谓为一己之私而不择手段，显示出史蒂夫·乔布斯冷血无情、精于算计的一面，他正是因此才被苹果赶走。乔布斯最突出的特点就是拥有强烈的控制欲。"

发布会的热度过后，不久就很少有人再讨论NeXT电脑了，毕竟电脑还没有上市。比尔·乔伊（Bill Joy）是竞争对手太阳微系统公司（Sun Microsystems）的首席科学家，头脑聪明，有几分冷幽默。他把这台电脑称为"第一台雅皮士电脑工作站"，这个叫法半是赞美，半是嘲讽。比尔·盖茨的反应一如预期，他继续公开表示对NeXT电脑不屑一顾。他告诉《华尔街日报》："坦白说，我很失望。在1981年，当史蒂夫向我们展示Mac时，我们真的感到很兴奋，因为当你把Mac跟别的电脑放在一起时，你马上就可以看出Mac的确是前所未有的。"但NeXT电脑却不是这样的，"从大的层面看，该电脑的大多数功能都是花拳绣腿"。他说，微软将继续执行不为NeXT编写软件的计划。在乔布斯的发布会结束后，盖茨模仿他的口气给员工写了一封电子邮件，邮件的开头说："所有的现实都被完全搁置了。"回想起来，盖茨笑称这可能是"我写过的最好的电子邮件"。

1989年中，NeXT电脑终于上市了，工厂已准备好每月生产10 000台，而实际的月度销量大约为400台。工厂里喷涂一新、美观整洁的机器人大部分时间都是闲置的，NeXT公司的现金就像大出血一样，迅速被耗尽。

第十九章　皮克斯

当科技碰上艺术

卢卡斯影业电脑工作室

1999年，埃德·卡特穆尔、史蒂夫·乔布斯和约翰·拉塞特

1985年夏，乔布斯在苹果公司的地位日渐式微。有一天，他跟在施乐的帕洛阿尔托研究中心工作过的苹果院士艾伦·凯一起散步。凯知道乔布斯对创意和技术相结合的东西很有兴趣，就提议一起去见见他的朋友埃德·卡特穆尔。卡特穆尔在乔治·卢卡斯的电影动画公司负责电脑工作室，工作室规模不大，办公地点是卢卡斯在马林县的天行者牧场（Skywalker Ranch）。乔布斯同意了。于是他们租了一辆豪华轿车前去拜访。乔布斯回忆说："我到那里之后被震撼到了。回来后我就试图说服斯卡利，想让苹果把这个工作室买下来。但苹果的高层对此不感兴趣，他们正忙着想办法把我赶走。"

卢卡斯影业的电脑工作室分为两个团队，一个团队负责开发用于渲染数字影像的硬件和软件，另一个团队负责制作动画短片。电脑动画师的主管是约翰·拉塞特，他非常热爱动画，也极具天赋。当时卢卡斯已经拍完《星球大战》三部曲的第一部，正被离婚官司搞得焦头烂额，不得不卖掉这个电脑工作室。卢卡斯让卡特穆尔尽快找个买家。

1985年秋，在几个潜在买家都退出谈判后，卡特穆尔和同事艾维·雷·史密斯决定寻找投资人，想自己把工作室买下来。于是他们给乔布斯打电话，约好时间后开车去了乔布斯在伍德赛德的家。乔布斯对斯卡利的敷衍态度和白痴行为非常不满，先是当着他们的面大肆抱怨了一番，然后提议由自己全资买下它。卡特穆尔和史密斯不同意，因为他们只想找个投资人，不想找个老板。但他们很快找到了一个折中方案：乔布斯可以注资成为最大的股东，担任董事长，而工作室的经营则由卡特穆尔和史密斯来负责。

乔布斯回忆说："我之所以买下这个工作室，是因为我真的很喜欢电脑绘图，而且我意识到他们在融合艺术和科技方面的表现远远领先于其他公司，这正是我一直以来的兴趣所在。"他提出向卢卡斯支付500万美元买下这个工作室，再另外投资500万美元，把工作室作为一个独立的公司来运营。乔布斯的报价远远低于卢卡斯的要价，但乔布斯占据天时，所以双方决定就交易进行协商。

卢卡斯影业的首席财务官觉得乔布斯傲慢无礼。所以，在协商之前，他告诉卡特穆尔："我们得让史蒂夫知道谁才是这里的老大。"他们的计划是先让所有人和乔布斯一起进入会议室，等几分钟后，首席财务官再现身主持会议。卡特穆尔回忆说："但有趣的事情发生了。史蒂夫没等首席财务官到场就准时开始了会议，而首席财务官走进来时，史蒂夫已经掌握了会议的主导权。"

乔布斯只见过乔治·卢卡斯一次。卢卡斯警告他，电脑工作室的人关心的是制作动画电影，而不是制作电脑。"这些人一门心思想做动画。"卢卡斯后来回忆说，"我确实警告了乔布斯，让他知道埃德和约翰融资的主要目的是做动画。我觉得在他的内心深处，他之所以买下公司，是因为这也符合他的想法。"

1986年1月，最终协议达成。协议规定，乔布斯将投资1 000万美元，获得公司70%的股份，其余的股权被分配给埃德·卡特穆尔、艾维·雷·史密斯和其他38名创始员工，包括前台接待员。电脑工作室最重要的硬件是皮克斯图像电脑（Pixar Image Computer），于是新公司的名字就叫作皮克斯。

刚开始，乔布斯把皮克斯的管理权交给了卡特穆尔和史密斯，没有过多干预。每隔一个月左右，他们就会一起开董事会，通常是在NeXT总部，乔布斯重点关注财务和战略问题。然而，由于乔布斯个性强硬，天生控制欲就很强，他很快就变得越来越强势。他对皮克斯的硬件和软件的未来发展提出了种种设想，当然，有些设想合情合理，有些则显得异想天开。乔布斯来皮克斯办公室的次数不多，但每次都能激发灵感，鼓舞人心。艾维·雷·史密斯回忆说："我从小就加入了美南浸信会（Southern Baptist），经常参加培灵会。主持会议的传教士虽然生活腐败，但是自有独特的魅力。史蒂夫深得传教士的精髓：他巧舌如簧，出口成章，特别能魅惑人心。我们在开董事会的时候留意到了这一点，所以如果发现有人被卷入史蒂夫的现实扭曲力场，需要赶紧被拉回到现实世界，我们就会用一些暗号相互提醒，比如摸摸鼻子或者拽拽耳朵。"

乔布斯一直以来都极力推崇硬件和软件的整合，而皮克斯的图像电脑和渲染软件刚好结合了硬件和软件。除此之外，皮克斯还生产创意内容，比如动画片和绘图。图像电脑、渲染软件和创意内容都受益于乔布斯的理念与推动，即要把艺术创意和先进技术相结合。乔布斯后来说："硅谷这帮搞技术的人并不尊重好莱坞的创作人员，而好莱坞的人会觉得技术人员就是被聘来干活儿的，根本不需要跟他们见面。而在皮克斯，科技文化和创意文化都很受尊重。"

根据计划，皮克斯最初的营收将来自硬件。皮克斯图像电脑的售价为12.5万美元，主要目标客户是动画师和平面设计师，但他们很快发现，这款电脑在医疗和情报等专业领域也有市场，比如CAT（计算机轴向断层扫描）扫描数据能够被转换成三维图形，来自侦察飞机和卫星的信息等也可以用3D影像呈现。因为皮克斯的电脑要卖给美国国家安全局，所以乔布斯必须接受安全调查，而奉命调查他的联邦调查局特工一定碰到了不少趣事。皮克斯的一位高管回忆说，有一次，调查员给乔布斯打电话询问药品使用的问题，乔布斯的回答开诚布公，不加掩饰。乔布斯会说："我上次服用迷幻药的时候是……"有时候则表示"这种毒品我还真没试过"。

乔布斯要求皮克斯打造一个成本更低的图像电脑,售价在3万美元左右。他坚持让青蛙设计公司的埃斯林格负责电脑的设计,尽管卡特穆尔和史密斯因为昂贵的设计费而强烈反对。最终的设计结果跟原来的皮克斯图像电脑外观相似,一样是中间有一个圆形凹痕的立方体,但上面那些细长沟纹的设计,一看就出自埃斯林格之手。

乔布斯想把皮克斯的电脑推向大众市场,于是让皮克斯团队在主要城市开设了销售办事处(办事处的装修设计方案也是经他批准的)。他的理由是,创意人士很快就会想出各种方法来使用这台电脑进行创作。他后来说:"我认为人是有创造力的动物,会想出各种各样的新方法来使用工具,有些方法可能连发明者自己都没有想到。我认为皮克斯电脑就是这样,就像Mac一样。"但这款电脑在普通消费者中并不畅销,因为成本偏高,而且适用的软件很少。

在软件方面,皮克斯有一款可以制作三维图形和图像的渲染程序,名为雷耶斯(Reyes,Renders everything you ever saw,即"渲染万物")。乔布斯担任董事长后,皮克斯开发了一款新的语言和界面,名为RenderMan。公司希望RenderMan成为三维图形渲染的标准,就像Adobe公司的PostScript成了激光打印的标准一样。

跟对硬件的设想一样,乔布斯认为也应该把他们开发的软件推向大众市场,而不仅仅服务专业市场。他从来都不满足于企业或高端专业市场。皮克斯的市场总监帕姆·凯文(Pam Kerwin)回忆说:"史蒂夫的设想非常宏伟,认为RenderMan可以为普通人服务,他在开会时会不断提出各种各样的想法,列举普通人如何使用RenderMan来创造出炫酷的三维图形和逼真图像。"皮克斯团队会试图劝阻他,说RenderMan不像Excel或Adobe Illustrator那样容易使用。然后乔布斯会走到白板前,向他们展示如何把RenderMan变得更加简单好用。凯文回忆说:"我们会疯狂点头,兴奋地说:'是的,是的,这样太棒了!'但是等他离开之后,我们稍加思考就会发问:'他到底在想什么?'他就是有这么奇怪的魅力,跟他聊完天之后,我们得缓一缓才能进行切合现实的思考。"事实证明,普通消费者对于渲染真实图像的昂贵软件并没有强烈的需求。RenderMan最终也没有在大众市场占据一席之地。

不过，倒是有一家公司非常希望实现动画师画作渲染的自动化，以制作彩色动画电影。在华特·迪士尼的侄子罗伊·迪士尼（Roy Disney）发动迪士尼董事会进行改革之时，新任首席执行官迈克尔·艾斯纳问罗伊想扮演什么角色。罗伊·迪士尼表示，他想重振公司历史悠久却日渐衰落的动画部门。他的第一个举措就是把电脑引入动画制作流程。最后，皮克斯拿到了迪士尼的合同。皮克斯为迪士尼量身定做了一款硬件和软件套装，名为 CAPS，即电脑动画制作系统（Computer Animation Production System）。1988 年，系统首次投入使用，创作了《小美人鱼》电影的最后一幕特莱顿国王向爱丽儿挥手告别的情景。CAPS 成为迪士尼电影制作的重要工具，于是迪士尼又采购了数十台皮克斯图像电脑。

动画

皮克斯的动画短片制作团队所属的数字动画工作室起初并不是一个核心部门，其主要宗旨是展示公司的硬件和软件。工作室主管是约翰·拉塞特。他长着一张娃娃脸，举手投足间散发着孩童般的天真，但内心深处对艺术完美性的追求与乔布斯不相上下。拉塞特出生在好莱坞，从小就喜欢星期六早上的卡通节目。九年级时，他写了一份关于迪士尼工作室历史的读书报告，那时的他就已经找到了自己毕生的志趣。

高中毕业后，拉塞特进入由华特·迪士尼创办的加州艺术学院动画专业学习。他利用暑假和业余时间研究迪士尼的发展历史和作品，还在迪士尼乐园的丛林巡航项目中做导游。他从做导游的经历中学习到，讲故事要注意时间，把握节奏。在一帧一帧地创作动画片时，这个窍门非常重要，但也很难掌握。他在大三时制作的短片《小姐与台灯》（Lady and the Lamp）赢得了学生奥斯卡奖（Student Academy Award）。这个短片借鉴了迪士尼电影《小姐与流浪汉》（Lady and the Tramp），也展示了拉塞特标志性的才能，就是可以让台灯等无生命的物体变得活灵活现。毕业后，他找了一份梦寐以求又命中注定的工作：在迪士尼工作室（Disney Studios）担任动画师。

但他的职业发展并不顺利。拉塞特回忆说："我们几个年轻人想做出与

《星球大战》不相上下的动画特效,但是怀才不遇。我有种理想破灭的感觉,后来又成为两个老板争斗的牺牲品,被动画部门的主管解雇了。"1984年,埃德·卡特穆尔和艾维·雷·史密斯说服拉塞特加入卢卡斯影业,拉塞特终于得偿所愿,做出了《星球大战》级别的特效。当时乔治·卢卡斯已经开始担心电脑工作室的成本,他们非常担心卢卡斯不同意雇用一个全职的动画师,于是就给拉塞特安了一个"界面设计师"的头衔。

乔布斯入主公司后,拉塞特开始和乔布斯互相分享彼此对图形设计的激情。拉塞特说:"我是皮克斯唯一的艺术家,史蒂夫很喜欢艺术设计,所以我们两个很有共鸣。"拉塞特幽默合群,活泼讨喜,爱穿花哨的夏威夷衫,其办公室里堆满了古董玩具,喜欢吃芝士汉堡包。而乔布斯暴躁易怒,身形瘦削,只吃素食,喜欢简朴整洁的环境。两个人虽然个性不同,但志趣相投,所以一拍即合。拉塞特是个艺术家,所以乔布斯对他很是欣赏。而拉塞特对乔布斯的认知也很到位,知道这个贵人能够欣赏艺术,明白如何把艺术、科技和商业相互交汇、融为一体。

为了展示公司的硬件和软件,乔布斯和卡特穆尔决定让拉塞特再制作一部动画短片,参加1986年的电脑图形年会SIGGRAPH。当时,拉塞特正在用桌上的卢克索灯作为图形渲染的模型,他决定把台灯设计成一个栩栩如生的人物角色。他从朋友家孩子的身上获得灵感,又加入了一个小台灯的角色。他给另一位动画师展示了几个测试画面,动画师告诉他一定要讲个故事。拉塞特说自己只是做一个短片,但动画师提醒他,就算是几秒钟的短片,也可以讲一个精彩的故事。拉塞特把这个建议听进去了。他最后做出来的动画叫《顽皮跳跳灯》,只有两分多钟,讲的是一个台灯爸爸和一个台灯孩子来回推一个球的故事,最后球被压爆了,小台灯非常难过。

乔布斯看到作品后非常兴奋。他从NeXT公司的重重压力中抽身,跟拉塞特一起飞往达拉斯,参加8月的SIGGRAPH大会。拉塞特回忆说:"当时天气非常闷热,我们走在外面时,热浪会像网球拍一样迎面袭来。"拉塞特回忆说,当时有一万人参加贸易展,乔布斯非常喜欢那里的气氛。艺术创造力使乔布斯精神抖擞,与科技相关的艺术创造更是让他神采飞扬。

电影放映礼堂门口排着长队,大家都等着进去观看影片,乔布斯不想等那么久,于是直接找到主办机构,费了点儿口舌,便带着皮克斯的人提前入场了。《顽皮跳跳灯》放映后，观众全都起立鼓掌，久久不愿坐下。这部短片被评为最佳影片。乔布斯在结束时感叹道："哇！太棒了！我明白是怎么回事了，我懂了！"他后来解释说："我们的电影是唯一一部具有艺术内涵的电影，而不仅仅展示了高科技。皮克斯就是要像 Mac 一样，实现艺术与科技的结合。"

《顽皮跳跳灯》还获得了奥斯卡奖的提名。乔布斯飞到洛杉矶参加了颁奖典礼。虽然影片最终没有获奖，制作动画短片对公司的营收也没什么贡献，但乔布斯还是决定每年都要制作一些新的动画短片。皮克斯经营出现困难的时候，乔布斯会毫不留情地大幅削减预算，但如果拉塞特请乔布斯把节省下来的成本给他用来制作下一部电影，乔布斯总会答应。

《锡铁小兵》

乔布斯并不是跟皮克斯的每个人关系都这么好。他和卡特穆尔的合伙人艾维·雷·史密斯就经常发生激烈的冲突。史密斯出生于得克萨斯州北部农村，在浸信会的熏陶下长大，是个自由奔放的嬉皮士，在公司担任电脑图像工程师。他身材高大，笑声洪亮，个性十足，偶尔也会很自负。帕姆·凯文说："艾维自带光芒，笑声友好爽朗，开会的时候总会有一大群拥护者。艾维这样的人不怕激怒史蒂夫。他们都是有远见的人，精力旺盛，自我感觉良好。艾维不像埃德那样愿意息事宁人，艾维看不惯什么，就一定要说出来。"

在史密斯眼里，乔布斯魅力十足又自高自大，这导致他总会滥用职权。史密斯说："他就像电视节目里的布道者，想要操控别人，但我不愿意成为他的奴隶，所以我们才会发生冲突。相比之下，卡特穆尔更加随和，愿意配合他。"有时候，乔布斯会在开会时说一些过分或虚假的话，来确定自己的主导地位。史密斯很喜欢当场揭穿他，还会一边说一边哈哈大笑，得意万分，乔布斯自然不会对他有什么好感。

在一次董事会上，因为新版皮克斯图像电脑的电路板迟迟没有完成，乔布斯大声训斥了史密斯和皮克斯的其他高层。当时，NeXT 电脑的电路板也延期了。史密斯直接挑明了这一点："你们的 NeXT 电路板完成得更晚，所以别再说我们了。"乔布斯恼羞成怒,用史密斯的话说就是,"气到失去了理智"。在史密斯感觉受到人身攻击或挑衅的时候,他的美国西南部口音就会冒出来。这次面对史密斯的反唇相讥,乔布斯就开始怪模怪样地模仿他说话。史密斯回忆说:"他就是在欺负人,故意要惹怒我。然后我就完全失控了。我还没反应过来,就已经开始跟他对骂,我俩的脸相距只有几厘米。"

还有一次开会,乔布斯霸占着白板,不让别人使用,而魁梧的史密斯一把把他推开,开始在上面写东西。乔布斯大喊:"你不能写!"

史密斯回应说:"什么?我不能在你的白板上写东西?胡扯。"乔布斯气得摔门而出。

最后,史密斯还是辞职了,他成立了一家制作数字绘图和图像编辑软件的新公司。他在皮克斯的时候编写过一些代码,但乔布斯拒绝授权他使用。两个人的关系进一步恶化。卡特穆尔说:"艾维虽然最终得到了他需要的东西,但他有一年的时间压力大到得了肺炎。"最后的结果皆大欢喜:微软最终收购了史密斯的新公司。史密斯创立的两家公司,一家卖给了乔布斯,一家卖给了比尔·盖茨,也算是一种殊荣。

即使在一帆风顺的时候,乔布斯也习惯挑三拣四,而当皮克斯的三大业务——硬件、软件和动画内容——都在赔钱的时候,乔布斯更是乱发脾气,口不择言。他回忆说:"我经常收到很多计划书,最后不得不一直往里投钱。"他常常拍案怒骂,但发火之后,该给钱还是会给。被苹果赶下台,NeXT又出师不利,他已经无法承受第三次打击了。

为了止损,乔布斯下令进行一轮大规模裁员。他一如既往地痛下狠手,毫不留情。帕姆·凯文说:"对于那些被裁的员工,他全然不顾他们的感受,也没有提供相应的补偿。"乔布斯坚持要求裁员计划立刻生效,而且不付遣散费。凯文带着乔布斯在停车场走了一圈,恳求说至少要给出两周的缓冲时间。乔布斯回答说:"可以,但是裁员通知的生效日期要追溯到两周前,他们今天还是得走。"卡特穆尔当时在莫斯科,凯文心急如焚地给他打电话,让他赶快回来。卡特穆尔回来之后,设法制订了遣散计划,给被解聘的员工提供了微薄的补偿,事态才稍有平息。

为了创收,有一段时间,皮克斯动画团队想说服英特尔找皮克斯拍商业广告片，但合作方案迟迟不能敲定，乔布斯失去了耐心。在一次会议上，乔布斯痛斥英特尔的营销总监，然后他拿起电话，直接给英特尔的首席执行官安迪·格鲁夫打电话。格鲁夫仍然以导师自居，他想要给乔布斯上一课，于是说支持英特尔公司的管理人员。格鲁夫回忆说："我选择支持自己的员工。史蒂夫不喜欢我们把他当乙方对待。"

还有一件事让格鲁夫给乔布斯上了一课。有一次，乔布斯提议，皮克斯可以给英特尔提供一些咨询建议，帮助英特尔提高处理器渲染三维图形的能力。英特尔的工程师们接受了乔布斯的提议，于是乔布斯在邮件里说，皮克斯提供的咨询建议是需要付费的。英特尔的首席工程师回复称："双方此前并未就英特尔微处理器改进建议之事达成任何财务安排，将来亦无相关计划。"乔布斯把这封邮件转发给了格鲁夫，表示他认为工程师的答复"极其傲慢，因为英特尔在理解电脑图形方面的表现非常差劲"。而格鲁夫给乔布斯回复了一封措辞严厉的邮件，指出分享想法是"友好的公司和朋友的分内之事"。格鲁夫还说，他过去经常与乔布斯分享想法，都没有问他要过钱，乔布斯不应该如此市侩。这封信让乔布斯有所醒悟，他回复说："我有很多缺点，但忘恩负义并不是其中之一。因此，我的立场将出现180度的改变：我们将免费提供帮助。谢谢你提供了更清晰的视角。"

皮克斯开发了一些针对普通消费者的强大软件产品——至少是那些与乔布斯一样对设计事物充满热情的普通消费者。乔布斯仍然希望在家里制作出超现实的三维图像的能力可以成为桌面出版热潮的一部分。例如，皮克斯的Showplace软件可以改变三维物体的阴影，这样电脑就能以适当的阴影展示出不同角度下物体的模样。乔布斯认为这个功能极具吸引力，但是大多数消费者觉得这可有可无。由此可见，乔布斯的热情也会让他盲目：因为软件的功能太多太强大，反而失去了他一贯追求的简约性。皮克斯无法与Adobe竞争——Adobe制造的软件虽然没有那么高级，但要简单得多，也便宜得多。

即使皮克斯的硬件和软件产品线都前景黯淡，乔布斯还是不遗余力地保护了动画工作室。对他来说，这个部门犹如一片神奇的艺术小天地，给他带来了深深的情感愉悦，他愿意用心培养这项业务，继续在动画制作业务上下注。1988年春，皮克斯的资金严重短缺，乔布斯召开会议，下令大幅削减开支。而拉塞特和他的动画团队还需要一些额外的资金来制作另一个短片。会议结束后，他们实在觉得难以启齿，但最后还是鼓足勇气向乔布斯提出了请求。乔布斯听了之后一言不发，他看起来心存疑虑，因为他需要再从自己的口袋里拿出近30万美元。几分钟后，他问他们是不是已经做好了分镜脚本。卡特穆尔把他带到了动画办公室。拉塞特开始展示分镜脚本，给人物配音，表露出对这个作品的无限热情。乔布斯被他感染，疑惑也渐渐消退。

这个故事的主题围绕的是拉塞特心爱的经典玩具。故事由一个单人乐队玩具锡铁小兵（Tinny）的视角展开。他遇到了一个让他又爱又怕的人类小宝宝，于是逃到沙发底下，结果却在那里发现了很多其他也是因为害怕而躲起来的玩具。但当小宝宝撞到头哇哇大哭的时候，锡铁小兵又从沙发底下出来，逗他开心。

乔布斯同意出资。他后来说："我对约翰做的事情有信心，他做的是艺术。他很用心，我也很关心。我对他有求必应。"拉塞特的演示结束后，乔布斯只说了一句话："我只有一个要求：完成伟大的作品。"

《锡铁小兵》后来赢得了1988年奥斯卡最佳动画短片奖，是首个获此殊荣的由电脑制作的动画短片。乔布斯带着拉塞特和他的团队来到旧金山的一家高级素食餐厅绿地一同庆祝。拉塞特抓起放在桌子中央的小金人，高高举起，向乔布斯致谢说："你只有一个要求，就是要我们制作伟大的电影。"

迪士尼组建了新的领导团队，由迈克尔·艾斯纳担任首席执行官，杰弗瑞·卡森伯格主管电影工作室，他们想让拉塞特回归迪士尼。他们很喜欢《锡铁小兵》，认为该故事还可以进一步发展，可以把玩具的自我意识和情感作为主题，探索更多的创作空间。但拉塞特很感激乔布斯对他的知遇之恩，认为只有在皮克斯，自己才能开创电脑动画的新世界。拉塞特告诉卡特穆尔："我去迪士尼可以做导演，但留在皮克斯，我可以创造历史。"迪士尼见没有办法说动拉塞特，于是开始与皮克斯就合作制片展开沟通。卡森伯格回忆说："拉塞特的短片在讲故事和技术方面都极其令人惊叹，我非常努力地想让他加入迪士尼，但他对史蒂夫和皮克斯很忠诚。所以，如果你不能打败他们，那么你就只能加入他们。我们决定寻找可以与皮克斯合作的方法，让他们为我们制作一部以玩具为主题的动画电影。"

此时，乔布斯已经自掏腰包，向皮克斯投入了近5 000万美元，超过了他离开苹果后套现总额的一半，而NeXT公司还在持续亏损。对此，乔布斯展现出了他现实的一面。1991年，为了让公司继续运营，乔布斯个人再次向皮克斯注资，但这次有个强迫条件，就是皮克斯的所有员工必须放弃期权。面对严峻的现实，乔布斯之所以选择继续投资，是因为他有浪漫的一面：他热爱艺术和科技相结合带来的伟大作品。他曾以为普通消费者会喜欢在皮克斯软件上进行三维建模，结果证明，这一判断是错误的，但是他的另一个直觉却是正确的：将伟大的艺术和数字技术结合起来，动画电影的发展将会脱胎换骨，催生自1937年迪士尼制作电影《白雪公主》以来最大的行业变革。

回想起来，乔布斯说，如果他当年知道得更多，他就会更早地专注于动画，而不是花精力推动公司的硬件或软件应用的发展。但从另一个角度来看，如果他知道硬件和软件永远不会赢利，他一开始也就不会接手皮克斯。他说："命运似乎牵着我走上了这条路，但祸福相依，也许这样更好。"

第二十章　凡夫俗子

相爱简单相处难[1]

琼·贝兹

1982年，乔布斯还在开发Mac时，通过两个人认识了著名民谣歌手琼·贝兹。这两个人一个是贝兹的妹妹米米·法琳娜（Mimi Fariña），她当时负责一个慈善活动，联系乔布斯给监狱捐赠一些电脑；另一个是贝兹的人权基金负责人马克·维米伦（Mark Vermilion）。乔布斯向他们捐赠了一些电脑，并问维米伦能不能见一下贝兹。几周后，乔布斯和贝兹在库比蒂诺共进午餐。乔布斯回忆说："我本来没抱什么期望，但是她真的很聪明，很有趣。"当时，他与芭芭拉·亚辛斯基的恋爱关系已经接近尾声。乔布斯曾跟亚辛斯基在夏威夷度假，一起住在圣克鲁斯山区，甚至

1991年，莫娜·辛普森和未婚夫理查德·阿佩尔（Richard Appel）

---

[1] 原文为"Love Is Just a Four-Letter Word"，为琼·贝兹的歌曲名。——编者注

还一起去听过贝兹的音乐会。随着两个人激情不再，关系渐行渐远，乔布斯开始对贝兹更加认真。他当时27岁，贝兹41岁，但是两个人的恋情持续了几年。乔布斯回忆说："我们的相识非常偶然，后来对彼此越来越认真，从朋友变成了恋人。"他的言语之间颇有几分感伤之情。

乔布斯在里德学院的朋友伊丽莎白·霍姆斯认为，乔布斯之所以跟贝兹交往，不仅因为贝兹美丽风趣，才华横溢，还因为她曾经是鲍勃·迪伦的情人。她后来说："史蒂夫喜欢这种与迪伦之间的关联。"贝兹和迪伦在20世纪60年代初曾是恋人，后来以朋友身份共同巡演，包括1975年的滚雷巡演（Rolling Thunder Revue）。乔布斯一直留存着这些演唱会的盗版录音带。

贝兹与乔布斯相识时，她的儿子已经14岁了，名叫加布里埃尔（Gabriel），是她跟前夫反战活动家戴维·哈里斯（David Harris）所生。贝兹与乔布斯吃午饭的时候，说自己在教儿子怎么打字。乔布斯问："你是说用打字机吗？"贝兹说是的。乔布斯听了说："打字机可都是老掉牙的东西了。"

贝兹问："如果打字机是老掉牙的东西，那我算什么？"乔布斯一时语塞，导致饭桌上出现尴尬的沉默。贝兹后来告诉我："那句话一说出口，我就意识到答案是多么显而易见。这个问题就那样悬在半空，让我不寒而栗。"

有一天，乔布斯突然带着贝兹来到办公室，向她展示了Mac的原型机。看到一向注重保密工作的乔布斯竟然把电脑展示给一个外人，Mac团队的每个人都觉得不可思议，但更让他们难以想象的是，这个"外人"竟然是大明星琼·贝兹。乔布斯送给加布一台Apple II，后来又送给贝兹一台Mac。贝兹每次来参观的时候，乔布斯都会向她展示自己喜欢的功能。贝兹回忆说："他很体贴，也很有耐心，但他的知识太高深了，我又一窍不通。为了教会我使用它，他费了不少脑筋。"

苹果上市后，乔布斯一夜暴富，成为千万富翁；而贝兹虽然名冠全球，却依然朴实低调，并没有别人想象得那么富有。两个人相处时，乔布斯的种种行为常让贝兹感到困惑，不知该如何解读。快30年过去，现在谈起来，她还是觉得他令人费解。两个人刚确定恋爱关系不久，有次一起吃晚饭的时候，乔布斯提到了拉夫·劳伦和他的马球服装店，但贝兹从来没去过那家店。"那里有条漂亮的红裙子，很适合你。"乔布斯说。吃完饭后，他开车带她去了拉夫·劳伦在斯坦福购物中心的专卖店。贝兹回忆说："我对自己说，太棒了，我跟全世界最有钱的人在一起，他想让我拥有这件漂亮的衣服。"他们走进专卖店，乔布斯先给自己买了几件衬衫，然后把那条红裙子指给她看，说："你应该买下来。"贝兹有点儿意外，说自己其实买不起。但乔布斯却没再说什么，他们就这样径直走了。讲完这件事，贝兹带着一脸疑惑的表情问我："设想一下，如果你的恋爱对象一晚上都在跟你说那条裙子有多美，难道你不觉得他的意思就是要把它买下来送给你吗？红裙子之谜就交给你解读了。我一直觉得这件事有点儿莫名其妙。"他会送她电脑，但不会送裙子，如果他给她送花，就一定会告诉她这是公司办完活动留下来的。贝兹说："他内心很浪漫，但又害怕做出浪漫的举动。"

乔布斯在开发 NeXT 电脑期间，去过贝兹在伍德赛德的家，向她展示电脑的音乐制作功能。贝兹回忆说："他用电脑演奏了一曲勃拉姆斯的四重奏，然后告诉我，总有一天，电脑会比人类演奏得更好，连意境和节奏都会更为精准。"这个观点让她非常排斥，"他越说越兴奋，而我却愈加愤怒，心想，你怎么能这样亵渎音乐？"

乔布斯跟黛比·科尔曼和乔安娜·霍夫曼说过他与贝兹的事，也一直为是否跟贝兹结婚所烦恼，因为贝兹已经有了一个十几岁的儿子，而且过了想再生更多孩子的年龄。霍夫曼说："有时他会贬低她，觉得她只是个'时事'歌手，不像迪伦那样是个真正的'政治'歌手。贝兹的个性很强势，而乔布斯又想在两个人的关系中占据主导地位。另外，他一直说自己想结婚生子。他知道，如果跟贝兹结婚，就不可能拥有他理想的婚姻生活。"

就这样，差不多 3 年以后，他们结束了恋情，渐渐变成了普通朋友。乔布斯后来说："我以为我爱她，但其实我只是很喜欢她。我们注定无法在一起，我想要孩子，她已经不想了。"贝兹在 1989 年出版的回忆录中写到了她跟前夫分开的事情，也写到为什么后来没有再婚："我注定是一个人，所以跟他分开以后就一直一个人生活，偶尔的同行者也都只是生命中的过客。"在书的最后，她特地提到了乔布斯，说谢谢"史蒂夫·乔布斯在我的厨房里放了一台电脑，强迫我学会用电脑打字"。

寻找生母和妹妹

乔布斯31岁那年,也就是离开苹果一年后,他的养母克拉拉患上了肺癌(她平时有抽烟的习惯)。在她临终前,乔布斯陪了她一段时间,两个人用以往少有的方式聊天,说起了乔布斯一直想知道却没敢问的事情。乔布斯问:"你跟爸爸结婚的时候,还是个处女吗?"当时她说话已经很吃力了,但还是挤出一丝微笑,告诉儿子她此前结过婚,前夫上了战场,就再也没有回来。她还讲了她和保罗·乔布斯收养他的一些细节。

此后不久,乔布斯成功找到了他的生母。其实从20世纪80年代初开始,他就雇了一个私家侦探,开始悄悄打探生母的下落,但并没有什么收获。后来,乔布斯注意到自己的出生证明上有一个旧金山医生的名字。乔布斯回忆说:"他的联系方式可以在电话簿上查到,所以我给他打了个电话。"那位医生并没帮上什么忙,因为他说乔布斯的出生记录已经毁于一场火灾。但这并不是真的。事实上,就在乔布斯打完电话后,医生写了一封信,用信封装好,在上面写道:"请在我死后,将此信交给史蒂夫·乔布斯。"他不久后便去世了,他的遗孀把信寄给了乔布斯。医生在信中透露,乔布斯的母亲是一个来自威斯康星州的未婚研究生,名叫乔安妮·希贝尔。

乔布斯又雇了一名侦探,花了几个星期,终于查明了乔安妮的信息。把乔布斯送养后不久,乔安妮跟乔布斯的生父阿卜杜法塔赫·约翰·钱德里正式结婚,并且又生了一个孩子,取名莫娜。5年后,钱德里抛弃了母女二人。后来,乔安妮嫁给了一个外向开朗的滑冰教练乔治·辛普森(George Simpson),但这段婚姻也没有维持多久。1970年两人离婚后,乔安妮开始带着莫娜四处旅行(两个人现在都用"辛普森"这个姓),目前在洛杉矶落脚。

乔布斯一直不愿让保罗和克拉拉知道他在寻找生母的事情,因为他视他们如亲生父母。他很少如此体贴,这表明他对养父母有着深厚的感情,不愿意让他们伤心。所以在1986年初克拉拉去世之前,乔布斯一直没有跟乔安妮·辛普森联系过。他回忆说:"我不想让他们觉得我没有把他们当作我的父母,因为他们百分之百就是我的父母。我非常爱他们,所以不想让他们知道我在寻找生母的事。甚至有记者挖出了我的身世,我还请求他们保守秘密。"克拉拉去世后,他决定告诉保罗自己已经找到生母。保罗·乔布斯很坦然地接受了,说一点儿都不介意他跟生母取得联系。

于是有一天乔布斯给乔安妮·辛普森打了电话,说明了自己的身份,约好到洛杉矶去见她。他后来说,他之所以去见她,主要是出于好奇。他说:"我相信环境对人的特质产生的决定性影响比遗传更大,但人总会对自己的生物本源感兴趣。"他还有另外一个目的,就是想让乔安妮放心,她当初并没有做错:"我想见见我的生母,主要是想看看她过得怎么样,对她说声谢谢,因为她选择生下了我,而不是堕胎,因此我才能来到这个世界。她当时才23岁,为了生下我,她也吃了很多苦。"

当乔布斯来到乔安妮在洛杉矶的家时,她的情绪非常激动。她知道他很有名,而且很有钱,但不太清楚他是怎样获得成功的。她的各种情绪奔涌而出,不停地向乔布斯倾诉,说自己是迫于压力才在他的收养文件上签字,而且是在被告知他在新父母家会很幸福的情况下才签的。她说她常常想到他,一想到自己狠心把他抛弃了,就心如刀割。她一遍又一遍地向乔布斯道歉,而乔布斯一再安慰她说他能谅解她,而且事情的结果也挺好的。

过了一会儿,她的心情稍有平复,于是告诉乔布斯,他还有一个同父同母的亲妹妹,叫莫娜·辛普森,她当时生活在曼哈顿,是一个新秀作家。乔安妮从来没有告诉过莫娜她有一个哥哥。乔布斯来的那天,乔安妮给莫娜打电话,半遮半掩地把这件事告诉了她。乔安妮说:"你有一个哥哥,他特别优秀,也很有名,我要把他带到纽约,让你见见他。"莫娜当时正在写一部名为《四海为家》的小说,讲的是自己和母亲从威斯康星州到洛杉矶一路的经历。读过这本书的人自然知道,乔安妮以这种神秘兮兮的方式向莫娜透露哥哥的消息,很符合她的性格。乔安妮拒绝告诉莫娜这个人是谁,只说他曾经很穷,后来发了财,长得很帅,很有名,头发又黑又长,住在加州。当时莫娜在乔治·普林普顿(George Plimpton)主办的文学期刊《巴黎评论》(*The Paris Review*)杂志社工作,办公地点位于普林普顿在曼哈顿东河附近别墅的一楼。莫娜和同事们开始猜测她的哥哥是谁,大家觉得最可能的人选就是约翰·特拉沃尔塔(John Travolta)。其他演员也成为热门人选。其间有人猜"也许是苹果公司的创始人之一"但大家都想不起来创始人都有谁。

乔布斯与生母和妹妹约在瑞吉酒店的大堂见面。莫娜回忆说:"他直率又可爱,就是一个很和善的普通人。"他们坐着聊了几分钟,然后乔布斯就带着莫娜单独出去散步了,他们一起走了很久。通过接触,乔布斯惊喜地发现,妹妹竟然跟自己在很多方面都非常相像:他们都有强烈的艺术感知力,对周围的环境观察敏锐,性格敏感,意志坚定。他们一起吃晚餐的时候,会同时注意到相同的建筑细节,然后兴高采烈地聊个不停。他喜形于色地跟苹果的同事们宣布:"我有一个作家妹妹!"

1986年底,莫娜出版了《四海为家》,普林普顿为她举办了一场盛大的派对,乔布斯也飞到纽约陪莫娜参加。这对兄妹的关系越来越亲近,但在亲情和友情背后,牵绊和摩擦也在所难免,因为两个人都很有个性,相识的过程又那么传奇。乔布斯后来说:"最开始的时候,我突然出现在她的生活里,她的母亲对我的感情很深,莫娜一时有点儿难以接受。但随着我们相互了解,我们成了真正的好朋友,她是我的家人。我不知道没有她我该怎么办。我难以想象会有比她更好的妹妹。我还有一个妹妹帕蒂,是保罗和克拉拉后来领养的,但我跟她一直不是很亲近。"莫娜同样对乔布斯产生了深厚的感情,有时会非常护着他,但她后来写了一本以乔布斯为原型的前卫小说《凡夫俗子》,文笔精准独到,书中描述了乔布斯的种种怪癖,观之令人不适。

乔布斯和莫娜偶尔会发生争执,其中一个问题就是莫娜的衣品。莫娜的穿衣风格就像勉强维生的作家,而乔布斯会批评她穿的衣服"不堪入目"。有一次,她因为觉得他的评论实在讨厌,就写信抗议说:"我是一个年轻的作家,这是我的生活,反正我也不想成为模特。"乔布斯没有回信。但不久之后,莫娜收到了从三宅一生专卖店寄来的盒子。三宅一生是日本时装设计师,其设计风格鲜明,很有科技感,是乔布斯最喜欢的设计师之一。莫娜后来说:"他去帮我买衣服了,选的都是特别有设计感和质感的衣服,正好是我的尺寸,颜色也非常适合我。"乔布斯尤其喜欢其中的一条裤装,于是他买了三条一模一样的,给莫娜寄了过去。他说:"我到现在还记得送给莫娜的第一批套装,是淡灰绿色的亚麻裤子和上衣,与她的红头发搭配起来非常漂亮。"

消失的父亲

在此期间,莫娜·辛普森一直在努力寻找他们的父亲。莫娜5岁的时候,父亲离家而去。在曼哈顿的著名作家肯·奥莱塔(Ken Auletta)和尼克·皮莱吉(Nick Pileggi)的介绍下,莫娜认识了一个私家侦探。这个人原本是纽约的警察,退休后自己开了一家侦探事务所。莫娜回忆说:"我本来就没有多少钱,全都用来付侦探费了。"但无奈寻亲无果。后来,莫娜在加州找了另一个私家侦探。他通过机动车管理局的搜索,找到了阿卜杜法塔赫·钱德里在萨克拉门托的一个地址。莫娜将此事告诉了乔布斯,然后从纽约飞到萨克拉门托去跟他们的父亲见面。

乔布斯并不想见生父。他后来解释说:"他对我不好,我不怪他——能来到这个世界,我就很开心了。但是让我最难以接受的是他对莫娜不好。他把莫娜抛弃了。"乔布斯自己也抛弃过私生女丽萨,现在正在努力修复父女关系,但这件事并没有缓和他对生父的态度。就这样,莫娜独自一人去了萨克拉门托。

莫娜回忆说:"我们见面的时候,两个人的情绪都很紧绷。"她发现父亲在一家小餐馆工作。他见到她似乎很高兴,但也不太主动问起她的情况。他们聊了几个小时,他说自己离开威斯康星州后,慢慢就不教书了,改做了餐饮业。

在莫娜来之前,乔布斯告诉她见到父亲不要提到他,所以她在父亲跟前对乔布斯只字未提。但她父亲不经意提到,他和乔安妮在她出生前还有一个孩子,是个男孩儿。莫娜问:"那个男孩儿呢?"他回答说:"我们再也见不到那个孩子了。孩子被送人了。"辛普森心头一紧,但什么都没说。

钱德里讲到自己以前经营的餐厅,说了一件让莫娜非常吃惊的事情。他说,他以前经营的很多餐厅都比在萨克拉门托的这家高档。他有些激动地告诉她,他真希望她能看到他在圣何塞北部经营一家地中海餐厅时的样子。他说:"那个餐厅特别棒,有很多成功的科技人士常去那里吃饭。就连史蒂夫·乔布斯都去过。"莫娜惊讶得说不出话来。他接着说:"对,他经常来,而且人特别好,给的小费也很多。"莫娜差点儿忍不住脱口而出:史蒂夫·乔布斯就是你的儿子!

见过父亲后，她用餐厅的公用电话偷偷地给乔布斯打了一通电话，约他在伯克利的罗马咖啡馆见面。这次，乔布斯带上了女儿丽萨。这为个人和家庭故事又平添了几分戏剧性。丽萨当时正在上小学，平时跟母亲克里斯安住在一起。当他们都到达咖啡馆时，已接近晚上10点，莫娜把与父亲见面的整个过程一五一十地讲给乔布斯听。当她讲到圣何塞附近的餐馆时，乔布斯果不其然地大吃一惊。他还能想起那个餐厅，还有跟自己的生父见面的情景。他后来说："太不可思议了，我去过那家餐馆几次，我记得跟老板见过面。他是个叙利亚人，秃顶，我们还握了手。"

即使如此，乔布斯还是不想见他。他回忆说："那时我已经很富有，我不敢断定他会不会勒索我，或者向媒体透露什么事情。所以我让莫娜别跟他说我的事。"

她的确没跟生父说过乔布斯的事。但多年后，钱德里在网上看到有文章写到他跟乔布斯的关系——一位博主注意到莫娜的参考资料里写钱德里是自己的父亲，于是猜测钱德里一定也是乔布斯的父亲。当时，钱德里已经第四次结婚，在内华达州雷诺市西部的布姆顿俱乐部酒店担任餐饮经理。2006年，钱德里带着新婚太太罗西尔跟莫娜见面时，提到了这件事。他问："我跟史蒂夫·乔布斯是什么关系？"此时，莫娜不得不告诉他乔布斯就是他儿子，但又补充说，她觉得乔布斯不想跟他见面。钱德里似乎很听天由命。莫娜说："我的父亲是个很体贴的人，很会讲故事，但他却非常非常被动。他从来没有主动联系过史蒂夫。"

莫娜以寻找钱德里的过程为素材，完成了自己的第二部小说《消失的父亲》，并于1992年出版。乔布斯说服了设计NeXT标识的设计师保罗·兰德给莫娜的小说设计封面，但据莫娜回忆说："设计得太丑了，我们最后没用它。"她还在美国和叙利亚霍姆斯找到了钱德里家族的诸多成员，在2011年写了一本关于她的叙利亚之根的小说。叙利亚驻华盛顿大使为她举办了一场晚宴，她住在佛罗里达州的表弟和表弟的妻子特意飞去参加了晚宴。

莫娜以为乔布斯总有一天会跟钱德里见面，但随着时间的推移，乔布斯对此表现得越发不感兴趣。2010年，乔布斯和儿子里德到莫娜在洛杉矶的家里参加生日晚宴，里德拿着亲生祖父的照片看了好久，但乔布斯视若无睹。他似乎不在意自己的叙利亚血统。如果聊到与中东有关的话题，他不会表现出什么兴趣，也不像平时那样观点鲜明，即使在 2011 年"阿拉伯之春"运动横扫叙利亚后，乔布斯也没有表态。我问他，奥巴马政府是不是应该在埃及、利比亚和叙利亚采取更多干预措施？乔布斯说："我觉得没有人真的知道我们应该在那里做些什么。采取干预行动也是完蛋，不干预也是完蛋。"

乔布斯跟生母乔安妮·辛普森的关系一直很好。后来她和莫娜经常在乔布斯家过圣诞节。虽然家庭聚会温馨甜蜜，但也会带来情感上的巨大消耗。乔安妮有时会情绪崩溃，泪流满面，跟乔布斯一直唠叨她其实很爱他，然后不停地向乔布斯道歉，说当年抛弃他很对不起他。乔布斯会安慰她说没关系，一切都很好。有一年圣诞节，他告诉她："别担心了。我的童年非常幸福。我现在也很好。"

丽萨

但是丽萨·布伦南的童年就没有那么幸福了。在她小的时候，她的父亲几乎从来没有去看过她。乔布斯后来说："我不想承担父亲的责任，所以就没去看她。"语气中只有一丝悔意。但他偶尔也能感觉到对女儿的牵挂。丽萨 3 岁那年，有一次乔布斯开车路过他买给她们母女二人住的房子附近，决定停下来去看看她们。丽萨并不知道这个男人是谁。他坐在门阶上，没有进屋，跟克里斯安聊了一会儿。这样的情景每年都会出现一两次。乔布斯会不请自来，聊一聊给丽萨选学校的事或其他问题，然后开着奔驰车离开。

1986 年，丽萨 8 岁了，乔布斯去看她的次数越来越多。在这个阶段，他不用再为 Mac 项目焦头烂额，也不再跟斯卡利进行权力斗争。他当时已经创办 NeXT，公司氛围比较平静友好，总部设在帕洛阿尔托，离克里斯安和丽萨的住处很近。另外，丽萨小学三年级的时候，聪明劲儿和艺术天赋已经初步显露。她的写作水平得到了老师的肯定。她活泼好动，眉宇间带着一点儿跟父亲相似的挑衅神态。她长得也有点儿像他，眉毛弯弯，略有中东式的棱角。有一天，乔布斯还把丽萨带到了 NeXT 办公室，把同事们吓了一跳。她在办公室的走廊里做侧手翻，还尖叫着说"快看我！"

阿维·泰瓦尼安是 NeXT 的一名工程师，身材瘦小，为人热情，是乔布斯的朋友。他还记得，他们出去吃饭的时候，会时不时地顺便去克里斯安家里接上丽萨。泰瓦尼安回忆说："史蒂夫对她非常好。他和克里斯安都是素食主义者，但丽萨不是。他觉得无所谓，到了餐厅还建议她点鸡肉，她照做了。"

丽萨的父母都是素食主义者，对天然食物有着精神上的偏好。夹在这样的父母之间，吃鸡肉就成了她的小小放纵。她后来写到跟母亲一起生活的日子："我们会从弥漫着酵母味的商店里买菊苣、藜麦、芹菜、外面包裹角豆粉的坚果。在那里买东西的女人从来不染发。但我们有时也吃一些外国美食。一家美食店里有一排排的鸡在烤架上转动。有几次，我们就在那里买一只热腾腾、香喷喷的烤鸡，回到车上之后，直接用手把鸡肉从衬有铝箔的纸袋中拿出来吃。"她的父亲有着极其严格的饮食习惯，对自己吃的东西尤为挑剔。有一次，丽萨目睹父亲刚把一口汤送到嘴里，发现汤里掺了黄油之后，就立刻吐了出来。在苹果期间，乔布斯的饮食标准稍有放松，但后来又回归严格的素食习惯。从很小的时候，丽萨就意识到他的饮食习惯反映了一种生活哲学，即禁欲主义和极简主义可以让人的感觉更加敏锐。她说："他相信贫瘠可斩获丰收，克制能带来快乐。他知道大多数人不明白的公式：物极必反。"

同理，父亲的缺席和冷漠使他偶尔的慈爱显得弥足珍贵。她回忆说："我没有和他住在一起，但他有时候会在我们家门口停留，犹如神灵降临，带来充满惊喜的几个小时。"丽萨很快长大，展现出有趣的个性。这个时候，乔布斯会不时带她出去散步，和她一起在帕洛阿尔托老城区安静的街道上滑旱冰，还经常到乔安娜·霍夫曼和安迪·赫兹菲尔德的家里玩儿。他第一次带她去见霍夫曼时，敲开门，直截了当地介绍说："这是丽萨。"霍夫曼马上就明白了这是乔布斯的女儿。她后来说："我一眼就看出那是他女儿。两个人的下巴长得一模一样，非常有标志性。"霍夫曼的父母离异了，她 10 岁之前都没见过自己的父亲，这是一段痛苦的回忆。因此，她鼓励乔布斯要更好地承担起做父亲的责任，他听从了她的建议，后来还专门为此对她表示感谢。

有一次，乔布斯带着丽萨去东京出差。他们住在颇具时尚感和商务感的大仓饭店。在楼下优雅的寿司吧，乔布斯点了几大盘的鳗鱼寿司，他太喜欢这款寿司了，所以决定把温热的熟鳗鱼作为素食来吃。鳗鱼块上涂有精盐或薄薄的甜酱，入口即化，那场景让丽萨记忆犹新，那感觉也让她念念不忘。这顿饭也拉近了父女之间的距离。丽萨后来写道："在吃这几盘寿司的时候，我生平第一次感到和他在一起可以如此放松，如此满足。吃完冰冷的沙拉后，他允许自己享受丰盛而温暖的食材，这意味着一个曾经无人能进入的空间被打开了。他对自己没有那么严苛了，对肉没有那么抗拒了，对我也没有那么生硬了。餐厅的天花板很高，椅子很小，他放松地坐在那里，看上去就是一个普通人。"

但两个人的相处并不都是舐犊情深。乔布斯对人的态度一向变幻莫测，对丽萨也是如此。他对她时而关怀备至，时而漠不关心，前一次来家里的时候还开开心心，下次来就一脸冷漠。更多的时候，乔布斯完全不会出现在丽萨的生活里。赫兹菲尔德说："丽萨始终不确定父亲是不是爱自己。有次，我去参加她的生日聚会，史蒂夫也答应了要来，但他到得非常非常晚。丽萨一晚上都非常焦虑，无比失望，而当史蒂夫终于出现时，她整个人都像被点亮了。"

丽萨也学会了用变化无常的脾气来回应他。这么多年，他们的关系就像过山车一样，而因为两个人都倔强固执，所以停留在低谷的时间越来越长。他们吵架后，可能会有好几个月不跟对方说话。两人都不善于主动跟对方联系、道歉，也不懂如何修补关系的裂痕，即使在乔布斯与反反复复的健康问题搏斗时也是如此。2010 年秋日的一天，他感伤地跟我一起翻阅一盒旧的大头贴，看到有一张丽萨小时候他去看她的照片，他停顿了一下，说"可能我去看她们的次数还是太少了"。他那一年都没有跟丽萨说过话，于是我问他想不想给她打个电话或者发个邮件。他用空洞的眼神看了我一会儿，一言不发，然后继续翻看其他老照片。

多情种子

乔布斯也有浪漫多情的一面。他总会戏剧性地坠入爱河，并与朋友分享恋爱关系的每一次起伏，而每当离开现任女友时，他总会在大家面前魂不守舍，面容憔悴。1983年夏，他和琼·贝兹一起参加了硅谷的一个小型晚宴，邻座的是宾夕法尼亚大学的一个名叫珍妮弗·伊根（Jennifer Egan）的本科生。不过，珍妮弗还不知道乔布斯是何许人也。那时乔布斯和贝兹已经意识到他们不再年轻，也不可能永远在一起，而乔布斯很快发现自己已经被珍妮弗深深吸引。珍妮弗当时正在利用暑假在旧金山的一份周刊工作，于是他设法得到了珍妮弗的联系方式，给她打了个电话，并带她去了杰奎琳咖啡馆。这是一家靠近电报山（Telegraph Hill）的小酒馆，专门做素食舒芙蕾。

在他们交往的那一年里，乔布斯经常飞去美国东岸看她。在波士顿的一次Mac世界（Macworld）大会上，乔布斯对台下的大批观众说，他深深地爱着自己的女友，所以要赶飞机去费城看她。观众们听之动容。当乔布斯在纽约的时候，她会坐火车到卡莱尔酒店或杰伊·恰特的上东区公寓和乔布斯住在一起，他们一起在卢森堡咖啡厅吃饭，去参观了几次他正计划重新装修的圣雷莫公寓，一起看电影，还至少看过一次歌剧。

在很多个晚上，他和珍妮弗在电话里一聊就是好几个小时。他们争论的其中一个话题是乔布斯认为人必须避免对物质和物品产生依恋，这个观点源于他对佛学的钻研。乔布斯告诉珍妮弗，我们的消费欲望是不健康的，要达到开悟的状态，就不能有执念，不能追求物质。他甚至给她寄了一盘他的禅宗老师乙川弘文的录音带，内容讲的是渴望和获得物质所引发的问题。珍妮弗反驳说，你制造电脑和其他人们梦寐以求的产品，难道不是在助长物欲，从而违背你的哲学理念吗？珍妮弗回忆说："这种对立让他非常不爽，我们经常因此而激烈地辩论。"

虽然乔布斯认为人们应该避免对物品产生过度依赖，但最后，他那种对自己的产品的自豪感还是占了上风。1984年1月Mac问世时，珍妮弗从宾夕法尼亚大学放寒假，住在她母亲在旧金山的公寓里。一天晚上，她的母亲正在家里招待客人，一夜成名的乔布斯突然出现在门口，手里提着一台刚出厂的Mac，客人们都惊呆了。乔布斯进门之后，帮忙把电脑安装在了珍妮弗的卧室。

乔布斯跟几个朋友都说过，他预感自己不会活很久，他也对珍妮弗说过同样的话。他坦言，这就是为什么他会如此充满动力，如此争分夺秒，没有耐心。珍妮弗后来说:"他对自己想要完成的所有事情都有一种紧迫感。"他们的关系在1984年秋逐渐变淡,因为当时珍妮弗明确表示她还太年轻,谈婚论嫁为时过早。

此后不久,在1985年初,乔布斯和斯卡利在苹果的矛盾初见端倪。有一次,乔布斯外出参会,顺便去找一个与苹果基金会合作的人(这个基金会的使命是帮助非营利组织获得电脑)。坐在这个人办公室里的是一个体态轻盈的金发女子,既有自然纯洁的嬉皮士光环,又兼具电脑顾问的持重敏锐。她的名字叫蒂娜·莱德斯。乔布斯回忆说:"她是我见过的最美丽的女人。"

第二天,他给她打了电话,说要请她吃饭。她说不行,她还跟男朋友住在一起。几天后,他带她去了附近的一个公园散步,再次提出约她出去,这次她告诉了当时的男朋友,说她想去赴约。她非常诚实,开诚布公。她跟乔布斯共进晚餐之后,就哭了起来,因为她知道自己平静的生活即将被打破。事实确实如此。没过几个月,她就搬进了位于伍德赛德的那栋没有家具的豪宅。乔布斯后来说:"她是我第一个真正深爱的人,我们有一种非常深层的联结。我不知道还有谁能比她更了解我。"

蒂娜的原生家庭问题重重,乔布斯向她诉说了他自己被收养的痛苦。蒂娜回忆说:"我们都在童年时经历创伤。他对我说,我们都是命运多舛的人,这就是为什么我们适合在一起。"他们很喜欢进行肢体接触,经常在公开场合表现出浓情蜜意。他们在NeXT大厅亲热的场景让很多员工记忆犹新。不过,他们的争吵也非常激烈。他们有时候会在电影院吵起来,有时候在伍德赛德的房子里即使有客人在,他们也毫不避讳。乔布斯常常称赞她的纯洁和自然。我跟乔安娜·霍夫曼讨论过为什么乔布斯如此迷恋超凡脱俗的蒂娜,务实的霍夫曼指出:"史蒂夫往往会把脆弱和神经质看作精神世界超脱的表现。"

1985年,在乔布斯被苹果排挤期间,蒂娜陪他到欧洲旅行疗伤。一天晚上,他们站在塞纳河的一座桥上聊到要不就留在法国,定居下来,也许一辈子都不回美国了。这样的讨论并不严肃,更多是一种浪漫的想法。蒂娜非常向往,但乔布斯并不想。他虽然受挫,但野心依旧。他告诉蒂娜:

"你可以根据我的行动看出我是什么样的人。"25年后,虽然两个人都有了各自的生活,但他们的精神世界依然相互联结,蒂娜给乔布斯发了一封电子邮件,追忆了当时在巴黎的时光,种种描述动人心弦:

>1985年夏,天色阴沉,我们在巴黎的一座桥上,倚靠在光滑的石栏上,凝视着桥下暗绿色的河水滚滚流逝。你原来的世界已经崩塌,你的生活按下了暂停键,只等着你做出选择后从头开始。而我只想逃离之前的一切。我想说服你和我一起在巴黎开始新的生活,舍弃以前的自我,重启别样的人生。我希望我们一起穿越你破碎的世界,跨过你黑色的鸿沟,隐姓埋名,浴火重生,简单生活。在新的生活里,我可以给你做简单的晚餐,我们可以每天厮守相依,就像孩子们在玩一个温馨的游戏,除了游戏本身,没有任何目的。你笑着说:"我能做些什么呢?我已经没有办法再上班了。"我想,在说出这句话之前,你应该稍有迟疑吧。我希望就在难以预测的未来来临之前,就在你迟疑的那个时刻,我们选择了过简单的生活,一直到老:我们将在法国南部的一个农场里安度晚年,儿孙绕膝,内心充盈,没有任何缺失,我们的小小世界就像新鲜出炉的面包一样散发着温热的香气,充满了从容和安定。

两个人的关系忽冷忽热,起起伏伏地持续了5年。蒂娜讨厌住在乔布斯在伍德赛德空空如也的房子里。乔布斯雇了一对时髦的年轻夫妇做房子的管家和素食厨师,他们两个曾在伯克利名厨爱丽丝·沃特斯(Alice Waters)的潘尼斯之家餐厅(Chez Panisse)工作。他们让蒂娜觉得自己是个外人。她偶尔会搬到帕洛阿尔托,回到自己的公寓。有一次她和乔布斯吵得特别凶,她在通往他们卧室的走廊墙上写道:"不闻不问也是一种虐待。"她对他意乱情迷,但也被他的无情困扰。她后来回忆说,爱上这样一个以自我为中心的人,是极其痛苦的。爱上一个似乎没有能力关心他人的人,是一种特殊的地狱般的体验,她不希望任何人经受这种痛苦。

两个人的差异不胜枚举。赫兹菲尔德后来说:"如果把对人的态度看作光谱,一端是残忍,另一端是善良,那这两个人正好接近两个极端。"无论大事小事,蒂娜都体现出善良的一面:在街上遇到乞讨之人,她一定会给钱;她会自愿帮助那些被精神疾病折磨的人(她的父亲也是这样的病人);她很注意自己在丽萨面前,甚至在克里斯安面前的言行举止,不想让她们感到不舒服。她还非常努力地说服了乔布斯花更多时间陪伴丽萨。但她缺乏乔布斯的野心和动力。在乔布斯眼里，蒂娜超凡脱俗，气质空灵，但也正是因为她的灵性，两个人很难保持在同一波段上。赫兹菲尔德说："他们两个人的关系充满了风暴，因为性格不合，他们经常大吵大闹。"

他们还有一个基本的哲学分歧：蒂娜认为审美品位从本质上来看因人而异，但乔布斯认为，美是一种普遍的客观存在，品位是可以培养的。蒂娜指责乔布斯受包豪斯运动的影响太深。她回忆说："史蒂夫认为我们有责任教导别人什么是美，告诉别人他们应该喜欢什么，我不同意这种观点。我相信，如果我们用心倾听，无论是倾听自己的内心，还是倾听彼此的，我们都会发现最本然、最真实的感受。"

乔布斯和蒂娜在一起的时间稍微长一点就会吵架。但分开的时候，乔布斯又会对她念念不忘。最后，1989年夏，乔布斯向她求婚了。她告诉自己的朋友，她没有办法答应，跟乔布斯结婚会让她发疯的。她在一个不正常的家庭中长大，她和乔布斯的关系与那个环境有太多的相似之处。她说，他们是两个相互吸引的对立面，但这种组合太不稳定了，一点就爆。她后来解释说："我不可能扮演好偶像'史蒂夫·乔布斯'的好妻子的角色，我在太多方面无法满足他对好妻子的要求。从个人层面看，我们交往的时候，我无法忍受他的冷漠和刻薄。我不想伤害他，但我也不想袖手旁观，看着他伤害别人。这让我很痛苦，也让我感到筋疲力尽。"

他们分手后，蒂娜助力创建了加州的一个心理健康资源组织"敞开心灵"（OpenMind）。她偶然在一本精神病学手册中读到关于自恋型人格障碍的描述，觉得跟乔布斯的情况完全相符。蒂娜说："这些内容太符合他的表现了，充分解释了我们一直以来的种种疑惑，也让我意识到，期望他变得更加友善或不那么以自我为中心，就像期望一个盲人能重见光明一样。这也能解释他当时对女儿丽萨的一些所作所为。我认为问题在于同理心——史蒂夫是一个无法将心比心的人。"

蒂娜后来结婚了，有了两个孩子，之后又离婚了。乔布斯虽然已经结婚，生活幸福美满，但还是会不时公开表示对她的思念。而当他开始与癌症做斗争时，蒂娜又主动跟他联络，给予他支持。每当她回忆起他们过去的点点滴滴，她的情绪依然会有起伏。她告诉我："尽管我们价值观的冲突"

让我们不可能长相厮守,但几十年来,我对他的关心和爱一直在延续。"乔布斯的心情也类似。一天下午,乔布斯坐在客厅里回忆起她时,突然泪流满面,他说:"她是我所认识的最纯洁的人之一,她充满灵性,我们之间的爱也充满灵性。"乔布斯说,他一直因为没能与她相守而深深遗憾。他知道她也有同样的遗憾,但他们命中注定不能在一起。在这一点上,他们两个深有同感。

第二十一章　成家立室

共叙天伦

劳伦娜·鲍威尔

此时，如果有人给乔布斯牵线做媒，应该已经可以根据他的恋爱史勾勒出其理想伴侣的模样：头脑聪明，低调含蓄；内心强大，能够与他对抗，但又有禅定之心，不为争端所困；受过良好教育，人格独立，但能为他和将来的家庭做出调整；脚踏实地，同时带着一丝超凡脱俗的风韵；

1991年，乔布斯和劳伦娜·鲍威尔

既充满智慧，知道如何驾驭乔布斯，又安全感十足，不需要总是盯着他的一举一动。当然，如果是个身材高挑、平易近人的金发女人，同时幽默风趣、喜欢有机素食，那就更好了。1989年10月，乔布斯与蒂娜·莱德斯分手后，刚好就有这样一个女人走进了他的生活——更确切地说，是走进了他的讲堂。

当时，斯坦福商学院正在举办"鸟瞰全球"系列讲座，乔布斯是主讲人之一。一个星期四晚上，乔布斯受邀前去讲课。劳伦娜·鲍威尔是商学院新入学的研究生，被班上一个男生拉着一起去听讲座。他们到得比较晚，一时找不到空座，只好坐在过道里。一个引导员告诉他们不能坐在那里，于是劳伦娜带着朋友走到前排，占了两个预留座位。乔布斯来到教室后，就被领到了劳伦娜旁边的座位上。乔布斯回忆说："我发现右手边坐着一位美丽的姑娘，所以在我等待上台的这段时间，我们俩就聊了起来。"他们聊了几句，劳伦娜开玩笑说，她参加抽奖活动，结果中奖了，奖品就是"与乔布斯共进晚餐"，所以才会坐在这个位子上。她后来说："他特别可爱。"

演讲结束后，乔布斯在讲台边与学生进行交流。他看到劳伦娜离开了讲堂，不一会又回来，在人群边站了片刻，又走了。乔布斯冲出去找她，跟商学院院长擦肩而过。院长本想拉住他跟他聊一聊，但他已经急匆匆地跑出去了。乔布斯在停车场追上劳伦娜，说："不好意思，你不是说奖品是我请你吃饭吗？"她嫣然一笑。乔布斯问："星期六行吗？"劳伦娜同意了，写下自己的电话号码给了他。随后，乔布斯朝自己的车子走了过去，准备去伍德赛德那边圣克鲁兹山的托马斯·福格蒂酒庄（Thomas Fogarty）出席 NeXT 教育销售小组的晚宴。走着走着，他突然停下了脚步，转过身去。"我想，比起跟教育小组吃饭，我还是更想跟她一起吃饭。所以我跑回她停车的地方，说：'今晚吃饭怎么样？'"她同意了。那是一个美丽的秋夜，他们走进帕洛阿尔托一家名叫圣迈克尔巷（St. Michael's Alley）的新式素食餐厅，一聊就是 4 个小时。乔布斯说："从那以后，我们再也没有分开过。"

阿维·泰瓦尼安和 NeXT 教育小组的其他成员还在酒庄的餐厅里等着乔布斯。阿维说："史蒂夫有时候不太靠谱，但打电话给他的时候，我能听得出来这次很特别。"劳伦娜回到家时已过午夜。一进门，她就给在伯克利读书的好友凯瑟琳·史密斯（Kathryn Smith）打电话。凯特（"凯特"是"凯瑟琳"的昵称）不在家，于是劳伦娜在答录机上留言说："你一定不会相信今天发生了什么！你一定不会相信我遇到了谁！"凯特第二天早上回了电话，听劳伦娜讲述了昨晚的奇遇。

劳伦娜后来说，她并不是因为想认识乔布斯才专门去听讲座的，两个人的相遇纯属偶然。她只是陪朋友过去，一开始连演讲嘉宾是谁都没搞清楚。她回忆说:"我知道史蒂夫·乔布斯是演讲嘉宾,但我脑子里想的是比尔·盖茨的脸。我把他们两个搞混了。那是 1989 年的事。乔布斯当时还在 NeXT 工作。对我来说,他不是什么大人物,我没有那么感兴趣,但我的朋友很崇拜他,所以我们就去了。"

劳伦娜·鲍威尔 1963 年出生在新泽西,在很小的年纪就学会了独立。她的父亲是一名海军陆战队飞行员,在加州圣安娜的一次坠机事件中牺牲。他当时正引领一架故障飞机降落,结果故障飞机跟他驾驶的飞机相撞。他没有选择及时跳伞逃生,而是竭尽全力驾驶飞机避开居民区,最后机毁人亡。劳伦娜母亲的第二段婚姻非常糟糕,但是她没有选择离婚,因为觉得自己没有能力养活一大家子人。在长达 10 年的时间里,劳伦娜和三个兄弟都生活在紧张的家庭氛围中,既要听话懂事,又要学会应对和解决问题。劳伦娜做得很好。她说:"我学到了重要的一课,就是要自给自足。我为此感到自豪。对我来说,钱只是实现自给自足的一个工具,而不是我的一部分。"

从宾夕法尼亚大学毕业后,劳伦娜在高盛担任固定收益交易策略师,负责公司巨额自有资金的投资。她的老板乔恩·科尔津(Jon Corzine)想让她留下来,但她却认为这个工作没有什么意义:"你可以获得巨大的成功,但成功了又能怎么样?不过是为资本形成做了点儿贡献罢了。"于是,3 年后,她辞去工作,去意大利佛罗伦萨住了 8 个月,然后进入斯坦福商学院学习。

在星期四晚上和乔布斯共进晚餐之后,星期六,劳伦娜邀请他到了她在帕洛阿尔托的公寓。凯特·史密斯从伯克利开车过来,假装是她的室友,为的是亲眼看看乔布斯其人。劳伦娜和乔布斯的关系迅速升温,很快变得如胶似漆。凯特说:"他们经常在一起亲热。史蒂夫被她迷得神魂颠倒。他有时会给我打电话,问我:'你怎么看?你觉得她喜欢我吗?'太神奇了,这个偶像级的人物竟然会给我打电话。"

1989 年的新年前夕,乔布斯、劳伦娜、凯特和当时 11 岁的丽萨一起去潘尼斯之家餐厅就餐。吃饭的时候,乔布斯和劳伦娜为了一点儿事吵了起来。两个人负气先后离开餐厅,劳伦娜在凯特家过的夜。第二天早上 9 点,有人敲门，凯特打开门，看到乔布斯正站在细雨中，手里拿着一些刚采的野花。他说："我可以进来看看劳伦娜吗？"当时劳伦娜还在睡觉，乔布斯走进了卧室。凯特在客厅等了几个小时，没法儿回卧室拿衣服，最后只好在睡衣外面穿了一件外套，去皮爷咖啡馆吃了点儿东西。过了中午，乔布斯才从卧室里出来。他问："凯特，你能来一下吗？"三个人聚在卧室里。乔布斯说："你也知道，劳伦娜的父亲去世了，她的母亲也不在这里，既然你是她最好的朋友，我就要问你这个问题：我想和劳伦娜结婚。你愿意祝福我们吗？"

凯特爬上了床，想了一会儿。她问劳伦娜："你觉得可以吗？"劳伦娜点了点头。于是凯特宣布："这就是答案啦。"

然而，这个答案并没有一锤定音。乔布斯总会在某段时间内疯狂专注于某件事，而过段时间，他的注意力又会突然转移。在工作中，他总是想关注什么就关注什么，想什么时候关注就什么时候关注，而对于他不想管的事情，无论别人如何努力，他都毫无反应。他在个人生活中也是一样。有时，他和劳伦娜会在公开场合秀恩爱，其激烈程度让在场的人都感到尴尬。凯特和劳伦娜的母亲都见识过他们的浓情蜜意。他们有时会一起住在乔布斯在伍德赛德的大房子里。早上，他常常会在录音机上大声播放年轻善良的食人族乐队（Fine Young Cannibals）的《她让我疯狂》（"She Drives Me Crazy"），用音乐把劳伦娜叫醒。但有时，他又会对她不闻不问。凯特说："史蒂夫非常极端，有时候会全身心扑在劳伦娜身上，仿佛她就是宇宙的中心，有时候又会专心工作，对劳伦娜特别冷漠。他的注意力就像激光一样，当这道光聚焦到你身上时，你就会沐浴在他关注的光芒中。而当激光的焦点转移后，你又会觉得无比黑暗。这让劳伦娜感到很困惑，不知道该怎么办。"

1990年的第一天，劳伦娜接受了乔布斯的求婚，但在这之后的几个月，他再也没有提过结婚的事。有一天，他们几个坐在帕洛阿尔托的一个沙池边上，凯特忍不住问乔布斯："你到底是怎么打算的？"乔布斯回答说，他需要确定劳伦娜能够接受他的生活方式和个性。9月，劳伦娜厌倦了等待，搬了出去。

在那之后的一段时间里，乔布斯不是心烦意乱、郁郁寡欢，就是对现实情况视而不见。他又想,也许他还爱着蒂娜。于是,他给蒂娜送去玫瑰花,想让她回到他身边,甚至还要跟她结婚。他不确定自己想要什么,于是到处问朋友和熟人:蒂娜和劳伦娜谁更漂亮?他们更喜欢哪一个?他应该和谁结婚?大家都感到匪夷所思。莫娜·辛普森的小说《凡夫俗子》中有一章描绘了这一情景,那个以乔布斯为原型的主人翁"向一百多个人寻求意见,问他们觉得谁更漂亮"。当然,这只是小说而已。在现实生活中,乔布斯询问的人应该不到100个。乔布斯犹豫了一个月。1990年10月,他买了一枚钻戒送给劳伦娜,然后劳伦娜搬了回来。

他做的选择是正确的。正如蒂娜告诉朋友的那样,如果回到乔布斯身边,她可能会撑不下去,他们的婚姻也不可能长久。事实上,尽管乔布斯觉得自己跟蒂娜有精神上的共鸣,还因此感到遗憾,但他与劳伦娜的关系更加稳固。他喜欢她、爱她、尊重她,跟她在一起时感到很自在。她理性又浪漫,成为他的生活之锚。乔安娜·霍夫曼说:"能和劳伦娜在一起,史蒂夫实在是幸运。她很聪明,可以跟他探讨有深度的话题,也能承受和包容他剧烈的情绪波动与暴躁的个性,因为劳伦娜不是一个神经质的人。乔布斯会觉得她不像蒂娜那么有神秘感,但他这样想是很蠢的。"安迪·赫兹菲尔德表示同意:"劳伦娜跟蒂娜虽然外表很像,但性格完全不同——劳伦娜好像身披铠甲一样,更加坚韧。正因如此,这段婚姻才能幸福。"

乔布斯也很明白这一点。所以,尽管他情绪波动很大,偶尔刻薄粗鄙,但两个人却战胜了生活上的起伏和情感上的杂音,忠贞不渝,长长久久。

1990年12月,乔布斯带着劳伦娜去了他最爱的度假胜地——夏威夷康娜度假村。他第一次来到康娜度假村,还是在9年前。当时他还在苹果工作,因为压力太大,便让助理帮他找个地方好好放松。初来乍到之时,乔布斯并不喜欢这些稀稀疏疏地坐落在夏威夷大岛海滩上的茅草顶平房。康娜度假村是个家庭度假村,所有人集体就餐。但没过几个小时,他就发现这里简直是人间天堂。当地的简约和朴素让他感到极为放松。后来,只要有机会他就会来到这里。他尤其享受12月和劳伦娜一起在此度过的时光。他们的爱情更加稳固了。在圣诞夜,他再次更加正式地向她求婚。很快又有了一个推动两人决定结婚的因素:在夏威夷时,劳伦娜怀孕了。乔布斯后来笑着说:"我们清楚地知道是在哪里怀上的。"

婚礼，1991年3月18日

阿维·泰瓦尼安觉得有必要给乔布斯办一个告别单身的派对。但这个任务并不像想的那么简单，因为乔布斯不喜欢参加派对，也没有一帮铁哥们儿，甚至连个伴郎都没有。最后参加派对的只有泰瓦尼安和理查德·克兰德尔（Richard Crandall）。克兰德尔是里德大学的计算机科学教授，当时刚好请了假在NeXT做兼职。泰瓦尼安租了一辆豪华轿车，开到乔布斯家。劳伦娜出来开门，她身穿西装，贴着假胡子，说想一起参加派对，这当然只是一个玩笑。很快，这三个不胜酒力的单身汉就一起坐轿车来到了旧金山，打算来一场略显寡淡的告别单身派对。

乔布斯很喜欢梅森堡的绿地素食餐厅，但泰瓦尼安一直没有订到位子，所以他预订了一家酒店的高级餐厅。面包刚上桌，乔布斯就宣布："我不想在这里吃。"于是他叫上他们两个一起离开了。泰瓦尼安当时还不习惯乔布斯在外用餐时的种种怪癖，被他的这个举动吓了一跳。乔布斯带着他俩来到北滩的杰奎琳咖啡馆，也就是他喜欢的那家能做素食舒芙蕾的店，它确实比刚才那家高级餐厅好。之后，他们又乘车穿过金门大桥，来到索萨利托的一家酒吧。三个人点了龙舌兰酒，但都只是浅尝辄止。泰瓦尼安回忆说："这个告别单身的派对虽然不那么尽如人意，但对于像史蒂夫这样的人来说，我们已经尽力了，而且根本没有其他人会主动帮他安排派对。"乔布斯对此也很感激，甚至提议让泰瓦尼安跟他的妹妹莫娜结婚。虽然这件事最后没有结果，但这种想法本身就说明了乔布斯对泰瓦尼安印象很好。

很多人都警告过劳伦娜，说跟乔布斯一起过日子没那么简单。比如，在策划婚礼期间，请柬设计师登门向他们展示不同的款式。乔布斯的家里空空如也，设计师只好坐在地板上，把不同款式摆了一地。乔布斯看了几分钟，然后起身离开了。设计师和劳伦娜都等着他回来，但他却一直没有出现。过了一会儿，劳伦娜去他的房间找他。乔布斯说："把她赶走。她弄的东西我没法儿看，都是垃圾。"

1991年3月18日，36岁的史蒂文·保罗·乔布斯与27岁的劳伦娜·鲍威尔在约塞米蒂国家公园的阿瓦尼山庄举办婚礼。规格庞大的阿瓦尼山庄建于20世纪20年代，以石头、混凝土和原木为主要建材，其设计混合了装饰艺术和工艺美术运动风格，以及公园管理局对巨大壁炉的热爱。山庄以优美壮丽的风景著称。透过直通天花板的巨大落地窗，就能够看到约塞米蒂山谷尽头宏伟雄奇的山峰半月石山和飞流直下的约塞米蒂瀑布。

婚礼嘉宾有50人左右，包括乔布斯的父亲保罗和妹妹莫娜。莫娜携未婚夫理查德·阿佩尔出席。阿佩尔原本是个律师，后来转行成为电视喜剧编剧（他是《辛普森一家》的编剧之一，给剧中男主角霍默的妈妈取名"莫娜"）。乔布斯想控制婚礼的每一个细节，所以坚持让所有嘉宾都乘坐他租的巴士抵达现场。

婚礼在山庄的阳光厅举行。那天，窗外大雪纷飞，远处的冰川点观景台依稀可见。仪式由乔布斯长期追随的禅修大师乙川弘文主持。乙川禅师挥杖鸣锣，然后点上一炷香，喃喃念诵经文。大多数宾客都听不懂他在念什么。泰瓦尼安说："我以为他喝醉了。"禅师当然没醉。婚礼蛋糕做成了约塞米蒂半月石山的形状。但是，由于蛋糕是严格按照素食标准制作的，没有放鸡蛋、牛奶和任何精制食材，很多宾客都觉得难以下咽。仪式过后，他们都去踏雪观景。劳伦娜的三个魁梧的兄弟开始打雪仗，你追我赶，推搡互掷，好不热闹。乔布斯对妹妹说："你看，莫娜，劳伦娜是橄榄球运动员乔·纳玛什（Joe Namath）的后人，擅长运动，而我们是探险家约翰·缪尔（John Muir）的后人，喜欢徒步。"

安居

劳伦娜与她的丈夫一样喜欢天然食品。在商学院期间，她曾在奥德瓦拉果汁公司做兼职，帮公司制订了首个营销方案。她从小就深刻认识到自立自强的重要性，在与乔布斯结婚后，她仍然觉得应该拥有自己的事业。因此，婚后的她创办了泰拉维拉公司（Terravera），制作有机即食餐，配送给北加利福尼亚的很多商店。

乔布斯在伍德赛德的那栋大房子阴森森，空荡荡，人迹罕至，与世隔绝。婚后的两人没有继续在这里居住，而是搬到了帕洛阿尔托老城区一个适合家庭生活的社区，住在一栋简单而温馨的房子里。这个社区住的都是身份显赫的精英阶层，有眼光独到的风险投资家约翰·杜尔、谷歌创始人拉里·佩奇、脸书（Facebook）创始人马克·扎克伯格，还有安迪·赫兹菲尔德和乔安娜·霍夫曼等人。但这里的房子并不华丽浮夸，没有高高的树篱或长长的车道遮挡隔断。相反，一栋栋的房子沿着平坦安静的街道整齐排列，两边是宽阔的人行道。乔布斯后来说："我们想住在一个孩子们可以走着去找朋友玩儿的社区。"

如果由乔布斯自己来设计房子，他一定会选择极简和现代主义风格，但这栋房子并非如此。房子不大，也没什么特别之处。如果有人开车路过这个在帕洛阿尔托的街道，不会停车驻足观看。房子是 20 世纪 30 年代由一位名叫卡尔·琼斯（Carr Jones）的当地设计师建造的。他擅长打造类似故事书里英法乡村别墅风格的房屋。

这栋房子是一个两层的红砖建筑，原木屋梁裸露，瓦片屋顶带有弧形线条，让人想起英国科茨沃尔德的农舍，或是殷实的霍比特人的家园。只有房子侧翼的传教士风格的庭院才体现了加州风情。两层楼高的拱顶起居室并不是中规中矩的设计，地上铺着瓷砖和赤土砖。起居室的一头是大大的三角形窗户，直通屋顶。乔布斯买下这栋房子时，窗户是教堂一样的彩绘玻璃，后来他换成了透明玻璃。他和劳伦娜还对厨房进行了扩建，添置了烧柴的比萨烤炉，摆放了长木桌，一家人经常一起围坐在这里。翻新工作本来计划在四个月内完工，但由于乔布斯一再修改设计，最后花了一年零四个月才完成。他们还买下了后面的一栋小房子，将其拆除之后改为后院。劳伦娜把后院打造成了美丽的植物园，种了各种时令花卉，还有一些蔬菜和药草。

乔布斯非常佩服设计师琼斯因地取材、旧物利用的技巧。琼斯利用旧砖头和电线杆上的木头，打造出既简单又坚固的构造。厨房里的横梁是之前建造金门大桥打制混凝土地基时用过的模具——在修建房屋期间，金门大桥也在建设中。"他工艺精细，而且是自学成才的。"乔布斯边说边指出每一个细节，"他更注重的是创造性，而不是赚钱，他一直没有发大财。他这辈子都没有离开过加州，他的灵感来自图书馆和《建筑文摘》（Architectural Digest）。"

乔布斯在伍德赛德的房子里只有几件简单的家具：他的卧室里有一个

抽屉柜和一张床垫，充当餐厅的房间里放了一张牌桌和几把折叠椅。他坚持身边只能出现自己欣赏的东西，而又很少有家具能入他的眼，所以房子里一直空空如也。而现在，他住在一个平常社区的房子里，有了妻子，很快还会有宝宝，所以不得不对必要性做出一些让步。但让步并非易事。他们买好了床、橱柜和客厅的音响系统，但购置像沙发这样的物品则花了更长时间。劳伦娜回忆说："我们围绕有关家具的理论，进行了长达 8 年的探讨。我们花了很多时间问自己：'沙发的用途是什么？'"购买电器也成为一个哲学问题，不能因为一时冲动想买就买了。几年后，乔布斯向《连线》杂志描述了他们购买新洗衣机的过程：

事实证明，美国人在设计洗衣机和烘干机时的理念都是错误的。欧洲人设计的洗衣机相对较好，但其洗衣服的耗时却是美国洗衣机的两倍！欧洲洗衣机的耗水量大概是美国洗衣机的 1/4，而且洗完后残留在衣服上的洗涤剂也很少。最重要的是，欧洲洗衣机不会把衣服洗坏。他们少用了很多洗衣液和水，但洗出来的衣服却更加干净柔软，寿命也长得多。我们常常在家讨论应该如何取舍，结果就谈到了很多与设计相关的问题及家庭的价值观。我们最在意的是用一个小时而不是一个半小时洗好衣服吗？还是希望衣服洗好之后非常柔软且能穿得更久呢？我们是否关心可以节省 3/4 的用水量呢？大约有两周，我们每天吃晚饭的时候都在讨论这些问题。

他们最后买的是德国制造的美诺洗衣机和烘干机。乔布斯说："它们带给我的兴奋感超过了多年来我使用的任何高科技产品。"

乔布斯为拱形天花板的起居室购买的唯一一件装饰艺术品是安塞尔·亚当斯的摄影作品。这幅作品是在加州孤松镇拍摄的内华达山脉冬季的日出，本来是亚当斯为他的女儿专门制作的，后来被女儿出售了。有一次，乔布斯的管家用湿布擦拭这幅作品，导致表层损毁。乔布斯找到了一个曾与亚当斯共事的人到家里把作品剥去一层，修复一新。

乔布斯的房子的确太平常了。有一次，比尔·盖茨跟妻子来做客，不禁有点儿困惑，问道："你们全家都住在这里吗？"当时，盖茨正在西雅图附近大兴土木，修建一个 6 000 多平方米的庄园。即便乔布斯再次入主苹果，成为举世闻名的亿万富翁，乔布斯还是没有保镖，也没有住家佣人，白天甚至连后门也不锁。

他唯一的安全问题来自伯勒尔·史密斯，这件事非常可悲，同时又有点儿离奇。史密斯头发蓬乱，性情天真，曾担任 Mac 的硬件工程师，是安迪·赫兹菲尔德的密友。离开苹果后，史密斯患上了精神分裂症。史密斯跟赫兹菲尔德住在同一条街上。随着病情的恶化，他开始赤身裸体地在街上游荡，有时还会砸碎车窗和教堂的窗户。他虽然接受了大剂量药物的治疗，但没什么效果。有一段时间，史密斯又发病失控，总在晚上跑去乔布斯家，拿石头砸他家的玻璃窗，留下不知所云的信件，有次还向屋里扔了一个樱桃炸弹烟花。史密斯后来遭到逮捕，但接受更多治疗后，案子又被撤了。乔布斯回忆说："伯勒尔是那么有趣而天真，可是某个 4 月的一天，他突然就犯病了。这真是最奇怪、最让人伤心的事。"

乔布斯很同情史密斯，经常问赫兹菲尔德自己还能帮上什么忙。有一次，史密斯被关进监狱，拒绝说自己是谁。3 天后，赫兹菲尔德才得知此事，连忙打电话向乔布斯求助，请他帮忙把史密斯保释出来。乔布斯自然帮了忙，但他提了一个让赫兹菲尔德非常惊讶的问题。乔布斯问："万一类似的事情发生在我身上，你会像照顾伯勒尔那样照顾我吗？"

乔布斯没有卖掉他在伍德赛德的大房子。这个庄园在距离帕洛阿尔托 16 千米的山里，修建于 1925 年，是一栋西班牙殖民复兴式建筑，有 14 间卧室。乔布斯计划把原有建筑拆掉，建造一座面积只有其 1/3、极简的日本现代风格居所。但当地人认为这座年久失修的建筑是历史文物，希望能保留下来。双方的法庭斗争旷日持久，前前后后持续了 20 多年，进展十分缓慢。（2011 年，乔布斯终于拿到拆除许可，但他当时已经不想再建第二个家了。）

乔布斯有时会在这个半废弃的大宅里举办家庭派对，用得最多的就是游泳池。在克林顿还担任美国总统时，他和希拉里每次来看望在斯坦福大学就读的女儿时，就下榻于主楼旁边一栋建于 20 世纪 50 年代的度假屋里。因为主楼和度假屋都没有家具，每次克林顿一家大驾光临，劳伦娜都会打电话请家具和艺术品经销商过来临时布置房子。有一次，为迎接总统夫妇，劳伦娜对家具进行最后检查，发现一幅画不见了。她很担心，于是去询问先遣小组和特勤人员。其中一个人把她拉到一边，悄悄解释说，因为前不久才爆发了莱温斯基丑闻，而这幅画里是一件挂在衣架上的裙子，会让人联想到莱温斯基的那件蓝色裙子,所以他们决定把画藏起来。(克林顿有时会在深夜给乔布斯打电话。有次,他问乔布斯自己应该如何处理莱温斯基事件。乔布斯回答说:"我不知道这件事是不是真的,如果是的话,你就得如实告诉全国民众。"电话那头陷入沉默。)

丽萨入住

丽萨八年级上到一半的时候,她的老师给乔布斯打电话,说有些问题比较严重,最好不要让她继续和母亲住在一起。于是,乔布斯找丽萨出来一起散步,跟她了解情况,并提出她可以搬到他家里住。刚满14岁的丽萨已经相当成熟,她考虑了两天,然后答应了。她已经知道自己想住哪个房间,就是父亲房间隔壁那间。有一次,父亲家里只有她一个人,于是她就躺在空荡荡的地板上感受了一下,确定了那个房间是自己最喜欢的。

对克里斯安来说,与女儿分开很难熬,她一度因为在乔布斯家工作的一个人跟他发生了激烈争吵。我问她为什么会做出那样的事,还有那些致使丽萨从她的住处搬出来的指控又是怎么回事。她说自己至今依然无法理解那段时间到底发生了什么。但后来她给我写了一封长长的电子邮件,说有助于解释当时的情况。邮件内容如下:

史蒂夫最终让伍德赛德市允许他拆除山上那栋房子,你知道他是怎么做到的吗?他的房子具有历史价值,所以很多人想把房子保留下来,但史蒂夫想拆掉,重建一个有果园的家。为达目的,史蒂夫就放任房子年久失修,最后到了严重损坏、无法修复的地步。他达到目的的策略就是不参与、不抵抗。他对房子不管不问,甚至连着好几年一直开着窗户,这样房子就逐渐破败了。这是非常聪明的做法,不是吗?他就这样如愿以偿了。在丽萨十三四岁的时候,他用了类似的方法削弱我的抚养监护能力,甚至我的健康状况,以此达到让丽萨搬进他家的目的。他开始使用一种策略,后来又换了另一种更容易执行的策略,就这样接二连三地打击我,给我造成了更大的伤害,也给丽萨带来了更多问题。这种做法当然非常卑鄙,但他得到了自己想要的。

丽萨在帕洛阿尔托高中的四年里都住在乔布斯和劳伦娜的家里,她开始使用丽萨·布伦南-乔布斯这个名字。乔布斯尽力做个好父亲，但有时也表现得冷漠疏远。每当丽萨感觉在家里待不下去的时候，她就会去附近的朋友家里住。劳伦娜一直把丽萨照顾得很好，大多数学校活动也是她去出席的。

到读高四的时候，丽萨开始崭露头角。她加入了校刊《钟楼》（*The Campanile*），成为联合编辑。她的同学本·休利特（Ben Hewlett）是惠普创始人比尔·休利特的孙子，当年正是他爷爷给乔布斯提供了第一份工作。丽萨和本一起曝光了学校董事会给行政人员秘密加薪的事件。到了申请大学的时候，她决定去美国东部。她申请了哈佛，由于当时父亲出差在外，她便在申请书上伪造了他的签名。后来，她被哈佛录取，于1996年入学。

在哈佛就读期间，丽萨在校报《克里姆森报》（*The Crimson*）担任编辑，后来在文学刊物《倡导者》（*The Advocate*）工作。与男友分手后，她去伦敦国王学院学习了一年。在大学期间，她与父亲的关系一直起起伏伏。她偶尔会回家，父女二人常常因为各种小事争吵，比如晚饭吃什么，或者丽萨对同父异母的弟弟妹妹关心得够不够，等等。之后，他们会有几个星期甚至几个月都不说话。偶尔几次因为吵得太过激烈，乔布斯甚至断掉了她的经济来源。有一年，她只得向一对邻居律师夫妇借钱交了哈佛的学费，这对夫妇与乔布斯住在帕洛阿尔托的同一条街道上，丽萨有时会住在他们家。后来，丽萨在本宁顿学院读写作研究生，她觉得父亲不会帮她交学费，就找安迪·赫兹菲尔德借了2万美元。赫兹菲尔德回忆说："史蒂夫知道我借钱给丽萨之后特别生气，但他第二天一大早就打电话，让他的会计把钱汇给我了。"

当然，那些年也不乏一些美好的回忆。有一年夏天，丽萨回到加州参加电子前沿基金会（EFF）举办的慈善音乐会。这场音乐会旨在推广技术普及，在旧金山著名的菲尔莫尔礼堂举行，感恩至死乐队、杰弗逊飞船乐队和吉米·亨德里克斯（Jimi Hendrix）等都曾在这里演出。丽萨在慈善音乐会上演唱了特蕾西·查普曼（Tracy Chapman）的圣歌《谈谈革命》（"Talkin' bout a Revolution"），"穷人会站起来，得到他们应得的"。乔布斯当时就站在后排，抱着刚一岁的女儿艾琳随着节奏轻轻摇晃。

丽萨大学毕业后搬到曼哈顿做自由撰稿人，乔布斯与她的关系依然时好时坏。乔布斯对克里斯安的不满也让父女二人的关系进一步恶化。他在附近的门洛帕克给克里斯安买了一栋房子，而克里斯安却把房子卖掉了，拿着这些钱跟一个精神导师四处旅行，又在巴黎生活了一段时间。钱花完之后，她回到旧金山，成为一名艺术家，创作"光绘"（Light Painting）和佛教曼陀罗。她在个人网站（赫兹菲尔德帮她做网站维护）上这样写道："我是一个'通灵者'，一个对人性进化和地球升华的未来有灵性、能预见的贡献者。当我创作时，我能感受到神圣的震动，体验特别的形状、颜色和音频。"克里斯安曾患上严重的鼻窦炎和牙科疾病，急需用钱，但乔布斯却拒绝帮她，气得丽萨好几年没有跟他说话。这就是父女二人的相处模式。

莫娜·辛普森把这些事都写进了自己的第三部小说《凡夫俗子》，当然还加上了自己的想象。小说于1996年出版，其主人翁以乔布斯为原型，其中很多片段都是事实。书中写道，他有一个朋友才华横溢，却患上退行性骨关节病，乔布斯默默为他慷慨解囊，还给他买了一辆特制的汽车。书中还准确地描述了他与丽萨的关系中许多不光彩的方面，包括他最初否认父亲身份等。但也有一些内容纯属虚构。例如，虽然克里斯安在丽萨很小的时候就教她开车，但书中的小姑娘"简"在5岁时独自驾驶卡车穿越山区寻找父亲的场景从来没有发生在现实生活中。此外，小说中还有一些小细节，用新闻学术语来说，就是"精彩至极，核实奚益"，比如全书第一句话对以乔布斯为原型的人物是这样描述的："他很忙，忙到没时间冲马桶。"

乍一看，这部小说对主人翁似乎有点儿过于苛责，说他"丝毫不觉得有必要迁就他人的愿望或兴致"。主人翁的卫生习惯也跟乔布斯本人一样让人不敢恭维，"他觉得没必要用香体剂，经常宣称，只要饮食结构合理，用薄荷橄榄油皂，就既不会出汗，也不会有体味"。但整部小说的基调颇有抒情意味，文笔也非常细腻，人物形象饱满。在小说的最后，主人翁失去了自己一手创立的伟大公司，并学会了关爱自己一度抛弃的女儿。小说的最后一幕是他与女儿共舞。

乔布斯后来说，他从来没有读过这部小说。他告诉我："我听说这本书写的是我。如果是的话，我会非常生气。而我不想对妹妹生气，所以干脆就不看了。"然而，在这本书出版几个月后，他告诉过《纽约时报》他已经读了该小说，也在主人翁身上看到了自己的影子。他对记者史蒂夫·洛尔（Steve Lohr）说："这个角色大约有 1/4 完全是我，言谈举止描述得惟妙惟肖。当然我不会告诉你这 1/4 在书的什么地方。"他的妻子说，事实上，乔布斯只是瞥了一眼书，然后让她替他读一读，看看他应该如何看待这本书。

《凡夫俗子》出版前，莫娜把书的手稿寄给了丽萨，但丽萨只看了个开头，就读不下去了。她说："在开始的几页里，我看到了我的家庭、我的私事、我的物品、我的想法，我在叫'简'的角色中看到了自己。但小说中的事实之间又夹杂着虚构，这些虚构的情节对我而言就是撒谎。但正因为情节如此贴近事实，才会让人误以为真。"丽萨感到非常受伤，她给哈佛的《倡导者》写了一篇言辞激烈的文章来解释这件事情。文章初稿的语气非常尖刻，丽萨在发表前又稍稍修改缓和了一下。她感觉莫娜以友谊之名冒犯了自己，她写道："我浑然不知，这 6 年来，莫娜一直在收集素材。我并不知道，当我寻求她的安慰、接受她的建议时，她也在暗中索取。"最终，丽萨与莫娜解开了疙瘩。她们一起去咖啡厅讨论了这本书，丽萨告诉莫娜，自己一直没能读完这本书。莫娜说她会喜欢书的结局。这些年来，丽萨与莫娜的联系并不多，但在某些方面，她们的关系还是比她与父亲的关系更亲近些。

生儿育女

1991 年，在与乔布斯结婚几个月后，劳伦娜生下一个男孩儿。在刚出生的那两周，他们都叫他"小乔宝"，因为对他们来说，给孩子取名只比选一台洗衣机的难度稍微小一点儿。最后，他们给他取名为里德·保罗·乔布斯（Reed Paul Jobs），中间名"保罗"是为了纪念乔布斯的父亲。而他之所以叫"里德"，是因为这个名字好听，跟乔布斯当年就读的里德学院一点儿关系都没有（乔布斯和劳伦娜都坚持这样说）。

长大成人后的里德跟父亲有很多相似之处：聪明敏锐，目光锐利，富有魅力。但跟父亲不同的是，他行为友善，谦虚优雅。他富有创造力，从小就喜欢穿着戏服，扮演不同的角色。他的学业成绩也非常出色，对科学很感兴趣。他的眼神像他父亲，但流露出一种亲和力，似乎没有一丝残酷的天性。

乔布斯的女儿艾琳·锡耶纳·乔布斯（Erin Siena Jobs）出生于1995年。她比较文静，更加内省，可以敏锐地觉察他人的感受。她继承了父亲对设计和建筑的兴趣，但她也学会了在情感上保持一定的距离，以免被父亲的疏远伤害。

最小的孩子伊芙（Eve）出生于1998年。她意志坚定，为人风趣，性格火暴，既不黏人，也不胆怯。她知道如何应对自己的父亲，会跟他讨价还价（有时候还能占据上风），甚至还敢取笑他。她父亲开玩笑说，如果不当美国总统的话，她有朝一日会掌管苹果。

1995年，甲骨文公司的首席执行官拉里·埃里森为乔布斯举办40岁生日派对，科技明星与大亨云集。埃里森跟乔布斯关系很好，前者经常带着乔布斯一家乘坐他的豪华游艇出游。里德把埃里森称作"我们的有钱叔叔"，这个叫法让人发笑，充分说明乔布斯平时生活非常低调，从不炫耀财富。乔布斯从自己的修行经历中学到：物质财富往往无法让人生变得丰富，反而会使生活杂乱无章。他说："我认识的每一个首席执行官都有保镖，甚至家里也有。这种生活方式太疯狂了。我们不想这样养育儿女。"

第二十二章　玩具总动员

巴斯和胡迪救场

杰弗瑞·卡森伯格

华特·迪士尼说过："尝试一些似乎不可能的事，会特别好玩儿。"这种态度正合乔布斯的胃口。乔布斯很赞赏迪士尼对细节和设计的执着，觉得皮克斯和迪士尼的电影制片厂是天作之合。

华特迪士尼公司曾购买皮克斯的电脑动画制作系统，成为皮克斯电脑的最大客户。有一天，迪士尼电影部门的负责人杰弗瑞·卡森伯格邀请乔布斯前往伯班克，到制片厂考察电脑的运作情况。在跟随工作人员参观的时候，乔布斯问卡森伯格："跟皮克斯合作，你们还满意吗？"兴高采烈的卡森伯格点头表示肯定。乔布斯接着问："你觉得我们皮克斯也满意吗？"卡森伯格说他觉得应该是的。乔布斯说："错，我们不满意。我们想跟你们一起制作一部电影，这样我们才会满意。"

卡森伯格乐观其成。他非常欣赏约翰·拉塞特制作的动画短片，也曾试图邀请他重回迪士尼，但没有成功。于是，卡森伯格邀请皮克斯团队来讨论合作事宜。卡特穆尔、乔布斯和拉塞特在会议室坐定之后，卡森伯格看着拉塞特，开门见山地表示："约翰，既然你不愿意接受我的聘请，我们就用这样的方式来合作吧。"

迪士尼与皮克斯有很多共同之处，卡森伯格和乔布斯也是如此——只要他们愿意，都能做到魅力十足，而当兴之所至，或利之所趋，他们也会变得非常强硬，甚至带有很强的攻击性。即将离开皮克斯的阿尔维·雷·史密斯也参加了这次会议。史密斯回忆说："我对卡森伯格和乔布斯的印象是两个人有很多共同点，都是口若悬河的暴君。"卡森伯格很是得意，他告诉皮克斯团队："人人都说我是暴君，此话不假，但我通常是对的。"——我们完全可以想象出从乔布斯口中说出一模一样的话的场景。

因为卡森伯格和乔布斯两个人都富有激情，所以双方你争我辩，讨价还价，谈判持续了好几个月。卡森伯格坚持要求皮克斯授权迪士尼使用其制作三维动画的专利技术。乔布斯不同意，并最终成功赢得了这个回合的胜利。而乔布斯则希望皮克斯能拥有这部电影及其中角色的部分所有权，与迪士尼共享对视频版权和续集的控制权。卡森伯格说："你要是想要这个，那就没什么谈的必要了，你现在就可以走了。"乔布斯只能让步，谈判得以继续。

拉塞特则目不转睛地盯着两位精瘦犀利的老板在谈判桌上剑拔弩张、针锋相对。他回忆说："观赏史蒂夫和杰弗瑞交手，让我充满了深深的敬畏之情，就好像在欣赏一场剑术高手的巅峰对决。"但是，如果说卡森伯格是拿着军刀上场，那么乔布斯手里握的不过是一把钝剑。当时皮克斯已濒临破产，迫切需要与迪士尼达成合作。另外，迪士尼有能力为整个项目提供资金，而皮克斯却做不到。双方最终在1991年5月达成交易，约定电影及其中角色的所有版权完全归迪士尼所有，迪士尼拥有创意决定权，会分12.5%的票房收入给皮克斯。迪士尼有权力（但无义务）参与皮克斯后续的两部影片，还有权使用合作影片中的角色制作续集，无论皮克斯参与与否。迪士尼有权随时叫停这部电影，只需支付少量罚金。

约翰·拉塞特提出的创意叫作"玩具总动员"。创意的起源是拉塞特和乔布斯的一个共同理念，即产品都有其存在的意义，东西被创造出来是为了完成特定的使命。如果物品也有情感，其情感基础就是对实现自我价值的渴望。例如，杯子存在的意义是盛水，如果杯子也有喜怒哀乐，就会杯满则喜，杯空则悲；电脑屏幕的使命是为了与人互动；独轮车的使命是在马戏团供人骑行。而玩具的使命就是供孩子们玩耍，因此对玩具而言，最深切的恐惧就是被孩子丢弃,或被新玩具取代。所以,在这部以友情为主轴的电影里,把曾经最受宠的旧玩具和闪亮登场的新玩具搭配在一起,就会有一种天然的戏剧性,特别是剧情还围绕玩具和孩子的分离徐徐展开。如原脚本的开篇所说:"每个人在童年时代,都有痛失心爱玩具的经历。我们的故事从玩具的视角出发,一个玩具在失宠之后,试图重新获得对它来说最重要的东西:被孩子们拿起来玩耍。这是所有玩具存在的意义,是他们存在的情感基础。"

经过反复讨论,电影中两个主角的名字最终被定为"巴斯光年"(Buzz Lightyear)和"胡迪"(Woody)。每隔几周,拉塞特就带队向迪士尼展示最新的剧情进展或完成的电影片段。在早期试镜阶段,皮克斯利用一些场景展示了他们出神入化的动画技术。在一幕中,胡迪在衣柜上快速移动,阳光透过百叶窗洒进屋内,在他的格子衬衫上投下阴影——这个效果是几乎不可能通过手工渲染实现的。皮克斯的技术固然令人惊叹,但要用情节来打动迪士尼就难得多了。每次皮克斯去汇报进度,卡森伯格都会推翻大部分情节,厉声提出具体的评论和意见。旁边则是一群手拿笔记本的工作人员埋头记录,确保卡森伯格提出的每个实用建议和奇思妙想都在后续得到落实。

卡森伯格最大的看法是两个主角的冲突应该更加尖锐。他认为,虽然这是一部名为《玩具总动员》的动画电影,但目标观众不应该只是儿童。卡森伯格回忆说:"电影起初没有任何戏剧性和故事性,也没有冲突感。"他建议拉塞特研究一下《逃狱惊魂》(*The Defiant Ones*)、《48小时》(*48 Hours*)等经典的兄弟电影,这些电影讲的都是两个性格迥异的主角被迫同生死共患难的故事。此外,卡森伯格也不断强调人物个性要更鲜明。也就是说,面对玩具箱里新来的巴斯光年,胡迪必须表现得更嫉妒、更刻薄、更带有挑衅性。有个情节是胡迪把巴斯光年推出窗外,然后说:"在玩具世界,不是你死,就是我亡。"

经过卡森伯格和其他迪士尼高管的多轮修改,胡迪这个角色几乎魅力不再,让人好感全无。在一幕中,他把其他玩具扔下床,还命令弹簧狗(Slinky)来帮忙。弹簧狗稍显犹豫,胡迪就吼道:"谁说让你思考了,弹簧香肠?"弹簧狗不禁问道:"这个牛仔怎么这么可怕?"而皮克斯团队的成员很快也开始问自己同样的问题。给胡迪配音的汤姆·汉克斯一度感叹："这家伙真浑蛋！"

紧急叫停

1993年11月，拉塞特和他的皮克斯团队已经完成了电影的前半部分。他们带着电影来到伯班克，向卡森伯格和其他迪士尼高层展示成果。迪士尼的动画电影负责人彼得·施耐德（Peter Schneider）一直对于卡森伯格让外人为迪士尼制作动画的做法心怀不满。他当场表示该电影一塌糊涂，下令中止影片制作。卡森伯格也同意了。他问同事汤姆·舒马赫（Tom Schumacher）："怎么会做得这么烂？"舒马赫直言不讳："因为这已经不是他们的电影了。"舒马赫后来解释说："他们执行了卡森伯格的所有指示，结果制作方向完全偏离了既有轨道。"

舒马赫的话让拉塞特意识到了问题所在。拉塞特回忆说："我就坐在那里，屏幕上放映的东西看得我无地自容。这个故事里充斥着我见过的最不快乐、最尖刻的角色。"他请迪士尼再给他一次机会，让他回到皮克斯重新创作剧本。卡森伯格同意了。

乔布斯没有过多地介入创作过程。他本来是个控制欲极强的人，特别是在品位和设计方面，但这次他展现出难能可贵的自我克制。这显示出乔布斯对拉塞特和皮克斯的其他艺术家的尊重，也证明了拉塞特和卡特穆尔很懂得如何让乔布斯保持距离。不过，在处理皮克斯和迪士尼的关系时，乔布斯帮了大忙，皮克斯团队对此非常感激。卡森伯格和施耐德叫停《玩具总动员》的制作后，乔布斯拿出个人资金继续支持制作工作，还跟皮克斯一起对抗卡森伯格。乔布斯后来说："是他把《玩具总动员》搞得一团糟，他想把胡迪打造成一个坏人，他叫停这个项目后，我们就不带他玩儿了。我们告诉他：'这不是我们想要的。'然后我们就按照我们一直以来想要的方式继续开展项目。"

3个月后，皮克斯团队带着新的剧本回来了。胡迪的形象从统领其他玩具的暴君变成了睿智的领袖。皮克斯团队也将心比心地刻画了胡迪对新玩具巴斯光年的嫉妒，更加能够引起观众的共鸣，配乐使用的是兰迪·纽曼（Randy Newman）的作品《奇怪的事》（"Strange Things"）。胡迪把巴斯光年推出窗外的那一幕也被改写——胡迪只是想用卢克索灯玩儿个小把戏，却不慎让巴斯光年从窗户跌落。卡森伯格和迪士尼认同了新版本。1994年2月，影片制作重新开启。

卡森伯格非常赞赏乔布斯对于成本的把控力。他说："即使在早期的预算编制过程中，史蒂夫也竭尽全力降低成本、提高效率。"然而，在实际执行期间，迪士尼提供的1 700万美元预算明显不够用了，尤其是在皮克斯团队按照卡森伯格的要求把胡迪的个性刻画得过于尖刻后，又得进行大幅修改，导致成本超出预期。为了确保影片达到理想效果，乔布斯要求迪士尼增加预算。卡森伯格告诉乔布斯："我们之前已经谈好了，我们把商业控制权给了你们，你也认可了我们提出的资金规模。"乔布斯怒不可遏，他不断地打电话给卡森伯格，后来直接飞去找他。用卡森伯格的话说就是："这种义无反顾的疯狂，也只有史蒂夫一个人能做到。"乔布斯坚持认为迪士尼对成本超支负有责任，因为卡森伯格把最初的构思弄得一团糟，所以皮克斯才得付出额外的心力对影片重新进行调整。卡森伯格回击道："等一下！我们可是在帮你们。你们从我们提供的创意中获得了好处，现在还想让我们掏钱？"两个控制狂互不相让，对"谁帮了谁"这一问题争执不下。

埃德·卡特穆尔比乔布斯更圆滑老练，在他的斡旋下，双方各让一步，就新预算达成了一致。卡特穆尔说："跟其他做这部电影的同事相比，我对卡森伯格的看法要正面得多。"但正是因为预算事件，乔布斯开始谋划如何增加未来对抗迪士尼的筹码。他不想只做个承包商，而是希望拥有控制权。这意味着皮克斯今后必须参与项目出资，而且需要重新拟定与迪士尼的协议。

随着电影制作工作不断推进，乔布斯的兴致也日渐高昂。他本来找了贺曼贺卡（Hallmark）、微软等多家公司，希望出售皮克斯，但眼看胡迪和巴斯的动画形象逐渐丰满生动，他意识到自己可能即将改变电影业。在电影场景的制作过程中，乔布斯反复观看已经完成的部分，还邀请朋友到家里来，跟他们分享自己的最新爱好。甲骨文创始人拉里·埃里森说："在《玩具总动员》上映前，我都不知道总共看了多少个版本，到最后简直成了一种折磨。我经常去他家看那些最新修改了10%的版本。史蒂夫有执念，要把方方面面都做到最好，无论是故事还是技术，他不能容忍一点儿瑕疵。"

后来的一次经历，让乔布斯更加相信他对皮克斯的投资终将获得回报。1995 年 1 月，迪士尼在曼哈顿中央公园的帐篷里为电影《风中奇缘》（Pocahontas）举行了盛大的媒体试映会，乔布斯受邀参加。迪士尼首席执行官迈克尔·艾斯纳宣布，《风中奇缘》将在中央公园大草坪上的近 25 米高的巨屏上举行首映式，观众将多达 10 万名。即使乔布斯这样深谙新品发布之道的大师级人物，也对首映计划叹为观止。而巴斯光年那句口号"飞向宇宙，浩瀚无垠！"，此刻似乎暗含深意。

乔布斯决定，《玩具总动员》在 11 月的上映之日，就是皮克斯上市之时。对于他的目标，即使是向来积极乐观的投资银行家也觉得难以实现，因为皮克斯在过去 5 年里一直在烧钱。但乔布斯心意已决。拉塞特回忆说："我当时很忐忑，跟他建议说等到皮克斯制作完成第二部电影之后再说。史蒂夫没有同意，说我们现在需要现金，上市以后，我们就可以用一半的钱来做电影，还能跟迪士尼重新谈合作。"

飞向宇宙

1995 年 11 月，《玩具总动员》举行了两场首映式。迪士尼在洛杉矶历史悠久的酋长大剧院（El Capitan）举办了一场首映式，并在隔壁建造了一个以电影人物为主题的游乐场。皮克斯拿到了一些入场券，但首映式当晚的活动流程和名人嘉宾名单基本都是迪士尼单方面确定的，乔布斯甚至都没有出席。第二天晚上，乔布斯在旧金山租下了与酋长大剧院规模不相上下的雷根西剧院（Regency），举办了自己的首映式。来宾不是汤姆·汉克斯、史蒂夫·马丁等好莱坞影星，而是拉里·埃里森、安迪·格鲁夫等硅谷名流。显然，这是乔布斯的主场，登台介绍电影的那个人也是他（而不是拉塞特）。

迪士尼和皮克斯双双举行首映式，两个公司的对决凸显了一个日益严峻的问题：《玩具总动员》到底是迪士尼的电影，还是皮克斯的电影？皮克斯只是帮助迪士尼制作电影的动画承包商吗？还是说，迪士尼只是帮皮克斯出品电影的发行商和营销商？其实，真正的答案介于两者之间。但关键在于以迈克尔·艾斯纳和史蒂夫·乔布斯为首的双方都是以自我为中心的,他们会接受这样的合作关系吗?

迪士尼和皮克斯之间的赌注也随着《玩具总动员》的巨大成功而水涨船高。这部电影叫好又叫座,上映第一周在美国国内公映的票房高达3 000万美元,成功收回成本。最后,《玩具总动员》在美国国内的总票房达到1.92亿美元,在全球取得3.62亿美元票房成绩,击败《永远的蝙蝠侠》(*Batman Forever*)和《阿波罗13号》(*Apollo 13*),成为当年的票房冠军。根据影评聚合网站"烂番茄"(Rotten Tomatoes)的数据,接受调查的73位影评人全都给予《玩具总动员》以正面评价。《时代周刊》杂志的理查德·科利斯(Richard Corliss)称其为"年度最具创意喜剧";《新闻周刊》的戴维·安森(David Ansen)赞叹电影"精彩绝伦";《纽约时报》的珍妮特·马斯林(Janet Maslin)推荐大人和孩子都去看这部电影,评论其为"妙不可言的智慧之作,体现了迪士尼作品老幼皆宜的优秀传统"。

唯一让乔布斯感到不爽的,是马斯林和其他一些影评人写的是"迪士尼的传统",而不是"皮克斯的崛起"。在读了马斯林的评论后,乔布斯认为他必须采取攻势,来提升皮克斯的知名度。乔布斯和拉塞特一起去参加了《查理·罗斯秀》(*Charlie Rose Show*)。在节目中,乔布斯强调《玩具总动员》是一部由皮克斯出品的电影,甚至极力凸显皮克斯电影工作室横空出世的历史意义。他告诉罗斯:"自《白雪公主》出品以来,各大电影制片厂都试图打入动画产业,但长期以来,只有迪士尼有能力打造出火爆的动画长片,直到《玩具总动员》出现,皮克斯由此成为业界第二个可以推出动画长片的工作室。"

乔布斯刻意将迪士尼定位成皮克斯电影的发行商。迈克尔·艾斯纳回忆说:"他不断地说:'我们皮克斯才是真正的高手,你们迪士尼就是垃圾。'但事实上,《玩具总动员》是因为我们才成功的,是我们从无到有推动了电影成型。从营销部门到迪士尼频道,是我们集各部门之力让这部电影一炮走红的。"打了一阵口水仗之后,乔布斯得出结论,"这是谁的电影"这一根本问题必须通过协议来解决。他说:"在《玩具总动员》成功之后,我意识到,如果我们要建立一家制片公司,而不只是代工,就必须和迪士尼重新谈判。"但是,皮克斯必须有能力出资,才能与迪士尼平等协商。因此,公司上市只能成功,不能失败。

《玩具总动员》上映一周后,皮克斯上市了。乔布斯赌的是电影大卖。他赢了这场豪赌,而且赚得盆满钵满。与当初苹果上市一样,早上7点,在股票开始发售之时,他们已经准备好在主承销商的旧金山办公室开庆祝会。股票原定的发行价格是14美元,比较保守,但乔布斯坚持把定价调整为22美元——这样一来,如果发行成功,公司就能获得更多资金。结果,股票发行之成功甚至超出乔布斯最大胆的想象。皮克斯一举超过网景公司,成为当年最大的IPO。开盘半小时,股票价格就飙升至45美元,因为买盘太多,交易不得不延迟进行。接下来,股票价格一度涨至49美元,当天以39美元收盘。

当年早些时候,乔布斯还想给皮克斯找个买家,觉得能收回自己投入的5 000万美元就心满意足。而在皮克斯上市第一天收盘后,他持有的80%的公司股份价值就涨到令人咋舌的12亿美元,是他投入资金的20多倍,也是他在1980年苹果上市时取得收益的5倍左右。但是乔布斯告诉《纽约时报》的约翰·马科夫,这些钱对他来说意义不大。他说:"我也不是那种买游艇的人,我做这个从来都不是为了钱。"

对皮克斯来说,成功上市意味着即使没有迪士尼的资助,他们也可以自己完成电影。这正是乔布斯想要的筹码。他回忆说:"因为我们现在可以承担电影一半的成本,我就可以要求拿到一半的利润。但更重要的是,我想要进行品牌联合。以后的电影就是皮克斯和迪士尼共同出品的了。"

乔布斯乘飞机南下与艾斯纳共进午餐时,他的大胆提议使艾斯纳大为错愕。他们当初谈成的是三部电影的协议,而皮克斯现在只完成了一部。但到了此刻,双方都有了用以讨价还价的核武器。这时,卡森伯格因为跟艾斯纳严重不和,已经离开迪士尼,与史蒂文·斯皮尔伯格和大卫·格芬一起创立了梦工厂(DreamWorks SKG)。乔布斯说,如果艾斯纳不同意与皮克斯重新签订协议,那么一旦三部电影的合约完成,皮克斯就会去跟其他电影公司合作,比如卡森伯格的公司。而艾斯纳手里也有筹码:如果皮克斯停止与迪士尼合作,那么迪士尼可以利用拉塞特创造的胡迪、巴斯和其他所有角色,自行制作《玩具总动员》的续集。乔布斯后来回忆说:"这就像要猥亵我们的孩子。一想到这个,拉塞特就哭了起来。"

最终,双方达成了新的协议。艾斯纳同意皮克斯为未来的电影投入一半资金,并享有一半利润。乔布斯说:"他认为我们不可能做出很多热门电影,所以他以为这是给自己省了钱。但事实证明,这对我们来说是绝佳的安排,因为皮克斯后来连续制作出 10 部卖座大片。"双方还就品牌联合达成协议,但也经过了多轮讨价还价。艾斯纳回忆说:"我最初的立场是,这是迪士尼的电影,由迪士尼出品,但后来还是让步了。我们就像 4 岁小孩儿一样,开始谈判'迪士尼'的字号要多大、'皮克斯'的字号要多大。"1997 年初,迪士尼和皮克斯签订协议,在未来 10 年合作制作 5 部电影。离开谈判桌时,双方还很友好,起码当时是如此。乔布斯后来说:"那时候艾斯纳还算讲道理,对我也比较公平,但是经过 10 年的合作,我确定他是个内心阴暗的人。"

在给皮克斯股东的信中,乔布斯解释说,这次谈判最重要的成果是就所有与迪士尼合作的影片(以及广告和玩具),赢得了与迪士尼平等的品牌权利。"我们希望皮克斯成长为一个与迪士尼享有相同信任度的品牌。但为了让皮克斯赢得这种信任,我们必须让消费者知道电影是由皮克斯创作的。"在职业生涯中,乔布斯以创造伟大的产品而闻名。但同样重要的是,他有能力打造拥有宝贵品牌的伟大公司。他创立了自己所处时代里两家无出其右的公司——苹果和皮克斯。

第二十三章　卷土重来

猛兽的时代已然来临

情势崩塌

1988年，乔布斯举办NeXT电脑发布会时，曾一度引爆热烈反响。但等第二年电脑终于上市销售的时候，市场反应却归于平淡。乔布斯让媒体眼花缭乱、心生敬畏、趋之若鹜的才能每况愈下，日渐感觉力不从心，关于公司面临困境的负面报道也层出不穷。美联社的巴特·齐格勒（Bart Ziegler）写道："计算机行业的发展方向是不同的操作系统之间可以互通。在这种大趋势下，NeXT却反其道而行之，与其他电脑均不兼容。由于能在NeXT操作系统上运行的软件相对较少，所以这款电脑很难得到消费者的青睐。"

1996年，史蒂夫·乔布斯

NeXT试图把自己重新定位成"个人工作站"这一新类别的领跑者，让消费者既能获得工作站的强大功能，又可以享受个人电脑的友好易用。但提供同类产品的太阳微系统公司发展迅猛，市场份额不断扩大。1990

年，NeXT 的营收为 2 800 万美元，而太阳微系统公司的营收是 25 亿美元，IBM 也放弃了使用 NeXT 授权软件的协议。虽然乔布斯始终认为硬件和软件应该是不可分割的整体，但危机当前，他也不得不做出违背个人理念的决定：1992 年 1 月，他同意授权 NeXTSTEP 操作系统在其他品牌的电脑上运行。

令人意外的是，在这一当口，让-路易·加西竟然主动为乔布斯发声。加西当年在苹果接替了乔布斯的职位，因此跟乔布斯有过矛盾，后来加西自己也被逐出苹果。他撰文对 NeXT 产品的创新性大加赞扬。加西写道："也许 NeXT 不是苹果，但史蒂夫仍然是史蒂夫。"几天后，有人到加西家登门拜访。他的妻子听到敲门声，开门一看，站在外面的正是乔布斯。妻子上楼叫加西下来，告诉他乔布斯来了。原来，乔布斯特意登门对加西表示感谢，同时邀请加西出席一场活动：乔布斯要和英特尔的安迪·格鲁夫共同宣布，NeXTSTEP 操作系统可以用于 IBM/英特尔平台。加西回忆了活动当天的情景："我坐在史蒂夫的父亲保罗·乔布斯旁边，保罗备受尊重。史蒂夫从小不服管教，让父母伤透脑筋。但是看到史蒂夫和安迪·格鲁夫共同登台，保罗显得无比骄傲，非常开心。"

一年后，退无可退的乔布斯在无奈之下改变了策略：完全放弃了制造硬件。这是个痛苦的决定，就像当年他在皮克斯放弃制造硬件时一样。乔布斯非常在意自己产品的方方面面，对硬件更是充满了特殊的热情。他会因为出色的设计而心潮澎湃，会痴迷于产品制造的各种细节，甚至会连续几个小时观看工厂机器人制造出完美的产品。但现在，他不得不解雇一半以上的员工，把心爱的工厂卖给佳能公司（佳能公司后来拍卖了那些别致的家具），只留下一家聊以自慰的公司，把操作系统授权给那些生产平庸机器的制造商。

20 世纪 90 年代中期，乔布斯家庭温馨幸福，在电影行业也成绩斐然，生活自有乐趣。但他对个人电脑行业失望透顶。1995 年底，乔布斯对《连线》杂志的加里·沃尔夫（Gary Wolf）说："电脑行业的创新已经完全停滞。微软称霸了市场，却鲜有创新。苹果输了。计算机市场进入了黑暗时代。"

在接受《红鲱鱼》（*Red Herring*）杂志创办人托尼·帕金斯（Tony

Perkins）和几位编辑的采访时，乔布斯心情阴郁，行为乖张。首先，乔布斯展现出个性中恶劣的一面，在帕金斯和他的同事到达之后不久，乔布斯就从后门溜出去"散步"，过了 45 分钟才回来。当杂志社的摄影师给乔布斯拍照时，乔布斯对她嘲讽挖苦，还让她停下。帕金斯后来说："操纵他人，自私自利，丝毫不加掩饰的粗鲁无礼，我们真的不懂他为什么如此狂躁。"而当乔布斯终于坐下来接受采访时，乔布斯表示，即便是网络的出现也无法阻止微软获得统治地位："Windows 系统已经赢了，很不幸，它打败了 Mac、UNIX 和 OS/2。一款低劣的产品反而占了上风。"

苹果坠落

在乔布斯被赶出后的几年里，苹果还能够延续在桌面出版领域的主导地位，靠着高利润率安然度日。1987 年，以奇才自居的约翰·斯卡利发表了一系列如今让人觉得极为尴尬的言论。他写道，乔布斯希望苹果"成为一家出色的消费产品公司，这个计划愚蠢至极……苹果永远不会成为一家消费产品公司。虽然我们的梦想是改变世界，但我们不能因此而扭曲现实。高科技不可能被设计成消费产品，在大众市场销售"。

这一判断让乔布斯厌恶至极。20 世纪 90 年代初，在斯卡利的领导下，苹果的市场份额不断下滑，乔布斯对斯卡利的愤怒和蔑视也与日俱增。乔布斯后来悲叹道："斯卡利把贪婪的人和堕落的价值观带进了公司，把苹果给毁了。他们关心的是赚钱，主要是自己能赚到钱，同时为苹果赚钱。他们对打造伟大的产品毫不在意。"乔布斯认为，斯卡利对利润的追求是以牺牲市场份额为代价的："Mac 之所以输给了微软，就是因为斯卡利坚持榨取每一分利润，而不是改进产品和制定合理的价格。"到了最后，利润也不复存在。

微软花了几年时间才模仿出 Mac 的图形用户界面。1990 年，微软推出 Windows 3.0 系统，开始在计算机市场占据主导地位。1995 年发布的 Windows 95 成为当时最成功的操作系统，与此同时，Mac 的销量开始暴跌。乔布斯后来说："微软完全就是剽窃他人成果，但苹果也是咎由自取。我离开后，苹果再也没有开发任何新产品，Mac 也几乎没有改进。面对微软，苹果只能坐以待毙。"

乔布斯对苹果的失望在一次演讲会上表露无遗。斯坦福大学商学院的一个社团在学生家里举办活动,乔布斯受邀前去演讲。这个东道主学生请乔布斯在 Mac 键盘上签名。他同意了,但前提条件是他得去掉苹果在他离职后加上去的几个按键。他掏出汽车钥匙,撬掉了他曾经禁止使用的四个箭头光标键,还有最上面一排的 F1、F2、F3 等功能键。"我正在改变世界,一个键盘一个键盘地来。"乔布斯面无表情地说完,然后在残缺不全的键盘上签上了自己的名字。

1995 年圣诞节,乔布斯来到夏威夷康娜度假村。他那位魅力十足的好友甲骨文公司董事长拉里·埃里森也在那里休假。他跟乔布斯沿着海滩散步,讨论是否可以把苹果买下来,然后让乔布斯回去重掌大局。埃里森说他可以拿出 30 亿美元。"我把苹果买下来,你作为首席执行官立即就能拿到 25% 的股份。我们就可以联手让苹果重现昔日辉煌。"但乔布斯不同意,他解释说:"我不是那种搞恶意收购的人。但如果苹果的人请我回去,则另当别论。"

到 1996 年,苹果的市场份额已经从 20 世纪 80 年代末的最高点 16% 大跌到 4%。1993 年,负责苹果欧洲业务的德国人迈克尔·斯平德勒(Michael Spindler)接替斯卡利,担任首席执行官。上任之后,斯平德勒先后尝试把公司卖给太阳微系统公司、IBM、惠普公司,但都没有成功。1996 年 2 月,斯平德勒也被赶下台,取而代之的是研发工程师出身、曾任美国国家半导体公司首席执行官的吉尔·阿梅里奥。在阿梅里奥上任的第一年,公司就亏损了 10 亿美元,股票价格从 1991 年的 70 美元狂跌到 14 美元,而当时正值科技泡沫,其他公司的股价都在一路暴涨。

阿梅里奥不太喜欢乔布斯。两个人第一次见面是在 1994 年,当时阿梅里奥刚获选进入苹果董事会。有一天,乔布斯给他打电话说:"我想过去跟你见个面。"于是阿梅里奥邀请他到自己在美国国家半导体公司的办公室。阿梅里奥后来回忆说,他透过办公室的玻璃墙看着乔布斯走过来,看起来"像一个拳击手,咄咄逼人,神秘莫测,也像一只优雅的丛林猫,随时准备扑向猎物"。乔布斯跟阿梅里奥寒暄了几分钟(远超他平时与人寒暄的时长),然后宣布了自己登门拜访的目的:他希望阿梅里奥能帮助他重返苹果担任首席执行官。乔布斯说："只有一个人可以号令苹果大军,只有一个人可以重整公司秩序。"乔布斯认为,Mac时代已经过去,苹果必须另行创造划时代的新产品。

阿梅里奥问道:"如果 Mac 已死,那用什么来替代呢?"而乔布斯也没有说出个所以然来。阿梅里奥后来说:"史蒂夫似乎没有什么明确的答案,只是翻来覆去地说那几句漂亮话。"阿梅里奥觉得自己当时亲身体验了乔布斯的现实扭曲力场,他也因为自己不为所动而颇感自豪。他毫不客气地把乔布斯请出了办公室。

1996 年夏,阿梅里奥意识到了苹果问题的严重性。当时苹果寄希望于打造新的操作系统科普兰(Copland),但阿梅里奥担任首席执行官后不久,就发现公司对科普兰系统的性能配置和研发进度过分乐观,最后很有可能难以兑现,无法满足苹果对加强网络和内存保护的需求,也不能在 1997 年如期上市。阿梅里奥公开承诺将尽快找到替代方案,但问题是他根本没有任何可选的方案。

因此,苹果需要一个能够制造稳定操作系统的合作伙伴,这个系统最好类似 UNIX 系统,并且有一个面向对象的应用程序层。显然,有一家公司可以提供这样的系统,也就是 NeXT。但苹果花了一段时间才认清这个事实。

苹果先是锁定了让-路易·加西创办的公司 Be。双方开始协商合并转让事宜。1996 年 8 月,加西和阿梅里奥在夏威夷开会,过于自负的加西表示想把自己的 50 人团队带到苹果,并要求获得苹果 15% 的股份,价值约为 5 亿美元。阿梅里奥惊呆了。苹果估算后认为 Be 的价值也不过在 5 000 万美元左右。经过几次讨价还价,加西表示无法接受低于 2.75 亿美元的报价。加西以为苹果至此已经别无选择。阿梅里奥事后听说加西告诉别人:"我已经抓住了他们的要害,我要把他们捏到喊疼为止。"这让阿梅里奥很不高兴。

苹果的首席技术官埃伦·汉考克(Ellen Hancock)建议使用太阳微系统公司基于 UNIX 的 Solaris 操作系统,但 Solaris 系统还没有开发出友好的用户界面。而阿梅里奥居然开始倾向于使用微软的 Windows NT 操作系统,他觉得可以把 Windows NT 的外观进行微调,使其跟 Mac 一样,同时能跟 Windows 的用户可用的各种软件兼容。急于达成合作的比尔·盖茨多次给阿梅里奥打了电话。

当然，苹果还有另一个选择。两年前，《Mac 世界》(*Macworld*) 杂志的专栏作家（此前曾任苹果软件公关总监）盖伊·川崎（Guy Kawasaki）发表了一篇恶搞的新闻稿，称苹果正在收购 NeXT，并请乔布斯担任首席执行官。在这篇恶搞文里，迈克·马库拉问乔布斯："你是愿意一辈子卖裹了糖衣的 UNIX 系统，还是想改变世界？"乔布斯回答说："因为我现在当爸爸了，所以我需要一个更加稳定的收入来源。"文章指出，"在 NeXT 公司的历练让乔布斯谦逊不少，他很可能会把这种新精神注入苹果"。新闻稿还援引比尔·盖茨的话，说如今又有更多来自乔布斯的创新可供微软剽窃了。当然，这篇新闻稿中的所有内容纯属虚构，以资笑谈。但现实就是这么奇妙，其发展的脉络竟然跟新闻稿的预言惊人地相似。

徐徐走近库比蒂诺

阿梅里奥问手下员工："谁跟史蒂夫关系还不错，能给他打个电话谈谈这件事？"因为两年前与乔布斯的会面不欢而散，阿梅里奥并不想亲自打电话给他。但实际上，他并不需要自己打电话，因为苹果已经收到来自 NeXT 的橄榄枝。NeXT 公司的中层产品营销人员加勒特·赖斯（Garrett Rice）在没有请示乔布斯的情况下，直接拿起电话打给了埃伦·汉考克，问她是否有兴趣了解一下 NeXT 的软件。于是，汉考克派人去跟赖斯见了面。

1996 年的感恩节，两家公司已经开始了中层会谈。乔布斯直接给阿梅里奥打了一个电话。他说："我正在去日本的路上，但我一周后就会回来。我希望一回来就能见到你。在我们见面之前，不要做任何决定。"虽然阿梅里奥跟乔布斯有一段不愉快的过去，但阿梅里奥接到这个电话后依然欣喜若狂，为二人合作的可能性感到兴奋不已。他回忆说："对我来说，接到史蒂夫的电话，感觉就像闻到了上等陈年美酒的醇香。"他答应在他们两个见面之前，他不会跟 Be 或其他任何公司达成交易。

对乔布斯来说，与 Be 的竞争既是业务竞争，也是个人较劲。NeXT 已经在走下坡路，而能够被苹果收购就像是抓到了一根救命稻草，极具诱惑力。此外，乔布斯是个记仇的人，有时候甚至会对仇人恨之入骨。尽管乔布斯在 NeXT 时似乎已经与加西和解，但加西在他的黑名单上依然位居前列。乔布斯后来说："加西可以说是我生命中为数不多的真正心狠手辣的人之一。1985 年，他在我背后捅了一刀。"这番评价当然有失公允。至于斯卡利，他还算有绅士风度，是在正面捅的乔布斯。

1996 年 12 月 2 日，史蒂夫·乔布斯来到位于库比蒂诺的苹果总部。自 11 年前他被赶出之后，这是他首次故地重游。在行政会议室里，他见到了阿梅里奥和汉考克，向他们演示了 NeXT。他又一次在苹果的白板上奋笔疾书，介绍了计算机系统的四次浪潮，表示 NeXT 的推出将第四波浪潮推至顶点（至少在他看来是这样）。尽管他并不尊重面前的这两个人，但依然使出浑身解数，施展个人魅力。乔布斯尤其擅长装出谦虚的样子。他说："这可能是个超级疯狂的提议"，但如果你们感兴趣，"我可以按照你们的想法安排任何形式的交易：授权软件、把公司卖给你们，或者任何其他方式，都可以。"但其实，乔布斯最大的渴望就是把公司全盘出售，因此他极力推荐这个方案。乔布斯告诉他们："你们只要多加了解，就会想要买下整个公司，带走所有的人才，而不仅仅是购买我们的软件。"

几周后的圣诞假期，乔布斯一家又来到夏威夷。跟一年前一样，拉里·埃里森也在那里度假。乔布斯和埃里森在海边散步，乔布斯说："拉里，我觉得我已经找到一个方法让自己重回苹果，拿到控制权，不用你去收购苹果了。"埃里森回忆说："他跟我讲了他的策略，就是让苹果收购 NeXT，这样他就能进董事会，那么距离首席执行官的位置就只有一步之遥了。"埃里森认为乔布斯忽略了一个关键问题："但是，史蒂夫，有一件事我不明白，不收购苹果的话，怎么赚到钱呢？"——从这件事可以看出，两个人想要的东西大相径庭。乔布斯把一只手放在埃里森的左肩上，把他拉近到贴上鼻尖的距离，然后说："拉里，这就是为什么有我做你的朋友非常重要。你已经不缺钱了。"

埃里森回忆说，自己的回答几乎是在发牢骚："好吧，我可能不需要这笔钱，但为什么要把赚钱的机会送给那些富达的基金经理？为什么要让别人把钱赚了？为什么不能咱们自己赚？"

乔布斯回答说："我想如果我回到苹果，但不持有苹果的股份，而你也不持有苹果的股份，那么我就会占据道德高地。"

埃里森说："史蒂夫，这块道德高地可真够贵的。听着，史蒂夫，你是我最好的朋友，而苹果是你的公司。无论你需要我做什么，我都会尽力。"尽管乔布斯后来说，他当时并没有谋划接管苹果，但埃里森认为这是必然会发生的。埃里森后来说："不管是谁，只要跟阿梅里奥相处超过半小时，都会意识到，他除了自我毁灭，什么都做不了。"

1996年12月10日，在帕洛阿尔托的花园庭院酒店，NeXT和Be两家公司在阿梅里奥、汉考克和苹果其他6位高管面前展开终极对决。NeXT率先出场，阿维·泰瓦尼安演示了软件，而乔布斯则施展了他幻术般的销售技巧。他们展示了系统在屏幕上同时播放4个视频、制作多媒体文件、连接到互联网等一系列功能。阿梅里奥说："史蒂夫对NeXT操作系统的推销令人目眩神迷。他滔滔不绝地赞美系统的特色和优势，就像在描述知名演员奥利弗扮演麦克白时的杰出表现。"

之后轮到加西上场。他一副胜券在握的模样，而他的演示内容并无新意，只是说苹果团队已经了解Be操作系统的性能，然后问他们是否还有其他问题。他的展示很快就结束了。在此期间，乔布斯和泰瓦尼安一起在帕洛阿尔托的街道上散步。过了一会儿，他们碰到了一位评选现场的苹果高管。他告诉他们："你们赢定了。"

泰瓦尼安后来说，他对这个结果并不意外："我们有更好的技术，我们有完整的解决方案，而且我们还有史蒂夫。"阿梅里奥知道让乔布斯回来是一把双刃剑，但让加西回来也会面临同样的问题。拉里·特斯勒是当年的Mac老将，他建议阿梅里奥选择NeXT，但特斯勒补充说："不管你选择哪家公司，都会有人取代你的位置，这个人不是史蒂夫，就是让-路易。"

权衡再三，阿梅里奥选择了乔布斯。他给乔布斯打电话说，他计划向苹果董事会提议，争取就收购NeXT进行谈判的授权，并问乔布斯是否愿意参加会议。乔布斯说他愿意。董事会会议那天，乔布斯走进会议室，看到了迈克·马库拉，两个人都百感交集。对乔布斯而言，马库拉曾经是他的导师，情同父子，但在1985年，马库拉站在了斯卡利那边，之后乔布斯再也没有跟他说过话。乔布斯走上前去跟马库拉握了手。

乔布斯邀请阿梅里奥到他在帕洛阿尔托的家里进行协商，因为这样的环境更加轻松友善。阿梅里奥开着他那辆经典的1973年款奔驰车如约抵达，让乔布斯眼前一亮，乔布斯很喜欢这辆车。乔布斯家的厨房终于装修完毕。他烧上水，准备泡茶，然后两个人在露天比萨烤炉前的木桌旁坐下，开始谈判。财务部分的沟通进展顺利。乔布斯想要避免加西所犯的狮子大开口的错误，他建议苹果以每股12美元的价格收购NeXT，总价约为5亿美元。阿梅里奥认为要价偏高，提议每股10美元，总价略高于4亿美元。与Be不同，NeXT有实际的产品、真实的营收和出色的团队，但这个出价还是让乔布斯喜出望外。乔布斯立即接受了。

有一个问题比较棘手：乔布斯希望苹果付给他现金。阿梅里奥则坚持说乔布斯需要"参与游戏"，只能付给他苹果的股票，而且他要同意持股至少一年。乔布斯不同意。最后，双方都做出了让步。乔布斯将拿到1.2亿美元的现金和价值3 700万美元的股票，并承诺至少持股6个月。

像往常一样，乔布斯请阿梅里奥一起出去，边走边聊。当他们在帕洛阿尔托闲逛时，乔布斯提出要进入苹果董事会。阿梅里奥劝他说毕竟以前有那么多风风雨雨，现在让他进董事会有点儿操之过急。乔布斯说："吉尔，这真的很伤人。这是我的公司，但是自我与斯卡利闹掰以来，他们就一直不让我参与。"阿梅里奥说他理解，但他不确定董事会的想法。在跟乔布斯谈判之前，阿梅里奥已经暗下决心，要"严格地以逻辑思考为指导原则推进谈判"，"避免受乔布斯人格魅力影响"，但在一起散步的过程中，跟很多其他人一样，他完全陷入了乔布斯的现实扭曲力场。他回忆说："我被史蒂夫的能量和热情迷住了。"

在长长的街区绕了几圈之后，他们回到了乔布斯家里，正好赶上劳伦娜和孩子们到家。他们一起庆祝了谈判的顺利开展。然后阿梅里奥开着他的奔驰车离开了。阿梅里奥回忆说："他让我觉得自己是他交往了一辈子的老朋友。"乔布斯确实有这个本事。后来，乔布斯策划把阿梅里奥赶出了苹果，阿梅里奥回忆起乔布斯那天的友善，不无感伤地说："我痛苦地发现，那只是他极其复杂的人格的一面而已。"

阿梅里奥先是把苹果收购NeXT的决定告知了加西，接下来就要做一件让他更加发怵的事：告知比尔·盖茨。阿梅里奥回忆说："比尔知道之后火冒三丈。"乔布斯能够最终得逞，这让盖茨觉得荒谬至极，但也许并不令盖茨意外。盖茨问阿梅里奥："你真的认为史蒂夫·乔布斯手里有什么真家伙吗？我了解他们的技术，那只不过是炒 UNIX 的冷饭，根本不可能在你们的机器上运行。"盖茨和乔布斯在一点上非常相似，就是有时候会越说越激动。这次就是这样："你难道不明白，史蒂夫压根不懂技术吗？他不过是很会推销罢了。我不敢相信你竟然做出了如此愚蠢的决定。他对电子工程一窍不通，他所说的、所想的 99% 都是错的。你到底为什么要买那个垃圾公司？"

多年以后，当我向盖茨问起这件事时，他已经不记得自己那次有那么生气了。但他依然认为收购 NeXT 并没有真正给苹果带来新的操作系统："阿梅里奥花了一大笔钱收购 NeXT，但坦白说，NeXT 操作系统从未真正派上用场。"不过，这次收购把阿维·泰瓦尼安带进了苹果，是他帮助改进了当时的苹果操作系统，最终在系统中整合了 NeXT 的核心技术。盖茨知道这次交易注定会使得乔布斯重掌大权。他说："世事无常，他们最终买下的是那个大多数人都认为无法承担首席执行官重任的人，因为他对此没什么经验。但此人聪明绝顶，有出色的设计品位和工程品位。他只是适度压抑了自己的疯狂，就被任命为临时首席执行官了。"

尽管埃里森和盖茨都认为乔布斯回苹果就是想重掌大权，但事实上，乔布斯对于是否要在苹果担任主要的角色一直犹豫不决，至少在阿梅里奥还在苹果的时候是这样。在公布收购 NeXT 的消息的前几天，阿梅里奥邀请乔布斯再次全职加入苹果，负责操作系统的开发。但乔布斯一直回避阿梅里奥的邀请。

最后，在准备公布这个重磅消息的那一天，阿梅里奥把乔布斯叫来，要求乔布斯给出一个答案。阿梅里奥问："史蒂夫，你是想拿了钱就走人吗？如果是的话，那也没问题。"乔布斯没有回答，只是直勾勾地盯着阿梅里奥。阿梅里奥又问："你是想成为一名正式员工，还是只想做一名顾问？"乔布斯还是一言不发。阿梅里奥出去找到乔布斯的律师拉里·松西尼（Larry Sonsini），问他乔布斯到底想要什么。松西尼说："我也不知道。"于是阿梅里奥回到办公室，关上门，又问了乔布斯一次："史蒂夫，你是怎么想的？你有什么感受？拜托，我现在需要知道你的决定。"

乔布斯回答说："我昨晚一夜没睡。"

"为什么？出什么事了吗？"

"我在想所有需要我应对的问题，思考我们正在做的交易。所有的事情都堆在一起了。我现在真的很累，没有办法清晰地思考。不要再问我任何问题了。"

阿梅里奥说，那不可能，他总得说点儿什么。

最后，乔布斯回答说："好吧，如果你必须给他们一个说法，就说我是董事长顾问吧。"阿梅里奥照做了。

当天（1996年12月20日）晚上，阿梅里奥在苹果总部250名欢呼雀跃的员工面前宣布了收购的消息。阿梅里奥按照乔布斯的要求，宣布乔布斯将在苹果担任兼职顾问。乔布斯没有从舞台的一侧上来，而是从观众席的后方走进来，信步穿过通道登上舞台。阿梅里奥告诉大家，乔布斯非常疲劳，可能无法致辞，但听到掌声后的乔布斯倦意全无，他说："我非常激动，期待重新认识一些老同事。"《金融时报》的路易丝·基欧（Louise Kehoe）随后上台，以近乎质问的语气问乔布斯是否会最终接管苹果。乔布斯说："哦，不会的，路易丝，现在我的生活中还有很多其他事情要做。我有家庭，还有皮克斯那边的工作要忙。我的时间有限，但我希望自己可以贡献一些想法。"

第二天，乔布斯开车去了皮克斯。他越来越喜欢这个地方，他想让员工们知道他会继续担任总裁，并深度参与工作。但是知道乔布斯要回苹果做兼职，皮克斯的员工倒是很高兴，因为少一些他的关注反而是件好事。在重大谈判中，乔布斯总能发挥重要的作用，但他如果太闲，恐怕就不妙了。那天，到了皮克斯以后，他走进拉塞特的办公室，解释说即使只是担任苹果的顾问，也会占用他很多时间。他说希望得到拉塞特的祝福。"我一直在想，这样会牺牲我陪伴家人的时间，我也会没有那么多时间花在皮克斯这个家。但我想这么做的唯一原因是，有了苹果，这个世界将更加美好。"

拉塞特温和地笑了笑，说："我祝福你。"

第二十四章　东山再起

输家翻盘是早晚的事

幕后盘桓

1997年，阿梅里奥请沃兹尼亚克上台，而乔布斯站在后排

在即将满30岁时，乔布斯说："在三十多岁或四十多岁仍然能产出伟大作品的艺术家少之又少。"

而他本人三十多岁的时候即是如此——1985年，乔布斯从苹果黯然离场，此后十年建树寥寥。但是，在1995年步入40岁之后，他一扫此前10年的颓势，雄风重振。1995年，《玩具总动员》上映。第二年，苹果收购了NeXT，乔布斯重返自己一手创立的公司。他即将向世人证明，即使年过40，他也能成为伟大的创新者。他曾在二十几岁时革新了个人电脑行业，而现在，他即将推动音乐播放器、唱片商业模式、手机、应用程序、平板电脑、图书、新闻传媒等领域发生天翻地覆的变化。

乔布斯曾告诉拉里·埃里森，他回归苹果的策略是把 NeXT 卖给苹果，进入苹果的董事会，然后在首席执行官吉尔·阿梅里奥马失前蹄时，做好准备取而代之。乔布斯坚称自己这样做不是为了赚钱，虽然埃里森可能无法理解这一点，但在一定程度上这确实是乔布斯的真实想法。乔布斯既不像埃里森那样出手阔绰，喜欢炫耀财富，也不像盖茨那样热衷于慈善，一掷千金，更是没有兴趣与福布斯排行榜上的其他富豪竞争排名。他之所以要打造一系列让人啧啧称奇的产品，是因为他天生闯劲十足，一直在追求实现自我价值。准确地说，他不仅想打造一系列的创新产品，还想创建一家基业长青的公司，给世人留下双重遗产。他想跻身价值名人堂，与宝丽来公司创始人埃德温·兰德、惠普公司创始人比尔·休利特和戴维·帕卡德等人平起平坐，甚至还要更胜一筹。而要达成目标，最佳途径就是重返苹果，夺回属于自己的王国。

然而，当权力之杯靠近乔布斯的嘴唇时，他并没有开怀畅饮，反而莫名变得犹豫不决，甚至有点儿抗拒，或者说是扭捏。

1997 年 1 月，乔布斯正式回到苹果担任兼职顾问，这也是他此前告诉阿梅里奥的角色。乔布斯开始在某些人事问题上坚持自己的立场，尤其是在保护跟随他而来的 NeXT 员工队伍方面，但在大多数其他方面，他则一反常态地按兵不动。苹果并没有邀请乔布斯加入董事会，这让他感觉颇受冒犯；公司建议他担任操作系统部门负责人，但他认为这一职务有失身份。这样一来，阿梅里奥既让乔布斯参与了苹果的事务，又把他排除在核心管理层之外，这种操作注定不利于稳定情势。乔布斯后来回忆说：

> 阿梅里奥不希望我总出现，而我认为他是个蠢货，这一点在我把公司卖给他之前，我就很清楚。我猜想公司只会让我在 Mac 世界大会等活动中偶尔出场，为公司站台。这也没问题，因为我的主要精力还是放在皮克斯。于是，我在帕洛阿尔托市中心租了一间办公室，每周在那里工作几天，然后开车去皮克斯工作一两天。我很享受这种工作和生活方式。我可以放慢节奏，多陪陪家人。

事实上，乔布斯在 1 月初就被派去参加了 Mac 世界大会活动，以帮助苹果装点门面。这让他更加确信，阿梅里奥就是个蠢货。Mac 世界大会在旧金山万豪酒店的宴会厅举行，吸引了近 4 000 名苹果的忠实粉丝，阿梅里奥担任主旨演讲嘉宾。介绍阿梅里奥出场的是演员杰夫·高布伦（Jeff Goldblum）："我在《侏罗纪公园2：失落的世界》里扮演一位混沌理论专家。因此，我想我有资格在苹果的活动上发言。"然后，他把舞台交给了阿梅里奥。阿梅里奥身穿一件华丽的运动夹克，里面是一件立领衬衫，扣子扣到了领口的第一颗，把脖子箍得紧紧的。《华尔街日报》记者吉姆·卡尔顿（Jim Carlton）形容他"看起来像个拉斯韦加斯的喜剧演员"，而用科技作家迈克尔·马龙的话说则是"跟刚离婚的叔叔第一次出门约会时的装扮一模一样"。

最严重的问题是，在活动准备期间，阿梅里奥度假去了，并且还跟自己的演讲撰稿人起了严重争执，又在活动开始之前拒绝排练。乔布斯到达后台时，发现现场秩序一片混乱，不禁怒火中烧。站在台上的阿梅里奥说话前言不搭后语，演讲内容听上去毫无逻辑，凌乱冗长，让乔布斯更是火冒三丈。阿梅里奥对提词器上弹出的要点提示并不熟悉，没讲一会儿，就开始试着临场发挥，但中间又数次思路混乱。他就这样讲了一个多小时，台下的观众面面相觑。但其间也有几个轻松的小环节：阿梅里奥把歌手彼得·加布里埃尔（Peter Gabriel）请上台让其演示了一个新的音乐软件。他还告诉观众拳王阿里就坐在第一排。阿里本来应该上台为一个关于帕金森病的网站做宣传，但阿梅里奥自始至终都没有邀请阿里上台，也没有解释阿里为什么在场。

阿梅里奥不着边际地啰唆了两个多小时，最后才把大家翘首期盼的人请上台。卡尔顿写道："乔布斯踌躇满志，别具一格，魅力十足。他大步登台，与阿梅里奥的畏首畏尾形成鲜明对比……即使是猫王回归，其轰动程度也不过如此。"观众都跳了起来，震耳欲聋的掌声持续了一分多钟。荒芜清寂的10年就此终结。最后，乔布斯挥手示意大家安静，他一开口就直指眼前的核心挑战："我们必须找回创新之火花，重塑往日之辉煌。在过去10年，Mac操作系统没有什么进展，所以才被Windows迎头赶上。我们必须拿出一个更好的系统再次反超。"

如果活动就此结束，乔布斯鼓舞人心的讲话还能为阿梅里奥糟糕的舞台表现挽回些许颜面。但不幸的是，阿梅里奥二度上台，又喋喋不休地讲了一个小时。最后，在活动开始三个多小时后，阿梅里奥终于结束了他的演讲。他请乔布斯再次登台，然后出人意料地把史蒂夫·沃兹尼亚克也请了出来。现场又是一阵骚动。而乔布斯显然非常反感这样的安排。他不想参与表演三个人振臂庆祝胜利的场面，于是一步步慢慢退下了舞台。阿梅里奥后来抱怨说："他残忍地破坏了我精心策划的谢幕场景。他觉得他的个人感受比苹果的媒体形象更重要。"而对苹果来说，新的一年才刚刚开始7天，权力中心就已经明显难以维系了。

乔布斯立即着手安排自己的心腹进入苹果高层。他回忆说："我从NeXT带来的才是真正的优秀人才，我要确保他们不会被当时在苹果担任高级职务的蠢货在背后捅刀子。"而在乔布斯的"蠢货名单"中，名列榜首的就是首席技术官埃伦·汉考克，因为她从一开始就倾向于选择太阳微系统公司的Solaris系统，而不是NeXT系统；她后来还想在新的苹果操作系统中使用Solaris的内核。有一次，记者采访汉考克，问她在关于操作系统的决策中，乔布斯会扮演什么角色，她毫不客气地回答："没有角色。"但是，她错了。乔布斯的第一招，就是确保用他从NeXT带来的两个朋友接管她的职责。

乔布斯让好友阿维·泰瓦尼安负责苹果的软件工程部门，同时决定把硬件部门交给乔纳森·鲁宾斯坦管理，此人在NeXT当年设立硬件部门的时候就曾担任负责人。接到乔布斯的电话时，鲁宾斯坦正在斯凯岛度假。乔布斯说："苹果需要一些帮助，你想加入吗？"鲁宾斯坦答应了。他赶回来参加Mac世界大会，见证了阿梅里奥在舞台上灾难性的表现。而后来的情况比鲁宾斯坦预想的还要糟糕。在苹果开会的时候，他和泰瓦尼安常常交换眼神，两个人感觉好像是不小心走进了疯人院，周围的人都在说着疯话，而阿梅里奥则坐在桌子的一端，一副神志不清的模样。

乔布斯不会天天到办公室来，但他会经常给阿梅里奥打电话。成功把泰瓦尼安、鲁宾斯坦和其他亲信安插在高管位置上之后，乔布斯立刻把注意力转移到杂乱无序的产品线上。他的一个眼中钉就是个人数字助手"牛顿"，一款拥有手写识别能力的手持电子设备。其实，"牛顿"并没有笑话和四格漫画所描述的那样糟糕，但乔布斯就是对这个产品深恶痛绝。他很反感用手写笔在屏幕上书写的想法，他会挥动着自己的手指说："上帝已经给了我们十支笔，我们不需要再发明新的了。"此外，他认为"牛顿"是斯卡利的一大创新和得意之作。仅凭这一点，该项目就注定在他这里永无出头之日。

有一天，乔布斯在电话里对阿梅里奥说："你应该把'牛顿'项目给砍了。"

这个建议突如其来，于是阿梅里奥推却说："'砍了'是什么意思？史蒂夫，你知道砍掉一个项目的代价多高吗？"

乔布斯说："砍了就是关掉、取消、叫停。代价多高并不重要。你要是叫停了项目，大家会为你欢呼的。"

阿梅里奥说："我研究过'牛顿'，它将来能给公司赚钱。我不支持叫停它。"但是，到了1997年5月，阿梅里奥宣布了"牛顿"部门的拆分计划，之后经过长达一年的碰撞，这一项目终于在磕磕绊绊中走向终结。

泰瓦尼安和鲁宾斯坦时常会到乔布斯家里向他汇报公司近况。没过多久，硅谷的很多人都已经知道乔布斯正在暗中从阿梅里奥手中夺权。这与其说是处心积虑的权谋之战，不如说是乔布斯与生俱来的控制欲在发挥作用。在上一年12月阿梅里奥宣布乔布斯回归时，《金融时报》记者路易丝·基欧曾向乔布斯和阿梅里奥提问。她当时就预见到事态的发展趋势，也成为首个报道此事的人。她在1997年2月底写道："乔布斯先生已经开始在幕后操控。据说，他正在对苹果的各个业务部门的裁撤决策做出指导。有消息称，乔布斯先生已经敦促苹果的一些前员工重返公司，并强烈暗示他计划掌管大局。据与乔布斯先生关系密切的一位人士说，乔布斯认为阿梅里奥先生及其任命之人不可能成功实现苹果的复兴，而他有意取而代之，以确保'他的公司'得以继续生存。"

就在那个月，阿梅里奥必须在年度股东大会上解释为什么公司1996年最后一个季度的销售额同比暴跌了30%。股东们一一在麦克风前讨伐苹果，发泄他们的怒火。阿梅里奥的应对方式非常拙劣，但他却毫不自知，甚至后来还写道："我那天的报告被认为是我表现最好的一次。"此时马库拉已经降为苹果副董事长，担任董事长的是杜邦公司前首席执行官埃德·伍拉德（Ed Woolard）。阿梅里奥的会议表现让伍拉德大跌眼镜。伍拉德的妻子在会议期间低声对他说："真是惨不忍睹。"伍拉德也有同感，他回忆说："吉尔穿着一身体面的衣服来参会,但他的举止和回答都像个傻瓜。他回答不了问题,不知道自己在说些什么,也没有激发出一丁点儿的信心。"

于是伍拉德给自己未曾谋面的乔布斯打了个电话,借口邀请他到特拉华州与杜邦公司的高管进行交流。乔布斯婉拒了,但据伍拉德回忆:"我只不过是为了跟他谈谈吉尔的问题。"于是他只好在电话中单刀直入,问乔布斯对阿梅里奥的印象如何。伍拉德记得乔布斯有些顾左右而言他,只是说阿梅里奥不适合做这个工作。而根据乔布斯的回忆,他的回答要直白得多:

我心想,我要么实话实说,告诉他吉尔是个蠢货,要么就避而不谈。按理说,他是苹果的董事会成员,我有责任向他说明自己的想法;但是,如果我告诉他实话,他一定会告诉吉尔,这样的话,吉尔就不会再听我的话了,也会把我带进苹果的人都搞下去。在不到30秒的时间内,这些权衡在我的脑海一一闪过。我最终决定说出真相。我非常在乎苹果,所以我把自己的看法和盘托出。我说吉尔是我见过的最糟糕的首席执行官。如果首席执行官需要持证上岗,那他肯定拿不到执照。挂了电话之后,我觉得自己刚才做了一件极为愚蠢的事情。

那年春天,甲骨文的拉里·埃里森在一次聚会上遇到了阿梅里奥,把他介绍给了科技记者吉娜·史密斯(Gina Smith)。吉娜问苹果近况如何,阿梅里奥回答道:"你知道,吉娜,苹果就像一艘船,船上满载财宝,但却破了一个洞。而我的工作就是让大家齐心协力朝着同一个方向划行。"吉娜一脸疑惑,问道:"是的……可那个洞怎么办?"从那时起,埃里森和乔布斯就经常拿"船说"开玩笑。乔布斯回忆说:"当拉里向我转述这个故事时,我们正坐在寿司店里,我真的笑到从椅子上掉下来。他就是这样一个小丑,又特别把自己当回事。他坚持要大家叫他阿梅里奥博士。在苹果搞这种尊称,本身就是个警告信号。"

《财富》杂志消息灵通的科技记者布伦特·施伦德(Brent Schlender)认识乔布斯,也很熟悉他的理念。1997年3月,施伦德发表了一篇报道,详细介绍了苹果的混乱局面。他写道:"苹果是硅谷经营不善、科技梦想缺失的代表性企业。如今,公司再次步入危机模式,销售额直线下滑,科技策略陷于困境,品牌价值不断流失。面对这一系列问题,苹果始终行动迟缓。任何略懂权谋的人都能看出,乔布斯虽然表面上接受了好莱坞的诱惑(他最近全权掌管制作了《玩具总动员》和其他电脑动画影片的皮克斯），但暗地里可能在密谋接管苹果。"

埃里森再一次公开提出想"收购"苹果，让他"最好的朋友"乔布斯担任首席执行官。埃里森告诉记者："史蒂夫是唯一能够拯救苹果的人。只要他开口，我随时准备助他一臂之力。"跟"狼来了"的故事一样，埃里森最新发表的收购言论并没有得到太多关注，于是那个月晚些时候，他对《圣荷西水星报》的丹·吉尔摩（Dan Gillmore）表示自己正在组建一个投资团，计划筹集10亿美元来收购苹果的多数股权（当时苹果市值约为23亿美元）。报道出来的当天，苹果的股价飙升11%，交易火爆。埃里森还煞有其事地设立电子邮箱 savapple@us.oracle.com，请大家以邮件的形式投票决定他是否要继续募资以收购苹果。

埃里森的自导自演把乔布斯逗乐了。乔布斯对记者说："拉里时不时就会提起这件事，而我都会解释说自己在苹果的角色是顾问。"但阿梅里奥却很生气，他打电话给埃里森，想给埃里森点儿颜色看看，但埃里森不接他的电话。于是阿梅里奥又给乔布斯打电话，乔布斯的回答模棱两可，半真半假。乔布斯告诉阿梅里奥："我真的不明白发生了什么，我觉得这一切都很疯狂。"然后，乔布斯虚情假意地安慰阿梅里奥："我们两人之间的关系很好。"乔布斯本可以发表声明拒绝埃里森的提议，给所有猜测画上句号，但他并没有这样做，阿梅里奥感到非常窝火。乔布斯一直都是一副事不关己的样子，这种态度既是利益所驱，也是本性使然。

当时的舆论风向已经不利于阿梅里奥。《商业周刊》刊登了一篇封面文章，题目是"苹果已为俎上鱼肉？"《红鲱鱼》刊登了一篇社论，标题是"阿梅里奥，请下台"。而在《连线》杂志的封面上，苹果的标识变成了一颗圣心，带着荆棘冠被钉在十字架上，标题是"祈祷"。《波士顿环球报》的迈克·巴尼克（Mike Barnicle）对苹果多年来的管理不善进行了抨击，他写道："苹果电脑的用户友好性本来独一无二，首屈一指，而这群笨蛋却把其技术降到了1997年波士顿红袜队替补队员的水准，他们居然还能领到薪水？"

早在同年2月，乔布斯和阿梅里奥签署了最终交易合同后，乔布斯曾手舞足蹈地提议:"我们得出去好好喝酒庆祝一下!"阿梅里奥说他从自家酒窖里拿酒,提议带上夫人们一起庆祝。但其间因为各种各样的事情,他们拖到 6 月才敲定吃饭的日子。虽然公司的气氛日益紧张,但这顿饭还是很愉快的。餐厅和酒并不匹配,一如共进晚餐的两对人:阿梅里奥带来了一瓶 1964 年的白马庄(Cheval Blanc)和一瓶蒙哈榭(Montrachet),每瓶酒的价值在 300 美元左右,而乔布斯选择了雷德伍德的一家素食餐厅,餐费总共 72 美元。阿梅里奥的妻子后来评价说:"他真是迷人,他太太也是。"

乔布斯可以随心所欲地对人施展魅力,大献殷勤,而且他也乐在其中。阿梅里奥和斯卡利等人都愿意相信,既然乔布斯对他们如此热情,说明他喜欢他们,尊重他们。面对那些渴望得到赞美的人,乔布斯有时候就是会曲意逢迎,使对方产生误解。他既可以直情径行地对自己喜欢的人蛮横无理,也可以驾轻就熟地对自己讨厌的人释放魅力。阿梅里奥没有看透这一点,他像斯卡利一样极度渴望得到乔布斯的赞赏,因此迷失了自我。事实上,阿梅里奥谈到自己希望与乔布斯建立良好关系时,所说的话与斯卡利当年的几乎一模一样。阿梅里奥回忆说:"我遇到困难的时候,会跟史蒂夫共同梳理问题,我们十有八九都会达成一致。"他心甘情愿地相信乔布斯是真的尊重他。"我对史蒂夫处理问题的方式感到敬畏,我感觉我们正在建立一种相互信任的关系。"

但就在他们共进晚餐后不久,阿梅里奥的幻想就破灭了。在最初的谈判中,他坚持让乔布斯至少持股 6 个月,直到 6 月,最好能更久一点儿。后来,苹果有 150 万股遭抛售,阿梅里奥给乔布斯打电话:"我告诉大家,股票不是你卖的。记住,我们两个之前说好了,你绝不会在没有事先通知我们的情况下出售股票。"

乔布斯含糊其词地回答说:"没错。"阿梅里奥把这句话解读成乔布斯没有出售自己的股票,于是他发表声明依次进行了解释。但当美国证券交易委员会的最新文件公布时,阿梅里奥发现乔布斯确实卖掉了自己的股票。阿梅里奥非常气恼:"可恶,史蒂夫,我直接问过你股票的事,你还说不是你卖的。"乔布斯告诉阿梅里奥,他是因为想到苹果未来的走向,"突然感到一阵沮丧",才卖掉了股票,而他当时没有直接在电话中承认,是因为他

"有点儿不好意思"。多年后，当我问乔布斯时，乔布斯只是说："我觉得没有必要告诉他。"

为什么乔布斯要在出售股票的问题上误导阿梅里奥？其中有个简单的原因：乔布斯有时会回避事实。哈特穆特·索南费尔德（Helmut Sonnenfeld）曾经这样描述亨利·基辛格："他撒谎不是因为有利可图，而是本性难移。"同样的，当乔布斯认为有必要时，他也会误导他人或隐瞒事实。另外，他有时也会诚实得近乎残忍，说出大多数人都会稍加掩饰或隐瞒的真相。而遮遮掩掩和坦坦荡荡只不过是乔布斯的尼采式哲学态度的两个侧面，一般的规则对他并不适用。

阿梅里奥出局

乔布斯拒绝澄清埃里森关于收购苹果的说法，还暗自卖掉了手里的股份，并提供了误导性信息。事到如今，阿梅里奥终于相信乔布斯是冲着他来的了。阿梅里奥回忆说："我终于认清了这样一个事实：我一直一厢情愿地以为他跟我在同一阵线。而史蒂夫操纵我出局的计划正在稳步推进，一帆风顺。"

乔布斯确实一有机会就会说阿梅里奥的坏话。他控制不住自己。而董事会之所以对阿梅里奥不满，还有一个更重要的因素。首席财务官弗雷德·安德森（Fred Anderson）认为，自己的一大信托责任就是让伍拉德和董事会了解苹果的形势有多严峻。伍拉德说："弗雷德告诉我，现金和人才正在迅速流失，更多重要的员工也都在考虑离开。他明确表示，这艘船很快就会搁浅，连他自己都想走人。"伍拉德见证了阿梅里奥在股东大会上的拙劣表现，本就忧心忡忡的他现在更是心急如焚。

在1997年6月的一次董事会执行会议上，阿梅里奥不在会场，伍拉德向现任董事说明了他的风险评估："如果我们继续让吉尔担任首席执行官，我认为只有10%的机会可以避免破产；如果我们开除吉尔，说服史蒂夫来接管，我们有60%的机会可以继续生存；如果我们开除吉尔，也不找史蒂夫回来，而是另寻首席执行官，那么存活概率是40%。"于是董事会授权他询问乔布斯是否愿意担任苹果的首席执行官。

伍拉德和妻子按照计划飞到伦敦，观看温布尔登网球公开赛。他白天看比赛，晚上回到公园酒店的套房，往正值白天的美国打电话。等到休假结束时，酒店话费已经高达2 000美元。

伍拉德先是给乔布斯打电话，说董事会将要开除阿梅里奥，希望乔布斯可以回来担任苹果的首席执行官。此前，乔布斯一直毫不留情地嘲弄阿梅里奥，同时积极按照自己的理想推动苹果的发展，而当权杖递到他面前的时候，他突然变得扭扭捏捏，回答说："我会帮忙的。"

伍拉德问："是以首席执行官的身份帮忙吗？"

乔布斯说不是。伍拉德力劝他至少担任代理首席执行官，乔布斯再次表示不妥，他说："我就做顾问，不拿薪水的那种。"他同意成为董事会成员（这是他非常渴望的），但拒绝当董事长。他说："我现在能做的只有这么多了。"而当乔布斯要接管苹果的谣言传开后，乔布斯给皮克斯的员工发了一份电子邮件备忘录，说自己保证不会弃他们而去。他在邮件中写道："三周前，我接到苹果董事会的电话，请我回到苹果担任首席执行官。我拒绝了。然后他们请我担任董事长，我再次拒绝了。所以不要担心，传言再疯狂，也只是传言。我没有离开皮克斯的计划。各位甩不掉我了。"

乔布斯为什么没有一把抓住权力的缰绳呢？他为什么不愿意走上似乎已经渴望了20年的位子？当我问他时，他是这样说的：

我们刚刚完成皮克斯的上市工作，我正在担任皮克斯的首席执行官，做得很开心。我没听说过有谁同时担任两家上市公司的首席执行官，就算是临时担任的，我也没见过。我甚至不确定这种操作是否合法。我不知道我到底想要什么。我当时有了更多的时间和家人在一起，这让我感到快乐。所以我很纠结。我知道苹果是个烂摊子，所以我思考的问题是：我是否要放弃现在的这种快乐的生活方式？皮克斯的股东们会怎么想？于是，我跟几个前辈进行了交流，想听听他们的意见和建议。最后，我在一个星期六的早上8点左右给安迪·格鲁夫打了电话——时间确实有点儿早。当我还在跟他讲其中的利弊时，他打断我说："史蒂夫，我根本不在乎苹果。"我惊呆了。这时我才意识到，我确实在乎苹果，这是我一手创立的公司，这个世界上有苹果存在会是件好事。就在那一刻，我决定临时回归苹果，帮助他们找到一位合适的首席执行官。

第二十四章　东山再起　输家翻盘是早晚的事

乔布斯口口声声地说自己很享受能有更多时间陪伴家人，但这一说法并不令人信服。乔布斯注定不会赢得"年度最佳父亲"的奖杯，就算他有空闲时间，他也不会扮演顾家好男人的角色。虽然他在关注子女方面有所进步，尤其是对里德，但他的主要时间和精力还是放在工作上。他经常对两个小女儿不闻不问，与丽萨再度疏远，对妻子也经常横眉冷对。

那么，他在接管苹果时犹豫不决的真正原因是什么呢？尽管乔布斯一意孤行，又控制欲超强，但当对某件事情感到不确定时，他就会优柔寡断、有所保留。他苛求完美，经常不懂得如何退而求其次或顺势而为。他不喜欢处理复杂的事情，也不喜欢委曲求全。关于这一点，在产品、设计及家中物品的陈设方面都是如此。当涉及个人承诺时也不例外。如果他确定一个行动方案是正确的，那么他将是不可阻挡的。但如果他心存疑虑，他有时就会退缩不前。对于不完全适合他的事情，他宁愿选择不想、不面对。就像阿梅里奥问他想扮演什么角色时那样，乔布斯会陷入沉默，对那些让他感到不舒服的状况进行冷处理。

其中部分原因在于乔布斯倾向于以二分法的态度看待世界。一个人要么是英雄，要么是蠢货，一个产品要么是奇迹，要么是垃圾。但他会被那些更加繁杂、隐晦、微妙的问题困扰：跟谁结婚？买哪个沙发最合适？要不要去经营一家公司？此外，他也不想做注定会失败的事情。弗雷德·安德森说："我觉得史蒂夫是想评估一下苹果是不是还有救。"

虽然乔布斯没有明确说明自己作为顾问将发挥多大的作用，但伍拉德和苹果董事会依然决定继续推进阿梅里奥的解聘流程。阿梅里奥接到伍拉德从伦敦打来的电话时，正准备与妻子、儿女和孙子孙女们野餐。伍拉德直截了当地说："我们需要你卸任。"阿梅里奥说现在不方便讨论这个问题，但伍拉德觉得自己必须继续说下去："我们会宣布你被撤换的消息。"

阿梅里奥抗议道："你要记得，埃德，我曾告诉董事会，让这个公司重现辉煌需要三年，现在还没过去一半呢。"

伍拉德回答道："董事会已经做出最终决定，不会再进一步讨论此事。"阿梅里奥问他知道这个决定的都有谁，伍拉德如实告诉了他，说有董事会的其他成员及乔布斯。伍拉德说："我们跟史蒂夫讨论过这个问题。他的看法是，你人很好，但你并不了解电脑行业。"

阿梅里奥动怒了:"你们怎么会让史蒂夫参与这样的决定?他连董事都不是,跟他到底有什么好谈的?"但伍拉德没有让步。阿梅里奥挂断电话后,继续跟家人一起去野餐,后来才告诉了妻子。

有时候,乔布斯会展现出他性格中的矛盾面:既暴躁尖刻,又渴望跟人建立连接。他通常完全不在意别人对他的看法,可以断然跟别人划清界限,老死不相往来。但有时候,他又会觉得有必要解释清楚自己的行为和动机。所以,那天晚上,阿梅里奥出乎意料地接到了乔布斯的电话。乔布斯说:"吉尔,我只是想让你知道,我今天和埃德谈了这件事,我真的感到很难过。我想让你知道,我与这件事的变化绝对没有关系,这是董事会做出的决定,但他们曾向我征求意见和建议。"他告诉阿梅里奥,他尊重阿梅里奥,因为"你是我见过的最正直的人",然后又一厢情愿地提供了一些建议:"休息半年吧。我当初被赶出苹果之后,立刻就回归职场了。我挺后悔的。"他还说,如果阿梅里奥想要更多的建议,可以随时来找他谈谈。

阿梅里奥被惊得一时语塞,但还是咕哝了几句感谢的话。他把乔布斯的话转述给了妻子,告诉她说:"在某些方面,我依然喜欢这个人,但我不相信他。"

他的妻子说:"我之前完全被史蒂夫给骗了,我真的觉得自己像个白痴。"

阿梅里奥回答说:"谁不是呢?"

沃兹尼亚克现在是苹果的非正式顾问,乔布斯重返苹果让他兴奋不已(沃兹很容易原谅别人)。沃兹说:"这正是我们需要的结果,因为无论你怎么看史蒂夫,反正他就是知道怎么让魔法回归。"对于乔布斯战胜阿梅里奥,沃兹尼亚克也并不意外。正如沃兹在事情发生后不久告诉《连线》杂志的那样:"吉尔·阿梅里奥遇到史蒂夫·乔布斯,游戏结束。"

那个星期一,苹果的高层被召集到礼堂。阿梅里奥进来时看起来心平气和,轻松自若。阿梅里奥说:"我很遗憾地告诉大家,现在是我挥手告别、另觅新途的时候了。"接下来发言的是同意担任临时首席执行官的弗雷德·安德森,安德森明确表示自己会在乔布斯的指导下工作。至此,在距离乔布斯在1985年7月4日周末的斗争中失去权力整整12年后,乔布斯重新登上了苹果的舞台。

形势立即变得明朗：无论乔布斯是否愿意公开承认（甚至对自己承认），他都要重掌大权了，而不会仅仅是当个顾问。身穿短裤、运动鞋和黑色高领毛衣的乔布斯刚一登台就开始鼓舞士气，要为自己心爱的公司重新注入活力。他说："好，告诉我这个地方有什么问题。"台下一片窃窃私语，但乔布斯打断了他们，自行回答说："是产品出了问题！"他又问："产品出了什么问题呢？"又有几个人试图回答，而乔布斯又说出了正确答案，他大喊："产品烂透了！一点儿吸引力都没有！"

伍拉德好说歹说，终于让乔布斯同意以顾问的身份发挥积极作用。乔布斯批准了一份声明，说他已经"同意在未来 90 天深度参与公司运营事务，直到公司聘任新的首席执行官"。伍拉德在声明中选用的措辞非常巧妙，说乔布斯将回归苹果，"以顾问的身份领导公司团队"。

乔布斯在行政楼层的董事会会议室旁边找了一间小办公室，显然是为了避开阿梅里奥在角落里的大办公室。他参与了产品设计、业务整合、供应商谈判、广告公司评估等公司业务的方方面面。在他看来，当务之急是防止苹果高层继续流失。为此，他想为他们的股票期权重新定价。苹果的股价持续走低，期权已经变得一文不值。乔布斯想降低行权价格来提高期权价值。在当时，这种做法并不违法，不过也不属于良好的运营实践。在回到苹果的第一个星期四，乔布斯召开董事会电话会议，说明了这个问题。董事们十分犹豫，要求花一点儿时间研究相关法律和财务影响。乔布斯告诉他们："必须尽快，我们正在失去优秀的人才。"

即使是一向支持他的伍拉德（当时是薪酬委员会主席）也表示反对说："我们在杜邦从来没搞过这个。"

乔布斯争辩说："你们让我来是想让我解决问题，而人才是问题的关键。"董事会提出他们需要两个月来做相关研究。乔布斯当场暴发："你们疯了吗！"他停顿了许久，继续说道："各位，如果你们不愿意这样做，我下星期一就不回来上班了。因为我还有成千上万个更加困难的关键决策要做。如果你们连这种事都不支持我，我就注定会失败。所以如果你们不批准，那我就走人。你们可以将问题怪到我头上，你们可以说'史蒂夫无法胜任这项工作'。"

伍拉德与董事会协商之后，第二天给乔布斯回了电话。伍拉德说："我们会批准你的做法，但董事会的一些成员不喜欢你的这种绑架行为。我们感觉像是被你用枪顶着脑袋。"高层团队的期权价格重新调整为13.25美元，这是阿梅里奥被赶走那天的苹果股价（乔布斯手里没有期权）。

乔布斯并没有因此庆祝胜利，也没有对董事会表示感谢。相反，他感到愤愤不平，因为他得继续跟自己并不尊重的董事会打交道。他对伍拉德说："停车吧，这样做事根本行不通，什么事也做不成，公司已经岌岌可危，我没时间哄董事会开心。我需要你们董事会全部辞职。你们不走，我就走，星期一我就不回来了。"他说，只有伍拉德一个人可以继续担任董事。

董事会的大多数成员都深感震惊。乔布斯至今仍然拒绝全职回归苹果，也没有承诺承担比"顾问"更多的职责，却自认为有能力迫使他们离开。然而，残酷的现实是，他的确可以做到。董事会无法承受乔布斯扬长而去，况且，继续担任苹果董事会成员的前景也不是非常诱人。伍拉德回忆说："经历这么多风波之后，大多数人反而很高兴终于解脱了。"

于是，董事会再一次默许了乔布斯的要求。他们只提了一个请求：除了伍拉德，再多留一位董事会成员，这样对公司的公众形象有利。乔布斯同意了。他后来说："那届董事会太糟糕了，烂透了。我同意让埃德·伍拉德和一个叫张镇中（Gareth Chang）的家伙留下来，结果那家伙毫无作为。他人品并不差，只是没什么用。伍拉德则是我见过的最好的董事会成员之一。他谈吐高雅，风度翩翩，是我遇到过的最慷慨、最睿智的人之一。"

在被乔布斯要求辞去董事职务的人当中，还包括迈克·马库拉。1976年，马库拉还是个年轻的风险投资家。他去乔布斯的车库参观，爱上了工作台上那台刚组装好的电脑，提供了25万美元的信贷额度，成为新公司的第三个合伙人，持有公司1/3的股份。在随后的20年里，苹果董事会成员进进出出，而他却一直在，数次见证首席执行官的更替。他有时支持乔布斯，但也和乔布斯发生过冲突，最著名的一次就是在1985年的权力对决中，他站在了斯卡利那边。现在乔布斯重返苹果，他知道自己是时候离开了。

乔布斯有时对人尖刻冷漠，尤其是跟他有过节的人，但他也会对那些曾在早年跟他并肩作战的人很有感情。沃兹当然属于可以享受特殊待遇的人，只不过两人后来各奔东西了。安迪·赫兹菲尔德和Mac团队的其他几个人也是如此。现在看来，马库拉也是。乔布斯后来回忆说："我曾经深深地感觉他背叛了我,但他就像我的父亲一样,我一直都很在乎他。"因此,乔布斯驱车前往马库拉坐落于伍德赛德山间像座城堡一样的家,亲口提出要求,请他从苹果董事会辞职。像往常一样,乔布斯提议两个人出去走走。他们漫步到红杉林的一个野餐桌旁。马库拉说:"他告诉我他想要一个新的董事会,因为他想重新开始。他担心我会难以接受这个要求,但我并没有反对,他因此松了一口气。"

后来,他们讨论了苹果未来的重心。乔布斯心怀壮志,要打造一家基业长青的公司,他问马库拉如何才能实现这一点。马库拉回答说,历久弥新的公司知道如何自我重塑。惠普就曾多次脱胎换骨:公司以生产小仪器起家,后来生产计算器,最后成为一家电脑公司。马库拉说:"在个人电脑业务方面,苹果已经被微软排挤出局。你必须重塑公司,开发一些其他产品,如其他消费品或电子设备。你必须化茧成蝶,完成彻底的蜕变。"乔布斯没有说太多,但他赞同马库拉的观点。

董事会在 1997 年 7 月下旬召开会议,批准换届事宜。伍拉德与乔布斯的性格截然相反,一个温文尔雅,一个尖刻暴躁。当乔布斯穿着牛仔裤和运动鞋出现在伍拉德面前时,伍拉德略微吃了一惊。他担心乔布斯一上来就斥责董事会把公司搞砸了,但乔布斯只是愉快地说了声"嗨,大家好"。接着,他们进入投票程序,接受董事辞职,选举乔布斯进入董事会,授权伍拉德和乔布斯寻找新的董事。

不出所料,乔布斯选的第一个新董事就是拉里·埃里森。埃里森表示乐意加入,但他讨厌开会。乔布斯说,他只需要参加一半的会议就可以了(过了一段时间,埃里森只在 1/3 的会议上露面。乔布斯干脆拿了一张埃里森在《商业周刊》封面上的照片,放大到真人尺寸,贴在一个硬纸板上,裁剪出人形,放在他的空座上)。

乔布斯还请来了比尔·坎贝尔。20 世纪 80 年代初,坎贝尔曾在苹果负责营销工作。当被卷入斯卡利和乔布斯的冲突时,坎贝尔选择了斯卡利,但两人最终不欢而散,因此坎贝尔得到了乔布斯的原谅。现在他是 Intuit 公司的首席执行官,也是乔布斯的好朋友。坎贝尔住在帕洛阿尔托,离乔布斯家只有 5 个街区。坎贝尔回忆说:"我们在他家的后院里坐着,他说他要回到苹果,希望我加入董事会。我说:'天哪,当然可以。'"坎贝尔曾是哥伦比亚大学的橄榄球教练，乔布斯说，他最大的才能是"让 B 级球员拿出 A 级表现"。乔布斯告诉他，在苹果，他将与 A 级球员一起工作。

伍拉德帮忙请来了曾在克莱斯勒公司和 IBM 担任首席财务官的杰里·约克（Jerry York）。但其他人选都被乔布斯否决，其中包括梅格·惠特曼（Meg Whitman），她当时是孩之宝（Hasbro）玩具部门的经理，曾在迪士尼担任策略规划师［1998 年，她成为易贝（eBay）的首席执行官，后来参加加利福尼亚州长竞选，但未当选］。在接下来的几年里，乔布斯陆续引进了一些强干的领导精英进入苹果董事会，包括美国前副总统阿尔·戈尔、谷歌的埃里克·施密特（Eric Schmidt）、美国基因泰克公司的阿特·莱文森（Art Levinson），Gap（盖璞）和 J.Crew 的米奇·德雷克斯勒（Mickey Drexler），还有雅芳（Avon）的钟彬娴（Andrea Jung）。他会确保他们保持忠诚，有时会忠诚到罔顾事实。虽然他们都身居要职，但有时似乎对乔布斯心存敬畏，很渴望让他满意。

有一次，乔布斯邀请美国证券交易委员会前主席阿瑟·莱维特（Arthur Levitt）加入苹果董事会。莱维特欣喜若狂。他在 1984 年买了自己的第一台 Mac，自此成为一名自豪的苹果忠实用户。他兴高采烈地来到公司总部，跟乔布斯讨论了自己作为董事的角色。但是，乔布斯后来读到了莱维特关于公司治理的一篇讲稿，其中主张董事会应该发挥强大而独立的作用，于是乔布斯打电话撤回了邀请。莱维特说，乔布斯告诉他："阿瑟，我觉得你在我们的董事会并不会开心。我认为我们最好还是不要邀请你了。坦率地说，我认为你提出的一些观点虽然适合某些公司，但真的不适用于苹果的文化。"莱维特后来写道："我备受打击。我清楚地认识到，苹果的董事会无法独立于首席执行官而进行运作。"

1997 年 8 月，波士顿 Mac 世界大会

在宣布苹果的股票期权重新定价的员工备忘录上，署名是"史蒂夫及管理团队"。很快，乔布斯主持公司所有产品审查会议的事情已成为公开的秘密。种种迹象表明，乔布斯正在深度参与苹果的工作，因此，苹果的股价在 7 月从 13 美元左右上涨到 20 美元。这也为 1997 年 8 月在波士顿举行

的Mac世界大会营造了激动人心的气氛。在那次大会上，5 000多名苹果的忠实粉丝齐聚一堂，提前几个小时就涌入公园广场酒店的城堡会议厅，准备聆听乔布斯的主旨演讲。他们前来见证自己的英雄归来，也想看看乔布斯是否真的准备好再次引领他们。

当观众头顶的大屏幕上出现乔布斯在1984年的照片时，现场爆发出热烈的欢呼。主持人还在做介绍，观众就开始高呼："史蒂夫！史蒂夫！史蒂夫！"终于，身穿黑色背心、无领白衬衫和牛仔裤的乔布斯带着顽皮的微笑登台，现场的尖叫声和闪光灯堪比任何摇滚明星的出场。上台后，他先浇灭了众人的兴奋之情，提醒大家留意他自己当时的正式职务："我是史蒂夫·乔布斯，皮克斯的董事长兼首席执行官。"在他进行自我介绍的时候，大屏幕上闪过一张写着这个头衔的幻灯片。接着，他介绍了自己在苹果的角色："我和很多其他人一样，正在竭尽全力帮助苹果恢复健康。"

但是，当乔布斯在舞台上来回踱步，用手中的遥控器播放头顶屏幕上的幻灯片时，他的动作和演讲已经充分昭示，他现在就是苹果的掌门人——未来也可能会继续下去。他的演讲经过精心设计，没有使用任何讲稿。他解释了为什么苹果的销售额在过去两年中下降了30%："苹果有很多优秀的人，但他们在做错误的事情，因为整体规划就是错误的。我发现他们当中有不少人都迫不及待地想要支持正确的发展战略，但可惜这样的战略并不存在。"人群中再次爆发出阵阵欢呼，尖叫声、口哨声此起彼伏。

随着演讲的深入，乔布斯愈发激情四溢。提到苹果未来的计划，他开始说"我们"和"我"，而不是"他们"。他说："我依然认为，只有思考方式与众不同的人才会购买苹果电脑。购买苹果电脑的人的确'非同凡想'，他们代表了这个世界的创新精神，他们是要改变世界的。我们就是在为这些人打造工具。"他着重强调了"我们"一词，同时双手握拳，用手点了点自己的胸膛。在结束语中，他谈到了苹果的未来，继续强调"我们"这个词："我们也要用不同的思维方式，为那些从一开始就购买我们产品的人服务。因为很多人认为他们是疯子，但是在那种疯狂中，我们看到了天赋。"观众纷纷起立，全场掌声雷动，久久不息。大家在赞叹中交换眼神，还有人在擦拭眼角的泪水。乔布斯清楚地表明，他和苹果的"我们"是一体的。

与微软的协议

在 1997 年 8 月的 Mac 世界大会上，乔布斯还宣布了一个旋即登上《时代周刊》和《新闻周刊》封面的爆炸性消息。在演讲接近尾声时，乔布斯停下来喝了一口水，然后压低嗓音继续说道："苹果是生态系统的一环，需要其他合作伙伴的帮助。在这个行业中，破坏性的关系对谁都没有好处。"为了达到戏剧性的效果，他又停顿了一下，然后解释说："我想在今天宣布我们的第一个新伙伴，这个意义非凡的合作伙伴就是——微软。"在观众的惊呼声中，微软和苹果的标识同时出现在屏幕上。

苹果和微软在各种版权与专利问题上的纠纷已持续 10 年，其中最著名的官司就是苹果起诉微软盗用其图形用户界面的外观和风格。就在 1985 年乔布斯被赶出苹果的时候，约翰·斯卡利签订了一个形同投降的协议：微软可以在 Windows 1.0 上使用苹果的图形用户界面，作为交换条件，微软保证 Excel 两年内只能在 Mac 电脑上使用。1987 年，微软推出 Windows 2.0 后，苹果提起诉讼，因为斯卡利认为 1985 年的协议不适用于 Windows 2.0，而且 Windows 的进一步改进更是明目张胆的侵权行为（例如抄袭了比尔·阿特金森"裁剪"重叠窗口的技巧）。到 1997 年，苹果已经输掉这场官司，数次上诉也以失败告终，但旧诉讼的遗留问题和新诉讼的潜在威胁仍然存在。此外，克林顿总统的司法部正准备对微软提起大规模的反托拉斯诉讼。于是，乔布斯邀请首席检察官乔尔·克莱因（Joel Klein）来到帕洛阿尔托。两个人一起喝咖啡的时候，乔布斯告诉克莱因，不要急于对微软处以巨额罚款，让他们官司缠身就行。乔布斯解释说，这将使苹果有机会"采取迂回战术"，推出能与微软一决高下的产品。

在阿梅里奥领导时期，苹果与微软之间的对决进入白热化。微软拒绝为未来的 Mac 操作系统开发 Word 和 Excel，这有可能给苹果造成毁灭性的打击。但就事论事，比尔·盖茨这样做并不单单出于报复心理。其实，盖茨不愿意承诺为未来的 Mac 操作系统开发软件是可以理解的，因为没人（包括频繁更迭的苹果领导层）知道这个新的操作系统会是什么样子。在苹果收购 NeXT 之后，阿梅里奥和乔布斯立刻一起飞往微软，但盖茨搞不清楚他们两个谁是老大。几天后，盖茨私下给乔布斯打电话问道："嗨，这到底是怎么回事？我应该把我的应用程序放在 NeXT 操作系统上吗？"盖茨回忆说，乔布斯"对吉尔极尽嘲讽"，暗示说局面很快就会明朗起来。

阿梅里奥下台后，苹果的领导权问题得到部分解决，乔布斯很快就打电话给盖茨。乔布斯回忆说：

我打电话给比尔，说"我要扭转这个局面"。比尔一直对苹果有特殊的感情，是我们让他进入了应用软件领域。微软开发的第一批应用程序就是给 Mac 使用的 Excel 和 Word。所以我打电话给他说"我需要帮助"。当时微软正在侵犯苹果的专利权，我说："如果我们继续打官司，几年后苹果会赢得 10 亿美元的专利诉讼费。这一点你很清楚，我也明白。但是如果我们开战，苹果也许根本撑不到那个时候。这一点我也知道。所以我们还是想想如何立刻解决这件事吧。我需要的只是一个承诺，也就是微软会继续为 Mac 开发软件，而且微软必须对苹果进行投资，这样微软也能从苹果的成功中受益。"

我把乔布斯的话复述给了盖茨，盖茨说内容非常准确。盖茨回忆说："我们有一群人很愿意做 Mac 的东西，我们也喜欢 Mac。"盖茨已经跟阿梅里奥谈判了半年，合作方案愈发冗长复杂，"然后史蒂夫出现了，他说：'嗨，那笔交易太复杂了。我想要的是一个简单的交易。我想要你们的承诺和投资。'就这样，我们在短短四周内搞定了协议"。

在双方确定要开展合作后，盖茨和他的首席财务官格雷格·马菲（Greg Maffei）一同前往帕洛阿尔托，制定合作框架。下一周的星期日，马菲独自返回帕洛阿尔托处理细节问题。马菲到达乔布斯家之后，乔布斯从冰箱里拿出两瓶水，带着他到附近散步。两个人都穿着短裤，乔布斯光着脚。他们在一个浸信会教堂前坐下后，乔布斯切入了核心问题。他说："我们只关心两件事，一是微软承诺为 Mac 开发软件，二是微软投资苹果。"

虽然谈判进展迅速，但直到乔布斯在波士顿 Mac 世界大会演讲前的几个小时，合同细节才最终敲定。当时乔布斯正在公园广场酒店城堡会议厅彩排，手机响了，"嗨，比尔"，他的声音在古老的礼堂里回响。然后他走到一个角落，低声跟盖茨通话，以免被人听到。这个电话打了一个多小时。最后，剩下的几个问题都解决了。乔布斯蹲在空旷的舞台上对着电话说："比尔，感谢你对苹果的支持。因为你的支持，世界会变得更加美好。"

在 Mac 世界大会的主旨演讲中，乔布斯介绍了与微软合作的细节。起初，忠实的苹果拥护者还发出叹息和嘘声。尤其让他们震惊的是，乔布斯宣布，作为和平协议的一部分，"苹果已经决定将微软开发的 IE（Internet Explorer）作为 Mac 的默认浏览器"。这时，观众席上嘘声四起，乔布斯迅速补充说："由于我们提倡用户的选择自由，我们也将提供其他互联网浏览器。当然，用户也可以更改默认浏览器。"说到这里，台下才有了一些笑声和零星的掌声。他随后宣布微软将向苹果投资 1.5 亿美元，成为无表决权的股东，全场又响起热烈的掌声。

但这种缓和的气氛一度荡然无存，因为乔布斯犯了一个他在自己的舞台生涯中非常罕见的视觉效果和公关方面的错误。乔布斯说："今天，我碰巧通过卫星连接的方式请到了一位特殊嘉宾。"话音刚落，比尔·盖茨的脸赫然出现在巨大的屏幕上，俯视着乔布斯和整个礼堂。盖茨脸上挂着淡淡的笑容，看起来像是在傻笑。观众全都惊得目瞪口呆，紧接着嘘声和喝倒彩声响成一片。此情此景仿佛是"1984 老大哥"广告的残酷再现，甚至会让人感觉（也希望）会有一个女运动员突然从过道跑出来，扔出锤子击中目标，让那个画面顿然消失不见。

但这并不是广告，而是真实的场景。盖茨当时身处西雅图的微软总部，对现场的嘲讽毫不知情。他通过卫星连接，用尖细单调的声音说道："在我的职业生涯中，最激动人心的工作之一就是跟史蒂夫在 Mac 上的合作。"盖茨继续兜售微软正在为 Mac 制作的新版 Office，观众安静了下来，然后似乎慢慢开始接受新的世界秩序。当盖茨说到新的 Mac 版 Word 和 Excel 将"在许多方面比我们在 Windows 平台上做得更先进"时，观众甚至报之以掌声。

乔布斯意识到，让盖茨的脸笼罩在他和观众的上方是个错误。乔布斯后来说："我本来是想让他亲自来波士顿的。那是我有史以来最糟糕、最愚蠢的舞台设计。它之所以糟糕，是因为这让我看起来很渺小，让苹果看起来很渺小，似乎一切都在比尔的掌控之中。"而盖茨看到活动录像时，也觉得很尴尬："我并不知道我的脸会在屏幕上被放大这么多。"

乔布斯试图用一段即兴演讲来安抚观众："如果我们想要迈步向前并看到苹果日渐好转，我们必须放弃一些东西。"他对观众说："我们必须放弃这种'如果微软赢,苹果就一定输'的想法……我想,如果想在Mac上使用微软的Office,我们最好还是对开发公司表达一些感激之情。"

微软的公告加上乔布斯的激情回归,给苹果打了一剂强心针。当天的股市交易结束时,苹果股价大涨6.56美元,涨幅高达33%,以26.31美元的价格收盘,是阿梅里奥辞职当天股价的两倍。这一天股价的暴涨让苹果的市值增加了8.3亿美元。公司从死亡边缘折返再生。

第二十五章　非同凡想

iCEO 乔布斯

致敬疯狂人士

李·克劳曾担任 Chiat/Day 广告公司的创意总监，为 Mac 的发布打造了精彩至极的广告"1984"。1997年7月初，克劳正行驶在洛杉矶街头，车载电话响了，是乔布斯打来的。"嗨，李，我是史蒂夫，你猜怎么着？阿梅里奥刚刚辞职了。你能过来一趟吗？"

苹果当时正在遴选广告公司，但乔布斯对候选机构都印象平平。所以他想请克劳和他的公司（当时名为 TBWA\Chiat\Day）来参加比稿。乔布斯说："我们必须证明苹果还活着，证明苹果还代表着独特的精神。"

毕加索助阵

克劳说他从不参加广告比稿，他说："我们的水平你也了解。"但乔布斯恳求他破例一次。乔布斯说，要拒绝其他参与比稿的广告公司［包括天联广告公司（BBDO）、阿诺国际传媒（Arnold Worldwide）等全球顶级广告公司］，然后直接找来"故交密友"，实在让他为难。于是克劳同意带着创意飞来库比蒂诺。多年后回忆起这一幕，乔布斯不禁潸然泪下：

每次想起当时的经过，我都哽咽到说不出话来。很显然，李对苹果有非常深厚的感情。他是广告界最厉害的人，已经10年没有参加比稿了。但他这次却亲自来到了现场，掏心掏肺、全力以赴地演示自己的创意，因为他对苹果的热爱跟我们不相上下。他和团队提出了一个绝妙的创意，叫"非同凡想"，比其他广告公司的创意要好10倍。我当时就激动地哭了，现在想起来还是会忍不住流泪，因为他本人太讲义气了，"非同凡想"的创意又精妙绝伦。每隔一段时间，我就会感受到纯粹的境界——精神上的纯粹，爱的纯粹，这种纯粹每次都会直击我的灵魂，让我泪流满面。看到他的广告创意的时候，我就是这种感受，我这辈子都忘不了那种纯粹感。他在办公室给我展示创意的时候，我就已经落泪。时至今日，再想起当时的情景，我还是会忍不住热泪盈眶。

乔布斯和克劳一致认为，苹果是世界上最伟大的品牌之一，从情感吸引力方面来看，在全球可以排进前五。但苹果必须将自己的独特之处展示给世人。所以，他们需要围绕品牌形象进行宣传，而不是介绍具体的产品。因此，广告创意的宗旨不是宣传电脑可以做什么，而是有创造力的人可以使用苹果电脑做什么。乔布斯回忆说："重点不是展示处理器的速度或内存的大小，而是展示创造力。"他们不仅要将这种精神传递给潜在客户，也要打动苹果自己的员工："苹果的人已经迷失自我了。想要重新找回自我，一个方法就是想想自己心目中的英雄是谁。这就是广告创意的起源。"

克劳和他的团队尝试了一系列方法，讴歌那些"疯狂人士"的"非同凡想"。他们制作了一段影片，配上席尔（Seal）的歌曲《疯狂》（"我们无法继续生存，除非多一点点疯狂……"），但最后没有拿到歌曲的使用权。于是他们又尝试使用美国诗人罗伯特·弗罗斯特（Robert Frost）朗诵的《未选择的路》（The Road Not Taken）和罗宾·威廉姆斯（Robin Williams）在电影《死亡诗社》（Dead Poets Society）中的演讲，重新制作视频，但效果依然不尽如人意。最后，他们决定独立撰文，文稿的第一句是："向疯狂人士致敬。"

乔布斯一如既往地苛刻挑剔。克劳的团队飞到苹果总部向乔布斯汇报文稿进展，他对年轻的文案策划人咆哮道："这就是垃圾！是广告公司最常见的垃圾！我一看就想吐！"这位年轻人是第一次见到乔布斯，他一言不发地站在那里，任凭乔布斯大肆咆哮。他后来再也没有回来过。但是那些敢于直面乔布斯的人，包括克劳和他的队友肯·西格尔（Ken Segall）及克雷格·塔尼莫托（Craig Tanimoto），最后成功创作出一首令乔布斯满意的交响诗。在最初的60秒广告版本中，诗的内容如下：

向疯狂人士致敬。他们特立独行。他们桀骜不驯。他们惹是生非。他们方枘圆凿。他们眼光独到。他们讨厌条条框框。他们不屑安于现状。你可以把他们的话语引作经典，也可以反对他们的观点，你可以颂扬他们，也可以贬损他们，但唯独不能忽视他们。因为他们带来了改变。他们推动了人类不断向前。他们或许是别人眼里的疯子，但却是我们心中的天才。只有疯狂到认为自己可以改变世界的人，才能真正改变世界。

诗中的句句描述和感慨都引发了乔布斯的共鸣，他也在当中撰写了几句话，包括"他们推动了人类不断向前"。到1997年8月初的波士顿Mac世界大会召开时，初步的版本已经制作完成。尽管大家一致认为还有雕琢空间，但乔布斯已经在自己的主旨演讲中吸纳了其中的理念，也使用了"非同凡想"这个短语。他在演讲中说："伟大的创意正在萌芽。苹果代表的是那些跳出固有模式进行思考的人，那些希望借助电脑改变世界的人。"

他们也针对语法问题进行了一番讨论：如果different（与众不同的）是用来修饰动词think（思考）的，那应该以副词的形式出现，写成think differently（别样地思考），但乔布斯坚持把different作为名词来用，说明是对different的思考，就像think victory（胜利思维）和think beauty（美的思维）的用法一样。另外，这个结构也跟口语中常说的think big（雄心壮志）用法一样。乔布斯后来解释说："我们在播放广告前讨论了语法问题。就我们想表达的理念而言，这个短语是符合语法要求的。不是think the same（和大家一致的思考），而是think different（不同于大众的思考）。既然我们可以说think a little different（略有不同的思考），think a lot different

（非常不同的思考），那就可以说 think different（'非同凡想'）。而说 think differently（别样地思考）则不能充分表达我想要的意思。"

为了让人们联想到《死亡诗社》的精神，克劳和乔布斯想让罗宾·威廉姆斯朗读这段旁白。但威廉姆斯的经纪人表示他不接广告。于是乔布斯便试图给威廉姆斯打电话。他联系上了威廉姆斯的妻子，但她不让乔布斯直接跟丈夫通话，因为她知道乔布斯巧舌如簧，劝服功力一流。他们还考虑请知名作家玛雅·安吉罗（Maya Angelou）和汤姆·汉克斯来配音。那年秋天，乔布斯参加了由总统比尔·克林顿主持的筹款晚宴，他把克林顿拉到一边，请他给汉克斯打电话。但克林顿并没有照办，给予了"搁置否决"。最终他们选择了美国演员理查德·德莱福斯（Richard Dreyfuss），他是位忠实的苹果迷。

除了电视广告，他们还打造了史上最令人难忘的系列平面广告，每次以一个标志性历史人物的黑白肖像为主题，只在角落印上苹果的标识和"非同凡想"字样。为了给广告的海报增加特殊的吸引力，这些肖像都没有标明身份。其中一些人的面孔容易辨认，比如爱因斯坦、甘地、列侬、迪伦、毕加索、爱迪生、卓别林、马丁·路德·金，而另外一些人则会让人驻足思考或问问朋友才能知道名字，例如现代舞蹈家玛莎·葛兰姆（Martha Graham）、摄影师安塞尔·亚当斯、物理学家理查德·费曼（Richard Feynman）、女高音歌唱家玛丽亚·卡拉斯（Maria Callas）、建筑师弗兰克·劳埃德·赖特、发现 DNA 双螺旋结构的詹姆斯·沃森（James Watson）、女飞行员阿梅莉亚·埃尔哈特（Amelia Earhart）等人。

海报人物大都是乔布斯个人心目中的英雄。他们往往富有创造力，敢于冒险，不畏失败，在职业生涯上孤注一掷，独辟蹊径。乔布斯本身就是摄影爱好者，所以他深度参与了照片的选择，确保挑出这些历史名人最完美的肖像。他有次对克劳大发脾气，说甘地的照片选得不好。克劳解释说，甘地最具代表性的那张在手摇纺车旁的照片是玛格丽特·伯克-怀特（Margaret Bourke-White）拍摄的，版权归时代生活图片社所有，不能用于商业活动。于是，乔布斯打电话给时代公司的主编诺曼·珀尔斯坦（Norman Pearlstine），软磨硬泡地让他破了一次例。乔布斯也很喜欢罗伯特·肯尼迪在阿巴拉契亚山间视察的一张照片，于是他给肯尼迪的姐姐尤妮斯·施赖弗（Eunice Shriver）打电话，说服她的家人同意公开这张照片。他还亲自与已故的芝麻街布偶大师吉姆·亨森（Jim Henson）的子女沟通，拿到了亨森最合适的一张照片。

他如法炮制，打电话给小野洋子，希望她能提供一张其已故丈夫约翰·列侬的照片。她给他发了一张照片，但乔布斯觉得那张照片不是最好的。他回忆说："在广告投放之前，我在纽约，去了一家我喜欢的日本小餐厅，并提前告知小野洋子我会在那里。"乔布斯到达餐厅后，小野洋子来到他的桌前，递给他一个信封，说："这张更好一点儿，我想应该会见到你，所以就带在身上了。"在这张经典照片里，小野洋子和约翰坐在床上，两个人的手里各拿着一朵花，它成为苹果最终使用的照片。乔布斯回忆说："我能懂约翰为什么会爱上她。"

理查德·德雷福斯朗读的旁白效果十分理想，但李·克劳灵光一闪，想让乔布斯亲自配音。他告诉乔布斯："因为你发自内心地认同广告理念，所以得由你来配音。"于是乔布斯坐在录音室里试了几次，很快就完成了一个大家都很满意的版本。他们的想法是，如果使用乔布斯的配音，也不会说明旁白者的身份，就像不给标志人物的肖像加上说明一样。到最后，大家会反应过来这就是乔布斯的声音。克劳说："用你的声音念出来会非常有冲击力，同时表明你重新拿回了品牌的发言权。"

到底是用自己的配音，还是德雷福斯的配音？乔布斯始终举棋不定。他们精心安排了在《玩具总动员》的电视首映式上播出该广告。到了前一天晚上，他们必须把广告发走。乔布斯一如既往地不喜欢被迫做出决定。他让克劳把两个版本都传过去，再给他一个晚上的时间考虑。第二天一早，乔布斯打电话告诉他们他决定使用德雷福斯配音的版本。他告诉克劳："如果我们用我的配音，当大家发现时，他们会说广告是关于我的，但其实苹果才是广告的主题。"

离开苹果公社后，乔布斯就把自己（以及后来的苹果）定义为反主流文化的孩子。在"非同凡想"和"1984"等广告中，他对苹果的品牌进行了定位，重新给品牌赋予了自己的反叛精神（即便在成为亿万富翁之后，他依然我行我素，桀骜不驯），而苹果的产品让"婴儿潮"一代及其子女也跟他一样离经叛道。克劳说："我第一次见到史蒂夫时，他还很年轻。那时，他就已经有一种无比强烈的直觉,能预想到自己的品牌将对受众产生什么影响。"

敢于把公司品牌与甘地、爱因斯坦、马丁·路德·金、毕加索联系在一起的公司或企业领导人屈指可数(也许绝无仅有),这个创意是绝佳的。只需要选择特定的电脑品牌,消费者就能彰显自己反对大企业、富有创造性、敢于创新、勇于叛逆的风格。埃里森说:"史蒂夫创造了科技行业中唯一一个时尚生活品牌。保时捷、法拉利、普锐斯等汽车品牌会让拥有者产生自豪感,因为我开的车体现了我的身份和品位。苹果的产品也能让人们产生同样的感觉。"

从"非同凡想"广告宣传开始,乔布斯在苹果任职期间,每个星期三的下午都会跟公司负责广告、营销和传播的高管开三小时的会议,对公司的传播策略进行不拘形式的讨论。克劳说:"地球上没有任何一个首席执行官能像史蒂夫那样郑重对待营销业务。每星期三,他都会挨个儿讨论批准新的电视广告、印刷广告和广告牌。"会议结束后,他经常带着克劳和他的两位广告公司同事邓肯·米尔纳(Duncan Milner)和詹姆斯·文森特到苹果严格保密的设计室看看正在开发的产品。文森特说:"他向我们展示正在开发的产品时,会变得热情洋溢,激动无比。他跟自己的营销大师分享自己对研发中产品的热情,确保他们制作的每个广告都能淋漓尽致地体现他的情感。"

iCEO

在制作"非同凡想"广告期间,乔布斯自己也做了一些非同凡响的事情——正式接手公司的管理工作,至少短时间内是如此。自10周前阿梅里奥下台以来,乔布斯的头衔虽然是顾问,却是公司的实际领导者。弗雷德·安德森不过是名义上的临时首席执行官。1997年9月16日,乔布斯宣布自己将担任临时首席执行官一职,其头衔interim CEO(临时CEO)的缩写自然就成了iCEO。乔布斯只承诺担任过渡性角色:他不拿工资,也没有签合同。即便如此,他的行动依然大胆果断:他就是苹果公司的负责人,掌握实权,说一不二,不需要管理层协商一致。

那一周，乔布斯把公司的高级经理和员工召集在苹果的礼堂开会，随后在园区举行野餐，招待大家喝啤酒、吃素食，以此庆祝他担任新角色和公司推出新广告。他穿着短裤，满脸胡茬，赤脚在总部园区里走来走去，虽然看上去有点儿疲惫，但意志却很坚定："我已经回来10周了，一直在非常努力地工作。我们真正需要做的不是高高在上，而是努力回归伟大的产品、营销和分销等基本要素上来。苹果之前已经偏离做好基本工作的方向。"

刚开始的几周，乔布斯和董事会在持续物色正式的首席执行官。候选人包括柯达的乔治·费希尔（George M. C. Fisher）、IBM的萨姆·帕米萨诺（Sam Palmisano）、太阳微系统公司的埃德·赞德（Ed Zander）。但不出意料，他们大都表示，如果乔布斯继续担任苹果的董事会成员，发挥积极作用，那么他们就不想做首席执行官。《旧金山纪事报》报道说，赞德婉拒邀请，因为他"不希望乔布斯在背后盯着他工作，质疑他的每一个决定"。有一位不知深浅的计算机顾问想争取这一职位，于是乔布斯和埃里森搞了个恶作剧，给他发了一封电子邮件，通知他当选。最后，报纸披露他们只是在跟他开玩笑，这令当事人极为尴尬，但整件事显得有几分滑稽。

到了12月，乔布斯iCEO的头衔显然已经从过渡期（interim）变成了无限期（indefinite）。在乔布斯继续经营公司的同时，苹果董事会悄悄搁置了首席执行官的遴选工作。乔布斯回忆说："我回到苹果之后，在一家招聘机构的帮助下，花了将近4个月寻找首席执行官，但是他们一直都没找到合适的人。这就是我最终留下来的原因。苹果当时的状况没有办法吸引到任何优秀人才。"

乔布斯面临的问题是，同时经营两家公司让他难以负荷。回想往事，他觉得自己的健康就是在这段时间出了问题：

那段日子很艰难，真的非常艰难，是我人生最难熬的一段时期。我刚成家，孩子们还小，还有皮克斯。我每天早上7点出门去上班，晚上9点才回到家，孩子们都已经上床睡觉了。我连话都说不出来，是真的不行，实在是太累了。我都没办法跟劳伦娜聊天，只能看半个小时电视，像个植物人一样呆呆地坐着。这种工作强度几乎要了我的命。我开着黑色保时捷敞篷车，在皮克斯和苹果之间奔波，开始出现肾结石的问题，疼痛难忍。我赶紧去医院，先让医生在我的屁股上打一针哌替啶，最后终于把结石排了出来。

尽管日程安排极度紧张，让乔布斯难堪重负，但他越是深度参与苹果的事务，就越觉得自己不可能抽身。在1997年10月的一个计算机贸易展上，有记者问迈克尔·戴尔（Michael Dell），如果他是乔布斯，他接管了苹果后会怎么做。戴尔回答说："关门大吉，把钱还给股东。"乔布斯知道之后勃然大怒，给戴尔发了一封电子邮件，写道："首席执行官应该有格调。我看得出，你并不这么认为。"乔布斯喜欢通过树敌来转移内部矛盾、增强内部凝聚力，过去他把IBM和微软当靶子，现在又与戴尔为敌。在召集经理们打造按订单生产（build-to-order）的制造和分销系统时，乔布斯把迈克尔·戴尔的照片放大作为背景，还在戴尔脸上画了个标靶。他说："老兄，我们冲着你来了。"苹果团队一阵欢呼雀跃。

乔布斯的激情和动力源于他想打造一家基业长青的公司。他12岁在惠普公司做暑期兼职时就看到，一家经营完善的公司能催生和推动的创新远远超过任何一个有创造力的个人。他回忆说："我发现，最好的创新有时就是公司的组织创新。如何建立一家公司，这一概念蕴含了无尽的诱惑力。我有机会回到苹果后，我更加清楚地意识到，没有苹果，我便毫无用武之地，这就是我决定留下来重建苹果的原因。"

叫停兼容机

多年来，关于苹果的核心争论之一，就是公司是否应该像微软授权Windows那样，更积极地将操作系统授权给其他电脑制造商。沃兹尼亚克从一开始就倾向于微软的做法，他说："我们的操作系统是最漂亮的，但用户必须首先以两倍的价格购买我们的硬件。这是个错误。我们当时就应该以适当的价格，把苹果的操作系统授权给其他硬件制造商。"施乐的帕洛阿尔托研究中心的明星人物艾伦·凯于1984年加入苹果，担任苹果的院士。他也极力推动苹果操作系统软件的授权。他回忆说："做软件的人都赞成多平台运行，因为大家都希望自己的软件适用于所有平台。当时我们就这个问题发生了非常激烈的争执，这也可能是我在苹果输得最惨的一次。"

授权微软操作系统的比尔·盖茨已经累积了巨额财富。1985年，在乔布斯淡出苹果核心层期间，盖茨曾敦促苹果采取同样的策略。盖茨认为，即使苹果夺走了微软的一些操作系统的客户，微软也可以通过为 Mac 及其兼容电脑的用户打造 Word 和 Excel 等应用软件赚钱。盖茨回忆说："我当时想尽一切办法让他们成为一大软件授权公司。"他给斯卡利发了一份正式的备忘录，敦促斯卡利采取行动。他说："就计算机行业的发展现状而言，如果没有其他个人电脑制造商的支持和由此产生的信誉，苹果不可能凭借自己的创新技术打造出一套行业标准。苹果应该将 Mac 技术授权给 3~5 家重要的制造商，供其开发 Mac 兼容机。"盖茨没有得到答复，于是他又写了一份备忘录，推荐了几个有能力制造 Mac 兼容机的公司，他还说："本人愿意竭尽所能协助授权事宜，请给我打电话。"

苹果一直抗拒向其他企业授权 Mac 操作系统。但在 1994 年，当时的首席执行官迈克尔·斯平德勒允许动力计算（Power Computing）和瑞迪尔斯（Radius）这两家小公司制造 Mac 兼容机。阿梅里奥在 1996 年接替斯平德勒后又增加了对摩托罗拉的授权。事实证明，这个商业策略利弊难测：每卖出一台兼容机，苹果就能拿到 80 美元的授权费，但兼容机非但没有扩大 Mac 操作系统的市场份额，反而蚕食了苹果自己的高端电脑销量，而每台苹果高端电脑的利润高达 500 美元。

乔布斯反对兼容机不仅仅是出于经济效益方面的考虑，还因为他打心眼里讨厌兼容机。他的一个核心原则就是硬件和软件应该紧密集成。他喜欢控制自己生活的方方面面，而就电脑而言，唯一的控制方式就是确保硬件和软件的一体性，全流程、全方位地对用户体验负责。

因此，乔布斯回归苹果后，首要任务之一就是叫停 Mac 的兼容机。1997 年 7 月，也就是他推动阿梅里奥下台的几周后，新版 Mac 操作系统上市，而乔布斯不允许兼容机生产厂商升级到新版本。那年 8 月，当乔布斯出现在波士顿 Mac 世界大会时，动力计算公司老板史蒂芬·康（Stephen "King" Kahng）组织了抗议活动，倡议支持兼容机，并公开提出警告：如果乔布斯拒绝继续授权，Mac 操作系统只有死路一条。康说："封闭式平台一定会完蛋，会彻底被毁灭。封闭就是死亡之吻。"

但乔布斯并不这么认为。他给伍拉德打电话，说自己要让苹果终结授权业务。董事会默许了。同年 9 月，乔布斯与动力计算公司达成协议，苹果将向动力计算公司支付1亿美元，收回操作系统授权并获得客户数据库。乔布斯很快也终止了其他兼容机的授权。他后来说："这些公司要在他们生产的垃圾硬件上使用我们的系统，还要侵蚀我们的销售额，这真是世界上最愚蠢的事。"

产品线审查

乔布斯的一个过人之处是知道如何聚焦。他说："决定'不做什么'跟决定'做什么'同样重要。对公司来说是这样，对产品来说亦是如此。"

一回到苹果，乔布斯就把"聚焦"原则应用于工作之中。有一天，他在走廊碰到一个年轻的沃顿商学院毕业生，这个人曾是阿梅里奥的助手，说正在做之前工作的收尾工作。乔布斯说："嗯，不错，我正好想找人干点儿苦差事。"他给这个年轻人安排的新任务就是跟着自己做会议纪要：乔布斯会跟苹果的几十个产品团队开会，让团队介绍当前业务，要求他们说出自己的产品或项目为什么还有继续存在的必要。

他还找到朋友菲尔·席勒（Phil Schiller）来帮忙。席勒曾在苹果工作，后来加入了图形软件公司巨集媒体（Macromedia）。席勒回忆说："史蒂夫会把团队召集到能坐20个人的董事会会议室。他们通常会带着30个人来，还要播放幻灯片。这是史蒂夫最反感的。在产品审查过程中，他做的第一件事就是禁止使用幻灯片。"乔布斯后来回忆说："很多人就知道依赖幻灯片，都不思考了。我非常不喜欢这样。大家遇到问题只会想着做个幻灯片。我想让他们真正参与进来，坐在桌子旁边反复研究，拿出解决方案，而不是展示一堆幻灯片。言之有物的人不需要幻灯片。"

产品审查环节暴露了苹果严重失焦的问题。在官僚作风的驱使下，公司为了满足各类零售商的奇思怪想，每款产品都制作了多个版本。席勒回忆说："当时的情况非常荒唐。团队自欺欺人，制造了令人眼花缭乱的产品，其中的大部分都是垃圾。"苹果的Mac有十几个版本，版本编号从1400到9600不等，令人费解。乔布斯说："他们给我讲了三周，我还是摸不着头脑。"于是他干脆开始问一些简单的问题，比如"我应该推荐朋友买哪一款？"

乔布斯无法得到简单明了的答案，于是，他开始大刀阔斧地叫停项目，很快就砍掉了70%的产品和型号。他告诉其中一个团队："你们都是聪明人，不应该把时间浪费在这种垃圾产品上。"乔布斯的方式简单粗暴、毫不留情，公司进行了大规模的裁员，激怒了许多工程师。但乔布斯后来声称，那些优秀的工程师，包括一些项目被砍的工程师，都很赞同这种做法。他在1997年9月的一次员工会议上说："我和那些产品刚刚被砍的人一起走出会议室，他们雀跃不已，因为他们终于可以看清前进的方向了。"

几周后，乔布斯终于对这种不得要领的失焦状况忍无可忍。他在一次大型产品战略会议上喊道："停！这真是疯了。"他拿起一支马克笔，走到白板前，以四边为框，画了一条横轴、一条纵轴，做成四宫格。他继续说："我们需要的东西是这些。"他在两列的上端分别写上"消费级"和"专业级"，在两行的左端分别写上"台式电脑"和"便携电脑"。他说，他们的工作就是要打造四个伟大的产品，每个象限一个。席勒回忆说："会议室里鸦雀无声。"

乔布斯在9月的苹果董事会会议上也提出了这一计划，董事会成员十分吃惊，纷纷陷入沉默。伍拉德回忆说："每次开会，吉尔都是敦促我们提供越来越多的产品，他一直说我们需要更多的产品。而乔布斯现在说我们要减少产品数量。他画了一个四象限矩阵，说这是我们应该关注的领域。"起初，董事会并不支持乔布斯，他们跟乔布斯说太冒险了。乔布斯则回答道："我可以让新办法起效。"董事会从来没有针对新战略发起投票，乔布斯掌管一切，勇往直前。

结果，苹果的工程师和管理人员突然开始明确地聚焦于四个重点项目。针对专业级台式机，他们开发了Power Macintosh G3，针对专业级便携电脑开发了PowerBook G3。在消费级台式机方面，苹果开始着手开发后来的iMac。而对于消费级便携式电脑，他们将专注于后来的iBook。乔布斯后来解释说，字母"i"就是为了强调设备要和互联网（Internet）无缝集成。

这一轮业务聚焦意味着苹果要退出打印机、服务器等领域。1997年，苹果还在销售StyleWriter彩色打印机。这款打印机与惠普DeskJet打印机并无本质区别，而大部分的钱都被销售墨盒的惠普赚走了。乔布斯在产品审查会议上说："我想不通，你们打算卖掉100万台打印机，却又不靠这些东西赚钱？真是疯了。"他走出会议室，给惠普的老板打电话说："我们解约吧。苹果将退出打印机业务，你们自己做吧。"然后他回到会议室，宣布了这个决定。席勒回忆说："史蒂夫分析形势之后，就立刻知道我们需要从中脱身。"

乔布斯最受瞩目的决策就是彻底砍掉"牛顿"项目——那个带有不错的手写识别系统的个人数字助手。乔布斯讨厌"牛顿"，一来因为这是斯卡利的心头好，二来因为设备功能并不完善，三来因为他本来就十分反感手写笔。在1997年早些时候，他就尝试让阿梅里奥叫停该项目，最后阿梅里奥只是把该项目部门拆分了出去。到1997年底，乔布斯做产品审查时，"牛顿"项目仍然存在。他后来描述了自己的想法：

如果苹果当时的处境没有那么危急，我就会亲自钻研，想办法改进这个项目。我不信任这个项目的负责人。我的直觉是，项目上有一些非常好的技术，但因为管理不善而被搞砸了。我叫停项目，解放了一些优秀的工程师，让他们去研发新的移动设备。最终，我们走对了路，做出了iPhone和iPad。

这种聚焦的能力拯救了苹果。乔布斯回来的第一年，就解雇了3 000多人，挽救了公司的资产负债表。在1997年9月乔布斯担任临时首席执行官之前的那个财年，苹果亏损了10.4亿美元。乔布斯回忆说："我们距离破产还剩不到90天。"在1998年1月的旧金山Mac世界大会上，乔布斯登上了一年前阿梅里奥当众出丑的舞台。乔布斯满脸胡须，穿着皮夹克，热情描述了新的产品战略。在演讲结束时，他第一次说出了后来成为自己标志性结束语的那句话："对了，还有一件事……"这次的"还有的一件事"是关于"获利思维"。在他阐述完这一概念后，观众爆发出热烈的掌声。在经历了两年巨额亏损之后，苹果终于在这个季度实现盈利，赚了4 500万美元。在1998年的整个财年，苹果实现了3.09亿美元的盈利。乔布斯强势回归，而苹果也扭亏为盈。

第二十六章　设计理念

乔布斯和艾夫的工作室

乔尼·艾夫

1997年9月，乔布斯成为iCEO不久后便召集苹果高层进行动员讲话。公司设计团队负责人乔纳森·艾夫就坐在听众席里。这个热情敏锐的英国人当年30岁，大家都叫他乔尼。当时，乔尼已经受够了苹果只顾利润最大化而并不重视产品设计的理念和做法，正在考虑辞职，而台上乔布斯的讲话又让他心意动摇了。艾夫回忆说："我非常清楚地记

2002年，乔布斯与乔尼·艾夫在形似向日葵的iMac前

得史蒂夫宣布，我们的目标不仅仅是赚钱，而是制造伟大的产品。基于这一理念所做的决策与此前苹果的模式存在本质性区别。"艾夫和乔布斯很快惺惺相惜，成为他们那个时代最伟大的工业设计搭档。

艾夫在伦敦东北边缘的小镇清福德（Chingford）长大。他的父亲是一名银匠，在当地学院教授手工技艺。艾夫回忆道："他是一个特别出色的工匠。他送给我的圣诞礼物就是他在他的学院车间给我做的手工艺品。圣诞假期的时候，学校里没有人，他会花上一天的时间，帮我制作我自己设想出来的东西。"唯一的条件是，乔尼必须亲自手绘出自己想要的作品。"我从小就深刻感受到手工艺品之美。我开始慢慢懂得，真正重要的是对产品付出的心力。我最鄙视的就是在产品中感觉到设计者或制造者的漫不经心。"

在纽卡斯尔理工学院（Newcastle Polytechnic）就读期间，艾夫利用业余时间和暑假在一家设计咨询公司工作。他有个作品是一支笔帽带有小球的笔，小球拨弄起来很好玩儿，可以在使用者与笔之间产生有趣的情感互动。他的毕业设计是一个用来与有听力障碍的孩子交流的麦克风和听筒，是用纯白色的塑料制作的。他的公寓里摆满了他制作的泡沫塑料模型，都是为了追求完美的设计而不断迭代的版本。他还设计了一台自动取款机和一部流线型手机，这两个作品都曾获得英国皇家艺术学会的设计大奖。和一些设计师不同，他不仅会做出精美的草图，而且会关注产品的工程原理和内部元件的功能。大学期间，他在用Mac做设计的时候，突然间有如神启："我开始了解Mac，觉得自己与制造这种产品的人之间有种特殊的连接。我突然明白了一家公司是怎么回事，或者说一家公司应该是什么样子。"

大学毕业后，艾夫与人合伙创立了位于伦敦的橘子设计公司（Tangerine），并拿到了苹果的咨询合同。1992年，他搬到库比蒂诺，正式加入苹果的设计部门。1996年，也就是乔布斯重返苹果的前一年，艾夫成为设计部门的负责人，但艾夫做得并不开心。当时的首席执行官阿梅里奥完全不重视设计。艾夫说："当时公司根本就没有在产品上用心，而是一心要实现利润最大化。他们只想从我们设计师这里拿到产品的外观模型，再让工程师想办法以最低的成本制造出来。我当时已经准备离职了。"

在乔布斯接管公司并发表动员讲话后，艾夫决定留下来。但最开始，乔布斯想从外面引进一位世界级的顶尖设计师。他找过设计 IBM 的 ThinkPad（笔记本）的理查德·萨帕，也跟设计了法拉利 250 和玛莎拉蒂 Ghibli 的乔盖托·乔治亚罗（Giorgetto Giugiaro）交流过。但后来，乔布斯去苹果的设计工作室参观时，与和善可亲、诚恳热忱的艾夫一拍即合。艾夫回忆说："我们讨论了产品在外观设计和材料使用方面的种种可能性，我们两人的频率完全一致。我突然明白了自己为什么会如此热爱这家公司。"

最初，艾夫是向乔布斯请来的硬件部门主管乔纳森·鲁宾斯坦（大家都叫他"鲁比"）汇报工作的。但后来，艾夫和乔布斯之间建立起了直接且异常紧密的关系。他们开始定期一起吃午饭，而在结束了一天的工作之后，乔布斯也会到艾夫的设计工作室跟他聊聊天。乔布斯的妻子劳伦娜说："乔尼的地位非常特殊。他会经常到我们家来，我们两家人也变得非常亲密。史蒂夫从来不会故意伤害乔尼的感情。在史蒂夫的生命中，大多数人都是可以替代的，但乔尼不可以。"

乔布斯向我描述了他对艾夫的尊重：

> 乔尼给苹果乃至世界带来了巨大的改变。他是一个绝顶聪明的人，在各方面都出类拔萃。他了解商业概念、营销概念。他学东西特别快，吸收能力极强。他比任何人都更了解苹果的核心理念。如果说我在苹果有一个精神伴侣，那个人就是乔尼。大多数产品创意都是我和乔尼一起想出来的。我们有了想法之后，才会跟其他人说："嘿，你看这个怎么样？"对于每个产品，他不仅能把握大方向，也能深入最微小的细节。他明白，苹果是一家以产品为导向的公司。他不只是一名设计师，他的能力和作用比一般设计师的要大得多，这就是他直接向我汇报工作的原因。除了我，他比苹果的任何人都拥有更多的运营权力。没有人可以告诉他该做什么，不该做什么。这是我的安排。

艾夫像大多数设计师一样，喜欢分析某个设计背后的理念和逐步的构思。而对乔布斯来说，设计更多依赖直觉。乔布斯会直接指出自己喜欢的模型和草图，把不喜欢的抛在一边。然后，艾夫会按照乔布斯的思路和偏好，进一步完善设计理念。

艾夫的偶像是曾在博朗电器工作的德国工业设计大师迪特尔·拉姆斯。拉姆斯倡导的理念是"少而精"（less but better），而乔布斯和艾夫也会绞尽脑汁推动每一个新设计达到极简。从在第一本苹果手册里宣称"至繁归于至简"以来，乔布斯一直致力于追求达到"至简"的目标，而追求"至简"，不是忽视事物的复杂性，而是认识和征服复杂性。乔布斯说："要使复杂的东西变得简单，就要真正了解和克服潜在的挑战，并能想出巧妙的解决方案。这绝对要下苦功夫。"

乔布斯在艾夫身上看到了对于真正简约而非表象简化的追求，因此视艾夫为灵魂伴侣。有一次，艾夫坐在他的设计工作室里，描述了自己的哲学：

为什么我们认为简单就是美？因为就产品实体而言，我们必须获得掌控感。只要在复杂中建立秩序，就可以找到方法使产品听令于你。简约不仅仅是一种视觉风格或形式上的极简主义，也不仅仅是摒弃杂乱、去繁就简后的状态。简约是对复杂事物的精髓进行深度挖掘和精准提炼的结果。要做到真正的简约，就必须做到真正的深入。例如，如果为了达到看不到一颗螺丝的目标，结果却做出一个极为烦琐的产品，反倒违背了初心。更好的方法是深入"简约"的核心，了解与之有关的一切，了解简约的产品是如何生产出来的。只有深入了解一个产品的本质和精髓，才能真正做到去芜存菁。

这就是乔布斯和艾夫共同的基本理念。设计不仅仅关乎产品的外观，还必须反映产品的本质和精髓。重新执掌苹果后不久，乔布斯在接受《财富》杂志采访时表示："在大多数人的词典里，设计的定义就是外观，但在我看来，这个认知与设计的本质存在云泥之别。设计是所有人造制品的灵魂，最终会通过一层层的外表展现出来。"

正因如此，苹果的产品设计过程与工程和制造进行了全方位整合。艾夫以苹果的 PowerMac 为例，说道："我们想去除所有不必要的东西。要做到这一点，就需要设计师、产品开发人员、工程师和制造团队之间密切合作。我们一次又一次地问自己那些最根本的问题：我们需要那个零件吗？我们能让这个零件整合其他 4 个零件的功能吗？"

在一次法国之旅中，乔布斯和艾夫悟出了产品设计、产品精神和产品制造三者之间的关系。他们走进一家厨房用品店，艾夫拿起一把自己很喜欢的刀，随后又失望地放下了。乔布斯也是一样。艾夫回忆说："我们都注意到刀柄和刀片之间有一丝胶粘的痕迹。"他们都认为那把刀的设计虽然精巧，却被制造流程给毁了。艾夫说："我们无法接受自己的刀子是用胶水粘在一起的。史蒂夫和我都在意这样的细节，因为细节足以摧毁产品的纯洁性，减损产品的精神与本质。我们的想法高度一致，认为产品应该纯粹简约、浑然天成。"

在大多数其他公司里，通常是工程技术主导产品设计。先是工程师提出产品的规格和需求，然后设计师据此设计出可以把所有零件装进去的机箱和机壳。但对乔布斯来说，这个流程往往是反过来的。在苹果创业的早期，乔布斯先是批准了 Mac 的外壳设计，然后再要求工程师想办法把主板和元件全部装进外壳。

在乔布斯被赶出苹果后，公司又变成"工程推动设计"的模式。苹果的营销主管菲尔·席勒说："在史蒂夫回来之前，工程师会说，'这些是产品的内脏'，然后把处理器、硬盘等元件交给设计师，由设计师负责做出外壳，把元件全部装进去。按照这种流程制造出来的产品极为糟糕。"而当乔布斯回来跟艾夫成为搭档后，天平又向设计师倾斜了。席勒说："史蒂夫一再向我们强调，苹果之所以伟大，绝对与设计息息相关。于是，设计部门再度主导工程部门。"

偶尔，过分追求设计也会适得其反。在 iPhone 4 的开发过程中，乔布斯和艾夫不顾工程团队反对，坚持使用高强度不锈钢镶于外壳四周。结果，工程师的担忧成为现实，金属边框影响了信号的接收效果。但在大多数情况下，iMac、iPod、iPhone、iPad 等产品独树一帜的设计风格的确让苹果脱颖而出，也让公司在乔布斯回归后的几年里赢得了市场，走向了巅峰。

揭秘工作室

乔尼·艾夫掌理的设计工作室位于苹果园区无限循环路 2 号楼的一层，整栋大楼的外围是一圈有色玻璃窗，一扇厚重的上锁大门紧紧关闭。进入大楼后，迎面是一个玻璃接待台，有两名接待助理把守通道。即使是苹果的高层员工，没有特别许可也不能进入。我在撰写此书的过程中对艾夫进行了多次采访，大部分都是在其他地方进行的。但在 2010 年的一天，他突然给我安排了一个下午的参观时间，要跟我聊一聊他跟乔布斯在这里的工作模式。

在入口处的左边是一整排办公桌，坐着许多年轻设计师。右边是宽敞的大展示厅，里面摆了6张长长的钢桌，用于展示和测试设计中的产品。再往里走，是一个计算机辅助设计工作室，里面摆满了电脑。再靠里面的房间有几台铸型机，可以把电脑屏幕上的设计图制作成泡沫塑料模型。除此之外，还有一个由机器人控制的喷漆室，模型被喷漆后会看起来更加逼真。整个设计部门的装饰基调是金属灰，看起来空旷寂静，富有工业化气息。窗外的树叶透过有色玻璃投下跳动摇曳的光影图案，背景音是电子舞曲和爵士乐。

乔布斯只要人在公司，体力尚可，几乎都会与艾夫共进午餐，然后在下午到工作室闲逛。乔布斯进来之后，会观察桌子上正在开发的产品，去感受这些产品如何融入苹果的策略，并用手指抚摸每个迭代的设计。通常只有艾夫陪着他看，其他设计师会继续埋头工作，只是偶尔抬头看一下。他们会保持距离，以示尊重。如果乔布斯有具体的问题，他可能会叫来机械设计主管或艾夫的其他副手。如果哪个产品让他感到兴奋或引发了他对公司策略的思考，他有时还会请首席运营官蒂姆·库克或营销主管菲尔·席勒过来一起讨论。据艾夫描述，平常的工作流程是这样的：

这个房间在公司的意义很不一般。在这里，可以一眼看清苹果正在进行的所有工作。史蒂夫进来后，会选一张桌子坐下。如果我们正在开发一款新的iPhone，他可能会拉把椅子坐下来，把玩不同的模型，用手摸一摸，掂一掂，感受一下，告诉我们他最喜欢哪一款。接着，我们两个会一起到其他桌子旁边溜达，看看所有其他产品的进展。他在这里可以感受到整个公司的发展动态，包括iPhone、iPad、iMac、笔记本电脑及所有酝酿中的产品。这能够帮助他看到公司在哪里花费了时间和精力，不同产品和项目之间如何相互关联。他可能会问："这样做有意义吗？因为这里才是我们发展最快的领域……"诸如此类的问题。他可以看到产品之间的关联性，而这一点对大公司来说是很难做到的。他只需要看一下这些桌子上的模型，就可以看到公司未来3年的发展前景。

我们的设计过程大都是对话的形式，我们会在桌子周围来回走动，把玩模具，然后你一言我一语，反复讨论。他不喜欢看复杂的图纸，他希望能亲眼看见、亲手摸到模型。他这么做是有道理的。有时候，计算机辅助设计的效果图看上去是很棒的，但我们做出模型后，才惊讶地发现作品设计得其实非常烂。

他喜欢来这里，是因为这里非常安静平和。对于注重视觉感受的人来说，这里就是天堂。这里没有一本正经的设计审查会议，所以也不需要针对什么重大问题郑重其事地做出决策。相反，我们的决策过程通常是水到渠成的。因为我们每天都会对设计进行完善，从来不需要做愚蠢的汇报和演示，所以也不会出现重大分歧。

我去采访的那天，艾夫正在查看为 Mac 设计的新型欧标电源插头和数据线。设计团队制造了几十个有着极其细微差异的泡沫塑料模型，喷涂完毕，等待检查。有人会问，难道这点儿小事也值得设计负责人亲自出马？但在苹果，不仅艾夫事必躬亲，连乔布斯也深度参与其中。自乔布斯为 Apple II 制造了一个特殊的电源后，他就开始非常注重这类零件——不仅是在工程创新方面，还包括外观的设计。他被列为 MacBook 配套使用的白色充电器和磁性数据线的专利人（数据线与电脑连接的时候，会发出悦耳的响声）。事实上，截至 2011 年初，他已成为美国 212 项苹果专利的共同发明人。

艾夫和乔布斯甚至痴迷于各种苹果产品的包装，也申请了多项专利。例如，2008 年 1 月 1 日颁布的美国 D558572 专利就是 iPod Nano 的包装盒，其中还有四张插图，展示了打开包装盒时，iPod Nano 乖乖躺着的样子。2009 年 7 月 21 日颁发的 D596485 号专利是 iPhone 的包装盒，盒子的盖子坚固紧实，里面是一个亮面的塑料小托盘。

早期，迈克·马库拉曾教导乔布斯要注重"灌输"，要明白"以貌取人"的道理。因此，乔布斯极力确保苹果的所有装饰和包装都能传递"盒子里面装的是稀世珍宝"这一信息。无论是 iPod Mini 还是 MacBook Pro，苹果用户都很享受开箱的过程：打开精心制作的包装盒，就会看到妥帖卡放的苹果的产品，十分诱人。艾夫说："史蒂夫和我在包装设计上花了很多心思。我很喜欢打开东西的过程。通过设计一种开箱仪式，可以为产品加持特别的感受。包装可以是戏剧，本身就可以创造一段剧情。"

艾夫具有艺术家的敏感气质，有时会因为乔布斯抢走太多功劳而沮丧——多年来，乔布斯的这一习惯困扰了不少同事。由于艾夫和乔布斯私交甚笃，所以艾夫有时难免更觉受伤。"他常常会浏览一遍我的创意和设计，然后说：'这个不好，这个一般，我喜欢这个。'而过上一阵，我就会坐在观众席里，听他在台上阐述我的创意，就好像这是他自己想出来的一样。我非常注重梳理自己的创意从何而来，我甚至有很多本笔记本，里面记满了自己的想法和点子。因此，当他把我的设计讲成是他的，会让我有点儿受伤。"外人把乔布斯奉为苹果的创意之王，这也让艾夫很生气。艾夫用柔和的语气诚恳地说道："这样对公司并不好。"但随后他停顿了一下，立刻又肯定了乔布斯扮演的角色："在许多公司里，好的想法和绝妙的设计往往在流程中就被埋没了。如果没有史蒂夫在这里敦促和推动我们，跟我们一起工作，排除万难把我们的想法变成产品，那么我和团队的想法最终也不能落地。"

第二十七章　iMac

"你好（又见面了）"

回归未来

乔布斯和艾夫合作的首个伟大的作品就是iMac。这款设计新颖独特的台式电脑于1998年5月推出，以家庭消费者为目标群体，大受市场青睐。在这款电脑诞生之前，乔布斯就已经想好了规格要求：必须一体成型，把主机、显示器和键盘整合成一个简单的电脑，只要打开包装盒，插上电源，就可以使用。

iMac

外观设计要独特，能够充分代表苹果的品牌文化。售价应在1 200美元左右（此前，苹果没有任何一款产品的售价低于2 000美元）。席勒回忆说："他告诉我们要回归1984年第一代Mac的原始架构，做一体成型的消费电子产品。这意味着设计部门和工程部门必须通力合作，联手进行开发。"

他们最初的计划是开发一款"网络电脑"。"网络电脑"是甲骨文首席执行官拉里·埃里森大力倡导的概念，指的是没有硬盘的低价终端机，主要用于连接互联网和其他网络。但苹果的首席财务官弗雷德·安德森力主在新电脑上增加磁盘驱动器，使其成为功能齐备的家用台式电脑。乔布斯最终采纳了安德森的方案。

硬件部门负责人乔纳森·鲁宾斯坦决定，在计划研发的新电脑中使用苹果高端专业电脑 PowerMac G3 的微处理器和其他元件。新电脑会有硬盘驱动器和光盘托盘，但乔布斯和鲁宾斯坦做出大胆决策，没有配备当时普遍使用的软盘驱动器。乔布斯引用了冰球明星韦恩·格雷茨基（Wayne Gretzky）的名言："滑向冰球将要到达的地方，而不是它曾经过的地方。"乔布斯的理念当时先人一步。最终，大多数电脑都取消了软盘驱动器。

艾夫和他的高级副手丹尼·科斯特（Danny Coster）开始设计一些未来主义的外观方案。不过，他们制作的十几个泡沫塑料模型都被乔布斯毫不留情地否决了，但艾夫知道如何用温婉的方式引导乔布斯。他说，他当然也认同，这些模型都没能真正体现他们想要的感觉，但其中一个还是有一定潜力的。这款造型的曲线形外观富有流动感，看起来活泼有趣，而不像一块钉在桌子上不能移动的厚盒子。他对乔布斯说："这款模型的外观给人的感觉就是它刚刚来到你的桌子上，却好像随时要跳下桌子，去到别的地方。"

在第二次展示之前，艾夫进一步完善了那个有趣的模型。这一次，一向把世界一分为二的乔布斯对模型大呼喜欢，还把泡沫塑料原型机拿走了。他带着原型机在总部四处游荡，悄悄展示给他信任的中层和董事会成员看。苹果一直在广告中大肆宣传公司如何"非同凡想"。然而，直到现在，苹果研发出来的电脑与市面上已有的产品并没有太大区别。如今，乔布斯终于有了点儿突破。

艾夫和科斯特提出把塑料外壳做成海蓝色，后来这种蓝色被命名为"邦迪蓝"（bondi blue），灵感源自澳大利亚的邦迪海滩。外壳选择半透明材质，可以看到电脑的内部构造。艾夫说："我们试图传达一种电脑因需而变的感觉，就像一只变色龙。这就是为什么我们喜欢半透明的东西：既保留了色彩，又不显得呆板，甚至还有些调皮。"

无论是在象征意义上，还是在具体实物上，这个半透明外壳都把电脑的内部工程学构造和外部设计紧密结合在了一起。乔布斯一直坚持认为，尽管用户永远不会看到，电路板上的一排排芯片仍应当排列整齐。而现在，大家终于可以一睹芯片的真面目了。半透明外壳可以展示出电脑元件的制造和组合是多么精细用心。这种巧妙的设计不仅能传达简约感，也体现了真正简约所需要的深度。

在这如此简约的塑料外壳中也蕴涵着十足的复杂性。为了不断改进外壳的制造工艺，艾夫及其团队与苹果的韩国制造商密切合作，甚至去果冻软糖工厂参观学习，研究如何让半透明的色泽看起来更加诱人。每个机箱的制造成本超过 60 美元，是一般电脑机箱成本的 3 倍。其他公司可能会要求做演示、做调研，论证半透明的机箱是否会增加销量，以证明产生额外成本的合理性。但乔布斯完全没有提过这些要求。

给外观锦上添花的设计是 iMac 机壳的提手。这个提手的趣味性和符号性远大于实际功能——这是一个台式电脑，没有多少人真的会随身携带它。但艾夫后来是这样解释的：

在那个年代，一般人对科技产品还比较陌生。人们对害怕的东西总是碰也不想碰。我都能想象到我母亲会害怕接触电脑。所以我想，如果上面有了这样一个提手，它在直觉上是能让人抓握的，就会让电脑看上去比较友善，让人感觉电脑会听令于自己，这样就有可能在使用者和电脑之间建立起一种亲和无碍的联系。但制造一个嵌入式提手的成本很高。如果是在以前的苹果，我的想法可能会被否决。而此时，令人惊喜的是，史蒂夫看了一眼后说道："这个太酷了！"我还没有充分解释自己的想法，他就凭直觉领会了。他一下子就明白了，提手是 iMac 友好性和趣味性的一部分。

但制造工程师对提手的创意表示反对，他们背后是硬件部门主管鲁宾斯坦。当面对艾夫的美学需求和各种关于设计的奇思妙想时，鲁宾斯坦往往会提出实际的成本考量。这时，乔布斯也不得不跟他们再较量一番："当我们把设计交给工程师时，他们提出了 38 个做不到的理由。我说：'不行，我们就得做提手。'他们说：'为什么呢？'我说：'因为我是首席执行官，我觉得可以做到。'于是，他们虽然不情不愿，但也只能照做。"

乔布斯请 TBWA\Chiat\Day 广告公司的李·克劳和肯·西格尔一行人飞过来看苹果正在研发的新作品。他把他们带到门禁森严的设计工作室，戏剧性地揭开了艾夫的半透明水滴形电脑外壳。这台电脑仿佛来自以未来为背景的动画片《杰森一家》(*The Jetsons*)。看到电脑的一瞬间，大家都惊呆了。西格尔回忆说："我们非常震惊，但又不能直说，我们心里想的其实是：'天哪，他们知道自己在做什么吗？'这设计也太激进、太前卫了。"乔布斯让他们给这台电脑想一些名字。西格尔提供了5个方案，其中一个就是"iMac"。一开始，乔布斯一个都不喜欢。于是，西格尔在一周后又提供了几个选项，同时表示他们公司还是更喜欢"iMac"。乔布斯回答说："这一周我已经不讨厌这个名字了，但也说不上喜欢它。"后来，乔布斯试着把"iMac"拓印在一些原型机上，慢慢接受了这个名字。就这样，新电脑的名字确定为 iMac。

随着 iMac 的完工期限逐渐临近，乔布斯臭名远扬的坏脾气再次燃爆，尤其是在碰到制造问题的时候。在一次产品审查会议上，乔布斯得知进度缓慢。艾夫回忆说："他大发雷霆，纯正的怒火熊熊燃烧，那阵仗令人不寒而栗。他绕着桌子攻击每个人，第一个遭殃的就是鲁宾斯坦，他咆哮道：'你知道我们正在努力拯救公司，而你们这些家伙却把一切都搞砸了！'"

就像最初的 Mac 团队一样，iMac 团队也是一路跌跌撞撞，赶在盛大发布会的前一刻才终于勉强完工。不过，在此之前，还是没能绕过乔布斯的一次雷霆之怒。在准备发布会排练的时候，鲁宾斯坦拼凑出了两台可以运转的原型机。乔布斯此前还没有见过 iMac 最终的样子。乔布斯在舞台上看到电脑，发现显示屏下方有个按钮。他按下按钮，结果弹出来一个 CD 托盘。他问："这是什么东西！"——当然，语气没有这么客气。席勒回忆说："我们都没吭声，因为他显然知道 CD 托盘是什么。"于是，乔布斯继续发飙。他坚持认为电脑应该配置一个利落的 CD 插槽，就像高档汽车里用的那种优雅的吸入式光驱。鲁宾斯坦解释说："史蒂夫，这正是我们讨论组件时，我给你看的那个光驱。"但乔布斯根本不听他的那一套，坚持说："不对，我从来没说过要什么托盘，我说的是插槽。"鲁宾斯坦没有退缩，乔布斯的怒火也丝毫不减。乔布斯后来回忆说："我当时都快哭出来了，因为已经来不及做任何修改了。"

他们暂停了排练。有一阵子，大家觉得乔布斯似乎将会取消整个产品发布会。席勒回忆说："鲁比看着我，仿佛在说：'是我疯了吗？'这是我第一次和史蒂夫一起做产品发布会，也是我第一次知道他的观点：'如果不能把事情弄对，那就干脆不要发布。'"他们同意在下一版iMac中用插槽式光驱取代托盘。乔布斯眼含热泪地说："你必须保证我们会尽快采用插槽光驱，这样我才会继续筹备发布会。"

乔布斯计划在发布会上播放的短片也出了问题。在短片中，艾夫先是介绍了自己的设计思路，然后问："杰森一家会用什么样的电脑？应该是在昨天看来仍然属于遥远的未来的那种电脑。"这时会出现一个两秒钟的片段，是《杰森一家》动画节目的女主人简·杰森盯着一个视频屏幕看的画面，接下来是另一个两秒钟的片段，是杰森一家在圣诞树前咯咯笑的画面。在一次排练中，一位制作助理告诉乔布斯，他们必须删除这两个片段，因为他们没有拿到动画片制作公司汉纳-巴贝拉（Hanna-Barberra）的授权。乔布斯对他吼道："不能删！"助理解释说，如果不删，就会带来法律问题。乔布斯说："我不管。我们就是要用它。"于是动画片段被保留了下来。

李·克劳当时也在准备一系列iMac的彩色杂志广告。他给乔布斯发了一些排版后的纸样，没过多久就接到乔布斯的电话。怒气冲冲的乔布斯坚持认为，广告中的蓝色与苹果提供的iMac照片中的蓝色不一样。乔布斯吼道："你们这些家伙根本不知道自己在做什么！我要找别人做广告，因为你们做得太烂了！"克劳反驳说："你自己对比看看，是一样的。"当时乔布斯并不在办公室，但他继续大喊大叫，坚持说自己是对的。最后，克劳终于让他坐下来，比较了原始照片："我最终向他证明，这个蓝色就是他要的那个蓝色。"多年以后，在美国著名八卦网站捆客网（Gawker）上的史蒂夫·乔布斯讨论区出现了一个帖子，发帖人是一个曾在距离乔布斯家几个街区的帕洛阿尔托全食超市工作的店员。他讲了这样一个故事：一天下午，我正在超市的停车场里整理购物车，突然看到一辆停在残疾人车位上的银色奔驰车。史蒂夫·乔布斯正在车里对着他的车载电话怒吼。那是在第一台iMac发布之前，我非常确定我听到他在喊："他！妈！的！不！够！蓝！！！"

像往常一样，在筹备戏剧张力十足的发布仪式的过程中，乔布斯的强迫症又发作了。乔布斯之前因为对CD驱动托盘的问题大发雷霆，已经停掉了一次排练，所以后来的几次彩排，他都一再延长时间，以确保发布会无可挑剔。他反复练习发布会的高潮时刻，希望当自己走过舞台并宣布

"让我们向新的 iMac 问好"时，灯光的配合能完美无瑕，生动地展示出新机器的半透明效果，但他试了几次都不满意。1984 年，在第一台 Mac 发布会彩排期间，当时的首席执行官斯卡利就见识过乔布斯对舞台灯光的偏执。而现在的乔布斯与当年别无二致。他要求调高灯光的亮度，还要早一点儿打灯，但灯光师按照他的意思调整之后，他还是不满意。到最后，他干脆跳下舞台，一屁股坐在会场中央的椅子上，两条腿搭在前排座位的椅背上耐着性子说："咱们就接着调，直到调对为止！"现场人员再次调整灯光。乔布斯不耐烦地高声抱怨道："不对！不对！根本不行。"又一次调整之后，灯光亮度可以了，但进来的时间稍晚了一些。乔布斯咆哮说："我不想这样一遍又一遍地说你们了！"最后，iMac 的打光终于恰到好处。乔布斯兴奋地大喊："对了！就是这样！太棒了！"

一年前，乔布斯把他早期的事业导师和合作伙伴迈克·马库拉赶出了董事会。但他对自己设计的新 iMac 感到非常自豪，也觉得这一电脑与最初的 Mac 有着千丝万缕的联系，所以他邀请马库拉来到库比蒂诺的苹果总部，私下提前向马库拉展示了一番新电脑。马库拉对 iMac 赞不绝口，唯独觉得艾夫设计的新鼠标不够精巧。马库拉说，这款鼠标看起来跟冰球太像了，大家恐怕不会喜欢。乔布斯不同意他的观点，但后来事实证明马库拉是对的。除此之外，iMac 跟其前身 Mac 一样，无与伦比，极其伟大。

iMac 发布会：1998 年 5 月 6 日

自 1984 年的 Mac 发布会开始，乔布斯就创造了一套新的舞台效果：把产品发布会打造成一个划时代的盛会，而这一盛会的高潮时刻是类似"上帝说'要有光'，就有了光"的情景：天空开裂，光束亮起，天使高歌，被选中的圣徒齐声合唱"哈利路亚"。乔布斯对 iMac 寄予厚望，希望这款电脑能够拯救苹果，并再次改变个人电脑领域的格局。因此，乔布斯选择在库比蒂诺市德安扎学院的弗林特礼堂举办盛大的发布会。弗林特礼堂别具象征意义，因为这里正是 1984 年 Mac 发布会的举办地。这一次，乔布斯将使出浑身解数，全力以赴消除各种疑虑，重新集结苹果军团，争取广大开发商的大力支持，迅速开启 iMac 的营销活动。但他如此大张旗鼓，还有一个原因——他喜欢做戏剧导演。推出一场大戏，犹如推出一项新产品，两件事都能激起乔布斯的澎湃热情。

发布会一开场，乔布斯首先展示了自己思故念旧的温情一面。他彬彬有礼地介绍了坐在前排的三位嘉宾。他曾和这三个人渐行渐远，现在又希望跟他们摒弃前嫌，重归于好。"我和史蒂夫·沃兹尼亚克在我父母的车库里一起创办了这家公司，史蒂夫今天来到了现场。"他指着沃兹尼亚克说。现场爆发出一阵掌声。乔布斯继续说："迈克·马库拉后来加入了我们，不久之后，我们又迎来了首任总裁迈克·斯科特。这两个人今天也都坐在观众席上。没有他们三位，我们今天就不会聚集在这里。"当掌声再次响起时，乔布斯的眼眶湿润了。观众席中还有安迪·赫兹菲尔德及当年Mac团队的大部分成员。乔布斯向他们微笑致意。他相信自己即将让他们备感骄傲。

接着，乔布斯讲解了苹果的新品策略，又用几张幻灯片演示了新电脑的性能，然后准备隆重推出自己的新宠。"现在的电脑都长这样。"他话音刚落，身后的大屏幕上就出现了一台方方正正的米色电脑和显示器，"我很荣幸地向大家展示，从今天起，电脑会变成什么样。"他拉开了舞台中央桌子上的罩布，一台崭新的iMac在精准的灯光下熠熠生辉。他按了一下鼠标，就像当初发布Mac时一样，屏幕上快速闪过电脑的各种神奇功能。最后，"hello"（你好）一词出现在屏幕上，跟1984年Mac的屏幕上的字体一模一样。但这次，"hello"下面还出现了一行放在括号里的"again"（又见面了）——iMac在说："你好，又见面了。"现场响起了雷鸣般的掌声。乔布斯站在后面，自豪地注视着他的新版Mac，说："它看起来像是天外来物。"观众们都开心地笑了起来。"来自一个更加美好的星球。那里有更厉害的设计师。"

乔布斯再次打造了一款巨星级新品，预示着新千禧年的到来。这款电脑实现了苹果"非同凡想"的伟大理想。电脑不再是米色的机箱和显示器、一堆乱七八糟的电缆，外加一本厚重的设置手册，而是变成了一台轻便而友好的家用设备。它触感光滑，赏心悦目，宛若知更鸟的蛋。要使用电脑，只需抓起可爱的小提手，把电脑从雅致的白色包装盒里拎出来，直接插上插座就可以了。曾经对电子产品心存畏惧的人，现在都想拥有一台iMac，而且还希望把它放在房间里最显眼的地方，让所有访客都能羡慕甚至嫉妒一番。《新闻周刊》记者史蒂文·利维写道:"这款硬件融合了科幻色彩和奇思妙想,不仅是多年来最酷的电脑,同时是一个振奋人心的宣告——硅谷梦工厂的先驱终于醒来,不再梦游了!"《福布斯》称其为"足以改变整个行业的成功产品"。就连被赶下台的苹果前首席执行官斯卡利后来也不甘寂寞地赞叹道:"他沿用了 15 年前使苹果一举成功的简单策略:打造拳头产品,然后发起强有力的营销攻势。"

唯一吹毛求疵的声音来自大家都非常熟悉的人。正当 iMac 大受众人青睐和赞誉之际,比尔·盖茨向一群到访微软的金融分析师们保证,这个产品只不过是一时热潮。他故意把一台 Windows 电脑涂成红色,指着电脑说:"苹果现在只是在色彩方面领先而已,我们应该用不了多久就会迎头赶上。"乔布斯曾公开揶揄盖茨毫无品位可言,盖茨的所言所行让他大动肝火。他告诉记者,盖茨根本不懂 iMac 跟其他电脑相比的优势是什么。他说:"我们的竞争对手忽视了问题的关键。他们以为 iMac 只是比较时尚而已,只是肤浅地赢在了外观设计而已。他们说,我们只要在自己的烂电脑上喷上点儿颜色,就能有一台 iMac 了。其实根本不是那么回事!"

iMac 于 1998 年 8 月上市,每台售价 1 299 美元。上市仅仅 6 周,iMac 就售出了 27.8 万台,截至当年的年底,iMac 的销量已达到 80 万台,成为当时苹果历史上销售速度最快的电脑。最值得注意的是,32% 的购买者是首次购买电脑,还有 12% 的购买者之前是 Windows 操作系统的用户。

除了邦迪蓝,艾夫很快又推出了四种活泼诱人的新颜色。同一款电脑提供 5 种配色必然会给制造、库存和分销带来巨大挑战。大多数公司,甚至包括以前的苹果,都会针对成本效益开展专门的研究和会议讨论。但是,当乔布斯看到新的颜色时,他激动万分,立刻将其他高管召集到设计工作室,兴奋地宣布:"我们要推出各种颜色的 iMac!"他们离开后,艾夫与团队成员面面相觑。艾夫回忆说:"在大多数公司,做这个决定要花上几个月,而史蒂夫半个小时就搞定了。"

乔布斯对 iMac 还有一个重要的改进要求:去掉那个讨厌的 CD 托盘。他说:"我见过一套非常高端的索尼立体声音响,用的就是吸入式光驱。所以我去找了光驱制造商,让他们为我们 9 个月后上市的新版 iMac 制造吸入式光驱。"鲁宾斯坦试图劝阻乔布斯。据鲁宾斯坦研判,新的光驱即将出现,不仅可以播放音乐，还有光盘刻录功能，而且这种新功能会率先在托盘式光驱上实现，然后才是吸入式光驱。鲁宾斯坦争辩说："如果采用吸入式光驱，在技术上就会永远落后一步。"

乔布斯的回答是："我不管，我就是要吸入式的！"他们当时正在旧金山的一家寿司店吃午饭，乔布斯坚持吃过饭后去散个步，继续讨论这个问题。他说："我希望你可以做吸入式光驱，就当是你帮我一个忙。"鲁宾斯坦当然无法拒绝，但事实证明他是对的。松下公司推出了一款新型CD光驱，可以听音乐，也可以刻录，而且是先装在那些使用传统CD托盘的电脑上。这方面的影响在接下来的几年里将继续产生波澜：由于苹果在满足用户自行刻录音乐光盘的需求方面进展缓慢，所以当乔布斯最终意识到他必须进入音乐市场时，苹果不得不发挥想象力，找到一种大胆的方法，对竞争对手实现跨越式反超。

第二十八章　首席执行官

多年之后，疯狂依旧

蒂姆·库克

2007年，乔布斯与蒂姆·库克

史蒂夫·乔布斯重返苹果的第一年，就推出了"非同凡想"广告和iMac，展现出为大多数人所熟知的匠心和远见。当年他离开苹果之前，就已经证明了自己创意无限，眼光远大。但关于"他能否经营一家公司"这个问题，却一直没有明确的答案——乔布斯在上一次任期期间，绝对没有展现出企业管理能力。

这次回归后，乔布斯以注重细节的现实主义态度投身公司的运营。他向来认为宇宙的常规对自己并不适用，身边的人对此也都习以为常，因此，乔布斯现在稳扎稳打的作风让大家颇为吃惊。劝说乔布斯回到苹果的董事长埃德·伍拉德回忆说："他成了一名管理者，这与做执行者或梦想家的要求是很不一样的。他的角色转换非常成功，让我感到惊讶。"

乔布斯的管理理念是"聚焦"。他叫停了多余的产品线，砍掉了苹果正在开发的新操作系统软件中无关紧要的功能。他放下了对产品制造过程的控制欲，不再自建工厂，而是把产品制造全数外包——从电路板到最终的组装，并对苹果供应商提出严格的要求。他刚开始接管苹果的时候，公司产品的库存周期高达两个月，超过其他任何一家科技公司。电脑就像鸡蛋和牛奶一样，保鲜期很短，所以如此高的库存造成了至少5亿美元的利润损失。到了1998年初，他已将库存周期缩短到一个月。

乔布斯的成功当然也有相应的代价，因为他依然不擅长迂回变通的对外交流的手段。有一次，他觉得安邦快运（Airborne Express）的一个部门运送备件的速度不够快，于是命令苹果的主管终止合约。主管抗议说，如果单方面撕毁合同，可能会导致法律诉讼。乔布斯回答说："你就告诉他们，要是敢搞我们，就永远别想从苹果拿到一分钱。"于是主管辞职了。快递公司果真起诉了苹果，诉讼前后花了一年才解决。这位主管说："要是留下来，我的股票期权现在能值1 000万美元。但我知道自己肯定没办法撑到最后。就算能撑下来，我早晚也会被他炒了。"新的经销商圆满完成把库存削减75%的任务，其首席执行官表示："在史蒂夫·乔布斯的领导下，对工作不力的容忍度是零。"还有一次，VLSI科技公司可能无法按时交付足够的芯片，乔布斯便冲进会议室破口大骂，说他们是一群"他妈的没种的浑蛋"（Fucking Dickless Assholes，FDA）。最终，VLSI还是按时向苹果交付了芯片，其公司高管团队还定制了一批夹克，在背上印上"FDA团队"（Team FDA）的字样。

在乔布斯手下工作3个月后，苹果的运营主管不堪巨大的压力，选择辞职。在接下来将近一年的时间里，乔布斯自己亲自负责运营工作，因为他认为他面试的所有候选人"看起来都是制造业的老古董"。他要的人必须能像戴尔电脑那样打造准时制工厂和供应链。1998年，他遇到了蒂姆·库克。彬彬有礼的库克当年37岁，在康柏电脑公司负责采购和供应链工作。他日后不仅成为乔布斯的运营主管，而且逐渐成长为乔布斯经营苹果不可或缺的幕后搭档。乔布斯回忆说：

蒂姆·库克是做采购出身的，这正好符合我们的背景要求。我发现，他看待问题的方式跟我很同频。我在日本参观过很多采用准时制生产的工厂，还为 Mac 和 NeXT 建立过同样的生产体系。我非常清楚自己的需求,然后我遇到了蒂姆,他跟我的想法不谋而合,于是我们开始合作,没过多久,我就可以完全放手了。他有和我一样的愿景,我们可以进行极高层次的策略沟通。我可以放心地把很多事情抛在脑后,除非他主动来找我商量。

库克是造船厂工人之子,在亚拉巴马州的罗伯茨代尔长大,这是一个位于莫比尔市和彭萨科拉市之间的小镇,距离墨西哥湾半小时车程。他本科就读于奥本大学,专业是工业工程,后来在杜克大学获得工商管理硕士学位。在接下来的 12 年里,他一直在北卡罗来纳州三角科技园的 IBM 工作。乔布斯面试库克的时候,库克刚刚接受了康柏公司的工作。库克向来是一个逻辑严谨的工程师,而康柏当时看起来是更为明智的职业选择,但他被乔布斯的光环深深吸引。库克后来说:"与史蒂夫初次面谈才 5 分钟,我就想把谨慎和逻辑抛到九霄云外,选择加入苹果。我的直觉告诉我,加入苹果是千载难逢的机会,在这里我可以为一个真正的创意天才工作。"他就这样成了苹果的一员。"工程师受到的训练是通过严谨的分析做出决定,但有些时候,本能或直觉也是不可或缺的。"

在苹果,库克朝乾夕惕,默默耕耘,贯彻执行乔布斯的直觉。他一直未婚,全身心投入工作。库克几乎每天都是早上 4:30 起床,他会先处理电子邮件,然后花一个小时健身,6 点刚过就坐到了办公桌前。他安排每个星期日晚上召开电话会议,为未来一周的工作做好准备。作为苹果的首席执行官,乔布斯急躁易怒,遇到不满意的人或事动辄严厉抨击。而库克却恰恰相反,他镇定冷静,以舒缓温和的亚拉巴马口音和沉默的凝视来控制场面。《财富》杂志记者亚当·拉辛斯基(Adam Lashinsky)写道:"库克虽然也有轻松的一面,但他一贯的表情是眉头紧锁。他的幽默感也是不露声色的。开会的时候,他常常停下来思考,时间长到令人坐立难安。每到这时,整个会议室就只剩下他撕开常吃的能量棒包装纸的声音。"

在任职初期的一次会议上,库克得知苹果在中国的一个供应商出了问题。"情况非常严重,"他说,"得有人去中国处理一下。"30 分钟后,他看着会议桌前的一位运营高管,面无表情地问:"你怎么还在这儿?"那位高管立刻起身离开,直接开车到旧金山机场,买了一张飞往中国的机票。他后来成为库克的副手。

库克把苹果的主要供应商从 100 家减少到 24 家，迫使供应商为苹果提供更优惠、更有利的合作条件，以保住与苹果这个大客户的业务关系，他还说服多家供应商在苹果的工厂旁边设厂。他关闭了公司 19 个仓库中的 10 个，通过减少可能堆积库存的仓库数量，成功降低了库存。在 1998 年初，乔布斯将产品库存期从 2 个月缩短到 1 个月。到了当年 9 月，库克把库存期降到了 6 天。而到了第二年 9 月，库存期更是只有惊人的 2 天。此外，库克还将苹果电脑的生产周期从 4 个月缩短到 2 个月。这些措施不仅降低了成本、节省了资金，还确保了出库的每台电脑上安装的都是最新研发的元件。

高领毛衣和团队合作

20 世纪 80 年代初，乔布斯到日本的索尼工厂参观。他问索尼董事长盛田昭夫，为什么工厂的每个人都身穿制服呢？乔布斯回忆说："他看上去有点儿尴尬，告诉我说，二战以后，老百姓都没有衣服穿，所以像索尼这样的公司必须给工人提供一些衣物，这样他们每天才有能穿的衣服来上班。"后来，很多公司都逐渐形成了独特的制服风格，特别是在索尼这样的公司，制服成为增强工人与公司联结的一种媒介。乔布斯说："我希望苹果也能有这种凝聚力。"

一向注重风格的索尼请著名设计师三宅一生来为员工设计制服。三宅一生设计了一款用防撕裂尼龙制成的夹克，带拉链的袖子可以拆卸下来，变成一件背心。乔布斯回忆说："我打电话给三宅一生，请他为苹果设计一款马甲。我带着一些样品回来，跟大家说要是我们都能穿上这些马甲，那就太好了。结果嘘声一片。所有人都很讨厌这个主意。"

不过从此以后，乔布斯跟三宅一生成了朋友，乔布斯还会定期去拜访他。乔布斯又有了新主意——他想给自己设计一套衣服，既方便日常穿着（这是他声称的理由），又能打造个人的标志性风格。"我很喜欢三宅的黑色高领毛衣，于是就请他给我做几件。结果他给我做了大概一百件。"听到这里我吃了一惊，乔布斯注意到了我的神色，便带我见识了一下叠放在衣柜里的高领毛衣："我穿的就是这种，这些够我穿一辈子的了。"

尽管乔布斯生性独断，从不信奉共识，但他努力在苹果培养合作的企业文化。许多公司以"不常开会"为傲，而乔布斯的会却很多：每个星期一要开高管会议，整个星期三的下午都用于营销战略会议，另外还有无穷无尽的产品审查会议。他仍然非常排斥幻灯片和正式演讲，坚持让与会人员根据各部门的需求从不同的角度提出各种问题和观点，现场进行彻底的讨论，确定解决方案。

他坚信苹果的巨大优势在于对设计、硬件、软件和内容进行整合，制造一体成型的产品，所以他希望所有部门都能并行作业、密切合作。他最爱用的词是"深度合作"（deep collaboration）和"同步工程"（concurrent engineering）。他完全舍弃了常规的开发流程，不再让产品从工程、设计、生产、营销到分销，按流程一步步走，而是要求不同的部门同步合作。乔布斯说："我们的策略是开发高度整合的集成产品，这意味着我们的开发流程也必须完全整合、相互协作。"

这一方针也应用到了关键职位的招聘上。在乔布斯的安排下，重要岗位的候选人不是只见一下自己所应聘部门的经理，而是要跟库克、泰瓦尼安、席勒、鲁宾斯坦、艾夫等公司高层一一见面。乔布斯说："然后我们会一起讨论候选人是否符合要求。"他的目标是避免"蠢货爆炸"，防止二流的人才充斥公司：

对于生活中的大多数事物来说，"顶尖"和"一般"之间的差距约为30%。无论是最好的飞机乘坐体验，还是最好的食物，可能只比平均水平好30%。但是，沃兹却是一个比普通工程师好50倍的顶尖人才。他可以在自己的头脑中开会。组建Mac团队的时候，我的目标是找到一群跟沃兹一样优秀的人，全是A级选手。人们会说太优秀的人很难彼此共事，会排斥跟他人合作。但我发现，A级选手非常喜欢跟A级选手合作，他们只是不喜欢跟C级选手合作。在皮克斯，整个公司都是A级选手。我回到苹果后，也决定把苹果打造成类似的公司。要招到A级选手，就需要协作式的招聘流程。虽然候选人是营销部门的，我也会让他跟设计部门和工程部门的人聊聊。我一直把罗伯特·奥本海默（J. Robert Oppenheimer）视为榜样，我读过他为美国原子弹计划招募人才的记录。我跟他当然差得很远，但这是我渴望达到的目标。

招聘过程会很烦琐，令人生畏，但乔布斯却有识人之明。有段时间，苹果正在为新的操作系统寻觅图形界面设计人才，乔布斯收到了一个年轻人的电子邮件，乔布斯觉得对方简历不错，于是请他前来面试。这位应聘者非常紧张，面试进行得并不顺利。当天晚些时候，乔布斯刚好又碰到那位应聘者沮丧地坐在苹果大厅。他问乔布斯能否看一下自己的设计作品。于是乔布斯站在他身后看他在电脑上演示。年轻人用 Adobe Director（一款软件）展示了如何在屏幕底部的程序坞里容纳更多图标。当把鼠标移动到挤在程序坞里的某个图标上时，鼠标就会像个放大镜一样把图标放大。乔布斯回忆说："我说，'我的天哪'，然后当场就聘用了他。"这项功能成为苹果操作系统 Mac OSX 的一个极受欢迎的特色，而这位设计师后来又设计了诸多此类作品，比如多点触控屏幕的惯性滚动功能（就是当手指停止滑动后，屏幕页面依然能够继续滑行一会儿，好像有惯性一样，这个功能也很有趣）。

乔布斯在 NeXT 的经历让他变得更加成熟，却没有磨平他的棱角。他的奔驰车上依然没有挂牌，他还是把车停在公司前门旁边的残疾人车位上，有时还霸占两个车位。这件事还成了流传甚广的笑话。员工们做了一些标牌，上面写着"非同凡泊"（Park Different），还有人把车位上的残疾人轮椅标识涂成了奔驰车的标识。

乔布斯是允许别人挑战自己的，他甚至鼓励这一做法，有时还会因此尊敬对方。而提出挑战的人也要做好充分的准备，因为乔布斯在消化吸收新想法的时候会发起攻击，甚至会毫不留情地把人痛批一顿。与李·克劳共事的詹姆斯·文森特是个富有创造力的年轻广告人，他说："当面跟乔布斯争执的时候，你永远都不可能赢，但有时候，你会在事后得到平反。有时你提出一条建议，他会痛批'这个想法太蠢了'，而过上一阵，他又会回过头跟你说：'我知道该怎么做了。'你就会想说：'我两周前就是这么跟你说的，你当时还说那个想法很蠢呢。'当然，你不能这么做。相反，你得说：'这个主意太棒了！咱们就这么办。'"

人们还要忍受乔布斯偶尔提出的无理要求或错误主张。无论是在家里，还是在公司，他都会经常深信不疑地说出一些并不属实的科学论证或历史典故。艾夫说："他在谈到自己一无所知的东西时，因为表现力疯狂，又显得非常确定,别人也会觉得他很懂。"他觉得乔布斯的这一点古怪得可爱。然而,乔布斯对细节的洞察力惊人,有时会正确地捕捉到被其他人忽略的细微问题。李·克劳回忆说,他按照乔布斯的要求对广告片做了微调。乔布斯看完之后,把他骂了一顿,说这个广告已经被完全破坏了。克劳说:"他发现我们多剪了两帧。这些东西转瞬即逝,几乎不可能被注意到,但他想确保图像和音乐的某个节拍能结合得天衣无缝。后来我们发现他说得没错,我们的确多剪了两帧。"

从 iCEO 到 CEO

两年多以来,乔布斯在苹果董事会的导师埃德·伍拉德一直催促他把 iCEO 头衔前的"i"去掉。而乔布斯不仅拒绝接受首席执行官一职,还每年只拿一美元的工资,不要股票期权,这让所有人困惑不解。他总是开玩笑说:"我按时出勤,一年能赚 50 美分,另外 50 美分是年终绩效。"自乔布斯 1997 年 7 月回归以来,苹果的股价已从不到 14 美元一路飙升至 2000 年初互联网泡沫顶峰时的 102 美元以上。伍拉德曾在 1997 年恳求乔布斯至少接受一小笔股票,但乔布斯拒绝了,他说:"我不想让在苹果工作的人认为我回来是为了发财。"如果他当时接受了,现在这些股票的市值已经高达 4 亿美元。但事实上,在这两年多的时间里,他只拿了 2.5 美元的工资。

他之所以坚持挂着"临时"的名号,主要原因是他对苹果的未来并不确定。但随着 2000 年的到来,苹果显然已经东山再起,而且他是最大的功臣。在一次漫长的散步中,他和劳伦娜讨论了是否要放弃临时的身份——对于大多数人而言,放弃与否只不过是走个形式,但对乔布斯来说,这仍然是一个重大的决定。如果他放弃临时的头衔,就可以用苹果这个舞台完成自己所有的设想,包括让苹果进入电脑以外的产品市场。最终,乔布斯决定放手一搏。

伍拉德兴奋不已。他表示董事会愿意赠送给乔布斯一大笔股票。乔布斯回答说:"我跟你直说吧,我更想要一架私人飞机。我们家刚有了老三。我不喜欢乘坐商业航班。我想乘坐私人飞机带家人去夏威夷,当我去美国东部时,我也希望驾驶员是我认识的人。"即使在美国联邦运输安全管理局把安检标准变得无比复杂之前，乔布斯也从来没有在商业飞机或航站楼展现出优雅和耐心。甲骨文公司首席执行官埃里森也是苹果董事会成员之一，他觉得对苹果来说，送乔布斯一架飞机太划算了（乔布斯之前曾租用埃里森的私人飞机。1999年，苹果向埃里森支付了10.2万美元的飞机租用费）。他说："想想他在苹果做出的成绩，我们应该给他5架飞机！"他后来提到："这是给史蒂夫的一份完美谢礼，他拯救了苹果，而且分文未取。"

于是，伍拉德爽快地满足了乔布斯的愿望，公司给他买了一架湾流V型飞机，还决定为他提供1 400万股期权。但乔布斯的回应出乎所有人的意料，他开出了更高的数字：2 000万股期权。伍拉德无法理解，也非常不悦——董事会只从股东那里得到了赠送1 400万股期权的权限。伍拉德说："你之前说你什么都不要，我们才给你买了一架飞机，你说你只想要飞机。"

乔布斯回答说："我之前并没有坚持要期权，但你说过我最多可以拿到公司5%的期权，我现在就想要这么多。"一个本来值得庆祝的事情现在却导致如此尴尬的争议。最后，他们研究出一个复杂的解决方案：在2000年1月赠予乔布斯1 000万股期权，这些股票按目前的价格估值，但行权期限视同于在1997年赠予。另外一半股权的赠予时间是在2001年。但糟糕的是，由于互联网泡沫破裂，苹果的股价也跌了。乔布斯从未行使过这些期权。2001年底，乔布斯要求把期权的行权价格调低后再度授予。期权之争给公司带来了一系列的后续问题。

就算乔布斯没有从期权中获利，他至少得以享受私人飞机的舒适和便利。不出所料，乔布斯为飞机内饰的设计大伤脑筋，前后花了一年多的时间进行改造。他以埃里森的飞机为蓝图，还聘请了埃里森的设计师，但很快就把设计师逼疯了。例如，埃里森的飞机在机舱之间有一个门，门上有一个打开的按钮和一个关闭的按钮。乔布斯坚持要求自己的飞机里换成一个二合一的按钮，可以在开和关之间相互切换。他也不喜欢按钮的抛光不锈钢，所以换成了拉丝金属。但最后，乔布斯终于拥有了一架符合自己心意的飞机，他喜欢得不得了。埃里森说："我对比了一下我们俩的飞机，他的改装确实更好。"

2000年1月，在旧金山的Mac世界大会上，乔布斯推出了Mac操作系统 Mac OSX，里面使用了苹果 3 年前从 NeXT 购买的一些软件。就在把 NeXT 操作系统并入苹果的这个时刻，乔布斯也刚好愿意重新担任苹果的首席执行官，这也不完全是巧合。阿维·泰瓦尼安把 NeXT 操作系统中与 UNIX 相关的 Mach 内核变成了 Mac 操作系统的内核，将其命名为"达尔文"（Darwin）。这种内核可提供内存保护机制和升级的网络功能，还有先占式多任务处理功能，完全符合 Mac 当时的需要，日后也成为 Mac OS 系统的基础。包括比尔·盖茨在内的一些人指出，苹果最终没有完全采用 NeXT 操作系统。这种批评有一定的根据，因为苹果决定不重新开发全新的系统，而是在现有系统的基础上逐步改进升级。为旧的 Mac 系统编写的应用软件通常与新的系统兼容，或很容易移植到新的系统上。用户在升级 Mac 之后会发现多了很多新功能，但不需要重新适应一个全新的界面了。

　　参加 Mac 世界大会的苹果爱好者们自然兴奋不已。乔布斯展示了系统桌面的程序坞界面，当移动光标滑过图标时，就会让图标放大，引得观众大声叫好。不过，掌声最热烈的时刻是乔布斯每次在结尾时的保留节目，就是说"哦，还有一件事"。他谈到了自己在皮克斯和苹果的职责，对自己可以两边兼顾的状况感到满意。"所以我今天很高兴地宣布，我将放弃'临时'头衔。"乔布斯说道，脸上带着灿烂的笑容。全场观众起立尖叫，仿佛看到了披头士乐队集体回归。乔布斯咬了咬嘴唇，调整了一下眼镜框，摆出一副优雅的谦逊姿态。"你们让我觉得有点儿不好意思了。我太幸运了，无论是在苹果还是在皮克斯，我能每天都和地球上最有才华的人一起工作。但是，所有这些成就都是团队合作的结果。我想代表苹果的每一位同人，在此接受大家的欢呼。"

第二十九章　苹果零售店

天才吧和锡耶纳砂岩

顾客体验

乔布斯痛恨让出任何控制权，如果问题还涉及顾客体验，他更想亲自操刀。但他却碰到了一个难题：从产品研发到产品抵达顾客手中，有一个环节是他无法控制的，那就是顾客在商店里购买苹果产品的体验。

与字节电脑商店的合作已成往事。电脑销售正从本地电脑专卖店转移到大型连锁店和大卖场。

纽约第五大道的苹果零售店

但连锁店和大卖场的大多数店员都不太懂电脑，也没有什么动力向顾客介绍苹果产品的特点。正如乔布斯所言："销售人员所关心的只是50美元的销售提成。"其他品牌的电脑都相去无几，普通至极，而苹果电脑却有很多创新功能，价格也更高。乔布斯不希望iMac跟戴尔和康柏的电脑被摆在同一个货架上，不希望一知半解的店员机械地向顾客复述每款产品的规格。乔布斯回忆说："如果不能想办法把苹果的理念传递给商店里的顾客，那我们就完蛋了。"

于是，1999 年底，乔布斯开始进行秘密考察，四处寻访可以开发苹果零售店的管理人才。其中一位候选人热爱设计，对零售工作也拥有天生的率真激情。这个人就是当时塔吉特公司的销售规划副总裁罗恩·约翰逊。约翰逊在塔吉特主要负责营销一些外观独特的产品，比如美国建筑师迈克尔·格雷夫斯（Michael Graves）知名的设计作品茶壶。约翰逊回忆起跟乔布斯首次见面的情景："史蒂夫非常容易沟通。他穿着高领毛衣和破旧的牛仔裤，突然进来坐下，开始就为什么需要别具一格的零售店侃侃而谈。他告诉我，苹果要凭借创新获胜，而要达到这个目标，苹果就必须把自身的创新之处传达给顾客。"

2000 年 1 月，约翰逊再次前往苹果接受第二轮面试，乔布斯建议两个人出去走走。他们早上 8：30 来到拥有 140 家商铺的斯坦福购物中心。在那个时间点商铺都还没开门，于是他们在商场里一边上上下下地闲逛，一边讨论各种问题：购物中心的布局理念是什么？大型百货商店扮演的角色与其他商店有什么不同？一些专卖店为什么能大获成功？

10 点一到，商铺纷纷开始营业，他们继续边走边聊。他们走进美国知名休闲品牌艾迪堡（Eddie Bauer）专卖店。这个门店有两扇门，一扇对着购物中心内部，另一扇直通外面的停车场。看完这个专卖店后，乔布斯做出决定：苹果零售店只能设一扇门，这样才能更好地控制顾客体验。他们两个也都觉得艾迪堡专卖店过于狭长，认为应该让顾客一进门就能直观地把握整家店的布局。

斯坦福购物中心并没有科技产品专卖店，约翰逊解释了原因：传统观念认为，因为消费者购买电脑等大件商品的频次很低，所以他们愿意开车到没那么方便的地方选购，那里的店租通常便宜不少。乔布斯并不同意这种做法，他认为就算租金再贵，苹果零售店也应该开在购物中心里或者热闹的主街上，也就是人群熙来攘往的"黄金地段"。他说："我们可能无法让他们特意开车 10 千米来看我们的产品，但我们可以让他们只需走上几米就能进入苹果零售店。"乔布斯表示，尤其是对微软 Windows 系统的使用者，要善于"诱敌深入"："如果我们的零售店设计得足够有吸引力，他们碰巧路过时，就会在好奇心的驱使下走进店里。一旦我们有机会向他们展示我们的产品，我们就赢了。"

约翰逊认为，店面规模可以体现品牌的重要性。他问："苹果有Gap那么大牌吗？"乔布斯说，苹果要大得多。约翰逊回答，这样的话，苹果零售店的面积应该比Gap的大。"否则这个品牌就看起来无足轻重。"乔布斯跟他讲述了迈克·马库拉的格言：一个好的公司必须懂得如何"灌输"——公司所做的一切，从包装到营销，必须能够传达自己的价值观和重要性。约翰逊很喜欢这个理念，认为它非常适用于公司的零售店。他预言称："零售店将成为品牌最强有力的实体表达。"约翰逊说，自己在年轻的时候去过拉夫·劳伦设立在曼哈顿第72街和麦迪逊街交界处的专卖店，那家专卖店有优雅的木纹墙面，摆满了艺术品，宛若一栋豪宅。"每当我买Polo衫时，我就会想到那座豪华的门店，这个店是拉夫的设计理念最具体的呈现。德雷克斯勒对Gap也采取了同样的策略。一想到这个品牌，我就能立刻联想到Gap门店：空间巨大，洁净无瑕，木质地板，白色墙面，各类衣物整齐叠放。"

考察结束后，他们开车回到苹果，坐在会议室把玩公司的产品。当时，苹果的产品线并不多，不足以摆满传统商店的货架，但这也是一个优势。他们认为零售店可以把产品种类的少而精作为特色，充分展示简约通透的风格，同时为产品的试用提供大量空间。约翰逊说："大多数人不熟悉苹果的产品，他们觉得苹果似乎有点儿像狂热的宗教团体。我们应该改变人们的这种印象，打造炫酷感，实现的方式就是把零售店设计成可以让大家自由试用的地方。"这些零售店将传递苹果产品的精神内核：有趣、轻松、创意十足，而且只会让人觉得时髦，不会让人觉得难以亲近。

样板店

当乔布斯最终向苹果董事会提出开零售店的想法时，董事会并无兴趣：捷威电脑公司（Gateway）就是在郊区开了几家零售店之后一蹶不振的。乔布斯之所以认为苹果的零售店会做得更好，只是因为苹果零售店将开在租金更贵的地方——这个逻辑显然没什么说服力。"非同凡想"和"向疯狂的人致敬"是不错的广告词，但董事会觉得不应该将其作为公司战略的指导

第二十九章　苹果零售店　天才吧和锡耶纳砂岩　345

方针。2000 年加入苹果董事会的美国基因泰克公司（Genetech）首席执行官阿特·莱文森回忆说："我听了之后直挠头，觉得这个想法太疯狂了。"埃德·伍拉德也心存疑虑："我们是一家小公司，在市场上微不足道。我说我觉得不能支持开零售店的想法。捷威电脑已经尝试了，也失败了，而戴尔在没有商店的情况下采取直接邮购的方式却获得了成功。"乔布斯对董事会的种种质疑置若罔闻。上次董事会跟乔布斯意见不一致的时候，他的做法就是撤换大部分董事会成员。而这一次，由于厌倦了与乔布斯的拉锯战，也出于一些私人原因，伍拉德决定辞去苹果董事长的职务。但在他正式卸任之前，董事会已经批准设立 4 家苹果零售店的试运营计划。

董事会里的确有一个人支持乔布斯。1999 年，乔布斯邀请"零售王子"米拉德·"米奇"·德雷克斯勒（Millard "Mickey" Drexler）加入苹果董事会。出身于纽约布朗克斯区的德雷克斯勒是 Gap 的首席执行官，他一举把这个死气沉沉的连锁店变成了美国休闲文化的标志。他是世界上为数不多的在设计、品牌形象和消费者需求方面与乔布斯并驾齐驱的企业领袖。此外，他还坚持采取端到端控制的策略：Gap 专卖店只销售 Gap 的产品，而 Gap 的产品几乎只在 Gap 专卖店销售。德雷克斯勒说："我之所以不把产品放在百货商店，是因为我无法忍受不能控制自己产品的情况。从生产到销售，我需要充分掌控每一个环节。史蒂夫也是这样的人，我想这就是他拉我进董事会的原因。"

德雷克斯勒给乔布斯提了一个建议：在苹果总部附近，完全按照正式店面的设计装修，秘密打造一家样板零售店，然后在那里进行实地体验，不断创新改进，直到完全满意为止。于是，约翰逊和乔布斯在库比蒂诺租了一个空置的仓库。在接下来的 6 个月里，每逢星期二，他们都会在仓库召开一上午的头脑风暴会议，一边踱步，一边完善他们的零售理念。这里跟艾夫的设计工作室很相似，也是乔布斯静心独处的避风港。因为乔布斯注重视觉感受，他可以通过触摸和观察各种细节的迭代，不断提出创新方案。乔布斯回忆说："我喜欢自己在那里闲逛，只是随便看看，感受一下。"

有时他会请德雷克斯勒、埃里森和其他几个他信赖的朋友来看阶段性成果。埃里森说："有好多个周末，他不是让我去看《玩具总动员》新完成的片段，就是让我去仓库看样板店。他对美学和服务体验的每个细节都超级痴迷。最后我不得不对他说：'史蒂夫，如果你再让我去那个零售店，我就不过去找你了。'"

埃里森的甲骨文公司正在开发手持式结账系统软件，有了这个系统，就无须再设置收款台。每次见面时，乔布斯都会催促埃里森尽力简化结账流程，取消一些不必要的步骤，比如要用户出示信用卡或打印收据等。埃里森说："看一下苹果的零售店和产品就能知道，史蒂夫对'简约之美'有多么执着，连零售店的结账流程也必须符合包豪斯美学和绝妙的极简主义。这意味着中间的步骤要简化到极致。史蒂夫向我们提供了精准的配方，要我们按照他的配方来设计结账的流程。"

德雷克斯勒受邀去参观样板店时，提出了一些批评意见："我觉得这个空间太显杂乱，不够干净利落，有太多分散注意力的建筑结构和色彩。"他强调说，顾客应该一走进零售空间，简单扫视一下，就能够对整个空间的动线了然于心。乔布斯同意他的看法：简约明快，去除令人分心的事物，是优秀销售空间的关键，这一点跟产品一样。德雷克斯勒说："从那之后，乔布斯抓住关键点进行了修正，成功为零售店定调。他的愿景是控制与产品有关的一切体验，无论是产品设计、制造，还是销售。"

2000年10月，就在约翰逊觉得零售店的设计布局即将大功告成之际，他突然在一次星期二的例会前半夜惊醒，脑子里闪现出一个可怕的想法：他们犯了根本性错误。零售店的布局是围绕苹果的每一条主要产品线展开的，为PowerMac、iMac、iBook和PowerBook单独设立了专属区域。但乔布斯已经开始探索一个新的概念——他想把电脑打造成个人数字活动的中心。换句话说，你的电脑可以处理你相机拍摄的视频和图片，也许有一天也可以管理你的音乐播放器和其中的歌曲，或者管理你阅读的书和杂志。约翰逊茅塞顿开：零售店不仅应该围绕公司的四条电脑生产线进行展示，还应该根据消费者的数字活动进行设计铺排。"例如，我觉得应该再设立一个电影区，让各种机型的Mac和PowerBooks运行iMovie，并展示如何把视频从摄像机里导入电脑中，并在电脑上进行剪辑。"

那个星期二，约翰逊早早地来到了乔布斯的办公室，告诉他自己突然意识到他们需要重新调整商店的布局。他听说过乔布斯生起气来会出言不逊，但这次才算第一次真正领教了老板的脾气。乔布斯大发雷霆："你知道这样调整会带来多大的变动吗？我为了这家店，拼命忙了半年，而现在你却想全部推倒重来！"他吼了几句，突然安静了下来。"我好累，我不知道还有没有心力再从头开始设计一家店了。"

约翰逊无言以对，而乔布斯也希望他继续闭嘴。当时，大家已经聚集在样板店，准备参加星期二的例会了。在开车前往样板店的途中，乔布斯要求约翰逊不要再说一个字，无论是对他，还是对团队的其他成员。于是，在这7分钟的车程里，两个人一直沉默不语。等他们到达样板店时，乔布斯的大脑已经完成了对各种信息的处理。"我知道罗恩是对的。"他回忆说。因此，会议一开始，乔布斯就开门见山地说："罗恩觉得我们完全搞错了。他认为零售店不应该围绕苹果的产品线来规划，而是应该根据消费者的行为活动来设计。"约翰逊听了惊讶不已。乔布斯停顿了一下，继续说道："他说的是对的。"他宣布，他们将重新调整布局，尽管这意味着原本计划在1月推出的零售店可能将被推迟3~4个月。"我们必须确保旗开得胜，一举成功。"

乔布斯很喜欢分享自己此前的经历：他每次大获成功，都是因为在关键时刻按下倒带按钮。每一次，他都会发现一些并不完美的部分，然后不得不返工重来，直至一切都无可挑剔。那天，他跟团队讲了同样的话。他以《玩具总动员》为例，胡迪这个角色原本是个浑蛋，但他们在最后关头重写了剧本；而在第一代Mac的研发过程中，也出现过几次类似的情况。他说："如果有些东西没做对，你不能视而不见、放任不管，想着以后再来处理。那是其他公司的做法，不是苹果的做法。"

2001年1月，在调整后的样板店终于完成后，乔布斯首次邀请董事会前去参观。他先是在会议室的白板上画图演示了设计的理念，然后带着董事会成员乘坐面包车，开往3千米外的仓库。董事会成员看到乔布斯和约翰逊打造的样板零售店后，一致同意继续推进设立零售店的计划。董事会认为，零售店将会把零售和品牌形象之间的关系提升到新的高度，还将确保消费者不会仅仅把苹果电脑看作像戴尔或康柏那样的大众商品。

不过，大多数外界专家都不看好苹果零售店。《商业周刊》发表评论，题为"对不起，史蒂夫，苹果零售店注定失败，原因在这里"，文中写道："也许史蒂夫·乔布斯是时候停止'非同凡想'了。"苹果前首席财务官约瑟夫·格拉齐亚诺（Joseph Graziano）在接受采访时指出："苹果的问题在于,他们仍然认为实现增长的方式是在一个已经满足于奶酪和饼干的世界里提供鱼子酱。"零售顾问戴维·戈德斯坦(David Goldstein)断言:"我认为,不出两年,他们就会为这个错误的做法付出痛苦而沉重的代价,然后关门大吉。"

木头,石材,钢材,玻璃

  2001年5月19日,首家苹果零售店在弗吉尼亚州的泰森角(Tyson's Corner)开业,店内选用亮闪的白色柜台、浅色木地板,墙上悬挂着一幅巨型海报,约翰·列侬和小野洋子在床上相依而坐,上面写有"非同凡想"的字样。怀疑论者大错特错了。捷威电脑零售店当时每周的客流量只有250人次左右。而到了2004年,苹果零售店平均每周的客流量已经达到5 400人次。苹果零售店当年的营收高达12亿美元,创下了零售业营收突破10亿美元的里程碑式的新纪录。埃里森公司开发的结账软件可以汇总各个零售店的销售额,每4分钟更新一次,为整合生产、供应和销售渠道提供了即时的信息。

  渐渐地,苹果零售店遍地开花,业务蒸蒸日上,但乔布斯依然事必躬亲,继续参与零售店发展的方方面面。李·克劳回忆道:"首批零售店刚开业时,在一次营销会议上,史蒂夫让我们花半个小时决定店内厕所的标志应该使用哪种灰色。"苹果旗舰店的设计方案由波林-赛温斯基-杰克逊建筑设计公司(Bohlin Cywinski Jackson)负责提供,但主要决策权还是在乔布斯手里。

  乔布斯尤其关注楼梯的设计,苹果零售店楼梯的设计风格和他以前为NeXT办公楼设计的楼梯如出一辙。每到一个正在修建的门店,乔布斯都会对楼梯提出调整建议。楼梯的两项专利申请书都把他列为主要发明人,一个是全透明的玻璃阶梯设计,其中包括玻璃混合钛支架;另一个是施工系统,采用了多层玻璃压制而成的整块承重玻璃。

  1985年,被苹果驱逐的乔布斯曾去意大利散心。当时,佛罗伦萨人行道上的灰色石头给他留下了深刻的印象。2002年,乔布斯开始慢慢觉得零售店浅色木地板的视觉效果平淡无奇,想将地板换成他在意大利见过的那种石板(微软首席执行官史蒂夫·鲍尔默不可能对类似的细节如此担忧)。

一些同事强烈建议用混凝土来仿制出石材的颜色和纹理，这样可以把造价降低90%，但乔布斯坚持使用天然石材。他选择的皮特拉锡耶纳砂岩呈灰蓝色，纹理细腻，来自佛罗伦萨郊外的菲伦佐拉城卡松家族采石场。约翰逊说："从山上开采的原材料中，我们选中的不过3%，因为只有极少的石材符合我们对颜色、纹路和纯度的要求。史蒂夫对颜色和品质极为挑剔。"为了达到乔布斯的要求，佛罗伦萨的设计师精心选择符合要求的石材，亲自监督将石材切割成合适的瓷砖的过程，确保每块瓷砖都依次贴上标签，这样在最终施工完成时，相邻的石材纹理才可以完美衔接。约翰逊说："一想到零售店的地砖和佛罗伦萨人行道上用的石头一模一样，你就可以确信：这些石板一定经得起时间的考验。"

　　苹果零售店的另一个特色是"天才吧"（Genius Bar）。这个想法来自约翰逊和他的团队。在一次为期两天的度假会议中，约翰逊请每个人描述一下自己享受过的最好的服务，几乎每个人都提到了在四季酒店和丽思卡尔顿酒店的美好体验。因此，约翰逊安排前五家零售店的经理参加了丽思卡尔顿酒店的培训项目。由此，他们孕育了一个主意，就是把酒店的礼宾服务与吧台服务相结合，在零售店提供类似服务。约翰逊向乔布斯汇报了这个想法："我们让最聪明能干的 Mac 专家来提供服务怎么样？可以取名'天才吧'。"

　　乔布斯认为这一想法匪夷所思，甚至对其名字也表示反感："你不能管他们叫'天才'，他们是极客，根本不会跟人打交道，不可能做好'天才吧'的工作。"听了乔布斯的话，约翰逊以为该想法就此胎死腹中了，但第二天他碰到了苹果的总法律顾问，总顾问说："对了，史蒂夫刚刚让我去给'天才吧'这个名字注册了一个商标。"

　　曼哈顿第五大道的苹果零售店于2006年开业，这家门店集中体现了乔布斯对设计的激情和品位。门店外观呈立方形，设有标志性的楼梯和玻璃结构，通过极简的外形投射最有力的品牌形象，用约翰逊的话说："这完全是史蒂夫的店。"零售店24小时营业，全年无休，开业第一年的客流量就达到每周5万人次，充分证明在黄金地段开店的策略是正确的（还记得捷威电脑的周客流量吗？250人次）。乔布斯在2010年自豪地说："这家店的单位面积营收超过了全球任何一家店。总营收——营收总额，而非单位面积营收——也超过了纽约的任何一家店，包括萨克斯百货和布鲁明戴尔百货。"

乔布斯还把产品发布会的声势带到了新店开业环节，打造出激动人心的氛围。很多人会专门赶到有新店开业的城市，彻夜排队，只为成为首批进店的顾客。一个名叫加里·艾伦（Gary Allen）的苹果爱好者还建了一个网站，专门供苹果零售店的粉丝交流互动，他写道："我第一次整夜排队是在帕洛阿尔托，那还是听了我儿子的建议，他当时只有14岁。排队变成了一场很有意思的社交活动。后来，我和儿子又一起参加过好几次通宵排队活动，其中5次是在国外。我们也因此认识了很多有趣的人。"

2011年7月，在首批苹果零售店开业整整10年以后，苹果在全球共开设了326家零售店，其中最大的一家位于伦敦科文特花园，最高的一家位于东京银座。每家门店的平均年营收为3 400万美元，2010财年的销售总额更是高达98亿美元。但零售店的作用远不止于此。零售店的销售额虽然只占苹果营收总额的15%，但却打造了热度和品牌效应，为公司的整体发展做出了很大的间接贡献。

2011年，即使在与癌症抗争期间，乔布斯也会花时间构思未来的零售店项目，比如他想在纽约中央车站打造一个零售店。一天下午，他向我展示了一张第五大道零售店的照片，指着两边的18块玻璃说："这是当时玻璃技术的最高水平。为了生产这些玻璃，我们还自己制造了高压脱泡机。"然后他拿出一张图纸，上面的设计方案用4块巨大的玻璃板取代了那18块玻璃。这是他的下一步设想，他再一次对美学和科技的结合提出挑战。"如果用我们现在的技术，就必须把立方体的高度调低30厘米，但我不想这样做，所以我们要在中国制造新一代高压脱泡机。"

约翰逊对这个想法持保留意见。他认为18块玻璃其实比4块更好看："门店现在的外观比例正好与通用汽车公司大楼的柱廊配合得天衣无缝，整个建筑闪闪发光，就像一个珠宝盒。我觉得如果玻璃的透明度太高，会过犹不及。"他跟乔布斯讨论过这个问题，结果当然是枉费口舌。约翰逊表示："当科技的进步带来创新的可能性时，史蒂夫一定会先试为快。对史蒂夫来说，越少越好，越简单越好，越先进越好。用更少的元素建造一个玻璃盒子既体现了简约，又能站在技术的前沿，无论是对于产品还是对于零售店，这都是史蒂夫追求的境界。"

第三十章　数字生活中枢

从 iTunes 到 iPod

连点成线

2001年，第一代 iPod

每一年，乔布斯都会挑选100个公司最有价值的员工参加度假会议，他把这100个人称为"精英100"。而选拔规则也非常简单："如果只能用救生艇带100个人去创建你的下一家公司，你会带谁？"乔布斯讲话时喜欢用白板，因为白板可以让他掌控全场，成为所有人关注的焦点。在每次度假会议临近结束时，他都会站在白板前向团队发问："下一步，我们要完成哪10件大事？"大家会争先恐后地提出自己的构想，希望能被选中。乔布斯会把所有人的建议一一记下，然后划掉那些他认为不靠谱的想法。经过一番激烈的讨论之后，十大设想会脱颖而出。最后，乔布斯会砍掉后面的7项，宣布："我们只能做三件事。"

2001年，苹果的个人电脑业务已经全面复兴，是时候开始"非同凡想"了。所以，在那年写在白板上的"下一步清单"中，一些崭新的可能性居于前列。

当时，数字领域笼罩着愁云惨雾。网络泡沫已经破灭，纳斯达克指数从最高点下跌了超过50%。在2001年1月的超级碗比赛中，投放广告的科技公司只有3家，而前一年这个数字是17。当然，数字领域的萧条之象远不止于此。乔布斯和沃兹尼亚克在25年前创立了苹果，自那时以来，个人电脑一直是数字革命的核心。而专家们现在预测，电脑的核心作用即将终结。《华尔街日报》的资深科技记者沃尔特·莫斯伯格（Walt Mossberg）写道，电脑已经"成熟到暮气沉沉的境地，变得寡淡无聊"。捷威电脑的首席执行官杰夫·韦特泽恩（Jeff Weitzen）则宣称："显然，个人电脑的核心地位正在逐步丧失。"

就在这时，乔布斯启动了全新战略，而这个宏大战略即将彻底改变苹果乃至整个科技行业：一方面，个人电脑将一扫逐步被边缘化的颓势，日渐发展成为"数字生活中枢"（digital hub），整合管理音乐播放器、录像机、照相机等各种数码产品——用户可以把这些设备连接到电脑上进行同步，也可以用电脑来管理自己的音乐、图片、视频、文本及乔布斯所称的"数字生活方式"的方方面面；另一方面，苹果将不再单单是一家电脑公司（苹果后来把"电脑"二字从公司的名称中拿掉了），Mac也将重新焕发活力，成为苹果一系列令人叹为观止的新产品（包括iPod、iPhone和iPad）的管理中枢。

即将年满30岁时，乔布斯做过一个关于唱片的比喻。他当时在思考为什么人在30岁之后容易思维僵化，创新能力下降。他说："大脑会被现有模式禁锢，就好像唱片机的唱针永远摆脱不了唱片上的针槽。"现在，45岁的乔布斯即将跳出自己的"针槽"。

火线

乔布斯关于"电脑可以成为个人数字中枢"的设想，可以追溯到苹果在20世纪90年代初开发的"火线"（FireWire）技术。火线是一个高速串行接口，可以将视频等数字文件从一个设备转移到另一个设备。日本的摄像机制造商就采用了火线技术，而乔布斯决定将其加入1999年10月推出的新版 iMac 中。他开始设想将火线发展成一个系统，通过系统把视频从摄像机转移到电脑上，在电脑上进行编辑和传送。

要想把设想变为现实，iMac 需要配备功能强大的视频编辑软件。当时，在 Windows 系统上运行的视频软件 Adobe Premiere 很受欢迎，于是乔布斯找到在数字图像软件公司 Adobe 的老朋友，请他们开发一款 Mac 版 Adobe Premiere。但他万万没有想到，Adobe 的高管拒绝了他，因为他们认为 Mac 的用户太少，专门开发软件并不划算。乔布斯怒不可遏，感觉自己遭到了背叛。他后来说："我帮助 Adobe 在行业立足，他们却这样对我。"Adobe 甚至还拒绝为 Mac 电脑系统开发包括 Photoshop 在内的其他热门软件，而 Mac 电脑深受设计师和其他创意人士欢迎，他们是这些软件的用户。

乔布斯自始至终都没有原谅 Adobe。10 年后，他不允许 Adobe Flash 在 iPad 上运行，跟 Adobe 公开决裂。与 Adobe 的激烈交锋，给乔布斯上了宝贵的一课，进而强化了他对系统中所有关键元素进行端到端控制的想法。"1999 年，我们被 Adobe 摆了一道，我得到的主要教训是，如果我们不能同时控制某个业务领域的硬件和软件，就不能贸然涉足其中，否则就只能任人摆布。"

因此，从 1999 年开始，苹果开始为 Mac 电脑系统开发应用软件，重点目标用户就是处于艺术和技术交会处的消费群体。这些软件包括数字视频编辑软件 Final Cut Pro，面向一般消费者的简易版 iMovie，将视频或音乐刻录到光盘上的 iDVD，与 Adobe Photoshop 竞争的照片编辑软件 iPhoto，用于音乐制作和混音的 GarageBand，用于歌曲管理的 iTunes，用于购买歌曲的 iTunes Store，等等。

"数字生活中枢"的创意迅速成为苹果的核心战略。乔布斯说："我第一次理解这个概念是在摄像机上。有了 iMovie，摄像机的价值可以提高 10 倍。"在电脑编辑软件出现之前，几百个小时的原片全都被存储在摄像机上，想全部查看它们非常麻烦；而有了电脑软件，就可以在电脑上进行剪辑，制作漂亮的转场效果，配上动人的音乐，在片尾的滚动字幕里将自己列为执行制片人。电脑编辑软件让人能够发挥创造力，进行自我表达，制作出寄托情感的作品。乔布斯说："就在那时，我突然意识到，个人电脑将发生蜕变，破茧成蝶。"

乔布斯还有一个领悟：如果把电脑作为"数字生活中枢"，那么随身携带的数码设备就可以变得更加轻巧简便。很多公司都努力增加了设备提供的功能，比如可以编辑视频和图片，但效果很不理想，因为设备的屏幕太小了，没有办法清楚呈现各种功能菜单。而电脑可以轻松解决类似问题。

此外，乔布斯还认识到，只有当数码设备、电脑、软件、应用程序、火线等所有要素都紧密结合的时候，才能取得最佳效果。他回忆说："我更加坚信要提供端到端的整合解决方案。"

这一认知的绝妙之处在于，在当今世界上，只有一家公司有能力提供整合解决方案。微软开发软件，戴尔和康柏制造硬件，索尼生产各种数码产品，Adobe 开发大量应用程序。但只有苹果集成了上述所有业务。乔布斯告诉《时代周刊》："我们是唯一一家拥有硬件、软件和操作系统等整套产品线的公司。我们可以对用户数字生活体验负起全部责任。我们可以为其他公司所不能为。"

苹果以视频为切入点，开启了"数字生活中枢"战略的第一战。有了火线，就可以把录像机中的视频传到 Mac 上，而有了 iMovie，就能把视频剪辑成精彩的电影。然后呢？你会想刻录一些 DVD，跟朋友一起在电视上观看。乔布斯说："所以我们花了很多时间，与驱动器制造商合作，想要研发出一款供普通消费者刻录 DVD 的光驱。我们是有史以来第一家提供这种产品的公司。"一如既往，乔布斯努力的方向是为用户提供尽量简单的产品，而这也是产品成功的关键。在苹果从事软件设计工作的迈克·伊万杰利斯特（Mike Evangelist）回忆了他最初向乔布斯展示产品界面的情景。在看了一堆界面截图后，乔布斯跳了起来，拿起一支马克笔，在白板上画了一个简单的矩形，说："这就是新的应用程序。它有一个窗口，把视频拖入窗口，然后点击'刻录'按钮，就可以了。就是这么简单。这就是我们要做的。"迈克目瞪口呆，但乔布斯的确指明了方向，团队据此开发了简单好用的 iDVD。乔布斯甚至帮忙设计了"刻录"按钮的图标。

乔布斯知道，数码摄影也即将迎来爆发式发展，于是苹果也在想办法推动电脑成为个人照片管理中枢。不过，乔布斯却忽视了一个用电脑管理音乐的绝佳机会（起码在第一年的时候）。惠普和其他一些公司正在生产一种可以刻录音乐 CD 的光驱，但乔布斯坚持认为苹果应该把重点放在视频而非音乐上。不仅如此，他还曾意气用事，强烈要求iMac换掉托盘式磁盘光驱，使用更利落优雅的吸入式光驱。由于CD刻录功能最初只有托盘式光驱的规格，苹果电脑无法配置第一批CD刻录机。他回忆说："我们那一次失了先机，所以必须奋起直追。"

创新公司的标志不仅在于先人一步提出创新概念，还在于发现自己落后时，知道如何奋起直追，实现反超。

iTunes

没过多久，乔布斯就意识到音乐市场正在蓬勃崛起。2000年，用户开始将音乐从CD翻录到电脑上，或从奈普斯特（Napster）等文件共享服务网站上下载音乐，然后把音乐播放列表刻录到空白的CD上。那一年，美国的空白CD销量为3.2亿张，而当时全美国的人口总量也不过2.81亿。这就意味着，用户对刻录CD极为热衷，音乐市场前景广阔。但苹果却没有第一时间抓住机遇。乔布斯告诉《财富》杂志："我觉得自己像个笨蛋。我知道我们可能已经错过这波趋势。我们必须努力创新，才能迎头赶上。"

于是，乔布斯在iMac上增加了CD刻录功能，但他并没有止步于此。他的目标是让用户可以轻松便捷地从CD上转录音乐，在电脑上管理音乐，然后刻录音乐播放列表。其他公司已经推出了五花八门的音乐管理软件，但无一不复杂难用。天赋慧眼的乔布斯一下就发现市场上满是二流产品。他仔细研究了当时市面上所有的音乐播放软件，像Real Jukebox、Windows Media Player，还有惠普CD刻录机里内置的软件，得出结论："这些软件设计得太复杂了，就算是天才，也只能搞清楚其中的一半功能。"

这时，比尔·金凯德（Bill Kincaid）出现了，这个人曾在苹果担任软件工程师。有一天，他正在前往加州柳泉赛道参加福特方程式跑车比赛，边开车边听美国全国公共广播电台（NPR）的节目（虽然这与飙车族的形象略显不搭）。他听到新闻在报道一款叫作Rio的便携式音乐播放器，可以播放一种叫作MP3的数字歌曲格式。新闻主播说："但Mac用户们，不要激动，因为这款播放器跟Mac电脑并不兼容。"金凯德心想："哈哈！我可以解决这个问题！"

金凯德打电话给好友杰夫·罗宾（Jeff Robbin）和戴夫·海勒（Dave Heller），他们两个之前也都是苹果的软件工程师。后来，三个人联手开发了一款名为 SoundJam 的产品，为 Mac 用户提供 Rio 播放器管理软件，让他们在苹果电脑上管理自己的歌曲。乔布斯一直在推动团队开发音乐管理软件，于是苹果在 2000 年 7 月收购了 SoundJam，一并将三个工程师都带回了苹果（三人后来一直留在苹果。罗宾在接下来的 10 年里继续管理音乐软件开发团队。乔布斯非常重视罗宾：他曾允许《时代周刊》的记者与罗宾见面，但前提是记者保证不曝光罗宾的姓氏）。

乔布斯亲自与他们协同作战，把 SoundJam 改头换面，变成正宗的苹果产品。SoundJam 的功能和特色比较多，所以屏幕界面也变得很复杂。乔布斯要求他们降低产品的使用难度，同时提升趣味性。在改造之前，SoundJam 的搜索界面要求用户在搜索艺术家、歌曲和专辑三者间做选择，但乔布斯坚持认为搜索界门应该改为一个简单的输入框，用户可以任意输入自己想搜的内容。团队借鉴了 iMovie 时髦的拉丝金属外观，并借用了它的名字，把软件更名为 iTunes。

在 2001 年 1 月的 Mac 世界大会上，乔布斯发布了 iTunes，将其定位为"数字生活中枢"战略的一部分。他宣布，iTunes 将供所有 Mac 用户免费下载。"请与 iTunes 一起加入音乐革命，让你的音乐播放器的价值提高 10 倍。"他在热烈的掌声中总结道。而他日后给 iTunes 确定的广告词正是："翻录、混录、刻录"（Rip, Mix, Burn）。

当天下午，乔布斯刚好安排了与《纽约时报》的约翰·马科夫会面。采访进行得很不顺利，但在采访结束前，乔布斯坐在自己的 Mac 电脑前，骄傲地向马科夫展示了 iTunes。乔布斯看着电脑屏幕上不断变化的迷幻图案，说："这让我想起自己的青春岁月。"他回忆起了服用迷幻药的经历。乔布斯告诉马科夫，服用迷幻药是他一生中做过的最重要的两三件事之一。没有服用过迷幻药的人，恐怕永远无法完全理解他。

iPod

"数字生活中枢"战略的下一场阵地战是打造便携式音乐播放器。乔布斯意识到，苹果可以利用 iTunes 设计出更简单的设备：复杂的任务可以在电脑上处理，而播放器只需要有几个简单的功能。这个理念催生了 iPod，让苹果开始从一家电脑制造商成长为全球最有价值的公司。

乔布斯对 iPod 项目有一股特殊的热情，因为他本身就钟爱音乐。他告诉同事，市面上所有的音乐播放器都"烂透了"。席勒、鲁宾斯坦和团队的其他成员都赞同他的观点。在 iTunes 的开发过程中，他们花了大量时间研究 Rio 和其他音乐播放器，提出了各种各样的批评意见。席勒回忆说："我们经常坐在一起说，'这些东西太垃圾了'，它们只能装下大概 16 首歌，而且你根本就搞不懂该怎么用它们。"

2000 年秋，乔布斯就开始要求团队开发一款便携式音乐播放器，但鲁宾斯坦告诉他，目前市面上还找不到关键的零组件，需要稍加等待。几个月后，鲁宾斯坦终于找到了合适的小液晶屏和可充电的锂电池。但更大的挑战是必须找到体积足够小且内存足够大的磁盘，否则就无法打造出色的音乐播放器。

2001 年 2 月，鲁宾斯坦飞到日本对当地的苹果供应商进行例行访问。在与东芝公司的例会即将结束时，工程师团队提到他们正在实验室中研发一款新产品，将于当年 6 月前完成。这是一款尺寸为 1.8 英寸、容量为 5G（可以存储大约 1 000 首歌曲）的超小硬盘，但他们不确定它有什么用。他们把迷你硬盘拿给鲁宾斯坦看，鲁宾斯坦立刻就想到了可以做什么：把 1 000 首歌装在口袋里！简直完美。但他在会议现场未动声色。乔布斯当时也在日本，为在东京的 Mac 世界大会上做主旨演讲。那天晚上，他们在乔布斯下榻的大仓饭店见面。鲁宾斯坦告诉他："我现在知道怎么做了，我只需要一张 1 000 万美元的支票。"乔布斯立即批准了。于是鲁宾斯坦开始与东芝谈判，希望取得东芝制造的迷你硬盘的独家使用权。交易谈成之后，他便开始四处物色开发团队的负责人。

托尼·法德尔是一个赛博朋克风格的程序员。他性格急躁，微笑迷人，颇有创业热情，在密歇根大学读书时就已经创办了三家公司。他曾在手持设备制造商通用魔力（General Magic）工作（在那里他遇到了出逃苹果的安迪·赫兹菲尔德和比尔·阿特金森），后来加入飞利浦电子公司（Philips Electronics），以漂白的短发和叛逆的风格与飞利浦保守古板的文化相抗衡，度过了一段格格不入的时光。他当时对打造更好的数字音乐播放器已经有一些想法，也曾向RealNetworks（真实网络公司）、索尼和飞利浦推销自己的创意，但并没有人买账。有一天，他正跟叔叔一起在科罗拉多滑雪，刚坐上缆车，他的手机就响了。电话是鲁宾斯坦打来的，鲁宾斯坦说苹果正在寻找一个能负责开发"小型电子设备"的人。自信心爆棚的法德尔立刻表示，自己是制造这种设备的天才。于是鲁宾斯坦邀请他来苹果谈一谈。

法德尔一开始以为苹果是找他来研发一款个人数字助手，也就是新一代的"牛顿"。但当他与鲁宾斯坦见面时，话题很快就转到刚上市3个月的iTunes上。鲁宾斯坦告诉他："我们一直在尝试将市面上的MP3与iTunes连接起来，但这些播放器实在烂到家了，我们认为苹果应该自己开发一个。"

听闻此言，法德尔非常兴奋："我对音乐充满热情。我在RealNetworks的时候就想开发音乐播放器，还给奔迈（Palm）公司推销过MP3播放器的开发方案。"他同意加入，至少以顾问的身份参与项目。几周后，鲁宾斯坦坚称，如果法德尔要领导开发团队，就必须成为苹果的全职员工。但法德尔非常抗拒：他舍不得放弃自由。鲁宾斯坦对法德尔不情不愿的态度非常不满，他生气地告诉法德尔："这可是会改变你一生的决定，你永远不会后悔的。"

鲁宾斯坦决定迫使法德尔就范。他把指派到项目上的二十几个人召集到一间会议室里。法德尔走进会议室后，鲁宾斯坦告诉他："托尼，除非你签约成为全职员工，否则这个项目就取消。你是加入还是退出？你必须现在就做出决定。"

法德尔盯着鲁宾斯坦的眼睛，然后转身面对其他人说："苹果经常发生这种胁迫人签约的事情吗？"他停顿了一下，勉强答应，然后没好气地和鲁宾斯坦握了手。法德尔回忆道："因为这件事，我跟乔纳森的心里都有疙瘩，此后多年关系一直不稳定。"鲁宾斯坦深有同感："我觉得他一直没有原谅我当年的做法。"

法德尔和鲁宾斯坦注定要发生冲突，因为他们都自认为是"iPod之父"。在鲁宾斯坦看来，他在几个月前就被乔布斯委以重任，找到了东芝硬盘，确定了显示屏、电池和其他关键元素，之后才找来法德尔接手负责开发组装。他和一些同事看不惯法德尔爱出风头,开始在背后叫法德尔"大话托尼"。但从法德尔的角度来看,他在加入苹果之前,就已经想出优质 MP3 播放器的开发计划,也早已向其他公司进行推销。究竟谁的功劳最大,或者谁应该得到"iPod 之父"的称号,这个问题多年来一直存在争议,两个人在各类采访、文章、网页甚至维基百科的条目中都各执一词,争论不休。

但在接下来的几个月里,他们都忙于研发,无暇争吵。乔布斯要求 iPod 在圣诞节前上市,这意味着在 10 月就要做好发布准备。为了给新产品找到基本架构,他们四处考察其他正在设计 MP3 播放器的公司,最后锁定了一家叫 PortalPlayer(便携播放器)的小公司。法德尔告诉自己的团队:"这是一个即将重塑苹果的项目。10 年后,苹果将成为一家音乐公司,而不是一家电脑公司。"他说服他们签署了一份独家协议,然后带领团队完善了 PortalPlayer 的不足之处,解决了界面过于复杂、电池寿命偏短、无法制作超过 10 首歌曲的播放列表等一系列问题。

就是这样!

有些会议之所以令人难忘,是因为会议不仅具有标志性的历史意义,而且能彰显领导者的行事方式。2001 年 4 月在苹果总部四楼会议室举行的会议就是如此。在此次会议中,乔布斯敲定了 iPod 所有的基本要素和性能。在会上,法德尔向乔布斯介绍了他的设计方案,出席会议的还有鲁宾斯坦、席勒、伊夫、杰夫·罗宾和营销总监斯坦·吴(Stan Ng)。法德尔没有跟乔布斯接触过,所以他在那天不免提心吊胆。法德尔回忆说:"当他走进会议室的时候,我心想'哇,这就是史蒂夫!'然后赶紧挺直后背,因为我听说他凶起来非常吓人。"

法德尔先是介绍了潜在市场和其他公司的产品与研发现状。乔布斯则一如既往地没有耐心。法德尔说:"他对幻灯片的关注不会超过一分钟。"当法德尔讲到市场上其他潜在竞争者时,乔布斯对着幻灯片大手一挥:"不必担心索尼,我们知道我们在做什么,而他们不知道。"于是,幻灯片讲解到此结束,改由乔布斯向大家发问。法德尔从中学到了一个教训:"史蒂夫更喜欢现场感,喜欢通过面对面讨论来解决问题。他曾告诉我:'如果你需要用幻灯片,那就说明你不知道自己在说什么。'"

乔布斯也喜欢别人把实物展示给他,这样他可以亲自感受、检验、触碰产品。所以法德尔把三个不同的设计模型带到了会议室:鲁宾斯坦事先已经教他如何依次揭示这些模型,好让自己最喜欢的设计成为真正的"主菜"。他们将一个大木碗倒扣在首选方案上,放在桌子正中间。

法德尔开始一边讲解,一边从盒子中拿出他们正在使用的各种零组件,将它们逐个摆放在桌子上:1.8英寸的硬盘、液晶屏、电路板、电池,每一个零件上都标明了成本和重量。在展示的过程中,大家讨论说在未来一年左右,零件的价格或尺寸可能还会有所下降。一些部件可以像乐高积木一样拼在一起,从而产生不同的组合方式。

然后,法德尔开始逐一展示模型。这些模型由泡沫塑料制成,里面装有砝码,用于模拟实际的重量。第一个模型设有音乐存储卡插槽。乔布斯觉得太复杂了。第二个模型用的是动态 RAM 存储器,成本较低,但如果电量耗尽,所有的歌曲都会消失。乔布斯也不满意。接着,法德尔把一些零组件拼装起来,做了一个带有 1.8 英寸硬盘的播放器。乔布斯看起来很感兴趣。于是,法德尔进入了演示的高潮环节——他揭开木碗,展示了一个完全组装好的成品模型。法德尔回忆说:"我本来以为需要再多展示几个组合方式,但史蒂夫直接选择了我们原先设计好的那款硬盘组装模型。"这种决策流程让法德尔震惊不已:"因为我早已习惯飞利浦的工作方式——类似的决策要一轮一轮开会,不断做幻灯片进行演示,还要在会后做更多的研究。"

接下来轮到席勒做演示,他问道:"现在我可以提出自己的创意了吗?"他离开房间,带着一堆 iPod 模型回来,每一个模型正面的装置都一模一样——也就是后来大名鼎鼎的环形滚轮设计。他回忆说:"我一直在思考播放列表的浏览方式。如果要按上几百次按钮,就太不现实了,但如果设计成轮子的形状,浏览起来不就方便多了吗?"只需要用拇指转动轮子,就可以快速浏览歌曲。转动的时间越长,歌单滚动的速度就越快,所以用户可以轻松浏览数百首歌曲。乔布斯大喊:"就是这样!"他让法德尔和工程师们立刻开始研究怎么将它做出来。

项目启动后,乔布斯夜以继日地投入其中。他最主要的要求就是"简

第三十章　数字生活中枢　从 iTunes 到 iPod　　　　　　　　　　　　　　　361

化"。他会仔细审查用户界面的每一个页面，逐一进行严格测试：如果他想找到一首歌或一个功能，按按键不能超过三次，而且这些操作要很直观。如果搞不清楚如何跳转到某个界面，或者需要按三次以上，他就会毫不留情地把人痛批一顿。法德尔说："有时候，我们真的是绞尽脑汁也想不出怎么解决一个用户界面问题，而他就会说：'你们想到这个了吗？'然后我们都会说：'天哪，还真没想到。'他可以从完全不同的角度定义问题，寻求解决方法，我们的小问题就会因此迎刃而解。"

乔布斯每天晚上都会给开发团队打电话，不断提出新的想法。法德尔和其他人则会打电话给彼此，一起讨论乔布斯的最新建议，密谋如何把他往他们想要的方向引导。有一半的时间，他们能够成功。法德尔说："史蒂夫最新的想法就像漩涡一样，我们要尽量不被卷入其中。为此，我们既要围绕他的想法展开讨论，又要努力预测他还会有什么样的新想法，这样才能应对。事实上，他每天都会有新的想法，无论是关于某个开关，还是按钮的颜色，或是定价策略问题。面对他这种做事风格，你需要与同伴彼此合作，互相照应。"

乔布斯还有一个重要的思路，那就是应该把尽可能多的功能集合在 iTunes 软件里，在电脑上处理，而不是在 iPod 上执行。乔布斯后来回忆说：

为了让 iPod 真正易于使用，我们需要限制 iPod 本身的功能，然后把这些功能放在电脑上的 iTunes 中。在这一点上，我争取了很久。例如，我们故意让用户无法在 iPod 上制作播放列表，而是需要先在 iTunes 上完成，然后再与设备进行同步。这个设计是存在争议的。但是 Rio 和其他播放器之所以如此难用，就是因为做得太复杂了。因为这些产品无法跟电脑上的音乐播放软件整合在一起，所以必须在播放器上实现"制作播放列表"等一系列功能。而对苹果来说，因为同时拥有 iTunes 软件和 iPod，我们就能让电脑为播放器服务，让该复杂的地方复杂，该简单的地方简单。

乔布斯下达重重指令，只为实现"简化"的目标，而其中最具禅意的要求就是不设置开关按钮（这让他的同事们十分错愕）。但后来，苹果大部分产品都没有开关按钮。不设置开关键，是因为没有必要。如果一段时间不被使用，苹果的产品就会进入休眠状态，触碰任意按钮，就可以把产品唤醒。因此，根本不需要专门设计一个开关，"咔嚓一声，关机、再见"。

突然之间，一切水到渠成：能容纳 1 000 首歌的硬盘、能轻松浏览 1 000 首歌的界面和滚轮、能在 10 分钟内同步 1 000 首歌的火线连接，能持续播放 1 000 首歌的电池。乔布斯回忆说："我们突然看着彼此的眼睛说：'这个产品一定很酷。'我们知道它有多酷，因为我们每个人都十分渴望拥有一个它。这个概念变得如此简单，又如此出彩：1 000 首歌，尽收囊中。"一位文案撰稿人建议将产品命名为"Pod"[1]。乔布斯沿用了 iMac 和 iTunes 的命名方式，把名字改为 iPod。

白鲸之白[2]

乔尼·艾夫一直在把玩 iPod 的泡沫模型，酝酿成品的外观设计。一天早上，他从旧金山的家开车去库比蒂诺，突然灵感乍现。他告诉车里的同事，iPod 的正面应该是纯白色的，而且应该与抛光不锈钢背壳无缝连接。艾夫说："大多数小型消费产品都给人一种'用后即弃'的感觉，没有什么文化吸引力。关于 iPod 的设计，我最引以为豪的地方就是它给人的感觉是有分量的，完全不像那种一次性产品。"

这个白色不是一般的白色，而是"纯净的白"。他回忆说："不仅仅是产品本身，还有耳机和连接线，甚至电源，都得是白色的，纯白无瑕。"其他人一直争论说，耳机当然应该是黑色的，就像所有的耳机一样。艾夫说："但史蒂夫不仅立即懂了我的想法，而且对此欣然接受，因为他知道白色能传达出纯净感。"细长蜿蜒的白色耳机线也推动 iPod 成为别具一格的经典产品。艾夫描述道：

iPod 本身很有分量，很有意义，不是一个用了就被扔掉的东西，但与此同时，这个产品是宁静而内敛的。iPod 不会在你面前摇头摆尾，而是表现得非常克制，但又尽显风致，因为自由摆荡的耳机充满了流动性。这就是为什么我喜欢白色。白色不仅仅是一种中性颜色。白色纯粹而恬静，大胆而出众，却又毫不张扬。

---

[1] 意为"豆荚"，形容外形精巧。——编者注
[2] 引自《白鲸》第四十二章章名。——编者注

李·克劳的 TBWA\Chiat\Day 广告公司负责 iPod 的广告。公司团队认为不应该用传统的产品介绍广告来展示其功能和特性，而是应该通过广告凸显 iPod 的标志性质地和白色外观。詹姆斯·文森特是个瘦瘦高高的年轻英国人，他玩儿过乐队，当过 DJ，最近刚加入克劳的公司。在设计苹果广告时，他自然而然地帮助苹果将重点受众定位成"追求时尚的千禧一代音乐爱好者"，而不是"叛逆的婴儿潮一代"。在艺术总监苏珊·阿林桑根（Susan Alinsangan）的协助下，他们为 iPod 制作了一系列广告牌和海报，将这些方案摆放在乔布斯的会议室桌子上，供他审查。

他们在会议桌的最右侧摆放了最传统的设计——在白色背景上做一张 iPod 的特写照片。而在桌子的最左侧，他们放上了最生动、最具标志性的设计：海报上是一个边听 iPod 边跳舞的人形剪影，iPod 的白色耳机线随着音乐摆动。文森特说："这个海报能反映出人对音乐的热爱和强烈的情绪连接。"他建议创意总监邓肯·米尔纳请所有人都站在会议桌的最左侧，看能不能把乔布斯吸引过来。乔布斯走进会议室之后，就立刻走向右边，看着那些以 iPod 的照片为主题的海报说："这些看着不错，我们讨论一下吧。"但文森特、米尔纳和克劳在桌子的另一头一动也不动。最后，乔布斯抬起头来，看了看那些符号化的广告，说："哦，原来你们喜欢这一套啊。"他摇了摇头说："但是这套上面没有显示产品，根本看不出是什么东西。"文森特提出他们想使用这张图片，但是会加上一句广告词："1 000 首歌，尽收囊中。"这样就不言自明了。乔布斯又朝会议桌的右侧看了一眼，最后终于同意了。不出意料，他很快就对外宣称，他们之所以采用了符号化的广告，都是他一再坚持的结果。乔布斯回忆说："周围有一些持怀疑态度的人问：'这种广告怎么能卖出 iPod 呢？'这时候，首席执行官的权力就派上用场了，我要坚持促成这个创意。"

乔布斯意识到，拥有由电脑、软件和设备组成的整合系统，还有一个优势：iPod 的销售可以带动 iMac 的市场。反过来，这也意味着他可以把用于苹果 iMac 的广告经费转移给 iPod，做到一箭双雕——实际上是"三雕"，因为这些广告不仅可以拉动 iMac 和 iPod 的销售，还将为整个苹果品牌注入新的光彩和活力。他回忆说：

> 我有了一个疯狂的想法：也许我们可以通过 iPod 广告，实现投放 Mac

广告同样的电脑销量。此外，iPod可以强化苹果的品牌定位，让人联想到勇于创新、活力无限。因此，我把7 500万美元的广告费转移到了iPod上，尽管在这个产品类别上投入75万美元都嫌多。这预示着我们将完全主导音乐播放器市场，因为我们的投入是其他公司的近百倍。

在电视广告中，标志性的人物剪影随歌起舞，而音乐都是乔布斯、克劳和文森特共同挑选的。克劳说："在每周的营销会议上，我们最大的乐趣就是挑选音乐。我们会播放一些最流行的音乐，史蒂夫会说'我讨厌这个'，而詹姆斯就得劝他接受。"苹果的广告让很多新乐队一夜成名，其中最著名的例子就是黑眼豆豆（Black Eyed Peas），他们的《嗨，妈妈》（"Hey Mama"）成了这一系列剪影广告的经典之作。每当新广告即将进入制作环节，乔布斯都会打退堂鼓，他会给文森特打电话，坚持要文森特取消制作，原因是歌曲听起来"太浮夸了"或"太轻佻了"，他会说："砍了吧。"詹姆斯会感到一阵惊慌，然后努力说服乔布斯："别担心，做出来一定很棒。"乔布斯都无一例外地做出让步。广告会顺利被制作出来，而乔布斯也会对最终的成品赞不绝口。

2001年10月23日，乔布斯再次举办招牌式产品发布会，向全世界介绍iPod。邀请函略显调皮，上面写道："提示：这次不是Mac。"在发布会上，他先是描述了新产品的技术性能，到了揭晓其神秘面纱的时候，他没有像往常一样走到桌子边，掀开桌上的天鹅绒布，而是说："这个产品刚好就在我口袋里。"他把手伸进牛仔裤口袋，拿出了一个闪闪发光的白色设备："这个神奇的小装置可以容纳1 000首歌，而且正好能被我轻松装进口袋。"他把iPod塞了回去，在掌声中从容地走下舞台。

起初，一些科技玩家对iPod提出了一些疑问，尤其觉得399美元的定价过高。在博客圈里流传着一个笑话，说iPod全称是"一群白痴给我们的设备定价"（idiots price our devices）。但iPod在消费者中大受欢迎，很快成为热门产品。不仅如此，iPod成就了苹果品牌的核心价值——诗意浪漫与精密工程相互结合，艺术创意和科学技术彼此交融，设计大胆，风格醒目，外形简洁，操作简便。iPod之所以简单好用，是因为苹果从电脑到火线、设备和软件，再到内容管理，提供了端到端的整合集成系统。从包装盒中取出的 iPod 是如此美丽，仿佛周身都在散发着光芒。相比之下，其他音乐播放器黯然失色。

从第一代 Mac 问世以来，还从来没有哪个产品像 iPod 一样愿景如此清晰，足以将公司推向未来。乔布斯对《新闻周刊》的史蒂文·利维说："如果有人想知道苹果在世间存在的意义，iPod 就是一个很好的例子。"长期以来对集成系统持怀疑态度的沃兹尼亚克也开始修正自己的理念。沃兹在 iPod 问世后兴奋地说："哇，iPod 是苹果的创意，这一点儿都不奇怪。毕竟，苹果的整个发展史就是既做硬件，又做软件，结果是两者配合得更好。"

利维拿到 iPod 媒体预览版的那天，碰巧在一个晚宴上见到了比尔·盖茨，他把 iPod 递给盖茨看。利维问："你看过这个了吗？"他注意到，"盖茨进入了另一种状态，就像那些科幻电影中的外星人看到了新奇物体一样，他在自己和这个物体之间建立了某种能量隧道，直接把关于这个物体的所有信息都吸收进自己的大脑。"盖茨把玩着 iPod 滚轮，试了试各种按钮组合，眼睛一动不动地盯着屏幕，最后说："看起来是一个伟大的产品。"然后他停顿了一下，带着一丝疑惑问道："它只能跟 Mac 一起用吗？"

第三十一章 iTunes 商店

我是花衣魔笛手

华纳音乐

2002年初，苹果面临重大挑战。iPod、iTunes软件和Mac之间可以无缝连接，让用户轻松管理已有的音乐，但是要想获取新的音乐，他们还是得离开苹果打造的舒适环境，去购买CD或在网上下载歌曲。在网上下载歌曲，一般就是进入灰色地带，通过文件共享和下载网站获取盗版音乐。为了解决这个问题，乔布斯希望为iPod用户提供一种简便易行、安全合法的歌曲下载方式。

当时的音乐产业也身处困境，唱片公司的权益受到严重侵害，因为Napster、Grokster、Gnutella（努特拉）、Kazaa等免费盗版音乐网站比比皆是。2002年，正版CD的销量下降了9%，部分原因就是盗版的猖獗。

面对这一状况，各大音乐公司的管理层陷入了极度混乱，像小学生踢足球一样不知所措。仓促之间，他们紧急合议，想推出一套保护数字音乐版权的通用标准。当时，华纳音乐的保罗·维迪奇（Paul Vidich）和同属美国在线时代华纳集团（AOL Time Warner）的比尔·拉杜切尔（Bill Raduchel）正在跟索尼合作制定标准，他们希望把苹果也拉入数字音乐版权保护联盟。于是，2002年1月，他们一行人飞到库比蒂诺拜见乔布斯。

双方的沟通并不顺利。维迪奇身患感冒，喉咙嘶哑，所以当天由他的副手凯文·盖奇（Kevin Gage）做幻灯片演示。坐在会议桌首位的乔布斯坐立不安，看上去很不耐烦。四张幻灯片过后，他挥了挥手，插话说："你们就是一群无头苍蝇，讲得狗屁不通。"大家都转头看向维迪奇。维迪奇停顿了很久，勉强发出声音，挤出几句话来："你说得对，我们的确不知道该怎么办。你得帮我们想想办法。"乔布斯后来回忆说，自己当时有点儿吃惊，不过最后还是同意了与华纳和索尼合作。

如果当时几大音乐公司真的携手合作，打造保护在线音乐文件的标准化编码方式，一批线上音乐商店会应运而生。如此一来，乔布斯就很难打造 iTunes 商店，无法让苹果主导线上音乐的销售方式。然而，索尼却给了苹果一个绝佳的机会——在 2002 年 1 月的库比蒂诺会议后，索尼决定退出谈判，因为他们想开发自己的专有编码格式，确保音乐版税收益。

索尼的首席执行官出井伸之在接受《红鲱鱼》杂志的编辑安东尼·帕金斯采访时说："你也知道史蒂夫，他做什么事都有自己的目的。虽然他是个天才，但他不会跟别人分享一切。对一家大公司而言，跟他合作难度极大，简直就像一场噩梦。"时任索尼北美区负责人的霍华德·斯金格（Howard Stringer）补充道："坦率地说，尝试推进与苹果的合作，纯属浪费时间。"

于是，索尼最终选择与环球音乐（Universal）合作，推出线上音乐订阅网站 Pressplay。与此同时，美国在线时代华纳、贝塔斯曼（Bertelsmann）、百代唱片（EMI）和 RealNetworks 公司联手推出了音乐网站 MusicNet。Pressplay 和 MusicNet 都不愿意将自己的歌曲授权给对方，因此各自只提供了大约一半的音乐资源。此外，两个网站提供的都是订阅服务，用户可以在线播放歌曲，但不能下载歌曲，服务到期后，就不能再继续听歌了。这两个网站的规定都极其复杂，操作界面也很烦琐，所以在《计算机世界》（PC World）杂志评选出来的"史上最烂 25 款科技产品"中，它们并列第九。《计算机世界》评论称："这两个服务平台的功能极其不合理，足以说明唱片公司依然没搞清楚如何满足用户的需求。"

这时，乔布斯本可以放任盗版音乐的发展——毕竟免费音乐可以提振 iPod 的销量。然而，因为他是真的热爱音乐，喜欢创作音乐的艺术家们，所以他反对偷窃创意作品的行为。他后来告诉我：

在创立苹果的早期，我就意识到，知识产权是公司蓬勃发展的根基。如果别人可以肆意抄袭或偷窃苹果的软件，我们早就倒闭了。如果知识产权得不到保护，我们就没有动力去研发新的软件或打造新的设计。如果对知识产权的保护开始消失，靠创意吃饭的公司也会随之消失，甚至永远无法起步。另外，保护知识产权还有一个更简单的理由：偷窃是不道德的行为。偷窃不仅会伤害他人，也会有损于自己的人格。

他也知道，阻止盗版最好的办法——事实上也是唯一的办法——就是提供一个比音乐公司炮制的差劲服务更具吸引力的选择。他告诉《时尚先生》杂志的安迪·兰格（Andy Langer）："我们相信，在下载盗版音乐的人中，有80%都情非得已。他们只是找不到合法的渠道。所以我们说，'我们来创造合法的替代方案吧'，这样大家都能成为赢家。音乐公司赢了，艺术家们赢了，苹果赢了，用户也赢了，因为他们可以得到更好的服务，不用再去偷窃。"

于是，乔布斯开始着手打造 iTunes 商店（iTunes Store）。他需要游说五大唱片公司授权 iTunes 商店销售他们的数字歌曲。他回忆说："我从来没有花过这么多时间去劝别人做对他们自己有利的事情。"唱片公司对于定价模式心存疑虑，也难以接受拆分专辑、把歌曲独立销售的做法。为了说服他们，乔布斯提出，苹果只会在 Mac 上提供 iTunes 商店服务。由于 Mac 只占 5% 的市场份额，唱片公司可以试着跟 iTunes 合作，而几乎不用承担什么风险。他回忆说："我们把 Mac 较小的市场份额变成了一种优势，跟音乐公司说，就算 iTunes 商店失败了，他们也不会全盘皆输。"

乔布斯建议把每首数字歌曲的售价定为 0.99 美元。这种定价模式简单直接，容易让人产生消费冲动。每卖出一首歌，唱片公司将获得 0.7 美元的收入。乔布斯坚称，购买模式会比音乐公司喜欢的按月订阅模式更有吸引力。他相信人们与自己喜爱的歌曲之间存在情感连接。歌迷们想要拥有滚石乐队的《对魔鬼的同情》（"Sympathy for the Devil"）和鲍勃·迪伦的《避风港》（"Shelter from the Storm"），而不仅仅是租下来听听。他告诉《滚石》杂志的杰夫·古德尔（Jeff Goodell）："我觉得，就算把石玫瑰摇滚乐队的复出之作《第二次降临》（"Second Coming"）放到音乐订阅网站上，都未

第三十一章　iTunes 商店　我是花衣魔笛手　　　　　　　　　　369

必能火。"

乔布斯还坚持 iTunes 商店不仅销售整张专辑，还可以把专辑里的单曲独立销售。而这也成为苹果和唱片公司之间最大的争议。唱片公司在制作专辑时，一般会有两三首主打歌，再配以十几首充数之作。如果想要得到自己喜欢的几首歌曲，消费者就必须购买整张专辑。此外，一些音乐家也以"艺术创作"为理由对苹果表示反对。九寸钉乐队（Nine Inch Nails）的主唱特伦特·雷泽诺（Trent Reznor）说："一张好专辑具有连贯性，不同的歌曲相互呼应，这才是我喜欢的做音乐的方式。"但这样的反对意见其实没有什么实际意义。乔布斯回忆说："盗版和在线下载已经把专辑拆分了，不出售单曲，你就无法与盗版抗衡。"

问题的核心在于热爱科技和热爱艺术的人之间存在鸿沟。而乔布斯已经在皮克斯和苹果证明，他既痴迷科技，又热爱艺术，由他搭建一座跨越鸿沟的桥梁再合适不过了。他后来说：

我是到了皮克斯才逐渐意识到，科技领域和艺术领域之间存在巨大的鸿沟。科技公司不理解艺术创意，无法欣赏直觉思维。音乐公司的经纪部门就不一样了，他们听了 100 个艺人的作品后，就能凭感觉判断出哪 5 个最可能成功。科技人员认为创意人员只是整天坐在沙发上，自由散漫，那是因为他们没有看到过像皮克斯这种地方的创意人士是多么动力十足、训练有素。反过来说，音乐公司对科技也一无所知。他们认为去外面聘几个技术人员就行了。但这就像苹果去找人做音乐一样，我们找到的肯定是二流的经纪团队，而音乐公司也只能找来二流的技术人员。我清楚地知道，要打造科技产品，需要直觉和创意；而要搞艺术创作，也需要专业性和纪律性。事实上，只有少数几个人真正明白这个道理。

乔布斯与时代华纳旗下的美国在线部门首席执行官巴里·舒勒（Barry Schuler）相识已久，他向舒勒请教如何说服音乐公司进驻 iTunes 商店。舒勒告诉他："现在所有公司最头痛的问题就是盗版，因此，你的论点应该是：因为你可以提供端到端的整合服务，从 iPod 一路到 iTunes 商店，所以你可以为音乐的使用方式提供最好的保护。"

2002 年 3 月的一天，舒勒接到乔布斯的电话，前者邀请维迪奇加入了他们的电话会议。乔布斯邀请维迪奇前来库比蒂诺，让他顺便把华纳音乐的老板罗杰·艾姆斯（Roger Ames）请来。艾姆斯是一个聪明幽默、愤世嫉俗的英国人（跟詹姆斯·文森特和乔尼·艾夫很像），正是乔布斯喜欢的类型。所以，当他们来到苹果总部后，乔布斯表现得相当通情达理，甚至难得地展现了外交风范。会议期间，艾姆斯和iTunes总监埃迪·库伊争论起了为什么英国的广播不像美国的那样充满活力。乔布斯见状介入，对库伊说："我们虽然懂技术，但对音乐并不怎么了解，所以就不要争论了。"

当时，艾姆斯刚在董事会吃了败仗，他想请时代华纳的美国在线部门提升一下刚刚起步的音乐下载服务，但并没有获得支持。他回忆说："我下载了美国在线网站上的数字歌曲，但在我的破电脑上永远都找不到那首歌。"当乔布斯展示iTunes商店的设计原型时，艾姆斯觉得非常满意。艾姆斯说："没错，没错，这就是我们一直想要的东西。"他同意让华纳音乐加入苹果的iTunes商店，还表示可以帮助苹果争取其他音乐公司的授权。

随后，乔布斯飞到美国东岸，向时代华纳的其他高层展示了iTunes商店的运作模式。维迪奇回忆说："他坐在Mac电脑前，好像一个孩子在玩儿玩具。与其他首席执行官不同，他对自己的产品非常了解，全身心投入其中。"艾姆斯和乔布斯开始敲定iTunes商店的细节，包括一首歌可以转存的设备数量、防复制保护系统将如何运作等。他们很快就达成一致，开始向其他音乐公司发起攻势。

统而合之

他们要争取的关键人物是环球音乐集团的首席执行官道格·莫里斯（Doug Morris）。他旗下有U2乐队、阿姆（Eminem）、玛丽亚·凯莉等音乐平台不可或缺的巨星，还有魔城唱片（Motown）和Interscope-Geffen-A&M（IGA）等重量级唱片公司。莫里斯对乔布斯的设想很感兴趣。与其他行业巨头相比，莫里斯对盗版问题更是深恶痛绝，也对音乐公司技术人员的水平非常不满。莫里斯回忆说："当时的感觉就像在当年美国的蛮荒西部。没有人愿意出售数字音乐，因为盗版泛滥成灾。我们在唱片公司的所有尝试都以失败告终。音乐人和技术人员的技能实在是天差地别，无法配合。"

艾姆斯陪着乔布斯步行前往莫里斯位于百老汇大道的办公室。在路上，艾姆斯简单告诉乔布斯等会儿该怎么说。他的提示发挥了作用。听完乔布斯的介绍后，莫里斯惊叹不已：这个人竟然把所有环节都联结在了一起，既能方便消费者，又能确保唱片公司的权益。莫里斯说："史蒂夫做了一件了不起的事。他提出了这样一个完整的系统：iTunes商店、音乐管理软件和iPod。一整套方案可以说天衣无缝。"

莫里斯觉得乔布斯拥有音乐公司所缺乏的技术眼光。他对自己的技术副总裁说："我们当然要依靠史蒂夫·乔布斯来做这件事，因为我们整个集团没有一个真正懂技术的人。"听了这样的话，环球音乐集团技术部门的人自然心存不满，他们一直抗拒与乔布斯合作，而莫里斯不得不一再要求他们放弃挣扎，尽快与苹果达成交易。环球音乐集团给苹果的数字版权管理系统FairPlay增加了一些条款，限制了下载歌曲可以转存的设备数量。但总体而言，他们对乔布斯与艾姆斯及其华纳同事研究出来的iTunes商店的概念表示认同。

莫里斯很欣赏乔布斯，于是他打电话给IGA董事长吉米·艾奥文（Jimmy Iovine）。艾奥文是莫里斯的好友，语速快，性子急。过去30年里，两个人几乎每天都交流。莫里斯回忆说："我见到史蒂夫时，觉得他就是我们的救世主，所以我立即把吉米找来，想听听他对史蒂夫的看法。"

乔布斯的个人魅力收放自如，只要他愿意，他就可以俘获对方的无限好感。当艾奥文亲自飞到库比蒂诺看演示时，乔布斯就充分展现了自己迷人的一面。他对艾奥文说："你看到我们这个有多简单了吧。你们的技术人员永远做不出来。音乐公司没有人能做出这么简单好用的软件。"

艾奥文马上给莫里斯打电话，说："这个家伙真是不一般！你说得对，他的确有一套完整的解决方案。"两个人又对索尼抱怨了一番，说已经合作两年，却没有取得任何进展。艾奥文对莫里斯说："索尼永远不可能搞定。我实在是想不通，索尼怎么会白白错过这么好的机会。这真是个历史性失误啊。如果苹果的团队之间合作不力，史蒂夫会开除很多人；索尼的各个部门相互争吵，却根本没人管。"他们同意放弃与索尼的合作，加入苹果的阵营。

事实上，索尼给苹果提供了一个生动的反面教材。索尼的消费电子部门研发出了许多时尚精美的产品，而音乐部门也有很多深受喜爱的艺人

（包括鲍勃·迪伦），但是每个部门都竭力保护自己的利益，公司缺乏团结一致的整体战斗力，无法合作打造端到端的集成服务。

索尼音乐的新任总裁安迪·拉克（Andy Lack）面临着一项艰巨的任务：他要跟乔布斯进行谈判，决定索尼是否将在 iTunes 商店出售音乐。拉克桀骜不驯、精明强干，此前在电视新闻领域做得风生水起，曾担任哥伦比亚广播公司（CBS）的新闻制片人和美国全国广播公司（NBC）的总裁。他能慧眼识才，同时不乏幽默感。他意识到，对索尼来说，在 iTunes 商店销售歌曲虽然疯狂，却是必要之举——音乐行业的很多决策都兼具这两个特点。如果 iTunes 商店获得成功，苹果会赚得盆满钵满，不仅能从歌曲销售中获得抽成，而且 iPod 的销量也将大大提升。拉克认为，既然音乐公司在提高 iPod 销量上功不可没，他们自然也应该从 iPod 的销售中分一杯羹。

在多次沟通中，乔布斯都对拉克的观点深表认同，表示自己愿意成为音乐公司真正的合作伙伴。声如洪钟的拉克说："史蒂夫，要是你每卖出一台 iPod，就分给我一点儿好处，咱们这桩生意就算谈成了。iPod 是不错，但是我们的音乐也增加了你的销量。在我看来，这才是真正的合作伙伴关系。"

"我同意你的看法。"乔布斯不止一次这样回答道。但随后他就会去找道格·莫里斯和罗杰·艾姆斯抱怨，说拉克根本搞不清楚状况，对音乐行业一无所知，然后又不露痕迹地称赞莫里斯和艾姆斯可比拉克聪明多了。拉克说："这就是史蒂夫典型的做事方式，他会答应一些事，但永远不兑现。他会给你下套，等你答应了，他就推翻谈好的条件。这种表现非常病态，但在谈判中可能很有用。在这方面，他的确是个天才。"

拉克知道，索尼是最后一家尚未与苹果达成合作的唱片公司，而只有得到音乐行业其他公司的全力支持，才可能赢得与苹果的谈判。但乔布斯的策略则是对其他音乐公司大肆奉承，同时以苹果的营销影响力为诱饵，拉拢他们。拉克说："如果整个音乐行业能团结一致，我们就可以拿到一笔授权费，获得迫切需要的双重收入来源。我们毕竟推动了 iPod 的销量，所以这种要求并不过分。"当然，这也体现了乔布斯端到端整合型战略的一大优势：iTunes 上的歌曲销售将推动 iPod 的销量，而 iPod 又将推动 Mac 的销量。让拉克更为恼火的是，索尼本来也可以这样做，却偏偏无法成功推动硬件、软件和内容部门之间齐心协力、步调一致。

为拉拢拉克，乔布斯使出了浑身解数。有一次，他到纽约出差，住在四季酒店。他特意邀请拉克来他下榻的顶楼套房共进早餐，提前让酒店准备好了各类麦片和各色莓果，表现得"格外殷勤"。拉克回忆说："但杰克·韦尔奇警告过我不要被其迷惑。莫里斯和埃姆斯就没能抵挡住诱惑，他们对我说：'你不懂，你应该大胆去爱。'他们也的确坠入了情网。所以最后，我在音乐行业孤掌难鸣。"

最终，索尼不得不同意在 iTunes 商店销售音乐，但双方的关系并不融洽。每一轮新的续约或合同条款变更都会经过一番激烈的讨价还价。乔布斯说："安迪最大的问题在于太自负了。他从来没有真正理解音乐业务，所以他永远做不出什么成绩。我觉得他有时候就是个讨厌鬼。"当我把乔布斯的话转述给拉克时，他回应说："我为索尼和音乐产业而战，所以我明白他为什么觉得我很讨厌。"然而，仅仅说服唱片公司加入 iTunes 商店是不够的。唱片公司旗下的很多大牌艺人在签约时都有附加条款，艺人可以控制数字歌曲的发行方式，或者禁止歌曲从专辑中拆分出来进行单独销售。于是，乔布斯又开始逐个劝说各大顶级音乐人。他觉得这个过程很有意思，但也比他预期中要困难很多。

在正式推出 iTunes 商店之前，乔布斯去拜访了 20 多位大牌艺人，包括 U2 的波诺、滚石的米克·贾格尔、摇滚才女雪儿·克罗等。艾姆斯回忆说："他有时晚上 10 点还不停地往我家打电话，说他还要去找齐柏林飞船乐队或麦当娜。史蒂夫的意志力非常坚定，除了他，恐怕再也没有人能搞定这些艺人了。"

最奇特的会面应该是嘻哈教父 Dr. Dre 前来苹果总部拜访乔布斯。乔布斯钟爱披头士乐队和迪伦，但他也承认说唱音乐对他并没有太大吸引力。而他现在需要说服阿姆和其他说唱歌手同意在 iTunes 商店销售他们的歌曲，于是他和阿姆的导师 Dr. Dre 套起了近乎。乔布斯向 Dr. Dre 展示了 iTunes 商店与 iPod 的无缝连接，Dr. Dre 感叹道："哎呀，终于有人把事儿做对了。"

而在音乐品位光谱的另一端，则是爵士小号大师温顿·马萨利斯（Wynton Marsalis）。他当时刚好来到西海岸，为自己在林肯中心的爵士音乐季进行筹款巡演。马萨利斯约好了与乔布斯的妻子劳伦娜见面,乔布斯坚持请他来帕洛阿尔托的家中做客。马萨利斯一到,乔布斯就开始向他展示 iTunes。他问马萨利斯:"你想搜索什么?"马萨利斯说"贝多芬"。乔布斯说:"没问题! iTunes 能做到!"而当马萨利斯走神的时候,乔布斯一直想重新吸引他的注意力:"快看这个界面是怎么操作的吧。"马萨利斯后来回忆说:"我对电脑不感兴趣,也跟他说了好几遍,但他一口气摆弄了两个小时,就像着了魔一样。过了一会儿,我就开始看他,而不是看电脑,因为我完全被他的热情吸引住了。"

2003 年 4 月 28 日,乔布斯在旧金山莫斯康尼会议中心举行了 iTunes 商店发布会。乔布斯的头发剪得很短,发际线略有后移,特意没有刮胡子。他在台上一边踱步,一边阐明为何 Napster 公司"充分证明了互联网是销售音乐的最佳渠道"。他说,后来又出现了 Kazaa 等类似的公司,提供免费的歌曲。那如何与他们竞争呢?为了回答这个问题,他首先描述了使用免费服务的弊端——这些提供下载的服务并不稳定,音质往往也很差。"很多歌曲都是 7 岁小孩儿上传的,质量自然不会好到哪里去。"不仅如此,下载的歌曲并不提供试听服务,也没有专辑封面。然后他补充说:"最糟糕的是,这是一种偷窃行为。因果报应很可怕,最好不要引火烧身。"

既然如此,为什么盗版网站还会泛滥成灾呢?乔布斯说,因为大家没有更好的选择。唱片公司推出的 Pressplay 和 MusicNet 等音乐订阅服务"对待用户如同防贼",他一边说着,一边在屏幕上展示了一张身穿条纹监狱服装的囚犯照片,随后又切换成鲍勃·迪伦的照片,"大家都想拥有自己喜爱的音乐"。

乔布斯说,与唱片公司进行了多轮谈判之后,"他们愿意与我们携手,一起改变世界"。iTunes 商店将以 20 万首歌曲为起点,以后每天都会增加新的曲目。他说,通过 iTunes 商店,用户可以在下载前试听曲目,买下歌曲,将歌曲刻录在 CD 上,享受上乘的音质,还能跟 iMovies 和 iDVD 一起使用,"制作属于自己的音乐大碟"。每首歌曲的价格是多少呢?只要 0.99 美元,还不到星巴克拿铁咖啡价格的 1/3。为什么花这个钱是值得的?因为从 Kazaa 获取想要的歌曲需要 15 分钟,而不是 1 分钟。也就是说,花一个小时从盗版网站上下载 4 首歌，只能省下不到 4 美元的钱，算下来，"连政府规定的最低工资都不到"。对了，还有一件事……"有了 iTunes 商店，下载歌曲就不再是偷窃了，会给自己带来福报！"

鼓掌最用力的是坐在前排的几大唱片公司的老板：道格·莫里斯，他旁边是戴着招牌棒球帽的吉米·艾奥文，还有一大批华纳音乐的高层。负责 iTunes 商店的埃迪·库伊预言，苹果将在 6 个月内卖出 100 万首歌曲。但事实上，iTunes 商店只用了 6 天时间，就达到百万销量。乔布斯宣称："这将作为音乐行业的一个转折点被载入史册。"

微软

"我们遇上麻烦了。"

这是负责 Windows 系统开发的微软高管吉姆·阿尔钦（Jim Allchin）在 iTunes 商店发布会的当天下午 5 点，发给 4 位同事的一封电子邮件中的内容。整封邮件直截了当，只有两句话，另一句是"他们是怎么搞定音乐公司的？"

当天晚上，负责微软线上业务的戴维·科尔（David Cole）回复了邮件："要是苹果把这个软件装到 Windows 系统里（我想他们不会傻到不装到 Windows 里吧），我们才是遇上大麻烦了。"他说，Windows 团队需要"在市场上提供一个类似的解决方案"，并补充说："我们聚焦的重点及调整目标的方向应该是端到端服务，因为这可以带来直接的用户价值，而我们现在还做不到这一点。"虽然微软有自己的互联网服务（MSN），但还是无法像苹果那样做到端到端。

比尔·盖茨在当晚 10 点 46 分发表了看法。他的标题是"又是苹果的乔布斯"，挫败之感溢于言表。盖茨写道："史蒂夫·乔布斯总是能专注于少数几个关键业务，找到能设计出正确用户界面的人，再把产品和服务当作革命性的东西来营销，这些能力都非常了不起。"对于乔布斯能够说服音乐公司与 iTunes 商店合作，盖茨也感到十分惊讶："我真的想不通。音乐公司自己提供的服务对用户确实很不友好。但他们竟然愿意助乔布斯一臂之力，让他去开发优秀的产品。"

还有一件事也让盖茨感到不解：为什么在此之前，其他公司都是提供按月订阅的服务，却没有一家公司想到像苹果这样创建购买歌曲的模式呢？他写道："我说想不通，不是说想不通我们为什么搞砸了——至少，如果说我们搞砸了，那么可以说 Real、Pressplay、MusicNet 及其他所有公司也都搞砸了。既然乔布斯已经推出这项服务，我们就要加紧行动，开发出同等水平的用户界面，拿到同样好的音乐版权……我认为我们需要制订一些计划来证明，尽管乔布斯再一次让我们猝不及防，但我们可以快速行动，不仅可以跟上其脚步，甚至能做得更好。"盖茨私底下的表态出人意料，这就等于承认微软再次被打了个措手不及，也再次试图通过模仿苹果以奋起直追。但和索尼一样，就算乔布斯已经指明方向，微软也永远无法跟上。

苹果继续出招，让微软一路穷于招架，脚步踉跄。正如科尔预言的那样，苹果提供了适用于 Windows 操作系统的 iTunes 软件和商店。但在此之前，苹果内部出现了不小的争议。首先，乔布斯及其团队必须考虑清楚是否希望 iPod 能与安装 Windows 系统的电脑兼容。乔布斯刚开始是极力反对这一点的。他回忆说："正是因为 iPod 只能用于 Mac，所以 Mac 的销量才远远超过我们的预期。"但是席勒、鲁宾斯坦、罗宾和法德尔四大高管都站在了他的对立面。争议的核心是苹果未来的发展方向。席勒说："我们觉得苹果应该拥抱整个音乐播放器市场，而不仅仅停留在电脑领域。"

乔布斯一直希望苹果能建立一个独立统一的乌托邦，创造一个高墙内的神奇花园，让硬件、软件和外围设备都能完美融合，打造最佳的用户体验，他也希望一种产品的成功会带动所有相关产品的销售。而现在，他面临着一个有违本性的抉择：让自己最热门的新产品与安装 Windows 系统的电脑兼容。乔布斯回忆说："这场争议是动真格的，我们激烈地讨论了好几个月，我一个人对抗公司其他所有人。"他一度撂下狠话，"除非我死了"，否则 Windows 的用户别想用上 iPod。但他的团队依然步步紧逼。法德尔说："iPod 必须打入 Windows 电脑市场。"

最后，乔布斯宣布："除非你们能向我证明其中的商业价值，否则我不会同意的。"这其实就是他让步的方式，因为只要能够抛开情绪和坚持，要证明让 Windows 用户购买 iPod 具有商业价值可谓易如反掌。于是他们请来专家进行销售预测分析，得出的结论都是这样做将带来更多利润。席勒说：

"我们做了一个试算表，在所有假设的情景中，无论 Mac 的销售额怎样被蚕食，都比不上 iPod 的销售额增加带来的利润。"虽然乔布斯专制的名声在外，但他也有愿意让步的时候——当然，让步的他绝对不会获得最具风度奖。在一次会议上，他们给乔布斯看了分析报告，乔布斯说："你们这些浑蛋天天胡说八道，我受够了。你们想干什么就干什么吧！"

而这又带来了另一个问题：如果苹果允许 iPod 与 Windows 系统兼容，那苹果是否也要专门为 Windows 用户开发一版 iTunes 音乐管理软件？像往常一样，乔布斯认为硬件和软件应该整合：要让 iPod 与电脑上的 iTunes 软件无缝接轨，来保障用户体验。席勒表示反对。他回忆说："我觉得这样做太荒谬了，我们又不是做 Windows 软件的。但史蒂夫一直坚持说：'如果我们真的要做，那就要做得漂亮。'"

一开始，席勒赢了。苹果决定通过使用一家名为 MusicMatch 的公司开发的软件，让 iPod 与 Windows 系统兼容。但这个软件过于拙劣，反而证明了乔布斯的想法是对的。于是苹果迅速行动，开发了 Windows 版本的 iTunes。乔布斯回忆说：

为了让 iPod 在 Windows 系统上运行，我们最初与一家制作播放器软件的公司合作，给他们提供了 iPod 的连接秘方，但他们做出来的东西一无是处。这真是最糟糕的情况，因为他们控制着用户体验的关键部分。我们忍了 6 个月，终于受不了这个蹩脚的外部软件，自己给 Windows 开发了一款 iTunes。所以我认为，无论如何都不能将关键的用户体验拱手让人。别人可能不同意我的观点，但我自始至终都是这么想的。

让 Windows 系统也能运行 iTunes 意味着苹果需要跟所有的音乐公司重新谈判。当初，他们之所以同意与苹果合作，是因为苹果保证 iTunes 只为小众的 Mac 用户服务。索尼的反对尤其强烈，安迪·拉克认为乔布斯又一次背信弃义——事实确实如此，但当时其他唱片公司对 iTunes 商店的运营状况非常满意，都同意了重新签约，所以索尼也不得不屈从。

乔布斯在 2003 年 10 月宣布推出 Windows 版本的 iTunes。他说："我要宣布一个人们认为我们绝对不会添加的功能。"他对着身后的巨大屏幕挥了挥手，屏幕上写着"地狱结冰了"。发布会上还播放了米克·贾格尔、Dr. Dre、波诺等大牌艺人通过视频或苹果聊天软件 iChat 发来的祝贺短片。波诺在谈到 iPod 和 iTunes 时说:"这对音乐家和音乐来说是一件非常酷的事情,这就是为什么我在这里吹捧苹果——要得到我的肯定,可没那么容易。"

乔布斯则从来都不会自谦。面对全场热烈欢呼的观众,他宣称:"Windows 的 iTunes 可能是有史以来最棒的 Windows 应用程序。"

微软当然不领情。比尔·盖茨告诉《商业周刊》:"苹果采取了与个人电脑业务一样的战略,就是同时控制硬件和软件。而我们的做法与苹果的有所不同,因为我们会给消费者提供更多选择。"然而直到 3 年后的 2006 年 11 月,微软才最终发布了 iPod 的竞品 Zune 音乐播放器。这款播放器形似 iPod,只是没有 iPod 那样轻巧灵动。发布 2 年后,Zune 的市场份额还不到 5%。乔布斯一针见血地指出了 Zune 设计平庸、市场疲软的原因:

随着年龄的增长,我愈发懂得了"动机"的重要性。Zune 之所以如此失败,是因为微软的人并不像我们那样真正热爱音乐乃至艺术。我们能赢,因为我们是发自内心地热爱音乐。我们是在为自己设计 iPod,为自己或最好的朋友或家人做事的时候,就不会敷衍塞责。如果不是真正地热爱,就不会多付出一分心力,不愿意多花一个周末加班,也不会拼尽全力挑战现状。

铃鼓先生[1]

2003 年 4 月,在苹果推出 iTunes 商店的那一周,安迪·拉克首次以索尼音乐的首席执行官的身份参加公司年会。当时,他领军音乐部门不过 4 个月,其间与乔布斯进行了密集谈判。事实上,他这次是直接从库比蒂诺飞到东京出席索尼年会的,还带着最新版 iPod 和 iTunes 商店的说明书。他当着 200 名高级主管的面,从口袋里拿出 iPod,说:"这就是 iPod。"在他说话时,索尼集团的首席执行官出井伸之和索尼北美区负责人霍华德·斯金格就在一旁看着。"这就是传说中的'随身听杀手',没什么神秘的。我们之所以收购一家音乐公司,就是为了能制造出这种产品。我们有办法做得更好。"

但索尼真的无法做得更好。索尼用随身听开创了便携式音乐设备的先

---

[1] "Mr. Tambourine Man",鲍勃·迪伦的一首歌曲名。——编者注

河,公司历史悠久,拥有一家出色的唱片公司,推出了大量精美的消费电子产品。在硬件、软件、周边设备、内容销售等方面,索尼都拥有与乔布斯的整合战略相匹敌的资本。可是,索尼为什么失败了呢?其中一个原因在于,像美国在线时代华纳一样,索尼的组织架构也将公司分割成许多不同的分支(这个词本身就带有不祥的暗示),这些分支各自为政,努力实现内部的业绩要求。在这样的公司里,想要推动各分支之间通力合作,实现协同增效的目标,往往难度极大。

乔布斯却没有把苹果分割成多个半自治的机构。相反,他严密管控所有团队,要求他们共同合作,打造一个具有凝聚力和灵活性的公司,整个公司只有一条盈亏底线。蒂姆·库克说:"我们没有划分损益表独立核算的'分支',相反,整个公司是统一核算的。"

此外,像许多公司一样,索尼担心内部会出现"自相残杀"的问题。如果公司推出音乐播放器和线上音乐商店,方便消费者分享数字歌曲,则可能会影响唱片部门的业务。而乔布斯的企业经营原则之一是,永远不要害怕吞食自己的既有业务。他说:"即使你自己不吃,别人也会去吃。"因此,即使 iPhone 可能会影响 iPod 的市场,或 iPad 可能会蚕食苹果笔记本电脑的销售,乔布斯依然坚持推陈出新。

2003 年 7 月,索尼任命资深音乐人杰·萨米特(Jay Samit)为公司打造类似 iTunes 的音乐服务网站,网站取名为"索尼连接"(Sony Connect)。"索尼连接"的模式是在线上销售歌曲,这些歌曲可以在索尼的便携式音乐设备上播放。《纽约时报》报道称:"此举明显是为了整合索尼的内部资源,把电子产品和影音内容部门联合起来,但这并没有终结各分支之间的相互倾轧。许多人认为,作为随身听的发明者和便携式音频市场的最大玩家,索尼之所以被苹果打得溃不成军,就是因为存在内部斗争。""索尼连接"于 2004 年 5 月上市,但只存活了 3 年。

微软愿意将 Windows Media 软件和数字版权格式授权给其他公司,就像他们在 20 世纪 80 年代将 Windows 操作系统对外授权一样。而乔布斯却没有把苹果的 FairPlay 授权给其他设备制造商,FairPlay 只能在 iPod 上运行。他也不允许 iPod 播放其他在线商店销售的歌曲。多位专家认为,正如 20 世纪 80 年代的电脑大战一样，这将最终导致苹果的市场份额不断流失。哈佛商学院教授克莱顿·克里斯坦森（Clayton Christensen）告诉《连线》杂志："如果苹果继续坚持这种专属架构，iPod 很可能将成为一个小众产品。"克里斯坦森是世界上最有洞察力的商业分析家之一，乔布斯深受他《创新者的窘境》一书的影响，只是克里斯坦森的这一预言并未应验。比尔·盖茨也持同样的观点，他说："音乐没什么特别的，同样的故事已经在电脑操作系统领域上演了。"

2004 年 7 月，RealNetworks 创始人罗伯·格拉瑟（Rob Glaser）试图规避苹果的限制，推出了一项名为 Harmony 的服务。他曾试图说服乔布斯将苹果的 FairPlay 格式授权给 Harmony，但无功而返。于是，格拉瑟为适应 FairPlay 进行逆向操作，让 iPod 可以播放 Harmony 上售出的歌曲。格拉瑟的策略是让 Harmony 销售的歌曲可以在任何设备上播放，包括 iPod、Zune 和 Rio。他还发起了一个营销活动，口号就是"选择的自由"。乔布斯勃然大怒，他发了一篇新闻稿，称苹果"对 RealNetworks 采用黑客行动，违反职业道德入侵 iPod 深感震惊"。RealNetworks 回应的方式是在互联网上发起请愿，呼吁道"嘿，苹果！不要破坏我的 iPod"。在接下来的几个月，乔布斯没有再发声。但在 10 月，他发布了新版的 iPod 软件，不再支持通过 Harmony 购买的歌曲。格拉瑟说："史蒂夫是个独一无二的狠人，你跟他做生意就会知道这一点。"

与此同时，乔布斯及其团队（鲁宾斯坦、法德尔、罗宾、艾夫）不断推出各种新款的 iPod，持续扩大苹果的市场领先地位。2004 年 1 月，苹果发布了第一款经过重大改进的新版 iPod，叫作 iPod Mini。iPod Mini 比原来的 iPod 小了很多，大约只有一张名片大小，容量也变小了，但价格却基本不变。乔布斯曾一度决定叫停这个产品，因为他不明白为什么有人愿意花同样的钱买更少的东西。法德尔说："他平时不怎么运动，所以他不知道在跑步或健身的时候使用 iPod Mini 有多方便。事实上，iPod Mini 是真正将 iPod 推向市场主导地位的产品。这款产品一举消灭了来自小型闪存驱动器播放器的竞争。在 iPod Mini 推出后一年半的时间里，苹果在便携式音乐播放器市场的占有率从 31% 猛增到 74%。"

2005 年 1 月推出的 iPod Shuffle 甚至更具革命性。乔布斯了解到，iPod

上的"随机播放"（shuffle）功能非常受欢迎——用户喜欢意外之喜，而且懒得不断设置和修改播放列表。一些用户甚至开始着迷于研究歌曲是否真的是随机出现的，如果是真的，为什么他们的 iPod 总是重复播放一些歌呢？比如纳维尔兄弟（Neville Brothers）的歌。正是这个"随机播放"功能催生了 iPod Shuffle。当时，鲁宾斯坦和法德尔想要打造一款体积更小、造价更低的闪存播放器，所以他们不断地尝试缩小屏幕尺寸。有一次，乔布斯提出了一个疯狂的建议：干脆把屏幕完全去掉。"什么？！"法德尔非常吃惊。乔布斯坚持说："干脆不要屏幕了。"法德尔问，那用户怎么浏览歌曲呢？乔布斯的看法是，不需要提供导航，就让歌曲随机播放，毕竟这些都是用户自己选的歌。提供一个按钮就够了，如果不喜欢当前这首歌，按一下就可以跳到下一首。iPod Shuffle 的广告中写道："享受不期而遇。"

随着竞争对手的接连溃败和苹果的不断创新，音乐业务在苹果营收中的占比开始超过电脑。2007 年 1 月，iPod 销售额达到了苹果总营收的一半。除此之外，这一设备也为苹果品牌增色不少。但更大的成功是 iTunes 商店。iTunes 商店于 2003 年 4 月推出，6 天内就卖出了 100 万首歌曲，第一年的销量更是高达 7 000 万首。2006 年 2 月，商店卖出第十亿首歌曲——密歇根州西布卢姆菲尔德的 16 岁少年亚历克斯·奥斯特罗夫斯基（Alex Ostrovsky）购买了酷玩乐队（Coldplay）的《音速》（"Speed of Sound"），乔布斯亲自打电话向他表示祝贺，还赠送了他 10 台 iPod、一台 iMac 和价值一万美元的音乐礼券。

iTunes 商店的成功还带来了一个更微妙的好处。2011 年，一种重要的新业态已经出现，那就是成为用户信任的服务提供商，获取用户的在线身份和支付信息。跟亚马逊、Visa（维萨）信用卡、贝宝、美国运通和其他一些服务提供商一样，苹果也让用户放心地提供自己的电子邮箱和信用卡信息，在此基础上创建用户数据库，打造安全方便的线上购物体验。比如，苹果可以通过其在线商店提供杂志订阅服务。如果用户通过 iTunes 商店订阅杂志，与订阅者建立直接关系的就是苹果，而不是杂志出版商。随着 iTunes 商店开始销售视频、应用程序和订阅服务，到 2011 年 6 月，苹果已经建立了拥有 2.25 亿活跃用户的数据库，为公司在下一个电子商务时代抢得先机打下了坚实基础。

第三十二章 音乐人

生命乐章

个人 iPod 曲库

iPod 迅速成为一款现象级产品，而一个日常询问语也随之流行起来。无论是总统候选人、二流名人，还是初次约会对象、英国女王，只要是戴着白色耳机的人，见面时都会被问到："你的 iPod 里有什么歌？"这句流行语发端于 2005 年初，当时

2004 年，吉米·艾奥文、波诺、乔布斯与 The Edge

《纽约时报》驻白宫记者伊丽莎白·布米勒（Elisabeth Bumiller）撰文报道了布什总统的 iPod 歌单。她写道："布什的 iPod 里主要是传统的乡村音乐，有范·莫里森（Van Morrison）的歌，他的那首《棕眼女孩》（'Brown Eyed Girl'）是布什的最爱。还有约翰·福格蒂（John Fogerty）的代表作《中外场》（'Centerfield'）。"她还请《滚石》杂志的编辑乔·李维（Joe Levy）分析了布什的歌单，李维评论说："有意思的是，总统喜欢的都是不喜欢他的歌手。"

科技作家史蒂文·利维在《完美之物》（The Perfect Thing）一书中写道："只要把自己的 iPod 交给朋友、初次见面的约会对象或是飞机上邻座的陌生人，你就会像一本被翻开的书一样。他们只需转动滚轮，浏览曲库，就可以把你一览无余。他们了解的不只是你的音乐喜好，还有你是个什么样的人。"所以，有一天，我和乔布斯一起坐在他家客厅听音乐，我让他给我看看他的 iPod 里都有什么歌。于是，他快速浏览了 iPod 中自己最喜欢的歌曲。

不出所料，鲍勃·迪伦的 6 张《私录珍藏作品精选》全部在列，其中包括乔布斯早年刚迷上迪伦时，跟沃兹尼亚克一起购买的卷轴磁带里的歌，这些歌当时尚未正式发行，多年以后才被收藏到官方发行的精选集中。除此之外，还有其他 15 张迪伦的专辑，从 1962 年发行的首张同名专辑《鲍勃·迪伦》（Bob Dylan）开始，到 1989 年发行的《噢，仁慈》（Oh Mercy）。乔布斯曾花了不少时间与安迪·赫兹菲尔德和其他人争论：迪伦后来的所有专辑——实际上是以 1975 年的《血泪交织》（Blood on the Tracks）为分水岭——都不如早期的作品有感染力。乔布斯认为，唯一的例外是迪伦为 2000 年的电影《奇迹小子》（Wonder Boys）创作的插曲《一切都已改变》（"Things Have Changed"）。我注意到，乔布斯的 iPod 里并没有迪伦于 1985 年发行的专辑《皇帝讽刺剧》中的歌曲——这是赫兹菲尔德在乔布斯被赶出苹果的那个周末送给乔布斯的专辑。

乔布斯 iPod 上的另一批珍藏是披头士乐队的作品。他收录的歌曲来自披头士的《一夜狂欢》（A Hard Day's Night）、《艾比路》（Abbey Road）、《救我！》（Help!）、《顺其自然》（Let It Be）、《魔幻神秘之旅》（Magical Mystery Tour）、《遇见披头士！》（Meet the Beatles!）和《佩珀中士孤心俱乐部乐队》（Sgt. Pepper's Lonely Hearts Club Band）7 张专辑，而乐队解散后成员发行的个人专辑都未能入选。紧随其后的是滚石乐队，有《情感救援》（Emotional Rescue）、《闪光点》（Flashpoint）、《跳回去》（Jump Back）、《一些女孩》（Some Girls）、《小偷小摸》（Sticky Fingers）、《将你文身》（Tattoo You）6 张专辑入选。迪伦和披头士的专辑，乔布斯基本上都是整张收录。而对滚石乐队和其他歌手的专辑，他只是从中选了三四首歌，这也符合他的理念，就是可以也应该把单曲从专辑中拆分出来单独出售。他还从前女友琼·贝兹的4张专辑中挑选了很多作品，包括两个不同版本的《相爱容易相处难》。

他的iPod歌单反映了一个20世纪70年代的年轻人对20世纪60年代的追忆。他听的歌手有艾瑞莎（Aretha）、比比·金（B. B. King）、巴迪·霍利（Buddy Holly）、水牛春田乐队（Buffalo Springfield）、唐·麦克莱恩（Don McLean）、多诺万（Donovan）、大门乐队（The Doors）、詹尼斯·乔普林、杰斐逊飞机乐队、吉米·亨德里克斯、约翰尼·卡什（Johnny Cash）、约翰·麦文盖博（John Mellencamp）、西蒙和加芬克尔双重唱组合（Simon and Garfunkel），甚至还有门基乐队（The Monkees）的《我是一个信徒》（"I'm a Believer"）、假山姆（Sam the Sham）的《乌利布利》（"Wooly Bully"）。在所有歌曲中，大约只有1/4来自比较近代的歌手或乐队，例如一万个疯子摇滚乐队（10000 Maniacs）、艾丽西亚·凯斯（Alicia Keys）、黑眼豆豆、酷玩乐队、蒂朵（Dido）、绿日乐队（Green Day）、约翰·梅尔（John Mayer）、DJ莫比（梅尔和莫比都是乔布斯和苹果的好友）、U2乐队、席尔，以及脸部特写乐队（Talking Heads）。在古典音乐方面，乔布斯的iPod里有一些巴赫的曲目，例如《勃兰登堡协奏曲》，以及3张马友友（Yo-Yo Ma）的专辑。

2003年5月，乔布斯告诉雪儿·克罗，他正在下载一些阿姆的作品，并坦承"我慢慢喜欢上他的歌了"。詹姆斯·文森特后来还带乔布斯去听了一场阿姆的演唱会。但即便如此，这位说唱歌手还是没能进入乔布斯的iPod歌单。乔布斯在演唱会后对文森特说："我也说不上来。"乔布斯后来告诉我："我尊重阿姆的艺术创作，但我就是不想听他的音乐，他的价值观不像迪伦的价值观那样让我产生共鸣。"

多年来，乔布斯的音乐品位并没有太大变化。2011年3月，当iPad 2问世时，他把自己最喜欢的音乐都转存到了上面。一天下午，我们坐在他家的客厅里，他浏览了一下新iPad上的歌曲，带着温婉的怀旧之情，点选了几首他想听的。

迪伦和披头士的经典歌曲自然是乔布斯的必选之作。听完之后，他突然若有所思，播放了一首本笃会僧侣吟诵的格里高利圣歌《主的灵》（"Spiritus Domini"）。有那么一分钟，他听得出了神，恍惚间喃喃自语道：

"真是太优美了。"接着,他又播放了巴赫的《第二勃兰登堡协奏曲》和《十二平均律曲集》中的一段赋格曲,并说巴赫是自己最喜欢的古典音乐家。他尤其喜欢听格伦·古尔德(Glenn Gould)弹奏的《戈登堡变奏曲》。古尔德录制过两个版本。第一个版本录制于 1955 年,当时古尔德才 22 岁,还是一个无名小辈。第二个版本在 1981 年录制,隔年,他就辞世而去。乔布斯非常喜欢品味两个版本之间的差别。在乔布斯第三次休病假期间,一天下午,他把两个版本都播放一遍之后说:"两者之间的差异就像白昼与黑夜。第一个版本很热情,富有生机,光彩夺目,演奏速度很快,让人惊叹。而第二个版本朴素、凝重,能让人感受到他那饱经风霜的厚重灵魂。相比起来,第二个版本更深邃、更睿智。"我问他更喜欢哪个版本。他说:"古尔德自己更喜欢后来的版本。以前,我更喜欢早期那个生机盎然的版本。但我现在完全能够理解他为什么更喜欢第二个。"

然后,他又从宏伟的古典乐跳到了 20 世纪 60 年代,播放了多诺万的《捕风》("Catch the Wind")。他注意到我不以为然的神情,抗议道:"多诺万也有很多非常棒的作品,真的。"他播放了《柔黄》("Mellow Yellow"),然后说也许这首歌不是最好的例证:"我们在年轻的时候听这首歌会更有感觉。"

我问他,我们年轻时候所听的歌曲中,有哪些是历久弥新的。他翻看了一下 iPad 上的歌单,开始播放感恩至死乐队 1969 年的歌曲《约翰叔叔的乐队》("Uncle John's Band")。他跟着歌词点头打拍子,"生活看上去舒适又悠闲/而危险其实近在眼前"。一时间,我们仿佛又回到那个喧嚣狂乱的年代,闲适的 20 世纪 60 年代正在动荡中结束。"喔,哦,我想知道,你善良吗?"

接着,他又讲到了琼尼·米歇儿(Joni Mitchell)。他说:"她也把她的一个孩子送给别人领养了,这首歌就是为她女儿写的。"他播放了《小绿》("Little Green"),这首歌旋律凄婉忧郁,歌词悲怆苍凉,表达了一个母亲放弃孩子时的心情:"所以你在所有文件上签上名字/你很伤心,你很抱歉/却不觉得羞愧。"我问他是否还经常想起自己被领养的事。他说:"不会,我已经不怎么想这件事了。"

他说,他最近思考比较多的不是自己的过往,而是逐渐老去这件事。

说到这里，他播放了琼尼·米歇儿最经典的一首歌《正反两面》（"Both Sides Now"），歌词讲述了成长和智慧："有时输，有时赢／正反两面过人生／一切不过是幻影／生活到底是什么／现如今，我依然懵懵懂懂。"就像格伦·古尔德曾两次录制巴赫的《戈登堡变奏曲》一样，米歇儿也录制过两次《正反两面》，第一次是在 1969 年，第二次是在 2000 年。时隔多年，米歇儿录制的第二个版本哀伤婉转，乔布斯播放的就是这个版本。他听完之后说："人变老这件事，真的很有意思。"

他补充说，有些年轻人并没有随着时间的流逝变得更加睿智。我问他有没有什么例子。他说："约翰·梅尔是史上最好的吉他手之一，但我很担心他只会挥霍生命。"乔布斯很喜欢梅尔，偶尔会请他到家里吃饭。2004 年 1 月，27 岁的梅尔在 Mac 世界大会上担任嘉宾。在那年大会上，乔布斯推出了苹果的音乐软件 GarageBand。梅尔后来也成为 Mac 世界大会多年的固定嘉宾。乔布斯在 iPad 里找到了梅尔最热门的歌曲《地心引力》（"Gravity"）。歌词讲的是一个内心充满爱的男人，却莫名其妙地想把所有的爱都抛却，"地心引力在与我作对／地心引力想要牵引我下坠"。乔布斯摇了摇头，说："我认为他本质上是个好孩子，但他的生活真的失控了。"

在音乐鉴赏结束之前，我问了他一个老生常谈的问题："如果披头士和滚石二选一，你会选哪个？"他回答说："如果保险库着火了，我只能带走一套原版录音带，我会选披头士。要是从披头士和迪伦之间二选一，就更难了。也许还会出现第二支滚石乐队，但迪伦和披头士都是独一无二、无可取代的存在。"乔布斯反思说，我们这一代人真的非常幸运，在成长过程中能有这么多优秀的音乐人一路相伴。这时，18 岁的里德正好走进客厅。乔布斯看到儿子，不禁感慨道："里德就无法了解其中的滋味。"但也许里德是了解的——他身上正好穿着一件印着琼·贝兹的 T 恤，上面写着"永远年轻"（Forever Young）。

鲍勃·迪伦

在乔布斯的记忆中，他唯一一次舌头打结是第一次见到鲍勃·迪伦的时候。2004 年 10 月，鲍勃·迪伦在帕洛阿尔托附近演出，当时乔布斯刚做完第一次癌症手术,正在修养恢复。迪伦不像波诺或大卫·鲍伊,他不喜欢与人交往。他跟乔布斯不算朋友,也没有兴趣认识乔布斯。但他还是邀请乔布斯来到自己住的酒店,在演唱会前跟乔布斯见了一面。乔布斯回忆说:

我们坐在他房间外面的阳台上聊了两个小时。我非常紧张,因为他一直都是我的偶像。在见到他之前,我很担心他不像我印象中那样聪明,我担心发现他面向大众的形象只是一个虚假的人设。这种事情确实很常见。结果并没有。他非常犀利,见解深刻。他跟我期待的一模一样,极其坦诚、直率。我非常高兴。他跟我谈了他的生活和歌曲创作。他说:"那些歌并不是我绞尽脑汁创作出来的,而好像是直接从我的脑子里跑出来的。但现在不行了,我已经不能用这种方式写歌了。"然后他停顿了一下,用他沙哑的声音,微笑着对我说:"但我仍然可以唱这些歌。"

迪伦再一次来到帕洛阿尔托附近演出时,他邀请乔布斯在演唱会开始前到自己改装的巡回大巴上坐坐。迪伦问乔布斯最喜欢他的哪一首歌,乔布斯说《多余的清晨》("One Too Many Mornings")。于是迪伦当晚就唱了这首歌。演唱会结束后,乔布斯走回后台区,迪伦的巡回大巴呼啸着开到他身边,猛地刹车停下。车门滑开,迪伦用沙哑的声音问道:"你听到我给你唱的歌了吗?"然后车就疾驶而去。乔布斯告诉我这个故事的时候,还惟妙惟肖地模仿了迪伦的声音。乔布斯回忆说:"他一直是我的偶像,随着时间的推移,我对他越来越仰慕,现在已经是无以复加了。他在那么年轻的时候,就已经有了那么深刻的思想,我想象不出他是怎么做到的。"

在看完迪伦的演唱会几个月后,乔布斯想出了一个宏伟的计划。iTunes商店应该把迪伦有史以来录制的所有歌曲(共700余首),打造成一个数字全集,以199美元的价格出售。乔布斯将担任迪伦的音乐在数字时代的策划人。但迪伦是索尼唱片的王牌,除非乔布斯愿意做出大幅让步,否则索尼音乐总裁安迪·拉克根本没兴趣讨论与iTunes商店的合作问题。此外,拉克认为199美元的价格太低,有损迪伦的身价。拉克说:"鲍勃是国宝级歌手,而史蒂夫却想把他的作品放在iTunes商店里,当成便宜货出售。"这涉及拉克及其他唱片公司的高管与乔布斯之间的核心问题:现在给音乐定价的人变成了乔布斯。于是,拉克拒绝了乔布斯的合作建议。

乔布斯说:"好吧,那我直接给迪伦打电话。"但迪伦从来不亲手打理此类事务，于是相关问题就落在了他的经纪人杰夫·罗森（Jeff Rosen）身上。

拉克把数据拿给罗森看，告诉他："这么做真不合适。鲍勃是史蒂夫的偶像，史蒂夫会让步的。"无论是从交易角度，还是从个人角度，拉克都想把乔布斯拒之门外，甚至还想将他一军。所以他对罗森提议道："如果你暂时按兵不动，我明天就给你开一张100万美元的支票。"拉克后来解释说，这笔钱只不过是迪伦未来版税的预付款，"是唱片公司常有的一种会计操作"。45分钟后，罗森回电表示接受。罗森回忆说："安迪和我们达成了协议，要求我们不要同意乔布斯的提议，我们就照办了。这相当于安迪用一笔类似预付款的钱，让我们暂缓了与苹果的合作。"

到了2006年，拉克已经从索尼BMG首席执行官的位子上退了下来，于是乔布斯决定重启谈判。他送给迪伦一台iPod，里面是他所有的音乐作品，还向罗森展示了苹果强大的营销能力。8月，乔布斯宣布了一项重大的交易。苹果将以199美元的价格出售迪伦的所有歌曲，同时，苹果还拿到了迪伦最新专辑《摩登时代》（*Modern Times*）的独家预售权。乔布斯在发布会上说："鲍勃·迪伦是我们这个时代最受尊敬的诗人和音乐家之一，他是我个人心目中的英雄。"这套包含了773首歌的全集中有42个罕见录音，包括迪伦1961年在明尼苏达州一家酒店录制的《涉水而行》（"Wade in the Water"）、1962年在格林威治村煤气灯咖啡馆的现场音乐会上录制的《英俊的莫利》（"Handsome Molly"）、1964年在纽波特民谣音乐节上现场弹唱的《铃鼓先生》（"Mr. Tambourine Man"）（这是乔布斯最喜欢的一个版本），还有1965年《不法之徒布鲁斯》（"Outlaw Blues"）的不插电原声版。

根据约定，迪伦也将在iPod的电视广告中露面，介绍他的新专辑《摩登时代》。这是继《汤姆·索亚历险记》中汤姆让朋友们争相帮他给篱笆刷漆以来最惊世骇俗的颠乾倒坤之举。过去，都是企业花大价钱请名人拍广告，但到了2006年，形势出现逆转——大牌艺人都希望出现在iPod的广告里，因为这样的曝光率几乎可以保证他们的作品大卖。詹姆斯·文森特早在几年前就预料到这一点，当时乔布斯说自己联络了许多艺人，可以花钱请他们拍广告，文森特说："少安毋躁，情况很快就会变。苹果不同于其他品牌，它比大多数艺人的品牌还要酷。我们应该让他们知道，请他们做广告是苹果在给他们提供机会，需要掏钱的不是我们。"

李·克劳回忆说，苹果和广告公司的一些年轻员工其实不愿意让迪伦拍摄 iPod 广告。克劳说："他们担心迪伦已经不够酷了。"但乔布斯对此完全不予理会，能跟迪伦合作，他高兴还来不及。

乔布斯对迪伦广告的每个细节都精雕细刻。罗森专门飞到库比蒂诺，跟乔布斯一起研究整张专辑，挑选广告用曲，最后确定使用《有一天，宝贝》（"Someday Baby"）这首歌。克劳先试用迪伦的替身制作了广告样片，获得乔布斯首肯后，又请迪伦本人到纳什维尔正式开拍。但是，最终的广告正片制作完成后，乔布斯却很不满意，他觉得广告不够独特新颖，他想换一种风格。于是，克劳又找了一名导演，同时，罗森也说服迪伦重新拍摄整个广告。这一次的广告是剪影风格，戴着牛仔帽的迪伦坐在高脚凳上，边弹边唱，同时穿插了一个头戴贝雷帽的时髦女子戴着 iPod 耳机随音乐起舞的剪影。乔布斯非常满意。

这则广告充分展现了 iPod 营销的光环效应：它帮助迪伦赢得了一批年轻听众，一如 iPod 吸引了更多年轻人购买苹果电脑。因为这则广告，迪伦的专辑在发行第一周就跃居公告牌（Billboard）排行榜首位，超过了当时风头正劲的克里斯蒂娜·阿奎莱拉（Christina Aguilera）和说唱组合 Outkast 的热销专辑。自 1976 年迪伦推出专辑《欲望》（Desire）到这次再度荣登榜首，时隔整整 30 年。《广告时代》杂志报道了苹果在迪伦专辑大卖中发挥的作用。"这则 iTunes 广告并不是一个平淡无奇的名人代言，不是大品牌砸重金换取大明星的市场号召力。相反，它翻转了市场营销的公式，由强大的苹果品牌为迪伦先生打开了广大年轻歌迷的市场，帮助他的唱片实现了自福特政府以来从未达到过的超高销量。"

披头士乐队

乔布斯珍藏的 CD 中有一张经典私录作品，这张 CD 记录了披头士乐队反复修改《永远的草莓地》（"Strawberry Fields Forever"）的过程，收录了这首歌先后十几次的录制实况。因此，它刚好印证了乔布斯追求完美的产品哲学。那张 CD 实际上是安迪·赫兹菲尔德找到的，他在 1986 年专门为乔布斯拷贝了一份。但乔布斯有时候会告诉别人 CD 是小野洋子送给他的。有一天，在帕洛阿尔托家中的客厅，乔布斯从一排带有玻璃门的书架上翻出了那张 CD。然后，他一边播放，一边描述了这张唱片带给他的启示：

> 这首歌很复杂，他们花了几个月反复修改，直到最终做出一个满意的版本。这个创作过程非常值得玩味。约翰·列侬一直是我最喜欢的披头士成员。（列侬在第一次录音中突然停下来，让乐队返回去修改一个和弦。听到这里，乔布斯笑了出来。）你听到他们突然停下来了吗？前面的编曲有问题，所以他们就返回去修改了，然后在停下来的地方重新开始练习。这个版本听起来依然很粗糙，也就是凡人的水平。你其实可以想象，普通人也能做到这个样子。普通人也许没有这么高的作词和构思水平，但的确能将其演奏出来。然而，他们没有就此止步。他们就是这样的完美主义者，不断推敲，精益求精。我在三十几岁的时候听这个 CD，给我留下的印象极其深刻。你可以看出他们为此付出了多少努力。
>
> 在每次录音的间隔期间，他们都会做足功夫。他们会一直修改，力求完美（播放到第三次录音时，乔布斯指出，这个版本的乐器部分变得更复杂了）。苹果在研发产品时往往也是这样。我们为了研发一款新的笔记本或 iPod，制作的版本和模型的数量甚至跟披头士修改的次数差不多。我们会先做出一个版本，然后不断地完善再完善，制作出不同设计、某个按钮、某个功能的精细模型，其中的工作量是巨大的。但这样做的结果一定是产品变得更好了。然后，大家就会惊叹："哇，他们是怎么做到的？是怎么把螺丝都藏起来的？"

所以，我们完全可以理解为什么乔布斯会因为 iTunes 商店少了披头士乐队而心烦意乱。

乔布斯跟披头士所属的苹果唱片公司（Apple Corps）的商标之战已经持续三十多年，很多记者都用披头士的经典歌曲《漫长而曲折的道路》（"The Long and Winding Road"）来描述双方的关系。争议始于 1978 年，当时苹果电脑公司刚成立不久，就被苹果唱片公司以"商标侵权"为由告上了法庭。3 年后，双方达成和解，由苹果电脑公司向苹果唱片公司支付 8 万美元的赔偿金。和解协议中有一条在当时看来无关紧要的规定：披头士乐队不得生产任何与电脑相关的设备，而苹果不得销售任何与音乐相关的产品。

披头士乐队遵守了协议规定,他们的成员都没有生产过任何与电脑相关的产品。但苹果却有意无意地闯入了音乐行业。1991年,在Mac增加了音乐文件播放功能后,苹果又被该唱片公司起诉。2003年,推出iTunes商店时,苹果再一次遭到起诉。2007年,官司终于结束,苹果向该唱片公司支付5亿美元,获得"苹果"名称的全球使用权。然后,苹果又将"苹果唱片公司"的商标使用权重新授予披头士乐队,允许他们在唱片和商业资产中继续使用这个名称。

然而,这并没有解决让披头士乐队进入iTunes商店的问题。要在iTunes上销售披头士的歌曲,披头士必须先和持有他们大部分歌曲版权的百代唱片公司进行谈判,就如何处理数字版权的问题达成共识。乔布斯后来回忆说:"披头士乐队的所有成员都想上iTunes,但他们和百代就像一对老夫妻,互相憎恨,但又不能离婚。iTunes上竟然只差我最喜欢的乐队没有入驻了,我特别希望能在有生之年解决这个问题。"最后,乔布斯真的做到了。

波诺

波诺是在都柏林起家的U2乐队主唱,他对苹果的营销能力极为赞赏。一直以来,他都相信自己的乐队是全球最棒的乐队。不过,2004年,在成立30年之后,U2希望能够重塑乐队形象。他们刚刚制作完成一张很棒的新专辑,其中有一首歌被乐队的主音吉他手The Edge〔本名大卫·荷威·伊凡斯(David Howell Evans)〕称为"摇滚乐之母"。波诺知道他需要想办法为这首歌造势,所以他给乔布斯打了个电话。

波诺回忆说:"我想从苹果得到的东西非常具体。我们有一首歌叫《眩晕》('Vertigo'),其中有一段吉他演奏极为独特,我知道一定会引起轰动,但前提是曝光量要足够大。"他担心通过电台打歌的方式已经过时,所以他来到了乔布斯在帕洛阿尔托的家里。两个人一起在花园里散步时,波诺提出了一个不同寻常的建议。多年来,U2已经拒绝了高达2 300万美元的商业广告代言费,但现在他愿意免费为苹果的iPod做广告,或者至少谈一个对双方都有利的合作方案。乔布斯后来回忆说:"他们从来没有拍过广告,但他们深受免费下载之害,非常认同 iTunes 的运作方式,也觉得我们可以帮助他们打开年轻乐迷的市场。"

换作其他任何一位首席执行官,面对 U2 免费帮忙做广告这等好事,都会不假思索地答应,但乔布斯却有些迟疑。此前的 iPod 广告里只有人物剪影,从来没有出现过真人的面孔(当时还没有拍摄迪伦的广告)。对此,波诺回答说:"既然都用了苹果粉丝的剪影,下一步就不能用歌手的剪影吗?"乔布斯说这个建议听上去值得考虑。于是,波诺送了一张他们尚未发行的专辑《如何拆除原子弹》(*How to Dismantle an Atomic Bomb*)给乔布斯试听。波诺说:"乔布斯是乐队成员以外唯一拥有这张专辑的人。"

双方紧锣密鼓地开了几轮会议。艾奥文的 Interscope 唱片公司负责 U2 的唱片发行,所以乔布斯飞去他在洛杉矶荷尔贝山的家里跟他谈判。The Edge 和 U2 的经纪人保罗·麦吉尼斯(Paul McGuinness)也在场。另一次会议是在乔布斯家的厨房进行的,麦吉尼斯在自己的笔记本背面记下了交易要点:U2 将出现在 iPod 的广告里,而苹果会利用多个渠道大力宣传 U2 的新专辑;U2 不会直接向苹果收取任何费用,但将从 iPod 的 U2 纪念版的销售中拿到版税。和拉克一样,波诺也认为音乐人应该从每一台售出的 iPod 中获得版税,这也是波诺希望为 U2 乐队坚守的最后一点原则。艾奥文回忆说:"我和波诺要求史蒂夫为我们专门打造一款黑色的 iPod,我们要做的不仅仅是商业代言,我们想要的是品牌联合。"

波诺回忆说:"我们想要一款专属的 iPod,有别于普通的白色 iPod。我们想要黑色,但是史蒂夫说:'我们尝试过白色以外的其他颜色,都不好看。'不过,几天之后,他还是妥协了,暂时接受了我们的提议。"

在 U2 拍摄的 iPod 广告中,隐约能看出 U2 乐队的剪影在不断闪动,还搭配了年轻女子戴着 iPod 耳机随音乐起舞的常规剪影。这边广告已经在伦敦开拍,那边 U2 与苹果的合作协议依然无法敲定。乔布斯思来想去,还是不喜欢黑色的 iPod,同时,版税税率也没有完全确定。当时,詹姆斯·文森特负责监督广告公司,乔布斯给他打电话,让他告诉伦敦的团队暂停所有拍摄。乔布斯说:"我觉得行不通,他们根本就不知道我们给他们提供了多大的价值,这样下去肯定不行。我们还是再想想其他的广告形式吧。"文森特是 U2 的铁杆粉丝,他深知这个广告对 U2 和苹果双方都将大有裨益,于是恳求乔布斯给他一个机会,让他给波诺打电话,看能不能有转机。乔布斯给了他波诺的手机号,文森特打了过去,当时波诺正在都柏林家中的厨房里。

关于与苹果的合作,波诺也有了一些动摇。他告诉文森特:"我觉得这样合作恐怕不行,我们的成员很不愿意做这件事。"文森特问他问题出在哪里。波诺回答说:"在我们还是一群都柏林的小伙子时,就说过永远不会做没品的事。"虽然文森特是英国人,也熟悉摇滚俚语,但他还是不知道"没品"是什么意思。波诺解释说:"没品就是为了钱去做一些低级的事。我们永远把歌迷放在第一位。我们觉得,如果我们去拍广告,就会让他们失望。这种感觉很不爽。很抱歉,浪费了你们的时间。"

文森特问他觉得苹果还有哪里做得不够。波诺说:"我们已经把自己最重要的东西,也就是我们的音乐都给你们了。而你们给我们的回报是什么?不过是广告!我们的歌迷会以为我们是收钱帮你们打广告。我们需要更多回馈。"文森特回答说,对苹果而言,提供 U2 纪念版 iPod 和版税,已经是最大的让步。他告诉波诺:"这是我们能提供的最宝贵的东西。"

波诺说,他准备好重新推动合作了。文森特立即打电话给另一位 U2 的忠实粉丝艾夫(他第一次去听 U2 演唱会是 1983 年在纽卡斯尔),向他说明了情况。然后文森特又打电话给乔布斯,建议他派艾夫前往都柏林向波诺展示黑色的 iPod。乔布斯同意了。文森特给波诺回了电话,问他认不认识艾夫——他不知道波诺和艾夫见过面,而且彼此欣赏。波诺大笑起来:"何止认识?我可太爱他了。我连他的洗澡水都愿意喝。"

文森特回答说:"真有点儿重口味。那你愿不愿意让他过去给你展示一下 U2 纪念版的 iPod 有多酷?"

波诺说:"那我就亲自开玛莎拉蒂去接他,他直接住在我家就行了,我要带他出去玩儿,让他喝得酩酊大醉。"

第二天,艾夫准备前往都柏林。此时,文森特还得努力安抚乔布斯,因为乔布斯又开始犹豫了。乔布斯说:"我不知道我们做这件事到底对不对,我们不想跟别人这样合作。"他担心这次合作会开创音乐人从 iPod 的销售中获取版税的先例。文森特向他保证,与 U2 的交易模式下不为例。

波诺回忆说:"乔尼来到都柏林,我把他安顿在我家的客房里。房子建在铁道上方,非常安静,可以眺望大海。他拿出一个漂亮的黑色 iPod,滚轮是深红色的。我说没问题,就这么决定了。"他们一起去了当地的一家酒吧,讨论了一些细节问题,然后给在库比蒂诺的乔布斯打电话,看他是否同意。针对财务上的每个细节及 iPod 的设计,乔布斯都经过好一番讨价还价,才最终接受交易。波诺对此十分叹服,他说:"一个首席执行官这么关心所有细节,真的很了不起。"所有问题都解决了,艾夫和波诺就开始尽情喝酒庆祝。两个人都常去酒吧。几杯啤酒下肚,他们决定给在加州的文森特打个电话。他不在家,所以波诺在他的答录机上留了言。文森特一直把这则留言视若珍宝,小心翼翼地保存着。波诺在留言里说:"我和你的朋友乔尼现在正在热闹的都柏林,我们都有点儿醉了。这个 iPod 超级棒,我们非常满意,我简直不敢相信世界上会有这么好的东西,而且它就在我手里呢。谢谢你!"

乔布斯在圣何塞租了一个剧院,作为发布这支电视广告和 U2 纪念版 iPod 的场地。与乔布斯共同登台的还有波诺和 The Edge。U2 的新专辑第一周就卖出了 84 万张,并立刻冲到公告牌排行榜首位。波诺事后对媒体说,他这次为苹果做的广告是免费的,因为"U2 将从广告中获得和苹果一样多的价值"。吉米·艾奥文补充说,这次合作使乐队能够"接触到更多的年轻受众"。

整件事最值得玩味的地方莫过于让一个摇滚乐队看起来更时髦、对年轻群体更有吸引力的最好方法,竟然是跟一家电脑和电子产品公司合作。波诺后来解释说,并非所有与企业的合作都是跟魔鬼做交易。他对《芝加哥论坛报》的乐评人格雷格·科特(Greg Kot)说:"我们来分析一下,这里所谓的'魔鬼'是一群有创造力的人,他们的创造力甚至超过了很多搞摇滚的人。如果他们也是一支乐队,那主唱就是史蒂夫·乔布斯。这群人帮忙设计了自电吉他出现以来音乐文化中最美的艺术品,也就是 iPod。艺术的目的不就是驱赶丑陋吗?"

2006 年,波诺跟乔布斯又达成一笔交易,这次是让乔布斯支持他的"红色产品"慈善活动。这个活动旨在为非洲防治艾滋病项目募集资金,提高公众的防护意识。乔布斯一向对慈善事业没有太大兴趣,但他同意为这个活动特别推出一款红色 iPod。不过，乔布斯并没有完全配合。例如，慈善活动延续了一贯的标识处理方式，将参与的公司名称放在括号里，后面用上标写上"红色"一词，如"（苹果）红"［(APPLE) RED］。乔布斯很不喜欢，他坚持说："我不要把苹果的名字放在括号里。"波诺回答说："但是史蒂夫，这是我们这个活动的统一标准。"两个人的争论愈发激烈，中间一度互飙脏话。后来，他们同意冷静几天再说。最后，乔布斯做出些许让步：波诺在自己的广告里想怎么做就怎么做，但乔布斯绝对不会在自己的任何产品上或零售店里把"苹果"一词放在括号里。最后，红色 iPod 的标识写成了"（产品）红"［(PRODUCT) RED］，而不是"（苹果）红"。

波诺回忆说："史蒂夫脾气一上来，可真是火暴，但就是这些时刻让我们成为更亲密的朋友，因为在一生中，没有多少人可以跟你进行这种激烈的讨论。他很有主见。在我们的演出结束后，我和他聊天，他总是很有自己的看法。"乔布斯和家人偶尔会去法国里维埃拉的尼斯拜访波诺夫妇和其4个孩子。在 2008 年的一次度假中，乔布斯租了一艘船，停泊在波诺家附近。他们一起吃饭时，波诺播放了 U2 正在排练的歌曲，这些歌后来收录在专辑《地平线上没有终点》(*No Line on the Horizon*) 里。然而，尽管两个人交情深厚，乔布斯在谈判时依然公事公办。他们曾计划再合作一支广告，同时推出 U2 的新歌《跨步向前》("Get On Your Boots")，但最终没能谈拢。2010 年，波诺背部受伤，不得不取消巡演，劳伦娜送了一个礼物篮聊表慰问，里面装了新西兰音乐喜剧二人组海螺号航班（Flight of the Conchords）的 DVD，一本《莫扎特的大脑与战斗机飞行员》(*Mozart's Brain and the Fighter Pilot*)、从自家花园采集的蜂蜜，还有一盒止痛膏。乔布斯在最后一个礼品上附了一张纸条，上面写着："止痛膏——真是个好东西。"

马友友

还有一位古典音乐家，无论是他的人品，还是艺术造诣，都深受乔布斯的敬重，他就是马友友。马友友是一位多才多艺的演奏家，性情温润，思想深刻，一如他用大提琴创造的音调。他和乔布斯相识于 1981 年，当时乔布斯到阿斯彭参加年度国际设计大会，而马友友刚好也在当地参加知名的阿斯彭音乐节。乔布斯往往会被那些散发出纯粹气质的艺术家深深吸引，他当时就成了马友友的粉丝。他曾想邀请马友友在自己的婚礼上演奏，但不巧马友友当时正在国外巡演，未能参加。几年后，马友友来到乔布斯家做客。他在乔布斯家的客厅里，拿出自己的那把 1733 年斯特拉迪瓦里大提琴，演奏了巴赫的曲目。马友友告诉他们："这就是我原本打算在你们婚礼上演奏的曲目。"乔布斯听得热泪盈眶，他告诉马友友："你的演奏是我听到过关于上帝存在的最有力的证明，因为我真的不相信仅凭人类的能力就能演奏出这么美妙的乐曲。"在后来的一次拜访中，他们围坐在乔布斯家的厨房里，马友友还让乔布斯的女儿艾琳拿了一会儿他的大提琴。那时，乔布斯已经罹患癌症，他让马友友承诺在自己的葬礼上进行演奏。

第三十三章　皮克斯的朋友

当然也有敌人

《虫虫危机》

在苹果研发出 iMac 之后，乔布斯与乔尼·艾夫一起开车前往皮克斯，要给那里的伙伴们展示一下这款电脑。乔布斯觉得这款活力十足的 iMac 一定能够吸引巴斯光年和胡迪的创造者，而且他在艾夫和拉塞特身上看到了共同的天赋：以有趣的方式，把艺术和科技融为一体。

对乔布斯来说，皮克斯就像一个避风港，让他可以短暂逃离苹果的重压。苹果的管理层往往心情急躁，精神疲惫，而乔布斯的情绪又经常会剧烈波动，所以公司上下都被搞得神经紧绷。相比之下，皮克斯的编剧和插画师们，无论是对彼此，还是在乔布斯面前，都平和冷静得多，言行举止也更友善温和。由此可见，每个公司的氛围是由最高层决定的：乔布斯麾下的苹果带有乔布斯的影子，而拉塞特带领的皮克斯则深受拉塞特的影响。

制片工作既趣味十足，又严肃专业，让乔布斯深深着迷；他也对算法充满热情，因为算法实现了各种神奇的效果，例如让电脑生成的雨滴折射阳光，让青草随风摇曳，等等。但乔布斯也懂得自我克制，不去控制创作过程。他正是在皮克斯学会了要给其他有创造力的人尽情创作的空间，让他们发挥主导作用。这背后的主要原因是他很欣赏拉塞特这个温文尔雅的艺术家。和艾夫一样，拉塞特也激发出了乔布斯最好的一面。

乔布斯在皮克斯的主要职责是对外交涉，在这方面，他与生俱来的强势个性绝对是个优势。在《玩具总动员》上映后不久，他就跟杰弗瑞·卡森伯格发生了冲突。卡森伯格于 1994 年夏天离开迪士尼，与史蒂文·斯皮尔伯格和大卫·格芬共同创办了梦工厂。乔布斯深信，卡森伯格当年还在迪士尼工作时，皮克斯团队就跟他提过他们计划制作的第二部电影是《虫虫危机》(*A Bug's Life*)，但是，他在加入梦工厂后，就剽窃了昆虫动画电影的创意，开始筹拍《小蚁雄兵》(*Antz*)。乔布斯说："杰弗瑞还在负责迪士尼动画业务的时候，我们就跟他提出了《虫虫危机》的创意。在长达 60 年的动画制作历史中，从来没有人想到要做一部关于昆虫的动画电影。这是拉塞特率先提出的想法，是属于他的绝妙创意。后来，杰弗瑞离开迪士尼，去了梦工厂，突然之间，他就有了一个动画电影的创意，主题就是昆虫——这也太巧了吧！他装得好像从来没听过这个创意一样。他就是个骗子，睁着眼睛说瞎话。"

其实，事实并非如此，真实的情况要更为有趣。卡森伯格在迪士尼期间的确没有听说过《虫虫危机》的创意。但他离开迪士尼创立梦工厂之后，还一直跟拉塞特保持着联系，偶尔会给拉塞特打个电话，简单聊聊近况："嗨，伙计！没什么事，就是看看你最近忙什么呢。"有一次，拉塞特去环球影业旗下的特艺科技公司（Technicolor）参观。梦工厂就在特艺科技附近，于是他给卡森伯格打了个电话，带着几个同事顺道过去拜访一下。卡森伯格问他们接下来有什么计划，拉塞特就跟他聊了起来。拉塞特回忆说："我们跟他提起了《虫虫危机》的想法，主角是一只蚂蚁，他组织了很多其他蚂蚁，还招募了一群马戏团的昆虫演员，一起击退了蝗虫。其实我当时应该有所警觉的，因为杰弗瑞一直问我有关电影上映时间的问题。"

1996 年初，有传言称梦工厂可能要制作一部以蚂蚁为主角的电脑动画电影，拉塞特开始担心起来。他打电话给卡森伯格，直截了当地问后者是不是有这回事。卡森伯格支支吾吾，没有正面回答，反而问拉塞特是从哪里听说这件事的。拉塞特再次追问，卡森伯格只好承认确有其事。"你怎么能这样？"一向柔声细语的拉塞特忍不住激动地质问道。

卡森伯格说："我们早就有这个创意了。"他解释说这是梦工厂的一位创意开发主管向他提出来的。

拉塞特说:"我才不信。"

于是,卡森伯格承认他的确加快了《小蚁雄兵》的制作进度,为的是牵制老东家迪士尼。梦工厂的第一部电影是《埃及王子》(*Prince of Egypt*)。《埃及王子》原定于1998年感恩节上映,但卡森伯格听说迪士尼计划在同一周末推出皮克斯的《虫虫危机》,他感到非常恐慌,就加快了《小蚁雄兵》的制作进度,想要迫使迪士尼调整《虫虫危机》的上映时间。

平时几乎没说过脏话的拉塞特被彻底激怒了,他忍不住脱口而出:"去你妈的!"在之后的13年里,他没有再跟卡森伯格说过一句话。

乔布斯知道这事后勃然大怒,而他当然比拉塞特更善于发泄自己的情绪。他打电话给卡森伯格,冲着后者一顿臭骂。卡森伯格提出了一个条件:如果乔布斯和迪士尼能调整《虫虫危机》的上映日期,避开《埃及王子》的档期,他愿意延缓《小蚁雄兵》的制作。乔布斯回忆说:"这就是明目张胆的敲诈,我才不吃他这一套。"他告诉卡森伯格,卡森伯格不可能左右迪士尼的发行日期。

卡森伯格回答道:"你当然有办法,你连移山的本事都有,你还教过我怎么移山!"卡森伯格接着说,当年皮克斯几近破产,是他给了皮克斯制作《玩具总动员》的机会,才救皮克斯于水火之中,"当年我算是帮了你一个大忙,而现在你却允许他们利用你来反咬我一口"。他认为,只要愿意,乔布斯完全可以放慢《虫虫危机》的拍摄脚步,压根不必让迪士尼知道。卡森伯格说,如果乔布斯这样去做,自己也会暂停《小蚁雄兵》的制作。而乔布斯的回答是:"想都别想。"

卡森伯格之所以这么做,也有自己的理由。他离开迪士尼另立门户,还跟老东家是竞争关系,所以,艾斯纳和迪士尼显然是想利用皮克斯的电影对他进行报复。他说:"《埃及王子》是我们制作的第一部电影。我们宣布了首映日期后,他们就安排在同一个时间段推出自己的电影,这绝对属于恶意挑衅。我的观点跟狮子王辛巴一样:如果你跑来我的地盘横行霸道,那就休怪我不客气。"

双方都寸步不让,而捉对厮杀的两部蚂蚁电影也成为媒体热议的焦点。迪士尼尽力压住乔布斯的火气,因为他们觉得如果口水战进一步升级,《小蚁雄兵》的曝光率也会随之水涨船高。但乔布斯可不是那么容易就被封口的人。他对《洛杉矶时报》说:"坏人很少能赢。"而梦工厂精明的营销大师特里·普莱斯(Terry Press)则回应说:"史蒂夫·乔布斯该吃药了。"

《小蚁雄兵》于1998年10月初上映。这部电影并不难看,主角是一只神经质的蚂蚁生活在循规蹈矩的社会里,渴望表达自我。他们还找来了伍迪·艾伦给主角配音。《时代周刊》杂志写道:"这是伍迪·艾伦自己都已经不再拍摄的那种伍迪·艾伦式喜剧。"最终,《小蚁雄兵》在美国国内获得9 100万美元的票房,全球票房达1.72亿美元,成绩还算可以。

6周后,《虫虫危机》也如期上映。这部电影颠覆了伊索寓言《蚂蚁与蚱蜢》的故事,其情节更具史诗感,电脑特技也更为高超,从小昆虫的视角仰望草丛,角色刻画栩栩如生,细节表现精彩纷呈,让人拍手叫绝。《时代周刊》把赞美之词都送给了《虫虫危机》。资深影评人理查德·科利斯写道:"这部电影的设计出神入化,巨大的屏幕上是绿叶成荫、宛若迷宫的伊甸园,里面住着各种各样丑丑的、毛茸茸的、可爱又滑稽的小虫子。相比之下,梦工厂的那部电影就像广播时代的产物。"《虫虫危机》的票房是《小蚁雄兵》的两倍,美国国内票房达到1.63亿美元,全球票房更是高达3.63亿美元(也一举击败了《埃及王子》)。

几年后,卡森伯格碰到了乔布斯,试图跟乔布斯冰释前嫌。卡森伯格坚称自己在迪士尼的时候真的没有听说过《虫虫危机》的创意,如果他听到过,在签离职协议的时候,他肯定要去争取部分收益,所以他没有必要拿这样的事撒谎。乔布斯笑了笑,并没有接卡森伯格的话茬。卡森伯格又说:"我让你调整上映日期,你又不愿意,我总得设法保护自己的宝贝吧,所以你也不能怪我。"他回忆说,乔布斯当时"非常平静,好像进入了禅定状态",表示自己可以理解。但乔布斯后来说,他从来没有真正原谅卡森伯格:

我们的电影在票房上把他们干翻了。我们开心了吗?没有,我们还是非常不高兴,因为大家开始说,好莱坞的人怎么都一窝蜂地拍昆虫电影了。约翰的创意本是独一无二的,但这个宝贵的"独一无二"却被卡森伯格破坏了,这一点是任何事情都无法弥补的。这种做法就是坏良心,所以我永远不会再相信他了,他再怎么试图弥补都没用了。他们后来成功推出《怪物史莱克》，他又找到我，说了"我已经改过自新，我变得平心静气了"之类的废话。我心想：杰弗瑞，你得了吧。

而卡森伯格对乔布斯的评价则要正面许多。他认为乔布斯是"世界上真正的天才"之一，表示虽然两个人之间曾有过节，但他后来还是非常尊重乔布斯。

《虫虫危机》打败了《小蚁雄兵》，但比票房胜利更重要的是，这部电影让皮克斯证明了自己并不是一家昙花一现的公司。《虫虫危机》的票房成绩可以媲美《玩具总动员》，证明皮克斯当初的旗开得胜并非侥幸。乔布斯后来说："商业领域存在一个经典的现象，叫作'第二产品综合征'。"意思是说，人们因为没有理解第一件产品成功的真正原因，所以做出的第二个产品往往是失败的。"我在苹果就经历过这种情况。我当时觉得，如果我们的第二部电影能经受住考验，皮克斯就能立住脚了。"

史蒂夫亲手制作的电影

1999年11月上映的《玩具总动员2》比第一部还要成功，全球总票房高达4.85亿美元。皮克斯的江湖地位已经稳固，是时候建造一个可以代表公司形象的总部了。乔布斯和皮克斯的设施管理团队在埃默里维尔（埃默里维尔是一个位于伯克利和奥克兰之间的工业区，隔着海湾大桥与旧金山相望）找到了德尔蒙食品公司（Del Monte）的一个废弃水果罐头厂。他们把旧工厂拆除，清理出一块约6.5万平方米的区域，乔布斯请苹果零售店的建筑师彼得·伯林（Peter Bohlin）设计皮克斯的新总部大楼。

乔布斯对新大楼设计和建造的方方面面事必躬亲，大到整体概念，小到材料和施工等所有细节。皮克斯总裁埃德温·卡特穆尔说："史蒂夫坚定地相信，合适的建筑可以让企业文化如虎添翼。"乔布斯认真把控整栋大楼的建造过程，好像一个导演在孜孜不倦地打磨电影的每一个场景。拉塞特说："皮克斯大楼就是史蒂夫亲手制作的电影。"

拉塞特原本想打造一个传统的好莱坞式工作室，不同部门有各自独立的建筑，每个开发团队也有自己单独的工作空间。但迪士尼的人说他们并不喜欢迪士尼的新园区，因为感觉团队之间彼此孤立。乔布斯非常认同这一看法。事实上，他决定走向另一个极端：整栋大楼都要围绕中庭设计，增加员工之间不期而遇的互动。

虽然乔布斯是数字世界的公民，或许恰恰是因为这一点，他更了解数字生活可能会给人们带来的深深的孤立感，所以，他坚定地认为面对面沟通很有必要。他说："在我们这个网络时代，有人认为可以通过电子邮件和 iChat 来激发创意。这是痴人说梦。创意来自不期而遇的碰撞、随机而发的讨论。你碰到一个人，问他最近在忙什么，他告诉你之后，你会说'哇，真厉害'，然后自己的脑中就会迸发出各种各样的想法。"

因此，乔布斯在设计皮克斯的总部大楼时，想确保大家可以通过偶遇激荡创意和意外的合作机会。他说："如果大楼没有这样的功能，就会错过很多无心插柳的创意和奇想。所以我们这栋大楼的设计理念就是鼓励员工走出办公室，多在中庭区域活动，与平时见不到的同事交流互动。"大楼的前门、主楼梯和走廊都能通到中庭；大楼的咖啡厅和信箱也设在中庭，会议室都有能看到中庭的玻璃窗，就连能容纳 600 人的剧场和两个小放映室的出口也都直接对着中庭。拉塞特回忆道："史蒂夫的理论从我们搬进大楼的第一天就发挥了功效，我接二连三地遇到了一些好几个月都没见过面的人。我还从来没见过哪座大楼的设计能如此有效地激发合作与创造力。"

乔布斯甚至要求整栋大楼只建两个巨大的卫生间，一男一女，而且必须经由中庭出入。皮克斯的总经理帕姆·凯文回忆说："他强烈坚持这一点，但不少人觉得这种设计实在是有点儿过了。一位怀孕的女员工说，她不能每次为了用个卫生间还得走上 10 分钟吧。这件事引发了巨大的争议。"就连很少与乔布斯意见相左的拉塞特也没有站到乔布斯这一边。最后他们采取了折中的办法：在中庭两侧的两层楼上各设男女卫生间。

因为大楼的钢梁会裸露在外面，所以乔布斯仔细研究对比了全美各地制造商寄来的样品，希望找到颜色和质地最完美的钢材。最终，乔布斯选择了阿肯色州的一家工厂。他要求工厂把钢材处理成最纯粹的颜色，并在卡车运送过程中加倍防护，不能产生任何磕碰损坏。他还坚持要求用螺栓连接所有钢梁，而不能焊接。乔布斯回忆说："我们对钢材进行了喷砂处理，涂上了透明漆，这样就可以看到钢材的本色。工人们在安装钢梁时，还会在周末把家人带过来，亲眼看看他们的工作成果。"

这栋"偶遇大楼"最神奇的地点就是"爱之酒廊"（The Love Lounge）。一位动画师搬进自己的办公室后，发现其背后的墙上有一个小门。这扇门通往一条低矮的走廊，弯腰通过后就会来到一间四面都是金属墙的房间，里面是一些中央空调的阀门。动画师和几位同事决定将这个秘密空间占为己有。他们用圣诞灯和熔岩灯对房间稍加装饰，还在里面摆放了几张罩着动物印花布的长椅、流苏抱枕、折叠式鸡尾酒桌、几瓶酒、小吧台和印有"爱之酒廊"的餐巾纸。他们还在走廊里安装了一个摄像头，以查看门外的动静。

拉塞特和乔布斯有时会带一些重要来宾到"爱之酒廊"小坐，并请他们在墙上签名。在墙上留下名字的有迪士尼首席执行官迈克尔·艾斯纳、迪士尼董事罗伊·迪士尼、给巴斯光年配音的蒂姆·艾伦（Tim Allen）和配乐大师兰迪·纽曼等。乔布斯很喜欢这里，但他自己并不喝酒，所以有时会称之为"冥想室"。他说，这让他想起了和丹尼尔·科特基在里德学院的那间冥想室，只是这里没有迷幻药。

分道扬镳

2002 年 2 月，在美国参议院的一场听证会上，迈克尔·艾斯纳抨击了乔布斯为苹果 iTunes 创作的广告："有些电脑公司的整版广告和户外广告牌上写着'翻录·混录·刻录'。换言之，如果买了这款电脑，用户就可以去制作盗版，与所有朋友共享。"

这个评论很不高明。一来，它完全误解了"翻录"的含义。艾斯纳以为"翻录"意味着拿别人的东西为己用，是一种盗窃行为，而其实，"翻录"只不过是把文件从 CD 导入电脑。更重要的是，他的评论把乔布斯狠狠激怒了，而艾斯纳早该知道这个后果。当时，皮克斯刚刚推出了与迪士尼合作的第四部电影《怪兽电力公司》（Monsters, Inc.）。《怪兽电力公司》一举超过前三部电影的表现，全球总票房达 5.25 亿美元。迪士尼和皮克斯的合约即将到期，在这个紧要关头，艾斯纳竟然公开拆皮克斯的台，自然增加了双方继续合作的难度。乔布斯也对他的行为感到匪夷所思，乔布斯给迪士尼的一位高管打电话发泄道："你知道迈克尔刚刚对我做了什么吗？"

艾斯纳和乔布斯两个人，一个来自美国东海岸，一个来自美国西海岸，生活和职业背景大相径庭，但性格很像，都固执己见，意志坚定，绝不轻易妥协。两个人都对做出好产品有极大的热情，而这也往往意味着事必躬亲，苛求细节，批评指责的时候毫不留情。在打造迪士尼动物王国乐园的时候，艾斯纳会一遍又一遍地乘坐野生动物快车，竭尽所能地改善客户体验，这种工作方式简直跟乔布斯持续不断地改进、精简 iPod 界面的做法如出一辙。而在管理方面，两个人都简单粗暴，不顾情面。

两个人都对强迫别人很有一套，但自己却不擅长遵循指令，不喜欢被强迫，所以当他们两个试图去威逼对方时，气氛就变得很不愉快。遇到分歧，他们往往会断定是对方在撒谎。此外，艾斯纳和乔布斯都觉得自己不可能从对方身上学到任何东西，他们甚至连客套都省了，不会对彼此表现出一丝敬意。乔布斯把一切归咎于艾斯纳：

> 在我看来，最糟糕的事情莫过于皮克斯成功地重塑了迪士尼的业务，不断推出伟大的电影，而迪士尼自己的作品却接二连三地失败。大家都会觉得迪士尼的首席执行官肯定会心存愧疚，觉得他会好奇皮克斯是怎么做到的。但事实上，在迪士尼和皮克斯合作的 20 年间，他到访皮克斯的时间只有两个半小时，而且只是简单地来道声恭喜。他从来没有好奇过。这真是让我大开眼界。好奇心真的非常重要。

这话说得有点儿言过其实。事实上，艾斯纳访问皮克斯的时间不止两个多小时，只是乔布斯有时候并不在场。但艾斯纳的确对皮克斯的艺术或技术成就既不羡慕，也不好奇。同样，乔布斯也没有花什么时间向迪士尼的管理层学习。

2002 年夏，乔布斯和艾斯纳开始公开对立。乔布斯一直很钦佩迪士尼创始人沃尔特·迪士尼的创新精神，尤其敬仰他打造了一个可以屹立几十年不倒的公司。他认为沃尔特的侄子罗伊正是这种历史传承和精神的化身。尽管罗伊与艾斯纳愈加疏远，但罗伊仍是迪士尼董事会的一员。乔布斯告诉罗伊，只要艾斯纳还在担任首席执行官，皮克斯就不会跟迪士尼续约。

罗伊·迪士尼和迪士尼的另一位董事斯坦利·戈德（Stanley Gold）私交甚笃，他们开始就皮克斯的问题提醒其他董事。艾斯纳听说后，在 2002 年

8月底给董事会发了一封言辞激烈的电子邮件。他说自己相信皮克斯最终一定会续约,其中一个原因是迪士尼拥有迄今为止皮克斯制作的所有电影和角色的版权。他还说,一年以后,等皮克斯完成了《海底总动员》,迪士尼将在谈判中处于更有利的地位。他写道:"昨天,我们第二次观看了将在明年5月上映的皮克斯新电影《海底总动员》。等到电影上映后,皮克斯的人就得直面惨淡的现实了。这部电影还可以,但远远比不上之前的几部。当然,他们自己肯定觉得它很棒。"这封电子邮件有两大问题:第一,邮件遭到泄露,落入了《洛杉矶时报》的手中,惹得乔布斯火冒三丈;第二,艾斯纳对《海底总动员》的评估错了,而且大错特错。

《海底总动员》成为皮克斯(和迪士尼)截至当时最卖座的电影作品,它轻松击败《狮子王》,成为当时历史上最成功的动画电影。《海底总动员》在美国国内的票房为3.4亿美元,全球总票房高达8.68亿美元。在2010年之前,《海底总动员》DVD成为史上最受欢迎的DVD,销量高达4 000万张,与这部电影相关的游乐设施也成了迪士尼公园最受欢迎的主题之一。此外,这部电影画质丰富细腻,艺术效果动人心魄,美感十足,赢得了当年的奥斯卡最佳动画片奖。乔布斯说:"我很喜欢这部电影,因为电影讲的是要敢于承担风险,以及学会放手,让你爱的人也去冒险。"电影的成功为皮克斯增加了1.83亿美元的现金储备,为皮克斯与迪士尼的最后对决提供了5.21亿美元的巨额资本。

在《海底总动员》完成后不久,乔布斯向艾斯纳提出了一个完全一边倒的合作方案——摆明了是想让艾斯纳拒绝。在新的合作方案中,原有的收益五五分成的约定已经不复存在,皮克斯将完全拥有其制作的电影及其中角色的版权,只需向迪士尼支付7.5%的电影发行费用。此外,原有协议下的最后两部电影,也就是制作中的《超人总动员》(*The Incredibles*)和《赛车总动员》(*Cars*),也将按照新的发行协议执行。

然而,艾斯纳手里还握有一张强大的王牌:即使皮克斯不续约,迪士尼也有权制作包括《玩具总动员》在内的皮克斯先前所有电影的续集,并拥有合作产生的所有电影角色(从胡迪到尼莫)的版权,正如他们拥有米老鼠和唐老鸭的版权一样。皮克斯已经拒绝为迪士尼制作《玩具总动员3》,因此,艾斯纳开始计划,或者说威胁,要让迪士尼自己的动画工作室制作它。乔布斯说:"如果你看过迪士尼给《仙履奇缘》做的续集,就会对这件事感到不寒而栗。"

2003年11月,艾斯纳迫使罗伊·迪士尼离开了董事会,但动荡并未结束。罗伊发表了一封言辞尖锐的公开信,他写道:"公司业务已经失焦,失去了原有的创造力和文化传承。"他针对艾斯纳的管理失职提出了一连串控诉,其中一条就是没有与皮克斯建立起有建设性的关系。此时,乔布斯已经决定不再跟艾斯纳合作。2004年1月,乔布斯公开宣布将停止与迪士尼的合作谈判。

通常情况下,乔布斯都能管住自己,除了在自家厨房餐桌上跟朋友发发牢骚,一般不公开发表激烈言论。但这一次他不再隐忍。在一次与记者的电话会议上,他说,皮克斯连续打造热门大片,与此同时,迪士尼的动画部门却一再做出"丢人现眼的烂片"。乔布斯也对艾斯纳关于迪士尼对皮克斯电影贡献了诸多创意的说法嗤之以鼻:"事实是,多年来,迪士尼与皮克斯的创造性合作很少。你可以将我们的电影与迪士尼最近三部电影的创意质量进行比较,自行判断一下两个公司的创意能力。"除了建立一个更好的创意团队,乔布斯还取得了一项了不起的成就:打造了一个吸引力足以和迪士尼抗衡的电影品牌。他说:"我们认为皮克斯是当今动画界最强大、最值得信赖的品牌。"乔布斯对媒体做出此番表态前,先给罗伊打了电话提前告知,罗伊回答说:"等邪恶的女巫死后,我们就又可以一起合作了。"

得知皮克斯要跟迪士尼决裂,拉塞特惊愕不已。他回忆说:"我很担心我的宝贝们,那些人会怎么对待我们创造出来的这些角色呢?一想到这个,我就心如刀割。"当拉塞特在皮克斯的会议室中把这个消息告诉自己的高层员工时,他忍不住哭了出来。后来跟聚集在总部中庭的800多名皮克斯员工讲话时,他又落泪了。"这种感觉就像你有一群可爱的孩子,却又不得不放弃抚养权,把他们交给犯有猥亵儿童罪的人收养。"拉塞特讲完后,乔布斯走到中庭的讲台,试图平复大家的情绪。乔布斯解释了为什么必须与迪士尼决裂,开导他们说,作为一个机构,皮克斯必须保持向前看,才能立于不败之地。工作室的一名技术老将奥伦·雅各布(Oren Jacob)说:"他有绝对的能力让你信任他。突然之间,我们都有了信心,相信无论发生什么,皮克斯都将高歌猛进。"

迪士尼的首席运营官鲍勃·艾格（Bob Iger）不得不介入其中，尽力挽回损失。与身边那些反复无常、夸夸其谈的人相比，艾格理性坚定、脚踏实地。他出身电视行业，曾担任美国广播公司网络电视集团（ABC Network）总裁，该公司于1996年被迪士尼收购。他属于气质型企业领导人，举止大方合宜，擅长灵活管理，慧眼识人，又不失幽默，非常善解人意。他有一种沉静的特质，因为足够自信，所以不怕保持沉默。与艾斯纳和乔布斯不同，他冷静自持，因此很善于与自负的人打交道。艾格后来回忆说："史蒂夫宣布他将结束与我们的谈判，这引发了一定的关注。我们进入了危机模式，于是，我整理了一个应对危机的建议提纲，尝试解决问题，平息事态。"

在艾斯纳担任迪士尼首席执行官的前10年中，他表现优异，当时的迪士尼总裁是弗兰克·威尔斯（Frank Wells）。威尔斯将艾斯纳从许多管理职责中解放出来，让他有时间和精力就如何改进每个电影项目、主题公园游乐设施、电视试播和无数其他产品提出自己的建议。这些建议往往很有价值，也通常颇有见地。不幸的是，1994年，威尔斯因直升机坠毁而丧生。之后，艾斯纳一直没有找到合适的新搭档。卡森伯格曾要求接替威尔斯的职位，却因此被艾斯纳排挤出局。迈克尔·奥维茨（Michael Ovitz）在1995年成为新总裁，但他做得一塌糊涂，不到两年就黯然离场。乔布斯后来做出这样的评价：

在艾斯纳担任首席执行官的前10年中，他的工作干得非常出色，但在后来的10年中，他的表现却让人大跌眼镜。分水岭就是弗兰克·威尔斯的过世。艾斯纳是一个很有创意的人，能提出很多精彩的建议。所以，当弗兰克负责运营时，艾斯纳像只蜜蜂一样从一个项目飞到另一个项目，不断精进改善。但当艾斯纳不得不接手运营工作时，他展现出了糟糕的管理能力。没有人喜欢为他工作。他们觉得自己一点儿权力也没有。艾斯纳有一个战略规划小组，就像盖世太保一样，没有他们的批准，谁都不能花一分钱。尽管我们俩决裂了，但我依然尊重他前10年的成就。而且他身上有一部分特质，我其实是喜欢的。他有时还挺有意思，聪明又机智。但他也有昏聩的一面。他被自负冲昏了头脑。艾斯纳起初对我还算公道公平，但在与他打交道的10年中，我逐渐看到了他的阴暗面。

艾斯纳在2004年最大的问题是他没有看清迪士尼的动画部门已经问题百出。迪士尼最近的两部电影《星银岛》(*Treasure Planet*)和《熊的传说》(*Brother Bear*)都没有达到应有的水准，对公司资产负债表也没有任何贡献。热门动画电影一直是迪士尼的命脉，可以衍生出主题公园的游乐设施、玩具和电视节目。单是一部《玩具总动员》就成就了一部电影续集、一部"迪士尼冰上世界"表演、一部在迪士尼游轮演出的音乐剧、一部以巴斯光年为主角的录影带续集(direct-to-video film)、一本电脑故事书、两款电子游戏、总销量高达2 500万件的十几款玩具和一条服装线，以及迪士尼主题公园的9项游乐设施。而《星银岛》完全没有达到类似的效果。

艾格后来解释说："迈克尔不清楚迪士尼在动画方面的问题有多严重，所以才这样居高临下地对待皮克斯。他从来没有觉得他有多么需要皮克斯。"此外，艾斯纳喜欢通过谈判争取利益，不喜欢让步。在跟乔布斯打交道时，这种风格不会产生什么好结果，因为乔布斯也是这样的人。艾格说："妥协是通过谈判达成一致的必要步骤，而他们两个可都不擅长妥协。"

2005年3月的一个星期六晚上，僵局终于被打破——艾格接到了前参议员、迪士尼现任董事乔治·米切尔(George Mitchell)和其他迪士尼董事的电话。他们告诉艾格，再过几个月，艾格将取代艾斯纳，成为迪士尼的首席执行官。艾格第二天早上起床后，先是给女儿们打了电话，然后就打给史蒂夫·乔布斯和约翰·拉塞特。艾格开门见山地说，自己很看重皮克斯，希望能跟他们继续合作。乔布斯非常兴奋。乔布斯喜欢艾格，而且还对他们之间的一个小小渊源惊叹不已：乔布斯的前女友珍妮弗·伊根和艾格的妻子威罗·贝(Willow Bay)在宾夕法尼亚大学曾是室友。

那年夏天，在艾格正式接任之前，艾格和乔布斯达成了一个试验性的合作。苹果即将推出一款增加了视频播放功能的iPod。这款iPod需要可以出售的电视节目，但乔布斯不想让相关谈判太过张扬，因为像往常一样，他希望能在发布仪式中上台揭幕之前保持产品的神秘感。当时美国最火的两部电视剧《绝望主妇》(*Desperate Housewives*)和《迷失》(*Lost*)都是美国广播公司的产品，而迪士尼负责美国广播公司业务的正是艾格。艾格有好几个iPod，从早上5点的晨练开始，直到深夜都与iPod为伴，他早就开始构思如何将iPod与电视节目相结合。因此，听了乔布斯的想法后，他立即提供了这两部电视剧。艾格说:"其中的条款比较复杂,但我们在一周内就谈妥了。这次合作很重要,因为史蒂夫能由此看到我的做事风格,而且这次合作也会向所有人表明,迪士尼其实是可以与史蒂夫合作的。"

乔布斯在圣何塞租了一个剧院,来发布新款 iPod,并邀请艾格以"神秘嘉宾"的身份登台。艾格回忆说:"我从来没有参加过他的发布会,所以我都不知道场面会如此盛大。他能邀请我出席,这证明我们的关系实现了真正的突破。他认识到我是一个热爱科技且敢于冒险的人。"乔布斯进行了一贯的精湛表演,介绍了新 iPod 的所有功能,说这是"我们所做的最好的产品之一",并宣布 iTunes 商店将开始销售音乐视频和短片。然后,一如既往,乔布斯在讲话的结尾处说道"对了,还有一件事":新款 iPod 将开始出售电视节目。现场响起了热烈的掌声。他提到,当下最热门的两部电视剧都是美国广播公司制作的。"那美国广播公司是谁的呢?迪士尼!我跟他们还挺熟的。"他开心地说。

艾格随后上台,看起来和乔布斯一样轻松自如。艾格说:"最让我和史蒂夫感到兴奋的事情就是将精彩的内容和伟大的技术相结合。我很高兴在此宣布,迪士尼和苹果的关系将更上一层楼。"在适度的停顿之后,他接着说:"我说的不是和皮克斯,而是和苹果的关系。"

但从他们融洽的互动中可以看出,皮克斯和迪士尼的新一轮合作再次成为可能。艾格回忆道:"这展示了我的行事方式是'要爱,不要战争'。之前,我们一直在与罗伊·迪士尼、康卡斯特(Comcast)、苹果和皮克斯交战。我想解决这一切,我的首要任务就是改善跟皮克斯的关系。"

不久前,艾格刚与艾斯纳共同参加了香港迪士尼乐园的开幕式,这是艾斯纳在任职首席执行官期间参加的最后一次大型活动。开幕式有个常规环节是迪士尼动画人物的花街巡游。艾格看着巡游队伍,突然意识到过去 10 年中出现的新角色全都是皮克斯创造出来的。他回忆说:"我脑子里突然有一道闪电划过。当时,我就站在迈克尔旁边,但我什么都没有说,因为话说出口,就等于在指责他这些年对动画业务管理不善、无所作为。继《狮子王》《美女与野兽》和《阿拉丁》的 10 年辉煌后,迪士尼在过去 10 年里竟然颗粒无收。"

回到伯班克迪士尼总部后,艾格让人做了财务分析。他发现,在过去

10年，迪士尼的动画业务一直在赔钱，而且对周边产品的销售并没有起到任何推动作用。在接任首席执行官之后的第一次会议中，艾格向董事会提交了分析报告，董事会成员非常愤怒，因为之前从来没有人汇报过这个情况。艾格告诉董事会："如果动画业务失败了，我们的公司也会前功尽弃。一部成功的动画片就是一个大浪，其涟漪会惠及我们业务的方方面面，从游行中的角色到音乐、主题公园、电子游戏、电视、互联网、消费产品等。如果没有造浪之作，公司就不可能成功。"他向董事会提出了几个方案。第一，他们可以坚持目前的动画业务管理模式，但他认为保持现状只是死路一条。第二，他们可以撤换当前的动画部门负责人，但他不知道找谁才能重整旗鼓。第三，他们可以收购皮克斯。"问题是，我不知道皮克斯是不是愿意出售，即使他们愿意，我们也需要花费一大笔资金。"董事会授权他去探探风声。

艾格以一种不同寻常的方式试探了乔布斯的态度。两人第一次交流时，艾格就坦言自己在香港的时候如梦初醒，意识到迪士尼非常需要皮克斯。乔布斯回忆说："这就是为什么我喜欢鲍勃·艾格，他就这么说出来了。谈判一开始就亮出底牌是最愚蠢的做法，至少按照传统规则来说是这样的。但他就这样直截了当地把牌摊在桌面上，说'我们完蛋了'。我立刻就喜欢上了这个人，因为我也是这样痛痛快快做事的——大家一上来就开诚布公，把所有底牌都摊在桌子上，然后实事求是地谈合作。"（事实上，这当然不是乔布斯惯常的谈判风格。通常情况下，他会一上来就攻击对方的产品或服务是垃圾，给对方一个下马威。）

乔布斯和艾格经常一起散步，从苹果总部到帕洛阿尔托，再到投资银行 Allen & Co. 在太阳谷举办的年度媒体大会上。起初，他们想了一个新的发行合作计划：皮克斯将拿回所有已经制作的电影和角色的版权，同时，迪士尼可以获得皮克斯的部分股权，皮克斯未来制作电影，只需向迪士尼支付一笔单纯的发行费用。但艾格担心这样的协议只会让皮克斯成为迪士尼的竞争对手，即使迪士尼拥有皮克斯的股权也于事无补。所以他开始暗示，也许他们应该把步子迈得更大些。他说："我想让你们知道，我在这个问题上完全不设限。"乔布斯似乎也鼓励他向前更进一步。乔布斯回忆说："就这样，没过多久，我们两个人就意识到，这次沟通可能会朝着收购的方

第三十三章　皮克斯的朋友　当然也有敌人　　　　　　　　　　　　　411

向发展。"

但乔布斯需要首先征得约翰·拉塞特和埃德·卡特穆尔的同意。所以，他请他们来到家里，开门见山地告诉他们："我们需要了解鲍勃·艾格。我们可能想跟他全面合作，帮助他重塑迪士尼。他是个很好的人。"拉塞特和卡特穆尔起初对此持怀疑态度。拉塞特回忆说："他能看出我们很震惊。"

乔布斯继续说："如果你们不想这么做，也没关系，但我希望你们在做决定之前先了解一下艾格。我最开始的时候跟你们的感觉一样，但我真的越来越喜欢这个人了。"乔布斯说当时要把美国广播公司的电视剧放在iPod上的时候，谈判几乎没有难度，非常简单直接。然后他又补充说："这跟艾斯纳掌权时的迪士尼完全不一样。我觉得，艾格是个直截了当的人，他从来不借题发挥。"拉塞特记得，自己和卡特穆尔只是坐在那里，听得目瞪口呆。

艾格开始行动起来。他从洛杉矶飞到加州，到拉塞特家吃饭，两个人一直聊到深夜。他还请卡特穆尔共进晚餐。之后，他独自拜访了皮克斯工作室，没带任何随行人员，也没有让乔布斯陪同。艾格说："我一一拜访了皮克斯的所有导演，他们向我介绍了自己正在制作的电影。"拉塞特及其团队让艾格大开眼界，而拉塞特也自然为此感到非常骄傲，对艾格也好感倍增。拉塞特说："我从来没有像那天那样对皮克斯感到如此自豪，所有团队和推介都很精彩，让鲍勃佩服得五体投地。"

的确，在看过皮克斯将在未来几年推出的《汽车总动员》《美食总动员》《机器人总动员》等几部电影后，艾格告诉迪士尼的首席财务官："天哪，他们的电影超级棒。我们必须达成这个交易。这将决定公司的未来。"他承认，自己对迪士尼动画公司正在制作的电影并无信心。

迪士尼提出的条件是，他们以74亿美元的价格收购皮克斯的股份。乔布斯将拥有迪士尼约7%的股份，成为迪士尼最大的股东——当时艾斯纳只拥有1.7%的股份，罗伊只有1%。迪士尼动画将隶属于皮克斯，拉塞特和卡特穆尔会负责管理合并后的部门。皮克斯会保留其独立的公司身份，其工作室和总部将继续留在埃默里维尔，甚至可以保留原本的电子邮件名称。

迪士尼董事会于一个星期日上午在洛杉矶世纪城召开秘密会议，艾格请乔布斯带拉塞特和卡特穆尔一起参会，目的是让他们对这笔价值不菲的大胆交易感到放心。乔布斯、拉塞特和卡特穆尔三个人准备从停车场乘电梯上楼的时候，拉塞特对乔布斯说："如果我一会儿兴奋得忘乎所以或讲话太久，你就拍拍我的腿。"在会议过程中，乔布斯只拍了他一次，除此之外，拉塞特的推介堪称完美。拉塞特回忆说："我谈到了我们制作电影的流程和理念，同事之间的坦诚互信，讲了我们如何培养创意人才。"董事会问了很多问题，乔布斯让拉塞特回答了其中的大部分问题，乔布斯自己则谈到了将艺术与科技结合起来是一件多么令人兴奋的事。乔布斯说："这就是我们的文化精髓，就跟苹果一样。"

然而，在迪士尼董事会批准合并之前，已经离开迪士尼的迈克尔·艾斯纳还在试图阻止这次合作。他打电话给艾格，说收购价格高得离谱："你自己就可以解决动画部门的困境。"艾格问："怎么解决呢？"艾斯纳坚持说："我知道你一定能做到。"艾格有点儿恼火："迈克尔，你自己都解决不了的问题，凭什么说我一定能做到呢？"

艾斯纳说他想来参加董事会会议，对收购提出反对意见——虽然他已经既不是董事会成员，也不是公司高层。艾格拒绝了，但是艾斯纳又给公司的大股东沃伦·巴菲特和董事会的重要成员乔治·米切尔打了电话。米切尔这位前参议员说服了艾格，艾斯纳因此拥有了发表意见的机会。艾斯纳回忆说："我告诉董事会，他们不需要收购皮克斯，因为他们已经拥有皮克斯制作的85%的电影。"他指的是对于已经制作完成的电影，迪士尼可以分配到总收益的85%，另外还拥有制作所有续集的权力及所有卡通人物的版权。"我的发言重点就是，迪士尼花这么多钱，只是为了得到尚未拥有的皮克斯15%的股份。其他的就要赌皮克斯接下来的电影如何了。"艾斯纳承认，皮克斯在过去的表现的确不错，但好景难常在。"我历数了历史上连续创造佳绩后又开始产出烂片的制片人和导演，连斯皮尔伯格和华特·迪士尼都名列其中。"他计算了一下，要使交易物有所值，皮克斯的每一部新电影必须获得13亿美元的收入。艾斯纳后来说："我对这些事情知道得一清二楚，这让史蒂夫很是抓狂。"

艾斯纳离开会议室之后，艾格逐项反驳了艾斯纳的观点。艾格的开场白是："让我来告诉大家他刚才的发言有什么问题。"董事会在听完他们两人的发言后，批准了艾格的交易方案。

艾格飞到埃默里维尔与乔布斯会面，两人一起向皮克斯的员工宣布了收购的消息。但在宣布之前，乔布斯与拉塞特和卡特穆尔单独聊了一会儿。乔布斯说："如果你们两个人有任何顾虑，我可以告诉他们取消交易。"——他说这话并非百分之百的真诚，因为事已至此，已经没有什么回旋的余地了，但无论如何，这种举动还是让人觉得很暖心。拉塞特说："我没意见，就这么做吧。"卡特穆尔也同意了。三人相拥在一起，乔布斯不禁感动落泪。

之后，所有人都聚集到中庭。乔布斯宣布："迪士尼即将收购皮克斯。"一些员工难过得哭了。但当乔布斯解释完这次合作的内容之后，员工们开始明白，从某种程度上来说，反而像是皮克斯收购了迪士尼。卡特穆尔将成为迪士尼动画的负责人，拉塞特则将出任首席创意官。最后，他们都欢呼起来。艾格一直站在边上，乔布斯邀请他来到中间。当他谈到皮克斯的特殊文化及迪士尼多么需要培养这种文化、需要向皮克斯学习时，现场爆发出热烈的掌声。

乔布斯后来说："我的目标一直是不仅要创造伟大的产品，而且要建立伟大的公司。华特·迪士尼做到了。而我们以这样的方式合并之后，皮克斯仍然是一家卓越的公司，同时我们也能帮助迪士尼保持伟大公司的地位。"

第三十四章 21 世纪的 Mac

苹果脱颖而出

蛤蜊、冰块和向日葵

自 1998 年推出 iMac 以来，乔布斯和艾夫就一直把别出心裁的外观设计作为苹果电脑的招牌，先后推出了一款形似橘色蛤蜊的消费类笔记本电脑和一款宛如禅意冰块的专业台式电脑。然而，一些产品设计就像压箱底的喇叭裤，虽然买的时候颇为时髦，但后来回头看却难再入法眼。这些产品体现了他们对设

1999 年，乔布斯展示 iBook

计的热爱，虽然有时玩儿得稍显过火，但也正因如此，苹果才能独树一帜，赢得关注，在以 Windows 电脑为主流的世界中存活下来。

苹果在 2000 年发布了 Power Mac G4 Cube。这款台式机的外观设计独特迷人，最后甚至被纽约现代艺术博物馆收为典藏品。G4 Cube 是一个边长 20 厘米的完美立方体，只有面巾纸盒那么大，是乔布斯美学观点的极致表达。这款电脑的高级之处在于其极简主义风格。电脑表面上没有任何按钮，也没有 CD 托盘，只有一个隐秘的 CD 插槽。和最初的 Mac 一样，G4

Cube 也没有散热风扇。这款电脑体现了纯粹的禅意。乔布斯告诉《新闻周刊》:"看到外观设计如此周到贴心的东西时,你会忍不住说:'哇,里面一定同样细致入微。'我们在精益求精,化繁为简,不断改进产品。"

G4 Cube 造型极简,似乎在炫耀自己的低调。虽然该电脑功能强大,但最终却没有赢得市场。G4 Cube 最初的定位是一款高端台式机,但乔布斯却一如往常地想要把它也打入大众市场。结果它在两个市场都不讨好。职场的专业人士并不想在办公桌上摆放一台珠宝盒般的雕塑,而大众市场的消费者也不愿花两倍于普通台式机的价钱买它。乔布斯本来预测 G4 Cube 的季度销量在 20 万台,但上市后的首个季度,电脑销量只达到预期的一半。接下来的一个季度,销量还不到 3 万台。乔布斯后来承认,G4 Cube 设计过度、定价过高,他犯了类似 NeXT 电脑的错误。但他逐渐吸取了教训。在打造 iPod 等产品时,他已经学会控制成本、做出必要的权衡,使其能在预算范围内按照既定时间上市。

苹果 2000 年 9 月发布的营收数据不及市场预期,其部分原因是 G4 Cube 销量不佳。当时正值科技泡沫破灭,苹果在教育市场的份额也处于下滑状态。苹果的股价一度维持在 60 美元以上,却在一天之内大跌 50%;到 12 月初,股价已低于 15 美元。

但这些都没有阻止乔布斯继续推动独具匠心甚至喧宾夺主的新设计。当平板显示器开始商业化投产后,乔布斯认为是时候推出新产品以取代 iMac 了——iMac 就是那款半透明的消费类台式电脑,看起来就像一个来自动画片《杰森一家》的卡通人物。艾夫设计出一款较为传统的模型,把电脑主机集中在平板显示器的背面。但乔布斯并不喜欢。乔布斯立刻踩下刹车,开始重新思考——这是他在皮克斯和苹果的一贯做法。他认为当前的设计少了一点儿纯粹感。他对艾夫说:"如果要把这一堆东西都塞在显示器后面,那用平板显示器还有什么意义呢?我们应该让每个元素都忠实于它的本质。"

那一天,乔布斯早早下班回家,想要好好思考一下这个问题。然后,他给艾夫打了电话把艾夫也叫到家里,两个人一起去花园里散步。当时,乔布斯的妻子在花园里种了很多向日葵,她回忆说:"我每年都会尝试在花园里种一些不同的东西。那年我种了几大片向日葵,还给孩子们做了一个向日葵屋。乔尼和史蒂夫在花园里讨论着电脑设计的问题,乔尼突然问:'我们为什么不参照向日葵的样子,把显示器和底座分开?'他说着就兴奋起来,马上开始画草图。"艾夫喜欢做有内涵的设计,他发现,向日葵的造型可以让平板显示器呈现出一种流畅灵动、反应迅速的感觉,仿佛可以随时迎着太阳转动。

艾夫新设计的 Mac 是把显示器放在一个可以转动的铬合金支架上,整台电脑看上去不仅像一朵向日葵,也会让人联想到卢克索灯,也就是拉塞特在皮克斯制作的第一部短片《顽皮跳跳灯》里那盏淘气的小灯。苹果为这一设计申请了多项专利,大多数都是以艾夫为主要发明者,但关于其中"由可活动组件连接到平板显示器的电脑主机系统"的专利,乔布斯则将自己列为主要发明者。

事后看来,苹果 Mac 的一些设计可能有点儿过于花哨。但在当时,其他电脑制造商却都处于另一个极端。电脑行业总会令人联想到创新,但实际上,当时的行业里却充斥着设计粗糙、千篇一律的机箱。戴尔、康柏和惠普等公司也尝试推陈出新,例如给电脑加点儿颜色或换个造型,但都以失败告终,于是这些公司纷纷将产品制造外包出去,通过价格战提高销量,这样一来,电脑就变成了高度规格化的产品。而苹果却凭借活泼的设计及 iTunes 和 iMovie 等开创性的应用程序,成为唯一一家不断创新的公司。

英特尔芯片

苹果的创新并不止于表面功夫。1994 年以来,苹果一直在使用 IBM 和摩托罗拉共同研发的 PowerPC 微处理器。多年来,PowerPC 的处理速度一直超越英特尔的芯片,苹果也曾多次以此为主题,推出诙谐的广告。然而,在乔布斯重返苹果时,摩托罗拉的新版本芯片研发进度已经落后。乔布斯和摩托罗拉的首席执行官克里斯·高尔文(Chris Galvin)因此产生了激烈冲突。1997 年,乔布斯回归苹果后不久,就决定停止把 Mac 操作系统授权给兼容机制造商。乔布斯当时告诉高尔文,自己可以考虑为摩托罗拉的兼容机 StarMax Mac 破例,但前提是摩托罗拉要加快开发用于笔记本电脑的新 PowerPC 芯片。两个人在电话中越说越激动。乔布斯指责摩托罗拉的芯片烂得要命，而同样是暴脾气的高尔文也厉声反驳。乔布斯一怒之下挂了他的电话。随后，摩托罗拉停止生产 StarMax 电脑，乔布斯则开始秘密计划将苹果电脑中使用的 PowerPC 芯片换成英特尔的芯片。更换芯片可不是一个小工程，事实上，其复杂程度相当于重新编写整个操作系统。

乔布斯并没有向苹果董事会让渡任何实权，但他会利用董事会召开内部机密会议，充分讨论各种想法，对不同战略进行思考。他经常站在白板面前，带领大家自由讨论。关于是否要换到英特尔架构的问题，董事会前后讨论了一年半。董事会成员阿特·莱文森回忆说："我们争论不休，问了很多问题，最后我们都认为这是必要之举。"

当时的英特尔总裁，也就是后来的英特尔首席执行官保罗·欧德宁，开始与乔布斯秘密接触。他们是在乔布斯苦苦维系 NeXT 期间逐渐熟络起来的。欧德宁后来说："在那段时期，他的傲慢暂时有所收敛。"欧德宁待人冷静，又不乏幽默。21 世纪初，他跟重返苹果的乔布斯打交道时发现，"这个人旧态复萌，脾气和活力都再度迸发，不再像之前那么谦虚了"。但乔布斯的转变并没有让欧德宁心生反感，反而让欧德宁觉得很有意思。英特尔与很多电脑制造商都有合作，但乔布斯想拿到比其他人更低的价格。欧德宁说："我们必须找到一些特别的方法来解决价格上的分歧。"他们大多数的谈判都是在漫长的散步中完成的，这是乔布斯喜欢的方式。有时他们会沿着小路，一直走到斯坦福校园后方一座被称为"盘子"（the Dish）的射电望远镜附近。乔布斯通常会用一个故事作为开场，然后大谈特谈自己对电脑发展史的看法。等到散步快结束时，他就已经进入讨价还价的环节。

欧德宁说："在安迪·格鲁夫和克雷格·巴雷特（Craig Barrett）掌管英特尔的时代，公司给人的印象是一个强硬的合作伙伴，但我想让大家知道，英特尔是一家很好合作的公司。"因此，英特尔派出精英团队与苹果合作，提前 6 个月就完成了芯片替换任务。乔布斯邀请欧德宁参加了苹果当年的精英 100 度假会议，欧德宁穿着英特尔著名的实验室防尘衣，看上去就像一个兔宝宝，上台后给了乔布斯一个大大的拥抱。2005 年，苹果和英特尔就合作举办了一场发布会，一向矜持的欧德宁再次穿着一身白色实验室防尘服上场。他们身后的大屏幕上闪烁着"苹果和英特尔终于在一起了"的字样。

比尔·盖茨对此感到十分诧异。他觉得设计出花里胡哨的彩色外壳没什么了不起，但在不为人知的情况下换掉电脑核心的中央处理器（CPU），还能按时无缝完成，实属壮举，让他心服口服。多年后，当我问盖茨如何看待乔布斯的成就时，盖茨告诉我："如果你说，'好，现在我们要把我们的微处理器芯片替换掉，而且中间不能有半点儿差错'。这听起来就像天方夜谭，但他们竟然真的做到了。"

期权

乔布斯的一大怪异之处是他对金钱的态度。当他在 1997 年重返苹果时，他把自己塑造成每年只拿一美元工资、一心为了公司的利益服务而不追求一己私利的人。然而，他同时又非常推崇巨额期权激励政策（即以预设的价格购买苹果股票的权力）——期权不受常规的薪酬惯例限制，无须经过董事委员会的审查和业绩考核。

2000 年初，乔布斯拿掉了头衔中的"临时"字样，正式担任苹果的首席执行官。当时，埃德·伍拉德和董事会提议赠予他一大笔期权（外加一架私人飞机）。乔布斯此前为自己打造了一个视金钱如粪土的形象，而此时竟然要求得到远高于董事会提议的期权数，让伍拉德着实感到震惊。但就在乔布斯拿到期权后不久，这场算计却化为泡影。2000 年 9 月，由于 G4 Cube 的销量不及预期，加上互联网泡沫的破灭，苹果股价大跌，期权也变得一钱不值。

雪上加霜的是，《财富》杂志 2001 年 6 月刊以封面文章报道了首席执行官薪酬过高的问题，文章标题为"天价首席执行官：窃薪大盗"。杂志封面上是一张乔布斯的大头照，照片上的他一副沾沾自喜的样子。虽然他的期权的执行价格已经远远高于当时苹果股票的市价，但按照技术评估方法（布莱克-斯科尔斯期权估值法），期权授予时的估值依旧高达 8.72 亿美元。《财富》杂志宣称这是"迄今为止"最高的首席执行官薪酬待遇。这真是天大的悲剧：乔布斯在苹果呕心沥血 4 年时间，让公司起死回生，几乎分文未取，而现在却被刻画成贪婪的首席执行官的代表人物。这篇报道让他看起来像个伪君子，严重伤害了他的形象。他给《财富》杂志的编辑写了一封言辞尖锐的信,强调他的期权实际上"形同废纸",并提出,既然《财富》杂志说他的期权价值8.72亿美元,他愿意打五折把期权卖给杂志。

与此同时,因为现在持有的期权已经价值全无,乔布斯希望董事会再给他一大笔期权。他坚称,他之所以想要期权,并不是为了发财,而是为了让自己的贡献得到应有的认可——他对董事会是这么说的,可能也是这么告诉自己的。后来,美国证券交易委员会(SEC)对苹果期权问题展开调查,乔布斯在证言中说道:"这跟钱没有太大关系,每个人都想要得到同僚的认可……我当时觉得董事会并没有真正认可我做出的贡献。"他认为,既然苹果的股价已经大大低于他的期权价格,董事会不应该等他自己开口,而应该主动向他提供新的期权。"我认为我的工作做得很好。如果当时董事会主动给我期权,我心里会舒服很多。"

乔布斯钦点的董事会成员自然对乔布斯宠爱有加。2001年8月,董事会决定再给他一笔巨额期权。当时,苹果的股价刚跌破18美元。但问题是,乔布斯很担心自己的形象会因此受损,尤其是在《财富》杂志刊登了那篇报道之后。他表示,除非董事会同时取消他的旧期权,否则他不会接受新期权。但这一做法会在财务上产生不利影响,因为这等于是对旧期权进行重新定价,会影响当期盈利。避免这种"会计变动"问题的唯一方法,就是在新期权被授予后,至少等6个月再取消旧期权。此外,乔布斯也开始就自己能多快拿到新的期权,跟董事会讨价还价。

一直到2001年12月中旬,乔布斯才终于同意接受新的期权,并勇敢等待了6个月才取消了旧期权。但苹果当时的股价(计算了分股影响后)已经上涨了3美元,达到21美元左右。如果新期权的执行价格被设定在21美元的新水平上,每股期权的价值就会减少3美元。因此,苹果的法律顾问南希·海宁(Nancy Heinen)查看了最近的股票价格,帮忙选定了10月某一天18.3美元的股价为基准。她还批准了一套会议记录,据称该记录显示董事会是在10月的这一天批准了期权。而对乔布斯而言,仅期权日期回溯操作的价值就可能高达2 000万美元。

乔布斯又一次在分文未赚的情况下遭到了媒体的恶评。苹果的股价不断下跌,到2003年3月,连新期权也都泡汤了,乔布斯索性把期权直接换成了价值7 500万美元的股票,这相当于他从1997年回归苹果到2006年持有期结束,每年从苹果获得了830万美元左右的报酬。

这一切本来不会产生太大影响,但在2006年,《华尔街日报》推出了关于期权回溯的系列报道,引发了巨大争议。虽然该报道中并未提及苹果,但苹果董事会还是专门组建了一个三人委员会来开展内部调查,这三个人分别是美国前副总统阿尔·戈尔、谷歌首席执行官埃里克·施密特、曾在IBM和克莱斯勒担任首席财务官的杰里·约克。戈尔回忆说:"我们一开始就决定,如果史蒂夫有错,我们一定会秉公处理。"委员会发现乔布斯和其他高管存在一些违规行为,并立即将调查结果提交给了美国证券交易委员会。报告称,乔布斯对期权回溯行为是知情的,但他自始至终未从中获得经济利益。(迪士尼的一个董事委员会也发现,在乔布斯管理下的皮克斯公司也发生过类似的期权回溯行为。)

回溯操作的相关法规相当模糊,而且苹果的确没有人从这些可疑的授予日期中获益。美国证券交易委员会花了8个月调查此事,于2007年4月宣布不对苹果提起诉讼,"部分原因是苹果在本委员会的调查过程中,提供了迅速、全面、出色的合作,进行了及时快速的自我报告"。尽管美国证券交易委员会发现乔布斯事先知道回溯操作的情况,但最终认定他并无任何不当行为,因为他"并不了解此事会造成的会计影响"。

不过,美国证券交易委员会对当时担任董事的苹果前首席财务官弗雷德·安德森和法律顾问南希·海宁提起了投诉。安德森是一名退役的空军上尉,下巴方方正正,为人极度正直,他在苹果有一种睿智而沉稳的影响力,以能控制住乔布斯的脾气而闻名。他因另一批期权的文书工作(与乔布斯的期权无关)被美国证券交易委员会认定为负有所谓的"失职"责任,但证券交易委员会仍然允许他继续在苹果公司董事会任职。不过,他最终还是从苹果董事会辞职了。

安德森认为自己被当成了替罪羊。在与美国证券交易委员会达成和解时,他的律师发表了一份声明,将部分责任归咎于乔布斯。声明中说,安德森曾"提醒乔布斯先生,高管团队的期权必须以董事会实际批准当日的价格为执行价格,否则可能会带来会计费用",而乔布斯却回答说"董事会事先批准了"。

海宁最初对于针对她的指控予以反驳,但最终也以和解收场。她支付了 220 万美元的罚款，而没有承认或否认任何不当行为。同样，苹果也在一项股东诉讼中达成和解协议，同意支付 1 400 万美元的赔偿金。

《纽约时报》的乔·诺塞拉撰文指出："这些问题本可以避免，但之所以会接二连三地出现，是因为某人太在意自己的形象了，这种情况实属罕见。不过话说回来，毕竟他是乔布斯。"乔布斯蔑视规则和条例，他营造的风气让海宁这样的人很难违背他的意愿。有时，他会展现出伟大的创造力，但他周围的人可能会因此付出代价。特别是在薪酬问题上，因为难以抗拒和违背他的奇思妙想，导致一些好人也犯了严重的错误。

薪酬问题在某些方面与乔布斯的停车怪癖遥相呼应。他拒绝特权，不肯接受首席执行官专用车位，但却肆无忌惮地把车停在残疾人车位上。他希望别人眼中的自己（甚至自己眼中的自己）是一个愿意每年只拿一美元工资的人，但他又希望董事会能主动送上巨额期权。他从一个反主流文化叛逆者变成了企业家、生意人，内心深处的矛盾交织激荡，但他始终相信自己不是一个出卖灵魂、唯利是图的人，始终希望自己通过内在启迪和心灵感悟（而不是财富）开启人生和事业的巅峰之门。

第三十五章 第一回合

勿忘人终有一死

癌症

乔布斯后来揣测，他之所以会得癌症，是因为自1997年以来，他要同时管理苹果和皮克斯，工作强度太大，一直处于过度疲劳的状态。他常年开车奔波于两个公司之间，导致身患肾结石和其他疾病。他回到家时通常已经筋疲力尽，几乎说不出话来。他说："癌症可能就是从那个时候开始出现的，因为当时我的免疫系统非常弱。"

劳伦娜和伊芙（蛋糕后面）、埃迪·库伊（靠在窗边）、约翰·拉塞特（手持相机）、李·克劳（留着胡子）等人为乔布斯（中间）庆祝50岁生日

过度疲劳或免疫系统虚弱是否为引发癌症的原因，尚不可知，但乔布斯确实是因为肾结石的问题，才让医生提早发现了癌症。2003年10月，他碰巧遇到了给他做过治疗的泌尿科医生，医生让他再去做一次肾脏和输尿管的电子计算机断层扫描（CAT），因为距离上次CAT扫描已经过去5年了。这

次扫描显示，乔布斯的肾脏没有任何问题，但胰腺里却有个阴影，所以医生让他再找时间做一次胰腺检查。乔布斯并没有照办。像往常一样，他很善于故意无视自己不想处理的事情，但医生一再催促。几天后，她对乔布斯说："史蒂夫，这件事真的很重要，你得赶紧做检查。"

医生语气急迫，乔布斯不得不听。一天，他一大早就去医院做扫描。医生团队在研究过扫描结果后，告诉他一个坏消息：胰腺上有个肿瘤。其中一位医生甚至建议他尽快把自己的事情安排妥当，这等于是在委婉地告诉他，他也许只有几个月的时间了。当天晚上，医生安排了穿刺活检。他们把内窥镜通过乔布斯的喉咙伸入肠道，把探针刺入他的胰腺，从肿瘤中取了一些细胞，进行切片检查。劳伦娜回忆说，检查结果出来后，医生们高兴得眼泛泪光，因为他们发现这是一种胰岛细胞或胰腺神经内分泌肿瘤，虽然罕见，但因为生长较慢，所以治愈的可能性相对较大。他很幸运，因为癌症是在常规肾脏检查时意外发现的，还处于早期，所以能够在扩散之前通过手术进行切除。

得知自己身患癌症后，乔布斯给一些亲朋好友打电话咨询。流行病学家拉里·布里连特就是最早接到他电话的人之一。布里连特与乔布斯相识于印度的一座修行院里。乔布斯在电话里问他："你还相信上帝吗？"布里连特回答说相信。他们讨论了印度教上师尼姆·卡洛里·巴巴教授的各种通神的路径。布里连特觉得乔布斯很奇怪，便问乔布斯发生了什么事，乔布斯说："我得癌症了。"

乔布斯最早咨询的人还包括时任苹果董事的阿特·莱文森。莱文森的手机响起，乔布斯的名字出现在手机屏幕上。当时莱文森正在自己的美国基因泰克公司主持董事会会议。一闲下来，他就给乔布斯回了电话，得知了乔布斯确诊肿瘤的消息。莱文森有癌症生物学的背景，他的公司也生产治疗癌症的药物，于是莱文森自然就成了乔布斯的医疗顾问。英特尔的安迪·格鲁夫也成了乔布斯的顾问，因为格鲁夫曾成功战胜前列腺癌。在得知病情的那个星期日，乔布斯打电话给格鲁夫，格鲁夫立刻开车来到乔布斯家，跟乔布斯聊了两个小时。

然而，让劳伦娜和好友都惊恐万状的是，乔布斯决定不做肿瘤切除手术——手术是当时唯一可行的治疗方法。多年后，乔布斯带着一丝懊悔告诉我："我真的不想被别人开肠破肚，所以就想试试别的法子。"具体来说，他开始践行纯素饮食，饮用大量的新鲜胡萝卜汁和果汁。他还在治疗方案中加入了针灸和各种草药疗法，偶尔还会尝试一些在网上找来的或四处找人（其中还包括一位灵媒）问到的疗法。他一度听信于一位在加州南部经营自然疗法诊所的草药治疗师，这位治疗师强调要结合使用有机草药、果汁断食、频繁清肠及水疗，同时完全释放内心的所有负面情绪。

劳伦娜回忆说："主要问题在于他非常不愿意打开自己的身体。你很难强求一个人去做这样的事。"但她还是尝试过劝说自己的丈夫，她的理论是"身体是为了服务心灵而存在的"，所以让身体受一点儿委屈没什么大不了的。乔布斯的朋友们也反复劝他进行手术和化疗。格鲁夫回忆说："史蒂夫想通过吃各种乱七八糟的东西来治疗癌症，我知道以后，说他疯了。"莱文森说自己"每天都在恳求史蒂夫"，结果感到"非常沮丧，因为史蒂夫什么都听不进去"。两个人爆发了激烈的争吵，差点儿连朋友都做不成。每当乔布斯说起他的饮食疗法时，莱文森都会一再地说："癌症不是这么治的，必须做手术，必须用有毒的化学药品狂轰滥炸，否则是不可能治好的。"甚至连疾病替代疗法和营养疗法的先驱人物迪恩·奥尼什（Dean Ornish）博士也陪同乔布斯散步良久，其间不停地劝说乔布斯，有时传统的方法才是正确的选择。他告诉乔布斯："你真的需要做手术。"

乔布斯于2003年10月确诊，在那之后的9个月里，他一直固执己见，拒绝做手术。部分原因是他现实扭曲力场的阴暗面在作祟。莱文森推测说："我觉得史蒂夫强烈渴望世界以某种特定的方式行事，所以他会调用自己的意志力来实现这一渴望。但这样做有时候并不奏效，因为现实是无情的。"这种特质赋予了乔布斯超凡的专注力，但他同时又强烈地希望过滤掉自己不想处理的事情。顽强的意志力虽然帮助乔布斯实现了很多重大突破，但有时也会适得其反。劳伦娜解释说："他这个人就是可以忽略自己不想面对的事物。他天生就是这样。"无论是跟家庭和婚姻相关的个人问题，还是与工程或商业挑战相关的专业问题，或者是涉及健康和癌症的问题，乔布斯有时就干脆置若罔闻，根本听不进任何意见。

乔布斯认为可以通过意志力让事物的发展符合自己的心意，劳伦娜称之为"神奇思维"。在过去，乔布斯因为这种思维而大受神益，但癌症可不听他的。劳伦娜不得不请所有与乔布斯最亲近的朋友和家人来劝说他改变心意,包括他的妹妹莫娜。2004年7月,CAT结果显示,他的肿瘤不仅长大了,而且可能已经扩散了。到了这个时候,乔布斯才不得不面对现实。

2004年7月31日星期六,乔布斯在斯坦福大学医学中心接受了手术。他做的不是完整的惠普尔手术(即除部分胰腺外,还要切除一大部分胃和肠道)。治疗团队考虑过这个方案,但最终还是决定采用相对保守的方法,只切除了部分胰腺。

手术第二天,乔布斯在病房里把自己的 PowerBook 连接到苹果 AirPort Express 无线基站,给员工发了一封邮件,宣布他做了手术。他告诉大家,他所患的这种胰腺癌"仅占每年诊断出的胰腺癌总病例的1%左右,只要及时发现(我的胰腺癌就是如此),就可以通过手术切除并完全治愈"。他表示自己不需要做化疗或放疗,并计划在9月重返岗位。"在离开的这段时间,我已经请蒂姆·库克负责苹果的日常运营,所以不会给公司造成任何影响。我相信,等到8月,我就可以开始对你们当中的一些人进行电话轰炸了,期待9月和大家见面。"

手术的一个副作用对乔布斯来说很成问题。从十几岁起,乔布斯就开始遵行一套非常极端的饮食方式,还有怪异的定期清肠和禁食习惯。胰腺提供了胃部消化食物和吸收营养所需的酶,所以切除部分胰腺就会让身体难以获得足够的蛋白质。因此,患者需要增加每天进食的次数,并保持营养丰富的饮食结构,例如食用全脂奶制品及各种肉类和鱼类蛋白质。然而,乔布斯从来没有这种饮食习惯,也并不打算遵守医生的嘱咐。

他在医院住了两周,出院回家后,开始努力恢复体力。他指着客厅里的一张摇椅告诉我:"我记得回来后我坐在那张摇椅上,连走路的力气都没有。我挣扎着锻炼,花了一个星期才可以在我家周围散步。后来,我强迫自己走到几个街区外的花园,然后走得更远。就这样,6个月以后,我的精力就几乎完全恢复了。"

但不幸的是,他的癌细胞已经扩散了。在手术过程中,医生在他的肝脏上发现了三个转移灶。如果早9个月做手术,医生也许就可以在癌细胞扩散之前完全切除胰腺肿瘤,从而避免病灶转移。当然,到底会不会这样,他们也不得而知。乔布斯开始接受化疗,这使他的饮食问题变得更加复杂。

斯坦福大学毕业典礼演讲

乔布斯向大众隐瞒了还在与癌症抗争这件事,告诉大家自己已经"痊愈",正如他在 2003 年 10 月确诊癌症时,也没有对外公开病情一样。他的这种保密行为并不令人意外,因为他本性如此。令人颇感意外的是,忽然有一天,他决定公开谈论自己的癌症和个中感受。除了产品发布会,他很少发表公开演讲,但他却接受了斯坦福大学的邀请,担任 2005 年 6 月该校毕业典礼的演讲嘉宾。此时的乔布斯已年近半百,在经历了癌症之后,他对人生充满了反思。

为了完成演讲稿,乔布斯联系了艾伦·索金(Aaron Sorkin)。索金是一名杰出的编剧,代表作包括电影《好人寥寥》(*A Few Good Men*)和电视剧《白宫风云》(*The West Wing*)等。乔布斯把自己的一些想法给他发了过去。"那是在 2 月,但索金一直没有回复我,所以我 4 月又跟他联系了一次,他说,'哦,好的',于是我又发了一些想法给他。最后,我总算打通了他的电话,他一直说'好的,好的',但到了 6 月初,他还是什么都没给我。"

乔布斯有点儿慌了。他一向亲自撰写苹果产品发布会的稿子,但从来没有写过毕业典礼的演讲稿。一天晚上,他坐下来,开始自己写演讲稿,除了跟劳伦娜探讨想法,没有找其他人帮忙。结果,他写出的演讲稿语气亲切,内容简洁,充满了直接真诚的个人感受,是一篇具有乔布斯特色的完美之作。

美国作家亚历克斯·哈里(Alex Haley)说过,演讲的最佳开场白是"我给大家讲个故事吧"。没有人喜欢听别人说教,但人人都喜欢故事。而这正是乔布斯选择的开场白:"今天,我想告诉你们我人生中的三个故事。仅此而已,不谈大道理,只有三个故事。"

第一个是关于他从里德学院退学的故事。"我可以不用再去上那些我不感兴趣的必修课,开始去旁听那些看起来更有趣的课。"第二个是关于他被苹果开除,结果却因祸得福的故事。"成功的沉重感被重做初学者的轻松感取代,我抛掉了对所有事情的先入之见。"虽然有一架飞机在典礼会场上空来回盘旋,机尾挂着要求乔布斯"回收所有电子废弃物"的抗议条幅,但学生们还是异常专注,而最让他们着迷的是乔布斯讲的第三个故事——被确诊癌症及由此带来的感悟：

> 记住自己将不久于人世，是我面对人生重大抉择时最重要的航标。因为几乎所有东西——外界的期待、骄傲、对窘迫或失败的恐惧——在死亡面前都会烟消云散，只会留下真正重要的东西。时刻铭记人终有一死，是我知道的避免患得患失陷阱的最佳方式。人赤条条地来，再赤条条地走。既然生不带来，死不带去，就没有什么理由不追随内心。

这篇演讲极为简约，而又充满艺术性、直接、纯粹，魅力无限。无论是在文学作品中，还是视频网站上，都再也找不到一篇更好的毕业典礼演讲了。其他人的演讲可能对后世的影响更大，例如前国务卿乔治·马歇尔于1947年在哈佛大学毕业典礼的演讲中，宣布了重建欧洲的计划，但没有一篇毕业演讲比乔布斯的这篇更优雅自持、触动人心。

50岁的雄狮

在过30岁和40岁生日时，乔布斯邀请了硅谷巨星和各界名流共同庆祝。2005年50岁生日的时候，他正处于癌症手术的康复期。劳伦娜为他安排了一个惊喜派对，邀请的基本上都是他最亲近的朋友和同事。派对是在乔布斯好友舒适的旧金山家中举行的，伯克利名厨爱丽丝·沃特斯为大家准备了来自苏格兰的鲑鱼、北非名菜蒸粗麦粉，还有自家花园种植的各种蔬菜。沃特斯回忆说："大人和孩子都聚在同一个房间里，氛围格外温馨。"娱乐活动是由美剧《谁的台词》(*Whose Line Is It Anyway?*)的演员们即兴表演的喜剧。乔布斯的密友迈克·斯莱德（Mike Slade）也去了，还有拉塞特、库克、席勒、克劳、鲁宾斯坦、泰瓦尼安等苹果和皮克斯的同事。

乔布斯不在的这段时间，库克的代班表现可圈可点。在库克的领导下，棱角分明的苹果团队表现良好，而他本人也避免走进公众视线。乔布斯虽然喜欢有个性的人，但他从来没有真正授权给副手，也没有与人分享过自己的舞台。要做他的替身绝非易事——表现太过抢眼，就是自找麻烦，但如果暗淡无光，也是死路一条。虽有暗礁险滩，但库克依然表现得游刃有余。库克在发号施令时冷静而果断，但从不追求别人的关注或赞誉。库克说："有些人讨厌史蒂夫抢走了所有光环，但我从不在意这种事。坦率地说，我宁愿自己的名字永远不会出现在报纸上。"

乔布斯休完病假回归之后，库克重返原位，继续确保苹果顺利运作，也依然不被乔布斯的脾气干扰。"有人会把史蒂夫的一些评论误认为是在发泄情绪或故意否定别人，但根据我对他的了解，这只是他表达激情的方式而已。所以我的处理方式就是，从来不把他的脾气放在心上，因为他只是对事不对人。"在许多方面，库克跟乔布斯都截然相反：库克不慌不忙，情绪稳定，就像 NeXT 电脑自带的词典里说的那样，属于典型的土星性格，"情绪冷淡而稳定"，而乔布斯则是水星性格，"以不可预测的情绪变化为特征"。乔布斯后来说："我是一个谈判高手，但他可能比我更厉害，因为他是一个冷静的客户。"他又继续夸了库克几句，然后不动声色地加了一句保留意见，这个保留意见很重要，只是很少被说出来："但蒂姆本身不是一个做产品的人。"

2005年秋，在休完病假回来后，乔布斯任命库克为苹果的首席运营官。当时他们正一起飞往日本。乔布斯并没有征求库克的意见；他只是转过头来对库克说："我决定让你担任首席运营官。"

同样在那段时间，乔布斯的老友鲁宾斯坦和泰瓦尼安先后决定离开苹果。他们二人分别是苹果硬件和软件部门的负责人，都是乔布斯在 1997 年重返苹果时招进来的。泰瓦尼安的情况比较简单，他已经赚了很多钱，不准备继续工作了。乔布斯说："阿维工作出色，人也很好，他比鲁比更脚踏实地，也不自大。阿维的离开对苹果来说是巨大的损失。他是一个独一无二的人，是个天才。"

鲁宾斯坦的情况则更复杂一些。一是因为他对库克的上位感到不满，再加上他已经在乔布斯手下干了 9 年，感到身心俱疲，与乔布斯的争吵也愈发频繁——这背后有一个重要原因：鲁宾斯坦多次与艾夫发生冲突。艾夫曾是鲁宾斯坦的手下，现在却直接向乔布斯做汇报。艾夫总是在推陈出新，他的设计让人惊艳，但也给工程团队带来了巨大挑战。鲁宾斯坦的职责是以实用的方式生产硬件，所以天性谨慎的他经常否定艾夫的设计。乔布斯说："归根结底，鲁比毕竟出身惠普，而且他从来不会深入地钻研，没有足够的进取心。"

以 PowerMac G4 上固定手柄的螺丝为例，艾夫认为必须打磨出特定的色泽和形状，但鲁宾斯坦觉得这样会把成本提高到"接近天文数字"，而且会导致项目推迟数周，所以他不同意。他的职责是交付产品，这就意味着要做出取舍。但艾夫认为这种做法不利于创新，所以艾夫不仅越级将情况汇报给了乔布斯，还绕过鲁宾斯坦跟中层工程师沟通。艾夫回忆说："鲁比会说：'你不能这样做，这样会耽误时间。'而我会说：'我觉得我们可以做到。'我知道可以，因为我背着他跟产品团队合计过了。"在这件事上，乔布斯站在了艾夫这边。类似的事情还有很多，乔布斯都是选择支持艾夫。

有时，艾夫和鲁宾斯坦会爆发激烈的争吵，两个人几乎反目。最后，艾夫告诉乔布斯："不是他走，就是我走。"乔布斯选择了留下艾夫。当时鲁宾斯坦已经准备离开苹果了。他和妻子在墨西哥买了一块地，他想休息一段时间，在那里建一栋房子。不过，鲁宾斯坦后来却加入了手机生产商奔迈。当时，奔迈正打算开发一款可以匹敌 iPhone 的手机。看到苹果的前员工加入奔迈，乔布斯怒不可遏，向波诺大大抱怨了一番——波诺联合创立的一家私募集团（苹果前首席财务官弗雷德·安德森担任总裁）正是奔迈的控股方。波诺给乔布斯回信说："你应该冷静看待这件事。这就像是披头士乐队打电话抱怨赫尔曼的隐士们乐队（Herman and the Hermits）挖走了他们的一名巡演工作人员。"乔布斯后来承认自己反应过激了。乔布斯说："因为奔迈一败涂地，所以才减轻了这件事对我的伤害。"

后来，乔布斯打造了一支新的管理团队，团队内部争执较少，也更加服从指令。除了库克和艾夫，主要团队成员还包括负责 iPhone 软件的斯科特·福斯托、负责市场营销的菲尔·席勒、负责 Mac 硬件的鲍勃·曼斯菲尔德（Bob Mansfield）、负责互联网服务的埃迪·库伊，还有担任首席财务官的彼得·奥本海默（Peter Oppenheimer）。虽然从表面上看，乔布斯的高层团队都是中年白人男性，但其实他们的风格各异。艾夫情感丰富，善于表达，库克则像钢铁一样冷静。他们都知道，他们既要对乔布斯恭敬有加，又需要在必要时反驳乔布斯的想法，展开争论——这种平衡很难拿捏，但他们两个都做得很好。库克说："我很早就意识到，如果你不表达自己的想法，他会让你的日子不好过。他经常不断地变换立场，提出互相矛盾的观点，以此来激发更多讨论，实现更好的结果。所以，如果你不能适应跟他争辩，你根本无法在公司生存下去。"

自由讨论的主要场合是每个星期一上午召开的管理团队会议。会议从9点开始，一直持续三四个小时。每次会议都聚焦于未来发展：每个产品接下来应该怎么做？应该开发哪些新产品？乔布斯利用这个会议在苹果建立起一种共同的使命感。这种做法有助于集中控制权，使整个公司看起来就像一个优秀的苹果产品一样浑然一体，避免了分散式管理公司最头痛的部门斗争。

乔布斯还利用会议来实现聚焦。当年在罗伯特·弗里德兰的农场里，乔布斯的职责是修剪苹果树，确保果树能够保持旺盛的生命力。他在苹果的去粗取精，刚好呼应了年少时的修剪工作。乔布斯不鼓励各团队基于营销考量任由产品线肆意扩张，也不允许各种创意恣意生长、遍地开花，而是坚持让苹果在一段时间内只专注于两到三个主导产品。库克说："没有人比他更善于屏蔽周围的噪声。这使他能够只专注于几件事情，而对其他许多选择说不。没有几个人能真正做到这一点。"

为了将自己及团队积累的经验和教训形成体系，乔布斯在公司内部建立了"苹果大学"。他聘请曾任耶鲁大学管理学院院长的乔尔·波多尼（Joel Podolny）编写了一系列案例研究，分析公司做过的重要决定，例如改用英特尔微处理器和开设苹果零售店。高层管理人员会向新员工讲授这些案例，由此把苹果的决策风格牢牢植入公司文化。

相传，在古罗马，当将军凯旋，在街上进行胜利游行时，有时会有一个仆人相伴，而这个仆人的责任是不断地告诉将军"勿忘人终有一死"（Memento mori），提醒他要保持清醒的头脑，不可得意忘形。乔布斯的死之警示来自医生，但并没有让他心存谦卑。恰恰相反，康复后的乔布斯反而带着更大的热情卷土重来。疾病提醒了他，他没有什么可失去的，所以他应该义无反顾，全速前进。库克说："他是带着强烈的使命感回来的。尽管他在经营一家大公司，但他仍不断大胆创新和突破，我认为再没有其他人可以做到。"

有一段时间，大家似乎觉得——或者说至少希望——乔布斯的个人风格有所缓和。在经历过癌症之后，已经年满半百的他在表达不满时，似乎不像以前那样粗暴了。泰瓦尼安回忆说："他刚做完手术回来的时候，不像从前那样动不动就羞辱人了。如果他不满意,可能还是会大喊大叫,暴跳如雷,说几句脏话,但他不会再以摧毁性的方式跟对方沟通。他只是想让对方把工作做得更好。"泰瓦尼安在说这句话时思索了一会儿,然后补充了一句:"除非他认为这个人真的无药可救,必须走人,这种情况偶尔也是会发生的。"

不过,乔布斯的暴脾气最终还是恢复原状。大多数同事已经习惯他的个人风格,也都学会了如何应对,但最让他们受不了的是乔布斯对陌生人同样无礼。艾夫回忆说:"有一次,我们去全食超市买奶昔,做奶昔的是个年长的女性,他因为对她做奶昔的方式不满意而大发脾气。但后来,他又产生了一丝同情心:'她年纪有点儿大了,而且她也不想做这份工作。'但他完全没有把这些事联系起来。他对她的愤怒很纯粹,对她的同情也很纯粹。"

还有一次,他们一起去伦敦,艾夫承担了挑选酒店的艰巨任务。他最后选了汉普尔酒店(Hempel)。这是一家宁静的五星级精品酒店,风格是精致的极简主义,他觉得乔布斯应该会喜欢。不过,他们刚一入住,艾夫就准备好了迎接乔布斯的责难。果然,一分钟后,他的电话就响了。乔布斯说:"我受不了我的房间,烂得像一坨屎,我们换一家。"于是艾夫又拿上自己的行李,来到前台,结果看到乔布斯正在毫不客气地对服务员发表自己的看法,对方一脸错愕。艾夫意识到,如果觉得一件事很糟糕,大多数人,包括他自己在内,往往不会直接说出来,因为他们不想讨人厌,"这实际上是一种虚荣的特质"。艾夫的解释未免太过善意。但不管怎么说,这绝对不是乔布斯的特质。

由于艾夫的天性是如此善良,他完全无法理解自己深深欣赏的乔布斯为什么会有这样的行为。一天晚上,在旧金山的一家酒吧里,艾夫向前倾着身子,极为认真地分析了这个问题:

> 乔布斯是一个非常非常敏感的人,所以他的反社会行为和粗鲁无礼才会显得如此不合情理。我可以理解为什么脸皮厚、不讲情面的人会很粗鲁,但我不明白为什么一个敏感的人也会这样。我有一次问他为什么这么容易生气。他说:"但我不会一直生气啊。"他就像个小孩子一样,会因为一些事暴跳如雷,但过一会儿就完全没事了。但有些时候,我也真的觉得,当

他非常沮丧时,他宣泄的方式是伤害别人。他似乎觉得自己有这样做的权利和自由,认为一般的社交规则并不适用于他。由于他非常敏感,所以他确切地知道怎么伤害别人才是直击要害。而且他确实也会这样做。

在乔布斯失控时,时不时会有一个聪明的同事把他拉到一边,尝试让他平静下来。李·克劳就是一个安抚乔布斯的高手。在乔布斯公开贬低别人时,克劳会轻声说:"史蒂夫,我能和你谈谈吗?"他会走进乔布斯的办公室,告诉乔布斯大家工作得有多么努力。有一次,克劳说:"当你羞辱他们的时候,只会削弱他们的力量,起不到激励的效果。"通常,乔布斯会道歉,说自己明白了,但之后又会旧态复萌。乔布斯会说:"我这个人就这样。"

但在一件事情上,乔布斯的确成熟了不少,那就是对比尔·盖茨的态度。他们是合作伙伴,微软在1997年同意继续为Mac开发优秀软件,后来也一直遵守协议。另外,虽然他们也存在竞争关系,但微软一直未能成功复制苹果的"数字生活中枢"战略,所以对苹果的威胁也越来越小。盖茨和乔布斯对产品与创新的理念截然不同,而由于这样的对手关系,他们两个人都产生了一种特别的自我认知。

在筹办2007年5月的万物数字化大会(All Things Digital)时,《华尔街日报》的专栏作家沃尔特·莫斯伯格和卡拉·斯威舍(Kara Swisher)希望邀请乔布斯和盖茨进行一次对谈。莫斯伯格先是向乔布斯发出邀请。乔布斯很少出席此类活动,但他表示如果盖茨愿意的话,他就会去。莫斯伯格大喜过望。听到乔布斯的表态后,盖茨也接受了邀请。

莫斯伯格希望在晚上的联合亮相中,乔布斯和盖茨可以进行一场开诚布公的讨论,而不是辩论,但这种可能性似乎不大,因为在当天早些时候的单独采访中,乔布斯就已经对微软大加抨击。当时,记者提到苹果为Windows开发的iTunes软件大受欢迎,问乔布斯怎么看,乔布斯开玩笑说:"这就像给地狱里的人送了一杯冰水。"

在当晚的联合采访开始之前,盖茨和乔布斯会先在嘉宾休息室见面,莫斯伯格很担心两个人吵起来。盖茨和助手拉里·科恩(Larry Cohen)先到了休息室,科恩已经跟盖茨简单汇报了乔布斯的言论。几分钟后,乔布斯悠哉地踱步而来,从冰桶里拿了一瓶水,也坐了下来。片刻安静过后,盖茨说："看来，我就是那个来自地狱的代表了？"盖茨脸上并无笑意。乔布斯顿了一下，露出了他招牌式的顽皮微笑，把冰水递给了盖茨。盖茨放松了心情，紧张的气氛也随之消散。

最终，两人奉献了一场引人入胜的精彩对谈。两个数字时代的天才先是谨慎地提及对方，后又给出温暖的评价。坐在观众席的技术战略家丽丝·拜尔（Lise Buyer）问他们分别从对方身上学到了什么，两个人的坦率回答令人难忘。盖茨说："我愿意付出很大的代价来拥有史蒂夫的品位。"现场观众的笑声中略带紧张——10年前，乔布斯曾公开表示，自己最受不了微软的一点，就是这家公司毫无品位。但盖茨坚持说他这样说绝对不是旧事重提，而是出自真心，他觉得乔布斯的"直觉品位浑然天成"。他回忆说，他曾和乔布斯坐在一起审查微软为Mac制作的软件。"我见过史蒂夫的决策过程。他完全是根据对人和产品的感觉做出决定，对于这一点，我很难解释清楚。他做事的方式就是与众不同，就像变魔法一样，让我非常惊叹。"

盖茨说话的时候，乔布斯一直盯着地板。后来乔布斯告诉我，他当时被盖茨的坦诚和大度深深撼动。轮到他时，他的回答同样坦诚，尽管不如盖茨那般大度。他描述了苹果和微软在策略上的巨大差异：苹果要打造端到端的集成产品，而微软则开放自己的软件许可给相互竞争的硬件制造商。乔布斯指出，在音乐市场，整合策略更加成功，比如iTunes和iPod的结合，但微软把硬件和软件分开的方法在个人电脑市场上表现得更出彩。然后，他又随口提出一个问题：哪种策略在手机市场会更加成功呢？

接着，乔布斯提出了一个很有洞见的观点。他说，设计理念上的差异导致他和苹果不太擅长与其他公司合作。"因为我和沃兹是在自己完成了全套工程后，以此为基础创办了苹果，所以我们不太擅长与人合作。我觉得，如果苹果的基因里能多一点儿合作精神，一定可以把公司做得更好。"

第三十六章　iPhone

三位一体的革命性产品

能打电话的iPod

2005年,iPod的销量已经一飞冲天,全年共卖出惊人的2 000万台,比2004年翻了两番,更是占到公司当年总营收的45%。iPod不仅对苹果净收入的贡献越来越大,还推动苹果成为全球最潮的科技品牌,带动了Mac系列产品的销售。

然而,iPod亮眼的成绩却引发了乔布斯的隐忧。苹果董事阿特·莱文森回忆道:"他总是担心会出现什么情况把公司搞垮。"乔布斯得出的结论是:"未来抢走我们饭碗的设备就是手机。"他向董事会解释说,现在的手机都配备了摄像头,导致数码相机市场急剧萎缩。一旦手机制造商开始在手机上安装音乐播放器,iPod的下场会同样凄惨。"到时候,人手一部手机,就没必要再买iPod了。"

乔布斯曾在比尔·盖茨面前承认自己的DNA里少了一点儿合作精神,而乔布斯采取的首个应对策略,就是克服这个天生的弱点,与其他公司展开合作。他开始与摩托罗拉新任的首席执行官埃德·赞德探讨把摩托罗拉广受欢迎的RAZR手机(带摄像头)和iPod结合起来的可能性。ROKR音乐手机应运而生。但这款手机既没有iPod简约,也不如RAZR方便轻巧。它外形丑陋，下载麻烦，而且只能容纳 100 首歌，简直是集各家之短于一身。这是一款典型的由产品委员会讨论出来的产品，与乔布斯喜欢的工作方法背道而驰。ROKR 的硬件、软件和内容并不是由一家公司统一控制，而是由摩托罗拉、苹果和无线运营商 Cingular 三家公司拼凑而成。《连线》杂志在 2005 年 11 月刊的封面上嘲笑道："你管这叫未来的手机？"

乔布斯大为恼火。在一次 iPod 产品讨论会上，他对托尼·法德尔和在场的其他人说："我真是受够了跟摩托罗拉这样的蠢公司打交道了，咱们自己做吧！"他注意到一个怪象：市面上所有的手机都烂透了，就像以前的便携式音乐播放器一样。他回忆说："我们经常坐在一起讨论自己的手机有多讨厌。现在的手机都太难用了，功能没人能搞得懂，就连通讯录都像拜占庭的艺术风格一样复杂。"苹果的外部律师乔治·莱利记得，他们在会议上讨论法律问题时，乔布斯时常会感到无聊，然后拿起莱利的手机，悉数其种种"脑残"的操作方式。乔布斯和他的团队开始觉得他们可以打造一款自己愿意使用的手机。这让他们非常兴奋。"对我们来说，这就是最好的动力。"乔布斯后来说。

另一个动力是巨大的市场潜力。2005 年，全球手机总销量超过 8.25 亿部，消费人群上至八旬老妇，下至中小学生。由于大多数手机都很难用，因此一款优质时髦的手机还有广阔的市场空间，一如当年的便携式音乐播放器。起初，乔布斯把手机项目交给了正在研发 AirPort 无线基站的团队，因为他觉得手机属于无线通信产品。但他很快意识到，手机就像 iPod 一样，其实是消费类电子设备，于是把项目转交给了法德尔及其团队。

他们最初的设想是在 iPod 的基础上进行改造。他们尝试取消键盘，让用户使用滚轮选取手机里的各种功能，甚至输入电话号码。但这样的操作并不顺手。法德尔回忆说："我们在使用滚轮时遇到了很多问题，用滚轮输电话号码尤其不方便。"使用滚轮选择通讯录里已有的号码非常简单，但要输入新信息，就会特别麻烦。团队也一度试图说服自己：反正用户主要是给通讯录里已有的联系人打电话，但他们心知肚明，这样的做法肯定行不通。

当时，苹果还有另外一个项目正在进行：秘密打造一款平板电脑。2005 年，这两个项目的思路交织在一起，公司把平板电脑的诸多创意嫁接到了手机的设计理念中。换句话说，iPad 的创意实际上是先于 iPhone 出现的，而且帮助催生了 iPhone。

多点触控

劳伦娜和乔布斯有个朋友的丈夫是工程师，在微软负责开发平板电脑。这个工程师 50 岁生日的时候设宴庆生，邀请了乔布斯夫妇和盖茨夫妇出席。乔布斯虽然赴约，但其实并不情愿。盖茨回忆说，"史蒂夫在晚宴上对我的态度还是挺友善的"，但他对寿星"并不怎么友好"。

当天晚上，这位工程师不断地透露他为微软开发的平板电脑的信息，让盖茨很是恼火。盖茨回忆说："他是我们的员工，却泄露了我们的知识产权信息。"乔布斯也被这位工程师搞得心烦意乱，而这恰恰带来了盖茨所担心的后果。乔布斯回忆说：

这个家伙一直缠着我，说微软这款平板电脑软件将彻底改变世界，还会淘汰所有的笔记本电脑，所以苹果应该赶紧去取得他的微软软件的授权。但他的研发方向完全是错的。这款电脑配有一支手写笔——只要有手写笔，你就死定了。他前前后后跟我说了不下十次，真的把我烦透了，我到了家就说："去他妈的，我倒要让他看看，什么才叫真正的平板电脑。"

第二天，乔布斯走进办公室，召集团队开会。他说："我想做一个平板电脑，不能有键盘，也不能用手写笔。"使用者只要用手指触碰屏幕，就可以打字。这意味着屏幕需要具备后来被称为"多点触控"（multi-touch）的功能，可以同时处理多个输入信息。他问："你们能不能帮我做出一个多点触控，而且是手感触控的显示屏？"他的团队花了 6 个月左右，终于做出一个虽然粗糙但可以使用的原型机。

但关于多点触控的开发过程，艾夫记忆中的版本却与乔布斯的不同。艾夫说，他的设计团队当时已经在开发多点输入的触控技术，用于苹果的笔记本电脑 MacBook Pro 的触控板，他们也在试验如何将这项功能转移到电脑屏幕上。他们用一台投影仪在墙上展示了技术的实现情境。艾夫告诉自己的团队："这将改变一切。"但他行事谨慎，没有立刻将其拿给乔布斯看，特别是考虑到这项功能是他的团队利用业余时间开发的，他不想让他们的积极性受到打击。艾夫回忆说："史蒂夫喜欢迅速下定论，所以我不会当着别人的面给他展示，因为他可能会说'烂得像坨屎'，然后就扼杀了这个创意。我觉得创意都是一碰即碎的，所以在酝酿阶段，必须温柔对待。我意识到，如果他否定了这个想法，那就太让人难过了，因为我知道这个功能实在是意义重大。"

于是，艾夫在自己的会议室里单独将其展示给乔布斯看，因为艾夫知道如果没有外人在场，乔布斯就不会急于做出判断。幸运的是，乔布斯非常喜欢它，还惊叹道："这就是未来！"

事实上，这个创意的确很棒，乔布斯意识到，它可以用于解决手机界面的设计问题。当时，手机项目对苹果至关重要，于是乔布斯决定暂停平板电脑的开发，把多点触控界面优先应用于手机大小的屏幕上。他回忆说："我知道，如果多点触控技术能用在手机上，我们一定能再回过头来将它用在平板电脑上。"

乔布斯把法德尔、鲁宾斯坦和席勒叫到设计室的会议室，召开了秘密会议。艾夫向他们演示了多点触控技术。法德尔情不自禁地"哇"了一声。每个人都非常喜欢这项技术，但是他们不确定能否将它在手机上应用。他们决定双轨并行：一边开发使用iPod滚轮的手机，项目代号为P1；一边开发使用多点触控屏幕的手机，项目代号为P2。

当时，特拉华州一家名叫FingerWorks的小公司已经在生产一系列多点触控板。这家公司的创始人是特拉华大学的学者约翰·埃利亚斯（John Elias）和韦恩·韦斯特曼（Wayne Westerman）。FingerWorks开发了一些具有多点触控感应功能的平板电脑，还申请了把手势转化为操作功能的专利，像双指捏合（pinches）、滑动浏览（swipes）等。2005年初，苹果悄悄买下了FingerWorks及其所有专利，同时获得了两位创始人的技术支持。FingerWorks停止对外销售产品，也开始以苹果的名义申请新专利。

在使用滚轮的P1和使用多点触控的P2手机方案分别推进6个月后，乔布斯把核心圈子召集到会议室，做出最后决定的时刻到了。法德尔一直在开发滚轮手机模型，但他承认他们没有找到什么简便的拨号方式。多点触控的方法更为冒险，因为他们不确定是否能克服工程上的困难，但这个方案着实令人兴奋，也更有潜力。乔布斯指着触摸屏说："我们都知道我们想做的是这个，那我们就努力搞出来吧！"这是一个他口中的"赌上公司前途和命运的时刻"——风险极高，可一旦成功，回报也会相当丰厚。

黑莓手机在当时广受好评，有几个团队成员主张给新手机也加上键盘，但乔布斯否决了这个想法。实体键盘会占据屏幕的空间，在灵活度和适配性上也不如触摸屏键盘。乔布斯说："使用硬件键盘看上去可以轻松解决问题，但实际上存在局限性。想想看，如果我们用软件在屏幕上做键盘，那能实现多少创新啊。咱们就赌一把，一定可以找到可行的方法。"最后，他们找到的解决方案是：在拨电话号码的时候，屏幕上会显示一个数字键盘；想写字的时候，屏幕上会出现一个打字键盘；想完成任何操作，屏幕上都会出现所需的按钮；而看视频的时候，所有的按钮都会消失。用软件取代硬件，整个界面变得流畅而灵活。

有半年的时间，乔布斯每天都会投入时间和精力，帮助完善手机屏幕的显示界面设计。他回忆说："这是我经历过的最复杂的乐趣，我们就像是披头士的成员在反复修改专辑《佩珀中士》。"很多现在看来理所当然的简便功能，都是苹果团队当年头脑风暴创意产生的结果。例如，把手机放在口袋后，可能会不小心碰到屏幕而拨打电话或播放音乐，怎么解决这个问题呢？乔布斯天生不喜欢开关键，因为他觉得那"很不优雅"。于是，团队设计了"滑动解锁"，就是在屏幕上设置一个简单而有趣的滑块，通过滑动，就可以激活处于休眠状态的手机。另一个突破是传感器，传感器可以感应到用户是不是把手机放在了耳边，防止耳垂无意中激活任何功能。当然，手机图标也是乔布斯最喜欢的"圆角矩形"，这是他请阿特金森为第一代 Mac 软件设计的基本图形。在一次又一次的会议中，乔布斯紧盯每个细节，团队成员则努力把手机的其他复杂功能一一简化。他们在屏幕上添加了一个大功能栏，用户可以选择暂停通话或多方通话；他们提供了浏览电子邮件的简便方法，还开发了可以水平滚动的图标，方便用户快速找到不同的应用程序。所有的操作都非常简便顺手，因为可以直观地在屏幕上完成，不需要借助硬件键盘。

金刚玻璃

乔布斯一直对不同的材料深深着迷，正如他痴迷于特定的食物一样。

1997 年重返苹果，开始 iMac 的研发时，他就对半透明的彩色塑料情有独钟，后来他又喜欢上了金属材料。PowerBook G3 笔记本电脑使用的是圆弧形塑料外壳，而到了它的下一代 PowerBook G4，乔布斯和艾夫把外壳材料换成了光滑的钛合金，两年后，他们又将其改造为铝制外壳，仿佛只是为了证明他们有多么喜欢不同的金属材料。再之后，他们又为 iMac 和 iPod Nano 做了阳极氧化铝外壳。而要制作阳极氧化铝材，需要把铝放在酸浴中，通过电镀使其表面氧化。当乔布斯得知供应商的产量无法满足他们的要求后，他还专门在中国建了工厂。在非典疫情期间，艾夫曾前往工厂督导阳极氧化铝的生产流程。艾夫回忆说："我在宿舍待了 3 个月，就是为了不断完善流程。鲁比和其他人都觉得那不可思议，但我就是想做到，因为我和史蒂夫都觉得阳极氧化铝具有一种真正的完整性。"

接下来是玻璃。乔布斯说："我们搞定金属材质之后，我看着乔尼说，我们必须掌握玻璃材质的运用。"他们在苹果零售店内打造了巨大的玻璃窗和玻璃楼梯。他们最初的计划是像 iPod 一样给 iPhone 使用塑料屏幕。但乔布斯认为，玻璃屏幕会更优雅、更有质感。所以他开始寻找质地坚固、耐刮耐划的玻璃。

他们自然而然地把目光投向了亚洲，因为苹果零售店中使用的玻璃就是在亚洲生产的。乔布斯的朋友约翰·西利·布朗（John Seeley Brown）是纽约州北部康宁玻璃公司（Corning Glass）的董事，布朗建议乔布斯先找康宁充满活力的年轻首席执行官温德尔·威克斯（Wendell Weeks）聊一聊。于是乔布斯拨通了康宁的总机，要求跟威克斯通话。威克斯的助理接了电话，请乔布斯留言，表示会把留言内容转达给威克斯。乔布斯回答说："不行，我是史蒂夫·乔布斯，叫威克斯接电话。"助理拒绝了。于是乔布斯打电话给布朗，抱怨自己遭遇了那套"典型的东海岸废话"。威克斯听说之后，也打电话给苹果的总机，要求与乔布斯通话，而威克斯得到的答复是，他需要以书面形式提出请求，还得通过传真发送过来。乔布斯听说这件事之后，觉得这个人很有意思，于是邀请威克斯来苹果总部参观。

乔布斯向威克斯描述了苹果理想的 iPhone 玻璃类型，威克斯告诉他，康宁在 20 世纪 60 年代开发了一种化学交换工艺，生产过一种被他们称为"金刚玻璃"的材料。这种玻璃非常坚固，但一直没有找到市场，所以早就停产了。乔布斯说，自己不确定这种玻璃是不是够好，然后开始对着威克斯大谈特谈玻璃的制作工艺。威克斯被逗乐了——他当然比乔布斯更了解这个话题。威克斯插话说："你能不能闭嘴，让我教你一些科学知识好吗？"乔布斯吃了一惊，安静了下来。威克斯走到白板前，给乔布斯上了一堂化学课，告诉他如何用离子交换法在玻璃表面生成一个压缩层。乔布斯听完之后，完全打消了疑虑，表示希望买下康宁未来 6 个月内金刚玻璃的全部产能。威克斯回答道："我们可没有这种产能，我们的工厂现在根本不生产金刚玻璃。"

乔布斯说："不要怕。"威克斯听了非常吃惊，威克斯虽然幽默又自信，但并不习惯乔布斯的现实扭曲力场。威克斯解释道，虚假的自信不能克服工程上的挑战，而乔布斯则一再表明，自己从来不接受这种论调。他用坚定的眼神盯着威克斯，说："你可以做到。好好花心思、动脑筋。你一定可以做到。"

在复述这个故事时，威克斯依然难以置信地摇了摇头："我们竟然真的做到了。在不到 6 个月的时间里，我们开发出一种全新的玻璃。"康宁位于肯塔基州哈罗兹堡的工厂原本一直在生产液晶显示器，但几乎一夜之间，工厂改头换面，开始全线生产金刚玻璃。威克斯说："我们把公司最好的科学家和工程师都选入这个项目里，硬是将它做出来了。"在宽敞的办公室里，威克斯只摆放了一个相框，里面是乔布斯在 iPhone 发布当天发给他的那条信息："没有你，我们不可能做到。"

设计

在许多重大项目中，像是《玩具总动员》和苹果零售店，乔布斯都会在几近完工时按下"暂停"键，进行重大调整。iPhone 的设计亦是如此。iPhone 最初的设计是将玻璃屏幕镶嵌在一个铝制边框里。一个星期一的早晨，乔布斯去找艾夫，说："我昨天一夜都没睡，因为我意识到，我根本不喜欢这个设计。"这是自第一台 Mac 以来，乔布斯打造的最重要的产品，但他怎么看它都觉得不对劲。而艾夫则立即意识到乔布斯是对的，艾夫非常沮丧："我记得我当时感到万分羞愧，因为这种事竟然还要等他给我点破。"

问题在于 iPhone 本应该以屏幕显示为重点，外壳必须尽量低调，但在目前的设计中，外壳却抢了屏幕的风头。整部手机给人的感觉又过于阳刚，是一款以任务为导向、以效率为重点的设备。乔布斯对艾夫的团队说："大家为这个设计已经拼死拼活干了 9 个月，但现在我们要推倒重来。我们需要日夜赶工，牺牲周末。要是你们真的不高兴，我们可以给你们发几支枪，大家现在就可以把我们毙了，出出气。"然而，团队并没有推诿，而是一致同意继续奋战。乔布斯回忆说："这是我在苹果最引以为豪的时刻之一。"

最终的设计中外壳缩小到只剩一条细细的不锈钢边框，好像金刚玻璃屏幕完全延伸到了手机的边缘。手机的每个部分看起来都在为显示屏服务。新的外观简约亲切，可以让消费者尽情把玩。但这也意味着他们必须重新布置手机内部的电路板、天线和处理器，乔布斯于是下令调整。法德尔说："如果是其他公司，做了这么长时间、做到这个程度差不多就可以直接出货了，但我们却按下了重启键，一切重新开始。"

设计的另一个特色不仅体现了乔布斯的完美主义，也体现了他的控制欲——手机是严格密封的，外壳不能打开，连电池也无法更换。就像 1984 年第一代 Mac 一样，乔布斯不希望任何人乱动产品的内部元件。事实上，当苹果在 2011 年发现第三方维修店可以打开 iPhone 4 时，就把小螺丝换成了用市面上的螺丝刀无法打开的五角形防撬螺丝。由于电池不可更换，iPhone 可以做得更薄。对乔布斯来说，更薄当然就代表更好。库克说："他一直相信，薄就是美。你可以在我们所有的产品中看到这一点。我们有最薄的笔记本电脑和最薄的智能手机，我们把 iPad 做得很薄，以后还要更薄。"

发布会

iPhone 的发布会临近，像往常一样，乔布斯决定把独家报道权交给一本杂志。他打电话给时代公司的主编约翰·休伊（John Huey），一上来就发扬自己惯常的风格，说得天花乱坠："这是我们做过的最棒的产品。"乔布斯说，他本来想把独家新闻给《时代周刊》，"但《时代周刊》的记者都没什么灵气，所以我打算换一家"。休伊向他引荐了《时代周刊》聪明精干的技术作家（和小说家）列夫·格罗斯曼（Lev Grossman）。在报道中，格罗斯曼精准地指出，iPhone 的许多功能并不是苹果发明的，苹果只是让这些功能变得更加好用而已。"但这很重要。当工具不顺手时，我们往往会进行自我攻击，责怪自己太笨，手指太胖，或者没有好好阅读使用手册……当工具出问题时，我们也感觉自己残缺不全。而如果工具得到改进，我们就会觉得自己也更完整、更强大了。"

iPhone 发布会在 2007 年 1 月的旧金山 Mac 世界大会上举行，跟当年推出 iMac 时一样，乔布斯邀请了赫兹菲尔德、阿特金森、沃兹尼亚克和 1984 年的 Mac 团队参加。乔布斯每次发布产品都会让人眼花缭乱，而 iPhone 发布会可能是他表现得最精彩的一次。乔布斯在开场时说道："每隔一段时间，就会有一个革命性的产品出现，然后一切都改变了。"他提到了两个之前的例子：第一代 Mac "改变了整个电脑产业"，而第一代 iPod "改变了整个音乐产业"。然后，他精心铺垫，巧妙地推升声势，提到了即将推出的产品。"今天，我们将推出三款革命性产品。第一款是宽屏触控式 iPod，第二款是一部革命性的手机，第三款是一个突破性的互联网通信设备。"说完之后，他重复了一遍，以加强效果，然后问道："大家听明白了吗？这不是三台独立的设备，而是一台设备，我们给它取名为 iPhone。"

5 个月后的 2007 年 6 月底，iPhone 正式上市。乔布斯和劳伦娜一起走到帕洛阿尔托的苹果零售店，感受人群的兴奋之情。乔布斯经常在新品上市的第一天亲临这家零售店，所以早有粉丝在现场等候。他们向乔布斯致意的样子，就像碰到摩西本人去店里买《圣经》一样。在排队的忠诚粉丝中，还有赫兹菲尔德和阿特金森。"比尔排了一晚上队。"赫兹菲尔德说。乔布斯大笑着挥手说："我已经送他一部 iPhone 了。"赫兹菲尔德回答说："可是他需要 6 部。"

iPhone 立即被博主们奉为"耶稣手机"。不过，苹果的竞争对手认为 500 美元的售价实在太高，注定卖不出去。微软的史蒂夫·鲍尔默在接受 CNBC 采访时说："这是世界上最贵的手机，并且没有键盘，所以不会对企业人士有吸引力。"微软再一次低估了乔布斯的产品。截至 2010 年底，苹果已经售出 9 000 万部 iPhone，将全球手机市场一半以上的利润收入囊中。

早在 40 年前就设想过推出笔记本电脑的施乐帕洛阿尔托研究中心的先驱人物艾伦·凯说："史蒂夫了解人的欲望。"凯善于做预言，于是乔布斯

第三十六章　iPhone　三位一体的革命性产品　　　　　　　　　　　　443

询问他对 iPhone 的看法。凯说:"把屏幕做成 13 厘米宽,20 厘米长,你就可以统治全世界了。"而凯当时并不知道,iPhone 的设计本就源于平板电脑,而且未来也将引领全球平板电脑的风潮,在各个方面都实现甚至超越凯当年对"动力笔电"的设想。

第三十七章　第二回合

癌症复发

2008 年之战

到 2008 年初，乔布斯和他的医疗团队都很清楚，他的癌症已经出现转移。2004 年，医生在为他切除胰腺肿瘤后，曾对癌症基因组进行部分测序。通过基因测序，医生确定了问题出现在哪些致癌位点上，采取了他们当时认为最有效的靶向治疗方法。

此时，除了治疗癌症本身，乔布斯还需要借助药物减缓疼痛，用的大多是吗啡类镇痛剂。2008 年 2 月的一天，劳伦娜的好友凯瑟琳·史密斯来到帕洛阿尔托，在他们家中小住了一段时间。史密斯曾和乔布斯一起出去散步。她回忆说："他告诉我，要是实在疼得受不了，他就会把所有注意力都集中在疼痛上，沉浸在疼痛里，这样似乎可以让疼痛消散。"不过，事实并非完全如此——乔布斯疼的时候，通常不会隐忍不发，而是一定会让身边的人都知道。

与此同时，乔布斯在饮食方面的问题日益严重。医疗团队严格追踪病情发展，尽力帮他减缓疼痛，但他们对乔布斯的进食问题并没有予以同样的关注。乔布斯的体重之所以不断下降，一部分原因是他的胰腺已经被切除了大半。胰腺可以分泌消化蛋白质和其他营养物质所需的酶，所以手术使他的消化功能大受影响。同时，癌症本身和镇痛用的吗啡都降低了他的食欲。此外，乔布斯从十几岁开始，就养成了极端的饮食和禁食习惯。这种习惯与心理因素有关，所以医疗团队也感到束手无策。

即便在结婚生子之后，乔布斯依然保持着这种令人费解的饮食习惯。他经常一连几周都吃同样的东西，比如胡萝卜沙拉加柠檬，或者只吃苹果，然后突然宣布不吃了。他还经常像十几岁时那样禁食，并且煞有介事地在餐桌上向别人悉数自己当下饮食方案的种种益处。劳伦娜在他们刚结婚时是个素食主义者，但在乔布斯手术后，她开始在食物中增加鱼或其他富含蛋白质的食物，丰富家人的饮食结构。他们的儿子里德也曾是素食主义者，自此也变成了一个十足的"杂食性动物"。孩子们都知道，从各类食物中摄取蛋白质，对他们的父亲来说至关重要。

乔布斯家聘请了厨师布莱尔·布朗（Bryar Brown）。布朗脾气很好，做菜也有巧思，曾在潘尼斯餐厅为名厨爱丽丝·沃特斯工作。他每天下午都会来到乔布斯家中，用劳伦娜在花园里种植的香草和蔬菜准备一桌丰盛健康的晚餐。不管乔布斯想吃什么，像是胡萝卜沙拉、罗勒意大利面或柠檬草汤，布朗都会默默地耐心想办法做出来。乔布斯一向对食物无比挑剔，往往尝上一口就会立刻做出极端的判断，要么说这是人间美味，要么就是说难吃死了。例如，两个在大多数人看来都毫无差别的牛油果，乔布斯尝过之后就会宣布其中一个是有史以来最好吃的牛油果，另一个让人难以下咽。

2008年初，乔布斯的饮食失调问题开始加重。有时在晚饭期间，他会直勾勾地盯着地板，对摆满长桌的丰盛菜品毫无兴趣。大家吃到一半时，他会突然起身，一言不发地离开餐桌。家人都承受了巨大压力。2008年春，他们眼睁睁地看着他消瘦了18千克。

2008年3月，乔布斯的健康问题再次进入公众视野，原因是时代公司旗下的《财富》杂志刊登了一篇题为"乔布斯的麻烦"的文章，称乔布斯最近9个月一直在努力通过食疗来抗击癌症。文章还包含了对乔布斯参与苹果股票期权倒签问题的调查报道。得知《财富》即将刊发文章后，乔布斯邀请（更准确地说是召唤）《财富》编辑安迪·瑟韦尔（Andy Serwer）来到库比蒂诺，向瑟韦尔施压，让他拿掉这篇报道。乔布斯将脸贴近瑟韦尔的脸，问道："所以，你们调查发现我是个浑蛋。这算是什么新闻吗？"去夏威夷康娜度假村时，乔布斯还用自己带的卫星电话给瑟韦尔的上司约翰·休伊打电话，说了同样具有自知之明的话。乔布斯提议召集一个由其他公司的首席执行官组成的专家小组，讨论一下哪些健康问题可以披露，但前提是《财富》杂志要砍掉这篇文章。但《财富》最终还是不为所动，照刊不误。

2008年6月，乔布斯出席iPhone 3G的发布会，他瘦骨嶙峋的样子比产品发布会本身更引人关注。《时尚先生》杂志的汤姆·朱诺（Tom Junod）是这样描述的：台上那个"形如枯槁"的人"依然穿着曾象征着他坚不可摧的法衣，只是如今他像海盗一样骨瘦如柴"。苹果发表声明称，乔布斯的体重下降不过是"偶染微恙"造成的，这一声明自然与事实不符。在接下来的一个月，由于各方质疑层出不穷，苹果再次发表声明，表示乔布斯的健康问题属于"私事"。

7月底，《纽约时报》的乔·诺切拉撰写专栏文章，谴责苹果对乔布斯健康问题的处理方式不当。诺切拉表示："苹果没有诚实地向大众告知其首席执行官的健康状况。在乔布斯先生的领导下，苹果打造了严格保密的文化。这种文化在许多方面对公司有益，例如，在每年的Mac世界大会召开之前，苹果都对即将推出的新品全面保密，让媒体和消费者翘首期盼、热切猜测，这种讨论度也一直是苹果最好的营销手段之一。但保密文化却非常不利于苹果的公司治理。"他在撰写专栏文章的过程中，曾向苹果的一些工作人员打探消息，但大家的回答都相当标准，表示健康问题属于乔布斯的"私事"，就在这时，他意外地接到了乔布斯本人打来的电话。乔布斯一上来就劈头盖脸地说道："我是史蒂夫·乔布斯。你觉得我是个傲慢的浑蛋，自认为可以凌驾于法律之上，我看你才是个卑鄙小人，你做出来的报道没几句是真的。"在这个相当"引人入胜"的开场白之后，乔布斯表示愿意谈论个人健康问题，但前提是诺切拉不会把信息公之于众。诺切拉尊重了乔布斯的要求，他在文章里写道，虽然乔布斯的健康问题不仅仅是"偶染微恙"，但"他的病不足以危及生命，癌症也没有复发"。乔布斯向诺切拉透露的信息比他提供给苹果董事会和股东的更多，但即便如此，他的话也不全是实情。

苹果的股价从2008年6月初的188美元开始逐渐下滑，7月底跌至

156 美元，这在一定程度上源于市场对乔布斯体重骤减的忧虑。雪上加霜的是，8 月下旬，彭博新闻社误将事先准备好的乔布斯讣告发布到了新闻线路中，并被八卦博客网站掴客网登了出来。几天后，乔布斯现身苹果 iPod 新品发布会，在这场年度音乐设备发布活动上引用了马克·吐温那句著名的调侃："关于我死亡的报道严重地夸大了事实。"但他瘦削的外形很难让人安心。到 10 月初，苹果的股价已跌至 97 美元。

那个月，环球音乐集团的道格·莫里斯原本要去苹果总部见乔布斯，而乔布斯却邀请他到自己家会面。看到病骨支离、痛苦不堪的乔布斯，莫里斯非常吃惊。莫里斯即将去参加洛杉矶希望之城国家医疗中心举办的慈善晚会。莫里斯会在这场旨在为抗击癌症筹集资金的晚会上受到表彰，他希望乔布斯也能一同前往。乔布斯一向回避慈善活动，但这次他决定前去参加，既是为了莫里斯，也是为了抗癌事业。晚会在圣莫尼卡海滩的一个大帐篷里举行，莫里斯告诉现场 2 000 名来宾，是乔布斯让音乐行业重新焕发生机。当晚的演出嘉宾有史蒂薇·妮克丝（Stevie Nicks）、莱昂纳尔·里奇（Lionel Richie）、埃里卡·巴杜（Erykah Badu）和阿肯（Akon），表演一直持续到午夜，乔布斯被冻坏了。吉米·艾奥文给了乔布斯一件连帽运动衫穿，他整个晚上都把帽子罩在头上。莫里斯回忆说："他病得很重，他很瘦，也很怕冷。"

《财富》的资深科技记者布伦特·施伦德准备在那年的 12 月离职，他策划了对乔布斯、比尔·盖茨、安迪·格鲁夫和迈克尔·戴尔的联合采访，作为自己的告别之作。组织这样的采访难度很大，但就在采访的前几天，乔布斯打电话说要退出。他告诉施伦德："如果他们问为什么，你就说因为我浑蛋。"盖茨起初有点儿恼火，后来才了解到乔布斯当时的健康状况。盖茨说："当然，他有一个非常非常充分的理由，他只是不想说。"在过去的 11 年中，乔布斯从未缺席过 Mac 世界大会，他会在大会期间发布重磅产品，而苹果在 12 月 16 日宣布乔布斯将不会出席次年 1 月的 Mac 世界大会——显然，他的健康问题已经相当严重。

博客圈对乔布斯健康状况的猜测层出不穷，其中许多猜测都接近事实。乔布斯气愤不已，觉得自己的隐私受到了侵犯，也对苹果没有主动帮他澄清而感到恼火。于是，2009 年 1 月 5 日，他亲自撰写了一封具有误导性的公开信。他在信中称，他之所以缺席 Mac 世界大会，是因为他想花更多时间与家人在一起。"正如你们许多人所知，2008 年，我的体重不断下降，"他补充说，"我的医疗团队已经找到原因。因为激素失调，我无法摄取足量蛋白质来维持身体健康。精密的血液测试已经证实了这一诊断。这个营养问题也比较容易治疗。"

他的公开信中有实情，但不多。胰腺分泌的胰高血糖素可以增加肝脏糖原的释放，从而提高血糖，而胰岛素的作用则刚好相反。当时，乔布斯的癌细胞已经转移到了肝脏，对肝脏造成了损害，他的身体正在自我吞噬，医生不得不使用药物来降低他体内胰高血糖素的水平。换言之，他确实有激素失调的问题，但这是由癌细胞扩散到肝脏导致的。对于这一事实，他不仅自己不愿意面对，还希望在公众面前否认。不幸的是，由于乔布斯是上市公司的高管，所以隐瞒个人病情会触犯相关法律。但他实在是对博客圈毫无尊重、肆意猜测的行为气愤难平，想要予以反击。

虽然公开信的语调乐观，但此时，他的病情已经非常严重，每天饱受剧痛折磨。他又开始接受新一轮癌症药物治疗，而治疗的副作用非常可怕，他的皮肤开始干燥开裂。为了寻求另类治疗方案，他飞往瑞士巴塞尔，接受实验性的激素放射疗法，也曾去鹿特丹接受另一种仍在实验阶段的肽受体放射性核素疗法。

公司法务团队强烈建议乔布斯休病假，如此坚持了一周之后，他终于同意了。2009 年 1 月 14 日，乔布斯又给苹果员工写了一封公开信，宣布了自己即将休病假的消息。在信的开头，乔布斯把休假的决定归咎于博客圈和媒体的窥探。他说："不幸的是，对我个人健康的好奇心不仅让我和家人饱受困扰，也让苹果的其他人备感为难。"但随后他承认，对他的"激素失调"的治疗并不像此前所说的那样简单，"在过去的一周里，我了解到，我的健康问题比我原本想象的更加复杂"。他请库克再次接管公司的日常运营，但自己仍担任首席执行官，继续参与重大决策。他计划在 6 月前回到工作岗位。

乔布斯曾跟坎贝尔和莱文森讨论自己的病情。他们二人既是他的个人健康顾问，又是公司的联合首席董事。但董事会的其他成员没有得到充分的信息，股东们最初也被误导了。一些法律问题由此而生，美国证券交易委员会开始调查苹果是否向股东隐瞒了"重大信息"。如果苹果的确传播了虚假信息，或隐瞒了与公司财务前景相关的真实信息，将构成证券欺诈，这是一项重罪。由于乔布斯及其魔力与苹果的再度辉煌密不可分，因此他的健康问题似乎符合"重大信息"的标准，但相关法律问题难以界定，因为首席执行官的个人隐私权也必须得到保护。乔布斯非常重视个人隐私，但又比大多数首席执行官更能代表所在的公司。要在他身上保持二者之间的平衡尤其困难。面对这一难题，乔布斯变得非常情绪化，时而怒吼，时而大哭；如果有人建议他应该开诚布公，他就会大发雷霆。

坎贝尔很珍惜与乔布斯的友谊，他不希望因为承担信托责任而侵犯乔布斯的隐私，于是提出卸任董事一职。坎贝尔说："我跟史蒂夫是一百万年的朋友了，所以保护他的隐私对我来说非常重要。"苹果的律师团队最终决定，坎贝尔无须从董事会辞职，但需要让出联合首席董事的位置，由雅芳总裁钟彬娴接任。美国证券交易委员会的调查也无果而终。虽然外界要求乔布斯公布更多信息的呼声很高，但董事会不遗余力地为他提供保护。阿尔·戈尔回忆说："媒体希望我们透露更多个人细节，但只有史蒂夫自己才能决定是否要超出法律规定的范围，透露更多隐私。他非常坚持，不希望自己的隐私受到侵犯。他的意愿应该得到尊重。"当我问戈尔，在2009年初，当乔布斯的健康问题远比股东们所知晓的情况更严重时，董事会是否应该敦促乔布斯更加坦诚一点儿，他回答说："我们聘请了外部法律顾问，对法律要求和最佳做法开展审查，所有事情都是按规定处理的。我这么说听上去像是在维护他，但外界的批评真的让我很生气。"

有一位董事则持不同意见，他就是克莱斯勒和IBM的前首席财务官杰里·约克。虽然没有公开置评，但他曾在私下里向《华尔街日报》的记者透露，当得知公司在2008年底隐瞒了乔布斯的健康问题时，他感到"非常气愤"，"坦率地说，我真希望我当时就辞职了"。在约克于2010年过世后，《华尔街日报》把他的评论公之于众。约克还曾向《财富》提供了不希望被公开的信息，而《财富》却在2011年乔布斯第三次休病假时，把这些话刊登了出来。

苹果的一些人根本不相信那些话出自约克之口，因为他当时并没有正式提出过反对意见。但比尔·坎贝尔知道这些报道并非捕风捉影。约克曾在

2009年初向他抱怨过:"杰里在深夜多喝了一点儿白葡萄酒,在凌晨两三点给我打电话说:'他妈的,我不相信关于乔布斯健康状况的那些鬼话,我们非弄清楚不可。'我第二天早上给他打电话,他又说:'哦,好的,没问题。'所以我敢肯定,他有时晚上喝多了,就会口无遮拦,跟记者说一些不该说的话。"

孟菲斯

在斯坦福大学医院癌症中心,乔布斯的肿瘤治疗团队的负责人是乔治·费舍尔(George Fisher),他是胃肠癌和结直肠癌研治领域的领军人物。几个月来,他一直提醒乔布斯,说他可能需要考虑进行肝移植,但乔布斯一直置若罔闻。劳伦娜很感激费舍尔三番五次地提出这种可能性,因为她知道要想让乔布斯考虑肝移植,需要对他进行反复劝说、不断催促。

2009年1月,就在乔布斯声称自己的"激素失调"问题不难治疗之后,他终于被说服了。然而这时,一个非常棘手的问题出现了。他加入了加州肝移植的等候名单,但以他当时的身体状况,明显难以支撑到手术:一方面,跟他血型相匹配的捐献者数量很少;另一方面,根据政策制定机构器官共享联合网络的肝移植衡量标准,肝硬化和肝炎患者要比癌症患者的优先权更高。

根据相关法律,任何患者都不得插队,即使像乔布斯这样的有钱人也不例外,而他也并没有插队。器官受捐者的先后顺序主要取决于两个指标,一是终末期肝病模型(MELD,Model for End-Stage Liver Disease)的评分结果,这个模型会通过实验室的激素水平测试来确定移植需求的紧迫性,二是患者已经等待的时长。每一例捐献都受到严格审核,可在公开网站(optn.transplant.hrsa.gov/)上查阅数据,患者也可以随时查看自己在等候名单上的状态。

劳伦娜成了各大器官捐献网站的活跃用户,每天晚上查看等候名单上的人数、每个人的评分和已经等待的时长。她回忆说:"我自己就可以算出来。等他在加州排到肝脏,肯定早就过了6月,但医生认为他的肝脏最多只能支撑到4月左右。"于是她开始四处咨询,发现同一个患者可以同时在两个不同的州排队等候器官移植,但只有约3%的等待移植的患者会这样做。这种多重排队的操作不存在政策限制。虽然批评者说这种操作更加有利于富人,但具体实施起来也有一定难度。主要要求有两个:第一,准备接受移植的患者必须能够在8小时内到达选定的医院,乔布斯有私人飞机,所以可以做到;第二,选定医院的医生必须亲自对患者进行评估,才能最终决定是否把患者列入等候名单。

经常担任苹果外部法律顾问的旧金山律师乔治·莱利是田纳西人,很有爱心,也很绅士,跟乔布斯关系亲近。莱利的父母都曾是孟菲斯卫理公会大学医院的医生,他也是在这家医院出生的。乔治·莱利跟医院移植研究所的负责人詹姆斯·伊森(James Eason)是好友。伊森主管的移植研究所是全美最顶尖、患者最多的机构;仅2008年一年,他和团队就做了121例肝移植手术。他并不介意在其他州排队的人在孟菲斯重复排队。他说:"这不是在钻系统的空子,患者可以自由选择在哪里接受医疗服务。有些人会从田纳西跑去加州或其他地方接受治疗。现在也有人从加州来到我们这里接受治疗。"于是,伊森在莱利的安排下飞往帕洛阿尔托,对乔布斯进行了必要的诊断。

2009年2月底,乔布斯被加入田纳西的器官移植等候名单(同时继续在加州排队),焦急的等待开始了。3月的第一周,他的病情迅速恶化,而等待时间预计还有21天。劳伦娜回忆说:"我们当时都特别着急,担心得要命,眼看着就来不及了。"每一天都是深深的煎熬。3月中旬,乔布斯终于在名单中升至第三位,然后是第二,最后终于来到第一位。但是,日子一天天过去,需要的脏器却没有等来。不过,还有一个说来残酷的机会:即将到来的圣帕特里克节和美国大学篮球联盟锦标赛"疯狂三月"(孟菲斯队参加了2009年锦标赛,并成为分赛场)等活动增加了捐献者出现的可能性,因为喝酒会导致车祸数量的激增。

2009年3月21日的那个周末,不幸有一个二十多岁的年轻人在车祸中丧生,他的器官将被捐献。乔布斯和劳伦娜立即飞往孟菲斯,在凌晨4点前抵达,与伊森会合。一辆汽车在停机坪上等候,一切安排就绪,他们在赶往医院的途中就已经完成入院手续。

移植手术非常成功,但还不能完全令人放心。医生取出乔布斯的肝脏后，在包裹内脏器官的腹膜上发现了斑点。此外，他的整个肝脏到处都有肿瘤，这意味着癌症很可能已经扩散到其他部位。显然，癌细胞已经迅速变异和成长。医疗团队采集了样本，进一步做了基因图谱分析。

几天后，他们需要进行另外一项手术。但这次，乔布斯坚决拒绝在麻醉前把胃排空，结果在注射镇静剂后，他把胃里的一些食物吸进了肺里，造成了肺炎。当时医生认为他可能过不了这一关。乔布斯后来描述了当时的情形：

> 我差点儿就死了，因为他们在这个常规手术中失手了。劳伦娜在医院陪着我，孩子们也都乘飞机赶过来，因为他们以为我那天晚上就挺不过去了。当时，里德和他的舅舅正在参观大学，我们派了一架私人飞机到达特茅斯附近接他，把情况告诉了他们。另一架飞机去接来了我的女儿们。他们觉得这可能是孩子们见我最后一面的机会了。但我挺了过来。

劳伦娜紧盯着整个治疗过程。她一整天都待在病房里，警惕地看着每台监视器。艾夫回忆说："劳伦娜就像一只美丽的老虎在守护着他。"乔布斯刚刚可以接待访客，艾夫就赶过来了。劳伦娜的母亲和三个兄弟在不同时段轮流过来陪她。乔布斯的妹妹莫娜·辛普森也不离左右。乔布斯只允许两个人代替劳伦娜在床边照顾他，一个是莫娜，另一个是乔治·莱利。乔布斯后来说："劳伦娜的家人帮助我们照顾孩子——她的妈妈和兄弟们都很好。我当时非常虚弱，也不配合。但这样的经历把我们紧密地联结在了一起。"

劳伦娜每天早上7点来到病房，收集相关数据，并把数据录入电子表格。她回忆说："因为要同时进行多项监测，所以数据整理起来非常复杂。"詹姆斯·伊森和他的医疗团队在上午9点到达。劳伦娜会跟他们一起开会，协调乔布斯治疗的方方面面。晚上9点，在她离开医院之前，她会将所有生命体征和其他监测数值的变化趋势整理成一份报告，并想好若干问题，等第二天再向医疗团队问询。她回忆说："只有让大脑专注在这些事情上，我才不会胡思乱想。"

伊森全面负责乔布斯的医疗护理，这一点在斯坦福大学医院就没有人能做到。因为伊森是机构负责人，所以他可以协调移植恢复、癌症检测、疼痛治疗、营养、康复和护理等各个方面。他甚至会顺便在便利店帮乔布斯买他喜欢的功能饮料。

在护理人员当中，乔布斯最喜欢两名来自密西西比小镇的护士。她们是踏实可靠的家庭妇女，也不怕乔布斯。伊森安排她们两个专门负责乔布斯的护理。库克回忆说："要管好史蒂夫，就必须得非常坚定。有些事虽然是为了他好，但做起来并不愉快，伊森就很有办法强迫史蒂夫配合，这一点换作其任何他人都做不到。"

虽然乔布斯周围的人把他照顾得无微不至，但他有时还是几近癫狂。他因为对事情失去掌控而气恼，有时会产生幻觉或大发脾气。即便在几乎失去知觉的时候，他强烈的个性也会表现出来。有一次，肺科医生想要给已经深度麻醉的乔布斯戴上面罩，乔布斯却把面罩一把扯下，嘟囔着说讨厌面罩的设计，就是不愿意戴。他都快说不出话了，却还是命令医生拿来了5种面罩，让他选一个喜欢的设计。医生们都不解地看着劳伦娜。劳伦娜只能想办法分散他的注意力，医生们这才给他戴上面罩。他也讨厌夹在手指上的血氧饱和度监测仪，抱怨仪器太丑太复杂，还向医生提出了各种简化设计的方法。劳伦娜回忆说："他非常在意环境和周围物体的每一个细微差别，所以才耗尽力气。"

有一天，他的意识时而清醒，时而模糊。劳伦娜的好友凯瑟琳·史密斯前来探望。她和乔布斯的关系算不上太好，但劳伦娜还是坚持让她来医院看看他。乔布斯示意她拿着纸和笔来到床边，然后在纸上写道："我想要我的iPhone。"凯瑟琳从床边柜上取下手机，拿给了他。他抓着她的手，向她示范如何"滑动解锁"，还让她玩儿一下手机上的菜单。

当时，乔布斯与女儿丽萨的关系已经破裂。丽萨从哈佛毕业，搬到了纽约，平时很少与父亲联络。但这期间她两次飞到孟菲斯探望乔布斯，让他非常感动。他回忆说："她能这样做，我感到特别欣慰。"可惜他当时并没有告诉她自己的这种感受。乔布斯身边许多人都发现，丽萨有时会像她的父亲一样难相处，但劳伦娜还是欢迎她的到来，努力让她融入。她希望父女二人能重修于好。

随着病情好转，乔布斯强势好斗的天性又恢复了。他的胆管还在，性格依然是"怒从心头起，恶向胆边生"。凯瑟琳回忆说："身体开始康复之后，他对身边人的感激之情很快就消失了，马上进入暴脾气和控制狂的模式。我们之前还在想，经历了生死考验之后，他会不会变得友善柔和一点儿？结果并没有。"

他对食物依然极其挑剔，而这种饮食习惯比以往任何时候都更成问题。他只吃水果冰沙，而且会要求把七八种水果冰沙排成一排，供他选择。他会把勺子放在嘴边轻轻一尝，然后宣布："这个不好吃，那个也很难吃。"最后，伊森不得不教训他："你要知道，现在不是好吃不好吃的问题。不要再把这些东西当成食物了，你就把它们当成药吃。"

每当有苹果的同事前来探望，乔布斯就会精神振奋。库克会经常过来向他汇报新产品的进展情况。库克说："能看得出来，每次谈到苹果，他就会神采飞扬，就像一盏灯被点亮了一样。"乔布斯深深地爱着苹果，他活着似乎就是为了重返苹果。有关产品的一切细节都会让他充满能量。当库克向他描述一个新的 iPhone 型号时，乔布斯不仅跟他讨论了新型号的名称——他们决定叫 iPhone 3GS——还讨论了"GS"的大小和字体，例如字母是否应该大写（是的）、是否要用斜体（不用）等，足足聊了一个小时。

有一天，莱利为乔布斯安排了一场参观太阳工作室的惊喜之旅。这个红砖建筑是摇滚乐的神殿，包括猫王、约翰尼·卡什和比比·金在内的众多摇滚乐先锋都在这里录制过作品。他们特别选择在非营业时间前往。一名年轻的工作人员带领他们参观，向他们介绍了工作室的历史。他还和乔布斯一起坐在杰瑞·李·刘易斯（Jerry Lee Lewis）用过的一条满是烟头烫痕的长椅上。乔布斯可以说是当时音乐产业中最有影响力的人物，但因为他过于消瘦，那个年轻人并没有认出他。在他们准备离开时，乔布斯对莱利说："那个小孩儿还挺聪明的。可以把他招进 iTunes 团队。"于是莱利打电话给埃迪·库伊，库伊随后就安排了这个男孩儿飞到加州面试。最后，苹果聘用他参与打造 iTunes 商店早期的 R&B 和摇滚乐曲库。当莱利再次去太阳工作室看朋友们时，他们说，这件事证明，一如他们的口号所说：在太阳工作室，你的梦想仍然可以实现。

归来

2009 年 5 月底，乔布斯与妻子和妹妹乘坐私人飞机从孟菲斯回到家中。库克和艾夫在圣何塞机场迎接他们。飞机一落地，他们就立即冲进机舱。库克回忆说:"你可以从他的眼神里看到归来的兴奋之情。他浑身充满斗志,摩拳擦掌,蓄势待发。"劳伦娜拿出一瓶气泡苹果酒,向她丈夫敬酒,每个人都高兴地相互拥抱。

但从机场开车到乔布斯家的一路上,艾夫的情绪非常低落。他跟乔布斯说,在乔布斯离开的这段时间,很多事情都难以推动,公司运营困难重重。他还抱怨媒体报道说苹果的创新都依仗于乔布斯,如果乔布斯不回来,创新就难以为继。艾夫说:"我真的很受伤。"他说自己"备受打击",没有人看到他的价值。

回到帕洛阿尔托后,乔布斯同样陷于消沉,因为他开始意识到:苹果并不是没他不行。这让他怅然若失。在他离开期间,苹果的股票表现良好。2009年1月,在他宣布开始休病假时,苹果股价是82美元,到了5月底他回归之时,已经涨到140美元。乔布斯休假后不久,库克在一次与分析师的电话会议上,一改往日平和的风格,激昂地宣称,即使乔布斯不在,苹果也会继续飞速发展:

我们坚信,我们在地球上存在的目的就是制造伟大的产品,这一点永远不会改变。我们持续专注于创新。我们崇尚简约,而不是复杂。我们坚信,我们需要拥有和控制产品背后的主要技术,并且只进入那些我们能够做出重大贡献的市场。我们坚信,我们需要对数以千计的项目说不,这样才能专注于对我们真正重要和有意义的少数项目。我们高度重视团队间的深度合作和相互启发,这是我们能够在创新方面独树一帜的原因。我真心觉得,公司的所有团队都致力于追求卓越,而且我们诚实地面对自己,敢于承认错误,勇于做出改变。我认为,无论是谁,无论在哪种岗位上,这些价值观已经深深地扎根于公司的每个角落,正因如此,苹果才能一如既往地强劲发展。

这听起来像是乔布斯会说的话(他也确实说过类似的话),但媒体将其称为"库克宣言"。这让乔布斯有点儿恼火,也非常沮丧,尤其是最后一句话。这句话可能是事实,他不知道该为此感到骄傲还是难过。还有传言说他可能将要让出首席执行官一职,退居二线做董事长。凡此种种,反而使他更有动力克服疼痛,下床活动。他开始重新进行长距离散步,以此来恢复体力。

乔布斯回家几天后,公司安排了一次董事会会议。让大家没想到的是,乔布斯竟然也出现在会议现场。他缓缓地走进会议室，几乎全程列席会议。6月初，他每天都在家里举行高层会议，到了月底，他就开始回到公司上班了。

直面过死亡的他，变得更加平和圆熟了吗？同事们很快就得到了答案。回来的第一天，他就接二连三地对高层团队发脾气。他把自己6个月没见的同事骂了个狗血淋头，否决了一些营销方案，又痛斥了几个他认为工作不力的人。但这些并不能说明什么，真正能代表他内心感受的是他当天傍晚对几个朋友说的话："我今天回来上班，实在是太开心了。我感觉自己充满了无尽的创造力，整个团队也是如此。"库克对这一切都泰然处之，库克后来说："我从未见过史蒂夫在表达观点或激情时会有所保留，但这样很好。"

朋友们都注意到，乔布斯的个性依然如故：火暴狂躁、反复无常。在休养期间，他购买了康卡斯特公司的高清有线电视服务。有一天，他给康卡斯特公司的老板布莱恩·罗伯茨（Brian Roberts）打了个电话。罗伯茨回忆说："我以为他打电话来是为了夸赞我们的服务，没想到他却跟我说'服务烂透了'。"不过，赫兹菲尔德注意到，虽然乔布斯的暴脾气一如既往，但他变得更加正直了："以前，如果你让史蒂夫帮个忙，他可能偏要反着干，这个人就是这么变态。现在，他是真的会尽自己所能提供帮助。"

乔布斯于9月9日公开复出，苹果每年秋季定期举行的音乐播放器发布会在这一天举办。乔布斯一登台，观众就起立热情鼓掌，持续了将近一分钟。他的开场白与以往不同，先是提到了一个非常私人的经历，说自己接受了别人捐献的肝脏。"如果没有这样的慷慨捐献，我今天就不可能站在这里。所以我希望我们所有人都能如此慷慨，选择做一个器官捐献者。"在一阵欢呼之后，他接着说："现在，我已经下了病床，并回到苹果。我无比享受在苹果的每一天。"随后，他揭幕了新的iPod Nano产品系列，这款iPod带有视频摄像头，外壳为阳极氧化铝材质，并且有9种颜色可供选择。

2010年初，乔布斯已经恢复了大部分体力，重新全情投入工作，而这一年将成为他和苹果极富成效的一年。自在苹果启动"数字生活中枢"战略以来，他已经连续击出了iPod和iPhone两支全垒打。现在，他将挥动球棒，再次出击。

第三十八章　iPad

后 PC 时代

你说你想要一场革命

早在 2002 年，有个微软的工程师不停地缠着乔布斯，向他吹嘘自己开发的平板电脑软件，把乔布斯搞得不胜其烦。用户可以借助这款软件，用手写笔在屏幕上输入信息。当年，有几家制造商都发布了使用这款软件的平板电脑，但没有一家"在宇宙中留下印记"。乔布斯一直希望用正确的方法打造一款平板电脑——一定不要有手写笔。但后来，当他看到苹果正在开发的多点触控技术后，决定先将这一技术应用在 iPhone 上。

与此同时，Mac 电脑硬件部门也萌生了打造平板电脑的想法。但是，2003 年 5 月，乔布斯在接受《华尔街日报》的资深科技记者沃尔特·莫斯伯格采访时却表示："我们没有制造平板电脑的计划。因为事实证明，普通消费者需要键盘。一些有钱人已经有了好几部个人电脑和其他设备，而这些人才是平板电脑的目标客户。"这就像他关于自己"激素失调"的说法一样,属于误导信息:实际上,在苹果每年的精英100度假会议上,大多数年份都会讨论到未来开发平板电脑的愿景。菲尔·席勒回忆说:"在好多年的度假会议上,我们都展示了平板电脑的想法,因为史蒂夫一直很希望做一款这样的产品。"

2007年,乔布斯考虑打造一款低成本的上网本,这反而意外推动了平板电脑项目的落地。在某个星期一的高管头脑风暴会议上,艾夫问道:"为什么电脑屏幕一定要连着实体键盘呢?"连接实体键盘既增加成本,又显得笨重。他提议使用多点触控界面,在屏幕上做一个虚拟键盘。乔布斯同意了。于是,苹果把上网本的设计资源转而投入了平板电脑项目。

开发的第一步是由乔布斯和艾夫确定合适的屏幕尺寸。他们制作了20个大小和长宽比都略有不同的模型,形状当然无一例外都是圆角矩形。艾夫把这些模型摆放在设计工作室的一张桌子上。下午的时候,他们会掀开模型上的天鹅绒布,拿起来把玩感受哪种尺寸最合适。艾夫说:"屏幕尺寸就是这样确定的。"

像往常一样,乔布斯推崇最纯粹简约的设计,因此需要明确一个问题——平板电脑的核心要素究竟是什么。答案是"显示屏"。所以设计的指导原则就是围绕屏幕打造一切。艾夫问道:"我们要如何安排海量的功能和按钮,才不会分散人们对显示屏的注意力呢?"在团队向前推进的每一步中,乔布斯都敦促他们做减法,不断精简。

模型做出来后,乔布斯看来看去,还是觉得不是百分之百满意。他认为模型给人的感觉不够随意和友好,不像是一个可以随手拿起、随身带走的产品。艾夫一针见血地指出了问题所在:外观应该让人有种要用一只手拿起来的冲动。为此,平板边缘的底部需要稍微圆润一点儿,这样在拿起来时就可以比较随意,不需要多加小心。这意味着工程设计必须把必要的连接端口和按钮放在设备的侧边,而这个侧边要非常薄,才能在背面形成一个小弧度。

关注专利申请的人会注意到,苹果在2004年3月申请了一项专利,并在14个月后获得批准。该专利的编号为D504889,所列的发明人中有乔布斯和艾夫。专利申请书附件的图示里,有一张圆角矩形电子平板电脑的草图,一个人用左手随意拿着,右手食指在触摸屏幕,看起来就是后来上市

第三十八章 iPad 后PC时代

的 iPad。

由于 Mac 当时使用的是英特尔芯片，所以乔布斯最初也计划在 iPad 中使用英特尔正在开发的低电压凌动（Atom）芯片。英特尔的首席执行官保罗·欧德宁极力推动双方在设计上达成合作，而乔布斯也愿意信任他。英特尔制造的处理器是全世界速度最快的，然而它们更适用于使用外接电源的台式机，如果用在平板电脑上，则可能导致电池续航能力不足。因此，托尼·法德尔极力主张采用基于 ARM 架构的设计，因为这种芯片更简单，耗电量也更小。苹果是 ARM 的早期合作伙伴，第一代 iPhone 就是使用了 ARM 架构。法德尔的主张得到了其他工程师的支持，他也用实际行动证明，如果敢于挑战乔布斯，最终可能会说服乔布斯改变心意。一次开会的时候，乔布斯坚称，必须相信英特尔能造出优质的移动设备芯片。于是法德尔大喊："错了！错了！错了！"他甚至把自己的苹果工卡拍在会议桌上，威胁说要辞职。

最终，乔布斯做出让步："我明白你的意思了，你们都是公司的顶尖人才，我不会跟你们唱反调的。"事实上，他走向了另一个极端。苹果不仅获得了 ARM 架构的授权，而且还收购了拥有 150 名员工的帕洛阿尔托半导体公司（P. A. Semi），让这家微处理器设计公司为平板电脑专门开发一款系统级芯片（system-on-a-chip），即 A4 芯片。这种芯片基于 ARM 架构，由三星在韩国制造。乔布斯回忆说：

如果不在意能耗和成本，在性能方面，英特尔的芯片是最好的，也是速度最快的。但他们只生产芯片上的处理器，所以还需要很多其他部件来配合。而我们的 A4 芯片除了处理器，还有图形显示、移动操作系统和内存控制等一系列功能。我们也想帮英特尔一把，但他们不愿意听。我们跟他们说他们的显示核心做得很烂，这话都说了很多年了。每个季度，我都会带着苹果的三个高管跟英特尔的保罗·欧德宁开会。一开始，我们的合作非常有成效。他们想要跟苹果联手做大项目，为未来的 iPhone 研发芯片。而我们最终没有和他们继续合作，这其中有两个原因，第一是他们的行动真的很慢。英特尔就像一艘蒸汽船，不是很灵活，而我们习惯全速前进。第二是我们不想把所有东西都传授给他们，因为他们学会之后可能会转而将其出售给我们的竞争对手。

而根据欧德宁的说法，英特尔的芯片完全可以跟 iPad 匹配，问题在于苹果和英特尔无法就价格达成一致。此外，双方对于设计的控制权也有分歧。这个例子再次印证了乔布斯的控制欲，准确地说是强迫症，他渴望控制产品从芯片到外壳的方方面面。

2010 年 1 月，iPad 发布会

2010 年 1 月 27 日，苹果在旧金山举行 iPad 发布会。乔布斯每次推出新产品，都会造成轰动，而此次 iPad 发布引发的狂热追捧，让之前他在产品发布会中所激起的热情相形见绌。在《经济学人》的封面上，乔布斯身穿长袍，头戴光环，拿着被冠以"上帝的平板"之名的 iPad。《华尔街日报》也发出了类似的赞叹："上一个让人类如此兴奋的平板，是上帝亲手写的十诫法板。"

这次，乔布斯请来了许多苹果早期的老战友，似乎是为了强调 iPad 发布会的历史性意义。更特别的是，前年为他做肝移植手术的詹姆斯·伊森医生和 2004 年为他做胰腺手术的杰弗里·诺顿医生也受邀前来，和乔布斯的妻子、儿子和妹妹莫娜一起坐在观众席上。

乔布斯一如既往地以大师风格烘云托月，巧妙地为新产品的登场铺陈渲染——三年前的 iPhone 发布会，他就有过类似的精彩表现。这一次，他在屏幕上展示了一台 iPhone 和一台笔记本电脑，中间是一个问号。他提出："问题是，两者之间是否还存在另一款产品？"这款产品必须满足用户浏览网页、收发邮件、查看照片、观看视频、听音乐、玩游戏、读电子书等一系列需求，还要比手机和笔记本电脑都更好用。接着，他给"上网本"的概念致命一击："上网本虽然也能满足这些功能，但在各个方面的表现都乏善可陈！"现场的观众和员工都欢呼起来。乔布斯接着说："但我们研发出一款完美的产品，我们给它取名 iPad。"

为了强调 iPad 轻松休闲的特点，乔布斯信步走到一张舒适的皮椅和小

茶几旁。当然，鉴于他的品位，皮椅是勒·柯布西耶（Le Corbusier）设计的，茶几则出自埃罗·沙里宁（Eero Saarinen）之手。他随手拿起 iPad，充满热情地说："这可比笔记本电脑轻便多了。"接着，他浏览了《纽约时报》网站，给斯科特·福斯托和菲尔·席勒发了电子邮件（邮件标题是："哇，我们真的推出 iPad 了"）。随后，他查看相册，使用日历，在谷歌地图上放大了埃菲尔铁塔，观看了几个视频片段（《星际迷航》和皮克斯的《飞屋环游记》），展示了 iBook 书架，并播放了一首歌（鲍勃·迪伦的《像一块滚石》，这也是乔布斯在 iPhone 发布会上播放过的歌）。最后，乔布斯问大家："是不是很棒？"

在最后一张幻灯片中，乔布斯再次展示了自己生命中的主题之一，也是 iPad 所体现的精神：在一个路牌上标示着"科技"与"人文"两条街道的交会口。乔布斯总结说："苹果之所以能够创造出像 iPad 这样的产品，是因为我们一直努力站在科技和人文的交会点上。"iPad 就像是电子版的《全球概览》，把创新精神与生活工具紧密结合起来。

iPad 发布后，各方最初的反应有点儿反常，并不是苹果期望中的交口称赞。iPad 要等到 4 月才上市，有些看了乔布斯演示的人并不太清楚它是什么。是个加大号的 iPhone 吗？曾在网络恶搞节目中饰演假乔布斯的《新闻周刊》的丹尼尔·莱昂斯（Daniel Lyons）写道："自从知道自己喜欢的女明星有了交往对象，我还没有这么失望过。"科技网站 Gizmodo 刊登了一篇撰稿人文章，标题是"iPad 的八大缺陷"（没有多任务功能，没有摄像头，不支持 Flash）。甚至连 iPad 这个名字也被博客圈奚落嘲笑，被恶搞成女性卫生用品。当天，"#iTampon"（i 棉条）话题标签的热度在推特上排名第三。

比尔·盖茨自然也少不了对 iPad 一番贬损。他对布伦特·施兰德说："我依然认为，把语音识别、手写笔和真正的键盘结合起来的产品——也就是上网本——会成为主流。当年 iPhone 发布的时候，我眼前一亮，心想，'我的天，微软的目标还是定得不够高'。但 iPad 并没有给我这种感觉。iPad 的阅读功能做得不错，但上面没有什么东西会让我在看了之后想说'真希望微软也能做到'。"盖茨坚持认为，微软使用手写笔输入的方法终将胜出。他告诉我："多年来，我一直在预想一个配备手写笔的平板电脑，那就让我们拭目以待，看我说的对不对。"

在iPad发布会的第二天晚上，乔布斯气急败坏，心情沮丧。我们聚在他家的厨房吃晚饭，他绕着餐桌走来走去，在iPhone上查看邮件，浏览网页。他说：

在过去24小时里，我收到了大约800封电子邮件。大部分邮件都是跟我抱怨的。没有USB线！没有这个，没有那个。有些人说："去你的，你怎么会做出这么烂的产品？"我一般不回复别人的邮件，但这一封我回了："你可真有出息，你的父母一定会以你为荣的。"还有人不喜欢iPad这个名字，等等。我今天有点儿郁闷，感觉受了打击。

不过，他还是收到了祝贺的信息。奥巴马政府的白宫幕僚长拉姆·伊曼纽尔（Rahm Emanuel）那天给乔布斯打来电话道贺，让乔布斯的心情缓和了一些。但吃晚饭的时候，他又想起来，奥巴马总统上任之后还没有给他打过电话。

到了4月，iPad终于上市。人们真正拿到手之后，苛求挑剔的声浪就平息了。《时代周刊》和《新闻周刊》都把iPad放上了封面。列夫·格罗斯曼在《时代周刊》上写道："评论苹果产品的一个难处在于，他们的产品总是噱头十足；评论苹果产品的另一个难处是，噱头有时是真的。"尽管如此，格罗斯曼还是提出了一个实质性的保留意见："iPad对内容消费来说是一个很好的工具，但是对于内容创造并无多大助益。"电脑，尤其是Mac，已经成为重要的创造工具，用户可以用其创作音乐、剪辑视频、搭建网站、经营博客，与全世界共享。"而iPad将重点从内容的创作转变为简单的吸收和处理。iPad的使用者无法发出自己的声音，只能被动地消费其他人创造出的杰作。"乔布斯非常重视这条批评意见。他将着力确保在下一代iPad上突出协助用户进行艺术创作的功能。

《新闻周刊》封面文章的标题是"iPad有什么好？什么都好"。曾在发布会之后表示大失所望的丹尼尔·莱昂斯改变了观点。"观看乔布斯的演示时，我的第一个想法是，这没什么大不了的啊，不就是加大版的iPod Touch吗？然后，当我终于用上了iPad，立刻就爱不释手：我也想拥有一台。"莱昂斯和其他人一样，意识到这是乔布斯的得意之作，它充分体现了乔布斯倡导的全部理念。莱昂斯写道："他有一种神奇的能力，可以制造出我们需要却不自知，用了之后又难以割舍的科技装备。苹果向来以能提供禅宗体验的技术闻名，也许只有封闭系统，才能给消费者带来充满禅意的科技体验。"

关于 iPad 的大部分争论都集中在其封闭系统上——端到端整合到底是匠心独运，还是作茧自缚？谷歌开始扮演类似于微软在 20 世纪 80 年代的角色，提供一个名为"安卓"（Android）的移动平台，开放给所有硬件制造商使用。《财富》以系统的封闭性和开放性为主题，刊登了正反两方的观点。迈克尔·科普兰（Michael Copeland）写道："没有任何理由做封闭系统。"但他的同事乔恩·福特（Jon Fortt）反驳道："封闭系统虽然名声不好，但运行顺畅，也让用户受益。就这点而言，在科技界可能没有人比乔布斯更具有说服力。苹果把硬件、软件和服务进行深度捆绑，严格控制每一个层面，始终能够抢在对手之前，推出精良的产品。"不过他们一致认为，iPad 将是自第一代 Mac 问世以来，对这一问题最清晰有力的测试。福特写道："苹果在 iPad 中使用的 A4 芯片淋漓尽致地体现了其控制狂的名声。现在，苹果对芯片、设备、操作系统、App Store 和支付系统都有绝对的发言权。"

4 月 5 日是 iPad 上市的第一天。乔布斯在将近中午 12 点时去了帕洛阿尔托的苹果零售店。丹尼尔·科特基是乔布斯在里德学院和苹果早期的亲密伙伴，他已经不再为没有得到创始人期权而耿耿于怀，而是特意赶到零售店。科特基说："距离那时已经过去 15 年，我想再次见到他。我跟他说，我要用 iPad 查歌词。他心情很好，这么多年过去了，我们还是聊得很开心。"劳伦娜和他们最小的孩子伊芙在零售店的角落里看着乔布斯与科特基聊天。

沃兹尼亚克曾经倡导硬件和软件要尽可能开放，而现在他也在不断调整自己的理念。他经常在苹果零售店外参加排队活动。这一次，他骑着一辆赛格威平衡车，在圣何塞的维利菲尔购物中心（Valley Fair Mall）的苹果零售店门口，跟其他苹果迷一起通宵排队。有记者问他如何看待苹果封闭的生态系统。他回答说："苹果的消费者就像被关在了游乐场中，但这也有一定的好处。我喜欢开放的系统，但我是个黑客，而大多数人都想要简单好用的东西。史蒂夫的天才之处在于他知道如何把东西变得简单，而为了达到这个目标，有时就是需要掌控一切。"

现在，大家不再问"你的 iPod 里有什么"，而是开始问"你的 iPad 上有什么"。连奥巴马总统的工作人员也都把 iPad 作为他们又潮又懂高科技的标志，也会回答这个问题。经济顾问拉里·萨默斯（Larry Summers）的 iPad 上装有彭博新闻社财经资讯应用程序、拼字游戏 Scrabble 和《联邦党人文集》，白宫幕僚长拉姆·伊曼纽尔在 iPad 上下载了多份报刊，传播顾问比尔·伯顿（Bill Burton）的 iPad 上有时尚杂志《名利场》和一整季的电视剧《迷失》，政治顾问戴维·阿克塞尔罗德（David Axelrod）则在 iPad 上收看美国职业棒球大联盟比赛和全国公共广播电台的节目。

迈克尔·诺尔（Michael Noer）在福布斯网站的文章里写过一个故事，乔布斯读了之后很受触动，把故事转发给了我。有一天，诺尔正在哥伦比亚波哥大北部农村地区的一个奶牛场用 iPad 读科幻小说，这时，一个 6 岁的小孩儿走到他面前。这个孩子来自穷苦人家，在奶牛场帮忙清扫马厩。诺尔一时好奇，把 iPad 递给了他。男孩儿以前从来没有见过电脑，诺尔也没有教他怎么使用 iPad，但他就凭直觉开始玩儿了起来。他用手指在屏幕上滑动，启动应用程序，然后玩儿起了弹球游戏。诺尔写道："乔布斯设计了一台强大的电脑，连目不识丁的 6 岁孩子都可以无师自通。如果这还不算神奇，那天底下就没有神奇的事了。"

在不到一个月的时间里，苹果就售出了 100 万台 iPad，比 iPhone 达到百万销量的速度快了一倍。2011 年 3 月，iPad 上市 9 个月，销量已高达 1 500 万台。从某些标准来看，iPad 成为有史以来最为成功的消费产品。

广告

乔布斯对最初的 iPad 广告并不满意。他一如既往地亲自参与营销工作。负责 iPad 广告的是詹姆斯·文森特和邓肯·米尔纳（他们的广告公司已改名为 TBWA/ 媒体艺术实验室），半退休的李·克劳则担任顾问。他们做的第一个广告是简单温馨的风格：一个身穿褪色牛仔裤和运动衫的人悠闲地坐在沙发椅上，靠着椅背，腿上撑着 iPad，在上面查看电子邮件、相册、《纽约时报》、书和视频。整个广告没有文字，背景音乐是蓝色货车摇滚乐队（Blue Van）的《我的爱已逝》（"There Goes My Love"）。文森特回忆说："史蒂夫一开始批准了这个方案，后来又说不喜欢。他觉得它看起来像陶瓷谷仓家居店（Pottery Barn）的广告。"乔布斯后来告诉我：

解释 iPod 是什么并不难——一千首歌，尽收囊中——所以我们很快就锁定了标志性的剪影广告。但要解释 iPad 是什么却很难。我们不想把 iPad 展示为一台电脑，但也不希望弱化设备的科技感，不想让人觉得它像一台可爱的电视机。第一组广告表明我们不知道自己在做什么，它们更像是开司米毛衣和暇步士休闲鞋的广告。

为了制作 iPad 广告，詹姆斯·文森特接连几个月都没有休息。后来，iPad 终于上市，广告也开始播放，他就跟家人开车去了棕榈泉的科切拉音乐节，看自己最喜欢的乐队演出，包括缪斯乐队（Muse）、信仰破灭乐队（Faith No More）、退化乐队（Devo）等。但刚到棕榈泉没多久，他就接到了乔布斯的电话："你们的广告太烂了。iPad 正在彻底改变世界，我们需要有冲击力的广告！你给我的东西太小家子气了。"

文森特反击道："好吧，那你想要什么样的？你又一直说不出来自己想要什么样的广告。"

乔布斯说："我不知道，你得给我有创意的东西。现在的广告还差得远呢。"

文森特为自己辩解，乔布斯突然发飙了。文森特回忆说："他开始对我大喊大叫。"文森特也是个暴脾气，于是两个人爆发了激烈的争吵。

文森特吼道："你得告诉我，你到底想要什么。"乔布斯也对着吼："你得先给我看你们的创意，我看到就知道了。"

"哦，太好了，我就把这句话转告给同事：我看到就知道了。"

气愤又无奈的文森特挥拳砸向墙壁，把租住房子的墙上砸出一个凹坑。他的家人当时都在外面的泳池里玩儿。他打完电话走到了泳池边坐下，大家都紧张地看着他。他的妻子最后开口问道："你还好吧？"

文森特和他的团队花了两周，设计出一系列新方案。文森特没有去办公室向乔布斯展示方案，而是提出去乔布斯的家里，这样的环境能相对令人放松。他和米尔纳把分镜脚本放在咖啡桌上，展示了 12 种方案，其中一种方案非常鼓舞人心，令人振奋。还有一种方案尝试了幽默风格——喜剧演员迈克尔·塞拉（Michael Cera）在一个搭建的房子里徘徊，妙语连珠地点评人们使用 iPad 的方式。有的方案是名人代言，有的是以纯白背景突出展示产品本身，有的是情景喜剧，有的则直接进行产品演示，等等。

在仔细考量了所有方案后，乔布斯终于知道了自己想要的是什么——不是幽默，也不是名人，更不是产品展示。他说："我想要的广告是一则宣言，能够说明 iPad 是石破天惊的大事。"他已经宣布 iPad 将改变世界，他想要打造一波强大的宣传造势活动，不断强化 iPad 的意义。他说，其他公司会在一年左右的时间里推出山寨的平板电脑，而他希望大家记住，iPad 才是鼻祖，是原创。"广告应该能够凸显和宣告我们做过的一切努力。"

他突然从椅子上站了起来，看起来有点儿虚弱，但面带微笑："我现在得去做按摩了，你们去干活儿吧。"

于是，文森特和米尔纳，还有文案策划人埃里克·格伦鲍姆（Eric Grunbaum），开始构思一则名为"宣言"的广告。广告宣称 iPad 是一个革命性产品，步调很快，影像充满活力，节奏令人振奋。他们选择的背景音乐是耶耶耶乐队（Yeah Yeah Yeahs）主唱凯伦·欧（Karen O）演唱的《金狮》（"Gold Lion"）的副歌部分，冲击力很强。影片展示了 iPad 的种种神奇功能，同时配上强有力的旁白："iPad 很薄，iPad 很美……iPad 疯狂般强大。iPad 不可思议……iPad 可以看视频，可以看照片，里面有一辈子也读不完的书。这已经是一场革命，而革命才刚刚开始。"

"宣言"广告片整体制作完成之后，广告团队又尝试了柔和温馨的风格，由年轻的电影制片人杰西卡·桑德斯（Jessica Sanders）拍摄了一段日常生活纪录片（她也曾担任"宣言"系列广告片的导演）。乔布斯一开始很喜欢日常系列广告，但没过多久就开始投反对票，原因与他反对最初的陶瓷谷仓式广告的理由相同。他吼道："该死的，这看起来就像 Visa 卡的广告，还是广告公司拍出来的老一套。"

乔布斯自始至终要求广告要与众不同，新颖独特，但他最终意识到，他不想偏离苹果内在的声音。对他来说，苹果的声音具有独特的品质：简单、干净，可以向全世界发出宣言。李·克劳回忆道："我们逐步走上了彰显生活方式的广告之路，史蒂夫似乎也越来越认可，但突然有一天，他说：'我讨厌这些广告，这不是苹果。'他告诉我们要回到苹果的声音，找回那种非常简单、诚实的声音。"于是他们重新采用干净的纯白背景,只有一个特写镜头,用"iPad 是……"的一系列短句,呈现 iPad 的所有功能。

应用程序

　　iPad 广告的重点不是介绍产品硬件本身,而是用户可以使用产品实现的功能。事实上,iPad 的成功不仅来自漂亮的硬件和外形,还来自应用程序(即 App)。有了应用程序,用户可以尽情参与各种有趣的活动。iPad 上有数以千计——很快就达到数十万——的应用程序可供下载,很多都是免费的,或只要几美元。只需动动手指,你就可以玩"愤怒的小鸟"、追踪股市行情、看电影、阅读图书和杂志、浏览新闻、玩游戏等,尽情消磨时间。硬件、软件和商店的整合再一次让产品的使用变得简单。同时,通过应用程序这一形式,苹果以高度可控的方式向外部开发者开放,让外人为苹果平台打造软件和内容,就像一个精心维护又守卫森严的社区花园。

　　应用程序现象始于 iPhone。iPhone 于 2007 年初问世,当时用户还不能从苹果以外的开发者那里购买应用程序。最初,乔布斯并不允许向外部开发者开放系统。他不希望外人开发的应用程序把 iPhone 折腾得乱七八糟,导致手机中毒,或者破坏手机的完整性。

　　董事会成员阿特·莱文森是推动开放 iPhone 应用程序的人之一。他回忆说:"我给他打了好几次电话,不断向他游说应用程序的潜力。"莱文森强调,如果苹果不允许,准确地说,如果苹果不鼓励外部开发者为 iPhone 开发应用程序,那么,其他智能手机制造商就会因为这样做而获得竞争优势。苹果的营销主管菲尔·席勒也同意开放。他回忆说:"我无法想象,我们创造了像 iPhone 这样强大的产品,却不授权开发者制作大量的应用程序。我知道用户肯定会喜欢这些程序的。"而在苹果外部,风险资本家约翰·杜尔认为,开放应用程序平台将催生一大批打造创新服务的创业者。

　　乔布斯起初拒绝讨论开放系统的问题,部分原因是他认为,针对第三方应用开发者的监管所涉及的问题太过复杂,苹果团队没有足够的精力应对。他希望团队可以专注。席勒说:"所以他不想谈论这个问题。"但是,在 iPhone 上市之后,乔布斯便愿意参与各方的意见碰撞了。莱文森说:"每次讨论时，史蒂夫似乎都会更开放一些。"他们曾在四次董事会会议上进行自由讨论。

乔布斯很快就发现，有一种方法可以两全其美。他可以允许外部人员开发应用程序，但这些应用程序必须符合苹果制定的严格标准，由苹果进行测试和批准，并且只能通过 iTunes Store 销售。这样一来，成千上万的软件开发者可以从中受益，苹果又能保留足够的控制权，来维护 iPhone 的完整性和客户体验的简单性。莱文森说："这是一个绝妙的解决方法，直击痛点，让我们既能享有开放的好处，同时保留端到端的控制。"

2008 年 7 月，iPhone 的应用程序商店 App Store 在 iTunes 上上线。9 个月后，下载量就突破了 10 亿大关。到 2010 年 4 月 iPad 上市时，可供下载的 iPhone 应用程序总量已多达 18.5 万个。大多数应用程序也可以在 iPad 上使用，只是无法发挥 iPad 的大屏优势。但在不到 5 个月的时间里，开发者已经专门针对 iPad 编写了 2.5 万个新的应用程序。到 2011 年 7 月，iPhone 和 iPad 分别拥有 50 万个应用程序，下载总量超过 150 亿次。

App Store 在一夜之间催生了一个新的产业。无论是在大学宿舍、车库，还是在各大媒体公司，都有创业者在开发新的应用程序。约翰·杜尔的风投公司设立了一个 2 亿美元的基金 iFund，专门为最佳创意提供股权融资。杂志和报纸把 iPad 的出现视为分水岭：从前，媒体还可以依赖"免费提供内容"这种混沌的商业模式，而从今以后，他们可以依靠优质内容进行创收。创新的出版商专门针对 iPad 开发了新的杂志、图书和学习材料。例如，出版过麦当娜写真集《性》(*Sex*) 和儿童绘本《蜘蛛小姐的茶会》(*Miss Spider's Tea Party*) 等作品的高端出版社卡拉威（Callaway）决定破釜沉舟，完全停掉实体书的印制，专注于开发交互式应用程序图书。到 2011 年 6 月，苹果已经向应用程序开发商支付了 25 亿美元。

iPad 和其他基于应用程序的数字设备的兴起，预示着数字世界将出现根本性转变。起初，在 20 世纪 80 年代，上网通常意味着通过拨号获得像美国在线、电脑服务（CompuServe）或 Prodigy 等公司的付费网络服务，用户会进入有围墙保护的花园，只能查阅那些精心筛选的资讯，但这些花园会有一些出口，胆子更大的用户可以访问整个互联网。20 世纪 90 年代初，数字世界进入了第二阶段，浏览器的出现使每个人都能使用万维网的超文本传输协议（HTTP）在互联网上自由冲浪，万维网将数十亿的网站连接起来。搜索引擎的出现使人们可以轻松地找到他们想要的网站。接下来，iPad 的发布预示着一种新模式的诞生。应用程序类似于过去的围墙花园，创造者在收取门票费用后，向下载的用户提供更多功能。但应用程序的兴起也意味着网络的开放性和互连性被牺牲了，因为应用程序不容易相互连接，也不容易被搜到。由于在 iPad 上可以同时使用应用程序和网络浏览，因此它与网络模式并没有发生冲突。而对消费者和内容创造者而言，应用程序只是让他们多了一种选择。

出版业和新闻业

乔布斯用 iPod 让音乐界脱胎换骨，而 iPad 和 App Store 又改变了所有的媒体业态，包括出版业、新闻业、电视和电影。

图书产业变革这个目标较为明确，因为亚马逊的 Kindle 阅读器已经表明电子书的市场前景广阔。因此，苹果创建了电子书商店 iBooks Store，以类似 iTunes Store 销售音乐的模式销售电子书。当然，苹果的两种电子商业模式不尽相同。在 iTunes Store 里，乔布斯坚持所有歌曲都是 99 美分的均一价。亚马逊创始人杰夫·贝佐斯曾尝试类似的定价模式，把电子书的价格上限设为 9.99 美元。等到乔布斯进入电子书领域后，他向出版商提供了曾拒绝提供给唱片公司的待遇：出版社可以在 iBooks Store 中自行设定电子书的售价，苹果则会收取 30% 的佣金。这意味着在开始阶段，苹果电子书的价格会比亚马逊的高。那么为什么用户会愿意向苹果支付更多钱呢？沃尔特·莫斯伯格在 iPad 发布会上向乔布斯提出了这个问题，乔布斯回答说："不会的，价格都是一样的。"他说得没错。

在 iPad 发布的第二天，乔布斯向我描述了他对电子书的想法：

亚马逊搞砸了。亚马逊以批发价采购了一批电子书，然后开始以 9.99 美元的价格出售，这个价格是低于精装书的成本的。出版商讨厌亚马逊的做法，因为这会破坏市场，他们就不能再以 28 美元的价格出售精装书了。在苹果做电子书以前，就已经有书商从亚马逊把书下架了。于是我们告诉出版商："我们会采用代理模式，价格由你们自己定，我们只抽成 30%。是的，消费者得多出一点儿钱，但你们本来也是想赚钱的。"但我们也要求出版社保证，他们的书在 iBooks 里的定价不能高于其他电子书平台，如果别的代理商比我们卖得更便宜，那么我们也可以以更低的价格出售电子书。于是他们就去找亚马逊，说："你们得签一份代理合同，否则我们的书就不给你们卖了。"

乔布斯承认，他对音乐和图书采取了不同的处理方式。他拒绝向音乐公司提供代理模式，不允许他们自己定价。为什么呢？因为没有必要。但在电子书市场，他就采用了代理模式。他说："我们不是最早做图书生意的。鉴于当时的情况，对我们来说，最好的办法就是采用借水行舟的代理模式。这是我们后来居上的关键所在。"

2010 年 2 月，iPad 发布会结束后没多久，乔布斯就前往纽约拜会新闻业的一些高管。他在两天内密集会见了鲁伯特·默多克（Rupert Murdoch）、默多克的儿子詹姆斯和他们集团旗下《华尔街日报》的主管团队、《纽约时报》的小阿瑟·苏兹贝格（Arthur Sulzberger Jr.）和其他高管，以及《时代周刊》《财富》和其他时代集团旗下杂志的经营团队。乔布斯后来说："我很想为高质量的新闻业出一份力。我们不能把博客作为新闻来源。现在，我们比以往任何时候更需要客观真实的深度报道和权威编辑。因此，我很愿意尽我所能帮助报纸和杂志打造数字产品，让他们真正实现盈利。"他已经成功地让用户为音乐付费，因此他希望也能为新闻业做出同样的贡献。

但面对乔布斯抛出的救援绳索，各大报纸杂志的老板却迟疑不决。如果与苹果合作，他们就必须给苹果分成 30%，但这还不是最关键的问题。更重要的是，他们担心，一旦进入乔布斯的系统，他们就不能与订阅用户建立直接的联系了；由于他们无法获得用户的电子邮件地址和信用卡号码，所以不能直接向用户收费、与他们沟通或向他们推销新产品。相反，用户将归属于苹果，向用户收费的将是苹果，用户信息也都将存储于苹果的数据库里。而基于其隐私政策，除非获得用户的明确允许，否则苹果不会分享相关信息。

乔布斯尤其希望与《纽约时报》达成协议，因为他认为《纽约时报》品质出色，只是因为数字内容收费模式不清晰，所以恐将开始走下坡路。

2010年初，他告诉我："我已经决定，我今年的个人项目之一就是要帮《纽约时报》一把，不管他们想不想要。他们需要搞清楚如何在数字时代存活下去，这对整个美国都很重要。"

在此次纽约之行中，乔布斯与《纽约时报》的50位高级主管在亚洲餐厅普拉娜（Pranna）的一个包间共进晚餐。（他点了一份芒果冰沙和一份纯素食面，这两样菜品都不在餐厅的菜单上。）他在饭桌上展示了iPad，指出关键在于数字内容的定价，一定要找到消费者能够接受的适度价格。他画了一张图表，列出了定价高低和相应订阅量的各种组合。如果《纽约时报》完全免费，会有多少读者？他们已经知道了这个极端假设的答案，因为《纽约时报》的网站本来就是免费的，其固定访问量在2 000万左右。如果价格很高呢？他们也有相关数据：《纽约时报》纸质版的年度订阅价格在300美元以上，约有100万订阅用户。乔布斯告诉他们："你们应该追求一个中间点，也就是1 000万左右的数字用户。这意味着电子版报纸的定价应该很低，每月最多5美元，同时订阅操作也要做得非常简单，点击一下就行了。"

《纽约时报》的一位发行主管坚持要求获得所有订阅用户的电子邮件和信用卡信息，即使他们是通过苹果App Store订阅的，而乔布斯则表示苹果不会提供。这位主管勃然大怒：《纽约时报》竟然不能掌握这些信息，真是岂有此理。乔布斯说："好吧，你可以问用户要，但如果他们不自愿给你，不要怪我。你如果不喜欢这样，就别用我们的平台。你们现在不上不下，又不是我害的。谁让你们过去5年一直免费把报纸内容挂在网上，又不收集读者的信用卡信息呢？"

乔布斯还在私下见了小阿瑟·苏兹贝格。乔布斯后来说："他人很好，一提到《纽约时报》的新大楼就眉飞色舞，他自豪也是应该的。我跟他讨论了我的想法，但后来也不了了之。"直到一年后的2011年4月，《纽约时报》才开始推出收费的电子版报纸，苹果也成为其订阅渠道之一（遵守的是乔布斯制定的订阅政策）。乔布斯建议的价格是每月5美元，而《纽约时报》最终确定的订阅价格是乔布斯建议的4倍。

在时代生活大厦，《时代周刊》的编辑里克·斯坦格尔（Rick Stengel）负责接待乔布斯。乔布斯很喜欢他，因为他指派了乔希·奎特纳（Josh

Quittner）带领一支精英团队，专门为 iPad 打造了内容精彩的周刊应用程序。但乔布斯看到《财富》杂志的安迪·塞沃也在场，心里非常不舒服，眼泪都快出来了。乔布斯告诉塞沃，因为《财富》在两年前报道了他健康情况的细节和股票期权问题，他到现在还没消气。他说："你这就是在落井下石。"

时代集团的主要问题与《纽约时报》一样。公司不希望苹果拥有其订阅用户的资料，因为这样他们就无法直接向用户收费了。时代集团想要开发的应用程序可以把读者引导至其集团网站上完成订阅，但苹果没有同意。当《时代周刊》和其他杂志提交具有跳转功能的应用程序时，苹果不允许程序在 App Store 上架。

乔布斯试着亲自与时代华纳的首席执行官杰夫·贝克斯（Jeff Bewkes）谈判。贝克斯精明务实，不喜废话，做事干脆而有魅力。几年前，他们两个人因为 iPod Touch 视频的版权问题打过交道。当时，乔布斯想取得 HBO（美国家庭电视台）的授权，希望 HBO 的电影放映后，可以很快就在 iPod Touch 独家播放。乔布斯虽然没有成功说服贝克斯，但却很欣赏他直率果断的风格，而贝克斯也很钦佩乔布斯既有宏才大略，又能全盘掌控细节。贝克斯说："从总体原则转换到实施细节，对史蒂夫来说易如反掌。"

乔布斯打电话给贝克斯，说 iPad 想跟时代集团旗下的杂志谈合作。乔布斯先发制人，警告贝克斯说，印刷出版业已经"穷途末路"，"真的没人想要你们的杂志"，苹果提供了推销电子版本订阅的绝佳机会，而"你们的人就是不懂这个道理"。贝克斯则全盘否定了乔布斯的评论，但表示很乐意让苹果为时代集团销售电子版本杂志，30% 的分成比例不是问题。贝克斯对乔布斯说："我现在就告诉你，你每次给我们找到一个订阅用户，就能拿 30% 的佣金。"

乔布斯回答说："我跟很多人谈过，还是跟你谈最有进展。"

贝克斯继续说："我只有一个问题，你帮我卖杂志，我给你 30% 的提成，那订阅用户算谁的，你的还是我的？"

乔布斯回答："由于苹果的隐私政策，我不能透露所有的订阅用户信息。"

贝克斯说："这样的话，我们就得想别的办法了，因为我不希望我的整个订阅群体变成你们的。一旦你们一家独大，下一步就是告诉我们，杂志的定价不应该是 4 美元，而是 1 美元。如果有人订阅了我们的杂志，我们需要知道这个人是谁，我们需要为他们打造一个在线社区，我们需要有直接向他们发送续订信息的权力。"

乔布斯与鲁伯特·默多克的沟通则比较顺利。默多克的新闻集团旗下拥有《华尔街日报》《纽约邮报》，遍布全球的地方报纸，福克斯电影工作室和福克斯新闻频道等。当默多克及其团队与乔布斯会面时，他们也坚持认为双方应该共享通过苹果 App Store 订阅的用户信息。乔布斯当然表示拒绝，这时，有意思的事情发生了。默多克向来不在谈判中让步，但他知道自己在这个问题上没什么筹码，所以他接受了乔布斯的条件。默多克回忆说："我们当然希望能够拥有用户信息，也争取了，但史蒂夫不同意，所以我说：ّ好吧，就按你说的来吧。'我们认为再纠缠下去没什么意义。他不打算让步——如果我是他，我也不会让步，所以我就答应了。"

默多克甚至专门为 iPad 量身定做了一份电子报《每日新闻》(*The Daily*)，并按照乔布斯规定的条件在苹果 App Store 上出售，价格为每周 99 美分。默多克亲自带队到苹果总部展示《每日新闻》应用程序的设计。不出所料，乔布斯不喜欢他们的设计。乔布斯问："你能接受让我们的设计师帮忙吗？"默多克表示可以。默多克回忆说："苹果的设计师帮忙设计了一版，我们的人回去又重新设计了一版，10 天后我们回去给他们看，结果史蒂夫更喜欢我们团队的版本。我们还挺意外的。"

《每日新闻》既不是通俗小报，也不是严肃新闻，而是类似《今日美国》(*USA Today*)这样的中端市场产品。这份报纸并不十分成功，但却让乔布斯和默多克这两个不太相关的人成为好友。2010 年 6 月，新闻集团举行管理层年会，默多克邀请乔布斯担任演讲嘉宾，从不参加类似活动的乔布斯破例出席了。晚宴后，詹姆斯·默多克对乔布斯进行了近两个小时的采访。詹姆斯·默多克回忆说："他毫不客气地批评了报纸在技术方面的表现。他告诉我们，我们将很难把握住科技浪潮，因为我们身在纽约，而科技界的高手都在硅谷。"这样的评论让时任《华尔街日报》数字网络部门总裁的戈登·麦克劳德（Gordon McLeod）难以接受，他跟乔布斯辩论了一番。最后，麦克劳德走到乔布斯面前，说："谢谢你，今晚真是受益良多，只是你可能把我的饭碗给砸了。"在跟我描述当时的场景时，詹姆斯·默多克笑了一下，说："真是一语成谶。"不到3个月，麦克劳德就离职了。

既然乔布斯接受了默多克的邀请前来参会，默多克就得耐着性子听他发表对于福克斯新闻频道的看法。乔布斯认为福克斯新闻具有破坏性，对美国有百害而无一利，是默多克声誉的一大污点。乔布斯在晚宴上对默多克说："福克斯的新闻业务只会让你丢脸，现在的派系不是自由派和保守派，而是建设派和破坏派，你已经和破坏派的人同流合污了。福克斯成了美国社会中一股极具破坏性的力量。你可以做得更好，要是再不小心，你可能会遗臭万年。"他认为默多克其实也对福克斯新闻极端的政治倾向不满。乔布斯说："鲁伯特是一个建设者，而不是一个破坏者。我和他的儿子詹姆斯谈过几次，我认为他同意我的看法。我看得出来。"

默多克后来说，他已经习惯了像乔布斯这样的人对福克斯的责备。他说："他对福克斯新闻的看法有点儿左翼。"乔布斯建议默多克叫人录下肖恩·汉尼提（Sean Hannity）和格伦·贝克（Glenn Beck）一周的节目，好好看看，他觉得这两人的破坏性超过了比尔·奥赖利（Bill O'Reilly），默多克同意了。乔布斯后来告诉我，他准备请乔恩·斯图尔特（Jon Stewart）的团队制作一个类似的政治讽刺节目，让默多克感受一下。默多克说："我很乐意看到这个节目，只是他还没有发给我。"

默多克和乔布斯很合得来。在接下来的一年中，默多克又去乔布斯在帕洛阿尔托的家里吃了两次饭。乔布斯开玩笑说，每逢此时，他自己都得把餐刀藏起来，因为他害怕默多克来家里的时候，自由派的劳伦娜会把默多克的肚子给划开。据报道，默多克也拿乔布斯家常吃的有机素食开玩笑，说"在史蒂夫家吃晚饭是一种绝妙的体验，前提是要能赶在当地餐馆关门之前离开"。当我问默多克是否说过这句话时，他说自己不记得了。

2011年初，默多克给乔布斯发短信，说自己计划在2月24日经过帕洛阿尔托。他不知道那天正是乔布斯的56岁生日，而乔布斯也没有说，只是回短信邀请他来家里吃晚饭。乔布斯开玩笑说："我不能提前跟劳伦娜说，不然她肯定反对。因为是我的生日，所以她也没办法，只能同意我请鲁伯特过来。"埃琳和伊芙当时也在家，里德在晚餐快结束时从斯坦福大学跑步回来。乔布斯给默多克看了自己设计的游艇，默多克觉得船的内部看起来很美，但外表"有点儿朴素"。默多克后来说："他一直在说计划怎么打造游艇，显然，他对自己的健康状况非常乐观。"

吃晚饭的时候，他们聊到为公司注入创业精神和灵活文化的重要性。默多克说，索尼就没能做到这一点。乔布斯表示同意，他说："我曾经认为，规模很大的公司不可能有明晰的企业文化，但我现在相信是可以的。默多克做到了。我觉得我在苹果也做到了。"

晚饭的大部分时间，他们都在聊教育问题。默多克刚刚聘请了纽约市教育局前局长乔尔·克莱因来建立一个数字课程部门。默多克回忆说，乔布斯对技术可以改变教育的想法有些不屑一顾，但他同意默多克的观点，认为纸质教科书业务将会被数字学习材料取代。

事实上，教科书是乔布斯下一个希望改造的目标。他认为，教科书行业每年的市场高达 80 亿美元，是时候进行数字革命了。还有一件事让乔布斯非常震惊：许多学校出于安全考虑，并不提供储物柜，所以孩子们不得不背着沉重的背包上下学。他说："iPad 可以解决这个问题。"他的想法是聘请优秀的教科书作者来创作电子教科书，使之成为 iPad 的特色功能。此外，他还与培生教育出版集团等主要出版商开会讨论了与苹果合作的可能性。乔布斯说："各州对教科书的认证过程非常腐败，我们如果能在 iPad 上免费提供教科书，就可以省去这个环节。各州糟糕的经济状况恐怕还会持续 10 年，而我们可以帮助他们，利用这个机会，把教科书和认证的费用省下来。"

第三十九章 新的战斗

旧恨新仇

谷歌：开放系统与封闭系统的对决

2010年1月，iPad发布几天后，乔布斯在苹果总部召开员工大会。彼时彼地，他没有为推出变革性的新产品而欢欣鼓舞，反而怒火中烧，因为谷歌推出了与苹果相竞争的安卓操作系统，打算进军手机领域，与苹果一决高下。乔布斯痛斥道："我们并没有开发搜索业务，他们却跑进了手机市场。没错，他们就是想搞死iPhone。我们绝对不能让他们得逞。"几分钟后，会议已经进入下一个议程，而乔布斯依然怒气难消，对谷歌著名的价值观口号大加抨击："我还想再回到刚才说的那个问题，谷歌所谓的'不作恶'，根本就是一派胡言。"

乔布斯感到遭遇了背叛。在研发iPhone和iPad期间，谷歌首席执行官埃里克·施密特曾担任苹果董事，而谷歌创始人拉里·佩奇和谢尔盖·布林（Sergey Brin）也把乔布斯视为导师。乔布斯感觉自己被利用了。安卓的触控屏界面上出现了越来越多苹果首创的功能，如多点触控、滑动操作和成排排列的应用程序图标。

乔布斯曾极力劝阻谷歌开发安卓系统。2008年，他去了位于帕洛阿尔托附近的谷歌总部，与佩奇、布林和安卓开发团队的负责人安迪·鲁宾（Andy Rubin）大吵了一架。（施密特当时还是苹果董事，所以他回避了与 iPhone 相关的讨论。）乔布斯回忆说："我说，如果我们双方保持好关系，我们可以保证让谷歌进入 iPhone 的平台，在主屏幕上给谷歌提供一两个应用程序的位置。"但他也威胁说，如果谷歌继续开发安卓系统，继续使用 iPhone 的任何功能，例如多点触控，他就会把谷歌告上法庭。起初，谷歌小心翼翼，避免抄袭 iPhone 的一些功能，但在 2010 年 1 月，宏达电子（HTC）推出了一款安卓手机，标榜的竟然就是多点触控技术及诸多与 iPhone 相似的外观和质感。正是在这样的背景下，乔布斯才说谷歌"不作恶"的口号纯属"一派胡言"。

于是，苹果对宏达电子（和安卓）提起诉讼，指控其侵犯了苹果 20 项专利，包括各种多点触控手势、滑动解锁、双击缩放、双指捏拉缩放，还有能够通过判断手持姿态自动调节屏幕方向的传感器等。在提起诉讼的那一周，有一天，乔布斯坐在帕洛阿尔托的家里，我从来没见他这么动气过：

我们的诉讼内容是："谷歌，你他妈的剽窃了 iPhone，从头到脚都是在抄袭。"他们不是小偷小摸，而是江洋大盗。就算我只剩一口气，就算把苹果账上的 400 亿美元都花光，我也要摆平这件事，伸张正义。我要摧毁安卓系统，因为这个产品是偷来的。我愿意为此发动核战争。他们害怕得要死，因为他们知道自己犯错在先。谷歌只有搜索引擎做得不错，其他产品，像是安卓和 Google Docs，都狗屁不如。"

几天后，乔布斯接到了施密特的电话。施密特前一年的夏天已经从苹果董事会辞职了，他打电话约乔布斯在帕洛阿尔托购物中心的一家咖啡馆见面。施密特回忆说："我们有一半的时间在聊私事，剩下的一半时间就是聊他怎么看所谓的谷歌抄袭苹果用户界面设计的问题。"一谈到安卓，几乎都是乔布斯在说话。他滔滔不绝地大谈谷歌是如何偷了他的东西。他对施密特说："我们已经把你们抓了个现行。我对和解一点儿兴趣都没有。我不想要你们的钱。就算你们给我 50 个亿，我也不要。钱我有的是。我就是想让你们别继续在安卓系统里用我们的创意了，就这一个要求。"两个人最后不欢而散。

两家公司争端的背后是一个更根本的问题，这个问题由来已久，令人不安。谷歌的安卓系统是一个"开放"的平台，安卓的开源代码可供不同的硬件制造商在任何手机或平板电脑上免费使用。而乔布斯则始终坚信苹果的操作系统应该与硬件紧密结合。20世纪80年代，苹果没有授权他人使用Mac的操作系统，而微软则将其系统授权给其他硬件制造商，最终称霸市场。在乔布斯看来，微软的成功是因为抄袭了苹果的操作界面。

把谷歌在2010年的商业尝试与微软在20世纪80年代的行为相提并论并不恰当，但两家公司的做法都同样让乔布斯感到不安和愤怒。其中折射出的是数字时代长久以来的大辩论：是选择封闭，还是选择开放？或者用乔布斯的话来说，是要整合，还是要分裂？苹果认为，应该把硬件、软件和内容处理捆绑成一个整洁的系统，这样才能确保简约流畅的用户体验，这一理念也充分体现了乔布斯天生的控制欲和完美主义。相反的做法是打造可以修改并在不同设备上使用的软件系统，为用户和制造商提供更多选择，也有更多创新的可能。究竟哪种做法更好呢？施密特后来告诉我："20年来，史蒂夫在经营苹果时一直坚持着自己的一套，他想把苹果打造成封闭系统的杰出创新者。他们不希望别人未经许可就出现在他们的平台上。封闭平台的好处是能够拥有控制权。但谷歌也有自己的理念，我们更偏爱开放的系统，因为它会带来更多可能性，可以增强竞争，为消费者提供更多选择。"

25年前，乔布斯曾因封闭战略与微软开战，那么比尔·盖茨如何看待今天的苹果与谷歌之争呢？盖茨告诉我："从体验控制的程度来看，封闭系统是有一些好处的，苹果当然有时也会因此获得优势。"但他补充说，由于苹果拒绝提供iOS的授权，所以给安卓等竞争对手提供了赢得市场份额的机会。此外，盖茨认为，各种设备和制造商之间的竞争会为消费者带来更多选择，也会刺激创新。盖茨又拿苹果在第五大道的零售店打趣说："虽然并不是所有公司都会在纽约中央公园旁边建造金字塔，但他们却都会为了赢得消费者而纷纷推陈出新。"盖茨指出，个人电脑的大多数改进都是消费者选择性消费的结果，而有朝一日，移动设备也会出现这种百花齐放的现象。"我认为，开放系统将取得最后的胜利，不过，我本来就是属于开放这一派的。从长远来看，那种整合的东西是无法一直发展下去的。"

但乔布斯坚信"整合的东西"才是正道。尽管安卓系统的市场份额与日俱增，他依然毫不动摇地坚持受控、封闭的环境。当我把施密特的话转述给乔布斯时，乔布斯反驳道："谷歌说我们控制得太多，我们是封闭的，他们是开放的。那好，看看现在的结果——安卓搞得一团糟。硬件的屏幕尺寸和版本五花八门，有一百多个版本。"即使谷歌的开放系统能最终统领市场，乔布斯还是深以为恶。"我喜欢对整体的用户体验负责。我们这样做不是为了赚钱，而是为了做出伟大的产品，我们可不想制造像安卓那样的垃圾。"

Flash、App Store 和控制权

由于乔布斯坚持端到端的控制，苹果与其他公司之间也出现了冲突。在这次员工大会上，他不仅把矛头指向谷歌，还抨击了 Adobe 的网站多媒体平台 Flash，称 Flash 是"一群懒汉"做出来的烂产品，"漏洞百出"，而且会造成电池严重损耗。他表示，iPod 和 iPhone 永远不会支持 Flash。他在那周晚些时候对我说："Flash 就像一个由意大利面团成的球，性能差，安全问题也非常严重。"

一些应用程序使用了 Adobe 推出的编译器，可以把 Flash 代码转化成与苹果的 iOS 兼容的代码，这样一来，应用程序就可以在苹果的平台上运行。但乔布斯禁止此类应用程序上架。他很鄙视编译器，因为开发者只需要编写一次产品代码，就可以用编译器把产品移植到多个操作系统上。他说："允许 Flash 在不同平台之间移植，就意味着把整体水平搞垮。我们投入大量的时间和精力，不断完善苹果的平台，如果 Adobe 只能跟每个平台都有的功能兼容，那么开发者就无法享受苹果平台的任何优势。所以我们说，我们希望开发者利用我们的特色，这样他们在我们平台的应用程序上会比在其他任何人的平台上都运行得更好。"在这一点上，他是对的。如果苹果的平台做不到独树一帜（而是变成类似惠普和戴尔一样的大路货），无异于自取灭亡。

乔布斯与 Adobe 不和，还有一个比较私人的原因。苹果在 1985 年投资了 Adobe，两家公司联手发起了桌面出版革命。乔布斯说："是我帮助 Adobe 在行业立足。"乔布斯回归苹果后，曾在 1999 年要求 Adobe 为 iMac 及其新的操作系统开发视频编辑软件等产品，但遭到了 Adobe 的拒绝，因

为他们正一门心思为微软开发 Windows 系统软件。此后不久，Adobe 创始人约翰·沃诺克（John Warnock）就退休了。乔布斯说："沃诺克离开后，Adobe 的灵魂也消失了。他是一个发明家，我们两个很有共鸣。他走了之后，公司就只剩下一群西装革履的假正经人士，做出来的产品一个比一个垃圾。"

博客圈的 Adobe 拥护者和一众 Flash 支持者不断攻击乔布斯，嫌他管得太多，于是乔布斯决定亲自撰写一封公开信。他的好友、苹果董事比尔·坎贝尔来到其家中，帮他把关公开信的内容。乔布斯问坎贝尔："读起来像是我在挑 Adobe 的刺吗？"坎贝尔表示："不会，你写的都是事实，就这么发表出来吧。"这封信主要在讲 Flash 的技术缺陷。不过，尽管有坎贝尔的指导，乔布斯还是忍不住在最后宣泄了对两家公司之间历史纠葛的不满。他写道："Adobe 是最后一个完全适配 Mac OS X 的主要第三方软件开发商。"

当年晚些时候，苹果还是取消了对跨平台编译器的部分限制，而 Adobe 也推出了专门的 Flash 创作软件，可以利用苹果 iOS 的重要特色功能。这是一场鏖战，但乔布斯的坚持使自己占据了更大的主动权。最后，这促使 Adobe 和其他的编译器开发者学会了更好地利用 iPhone 和 iPad 的界面及其特色功能。

另一个争议让乔布斯遇到了更多困难。苹果希望严格控制可以下载到 iPhone 和 iPad 上的应用程序。防范包含病毒或侵犯用户隐私的应用程序是有道理的；禁止应用程序把用户从 iTunes 商店导向其他网站进行购买订阅，至少也有其商业理由。但乔布斯和他的团队决定更进一步，禁止下载诽谤他人、存在政治争议或苹果审查人员认为含有色情内容的应用程序。

苹果扮演保姆角色的问题真正引发关注，是因为苹果禁止一个以马克·菲奥雷（Mark Fiore）的政治漫画为主题的应用程序上架，理由是他攻击了布什政府的虐囚政策，违反了禁止诽谤他人的规定。菲奥雷在 2010 年 4 月获得普利策社论漫画奖，苹果的做法被公之于众，受到各界嘲讽。苹果不得不推翻此前的决定，允许包含菲奥雷漫画内容的应用程序上架，乔布斯也公开道歉。他说："我们犯了错误，深感内疚。我们正在尽力做到最好，我们正在尽快地学习——但我们的确曾认为这条规定是合理的。"

这不仅仅是"犯了错误"那么简单。当苹果可以控制我们查看和使用的应用程序，让用户生活在苹果控制权的阴影之下（至少对于 iPad 或 iPhone 的用户而言是这样），这意味着乔布斯有可能成为他在苹果 "1984" Mac 广告中欣然摧毁的奥威尔式的老大哥。乔布斯非常重视这个问题。一天，他给《纽约时报》专栏作家汤姆·弗里德曼（Tom Friedman）打电话请教应该如何划定界限，而不至于落得审查者的骂名。他想要请弗里德曼带领一个顾问小组，帮助苹果制订指导方针，但其所属的《纽约时报》认为这会涉及利益冲突，顾问小组的事便不了了之。

禁止色情内容的规定也造成了一定的问题。乔布斯在给一位客户的电子邮件中宣称："我们认为我们必须负起道德责任，防止色情产品进入 iPhone。想看色情内容的人可以买安卓手机。"

科技八卦网站硅谷闲话的瑞安·泰特（Ryan Tate）跟乔布斯通过邮件唇枪舌剑了一番。一天晚上，泰特喝着史汀格鸡尾酒，给乔布斯发了一封电子邮件，谴责苹果对应用程序的审查过于严格。泰特问："如果迪伦今天是 20 岁，他会怎么看你的公司？他会觉得 iPad 跟'革命'有半毛钱关系吗？革命的目标可是自由啊。"

没想到，过了几个小时，也就是午夜过后，乔布斯竟然回复了一封邮件，说："对啊，我们提供的就是自由——免受程序窃取私人数据的自由，免受程序摧残电池的自由，免受色情产品毒害心灵的自由。是的，这就是自由。时代在变，一些传统的个人电脑使用者觉得他们的时代正在逝去。的确如此。"

泰特又回复了邮件，他先是谈了他对 Flash 等话题的看法，然后又回到审查问题上："你知道吗？我不想要'免受色情产品毒害心灵的自由'。色情产品没什么不好！我觉得我老婆也会同意我的观点。"

乔布斯回复说："等你有了孩子，你可能就会更关心色情问题了。这不是自由不自由的问题，而是苹果在努力为用户做正确的事情。"最后，他加了一句："顺便问一下，你自己做过什么伟大的事情吗？你创造过什么东西吗？还是只会批评别人的作品，以小人之心揣度他人的动机？"

泰特承认此次交手让自己印象深刻。他写道："很少有首席执行官会像他这样与客户和博主进行一对一的交流。乔布斯颠覆了典型的美国高管的形象,他的精神值得佩服,不仅仅是因为他的公司创造了如此卓越的产品。乔布斯对数字生活认识深刻、观点鲜明,他不仅按照自己的想法打造并重建了公司,而且愿意在公开场合为这些观点辩护。他感情强烈,直言不讳,在周末的深夜两点还在回应质疑。"博客圈的许多人都同意这样的评论,他们纷纷给乔布斯发送电子邮件,赞扬他的坚定立场。乔布斯也感到非常自豪。他把与泰特的往来邮件和别人的一些赞誉都转发给了我。

不过,苹果规定购买其产品的人不该看有争议的政治漫画,甚至不该看色情内容,这的确有点儿令人不安。幽默网站"e讽刺"(eSarcasm.com)发起了"是的,史蒂夫,我想看色情内容"的网络运动。网站上写道:"我们不是肮脏的淫魔恶棍,一天24小时都需要色情片。我们只是想要一个不受审查的开放社会,不希望由技术独裁者来决定我们能看到什么、不能看到什么。"

当时,乔布斯和苹果正在与硅谷闲话的关联网站Gizmodo开战:一位倒霉的苹果工程师不慎在酒吧遗失了尚未发布的iPhone 4测试机,结果手机落到了Gizmodo网站手里。苹果报警后,警察搜查了网站记者的住所。这个事件引发了各方质疑:苹果除了控制欲超强,是不是也太傲慢了?

著名脱口秀主持人乔恩·斯图尔特是乔布斯的朋友,也是一个苹果迷。2010年2月乔布斯前往纽约与媒体高管会面时,曾私下拜访斯图尔特。但斯图尔特还是在自己的《每日秀》(The Daily Show)中调侃了乔布斯。斯图尔特半开玩笑地说:"剧情不应该这样发展啊,微软应该是邪恶的一方才对呀。"他身后的屏幕上出现了"appholes"一词——这是apple和assholes的组合,影射苹果的人是一群浑蛋。"你们以前是反叛者,是被压迫的人,但是现在却摇身一变,成统治者了?还记得在1984年你们的那些推翻老大哥的精彩广告吗?拜托你们照照镜子吧!"

那年春末,董事之间也开始讨论这个问题。阿特·莱文森在董事会会议上提出这个问题后不久,我和他一起吃午饭,他对我说:"这就是傲慢。这跟史蒂夫的个性有关。他会出自本能地做出反应,然后强硬地阐述自己的信念。"在苹果还处于下风的时候,争强好胜、桀骜不驯没什么问题,但苹果现在已经在移动市场占据了主导地位。莱文森说:"我们需要调整心态。

既然变成了大公司，傲慢的态度就会成为问题。"阿尔·戈尔在董事会会议上也谈到了这个问题。他说："苹果的情况正在发生巨变，我们不再是那个向老大哥扔锤子的人了。现在苹果做强了，别人会觉得苹果太过狂傲。"讲到这个话题时，乔布斯就开始不断地辩解。戈尔说："他还没调整好。他更擅长扮演身处劣势的人，而不是做一个谦虚的巨人。"

乔布斯对类似的说法毫无耐心。他当时告诉我，苹果遭受批评是因为"像谷歌和 Adobe 这样的公司不断地造谣诬蔑，试图摧毁我们。"至于别人说苹果有时表现得很傲慢，他怎么看呢？"我倒不担心这个问题，因为我们并不傲慢。"

天线门：设计与工程，谁是主导？

在消费类产品公司，设计团队和工程师团队之间多有摩擦，因为设计师想追求产品外形美观，而工程师需要确保产品满足功能需求。在苹果，乔布斯把设计和工程都推向了极致，因此两者的矛盾有时会更加突出。

1997 年，乔布斯和苹果的设计总监乔尼·艾夫成为搭档，不断推出新设计。他们认为，工程应该服从于设计，工程团队对某些设计表现出疑虑，代表的是一种"做不来"的消极态度，必须设法克服。iMac 和 iPod 的成功进一步强化了他们的这一认知，让他们更加坚信了不起的设计可以激发工程人员完成非凡的壮举。当工程师说某件事情无法完成时，艾夫和乔布斯就会驱使他们不断尝试，而且通常都会成功。但偶尔也有一些小问题。例如，iPod Nano 很容易出现刮痕，就是因为艾夫拒绝增加透明涂层，因为他觉得这样会损伤设计的纯粹性。不过，这个小问题并没有给苹果造成危机。

在设计 iPhone 时，艾夫的设计想法迎头撞上了一个即使是现实扭曲力场也无法改变的物理学基本定律——金属材料不适合放在天线附近。电学之父迈克尔·法拉第证明了如果电磁波在传播过程中遇到金属，会从其表面绕过，而无法从中穿过。因此，如果使用金属来制作手机外壳，其周围就会形成所谓的法拉第笼现象，削弱进出的无线信号。为了解决这个问题，第一代 iPhone 在底部使用了塑料边框，但艾夫认为这会破坏设计的整体感，要求边框全部使用铝制材料，结果效果不错。于是在设计 iPhone 4 的时候，艾夫使用了钢制边框。钢制边框构成手机的结构性支撑，看起来圆润流畅，还承担了部分天线的功能，可谓一举数得。

然而，想要让钢制边框充当天线，存在很大的挑战——为了实现信号进出，必须在钢圈上留出一个微小的缝隙，但如果用户用手指或出汗的手掌遮盖住了缝隙，就可能会形成法拉第笼，造成部分信号丢失。工程师们建议在钢制边框上做一个透明涂层，来防止出现类似问题，但艾夫觉得这样会影响拉丝金属的外观。乔布斯在多次会议上听取了关于这个问题的汇报，但他觉得是工程团队在喊"狼来了"。乔布斯说，你们可以做到的。他们果真做到了。

最后做出的产品几近完美，但并非天衣无缝。iPhone 4 于 2010 年 6 月发布，简洁利落的外观果真惊艳，但问题也很快暴露了出来：如果以特定的方式握住手机，特别是当用左手拿着手机、手掌盖住钢制边框上的微小缝隙时，手机就可能没有信号。这种情况发生的概率为 1%。由于乔布斯坚持对未发布的产品严格保密（就连 Gizmodo 在酒吧捡到的那台测试机，安装的也是假外壳），iPhone 4 并没有像大多数电子设备那样进行过实用测试。因此，直到消费者疯狂抢购后，手机的缺陷才暴露出来。托尼·法德尔后来说："问题是，苹果一方面将设计凌驾于工程之上，另一方面又对未发布的产品采取超级保密政策，这两种做法真的对苹果有利吗？总的来说也许行得通，但不受约束的权力可不是一件好事，事实也证明了这一点。"

如果出问题的手机不是众人瞩目的 iPhone 4，那么信号减损的问题也不会成为新闻焦点。但因为是 iPhone 4，这件事甚至被媒体冠以"天线门"之名，炒得沸沸扬扬。7 月，《消费者报告》对 iPhone 4 进行了严格的测试，表示由于天线问题，他们不能向消费者推荐 iPhone 4。

当时，乔布斯正和家人在夏威夷的康娜村度假。他最初还在不断辩解。阿特·莱文森不断地打电话给他，而乔布斯则坚持认为这是谷歌和摩托罗拉在背后搞鬼。乔布斯说："他们就是想把苹果搞垮。"

莱文森告诉他要谦虚一点儿。莱文森说："我们先来看看是不是真的有什么问题。"当莱文森再次提到别人觉得苹果很傲慢时，乔布斯不高兴了。乔布斯看世界向来非黑即白，公众对苹果的评价有悖于他的世界观。他认为，苹果是一家有原则的公司。如果其他人没有看到这一点，那是他们的错，苹果没必要因此故作谦虚。

乔布斯的第二个反应是感到很受伤。他把这些批评视作对他本人的攻击，因此备感痛苦。莱文森说："他为人处世的核心是不去做那些让自己深恶痛绝的事，比如一些行业内人士对实用主义的一味追求。所以，如果他觉得自己是对的，他就会勇往直前，不会自我怀疑。"莱文森劝他不要消沉。但乔布斯就是无法控制自己的感受。他告诉莱文森："去他妈的，根本就不值得。"最后，库克用激将法帮乔布斯摆脱了低落的情绪。库克告诉乔布斯，有人说苹果正在成为新的微软，自大又傲慢。第二天，乔布斯一扫内心的阴霾，说："我们来解决这个问题吧。"

乔布斯看了从 AT&T 收集来的信号丢失数据，意识到问题确实存在，但远不像媒体口诛笔伐的那么夸张。于是，他从夏威夷飞回公司。不过，在离开夏威夷之前，他先打了几个电话，联系了 30 年前曾在第一代 Mac 时代与他并肩奋战的智者——是时候召集几个信得过的老友了。

他的第一通电话打给了公关教父里吉斯·麦肯纳。乔布斯告诉他："我马上要从夏威夷回来处理天线问题，我想先跟你聊一聊。"他们约好第二天下午 1:30 在苹果的董事会会议室见面。乔布斯的第二通电话打给了广告大师李·克劳。虽然克劳之前意欲终止与苹果的合作，但乔布斯还是喜欢让他时不时地参与苹果的事务。他还打给了克劳的同事詹姆斯·文森特。

乔布斯还决定让儿子里德同他一起从夏威夷赶回公司。里德当时还是一个高中四年级的学生。乔布斯对里德说："明后两天我可能会一天 24 小时开会，我希望每场会你都能参加，因为你在这两天里学到的东西将比在商学院读两年学到的还要多。你会见到世界上最优秀的人，亲眼看到他们怎么解决超级棘手的难题，你可以学习商业运作的诀窍。"当乔布斯回忆起这段往事时，他不禁泪盈于睫，"就算只是让他有机会看到我工作的样子，我也愿意再次经历这一切。他终于可以看到自己的爸爸是做什么的"。

苹果沉着冷静的公关主管凯蒂·科顿（Katie Cotton）和其他 7 名高管也加入了他们的行列。会议持续了整整一下午。乔布斯后来说："这是我这辈子开过最有意义的一次会议。"会上，他首先列出了公司收集的所有数据。"事实就是这些。我们应该怎么做呢？"

麦肯纳最为沉稳，也最为直率。他说："那就直接讲事实、摆数据。不要一副高高在上的样子,但同时要坚定而自信。"文森特等人则想让乔布斯放低姿态,表达歉意,但麦肯纳不同意。他建议说:"不要夹着尾巴开发布会。你只需要说:'所有的手机都不完美,我们的也不完美。我们只是凡人,我们已经尽力,数据如下。'"最终,他的提议被采纳了。当讨论到傲慢的态度时,麦肯纳让乔布斯不要太担心这个问题。麦肯纳后来解释说:"我觉得,即使你想让史蒂夫表现得像个谦谦君子,那也不太可能。史蒂夫自己不也说吗:你看到我是什么样的人,我就是什么样的人。"

星期五,苹果在总部礼堂召开新闻发布会。乔布斯按照麦肯纳的建议,没有卑躬屈膝,也没有道歉。他平息事态的方式是先强调苹果已经了解到问题所在,并将努力解决问题。然后,他话锋一转,表示所有的手机都有问题。后来他告诉我,他的语调听起来有点儿"太恼火了",但事实上,他并没有表现出情绪化,而是就事论事,直截了当。他的发言要点只有4个简短的陈述句:"我们的手机并不完美。其他公司的手机也并不完美。我们已经了解到问题所在。我们的目标是让我们的用户满意。"

他表示,如果用户不满意,可以选择退货(最终退货率仅为1.7%,不到iPhone 3GS或大多数其他手机退货率的1/3),也可以选择苹果免费提供的手机边框保护壳。而至于他所说的数据显示其他公司的手机也有类似问题,其实并不完全正确。苹果这款手机的天线设计比大多数其他手机都差一点儿,包括前几代iPhone,但媒体对iPhone 4掉线问题的疯狂报道也确实夸大其词了。他说:"新闻报道太过离谱,简直让人无法相信。"大多数用户并没有因为他没有卑躬屈膝或下令召回而感到震惊,反而意识到他说的是对的。

第一批iPhone 4现货已经售罄,等待时间从两周变成了三周。这部手机依然是苹果有史以来最热销的产品。乔布斯在发布会上断言其他智能手机也存在同样的天线问题,成功转移了媒体的焦点,各方开始围绕这种说法正确与否展开辩论。就算答案是否定的,也好过一直讨论iPhone 4是不是个烂手机。

一些媒体观察员感到难以置信。新闻人网站(newser.com)的迈克尔·沃尔夫(Michael Wolff)写道:"前几天,史蒂夫·乔布斯登上舞台,顾左右而言他,一副义正词严、情真意切的模样,他四两拨千斤地化解问题、平息批评，把其他智能手机制造商也拉下了水。乔布斯所展示出的现代营销、企业宣传和危机管理水平，令我们目瞪口呆、惊诧不已，我们也只能带着敬畏之情问：他们是怎么做到的？或者，更准确地说，他是怎么做到的？"沃尔夫把这归功于乔布斯是最后一位极富个人魅力的明星企业家。其他首席执行官需要卑躬屈膝地道歉，进行大规模的召回，而乔布斯则不必如此。"他冷酷瘦削的身影，他的绝对主义，他对产品宗教般的热忱，他神一样的地位，种种因素造就了他非同寻常的影响力。他因此而特权在握，可以决定哪些问题关系重大，哪些问题微不足道。"

漫画《呆伯特》（*Dilbert*）的创作者斯科特·亚当斯（Scott Adams）也感到不可思议，但更多的是敬佩和赞赏。几天后，他写了一篇博客文章（乔布斯很自豪地把这篇文章通过邮件转发给很多人），感叹乔布斯"占据制高点的策略"注定要成为公关操作的新标杆。亚当斯写道："苹果对iPhone 4问题的回应没有遵循应对公关危机的剧本，因为乔布斯决定改写剧本。如果想知道什么叫天才，那就好好研究一下乔布斯的措辞吧。"乔布斯先是宣称凡是手机都不完美，用这个无可争议的论断转移了争论的焦点。"如果乔布斯没有把争论焦点从iPhone 4转移到所有的智能手机上，我就可以尽情地取笑iPhone 4，讽刺这个手机做得多么烂，只要用手碰到，就没办法正常通话。但是，一旦语境变为'所有的智能手机都有问题'，笑点就消失了——如果只是普遍而无聊的事实，iPhone 4还有什么可笑之处呢？"

太阳升起[①]

要想职业生涯不留遗憾，乔布斯还有几件事情需要解决。其中一件事就是与他喜爱的披头士乐队长达30年的恩怨情仇。1978年，苹果电脑公司刚刚起步，羽翼未丰，就被苹果唱片公司起诉名称侵权。直到2007年，苹果才解决了与披头士乐队所属的苹果唱片公司之间的商标之争。尽管如此，披头士乐队依然没有进驻iTunes商店。披头士乐队是唯一一个尚未进驻iTunes商店的知名乐队，主要是因为乐队还没有跟拥有其大部分歌曲的百

[①]《太阳升起》（"Here Comes the Sun"），披头士乐队的经典歌曲。——编者注

代唱片就数字版权的问题达成一致。

2010年夏，披头士和百代唱片终于解决了数字版权问题。苹果总部的董事会会议室里举行了一个四人峰会：乔布斯和苹果负责iTunes商店的副总裁埃迪·库伊接待了负责管理披头士权益的杰夫·琼斯（Jeff Jones）和百代唱片总裁罗杰·法克森（Roger Faxon）。此时，披头士已经准备好进军数字音乐世界，乔布斯对这一天已经期待良久。那么苹果应该如何做，才能让这个里程碑式的事件别具一格呢？事实上，早在3年前制定吸引披头士进驻的策略时，乔布斯就跟广告团队李·克劳及詹姆斯·文森特一起构思了很多广告创意。

库伊回忆说："史蒂夫和我思考了所有能做的事情。"包括在iTunes商店首页投放海报，用披头士最好的照片制作户外广告牌，以经典的苹果风格打造一系列电视广告，等等。最重要的是在iTunes上提供一套定价149美元的套装，其中包括披头士全部13张专辑、两张《昔日大师》（*Past Masters*）精选集，还有1964年华盛顿体育馆音乐会的演唱会怀旧视频。

原则性协议达成后，乔布斯亲自帮忙挑选了广告所需的照片。每个广告结尾都是一张黑白照，年轻的保罗·麦卡特尼和约翰·列侬面带微笑，在录音棚里低头看着一首乐曲。这让人想起乔布斯和沃兹尼亚克两个人一起查看苹果电路板的那张旧照。库伊说："把披头士的歌曲放到iTunes上，是我们在音乐行业的高光时刻。"

第四十章　飞向宇宙

云端，飞船，浩瀚无垠

iPad 2

早在第一代 iPad 发售之前，乔布斯就已经开始思考 iPad 2 的规格了：iPad 2 要有前置和后置摄像头（众人皆知这是大势所趋），而且一定要更薄。另外，他还考虑到一个大多数人都没有留意过的小问题：用户使用的 iPad 保护壳遮盖了 iPad 本身的优美线条，也挡住了部分屏幕。原本应该更轻薄的 iPad 因为套上了保护壳而变得笨重臃肿，一个各方面都充满魔力的产品被披上了一层俗气平庸的外衣，犹如明珠蒙尘。

就在那个时候，乔布斯读到了一篇关于磁铁的文章。他把文章剪下来，交给了艾夫。磁铁的吸力可以精确地聚焦到一个点上，也许可以利用这个特性做一个可拆卸的保护壳，保护盖是吸附在 iPad 正面，而不是包裹住整个 iPad。艾夫团队里的一名设计师研究出如何利用磁力铰链做出可以轻松拆卸的保护壳。打开保护盖时，屏幕就会被唤醒，仿佛一个被挠了痒痒的小婴儿笑逐颜开；折叠起来，又可以充当 iPad 支架。

这不是什么高科技，只是单纯的机械应用，但却让人眼前一亮。这是乔布斯追求端到端整合的又一个例证：保护壳和 iPad 是配套设计的，所以实现了磁铁和铰链之间的无缝连接。iPad 2 上有诸多改进，而博得最多微笑的，却是这个大多数首席执行官都不会为之费力劳心的别致保护壳。

iPad 2 发布会定于 2011 年 3 月 2 日在旧金山举行。因为乔布斯当时再度病休，所以大家都以为他不会出席。但是当邀请函发出后，他告诉我，我应该尽量到场。当天的场面一如既往：苹果高层坐在前排，库克吃着能量棒，音响大声播放着应景的披头士歌曲，《革命》（"Revolution"）和《太阳升起》等歌曲把现场氛围逐渐推向高潮。里德在最后一刻才赶到，还带了两个满脸稚气的大一室友。

"我们这个产品做了这么久，我真的不想错过今天这场盛会，"乔布斯一边说着，一边从容地走上舞台。他看上去瘦得吓人，也很憔悴，但脸上却挂着灿烂的微笑。人群中爆发出欢呼声、叫好声，大家纷纷起立鼓掌。

在演示 iPad 2 时，乔布斯先是展示了新的保护壳。他解释说："这一次，保护壳和 iPad 是同步设计的。"接着，他回应了外界的批评。第一代 iPad 问世时，有评论指出，iPad 更适合消费内容，而对内容创作的支持却比较有限。乔布斯一直对这个意见耿耿于怀，因为此话的确有一定的道理。因此，苹果给 Mac 上最好的两个创作应用程序，即音乐软件 GarageBand 和影片软件 iMovie，开发了适用于 iPad 的超强版本。乔布斯展示了如何轻松便捷地在新版 iPad 上进行作曲和编曲、在家庭视频中添加音乐和特效、发布或分享作品。

他再次在演讲的最后展示了那张人文街和科技街交会口的幻灯片。这一次，他对自己的信条做了最清晰的表述：真正的创意和简约源自各个环节的细密整合，即包括硬件和软件，还要有内容、保护壳和销售人员，而不是像 Windows 个人电脑和现在的安卓设备那样对外开放、零散无序：

苹果的基因决定了只有技术是不够的。我们相信，只有科技与人文的碰撞结合，才能产生让心灵欢歌的产品。对后 PC 时代的电子设备来说尤其如此。各大公司纷纷涌入平板电脑市场，他们将其视为下一个 PC，硬件和软件可以由不同的公司制造。我们的经验和我们身体里的每一根骨头都告诉我们，这种做法是不对的。这些后 PC 时代的设备需要比 PC 更直观、更易使用，这要求将软件、硬件和应用程序更加无缝地交织在一起。我们认为，我们不仅拥有打造整合型产品所需的芯片架构，也有适合的组织架构。

这种架构不仅深植于他建立的组织之中，也早已牢牢嵌入他的灵魂深处。

发布会结束后,乔布斯似乎重新焕发了活力。他来到四季酒店,跟我、劳伦娜、里德,还有里德在斯坦福大学的两个室友共进午餐。这次他一反常态,尽管依然十分挑剔,但还是决定跟我们一起吃点儿东西。他点了鲜榨果汁,但让酒店换了三次,每次都说果汁是瓶装的,不是鲜榨的。他还点了意大利面,但只尝了一口就推开了,表示无法下咽。但他倒是吃了一半我点的蟹肉沙拉,而且又给自己要了一整份,然后又点了一碗冰激凌。四季酒店对乔布斯的要求百般纵容,最后终于做出了一杯符合他要求的果汁。

第二天,乔布斯在家里依旧情绪高涨。他计划第二天独自飞往康娜度假村。我问他为了这趟旅途在 iPad 2 上准备了哪些东西。他回应道:下载了三部电影,《唐人街》《谍影重重 3》和《玩具总动员 3》。他只下载了一本书,就是《一个瑜伽行者的自传》,这本冥想与灵修指南很能说明他的精神追求。他第一次读到该书时才十几岁,在印度时又读了一遍,此后每年都会重读一次。

半上午的时候,他决定吃点儿东西。他还是很虚弱,自己开不了车,于是我开车带他来到一个商场的咖啡厅。咖啡厅还没开始营业,但老板已经习惯了乔布斯在非营业时间光顾,很高兴地接待了我们。乔布斯开玩笑说:"他的使命就是把我养肥。"医生让他多吃鸡蛋,摄取高质量的蛋白质,于是他点了一份煎蛋卷。他说:"得了这种病,加上身体承受的所有痛苦,都在不断地提醒你,你不过是肉体凡胎,终有一死。如果不打起精神来,大脑就很容易受到奇怪的消极影响,会觉得万念俱灰,做的计划也不会超过一年,这样特别不好。你必须强迫自己做一些长期的计划,就好像你还能活很多年一样。"

这种神奇思维的一个例证是他计划建造一艘豪华游艇。在进行肝移植手术之前,他和家人经常租船航行至墨西哥、南太平洋或地中海等地度假。很多次,乔布斯半路就开始觉得无聊,或者无法忍受游艇的设计,最后提前结束行程,直接飞去康娜度假村。但他们的游艇之旅有时候也非常成功。"我最喜欢的一次假期,就是我们沿着意大利的海岸线一路航行至雅典。雅典特别烂,不过帕特农神庙挺壮观的。然后我们又去了土耳其的以弗所,那里还保留着古老的大理石公共厕所,中间有一个让音乐家演奏的地方。"到达伊斯坦布尔后,乔布斯请了一位历史教授带他们全家参观。最后,他们去尝试了土耳其浴,教授在其间的讲解让乔布斯对全球年轻人的同质化趋势有了深刻的认识:

我获得了一个真正的启示。我们都穿着浴袍,他们给我们煮了一些土耳其咖啡。教授介绍说土耳其咖啡的制作方式与其他地方的很不一样,而我突然想,"那又怎么样?"即使在土耳其本地,又有哪个孩子会在乎什么土耳其咖啡呢?我一整天都在观察伊斯坦布尔的年轻人。他们喝的东西跟世界上其他地方的年轻人喝的没什么两样,他们穿的衣服像是在 Gap 买的,他们都在用手机。他们和其他地方的孩子没什么区别。我突然意识到,对于年轻人来说,整个世界已经没什么差别了。我们在制造产品时,不存在土耳其的手机或音乐播放器,土耳其年轻人想要的东西与其他地方的年轻人想要的东西没什么不同。我们现在真的是天下一家了。

在结束了那次愉快的航行之后,乔布斯就开始设计自己心仪的游艇。他乐此不疲地反复修改设计。2009 年,他旧病重发,几乎快要放弃游艇项目。他回忆说:"我觉得等到游艇建好,我肯定已经不在了。一想到这个,我心里就非常难过。但我又觉得设计游艇是件很有意思的事,也许完工的时候,我还活着?如果我现在停下来,结果又多活了两年,那我可能真的会气死。所以我决定继续做下去。"

在咖啡厅吃完煎蛋卷后,我们又回到他家。他把游艇的所有模型和建造图纸都拿出来给我看。不出所料,这艘设计中的游艇非常流畅简约。柚木甲板平坦得完美无缺,没有任何多余的设计。船舱窗户也和苹果的零售店一样使用了大块玻璃,几乎从地板一直延伸到天花板,主要活动空间的四面也都是玻璃墙,共有 12 米长、3 米高。他让苹果零售店的首席工程师设计了能够提供结构性支撑的特殊玻璃。

当时,荷兰的游艇定制公司斐帝星(Feadship)已经开始动工建造游艇,但乔布斯仍会时常把玩设计。他说:"我知道,有可能在我死的时候给劳伦娜留下的是一艘半成品的船。但即使那样,我也必须继续做下去。如果不这样做,我就等于承认自己快要死了。"

几天后,乔布斯和劳伦娜就要迎来结婚 20 周年纪念日了。他承认,自己对劳伦娜的欣赏和感激有时候是不够的。"我很幸运。人在刚结婚的时候，根本不知道婚姻是怎么回事，都是凭直觉。而命运对我非常眷顾，让我娶到了一个最好的妻子，她聪明漂亮，而且非常睿智，非常善良。"有一瞬间，他的眼眶湿润了。他谈到了自己的几任前女友，特别是蒂娜，但他觉得自己最终还是做了最正确的决定。他还反思了自己的自私和霸道。"劳伦娜不得不忍受我的坏脾气，还要应对我生病的问题，我知道，和我一起生活也不是多么美好的事。"

他自私的表现之一就是他往往不记得任何纪念日或生日。但这次，他决定给劳伦娜一个惊喜。他们的婚礼是在约塞米蒂的阿瓦尼山庄酒店举行的，他决定在结婚纪念日当天带劳伦娜旧地重游。但当他打电话到酒店的时候，酒店已经被订满了。于是他让酒店与预订了他和劳伦娜结婚时所住的那间套房的人联系，问他们是否愿意让出房间。乔布斯回忆说："我提出可以帮他们再支付一个周末的费用。那个人非常好，他说：'结婚20年了，真好。房间是你们的了，尽情享用吧。'"

他找到了朋友拍摄的婚礼现场照片，请人放大之后印在厚纸板上，装进精美的盒子里。他还写了一段话，也放进了盒子里。他翻看iPhone，找到了那段话，读了出来：

20年前，我们邂逅于途，彼此了解不多，全凭直觉引导，而你却让我神魂颠倒。我们在阿瓦尼举行的婚礼恍若昨天，那天，白雪皑皑，天地澄碧，宛如梦境。光阴如梭，一晃这么多年过去了，我们的孩子已经长大，我们有过遂心如意的美好时光，也有过磨砺心志的艰难岁月，但从来没有过相互伤害的痛苦瞬间。我们对彼此的爱和尊重历久弥新，与日俱增。我们牵手经历了过去，现在重新回到了20年前的起点，执手走向未来。只是我们年岁渐增、智慧见长，脸上和心里都留下了岁月的痕迹。但沧桑不灭深情，我们一起体悟了生活的种种快乐、痛苦、秘密和奇妙，现在仍然相爱相守、不离不弃。我为你神魂颠倒，至今如此。

读完这段话，乔布斯已经泣不成声。他平复了一下心情，又告诉我，他给每个孩子都做了一套他们婚礼的照片。"我想他们可能愿意看到，他们的爸爸也年轻过。"

iCloud

早在2001年，乔布斯就有一个愿景：个人电脑将成为每个人的"数字生活中枢"，连接音乐播放器、录像机、移动电话和平板电脑等各种生活方式设备。这一发展趋势正好可以发挥苹果的优势：打造端到端整合、操作简单易上手的产品。苹果由此从高端小众计算机公司一跃成为全球最有价值的科技公司。

到了2008年，乔布斯又为数字时代的下一波浪潮构想愿景。他认为，台式电脑未来将不再是个人数字内容的中枢。相反，中枢将转移到"云端"。换言之，个人的数字内容将储存在远程服务器上，由信任的公司代为管理，用户可以随时随地在任何设备上调动这些内容。不过，乔布斯又花了3年时间，才真正把这件事做成。

起初，他出师不利。2008年夏，苹果推出了一个名为MobileMe的产品。MobileMe是一个昂贵的订阅服务（每年99美元），用户可以把地址簿、文件、图片、视频、电子邮件和日历远程存储在云端，并与自己的所有数码设备同步。理论上，用户可以在iPhone或任何电脑上访问这些数字内容。然而，MobileMe服务存在一个大问题，用乔布斯的话来说就是"烂透了"。MobileMe使用起来非常复杂，设备之间的同步也做得不好，还会时不时地丢失电子邮件等各类数据。沃尔特·莫斯伯格就此在《华尔街日报》发表评论文章，标题是"苹果的MobileMe漏洞百出，很不可靠"。

乔布斯非常生气。他把MobileMe团队召集到苹果总部的礼堂里，站在台上问："谁能告诉我MobileMe应该有什么功能？"团队成员回答后，乔布斯怒气冲冲地质问道："那么，为什么没有实现？"他劈头盖脸地把团队骂了半个小时，"苹果的名誉都让你们给玷污了。你们让彼此失望了，你们应该相互憎恨。连我们的朋友莫斯伯格都夸不出口了。"他当着所有人的面，当场开除了MobileMe的负责人，让负责苹果互联网内容的埃迪·库伊取而代之。在剖析苹果的企业文化时，《财富》杂志的亚当·拉辛斯基写道："问责制在苹果得到了严格执行。"

到了2010年，行业发展趋势已经非常明朗，谷歌、亚马逊、微软等公司都跃跃欲试，争先提供最好的服务，帮助用户在云端储存所有内容和数据，在不同设备上同步。于是乔布斯加倍努力，他跟我解释道：

我们要成为一家帮助用户管理他们和"云端"之间关系的公司，例如在"云端"播放音乐和视频、存储图片和信息（甚至包括个人医疗数据）等。苹果是首个提出把电脑打造成为"数字生活中枢"的公司，我们对此有深刻的见解。我们也因此开发了iPhoto、iMovie、iTunes等应用程序，与iPod、iPhone和iPad等设备捆绑在一起，效果非常好。但在接下来的几年里，"数字生活中枢"将从电脑转移到云端。所以"数字生活中枢"战略本身并没有变，只不过中枢换了一个地方而已。这意味着用户可以随时随地查看自己存储的内容，无须在设备之间进行同步。

我们必须努力实现这一重大转型。克莱顿·克里斯坦森曾提出"创新者的窘境"这一概念，讲的是某种东西的发明者，往往会成为最裹足不前的那个人，我们当然不想落于人后。我会把MobileMe变为免费的服务，同时让内容的同步变得简单。我们正在北卡罗来纳州建立服务器群组。我们可以提供用户所需要的所有同步服务，这样就可以锁住用户。

乔布斯在每个星期一上午的高管会例会上反复讨论这一愿景，并逐渐将其完善成新战略。他回忆说："我会在深夜两点给各个团队发邮件，一起推敲讨论。我们经常思考这个问题，因为这不仅仅是一项工作，而是事关苹果生死存亡的战略。"对于免费提供MobileMe服务，尽管阿尔·戈尔等多位董事抱有疑虑，但他们最终还是表示支持。这将是他们在未来10年吸引更多客户进入苹果生态系统的关键举措。

新服务取名为iCloud。2011年6月，乔布斯在苹果全球开发者大会的主题演讲中公布了iCloud服务。当时他正值病假期间，而此前一个月，他还因感染和疼痛住了好几天院。一些好友劝他不要亲自上台演讲，因为前期准备工作太重，还需要反复排练。但是，一想到要宣布数字时代另一次惊世骇俗的变革，他似乎浑身充满力量。

在旧金山会议中心登台时，乔布斯在平常穿的三宅一生黑色高领毛衣的外面套了VonRosen（冯罗森）黑色羊绒衫，还在蓝色牛仔裤里穿了件保暖裤。但是他看起来依然前所未有的消瘦。全场观众起立鼓掌，掌声久久不息。乔布斯说："每次听到掌声，我都深受鼓舞，谢谢大家。"但没过几分钟，苹果的股价就下跌超过4美元，到了每股340美元。考虑到乔布斯的身体状况,他的演讲堪称壮举,但他看起来仍非常虚弱。

他把舞台交给了菲尔·席勒和斯科特·福斯托,让他们演示 Mac 和移动设备的新操作系统,然后乔布斯重新登台,亲自展示了 iCloud。"大约10年前,我们有一个极为重要的预见,我们认为个人电脑将成为你的'数字生活中枢',管理你的视频、照片和音乐。但在过去的几年里,这个概念被颠覆了,被现实击得粉碎。为什么?"他谈到了要在每台设备上同步所有的内容是多么困难。假如你在 iPad 上下载了一首歌,在 iPhone 上拍摄了一张照片,在电脑上存储了一段视频。当想要共享这些内容时,你就需要不断地在各个设备上把 USB 线拔掉再插上,就好像过去的总机接线员一样。"为了让这些设备保持同步,我们都快疯了。"话音一落,大家哄堂大笑。"如今,我们有了一个解决方案。这就是我们的下一个深刻洞见。我们将把 PC 和 Mac 降级为单纯的设备,把'数字生活中枢'移上'云端'。"

乔布斯很清楚,这一"深刻洞见"其实并不新鲜。他还拿苹果之前的失败尝试开起了玩笑。"你可能会想,我为什么要相信他们?他们可是开发出 MobileMe 的人啊。"台下发出一阵紧张的笑声。"我承认,那并不是我们的高光时刻。"但当他开始演示 iCloud 时,可以明显看出这个软件比 MobileMe 优秀得多。邮件、联系人和日历条目可以即刻同步。应用程序、照片、图书和文件也一样。最令人印象深刻的是,乔布斯和埃迪·库伊已经与多家音乐公司达成了分享协议(这是谷歌和亚马逊一直没能搞定的事):苹果的云服务器上将提供 1 800 万首歌曲,只要在自己的任何一台设备或电脑上存有其中的某些歌曲——无论合法购买的还是盗版的——就可以在自己的所有设备上访问歌曲的高质量版本,而不必花时间和精力将歌曲上传到云端。乔布斯说:"一切都如行云流水,浑然天成。"

"一切都无缝衔接"的简单概念一直是苹果的竞争优势。微软已经为自己的云计算服务 Cloud Power 打了一年多的广告,而早在 3 年前,其首席软件架构师、具有传奇色彩的瑞·奥兹(Ray Ozzie)就向全公司吹响了集结号:"我们的愿望是,每个人只需要获得一次多媒体内容授权,就可以在任何设备上访问和享用这些内容。"但奥兹在 2010 年底离开了微软,微软的云计算服务也一直没有在消费者设备上实现。亚马逊和谷歌都在 2011 年推出了云服务,但两家公司都没有能力整合所有设备的硬件、软件和内容。

而苹果控制了产业链的每一个环节，围绕"无缝衔接"的理念，设计了电子设备、电脑、操作系统、应用软件，以及内容的销售和存储。

当然，如果要享受这种天衣无缝的服务，就必须使用苹果的设备，留在苹果高墙之内的花园中。这给苹果带来了另一个优势：消费者黏性。一旦开始使用 iCloud，就很难再切换使用 Kindle 或安卓设备，因为音乐和其他内容都无法同步到这些设备上；事实上，其他设备可能根本就无法使用了。30 年来，苹果一直拒绝开放系统，iCloud 的发布将这一策略推向了极致。"我们考虑过是否要为安卓做一个音乐客户端，"乔布斯在第二天吃早餐时告诉我，"我们为 Windows 系统设计 iTunes 是为了卖更多的 iPod。但我想不到把我们的音乐应用程序放在安卓设备上有什么好处，唯一的好处就是让安卓用户高兴。但我并不想让他们高兴。"

新总部

13 岁时，乔布斯想自制一个计频器。为了找到所需的零件，他在电话簿里找到比尔·休利特的电话，给休利特打了过去。他不仅因此拿到了零件，还获得了暑假在惠普仪器部门工作的机会。同年，惠普在库比蒂诺买了一些地，以扩充其计算器部门。就是这个时候，沃兹尼亚克到了惠普工作，并利用业余时间设计出了 Apple I 和 Apple II 电脑。

2010 年，惠普决定放弃在库比蒂诺的园区，于是乔布斯悄悄买下了园区和毗邻的房产，这个园区就在苹果的无限循环路 1 号楼总部东边，两者距离不到两千米。他很赞赏休利特和帕卡德打造了一家基业长青的公司，也为自己在苹果做出的成绩自豪。现在他想修建一个能够展现苹果形象的总部，这在美国西海岸高科技公司中是绝无仅有的。最终，乔布斯一共买下了 60 万平方米的土地，其中大部分在他小时候还是杏树园。他全身心投入新园区的设计和建设，把自己对设计的热情与创建一家传世公司的热情结合起来，为世人留下一份遗产。他说："我想留下一个标志性的园区，向世人传达公司的价值观，并使公司文化薪火相传。"

他聘请了他眼中最顶尖的建筑公司——诺曼·福斯特爵士（Sir Norman Foster）的公司进行设计建造。这家公司拥有很多宏大精美的建筑作品，如重建了柏林的国会大厦，还打造了位于伦敦圣玛丽斧街 30 号的瑞士再保险公司总部大楼。不出意料，乔布斯深度参与了设计工作，事无巨细，全部过问，导致设计方案迟迟无法定稿。苹果总部将是他的传世之作，所以他力求完美。福斯特的公司为这个项目指派了 50 名建筑师。2010 年全年，他们每隔三周就要向乔布斯展示修改后的模型和方案。而乔布斯则一次又一次地提出全新的构想，有时甚至是全新的外观，让设计团队从头再来，提供更多的备选方案。

当他第一次在自家客厅里给我看模型和设计图纸时，建筑的外观就像一个蜿蜒的赛车场，有三个相连的半圆形建筑围绕着一个大的中央庭院。建筑物的外墙是从地面直达楼顶的落地玻璃，内部有一排排的办公舱，阳光倾泻在过道里。他说："这会让大家不经意间相遇，流畅灵活，而且每个人都能享受到阳光。"

他再次给我看设计图是自那次一个月以后的事。当时，我们在他办公室对面的大会议室里，桌子上摆放着一个拟建大楼的模型。他刚做了一个重大调整——所有的办公舱都将远离窗户，这样长长的走廊就可以沐浴在阳光下，走廊也将作为公共空间。几位建筑师希望窗户是可以打开的，他们针对这个问题跟乔布斯辩论了一番。乔布斯一直不喜欢别人打开他的任何东西。他说："这只会让人们把事情搞得乱七八糟。"在这个（以及很多其他）细节问题上，他赢得了争论。

当晚回到家后，乔布斯在饭桌上骄傲地向家人展示了最新的设计图。里德开玩笑说，鸟瞰图会让他想到男性的生殖器。乔布斯觉得这完全反映了一个青少年的心态。但第二天，他就把里德的评论告诉了建筑师们："不幸的是，一旦有人这么说，就再也无法从脑海中抹去这个形象了。"等到我再见到他，建筑的外观已经被改成了一个简单的圆形。

新的设计意味着整栋大楼不会有一块平直的玻璃——所有的玻璃都将是弧形的，而且彼此无缝连接。乔布斯一直对玻璃制品非常着迷，他为苹果零售店定制了巨大的玻璃，因为有这样的经验，他相信也可以大量制造出弧形的巨幅玻璃片。设计中的中心庭院有近 244 米宽（比 3 个常规的城市街区还要宽，几乎相当于 3 个美式橄榄球场那么长）。他向我展示了设计方案，还把新庭院的幻灯片叠放在罗马的圣彼得广场的图片之上，相比之下，新庭院比圣彼得广场还大。他一直都记得，这块地曾经被果园覆盖，因此他从斯坦福大学聘请了一位高级树艺师，要求80%的园区以贴近自然的方式进行景观设计，种植6 000棵树。乔布斯回忆说："我要求他一定要再搞一片杏树园。以前这里到处都能看到杏树，连街角都有，杏树是这个山谷遗产的一部分。"

2011年6月，这座上下4层、占地28.7万平方米、可容纳1.2万名员工的大楼终于设计就绪。乔布斯决定在全球开发者大会上发布iCloud之后的第二天，在库比蒂诺市议会上以一种安静而不张扬的方式宣布此事。

尽管乔布斯精力不济，但他当天的行程依然安排得满满当当。罗恩·约翰逊已经负责苹果零售店的开发运营有十多年时间了，现在他决定接受美国零售业百年老店J. C. Penney的邀请，担任首席执行官。当天上午，他来到乔布斯家，讨论自己的离职事宜。结束之后，我和乔布斯去了帕洛阿尔托一家叫Fraiche的小咖啡馆，这里主打酸奶和燕麦。乔布斯兴致勃勃地跟我谈论了苹果未来的产品规划。那天晚些时候，他又乘车赶到圣克拉拉，参加苹果与英特尔高层的季度例会，讨论了在未来的移动设备中使用英特尔芯片的可能性。那天晚上U2乐队在奥克兰体育馆演出，乔布斯本来考虑前去观看，但最后还是决定利用那个晚上向库比蒂诺议会展示苹果的总部规划。

他没有带随行人员，也没有大肆张扬，还是穿着在开发者大会上演讲时的那件黑色毛衣，看起来很放松。他站在讲台上，手里拿着遥控器，用20分钟的时间向议员们展示了园区设计的幻灯片。当屏幕上出现那座造型简洁流畅、未来感十足的圆形建筑的效果图时，他停顿了一下，微笑着说："它就像一艘刚刚着陆的宇宙飞船。"过了一会儿，他又说："我觉得我们有可能会建造出全世界最好的办公大楼。"

之后的星期五，乔布斯给很久以前的同事安·鲍尔斯发了一封邮件。鲍尔斯是英特尔联合创始人鲍勃·诺伊斯的遗孀。20世纪80年代初，她曾在苹果担任人力资源总监，也扮演了训导员的角色，会在乔布斯发脾气后教育他一番，并安抚受伤的同事。乔布斯在邮件里问她第二天可不可以来见他。不巧的是，鲍尔斯当时刚好在纽约，但她在回来后的那个星期日前去探望了乔布斯。那时他病情又加重了,疼痛难忍,疲惫不堪,但他迫不及待地向她展示了新总部的效果图。"你应该为苹果感到骄傲,你应该为我们一起打造出来的公司感到骄傲。"

然后他看着她,郑重地问了一个让她很难回答的问题。"告诉我,我年轻的时候是什么样子?"

鲍尔斯尽量诚恳以对。她回答说:"你非常急躁冲动,特别难搞,很难相处。但你的远见令人叹服。你告诉我们,'过程即是奖励'。事实证明的确如此。"

"是的,"乔布斯回答说,"一路走来,我确实学到了一些东西。"几分钟后,他重复了一遍,似乎是在向鲍尔斯和自己确认这件事。"我确实学到了一些东西。真的。"

第四十一章　第三回合

暮色下的搏击

家庭纽带

　　乔布斯的一大心愿就是能参加儿子在 2010 年 6 月的高中毕业典礼。他说："在被诊断出癌症时，我和神明谈了条件，说我真的很希望看到里德高中毕业。这帮我挺过了 2009 年。"高中四年级的里德跟父亲 18 岁时很像，他的微笑机智又略显叛逆，目光如炬，还有一头浓密的黑发。他又从母亲那里继承了父亲身上所欠缺的体贴友善。他富有同理心和亲和力，希望能让周围的人开心。生病期间，乔布斯经常闷闷不乐地坐在餐桌旁，盯着地板发呆，只有看到里德走进来，眼睛才会亮起来。里德很崇拜自己的父亲。在我开始写这本书后不久，里德就来到我的住处，像他父亲那样，邀请我一起出去走走。他用真挚的目光盯着我，告诉我他的父亲不是一个唯利是图的冷血商人，他所做的一切不是为了赚钱，而是出于对工作的热爱、对产品的自豪。

　　在乔布斯被诊断出癌症后，里德开始利用暑假时间在斯坦福大学的一个肿瘤实验室实习，研究如何通过 DNA 测序找到结肠癌的遗传标记。在一个实验中，他追踪了基因变异在家族中的传递。乔布斯说："要说我生病还有什么积极面的话，其中一个就是里德愿意花很多时间和极其出色的医生一起做研究。他对研究的热情就像我当年对计算机的一样。我认为，21世纪最大的创新是生物学与科技的结合。一个新的时代正在开启，就像我在他这个年龄时，世界进入了数字时代一样。"

里德就读于水晶温泉高地学院。高四那年，他以自己的癌症研究为题上台做报告，介绍了如何利用离心机和染色法对肿瘤进行DNA测序。乔布斯和其他家人坐在台下聆听，脸上洋溢着笑容，难掩自豪之情。乔布斯后来说："我时常幻想里德将来就在帕洛阿尔托成家立业，在斯坦福大学医院当一名医生，每天骑着自行车去上班。"

2009年，乔布斯的病情一度危重，里德一下长大了许多。当母亲陪父亲在孟菲斯治疗时，他在家照顾两个妹妹，已经颇具家长风范。2010年春，乔布斯的健康状况趋于稳定，里德又恢复了乐观调皮的个性。一天，全家一起吃晚饭时，他跟家人讨论应该带女朋友去哪里吃顿大餐。乔布斯推荐他们去帕洛阿尔托一家格调高雅的意大利餐厅Il Fornaio，但里德说他一直没有订到位子。乔布斯问："要不要我帮你订？"里德说不用了，他想自己搞定。生性羞涩的老二艾琳提出她可以在花园里搭个帐篷，和妹妹伊芙一起给他们奉上一顿浪漫的晚餐。里德听了非常感动，站起来拥抱了她。他说改天一定采用她的建议。

一个星期六，里德作为"神童"校队（Quiz Kids）的四名成员之一，参加了当地电视台的机智问答节目，家人来到现场给里德加油（伊芙因为参加马术表演未能到场）。录制开始前，电视台的工作人员忙碌地在现场穿梭，乔布斯就跟其他家长一起坐在台下一排排的折叠椅上。他努力控制着自己不耐烦的情绪，尽量不引人注意。但他标志性的牛仔裤和黑色高领毛衣相当具有辨识度。有个女人直接拉了把椅子坐在他旁边，开始给他拍照。他没有看她，直接起身走到了这排座椅的另一头坐下。当里德上场时，他的名牌上写的名字是："里德·鲍威尔"。主持人问参赛选手们长大以后想做什么，里德回答说："癌症研究人员。"

比赛结束后，乔布斯开着自己的双人座奔驰SL55，带着里德，劳伦娜开着自己的车，带着艾琳紧随其后。在回家的路上，劳伦娜问艾琳怎么看爸爸拒绝挂车牌这件事。艾琳说："因为他叛逆呗。"后来我向乔布斯提出这个问题，他回答说："因为有时候会有人尾随我，如果我上了车牌，他们就能跟到我家里来。不过现在有了谷歌地图，这个说法也不成立了。所以真正的原因应该是，我就是不想。"

里德毕业典礼那天，乔布斯用 iPhone 给我发了一封邮件，开心之情溢于言表："今天是我人生中最高兴的日子之一。里德即将高中毕业。就在此刻。没想到我还能够亲眼看到。"那天晚上，乔布斯一家请亲友来家里聚会。里德跟每个家人都跳了舞，包括他的父亲。后来乔布斯把里德带到谷仓一样大的储藏室。他的两辆自行车都放在那里，以后不会再骑了，他让里德挑一辆。里德开玩笑说，那辆意大利车看着有点儿女性化，于是乔布斯让他选了旁边那辆结实的 8 速自行车。当里德对他表示感谢的时候，他回答说："不必谢我，因为你身上有我的 DNA。"几天后，《玩具总动员 3》上映。乔布斯从一开始就在精心打造皮克斯的《玩具总动员》三部曲。在《玩具总动员 3》中，安迪要离家去上大学，影片正是围绕他和家人依依惜别的种种感情展开的。安迪的母亲说："真希望能永远陪着你。"安迪回答说："你会一直在我身边。"

乔布斯的二女儿艾琳已经成长为一个亭亭玉立的大姑娘，气质迷人。她比父亲更加敏感细腻。她的理想是当一名建筑师，这也许是受到了父亲对建筑领域兴趣的影响，而且她本人也有很好的设计品位。

这本书快要完成的时候，劳伦娜告诉我，艾琳想跟我聊聊。艾琳当时才刚满 16 岁，我本不会主动要求采访她，但既然她自己提了出来，我便答应了。在我们两个交流的过程中，艾琳反复强调，她非常理解为什么父亲有时对她不够关心，她对此并无怨言。"他既是一个父亲，也是苹果的首席执行官，他已经尽了最大努力兼顾好这两个职责。有时我会希望他能多关心我，但我知道他所做的工作非常重要，也很酷，所以我不会介意。我其实也不太需要爸爸经常陪着我。"

乔布斯曾向孩子们许诺，等他们十几岁的时候，每个人都可以选一个地方，他会单独陪着他们去旅行。里德选择了京都，因为他知道父亲非常迷恋那个城市的美丽和充满禅意的宁静。2008 年，艾琳 13 岁时，同样选择了京都。但由于病情加重，乔布斯不得不取消这次旅行，但他答应艾琳，等到 2010 年，他身体好点儿了，就带她去。但到了 2010 年 6 月，他又说不想去了。艾琳虽然非常失望，但一句不满的话都没说。为了补偿艾琳，劳伦娜带着她跟一些家里的朋友去了法国，把京都之旅改到了7月。

7月初，乔布斯一家飞到夏威夷康娜度假村。这本是此次旅行的第一站。但到了夏威夷之后，乔布斯牙痛难忍，但他并没有处理，仿佛只要置之不理，问题就会自动消失。结果那颗牙彻底坏掉，必须修补。接着又出现了iPhone 4天线门危机，所以他决定带着里德赶回库比蒂诺。劳伦娜和艾琳留在了夏威夷，希望乔布斯能再回来与她们会合，然后按照原计划一起去京都。

乔布斯处理完事务后，就回到了夏威夷。里德留在帕洛阿尔托照顾伊芙，乔布斯和劳伦娜则带着艾琳来到了京都，下榻在俵屋旅馆（Tawaraya Ryokan），乔布斯非常喜欢这里简洁素雅的日式风格。艾琳回忆说："这家酒店简直美得不可思议。"

20年前，乔布斯曾带着艾琳同父异母的姐姐丽萨去过日本，当时丽萨差不多就是艾琳现在的年纪。丽萨最深刻的记忆就是跟父亲一起吃饭，看着他大快朵颐。乔布斯平时对食物极其挑剔，这次却吃了很多鳗鱼寿司等各类美食。看到这样的父亲，丽萨生平第一次感到与他相处非常放松。艾琳也讲了一个类似的经历。"爸爸每天都知道自己想去哪里吃午饭。他告诉我有一家荞麦面好吃得不得了，于是就带我去吃了，果然美味至极。我们后来再也没吃过那么好吃的面，其他的面比那一家的差远了。"他们还在附近找到一家小小的寿司店，乔布斯在iPhone上将它标记为"我吃过的最好吃的寿司"。艾琳表示赞同。

他们还参观了京都很多著名的禅寺。艾琳最喜欢的是西芳寺，又名"苔寺"，因为黄金池周围的庭园长有一百多种青苔。劳伦娜回忆说："艾琳被幸福包围了。她终于心满意足，跟她父亲的关系也改善了很多。这些都是她应得的。"

家中最小的女儿伊芙活泼自信，丝毫不惧怕父亲。她爱好骑马，下决心要一路骑进奥运会。教练告诉她要参加奥运会，是需要付出艰苦努力的，她回答说："你就告诉我我具体需要做什么就行了，我都会做到的。"于是教练为她制订了训练计划，她就按照计划脚踏实地地练习。

乔布斯是一个很难被说服的人，而伊芙却精于此道。她经常直接打电话给乔布斯的助理，要求把一些事项列入他的日程。她也很会跟乔布斯谈判。2010年的一个周末,全家正在做出行计划,艾琳想把出发时间推迟半天,但她不敢跟父亲讲。当时只有12岁的伊芙自告奋勇地承担了这项任务。吃晚饭时,她跟父亲有条有理地陈述了自己的诉求,好似在最高法院申辩的律师。乔布斯打断了她,说:"不行,我不想推迟。"但他显然没有不耐烦,而是在跟她打趣。当天晚上,伊芙还向妈妈分析了可以如何增加自己陈词的说服力。

乔布斯很欣赏伊芙的这种精神,经常在她身上看到自己的影子。他说:"她活力四射,也是我见过的意志力最坚强的孩子,就好像老天给了我一面镜子。"也许是因为伊芙的个性与他有一些相似之处,他非常了解她。他说:"伊芙比很多人想象的更敏感。她太聪明了,所以有时会操纵别人,导致别人疏远她,最后自己变得孤零零的。她正在学习如何成为自己,但也需要打磨棱角,这样才能交到朋友。"

乔布斯与劳伦娜的关系有时颇为复杂,但他们始终对彼此忠贞不渝。劳伦娜精明强干,又富有同情心,给乔布斯的生活带来了平衡和稳定,也说明乔布斯愿意选择与意志坚定、头脑理智的人为伍,来克制自己某些自私的冲动。在乔布斯处理商业问题时,她会不动声色地旁敲侧击;如果是家庭事务,她会坚持自己的立场;但凡涉及乔布斯的治疗问题,她则会寸土不让。刚结婚的那几年,劳伦娜与他人共同创立并发起了全国性课后班项目"大学之路"(College Track),帮助弱势儿童完成高中学业,顺利考上大学。那个时候,她就已经成为美国教育改革运动的领导力量。尽管乔布斯通常对慈善事业不屑一顾,但他对妻子的工作表示钦佩:"她在'大学之路'项目中所做的事情很了不起。"

2010年2月,乔布斯在家人的陪伴下度过了55岁生日。厨房里挂满了彩旗和气球,孩子们给他送上了一个红丝绒玩具皇冠,他将其戴在了头上。在过去的一年中,他都在跟病魔苦苦抗争,现在健康状况终于有所好转,但他对工作的投入也复旧如初。劳伦娜告诉我:"我觉得他这样让家人很难受,尤其是女儿们。他病了两年,现在终于好点儿了,孩子们还想着他能给他们多一点儿关心和陪伴,但他还是一心想着工作。"她说自己想要确保乔布斯人格的两面都能在这本书中得到体现,同时要交代清楚来龙去脉。"跟许多天赋异禀的大人物一样,他并不是在每个方面都做得很出色。

他不懂社交礼仪，缺乏风度，无法设身处地为每个人着想，但他深切关心人类的进步，希望能把正确的工具交到人们手中，赋予人们无穷无尽的力量。"劳伦娜说。

奥巴马总统

2010年初秋，劳伦娜在华盛顿期间，见了几个白宫的朋友。他们告诉她，奥巴马总统会在10月去硅谷。她说，也许总统愿意跟她丈夫会面，奥巴马的助手觉得这个主意不错。总统最近再三强调要提高美国的竞争力，两人的会面恰逢其时。此外，在总统经济复苏顾问委员会的一次会议中，乔布斯的密友、风险投资家约翰·杜尔阐述了乔布斯对美国为何失去竞争优势的看法。他也建议奥巴马应该见见乔布斯。于是，总统的日程表上安排了半个小时与乔布斯会面的时间，地点是旧金山机场的威斯汀酒店。

但还有一个问题：当劳伦娜把这件事告诉乔布斯时，他说他不想去。乔布斯觉得劳伦娜没有跟他商量就擅自安排了会面，这让他很不开心。他告诉她："我不想被安排到一个形式大于内容的会谈中，他跟我见面不就是为了完成'与首席执行官会面'的任务吗？"劳伦娜则一直说，奥巴马"特别期待见到你"。乔布斯回答说，如果真是这样的话，奥巴马就应该亲自打电话给他，请求见面。他们就这样僵持了5天。最终，乔布斯做出让步。

实际上，这次会面持续了45分钟。乔布斯直言不讳，毫不留情。他一上来就对奥巴马说："你干成这样，是只想当一届总统吧？"他说，如果想要连任，政府就要对企业更加友好。他讲到在中国建厂是多么容易，而在今天的美国却几乎不可能，主要是因为法规严苛，不必要的成本也非常多。

乔布斯还抨击了美国的教育体系，说美国教育极为过时，无可救药，被工会的工作规则掣肘，只有解散教师工会，才可能实现教育改革。他说，应该把教师当作专业技能人员，而不是工业流水线上的工人。校长应该有权根据教师的既往表现来决定是否招聘或解聘。学校应该至少开放到下午6点，一年应该上11个月的课。他还说，美国的课堂模式仍然是老师站在黑板前照本宣科，真是荒谬。所有的书、学习材料和评估测试都应该是数字化、可交互的内容，为每个学生量身定做，而且能够提供实时反馈。

乔布斯说，他可以召集六七个真正懂得美国面临的创新挑战的首席执行官，组成一个专家小组。奥巴马总统接受了他的提议。于是乔布斯拟定了一份12月前往华盛顿开会的人员名单。没想到，奥巴马的助手，包括瓦莱丽·贾勒特（Valerie Jarrett）等人，又加了几个人，把名单扩增到二十几人，位于首位的是通用电气总裁杰弗里·伊梅尔特（Jeffrey Immelt）。乔布斯给贾勒特发了一封电子邮件，说这个名单太过冗长，他不想参加了。事实上，他的健康状况当时又出现了问题，所以就算名单没有变化，他也无法参会，杜尔私底下也是这么跟总统解释的。

2011年2月，杜尔开始为奥巴马总统筹备一场在硅谷的小型晚宴。他和乔布斯及两人的夫人在帕洛阿尔托的希腊餐厅埃维亚（Evvia）吃饭，精心挑选了一些赴宴宾客。他们选定的十几位科技巨头包括谷歌的埃里克·施密特、雅虎的卡罗尔·巴茨（Carol Bartz）、脸书的马克·扎克伯格、思科的约翰·钱伯斯（John Chambers）、甲骨文的拉里·埃里森、基因泰克的阿特·莱文森，还有奈飞的里德·哈斯廷斯（Reed Hastings）等人。乔布斯很关心晚宴的各个细节，连食物也不放过。杜尔将拟定的菜单发给他，他回复说，餐饮公司建议的大虾、鳕鱼、扁豆沙拉等菜品都太过花哨，"不是你的风格啊，约翰"。他尤其反对原定的甜点，也就是用巧克力松露装饰的奶油派，但白宫的先遣人员没有接受他的意见，告诉餐饮公司总统喜欢奶油派。晚宴当天，由于乔布斯过于消瘦，很容易觉得冷，杜尔便把室温调得很高，结果扎克伯格热得汗流浃背。

乔布斯坐在奥巴马总统旁边，为晚宴进行了开场发言："无论我们持有怎样的政治主张，我希望大家明白，今天我们共聚一堂，是为了尽自己所能地建言献策，帮助我们的国家更好地发展。"尽管如此，晚宴刚开始的时候，各大首席执行官纷纷建议总统支持自己的企业。比如，钱伯斯提议试行汇回免税政策，也就是在一定时期内，如果大型企业把海外利润汇回美国投资，就可以不用交税。总统听了面露愠色，扎克伯格也很不以为然，他转身对坐在右边的瓦莱丽·贾勒特低声说："我们应该讨论对国家重要的事情，他怎么一直说对自己有利的事呢？"

杜尔把讨论拉回到主题，呼吁大家提出具体的行动建议。轮到乔布斯时，他强调，美国需要更多训练有素的工程师，并建议为所有在美国获得工程学位的留学生签发留美的工作签证。奥巴马说，这只有在《梦想法案》（"Dream Act"）的框架内才能实现。《梦想法案》规定，在未成年时期来到美国的非法移民在完成高中学业后就可以成为美国的合法居民，但由于共和党人的阻挠，法案最终未能通过。乔布斯觉得，这个令人恼火的例子再次证明了政治如何导致社会瘫痪。他回忆说："总统是个聪明人，但他一直在说为什么这个行不通、那个行不通，让我真的很生气。"

接着，乔布斯敦促政府在美国培养更多工程师。他说，苹果在中国雇用了70万名工厂工人，这需要3万名现场工程师为他们提供技术支持。他说："而在美国根本找不到这么多工程师。"这些工程师不用必须是博士或天才，他们只需要具备制造业的基本工程技能就可以了。技术学校、社区学院或者职业学校都可以培养工程师。"如果能够培养出这么多工程师，我们就可以把更多工厂搬回美国。"这一观点给奥巴马总统留下了非常深刻的印象。在接下来的一个月里，他跟助手提了两三次："我们必须想办法培养乔布斯说的3万名制造业工程师。"

乔布斯很高兴奥巴马能够听取他的建言，两个人在晚宴后又通了几次电话。乔布斯主动提出帮奥巴马制作2012年的竞选广告。（他在2008年也曾提出要帮忙，但奥巴马的战略顾问戴维·阿克塞尔罗德并没有放在心上，所以乔布斯非常恼火）。乔布斯在晚宴几周后告诉我："我觉得政治广告都做得很烂。我可以请退隐的李·克劳出山，帮他做出非常棒的广告。"乔布斯这一周都在与疼痛做斗争，但讨论起政治话题时，他又显得精神振奋。"每隔一段时间，就会有一个真正的广告大师参与政治广告的制作，例如1984年哈尔·里尼（Hal Riney）为里根连任制作的'美国黎明再现'。我也想给奥巴马做一套精彩的广告。"

2011年，第三次病休

癌症复发总是有迹可循。乔布斯已经了解自己的身体发出的讯号。他会食欲全无，浑身疼痛。医生检查后，并不会发现什么问题，然后告诉他不用担心，癌症并没有复发。但乔布斯就是感觉不对。癌症有自己的信号通路，在乔布斯感觉不对劲几个月后，医生就会发现，癌症果然复发了。

2010年11月初，这种身体的不适再次出现。乔布斯疼痛难忍，停止进食，不得不靠护士上门利用静脉注射补充营养。医生没有发现癌症复发的迹象，他们认为这只是身体对感染和消化系统疾病的周期性反应。乔布斯从来不会默默忍耐疼痛，所以医生和家人对他的抱怨已经有些习以为常。

感恩节期间，他们全家去了康娜度假村，但他的饮食状况并没有改善。康娜度假村的餐厅是一个公用的大房间，当瘦骨嶙峋、面容憔悴的乔布斯出现时，其他客人都假装没有注意到他。他摇晃着身体，不停呻吟，食物碰都没碰一下。但他的健康状况从未泄露到外界，足见度假村和客人的素质之高。当全家人回到帕洛阿尔托时，乔布斯的情绪波动越来越大。他意志消沉，哀叹不止，跟孩子们说觉得自己快死了。一说到再也不能给他们庆祝生日了，他就会哽咽不已。

到了圣诞节，乔布斯的体重已经下降到52千克，比他的正常体重低了二十几千克。莫娜跟前夫，也就是电视喜剧作家理查德·阿佩尔，一起带孩子们来帕洛阿尔托过圣诞节。家里消沉的气氛得到了些许改善。两家人玩起了室内游戏。有个游戏叫"小说"，规则是看谁能为一本书编一个最能以假乱真的开场白，把对方骗到，就算赢了。一时间，家里的氛围似乎轻松了不少。圣诞节后的几天，乔布斯甚至能和劳伦娜一起外出去餐馆吃饭。新年的时候，孩子们去滑雪度假了，劳伦娜和莫娜轮流在帕洛阿尔托的家里陪着乔布斯。

然而，到了2011年初，乔布斯的身体状况已经明显不是短暂的不适。医生检测到了癌症复发的证据，与之有关的身体信号让他更加难以进食。医生们竭力测算在乔布斯如此消瘦的情况下，他的身体能够承受多大剂量的药物治疗。他告诉朋友们，他的每一寸肌肤都像在被重拳击打，他不停地呻吟，有时会疼得蜷成一团。

这是一个恶性循环。癌症的早期症状会引起疼痛，而吗啡和其他止痛药会抑制食欲。他的部分胰腺已经被切除，又移植了新的肝脏，所以其消化系统问题不断，难以吸收蛋白质。体重下降导致更难开展积极的药物治疗。虚弱的身体，加上有时候需要服用免疫抑制剂来防止身体对肝脏出现排斥反应，都让他更加容易受到感染。体重下降导致疼痛感觉神经周围的油脂层变薄，加剧了他的痛感。他容易出现极端的情绪波动，会陷入长时间的愤怒和抑郁，这又进一步抑制了他的食欲。

乔布斯多年来对食物的态度也加剧了他的饮食问题。年轻的时候，他学会了通过禁食来诱发快感，获得狂喜的感受。现在，虽然他知道自己应该吃东西——医生恳求他摄入高质量的蛋白质——但他承认，在潜意识里，他会本能地选择禁食和在青少年时期就接受的阿诺德·埃勒特的水果饮食法。劳伦娜一直告诉他这样太荒唐了，甚至指出埃勒特在56岁时摔了一跤，一头撞死了。有时，乔布斯会坐在餐桌前一言不发地盯着自己的大腿，劳伦娜就会非常生气。她说："我希望他能强迫自己吃点儿东西。家里的每个人都承受了巨大的压力。"他们的兼职厨师布莱尔·布朗依然会在下午过来，准备各式各样的健康菜肴，但乔布斯通常只会尝一两道菜，然后就说所有菜都无法下咽。一天晚上，乔布斯突然说："我有点儿想吃南瓜派。"好脾气的布朗不到一个小时就张罗好了食材，做了一个漂亮的南瓜派。虽然乔布斯只吃了一口，但布朗依然激动不已。

劳伦娜咨询了很多饮食失调专家和精神科医生，但乔布斯却一直很抵触。他拒绝通过药物或其他方式治疗抑郁症。他说："面对癌症和所处的困境，如果产生悲伤或愤怒的感受，就要正视这些感受。为什么要拼命掩盖，过虚伪的生活呢？"事实上，他走向了另一个极端。他变得忧郁低沉，有时泪流满面，伤感地跟周围的人哀叹自己命不久矣。抑郁症成为恶性循环的一部分，让他更加不想吃东西。

乔布斯形销骨立的照片和视频开始出现在网上，很快，关于他病重的传言四起。劳伦娜意识到，问题在于，这些传言是真的，因此也不会消散。两年前，乔布斯因为肝脏衰竭才勉强同意休病假，这次他同样抗拒。离开公司好似远离故土，不知还能否归来。但到了2011年1月，他终于接受了这个无法回避的现实。此时，董事会成员早已有心理准备。他向董事会提出他想休假的电话会议只持续了3分钟。在此之前，他经常在行政会议上与董事会讨论他的想法，例如如果他出了什么事，谁可以接替他，还谈到各种短期和长期的安排。但毫无疑问的是，在目前这种情况下，库克将再次接手苹果的日常运营。

在接下来的那个星期六下午，乔布斯同意让劳伦娜召集医疗团队开会。他意识到,他正面对着一个他绝不允许在苹果出现的问题:他的治疗方案可谓支离破碎,并没有从头到尾整合好。不同的疾病由不同的专家负责——肿瘤专家、疼痛专家、营养学家、肝病专家和血液专家,但他们彼此之间并没有有序的协调和衔接,这与詹姆斯·伊森在孟菲斯的治疗方法大相径庭。劳伦娜说:"医疗行业的一大问题是缺少类似橄榄球四分卫一样的个案管理师。"在斯坦福大学医院尤其如此,似乎没有人负责厘清营养与疼痛护理和肿瘤学之间的关系。因此,劳伦娜请斯坦福大学医院的专家来家里开会,还请了一些更注重积极治疗和综合方法的外部医生,例如南加州大学附属医院的戴维·阿古斯(David Agus)。他们一同商定了应对疼痛和协调其他治疗流程的新方案。

得益于尖端科学,医疗团队可以一直帮助乔布斯抢先癌症一步。当时,全球共有 20 个人进行了癌症肿瘤和正常基因测序,乔布斯就是其中之一。基因测序费用超过 10 万美元。

基因测序和分析是由斯坦福大学医院、约翰斯·霍普金斯医院、麻省理工学院和哈佛大学共同设立的布罗德研究所(Broad Institutej)的团队合作完成的。在掌握乔布斯肿瘤的独特基因和分子特征之后,医生团队可以挑选特定的药物,直接针对导致其癌细胞异常生长的缺陷分子位点进行治疗。这种方法被称为"分子靶向治疗",比传统的化疗更有效,因为传统的化疗会攻击人体所有正在分裂的细胞,无论是癌细胞还是健康细胞。分子靶向治疗虽然不能做到药到病除,但可以精准打击:医生可以研究各种常见和不常见的、已经上市和正在研发中的药物,从中挑选出三四种可能最有效的药物。每当乔布斯的癌细胞出现变异,导致某种药物失效时,医生就会用另一种药物取而代之,继续对其进行治疗。

虽然劳伦娜一直紧盯着乔布斯的治疗过程,但每次最终拍板新方案的人还是乔布斯自己。例如,2011 年 5 月,乔布斯在帕洛阿尔托四季酒店的一个套房里,召集乔治·费舍尔等多位斯坦福大学医院的医生和布罗德研究所的基因测序分析师,还有他的外部顾问戴维·阿古斯开会。大家围在一张桌子前。劳伦娜没有来,但里德在场。在长达 3 个小时的会议中,斯坦福大学和布罗德研究所的人员介绍了他们最新掌握的关于乔布斯癌症基因特征的标记。乔布斯一如既往地强势挑剔。布罗德研究所的一名分析员使用了微软的 PowerPoint 制作幻灯片。乔布斯打断了他的介绍，把他训斥了一番，然后解释了为什么苹果的 Keynote 演示软件更好，甚至还表示愿意教他怎么用 Keynote。会议结束时，乔布斯和他的医疗团队已经浏览了所有的分子标记资料，评估了每个潜在疗法的原理，还列出了测试清单，以更好地确定这些疗法的优先次序。

一位医生告诉乔布斯，他的癌症和其他类似的癌症有望成为可控的慢性疾病，可以一直控制到病人死于其他疾病。有一次，乔布斯跟医生开完会后立刻告诉我："我要么成为第一批战胜这种癌症的人之一，要么成为同类型病人中最后一个死于这种癌症的人。换句话说，我要么是第一个上岸的，要么是最后一个被淹死的。"

访客

2011 年，乔布斯再度宣布病休时，他的病情看起来很不乐观，就连一年多没有联系他的丽萨也在一周后从纽约飞来看他。她与父亲的关系建立在层层怨恨之上。人生最初的 10 年被父亲弃之不顾，她的内心必然伤痕累累。更糟糕的是，她继承了乔布斯的倔脾气，乔布斯觉得她身上也有她母亲爱记仇的特点。就在丽萨来之前，他回忆说："我跟她说过很多次，如果一切可以重来，我很希望我在她 5 岁时能对她更好一点儿，做一个好父亲，但现在她应该放下过去了，而不是余生都生活在愤怒里。"

丽萨这次来看他，两个人相处得很好。乔布斯感觉好些了，开始有心情跟身边的人修补关系，表达关爱。32 岁的丽萨有一个正在认真交往的男朋友，来自加州，是个还在努力奋斗的年轻电影制片人。乔布斯甚至说，他们结婚了可以搬回帕洛阿尔托。他告诉她："我不知道我还能活多久，医生们也说不好。如果你还想多见我几次，那就搬过来。考虑一下吧。"尽管丽萨没有搬到西海岸，但乔布斯还是对二人的和解备感欣慰。"我本来不确定是否要她来看我，因为我病了，不想再有其他的纷扰。但我非常高兴她来了，我心里的很多疙瘩都解开了。"

那个月，还有一个人登门拜访，希望能跟乔布斯重修旧好。这个人就是谷歌的联合创始人拉里·佩奇。佩奇家离乔布斯家不到三个街区，他不久前刚宣布计划从埃里克·施密特手中重新接管公司。他知道如何拍乔布斯的马屁：他问能不能过来请教一下怎样成为出色的首席执行官。提到谷歌，乔布斯还是一肚子气。他回忆说：“我的第一反应是，'去你的吧'，但后来我想了想，意识到在我年轻的时候，很多人都帮助过我，像比尔·休利特，还有住在街区尽头那个在惠普工作的邻居。所以我给他回了电话，说当然可以。”佩奇过来了，坐在乔布斯的客厅里，听乔布斯讲述如何打造伟大的产品和基业长青的公司。乔布斯回忆道：

我们围绕聚焦的问题聊了很多。还聊到了人才的选拔，怎么识人用人，怎么样才能组建一支可以信赖的高管队伍，等等。我告诉他应该怎样避免公司变得松散无序、充斥着B级选手。我强调的主要内容就是聚焦：要想清楚谷歌做大之后，想要成为一家什么样的企业。谷歌现在做的事情太多太杂了。我问他，你想聚焦的五大产品是什么？瞄准五大产品，砍掉其他产品线，不然只会拖累整个公司，把你们变得像微软一样。没有聚焦，公司提供的产品就只能算合格，不能达到卓越的水准。我尽我所能地为他提供了帮助。我也将继续给扎克伯格这样的人提供意见。在我的余生里，有一部分时间就是用来提携后人的。我可以帮助下一代铭记当今硅谷伟大公司的传统，帮助他们将这些传统延续并发扬光大。硅谷为我提供了很多帮助，我应该尽我所能予以回报。

2011年，乔布斯病休的消息一出，登门拜访的人络绎不绝。例如，克林顿就曾来家里看他，两个人天南地北地聊，从中东问题一直谈到美国政治。但最令人感慨的莫过于1955年出生的另一位科技界天才的来访。30多年来，乔布斯和盖茨这对冤家对头亦敌亦友，共同定义了个人电脑时代。

这么多年来，盖茨一直觉得乔布斯很有魅力。2011年春，他到华盛顿讨论自己基金会的全球健康项目，我在晚宴上跟盖茨聊了聊。他对iPad的巨大成功感到惊叹，也很佩服乔布斯即使在生病期间也专注于改进iPad。他略带伤感地说：“我现在不过是出资让世界免受疟疾之苦，而史蒂夫还在不断地推出令人拍案叫绝的新产品。也许我应该继续跟他一决高下，不该早早地退出游戏。”他笑了笑，好让我知道他是在开玩笑，或者至少是在半开玩笑。

盖茨通过两人共同的朋友迈克·斯莱德，约好 5 月去看乔布斯。但在约定见面的前一天，乔布斯的助理打电话说他身体不舒服，于是他们重新安排了一个时间。一天，中午刚过，盖茨开车来到乔布斯家。盖茨穿过后门，来到敞开的厨房门前，看到伊芙正在餐桌前学习。"史蒂夫在吗？"他问。伊芙指了指客厅的方向。

他们两个人回忆了一幕幕往事，一聊就是三个多小时。乔布斯说："我们就像科技行业的两个老家伙在追忆过去。我从没见过他这么开心。我一直在想，他看起来可真健康啊。"乔布斯同样让盖茨感到惊讶——虽然他憔悴得吓人，但比盖茨想象的要更有活力。乔布斯丝毫不避讳谈论自己的健康问题，至少在那一天，他感到很乐观。他告诉盖茨，他的一系列靶向药物治疗方案就像青蛙"从一片荷叶上跳到另一片荷叶上"，试图比癌症的发展超前一步。

乔布斯问了一些与教育有关的问题，盖茨勾勒了自己对未来学校的设想：学生们可以自行在家观看讲座和视频课程，课堂时间主要用于讨论和解决问题。他们一致认为，到目前为止，计算机对学校的影响微乎其微，完全比不上对媒体、医学和法律等其他社会领域的影响，这实在令人意外。盖茨说，要改变这种状况，电脑和移动设备必须提供更加个性化的课程和能够起到激励作用的反馈。

他们还聊到家庭生活的种种乐趣。他们都觉得自己是幸运的，找到了理想的伴侣，孩子们也很优秀。盖茨回忆说："我们笑着说，他遇到劳伦娜真是幸运，能让他保持一半的心智健全，而我能遇到梅琳达，也是我的福气，不然我早疯了。我们还聊到做我们的子女其实压力很大，我们怎么样才能缓解孩子们的压力，说了很多心里话。"伊芙曾跟盖茨的女儿珍妮弗一起参加马术表演。在他们聊天期间，她从厨房走了进来，盖茨问她最喜欢的跳跃训练是哪一项。

在聊天接近尾声时，盖茨称赞乔布斯"创造了无与伦比的东西"，还夸赞了他在 20 世纪 90 年代末，当苹果差点儿毁在蠢货手里时，力挽狂澜拯救苹果的英雄之举。盖茨甚至还做了一个耐人寻味的让步——纵贯他们的整个职业生涯，在最为基本的数字问题上，他们一直坚持着对立的理念：硬件和软件应该紧密结合，还是更加开放。此时，盖茨告诉乔布斯："我曾经坚信,开放的、横向的模式将会获胜。但你证明了集成的、纵向的模式也是极好的。"对此,乔布斯也做出自己的让步:"你的模式也很有效。"

他们两个说的都对。Mac 与各种 Windows 系统电脑共存,证明两种模式在个人电脑领域都是可行的,而在移动设备领域应该也是如此。但是,在跟我叙述完他们的讨论之后,盖茨补充说:"当史蒂夫掌舵的时候,整合模式很有效。但这并不意味着这种方法在未来也将屡战屡胜。"而乔布斯在描述完他们的会面后,也同样感觉必须加上对盖茨的告诫。"当然,他的分散模式是可行的,但并没有制造出真正伟大的产品,他的产品都很蹩脚。这就是问题所在,而且是个大问题。至少长期看来会是如此。"

这一天终于还是来了

乔布斯还有许多有待实现的想法和项目。他想颠覆教科书行业,为 iPad 开发电子文本和课程材料,这样就可以解放学生们的脊柱,让他们不用再背重重的书包了。他在和当初一起打造了 Mac 的朋友比尔·阿特金森合作开发新的数字技术,提高 iPhone 像素,即使光线不好,也能用手机拍出精彩的照片。他还非常想改造电视机,把电视机也变得像电脑、音乐播放器和手机那样简单优雅。他告诉我:"我想做一个超级简单的整合型电视机,可以跟你所有的设备和 iCloud 无缝同步。"这样,用户就再也不用为复杂的 DVD 播放器和有线电视频道遥控器伤脑筋了。"这款电视机将拥有你能想象的最简单的用户界面。我终于想到怎么做了。"

但到了 2011 年 7 月,他的癌细胞已经扩散到骨骼和身体的其他部位,医生很难再找到能够击退癌症的靶向药物。他浑身疼痛乏力,睡眠断断续续,已经无法继续工作了。他和劳伦娜本来预定了帆船,全家准备在月底出游,但不得不取消计划。他基本上已经不能吃固体食物了,每天大部分时间都在卧室里看电视。

8 月,我收到他发来的一条信息,说希望我去看看他。我在一个星期六上午到了他家,他还在睡觉,所以我和劳伦娜与孩子们先在花园里坐了一会儿。花园里种满了黄玫瑰和各种雏菊。后来,乔布斯传话给我,说我可以进去了。进去之后,我看到他蜷缩在床上,穿着卡其色短裤和白色高领毛衣。他的腿已经瘦得皮包骨头，但他的笑容很轻松，思维依然敏捷。他说："我们最好快点儿，我一会儿就没劲了。"

他想给我看一些个人生活照片，选几张放在这本书里。他太虚弱了，下不了床，所以指了指房间里的抽屉，我小心翼翼地把每个抽屉里的照片拿给他看。我坐在床边，一次举起一张照片让他看。有些照片触动了他的回忆，他会谈起当年的事；有些照片则是让他哼了一下或面露微笑。我从来没见过他父亲保罗·乔布斯的照片。我拿起一张20世纪50年代拍的照片，惊讶地看到一个英俊强壮、工人模样的爸爸抱着一个小男孩儿。乔布斯说："对，这就是他，这张可以用。"然后他指了指靠近窗户的一个盒子，里面也有一张父子的合影，那是在乔布斯的婚礼上，他的父亲慈爱地看着他。乔布斯轻声说："他非常了不起。"我轻声说："他应该会以你为傲的。"乔布斯纠正了我："他在世的时候，就已经为我感到骄傲了。"

有那么一会儿，这些照片似乎让他恢复了一些精神。我们又聊到在他生活中出现的一些人现在如何看待他，像是蒂娜、马库拉和盖茨。我告诉他，盖茨在跟我说完两人上次见面的事之后，还加上了一句话，就是苹果虽然证明了整合模式可行，但只有"当史蒂夫掌舵的时候"才能成功。乔布斯觉得这种想法很蠢。他说："任何人都可以用这种方式创造出更好的产品，不仅仅是我。"我问他还有哪家公司通过坚持端到端整合，打造出了伟大的产品。他想了好一会儿，最后说："汽车公司吧。"但又马上补充道："至少他们曾经做到了。"

接着，我们的话题转向了当前糟糕的经济和政治局面，乔布斯的看法非常尖锐，认为世界各地都缺乏强有力的领导。"我对奥巴马感到失望，他没有做好领导工作，因为他总是不想得罪人或者让人生气。"他猜到了我在想什么，会心一笑，说："对啊，我就从来没有这个问题。"

两个小时后，他逐渐安静了下来，于是我站起来，准备告辞。"等等。"他挥手招呼我坐回去。他歇了一两分钟，才攒够了劲儿说话。"其实，我对这个项目还是很忐忑的。"他终于开口。"这个项目"指的是决定配合我写传记。"我真的很担心。"

"那你为什么还选择这样做呢？"我问。

"我想让孩子们了解我。我陪他们的时间很少，我想让他们知道原因，了解我所做的一切。还有,生病之后,我意识到,如果我死了,肯定会有人写我的事,但他们什么都不知道,一定会写得错误百出。所以我想确保有人能表达出我真正的想法。"

两年来,他从来没有问过我在书里写了什么,也没有问过我得出了什么结论。但现在他看着我说:"我知道你的书里肯定有很多让我不高兴的内容。"与其说这是一句陈述,不如说是一个提问。他盯着我,看我什么反应,我点头微笑,说的确如此。"那就好,这样看起来就不像是我亲自内定的版本。我暂时还不想读它,因为我不想生气。也许一年后会读吧——如果那时我还在的话。"说到这儿,他的眼睛已经闭上,气力全无,所以我悄悄地离开了。

整个夏天,乔布斯的健康状况不断恶化,他逐渐开始面对一个不可回避的事实:他再也不会回到苹果做首席执行官了。是时候辞职了。他为这个决定纠结了几周,跟劳伦娜、坎贝尔、艾夫和莱利反复讨论。他告诉我:"我想为苹果内部的权力交接树立标杆。"他开玩笑说,在过去35年,苹果每次改朝换代都闹得满城风雨,"好像一些国家的权力倾轧大戏。我的目标是把苹果打造成世界上最好的公司,而有序的权力过渡是关键所在。"

乔布斯认为,最佳的交接时间和地点是在8月24日的董事会例会上。他不想通过信件或电话会议的方式完成交接,而是想亲临现场,所以他一直在强迫自己吃东西来恢复体力。在会议的前一天,他觉得自己的身体状况可以参会了,但需要坐着轮椅。他安排人开车送他到苹果总部,又用轮椅把他推进会议室,一切都在尽可能保密的状态下进行。

他在上午近11点时现身,当时董事会成员已经差不多完成委员会报告和其他的常规事务。大多数人都知道接下来要发生什么。但库克和首席财务官奥本海默没有直接谈及大家关心的这个话题,而是回顾了上一季度的业绩,并做了未来一年的销售预测。听完之后,乔布斯平静地说,他有私人事务要宣布。库克问他是否需要他们这几位主管回避。乔布斯停顿了三十多秒,最后决定让他们出去,只留下了6位外部董事。乔布斯拿出他在过去几周里口授写就并反复修改的一封信,开始念给大家听。信的开头是这样的:"我一直说,如果有一天我不能再履行作为苹果首席执行官的职责，无法满足各方对该职务的期望，我会第一个让你们知道。不幸的是，这一天终于还是来了。"

这封信简单、直接，只有8句话。他在信中建议由库克接管自己的职务，他自己可以担任董事长。"我相信苹果最光明和最具创新性的日子还在前方。而我期待能在新的角色中，继续关注苹果的成功，做出应有的贡献。"

现场各位沉默良久。戈尔第一个发言，他列举了乔布斯在任期内的种种成就。德雷克斯勒补充说，见证乔布斯改造苹果是"我在商界见过的最不可思议的事情"。莱文森赞扬了乔布斯为确保权力顺利交接做出的努力。坎贝尔什么也没说，但在权力交接的正式决议通过时，他的眼中饱含着热泪。

午餐时，福斯托和席勒进来展示苹果正在开发的产品模型。乔布斯向他们提出了一些问题和想法，特别是关于第四代蜂窝网络的潜力及未来手机可能需要的功能。其间，福斯托展示了一个语音识别应用程序。正如福斯托所担心的那样，乔布斯在演示过程中抓起了手机，想看看能不能把程序搞晕。他问："帕洛阿尔托的天气怎么样？"应用程序做出了回答。乔布斯又问了几个问题，然后出了个难题："你是男是女？"应用程序用它的机器人声音给出了一个出人意料的回答："他们没有给我指定性别。"一时间，气氛变得轻松起来。

当话题转向平板电脑时，有人以胜利的口吻宣布，惠普突然放弃了平板电脑领域，因为无法与 iPad 竞争。但乔布斯却感到很唏嘘，感慨说这个时刻其实很令人伤感。他说："休利特和帕卡德打造了一家伟大的公司，他们以为把公司交给了可靠的人，但现在公司却四分五裂，走向毁灭，这真是个悲剧。我希望我留下了更强大的遗产，希望这种情况永远不会在苹果发生。"他准备离开时，董事会成员围上前来一一拥抱了他。

跟董事开完会之后，乔布斯又去跟公司高管团队见面，宣布了辞职的消息，随后跟莱利一起乘车回家。他们到家的时候，劳伦娜正在后院的蜂房中采集蜂蜜，伊芙在一旁帮忙。她们摘下防护罩，把蜜罐带到厨房，里德和艾琳已经在厨房等待，大家要一起庆祝这次优雅的交接。乔布斯吃了一勺蜂蜜，赞叹蜂蜜香甜无比。

第四十一章　第三回合　暮色下的搏击

那天晚上,乔布斯向我强调,他希望在健康状况允许的情况下,尽量保持积极的状态。他说:"我还想继续研发新产品,推动市场营销,做很多我喜欢的事情。"我问他,放弃了自己亲手打造的公司的控制权,他内心最深的感受是什么。他的语气充满留恋,还加上了"曾经"二字:"我曾经拥有这样的职业生涯和这样的人生,是非常幸运的。当然,我也尽了最大的努力,做了我所能做到的一切,没有留下遗憾。"

第四十二章　遗泽

无比辉煌的创新天堂

火线

乔布斯的个性体现在他打造的产品里。从1984年的第一代Mac，到整整一代人以后的iPad，苹果始终坚守硬件和软件端到端整合的核心理念，而他本人也是如此：他的无限激情、完美主义、内心的恶魔、欲望、艺术气质、残暴严苛、强烈的控制欲，都与他的商业策略和由此产生的产品紧密相连、深刻交织。

把他的个性和产品融合叠加的统一场论建立在他最显著的特质——强烈的个性之上。他的沉默有时与他的咆哮一样令人惶恐；他训练自己可以眼睛一眨不眨地盯着别人看。他有时会因此显得充满魅

2006年Mac世界大会上的乔布斯，背后的幻灯片上是他和沃兹尼亚克30年前的合影

力,执着可爱。比如,他会真诚地阐述鲍勃·迪伦的音乐有多么深刻,也会信誓旦旦地宣称这次推出的产品是苹果有史以来最令人惊叹的杰作。而有些时候,他激烈的表达会让人不寒而栗。比如,当他声色俱厉地谴责谷歌或微软剽窃苹果的创意时,周围的人无不心惊肉跳。

这种强烈的个性塑造了乔布斯非黑即白的世界观。他眼里的同事不是令人仰慕的英雄,就是无可救药的笨蛋。有时,在一天之内,他才骂完你是白痴,又会改口称你为豪杰。他对产品、创意甚至食物的评价也是如此:要么是"有史以来最棒的",要么低劣、没法儿入口。因此,任何小毛病都可能会让他暴跳如雷。像是金属的抛光、螺丝头的曲线、包装盒蓝色的深浅、导航屏幕的直观性等,只要他稍有不满,就会直接怒斥这些东西"烂透了",而在反复调整改良之后,他会突然宣称它们"完美无瑕"。他自认为是一名艺术家(他确实是),所以也像艺术家一样洒脱随性。

他力求完美,因此苹果必须对打造的每一款产品进行端到端的控制。一想到卓绝的苹果软件在其他公司的蹩脚硬件上运行,他就如坐针毡;同样,如果有未经许可的应用程序或内容玷污苹果设备的完美性,他也会百爪挠心。他可以把硬件、软件和内容整合到统一的系统中,进而实现极致的简约。天文学家开普勒说过:"大自然喜欢简约和统一。"乔布斯也是一样。

开放与封闭的对立是数字世界最根本的鸿沟。乔布斯本能地喜欢整合系统,因此坚定地选择了站在封闭这一边。家酿计算机俱乐部传承的黑客精神支持开放。在开放系统中,几乎没有集中控制,人们可以自由地修改硬件和软件,分享代码,按照开放标准编写软件,避开专有系统,内容和应用程序可以跟各种设备与操作系统兼容。年轻的沃兹尼亚克就属于开放阵营。他设计的 Apple II 容易拆解,提供了大量插槽和端口,供用户随意插入需要的配件。而乔布斯推出了 Mac,成为封闭阵营的创始人。Mac 就像一个家电,硬件和软件紧密结合,完全封闭,不允许用户进行调整。乔布斯牺牲了黑客精神,只为打造无缝且简单的用户体验。

也正是基于这个原因,乔布斯一声令下,禁止为其他公司生产的电脑提供 Mac 操作系统的授权。微软则反其道而行之,授权其他电脑企业使用 Windows 操作系统,不加任何限制。这样的电脑虽然不是最优雅简洁的,却帮助微软称霸了操作系统领域。最终，苹果的市场份额缩减到不足 5%，微软的策略宣告成功，成为个人电脑领域的赢家。

然而，从长远来看，乔布斯的模式也是颇具优势的。虽然苹果电脑的市场份额不高，但其他品牌的电脑大同小异，千篇一律，因此苹果仍能保持巨大的利润率。以 2010 年为例，苹果在个人电脑市场的营收仅占 7%，但却攫取了 35% 的营业利润。

更重要的是，在 21 世纪初，乔布斯对端到端整合的坚持，使苹果在发展"数字生活中枢"战略时抢占先机，其台式电脑可以与其他各种便携式设备无缝连接。例如，iPod 是苹果紧密整合的封闭系统的一部分。要使用 iPod，就必须使用苹果的 iTunes 软件，并从 iTunes 商店下载内容。苹果后来推出的 iPhone 和 iPad 也是如此。苹果的产品一向设计优雅，使用便捷，相比之下，竞争产品既粗制滥造，又不能提供端到端的无缝体验，两者对比鲜明。

这个策略行之有效。2000 年 5 月，苹果的市值仅为微软的 1/20。2010 年 5 月，苹果超越微软，成为全球最有价值的科技公司，到 2011 年 9 月，苹果的市值已经比微软高出 70%。2011 年第一季度，Windows 个人电脑的市场占有率下滑了 1%，而 Mac 的市场占有率则增长了 28%。

此时，移动设备领域已经战火再起。谷歌采取了开放的策略，推出安卓操作系统，授权给其他平板电脑或手机制造商使用。到 2011 年，谷歌在移动市场的份额已与苹果的相当。像安卓这样的开放系统最为人诟病的缺点就是"碎片化"。各大手机和平板电脑制造商都会自行修改安卓系统，进而形成了几十种版本和风格，因此，专门为某一个版本设计的应用程序可能无法在其他版本上运行，或者有些功能无法充分实现。封闭和开放都有其优点。一些人希望能自由地使用更开放的系统，从更多的硬件中做选择；另一些人显然更喜欢苹果的紧密整合和严格控制，因为这样的产品界面更简单，电池更耐用，操作更友好，内容处理更便捷。

乔布斯的模式也存在缺点：他执著于产品的赏心悦目、易于使用，所以不愿意给用户授权。哈佛大学的乔纳森·齐特林（Jonathan Zittrain）是开放环境的坚定支持者。他对开放环境的议题思考深入，著有《互联网的未来：光荣、毁灭与救赎的预言》一书，开篇就是乔布斯介绍 iPhone 的场景。

齐特林警告说，使用"被控制网络束缚的无菌设备"取代个人电脑，后果会非常可怕。科利·多克托罗（Cory Doctorow）则更加狂热，他为波音波音（Boing Boing）网站写了一篇名为"为什么我不买 iPad"的宣言："iPad 的设计很为用户考虑，反映了团队的聪明才智，但我们依然可以感觉到其对用户的蔑视。如果你买了一台 iPad 给孩子用，并不能启发他们去对世界进行拆解和重组，而是在告诉他们，就算是换电池这样的小事，也必须交给专业人士来做。"

对乔布斯来说，系统整合是天经地义的事。他解释说："我们做这些事，不是因为我们是控制狂，而是因为我们想制造伟大的产品，因为我们在乎用户，想对用户体验负全责。我们不想跟别人一样制造垃圾。"他还认为，他这样做是在造福用户。"他们忙着做自己最擅长的事情，他们希望我们也做自己最擅长的事情。他们的生活千头万绪，有很多事情需要考虑，不应该成天想着怎么整合他们的电脑和数码设备。"

封闭策略有时会跟苹果的短期商业利益相冲突。但是，这个世界充斥着做工低劣的电子设备、难以捉摸的错误信息和令人抓狂的用户界面，因此以极致的用户体验为标志的苹果的产品让人眼前一亮。使用苹果的产品宛若漫步于乔布斯最喜爱的京都禅宗花园，让人见之忘俗，心旷神怡，而这种体验不是通过崇尚开放系统或允许百花齐放来实现的。所以说，有时，把自己交到一个控制狂手里也不错。

乔布斯强烈的个性也体现在他的专注力上。他会选定优先事项，用激光般的注意力对准目标，过滤掉其他任何让他分心的人和事。一旦开始某项任务，无论是第一代 Mac 的用户界面、iPod 和 iPhone 的设计，还是让音乐公司进入 iTunes 商店，他每次都全力以赴，毫无保留。但是，对于他不想处理的事，比如法律上的烦扰、商业问题、癌症的诊断或家庭矛盾，他也会毅然决然地选择忽略。这种专注使他可以毫不犹豫地舍弃很多东西。重返苹果后，他只保留了少数核心产品，把剩下的产品全部叫停，进而让公司重新走上正轨。他去掉了不必要的按钮，让设计更简洁；放弃了某些功能，让软件更好用；减少了一些选项，让界面更简明。

他把自己的专注力和对简约的热爱归功于早年禅修的经验。禅修增强了他对直觉的欣赏和重视，让他学会如何过滤掉所有分散注意力或不必要的东西，培养了他以极简主义为基础的审美观。

遗憾的是，禅修并没有给他带来禅意的平静或禅定的平和，而这一缺憾也是他遗泽的一部分。他经常神经紧绷，毫无耐心，也完全不去掩饰自己的情绪。普通人在所想和所说之间都有一个调节器，用于平复自己粗暴的情绪和野蛮的冲动。乔布斯则不然。他为人处世的一大原则就是诚实，即使伤害他人，也在所不惜。他说："我的工作就是指出不足，而不是粉饰太平。"这样的做法让他极富魅力和感染力，但有时也会让他成为不折不扣的浑蛋。

赫兹菲尔德曾对我说："有一个问题，我真的很想知道史蒂夫的答案，那就是：'为什么你有时候要这么刻薄呢？'"就连他的家人也想知道，大脑中那个让人自我克制、不出口伤人的过滤器，乔布斯究竟是根本就没有，还是故意不用？当我问乔布斯这个问题时，他回答说，他天生就没有这样的过滤器："我就是这样，你不能指望我违背自己的天性。"但我认为，如果愿意，他还是可以控制自己的。当他伤害别人时，并不是因为他麻木不仁。恰恰相反，正是因为他能掂量别人的斤两，看穿他们内心的想法，所以他才可以随心所欲地与人相处，劝服他们或伤害他们。

乔布斯个性中令人讨厌的一面并无必要，因为这对他本人来说弊大于利。但这种暴烈的性格有时的确能帮他达成目的。为人彬彬有礼、做事天衣无缝的领导者会尽量避免挫伤他人，反而无法有效推动变革。而几十个被乔布斯虐得死去活来的同事在讲完一连串恐怖故事后都会说，是乔布斯逼他们做了他们做梦都觉得不可能完成的事。这种个性帮他打造了一个全是A级队员的公司。

乔布斯的传奇故事是硅谷创业神话的典型代表：从父母家的车库里起家，最后打造出全世界最有价值的公司。很多产品和服务并不是他直接发明的，但他是把创意、艺术和科技结合在一起的大师，他创造了未来。他见识到图形界面的魅力，之后设计了Mac，而首创图形界面的施乐公司并没有做到这一点；他想到了在口袋里拥有1 000首歌的乐趣，之后发明了iPod，而拥有所有资源和传承的索尼公司却始终没有参透其中的奥秘。一些企业领导者高瞻远瞩，通过统揽全局来推动创新；还有些商界领袖明察秋毫，通过掌握细节来实现创意。而乔布斯兼具两种品质，并做到了极致。正因如此，他才得以在30年里推出一系列颠覆多个行业的产品：

- Apple II：这款电脑采用了沃兹尼亚克发明的电路板，成为首台不仅仅供业余爱好者使用的个人电脑。
- Mac：引发了家用电脑革命，普及了图形用户界面。
- 《玩具总动员》及皮克斯的其他大片：缔造了数字想象的奇迹。
- 苹果零售店：重塑了零售店在品牌定义方面的作用。
- iPod：改变了音乐消费的方式。
- iTunes Store：让音乐产业起死回生。
- iPhone：使移动电话兼具随身听、相机、视频播放器、收发电子邮件和网络服务等功能。
- App Store：催生了新的内容创造产业。
- iPad：开创了平板计算技术，为数字报纸、杂志、图书和视频提供了平台。
- iCloud：把电脑从管理内容的核心角色中剥离出来，让个人所有的电子设备无缝衔接，同步更新。
- 苹果本身：乔布斯认为这家公司是他这一生最伟大的作品。苹果不仅是想象力的摇篮，还以最具创意的方式把想象变为现实，成长为全球最有价值的公司。

他聪明吗？他的智力并没有异于常人。与其说他聪明，不如说他是个天才。他那天马行空的想象力是发自本能的、不可预见的，有时宛如神奇的魔法。事实上，他就是数学家马克·卡克（Mark Kac）所说的那种魔术师天才，其洞察力如有天赐，需要敏锐的直觉，而不仅仅是大脑的理性处理。他就像一个探路者，可以吸收信息，从风中嗅出端倪，感知到前路的状况。

乔布斯因此成为我们这个时代最伟大的企业管理者，即使在一个世纪以后，也一定会被后人铭记。他将进入历史的万神殿，与发明家爱迪生和汽车大王福特平起平坐。他把诗歌和处理器的力量完美结合，打造了颠覆性的创新产品，在他所处的时代里举世无双。他工作的时候全情投入，锐不可当，跟他共事的人诚惶诚恐，但又备受鼓舞，他也借此建立了世界上最具创新能力的公司。他还在苹果的 DNA 中注入了设计感、完美主义和想象力，使其可能在此后的几十年里一直都是在艺术和科技的交会点上发展得最好的公司。

还有一件事……

传记作者理应是为传记做结语的人。但这是乔布斯的传记。虽然他并没有把自己举世闻名的控制欲强加在这个传记项目上，但我想，如果我不给他发表最后感言的机会就直接把他推上历史舞台，那就不能准确传达出他给人的感觉——毕竟他的风格是在任何情况下都要坚持表达自己的意见。

在我们的谈话过程中，他曾多次谈到他希望自己留下什么样的遗泽。以下就是这些想法，是他的原话：

我一直致力于打造一家基业长青的公司，我希望公司的员工对于打造伟大的产品怀有满腔动力。其他一切都是次要的。能获利当然很好，因为只有赚到钱，才有资本打造伟大的产品。但初心一定是产品，而不是利润。斯卡利搞错了重点，把赚钱当成了首要目标。这个差别非常微妙，却牵一发而动全身，因为这会最终决定公司招聘什么人、提拔什么人、会上讨论什么事项等一系列问题。

有人会说，"顾客想要什么，就提供什么"。但这不是我的做法。我们的工作就是赶在顾客之前，替他们想清楚他们想要什么。我记得福特说过："如果我问顾客他们想要什么，他们会告诉我：'一匹更快的马！'"人们并不知道自己想要什么，直到你把东西摆在他们面前，他们才会恍然大悟。这就是为什么我从不依赖市场调查。我们的任务是超前读懂那些还没有落在纸面上的东西。

宝丽来公司的兰德谈到了人文和科学的交会点。我喜欢这个交会点，这里有一股神奇的魔力。创新的人有很多，而创新也不是我职业生涯中最突出的特点。苹果之所以能引起人们的共鸣，是因为在我们的创新中，蕴含着深刻的人文精神。我认为伟大的艺术家和伟大的工程师是相似的，因为他们都渴望进行自我表达。事实上，在研发第一代 Mac 的优秀工程师团队里，有些人会在业余时间写诗或作曲。20 世纪 70 年代，计算机成为人们表达创造性的方式。像达·芬奇和米开朗琪罗这样伟大的艺术家在科学方面也很出色。米开朗琪罗不只是会雕刻，他还了解很多采石的知识。

人们付钱给我们，让我们为他们整合产品和服务，因为他们没有时间整天思考这些东西。如果你对生产伟大的产品怀有极大的热情，这种热情就会推动你进行整合，推动你把硬件、软件和内容管理变为一个整体。你总是希望实现新的突破，所以必须亲自去做。如果要把自己的产品开放给其他硬件或软件，你就必须放弃一些愿景。

回顾过去，不同时期的硅谷有着不同的典范公司。有很长一段时间，硅谷之星是惠普。然后进入半导体时代，仙童和英特尔脱颖而出。我认为，苹果有一段时间非常耀眼，但后来光芒也逐渐暗淡。而今天，我认为最棒的公司就是苹果和谷歌，苹果比谷歌更强一点儿。我觉得苹果经受住了时间的考验。公司已经发展了一段时间，但仍然处于科技变革的最前沿。

攻击微软非常容易。很显然，他们已经丧失了行业统治地位，变得比较无足轻重。但我仍然很欣赏他们过去的成绩，也了解其中的艰辛。他们非常擅长商业运作，但在产品方面进取心不足，他们本来可以做得更好。比尔喜欢把自己说成一个搞产品的人，但他真不是。他是个生意人。对他来说，做成生意比打造伟大的产品更重要。他最终成为世界首富，如果这是他的目标，那么他得偿所愿了。但赚钱从来不是我的目标，而且我很想知道，这真的是他的终极目标吗？他建立了一家了不起的公司，我对此非常钦佩，我也很喜欢和他一起工作。他很聪明，也很有幽默感。但微软的DNA中从来没有人文精神和艺术气质。甚至，就算把Mac摆在他们面前，他们也复制不来。他们根本就不懂其中的精髓。

对于像IBM或微软这样的公司为什么会衰退，我有自己的理论。公司发展得很好，不断创新，在某些领域成为垄断者，或者接近垄断地位，这时，产品的品质就变得没那么重要了。公司开始重视出色的销售大师，因为他们才是能够推动营收的人，而不是产品工程师和设计师。最终，销售人员成了公司的管理者。IBM的约翰·阿克斯就是个出色的销售人员，头脑聪明，口才极好，但他对产品一窍不通。同样的事情也发生在施乐公司。当销售人员管理公司时，产品人员就不受重视了，很多人会选择离开。斯卡利加入苹果后，就出现了这样的情况，这是我的错；鲍尔默接管微软的时候，发生了同样的事情。苹果很幸运，东山再起了。至于微软，我认为只要鲍尔默还掌舵，微软就不会有任何改变。

我讨厌追求一夜暴富的人以"企业家"自居。他们真实的想法就是在创业后找机会把公司卖掉或上市，借机捞上一笔。他们不愿意耗费心血建立一个真正的公司，而这才是做企业最难的环节。打造长青企业才是真的有所贡献，才能为前人留下的遗产添砖加瓦。建立在一两代人之后仍会屹立不倒的公司，这就是迪士尼、休利特、帕卡德及英特尔的创始人所做的。他们打造了传世的公司，而不仅仅是为了赚钱。这就是我对苹果的期望。

我不觉得我对别人很苛刻。如果他们工作没做好，我就会当面告诉他们。诚实是我的责任。我知道自己在说什么，而且我通常也都是对的。这就是我努力打造的文化。我们彼此之间完全坦诚，不加掩饰，任何人都可以告诉我他们觉得我在胡说八道，我也可以对他们说同样的话。我们有过一些激烈的争论，对彼此大吼大叫，而我觉得这是最美好的时光。我会直言不讳地说："罗恩，那家零售店看起来狗屁不是。"也会当着负责人的面说："我的天哪，这个产品的工程设计搞砸了。"这就是我们共事应有的责任：必须绝对诚实。也许世界上存在着更好的方式，大家都像在绅士俱乐部一样，打着领带，西装笔挺，委婉客气，但我不会这一套，我只是来自加州的中产阶级而已。

我有时很严厉，也许没必要这么严厉吧。我还记得里德 6 岁的时候，那天我刚刚解雇了一个人，我回到家后，看着里德，就想，那个人也要回家告诉家人和年幼的儿子自己失业了，他一定非常难过。这很不好受，但总得有人来当坏人。我想，确保团队优秀一直是我的任务，如果我不做，就没有人会去做。

你必须不断推陈出新。迪伦本来可以一辈子唱抗议歌曲，这样也能赚很多钱，但他没有在原地踏步，而是不断前进。1965 年，他开始在民谣中融入电子乐元素，很多歌迷因此离开了他。1966 年的欧洲巡演是他的巅峰。他先是上台演奏原声吉他，观众们都很喜欢。然后他带着 The Band 乐队出场，进行电吉他表演，观众席上传出了嘘声和喝倒彩的声音。就在他要唱《像一块滚石》的时候，甚至有观众大骂："犹大！叛徒！"接着，迪伦说："给我大声弹！"伙伴们照做了。披头士乐队也是如此。他们不断发展，不断前进，不断完善他们的艺术。这也是我一直试图做的事情——前行不辍。否则，正如迪伦所说，如果不是忙着生活，那就是在为死亡忙活。

我的动力是什么？我想大多数有创造力的人，都想对前人的贡献表示感谢。我所使用的语言或数学不是我发明的，我吃的东西基本不是自己做的，穿的衣服就更不用说了。我所拥有的一切都依赖于人类的其他成员，是站在前人的肩膀上取得的。我们很多人都想回馈社会，为全人类做出一点儿贡献。我们要用自己所知的唯一方式进行自我表达——我们不能像鲍勃·迪伦那样写歌，也不能像汤姆·斯托帕德（Tom Stoppard）那样写剧本，那我们就努力用自己所拥有的才能来表达自己最深切的感受，表达我们对所有前人贡献的感激之情，为历史长河再添一笔。这就是我的动力。

尾声

一个阳光明媚的下午，乔布斯身体不太舒服。他坐在家后面的花园里，谈论了死亡这个话题。他说到近 40 年前在印度的经历、他的禅修，以及他对轮回转世、灵魂超度的看法。"我对上帝的存在是半信半疑的。在我生命的大部分时间里，我能感觉到，世界上还有很多东西是我们肉眼看不到的。"

他承认，在面临死亡之际，因为对来世的渴望，他愿意相信上帝的存在。他说："我愿意相信，即使人死了，有些东西还会继续存在。想到一个人毕生积累的经验，也许还有一点儿智慧，就这样消失了，感觉怪怪的。所以我真的愿意相信有些东西会保留下来，也许人的意识是不朽的。"

他沉默了良久，然后说："但从另一个角度看，也许生命就像一个开关，啪一下，开关关上，你就走了。"

他又停顿了一下，微微一笑："也许这就是为什么我不喜欢在苹果设备上加开关键吧。"

后 记

  2011年夏,乔布斯认为自己会在抗癌之战中再次获胜。他已经计划在当年8月底宣布辞去苹果首席执行官一职,建议我以此事作为本书的结尾。当时,我已经给出版商发去了不包含结尾部分的手稿。在我交出最后的修订稿之前,我花了一些时间和乔布斯一起过了一遍书中使用的很多故事,包括一些我认为他可能不喜欢的故事。他一直坚持让我如实记录,不加粉饰,所以书中有很多关于他暴脾气的逸事。我向他保证,我已经努力把这些事情的来龙去脉交代清楚,说明这些行为只是他复杂而又充满激情的个性的一个方面,也正是由于这种个性,他坚信普通规则不适用于自己,进而成功改变了世界。

  他很乐观。他知道他不会因为待人接物彬彬有礼而被载入史册,而且他说,如果这本书读起来不像是官方认可的版本,对他来说会更好。他告诉我,他会过段时间再读,也许一年以后吧。他的自信,或者说现实扭曲力场,还是如此强大,让我感到一阵欣喜。有那么一瞬间,我相信他一年后仍然在世,还会有机会读这本书。他似乎非常肯定他能康复,重新回到苹果工作。我问他是否认为我应该暂缓出版,先等等看接下来会发生什么。他回答说:"不用推迟了,如果我做了其他了不起的事情,你还可以再写第二本。"想到这里,他笑了,然后补充道:"或者至少可以加一篇很长的后记。"

遗憾的是,眼下的这篇后记,很短。

2011年10月3日,星期一,乔布斯意识到自己大限已至。他之前还说自己像青蛙一样"从一片荷叶跳到下一片荷叶上",治疗总会超前癌症发展一步,但现在他的注意力却突然转移(他每次改变关注焦点的时候,都是如此突然),开始关注即将到来的死亡。

他从来没有提到过自己的葬礼安排,劳伦娜以为他希望火化。这些年来,他们也曾不经意地讨论希望将骨灰撒在哪里。但那个星期一,乔布斯说他不希望被火化。他想挨着自己的父母,葬在他们所在的公墓里。

星期二上午,苹果发布了新的iPhone 4S,这款手机配置了乔布斯在最后一次董事会上调试过的Siri语音识别软件。iPhone 4S发布会在苹果总部不大的市政厅礼堂里举行,现场气氛稍显沉闷;乔布斯最亲密的几个同事已经知道他的身体快不行了。活动一结束,艾夫、埃迪·库伊、库克和其他几个人就接到了电话,让他们到家里来。于是,那天下午他们到了乔布斯家中,依次跟他告别。

乔布斯给妹妹莫娜·辛普森打电话,请她赶到帕洛阿尔托。后来,莫娜在悼词中回忆道:"他的语气饱含深情,充满爱意,但就像一个把行李放到车上的人,虽然他还有诸多遗憾,不舍离去,但旅程已经开始了。"他开始向她告别,但她说自己已经在去机场的出租车上,很快就会赶到。乔布斯回答说:"亲爱的,我现在告诉你,是因为我担心你可能赶不上了。"他的女儿丽萨从纽约飞来。尽管父女二人多年来的关系并不融洽,但她一直在努力做个好女儿,也的确做到了。乔布斯的另一个妹妹帕蒂也在他家里。

在生命的最后一刻,乔布斯有深爱他的家人陪伴左右。他自己也经常承认,有时他并不是一个顾家的好男人。但任何评判都必须考虑到事情的前因后果。作为商界领袖,他严苛挑剔,脾气暴躁,但他打造了一群狂热忠诚、深深敬爱他的同事团队。同样,作为有家室的人,他有时喜怒无常,有时心烦意乱,但他培养了4个脚踏实地的孩子,他们在他人生的最后时刻用爱包围着他。那个星期二的下午,他盯着孩子们的眼睛,一度久久凝视帕蒂和孩子们,然后看了看劳伦娜,最后目光越过他们,凝望远方,喃喃自语:"哦,哇噢。哦,哇噢。"

这是他在下午两点左右陷入昏迷前的最后一句话。他的呼吸变得沉重起来。莫娜回忆说:"即便在那时,他的侧脸依然坚毅而英俊,这是一个专制主义者的侧脸,一个浪漫主义者的侧脸。他的呼吸沉重,仿佛人生是一场艰巨的旅程,他攀越了陡峭的山路,到达了常人难以企及的高度。"莫娜和劳伦娜陪他熬了一夜。第二天,2011年10月5日,星期三,乔布斯在家人的陪伴和爱抚中与世长辞。

乔布斯去世的消息引发了全球轰动,世界各地的人都深情悼念这位传奇人物。成百上千的城市和村庄建造了临时祭坛,甚至在祖科蒂公园也有(当时,抗议亿万富翁商人恶行的"占领华尔街"运动正如火如荼地进行),乔布斯的影响力可见一斑。以往,只有那些醉生梦死的摇滚明星或麻烦不断的公主去世时,才会引发各方如此强烈的反应。而这次,一个企业家的过世,也如海啸般席卷全球,这种情况并不多见,不禁令人唏嘘。乔布斯虽为富商巨贾,但他之所以坐拥亿万家产,是因为他打造了精美的产品,为生活增添了神奇魔力。

乔布斯去世后的第二天,劳伦娜和莫娜去了他亲自挑选的公墓,乘坐高尔夫球车在附近考察。保罗和克拉拉·乔布斯的墓地旁边没有空地,而劳伦娜也不喜欢其他的地点,因为那里地势太过平缓,墓碑一个挨着一个,显得拥挤而毫无特色。劳伦娜跟她的丈夫一样,是一个富有想象力和意志力的人。她发现了一块具有田园风光的山脊,上面有这片区域仅存的一个杏园,就是乔布斯从小就喜欢的那种树林。管理人员告诉她说那里不能设置墓地,而且未来也没有相关计划。但劳伦娜并没有放弃。经过一番坚持,她说服了公墓负责人,她的丈夫最终可以在果园附近长眠。如果乔布斯在天有灵,必然会为妻子的选择和坚持感到骄傲。

劳伦娜一如既往地把丈夫的朴素品位和自己的博爱结合起来。她定制的棺材做工完美,使用铰链开合,没有任何钉子或螺丝,纯粹而简约。在乔布斯的私人葬礼现场,棺材安放在一张灰色的工业桌子上。这张桌子来自苹果总部宁静的设计工作室,乔布斯曾在这个工作室度过了一个又一个下午。艾夫安排人把工作室的一张桌子搬到了墓前。约有50名家人和朋友出席了私人葬礼,一些人在现场回忆了他们跟乔布斯之间的故事。例如,迪士尼的鲍勃·艾格讲到，在宣布苹果与迪士尼的交易前 30 分钟，他与乔布斯在皮克斯园区散步。乔布斯告诉他，他的癌症已经复发，只有劳伦娜和医生知道，他觉得他有责任让艾格也知道，这样艾格可以决定是否要因此退出交易。艾格说："对他而言，这是一个非同寻常的姿态。"

10 月 16 日晚，乔布斯的正式追悼会在斯坦福大学的纪念教堂举行。劳伦娜和艾夫联手打造了一个完美的现场，整个教堂沉浸在幽暗的烛光之中，显得庄严肃穆。一百多名来宾前来参加追悼会，包括比尔·克林顿、阿尔·戈尔、比尔·盖茨、拉里·佩奇等人，还有史蒂夫·沃兹尼亚克、安迪·赫兹菲尔德等苹果创立之初的团队成员。家人中有乔布斯的孩子们和他的两个妹妹帕蒂·乔布斯和莫娜·辛普森。

追悼会以马友友的大提琴演奏开场。马友友说："史蒂夫说他希望我在他的葬礼上演奏大提琴，我说我更希望他在我的葬礼上讲话。像往常一样，他得偿所愿了。"马友友演奏了巴赫组曲。另外两位朋友也进行了表演。波诺演唱了《每一粒沙》("Every Grain of Sand")，这是乔布斯最喜欢的鲍勃·迪伦的作品之一："在愤怒的时刻，我可以看到造物主的手 / 在每一片颤抖的叶子里，在每一粒沙子里。"琼·贝兹演唱了哀伤但令人振奋的灵歌《摇摆吧，甜蜜的战车》("Swing Low, Sweet Chariot")。

乔布斯的每个家人都回忆了与他的故事，或者读了一首诗。劳伦娜说："他的思想从来不是现实的俘虏，他对可能性充满了史诗般的感觉。他总是从完美主义的立场看待事物。"

小说家莫娜·辛普森的悼词写得细腻动情，文采飞扬。她回忆说："他是一个情感强烈的人。即使在生病期间，他依然保持着自己的品位、鉴别力和判断力。他前后换了 67 个护士，才找到和自己志趣相投的人。"她谈到了哥哥对工作的热爱："即便是在生命的最后一年，他依然启动了一些项目，还要求在苹果的朋友承诺将它们完成。"她还从个人角度，强调了他对劳伦娜和 4 个孩子的爱。虽然他已经实现了亲眼见证里德高中毕业的愿望，但他无法参加女儿们的婚礼了。莫娜说："他想陪她们走过红地毯，就像他在我结婚那天陪我走过一样。"这些生命的篇章再也无法续写。"最后的最后，我们的生命都会在中途戛然而止，在一个故事的中途，在许多故事的中途。"

苹果总部的公司追悼会在3天后举行。库克、阿尔·戈尔和比尔·坎贝尔都进行了发言，但最精彩的悼词来自艾夫，他的讲话既有趣又感人。他又讲了一遍在斯坦福大学的追悼会上讲过的这个故事：乔布斯万般挑剔，所以每次入住酒店时，艾夫都会坐在房间的电话旁边，因为乔布斯一定会打电话过来，说："这个酒店太烂了，我们换一个。"接着，艾夫又讲到自己的老板如何在会议上抛出各种奇思妙想，令人应接不暇，这种精彩绝伦的灵感正是乔布斯天才的核心。"他的想法有时傻傻的，有时很可怕，但有时也会让室内的空气凝结，把大家惊得屏息静气，无法呼吸。它们有的大胆而疯狂，宏伟而辽阔，有的也极为简单纯粹，但其微妙之处和细节又无比深刻。"

而追悼会最动人心弦的时刻来自乔布斯本人，他的讲话录音如同幽灵般盘旋在阳光明媚的庭院上方。库克介绍说，乔布斯在1997年重返苹果后，指导制作了"非同凡想"系列广告。乔布斯参与了广告配音，但他录制的这个版本并没有被公开使用，最后用的是理查德·德雷福斯朗读的版本。在追悼会上，乔布斯配音版首次在公众面前播放。他独特的嗓音从扩音器里传出，在人群中飘荡，显得凄美而刺耳。"向疯狂人士致敬。他们特立独行。他们桀骜不驯。他们惹是生非。他们方枘圆凿。他们眼光独到。"听着这些话，仿佛乔布斯再次回到众人身边，认真而感性地描述着自己。"他们讨厌条条框框。他们不屑安于现状。你可以把他们的话语引作经典，也可以反对他们的观点，你可以颂扬他们，也可以贬损他们，但唯独不能忽视他们。"读到这里，乔布斯的声音变得有力而亢奋，好像他就坐在大家面前，眼中闪着炽热的光芒。这段话也勾起了现场所有人对乔布斯年轻时声音的回忆，就像他最喜欢的迪伦的歌里唱的那样，他永远保持着年轻。"他们推动了人类不断向前。"这是他自己写的一句话。然后他发表了著名的总结，这一总结既适合追悼会，又适合这本书。"他们或许是别人眼里的疯子，但却是我们心中的天才。只有疯狂到认为自己可以改变世界的人，才能真正改变世界。"

新版后记

在我完成这本书之后的十年里，不时会有人走上前来，热切地跟我分享他们对乔布斯的评价。他们会说："我读了你的书，我觉得……"

在话音未落的那一瞬间，我会试着揣测他们属于哪一派。大多数人会告诉我他们无比钦佩乔布斯的天赋和才华，并被乔布斯人生之旅的精神追求深深感动。甚至有相当一部分人承认，他们读到最后都哭了。对此，我表示同意。

然而，也有一些人是这样说的："我觉得他是个浑蛋。"我明白他们的意思。乔布斯有时做事确实很浑蛋，这些都是明确写在书里的。但我通常会稍加回击，我会说：当然，你说得没错，但我希望你注意到这个故事还有很多其他内容。

还有第三类读者。时不时地，会有一个男人——是的，通常是一个男人，面带自鸣得意的微笑，大摇大摆地走到我面前，然后说："我读了你的书，我想让你知道，我跟乔布斯一样。"我自觉好笑，但会不动声色地问，你哪里跟他一样？他们一般会这么回答："如果我手下的人做得不好，我就会直接说他们真是垃圾。我也不会忍受 B 级选手。"这时我会微微颔首，心想："那你发明过类似 iPhone 的东西吗？"

我并不是说因为乔布斯发明了我们这个时代最具变革性的设备 iPhone，

还取得了其他不胜枚举的伟大成就,他就可以粗暴地对待同事或那个在全食超市努力按照他的严苛标准制作奶昔的和善老太太。相反,对于那些告诉我他们的简单反应的人,我想要传达这样的信息:重要的是,不要简单地把乔布斯看作一个圣人或罪人,因为他性格复杂,感情强烈,追求精神世界,优点和缺点紧密交织。人性是复杂的,伟大的天才更是如此。而乔布斯是我们这一代人中最复杂的天才之一。

乔布斯对他人的分类也非黑即白。他的同事称之为"英雄/白痴二分法"。对乔布斯而言,一个人不是英雄,就是白痴。正如他最亲密、最信任的朋友和同事比尔·阿特金森所说:"在史蒂夫手下工作是很不容易的,因为他把人分为两个极端,一边是神明,另一边是白痴。"正因如此,在本书出版后的这些年里,我对许多读者进行了反击,因为我认为他们犯了同样的错误,即简单地把乔布斯归为某一类人。事实上,乔布斯正如他最喜欢的诗人沃尔特·惠特曼引用鲍勃·迪伦的歌词唱的那样:"我是个充满矛盾的人,我是个情绪丰富的人。我很复杂,我很多样。"

传记作家的一大挑战就是要把主人翁描绘成有血有肉的人,在主人翁林林总总的天赋和缺陷之间找到适当的平衡。为了应对这一挑战,在写这本书时,我采取的方法是大量借助曾与乔布斯共事的人的声音。他们是最能塑造本书全貌和叙事弧线的人。我在书中如实呈现了他们对乔布斯暴怒情景的描述,以及乔布斯认为规则并不适用于自己的逸事,等等(本书没有进行匿名引用,也没有收录未经证实的评论)。但与此同时,几乎所有人都告诉我(我也在本书的每一章中再三强调),与乔布斯共事,是他们一生中最伟大、最有价值、最充实、最丰富的经历。他们说,乔布斯快把他们逼疯了。他让他们很生气。但他也驱使他们完成了一些自己做梦都不敢想的事情。

这期间,我也慢慢意识到,还有一个更微妙的问题有待我们厘清,而那些对本书做出简单反应、直接把乔布斯归为"天才"或"浑蛋"类别的人,也忽略了这一点。这个问题不是我们能否在"尊重个人成就"和"反对性格缺陷"之间取得平衡那么简单。这个问题的复杂性在于,我们能否在这些成就和缺陷之间找到关联。

我在写作一本与基因编辑相关的书的过程中逐渐形成了对这个问题的

看法。现在，我们可以通过编辑自己的基因来去除自己基因中不想要的性状，比如镰状细胞贫血。但在改变这种基因的同时，也会影响到另外一个与之交织的性状，如对疟疾的抵抗力。

无论是从科学角度，还是从比喻意义上来说，这都可以诠释复杂人类的特质。如果乔布斯天性比较友善温和，他还会有那种扭曲现实、驱策他人充分发挥自身潜力的激情吗？一个人的优点和缺点常常像双螺旋一样相互交织。好的与坏的相关，一如快乐和痛苦相连。如果乔布斯是一块布，抽去那些令人不快的丝线以后，这块布也就不再完整。

像泰迪熊一样温和可亲的史蒂夫·沃兹尼亚克就很明白这一点。他告诉我，如果当初是他管理苹果，他会更加友善，会更加温和地对待每个人。但他又接着说道，如果让他来管理苹果，他也许永远不能像乔布斯那样推动苹果创造出令人狂热的伟大产品。乔布斯的激情、完美主义和控制本能共同构成了他的复杂个性。

这就是为什么个性至关重要，而传记作品的目标就是要梳理人物复杂的个性。一个人的作品与其个性息息相关。所有的天才都是如此，从达·芬奇到爱因斯坦，再到乔布斯，无一例外。

在乔布斯去世后的 10 年，我逐渐看清了他在我们这个时代的一个核心问题中所扮演的角色，这个问题就是：人类如何与机器联结？

我在杜兰大学授课期间，和学生讨论了数字时代两种相互竞争的方式。一方强调的是对机器学习和人工智能的探索。其愿景（或噩梦）是，有一天我们的计算机和机器人将能够自主学习，并在思考能力方面超越我们。这种世界观的守护神是艾伦·图灵这位在二战中从事密码破译工作的数学家。他想出了一个名为"模仿游戏"的测试，让我们来回答"机器能思考吗？"这个问题。他相信，我们最终会给出肯定的回答。

而乔布斯则是另一方的典型代表。这种方式是基于这样的信念：不管是过去还是未来，完善人与机器之间的伙伴关系都是数字革命进程的基础。这是一种共生关系：将人类和计算机紧密联结在一起所带来的"增强智能"会永远比创造出愈加强大的机器来独立工作所带来的"人工智能"发展得更快。

这个学派的守护神是 19 世纪的数学家、拜伦勋爵的女儿阿达·洛芙莱斯。她追求的是她口中的"诗性科学",也就是将人文学科与技术相结合。她在1843年写道,未来的机器能够做任何事情,唯独无法进行创造性思考。她宣称:"分析性机器没有能力创造任何东西。"她认为,我们的目标是将人类的创造力与机器的处理能力联结起来。一个世纪后,图灵在自己的论文中称之为"洛芙莱斯夫人的异议",并用部分篇幅试着反驳这一观点。

阿达学派的追随者们一直努力寻求更好的方法来促进人机交互。他们创造了更好的用户界面,这些直观的图形化界面改善了我们与机器交流的方式,也改善了机器与我们交流的方式。这种方法的领军人物包括约瑟夫·利克莱德、道格拉斯·恩格尔巴特、艾伦·凯等人,他们拥有艺术家、心理学家和工程师的技能和情商。

乔布斯是人机联结的现代大师。他对人文和技术有着源自直觉的感知和欣赏能力,也可以把情感和分析交织在一起,因此他知道如何使设备成为我们的伙伴,而不是我们的替代品。不管是苹果公司友好的图形用户界面,还是iPhone边缘倒角曲线的触感,他知道如何才能让我们感受到与机器的联结。他和乔尼·艾夫知道,设计不仅仅是表面的属性,而是来自对硬件和软件复杂性的深刻理解,只有在深刻理解的基础上,才能赋予它真正的简单性。

达·芬奇是乔布斯心目中的英雄和学习榜样。在乔布斯生命的最后阶段,他催促我为这位文艺复兴时期的伟大工程师和艺术家写传记,我最终照做了。现在我明白了为什么他觉得与达·芬奇心有灵犀。他们的创造天赋来自同一种体验:站在艺术和科学的交会点。事实上,他们都有更加深刻的领悟:不要把艺术和科学区分开。

达·芬奇画的《维特鲁威人》是他站在地球的圆心和创造的方阵中的裸体自画像。这是一件绝妙的艺术品,也是一张精确的科学作品,象征着艺术和科学之间的关联。在许多次新品发布会上,乔布斯都会用一张幻灯片来作为结尾,上面是一个标示着"科技"与"人文"两条街道交会口的路牌。正如他在2011年去世前几个月的最后一次发布会上所说的那样:"苹果的基因决定了只有技术是不够的。我们相信,只有科技与人文的碰撞结合,才能创造让心灵欢歌的产品。"

乔布斯钦佩达·芬奇对完美永不妥协的激情。当达·芬奇无法完美地实现《安吉里之战》中的透视效果或《三博士朝圣》中人物之间的感觉时，他宁愿放弃这些作品，也不愿创作不那么完美的作品。他一直把自己的《圣母子与圣安妮》《蒙娜丽莎》等杰作带在身边，因为他知道总可以再加上一笔，以臻完美。乔布斯的完美主义如出一辙。尽管没有人能看到内置的电路板，但他还是推迟了第一代 Mac 电脑的发货，直到他的团队能够让这些电路板看起来更漂亮。他和达·芬奇都知道，真正的艺术家关心的是美，即使是在看不见的地方。

在他参与撰写的 1997 年苹果广告"非同凡想"中，乔布斯赞扬了那些特立独行、桀骜不驯、格格不入的人。达·芬奇就属于这一类人。他是非婚生子女、同性恋、左撇子、素食主义者，也很容易分心，这不禁让人想知道他是如何融入这个世界的。乔布斯也认为自己格格不入、桀骜不驯：被遗弃、被挑选、被收养，没有完全融入自己童年生活的工人阶级郊区。

这让乔布斯终其一生都在不停追寻，希望能与寰宇建立起精神联系。他终身学习禅宗，对人类情感觉察敏锐，可以深入自己的灵魂，也能进入身边人的精神家园。因此，他的创作不仅仅是艺术和技术的伟大结合，更有一种强大的精神力量，能够以深刻的方式与我们紧密地联系在一起。

致　谢

我深深感谢约翰·杜尔和安·杜尔夫妇、劳伦娜·鲍威尔、莫娜·辛普森、莱昂·维塞提尔和肯·奥莱塔，感谢他们在本书创作过程中提供的宝贵支持。爱丽丝·梅休是我在西蒙·舒斯特出版公司的编辑，我们合作了30年。出版人乔纳森·卡普和我的经纪人阿曼达·乌尔班对本书做出了指导，他们极为勤奋，为本书付出了很多心血。克拉里·普伦对本书中照片的追踪拍摄做出了不懈努力，而我的助手帕特·津杜尔卡则冷静耐心地支持了我的工作。我还想感谢我的父亲欧文和女儿贝茜，感谢他们阅读此书，提供建议。本书首次出版后，一些人的感情受到了伤害，鉴于乔布斯个性复杂，成就非凡，这也许是不可避免的。对此我深表遗憾。这并非我的本意。我很感谢那些对我的失误和误解持宽容态度的人，他们帮助我对一些内容进行了纠正或澄清。一如既往地，我非常感谢我的妻子凯茜，感谢她的编辑、建议、明智的忠告，以及无限的付出和支持。

参考书目

Amelio, Gil. *On the Firing Line.* HarperBusiness, 1998.

Berlin, Leslie. *The Man behind the Microchip.* Oxford, 2005.

Butcher, Lee. *The Accidental Millionaire.* ParagonHouse, 1988.

Carlton, Jim. *Apple.* Random House, 1997.

Cringely, Robert X. *Accidental Empires.* Addison Wesley, 1992.

Deutschman, Alan. *The Second Coming of Steve Jobs.* Broadway Books, 2000.

Elliot, Jay, with William Simon. *The Steve Jobs Way.* Vanguard, 2011.

Freiberger, Paul, and Michael Swaine. *Fire in the Valley.* McGraw-Hill, 1984.

Garr, Doug. *Woz.* Avon, 1984.

Hertzfeld, Andy. *Revolution in the Valley.* O'Reilly, 2005. (See also his website, folklore.org.)

Hiltzik, Michael. *Dealers of Lightning.* HarperBusiness, 1999.

Jobs, Steve. Smithsonian oral history interview with Daniel Morrow,

April 20, 1995.

———. Stanford commencement address, June 12, 2005.

Kahney, Leander. *Inside Steve's Brain.* Portfolio, 2008. (See also his website, cultofmac.com.)

Kawasaki, Guy. *The Macintosh Way.* Scott, Foresman, 1989.

Knopper, Steve. *Appetite for Self-Destruction.* Free Press, 2009.

Kot, Greg. *Ripped.* Scribner, 2009.

Kunkel, Paul. *AppleDesign.* Graphis Inc., 1997.

Levy, Steven. *Hackers.* Doubleday, 1984.

———. *Insanely Great.* Viking Penguin, 1994.

———. *The Perfect Thing.* Simon & Schuster, 2006.

Linzmayer, Owen. *Apple Confidential 2.0.* No Starch Press, 2004.

Malone, Michael. *Infinite Loop.* Doubleday, 1999.

Markoff, John. *What the Dormouse Said.* Viking Penguin, 2005.

McNish, Jacquie. *The Big Score.* Doubleday Canada, 1998.

Moritz, Michael. *Returnto the Little Kingdom.* Overlook Press, 2009. Originally published, without prologue and epilogue, as *The Little Kingdom* (Morrow, 1984).

Nocera, Joe. *Good Guys and Bad Guys.* Portfolio, 2008.

Paik, Karen. *To Infinity and Beyond!* Chronicle Books, 2007.

Price, David. *The Pixar Touch.* Knopf, 2008.

Rose, Frank. *West of Eden.* Viking, 1989.

Sculley, John. *Odyssey.* Harper & Row, 1987.

Sheff, David. "Playboy Interview: Steve Jobs." *Playboy*, February 1985.

Simpson, Mona. *Anywhere but Here.* Knopf, 1986.

———. *A Regular Guy.* Knopf, 1996.

Smith, Douglas, and Robert Alexander. *Fumbling the Future.* Morrow, 1988.

Stross, Randall. *Steve Jobs and the NeXT Big Thing.* Atheneum, 1993.

"Triumph of the Nerds," PBS Television, hosted by Robert X. Cringely, June 1996.

Wozniak, Steve, with Gina Smith. *iWoz.* Norton, 2006.

Young, Jeffrey. *Steve Jobs.* Scott, Foresman, 1988.

——, and William Simon. *iCon.* John Wiley, 2005.

黛安娜·沃克的摄影集

在过去近 30 年的时间里,摄影师黛安娜·沃克与史蒂夫·乔布斯一直保持着特殊的友谊。以下一组照片选自她的摄影集。

1982 年，库比蒂诺的家中。由于他在挑选家具的时候太过挑剔，家中大多数地方还是空的。

在他的厨房里。"在印度的村庄待了7个月后再回到美国,我看到了西方世界的疯狂及理性思维的局限。"

1982年,斯坦福大学。"你们中还有多少人是处男处女?你们中有多少人尝试过迷幻药?"

摆弄丽萨电脑。"毕加索不是说过吗,'优秀的艺术家模仿创意,伟大的艺术家窃取灵感'。在窃取伟大灵感这方面,我们向来不知着愧为何物。"

1984 年，与约翰·斯卡利在纽约中央公园。"你是愿意卖一辈子糖水，还是希望能有一个机会来改变世界？"

1982 年，苹果办公室。当被问到是否要做市场调查时，他回答说："不，因为人们不知道他们想要什么，直到你把它摆在他们面前。"

1988 年，NeXT 电脑公司。离开苹果后，在自己创建的新公司里，乔布斯能够释放自己的所有天性，无论好坏。

1997 年 8 月,与约翰·拉塞特。拉塞特有着可爱的脸庞和气质,对于艺术的完美追求与乔布斯不相上下。

1997 年,在重新掌权苹果公司后,他在家中准备波士顿 Mac 世界大会的演讲。"在那种疯狂中,我们看到了天赋。"

在波士顿的 Mac 世界大会演讲前的几个小时,他和盖茨在电话中敲定了与微软的合作。
"比尔,感谢你对这家公司的支持,我想世界因为有它会变得更好。"

在波士顿的 Mac 世界大会上，盖茨在位于西雅图的微软总部通过卫星连线介绍两家公司准备合作。"那是我有史以来最糟糕、最愚蠢的舞台设计。它之所以糟糕，是因为这让我看起来很渺小。"

1997年8月,在帕洛阿尔托家中的后院与妻子劳伦娜·鲍威尔。她对他的生活来说是最合适的后盾。

2004年,位于帕洛阿尔托家中的办公室。"我喜欢活在科技与人文的交会处。"

来自史蒂夫的家庭影集

2011年8月，乔布斯的病情非常严重。我们在他家中浏览他在婚礼和度假时拍摄的照片，以便我用在这本书中。

1991年，结婚典礼。仪式由史蒂夫的禅宗老师乙川弘文主持。乙川挥杖敲锣，燃香诵经，唱着圣歌向他们表达祝福。

与他自豪的父亲保罗·乔布斯在一起。史蒂夫的妹妹莫娜找到他们的生父后，史蒂夫一直拒绝见他。

婚礼蛋糕是约塞米蒂山谷尽头半月石山的形状。劳伦娜和史蒂夫在切婚礼蛋糕，一旁是乔布斯与前女友的女儿丽萨·布伦南。

劳伦娜、丽萨和史蒂夫。婚礼之后，丽萨很快搬到了他们家，在那里度过了她的高中时代。

2003 年,史蒂夫、伊芙、里德、埃琳和劳伦娜在意大利的拉维罗。即便在休假时,他也经常投身于工作。

史蒂夫在帕洛阿尔托的麓山公园倒拎着伊芙。"她是个炮筒子,比我见过的任何孩子都要倔强。像报应一样。"

2006 年，与劳伦娜、伊芙、埃琳和丽萨在希腊的科林斯运河。"对于年轻人来说，现在整个世界都是一样的。"

2010 年与埃琳在京都。跟里德和丽萨一样，埃琳也和父亲去日本进行了一场特殊的旅行。

2007年，与里德在肯尼亚。"当我被诊断出患有癌症时，我跟上帝做了笔交易——无论如何，我一定要看到里德毕业。"

黛安娜·沃克的另一幅摄影作品。2004年拍摄于他在帕洛阿尔托的家中。